RELEVO GENERACIONAL EN COOPERATIVAS Y SOCIEDADES LABORALES

ROSALÍA ALFONSO SÁNCHEZ
MARÍA DEL MAR ANDREU MARTÍ
Directoras

RELEVO GENERACIONAL EN COOPERATIVAS Y SOCIEDADES LABORALES

PRÓLOGO
JOSÉ MIGUEL EMBID IRUJO

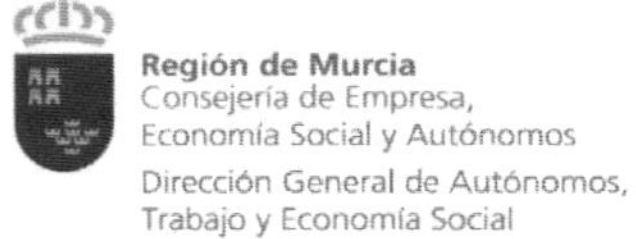

Primera edición, 2023

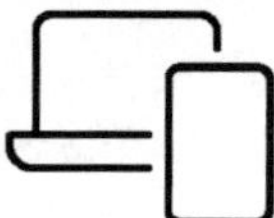

Incluye soporte electrónico

Actividad subvencionada por la Comunidad Autónoma de la Región de Murcia, Consejería de Empresa, Economía Social y Autónomos, en el marco del Proyecto «Economía Social en 2023» (ORDEN de 17-02-2023, Fomento de la Economía Social durante el ejercicio 2023).

Editorial Aranzadi, SA
Camino de Galar, 15
31190 Cizur Menor (Navarra)
ISBN versión impresa: 978-84-1162-565-4
ISBN versión electrónica: 978-84-1162-566-1
Depósito Legal: DL NA 2828/2023
Printed in Spain. Impreso en España
Fotocomposición: Editorial Aranzadi, SA
Impresión: Rodona Industria Gráfica, SL
Polígono Agustinos, calle A, nave D-11
31013 Pamplona

«Envejecer no es juventud perdida sino una nueva etapa de oportunidad y fuerza»

Betty Friedan

Índice General

Página

Prólogo

«Nosotros, los jóvenes, brindamos por la generación de nuestros padres»

Gabriele Tergit, *Los Effinger*

1. Reflexionar sobre las generaciones y sobre su inevitable sucesión, de acuerdo con el fluir del tiempo, no ha sido precisamente una tarea propia de los juristas ni, del mismo modo, ha interesado al Derecho como fenómeno unitario, al margen de ciertos aspectos propios del Derecho privado en relación directa, por lo común, con la institución familiar. Han sido, en buena medida, otros saberes, como la Sociología, ante todo, pero también, y de manera significativa entre nosotros, la Filosofía, quienes han dado un estatuto de cierta entidad científica a una noción que siendo, por lo demás, tan conocida y tan considerada por los seres humanos en contexto diversos, suele resultar esquiva a esfuerzos sistemáticos de delimitación.

No me extenderé, por ser materia ajena a mis limitados conocimientos, en recordar los caracteres principales de esa reflexión extrajurídica en torno a las generaciones. Bastará con remitir al lector a las obras de algunos ensayistas y filósofos españoles que convirtieron el «hecho bruto» de las generaciones, y de su sucesión, en materia intelectual de alto relieve. Estoy pensando, como el lector habrá adivinado en seguida, en Ortega, quien estableció, en el marco de su doctrina sociológica, las bases del tema que nos ocupa[1], y a su estela en Julián Marías, quien desarrolló y completó, con aportación de muy distintos criterios, el esquema de las generaciones como elemento básico para la comprensión de la realidad social[2].

Con todo, parece evidente, en una primera aproximación, que, por su propia naturaleza —si supuestos sociales tan singulares la llegaran a tener— nos encontramos ante un fenómeno esencialmente dinámico, lo que se pone de manifiesto precisamente en la idea del «relevo generacional», que ilustra, como

1. Véase, por ejemplo, su obra *En torno a Galileo*, edición de José Luis Abellán, Madrid, Espasa Calpe, 1996.
2. En su libro *El método histórico de las generaciones*, Madrid, Revista de Occidente, 1949.

elemento central, el título del libro al que estas líneas pretenden servir de prólogo. Y ello, sin perjuicio, claro está, de que en un momento histórico concreto sea posible delimitar, siquiera con trazo grueso, el perfil de una determinada generación, con sus principales elementos.

Al margen, entonces, de que pueda llegar a conseguirse una cierta «foto fija» —seguramente no de la mayor calidad— de la generación que nos interese, más relevante será comprender el ritmo del relevo y, en particular, sus caracteres específicos. No es seguro que, a este respecto, resulte acertado presumir una suerte de «ley del relevo generacional», por supuesto sociológica, consistente en la sustitución plena e inmediata de la generación previa por la subsiguiente. Más realista parece pensar en un conjunto variable y elástico de posibilidades, con especial predominio del relevo parcial, desde luego en sentido cuantitativo.

Sin perjuicio, por tanto, de la delimitación de los distintos supuestos intermedios en el tema que nos ocupa, resulta igualmente conveniente contemplar el relevo generacional desde un planteamiento cualitativo, es decir, en relación con las «vigencias» en una determinada sociedad, sirviéndonos a este efecto del conocido término propuesto por Ortega; mediante él aludía nuestro filósofo a los valores predominantes en una sociedad con los que el ser humano tiene que contar a la hora de desarrollar su vida Y esta perspectiva no sólo no es inconveniente, sino que, quizá, constituya el elemento básico que se tiene en mente de manera común cuando se piensa en el relevo generacional. Al fin y al cabo, no se trata sólo de que a su través se produzca una mera sustitución de individuos, con extensión variable, sino de un cambio en esas «vigencias», modificación también susceptible de matices y grados diversos.

Es precisamente a propósito de esa renovación valorativa cuando encontramos un singular universo de tensiones, con frecuencia presente en los procesos de relevo generacional. Y es que, además de que los miembros de una generación piensen en su propia razón de ser como tal generación, resulta inevitable que ese pensamiento adquiera una dimensión comparativa; comparación, por lo demás, referida a la generación anterior, y, en ocasiones, también a otras previas, y dotada en numerosos casos de un acentuado espíritu crítico. No parece dudoso que en ese ejercicio de comparación los valores de la generación precedente (o de las anteriores) merezcan una estimación deficiente, cuando no derechamente descalificadora. No en balde se atribuye a Plutarco (y a buen entendedor, pocas palabras) una singular frase en la que destacaba la dificultad común a los miembros de una determinada generación a la hora de defenderse de los de la generación subsiguiente.

2. Tras esta esquemática y elemental presentación, de la que inevitablemente han quedado ausentes numerosos matices, resulta de nuevo perentorio, desde luego en el contexto de este prólogo, pero también como reflexión general para los juristas, volver al punto de partida y ver en qué medida el relevo generacional es una realidad social dotada de significado jurídico. No me atreveré a decir que se trate de una autentica institución, en el sentido que dicho término recibe desde el Derecho, aunque haya aproximaciones relativamente completas a la misma dentro de algunos particulares sectores del ordenamiento.

Por otra parte, no es seguro que la juridificación de un determinado supuesto de la realidad social haya de traer consigo su conversión absoluta en figura del Derecho; no es ésta, desde luego, la forma de proceder habitual en nuestro ámbito, sobre todo cuando se pretende tipificar, en el sentido habitual del término, el supuesto desprovisto de regulación. Por lo común, el legislador toma porciones concretas del mismo y lo hace (o debe hacerlo), además, desde una determinada perspectiva de política jurídica, lo que supone, claro está, saber el alcance que se pretende dar a la regulación y establecer, con las adecuadas medidas de tutela, la posición de cada uno de los intereses presentes en el supuesto. Es verdad que con frecuencia el legislador prefiere unos intereses a otros, en atención a esa misma orientación de política jurídica sobre cuya base se ha podido llevar a cabo la tipificación.

No debe pensarse, sin embargo, que la actuación del legislador sea el único modo de afrontar desde el Derecho el tratamiento de un determinado supuesto de la realidad. Hay que tener en cuenta, del mismo modo, y esta perspectiva es particularmente relevante desde el Derecho privado, en la labor de configuración institucional que pueden llevar a cabo los propios sujetos involucrados en el caso concreto, de acuerdo con las circunstancias concurrentes en el supuesto, y sobre la base del poder que les otorga la autonomía de la voluntad. Como es fácil de imaginar, en esa labor de configuración resulta determinante la intervención de los juristas, a fin de insertar el juego de relaciones entre las partes en el marco de disponibilidad que les atribuye el ordenamiento jurídico.

No se trata, por lo demás, de dos formas radicalmente separadas o incompatibles a la hora de dar relieve jurídico a un determinado supuesto de la realidad social. Y aunque parece indudable la prioridad de la segunda vertiente, por ser la regulación, a pesar de las apariencias, un fenómeno de reducido alcance, dotado, sobre todo en nuestro tiempo, de una considerable inestabilidad, forzoso es reconocer, y ahora en todas las ramas del Derecho, la «cohabitación» del legislador y del jurista profesional, en la ordenación jurídica de la realidad, intentando, en la medida de lo posible, conseguir el siempre pertinente *suum cuique*. Finalidad ésta del todo estimable, cuya elevada significación no nos debe hacer olvidar la dificultad de conseguirla, teniendo en cuenta, además, la modestia irremediable de los instrumentos técnicos de que dispone el Derecho y que son utilizados por los juristas en su proceder cotidiano[3].

3. Vistas las cosas con una cierta perspectiva, parece evidente que el relevo generacional, como la idea misma de generación, que le sirve de base y fundamento previo, no es un supuesto de fácil tratamiento por el Derecho, desde luego por vía de regulación normativa, pero tampoco desde la perspectiva configuradora derivada de la autonomía de la voluntad. En todo caso, la apropiación del mismo por parte del legislador, o del jurista profesional, no puede ser, como acaba de advertirse, absoluta, y sólo cabe avanzar en su tratamiento mediante la consideración de elementos parciales y separados.

Parece evidente, como también se ha señalado, que ha sido el Derecho privado el sector del ordenamiento donde nuestro tema ha tenido principal acogida, si bien de manera inorgánica y subordinado, en todo caso, a consideraciones de política jurídica relativas a otras instituciones, dotadas, además, de una ordenación específica. Cabe pensar, de este modo, y como referencia más antigua, bien que altamente diferenciada, en el fenómeno sucesorio y, por tanto, en la transferencia *mortis causa* de bienes y derechos. Parece posible, de entrada, apreciar un supuesto de relevo generacional en la subentrada de los causahabientes en el patrimonio del causante fallecido; ello es así, desde luego, si se atiende a lo que resulta normal en la mayor

3. En este sentido, GARCÍA DE ENTERRÍA, E., *La Constitución como norma y el Tribunal Constitucional*, 2ª ed., Madrid, Civitas, 1982, p. 30, quien no deja de subrayar que el modesto modo de proceder de los juristas («con la tópica como criterio, esto es, con la reconducción de los problemas a "lugares comunes", con la invocación de autoridades y de tradiciones, tanto como de raciocinios, con todo el cortejo artesanal apenas evolucionado y progresado desde hace siglos») resulta «eficaz a sus fines propios». Está por ver, con todo, si las nuevas tecnologías, con especial relieve de la inteligencia artificial, pueden alterar este estado de cosas, aunque no es seguro, por haberse observado numerosas veces en la historia del Derecho, que una novedad técnica de alto relieve traiga consigo inevitablemente la alteración sustancial del modo de proceder de los juristas, sin perjuicio de que, en tal caso, se facilite y, sobre todo, se simplifique su trabajo, sin perjuicio de muchos otros matices, relevantes hoy en distintas disciplinas jurídicas. Este es el caso, por ejemplo, del Derecho de sociedades, a través de expedientes diversos y con intensa contribución del Derecho de la Unión europea; al respecto, NIETO CAROL, U. (dir.), *La digitalización en el Derecho de sociedades*, Estudios de Derecho de sociedades. Colegio Notarial de Valencia, Valencia, Tirant lo Blanch, 2023, y en relación con las entidades de Economía social, ALFONSO SÁNCHEZ, R./ ANDREU MARTÍ, M.ª del M. (dirs.), *Digitalización de la actividad societaria de Cooperativas y Sociedades Laborales*, Cizur Menor, Aranzadi, 2021.

parte de los casos de sucesión *mortis causa,* sin perjuicio de significativas excepciones.

Pero, del mismo modo, no faltan las objeciones, o, más limitadamente, los matices, a esta aceptación inicial en torno a la constatación por vía jurídica del tema que nos ocupa. No es seguro, quizá como cuestión fundamental y primeriza, que los diversos causahabientes hayan de pertenecer a una única generación; más allá de las restricciones que pueda haber en cada ordenamiento a la disposición *mortis causa* de sus bienes por parte del testador, nada impide que, entre sus sucesores, haya personas pertenecientes diversas generaciones, incluida, por supuesto, la suya propia. Cabrá sostener, entonces, que será el grado de libertad de que disponga el testador a la hora de decidir el destino de los bienes y derechos de su patrimonio, tras su fallecimiento, el presupuesto imprescindible para que pueda establecerse, en su caso, un vínculo efectivo entre la sucesión testamentaria y el relevo generacional.

Sería posible, no obstante, matizar este argumento, saliendo del marco estricto, si se quiere particular e individualizado, del fenómeno sucesorio, manteniéndonos, no obstante, en el ámbito de una transmisión patrimonial *mortis causa.* Piénsese, a este respecto, que un determinado sujeto decida constituir una fundación, dotándola generosamente con abundantes recursos, en beneficio de un fin relativo, por ejemplo, al impulso y promoción profesional de la generación subsiguiente, sin especial delimitación de sus miembros. Al mismo tiempo, cabe que en ese mismo negocio jurídico disponga el fundador que el patronato de la fundación esté compuesto exclusivamente por personas determinadas de esa misma generación, cuyos intereses conjuntos se pretende promover.

No parece dudoso que, al margen ahora de la singularidad del supuesto planteado, quepa sostener la plena licitud del indicado negocio jurídico a la vista de que el fin establecido se sitúa en la órbita del interés general, tal y como se requiere en el art. 2 de la Ley 50/2002, de fundaciones[4]. Con todo, el juego del relevo generacional en este supuesto, así como en el marco de la sucesión testamentaria permite poner de manifiesto el papel secundario del Derecho a la hora de hacer posible su particular consideración en cada

4. Si se mira bien, con todo, no parece imprescindible que la hipotética fundación, cuya constitución se contempla en el texto a través de un acto de disposición *mortis causa,* pueda ser creada, con el mismo fin e idéntica composición del patronato por un negocio jurídico inter vivos. Esta circunstancia, aparentemente indiscutible dentro del singular supuesto que ahora nos ocupa, permite revelar la notoria inespecificidad jurídica del relevo generacional; o, dicho de otra forma, pueden ser diversos los caminos que lo hagan posible, más allá del ámbito *mortis causa* donde, como punto de partida, podría quedar situado dentro del Derecho privado.

caso; al margen, como ya se ha indicado, de las limitaciones normativas establecidas a la libre voluntad del testador o del fundador, lo decisivo en el tema que nos ocupa terminará siendo el particular criterio de tales sujetos, en el contexto, claro está, de su respectiva situación patrimonial y personal.

Eso sí, con un importante matiz añadido; me refiero al relieve que las «vigencias», antes mencionadas, puedan llegar a tener a propósito de la configuración concreta de los citados negocios jurídicos. Esas vigencias y los valores en ellas condensados, respecto, en nuestro caso, del relevo generacional, servirán para informar y explicar el sentido general del acto de disposición realizado, así como el particular modo de insertar en su ámbito las circunstancias particulares del mismo[5].

4. Saliendo, por un momento, del terreno correspondiente a los negocios *mortis causa*, resulta posible sostener que es en el ámbito empresarial donde resulta posible en nuestros días apreciar la existencia de ejemplos concretos de mayor relieve e intensidad en punto al relevo generacional. Y aunque la correspondencia entre este último y la actividad de empresa es susceptible de predicarse respecto de muy diversos planos y figuras, como el presente libro pone especialmente de manifiesto, parece evidente que es en el terreno de la empresa familiar donde adquiere especial importancia, siendo, cabría decir, uno de sus elementos esenciales desde el punto de vista de su constitución, pero, sobre todo, de su concreta configuración.

No hay, como es bien sabido, una forma o tipo jurídicos especialmente predispuestos para dar cobertura organizativa a la empresa familiar, quizá como consecuencia del amplio espectro tipológico que le es propio. Son, por lo común, las sociedades mercantiles de capital los instrumentos preferidos con esa finalidad, sin perjuicio de que también otras figuras, como, incluso, las propias de la Economía social, puedan ser igualmente útiles. Lo más importante en este asunto, con todo, no es la institución elegida para hacer posible la titularidad jurídica de la empresa familiar[6]; mucho más relevante es, como se acaba de señalar, su concreta configuración, es decir, los acuerdos, pactos y condiciones, bien referidos al titular jurídico, bien al margen

5. Desde la perspectiva jurídica, podría decirse, entonces, que las indicadas vigencias vendrían a ser, en este y en otros muchos casos, los «complementos extralegales que cada ley necesita», al decir de Ortega (*Las Atlántidas y Del Imperio romano*, Madrid, Ediciones de la Revista de Occidente, 1976, p. 166). No en balde, a propósito de este importante asunto, considerado por nuestro filósofo «uno de los grandes principios sociológicos», invoca Ortega la conocida fórmula de Horacio *Leges sine moribus vanae* («las leyes son nulas sin las costumbres», en la traducción del autor, p. 166).

6. Esta frase presume la correlación estricta entre la empresa familiar y la figura jurídica elegida para su articulación jurídica; no obstante, esa correspondencia empresa-persona jurídica (por lo común, sociedad mercantil de capital) no es el único modo de

de él, a través de los cuales se intente formular de manera duradera y estable, la «constitución real» de dicha empresa.

Como es natural, el margen de maniobra de la familia empresaria dependerá de la regulación concreta de la figura jurídica elegida y del papel en ella reservado a la autonomía de la voluntad. Determinado, entonces, este extremo, no exactamente igual en todos los casos, entrará en juego la voluntad de los propios protagonistas, hoy comúnmente expresada en ese singular pacto parasocial que es el protocolo familiar[7]. Al margen de muchos de los detalles que este singular acuerdo de organización supone, y a los que se alude en diferentes apartados de este libro, resulta evidente que constituye un ámbito natural para el establecimiento de previsiones decisivas en torno al relevo generacional dentro de la empresa.

Es importante, con todo, destacar que también en este caso el relevo generacional no constituye la variable independiente, idónea para condicionar, por sí sola, la suerte de la empresa familiar, tanto desde el punto de vista organizativo como del económico. Los mecanismos previstos para la sucesión en dicho ámbito, y a través de los cuales se pretende hacer posible la sustitución de una generación por otra, bien de manera plena, bien con carácter parcial, son un elemento más, sin duda decisivo del «plan de empresa», si se acepta esta fórmula, característico de cada empresa familiar. No parece posible, en tal sentido, separar una cosa de la otra, teniendo en cuenta, además, la frecuencia con la que el relevo generacional (en la forma prevista para cada caso) se ve acompañado o modulado por el ingreso en puestos gerenciales o decisorios de la empresa de personas ajenas al círculo familiar que le dio origen.

Siendo, por tanto, la empresa familiar un ámbito privilegiado para apreciar el relieve jurídico del relevo generacional, no debe olvidarse su entrecruzamiento con —y, en ocasiones, su dependencia de— factores que, en sentido estricto, podríamos denominar puramente empresariales, cuya observancia, por otra parte, constituye requisito indispensable para el funcionamiento eficiente en el mercado del supuesto de empresa que ahora nos ocupa. Y es importante advertir, una vez más, que el Derecho, tanto dentro como fuera de nuestras fronteras, no suele entrar en el tratamiento de estos

organizar la empresa familiar, y como pone de relieve la práctica, resulta cada vez más frecuente que dicho supuesto se organice mediante la formación de un grupo de sociedades. Puede hablarse, así, de «grupo de sociedades (o de empresas) de carácter familiar, al que pueden extenderse las consideraciones establecida en el texto, sin perjuicio de las necesarias adaptaciones derivadas de la "pluralidad jurídica" que esa estructura supone, sin perjuicio de la correspondiente unidad empresarial».

7. Véase, en tal sentido, la STS (sala primera) 120/2020, de 20 de febrero.

asuntos, seguramente por considerar el legislador que pertenecen a la esfera, íntima y personal, de los miembros en este caso de la familia empresaria.

De este modo, lo principal que sobre el relevo generacional ha de decirse en el ámbito de la empresa familiar es que su delimitación y su eficacia quedan reservadas al particular ámbito de privacidad de la familia empresaria, sin ignorar el, en ocasiones, diferente papel que pueda corresponder a cada uno de sus miembros. Al igual que en el caso de los negocios *mortis causa* antes mencionados, también aquí serán relevantes las vigencias existentes en cada momento sobre ese singular artefacto jurídico-económico que es la empresa familiar. Es más, me atrevería a decir que, frente al testamento o la fundación previamente aludidos, el relevo generacional será seguramente elemento fundamental de tales vigencias, como consecuencia, según he indicado antes, de su carácter esencial en la razón de ser y el alcance de toda empresa familiar.

5. Vista la considerable trascendencia que, desde el punto de vista jurídico, tiene el relevo generacional en el ámbito de los negocios *mortis causa* y también en la amplia esfera de la empresa familiar, puede comprenderse el propósito de afrontar su análisis en sectores relevantes del Derecho en nuestros días, tradicionalmente ajenos a su consideración. Es este el caso de las entidades de Economía social, sobre todo en lo que se refiere a las cooperativas y las sociedades laborales, cuyo estudio en demasiadas ocasiones suele quedar circunscrito a la reiteración de determinados tópicos, sin entrar en el detalle de su verdadero relieve para el ordenamiento.

No es este el caso de la cátedra de Economía social, dirigida en Murcia por la profesora Rosalía Alfonso Sánchez; su labor en el estudio jurídico de las cooperativas y sociedades laborales se ha puesto brillantemente de manifiesto gracias a la publicación, regular y sucesiva, de destacadas obras en las que se aprecia, además del imprescindible rigor jurídico, la consideración de fenómenos nuevos y singulares, por lo común ajenos al reiterativo discurso tradicional, desde una perspectiva interdisciplinar, dando a las distintas ramas del Derecho afectadas un destacado papel protagonista.

En el libro que ahora se publica se perciben nítidamente los caracteres recién mencionados, a propósito de un tema que supone un reto nuevo y considerable, donde, como he intentado indicar antes, confluye la normativa jurídica, por lo común de escaso alcance, con la vitalidad social, a través de los elementos usuales consolidados en las vigencias. En el caso de la Economía social, la cuestión del relevo generacional me parece de especial dificultad, aunque, si se mira bien, quizá sea posible imaginar su trascendencia efectiva en la realidad concreta de cooperativas y sociedades laborales a la vista de su común identidad empresarial.

O, dicho de otra forma, también en esas figuras habrá de pensarse no sólo en la estabilidad de su organización y su funcionamiento, sino también, con especial trascendencia, en su continuidad. Ahí es donde se plantea, de manera inexorable, el significado del relevo generacional, no de manera abstracta y genérica, sino en función de las características peculiares de cada una de las figuras examinadas en el presente libro. Y aunque ambas, como es bien sabido, aparezcan insertas en el amplio ámbito correspondiente a la Economía social, no me parece posible pensar en un tratamiento equivalente del problema en estudio.

En el caso de las cooperativas, habrá de tenerse en cuenta, como en los demás asuntos relativos a esta singular forma de empresa, el juego de la peculiar normativa que constituyen los principios cooperativos. No hay nada estrictamente equivalente en el sector específico de las sociedades laborales, si bien por el carácter capitalista de las formas societarias admitidas para su constitución, será imperativa la toma en consideración de los principios configuradores del correspondiente tipo. Ambos conjuntos principales no suponen, sin embargo, un marco de encuadramiento equivalente a la hora de hacer posible el correspondiente relevo generacional; quizá, si bien esta afirmación merece un estudio más detenido, resulte más estricta, a mi juicio, la malla trazada sobre la base de los principios cooperativos, precisamente por la amplitud e imprecisión que acompaña a los principios configuradores, tal y como se deduce de su no infrecuente invocación genérica llevada a cabo por la Jurisprudencia.

Por otra parte, la presente obra no limita su alcance a la vertiente jurídico-privada a propósito del tema objeto de examen. En cuanto que las cooperativas y las sociedades laborales son formas jurídicas creadas para establecer un marco conjunto de titularidad sobre una empresa, resulta necesario traer a colación a las disciplinas jurídico-públicas relevantes en dicho ámbito de actividad económica. Es el caso, esencialmente, del Derecho del Trabajo y del Derecho Tributario, donde las posibles estimaciones del legislador sobre el relevo generacional quizá no puedan verse de manera equivalente a las antes expresadas en relación con el Derecho privado.

Si en este último sector del ordenamiento afirmábamos el carácter secundario, en su caso, de las previsiones (siempre escasas) del legislador, tanto la esfera laboral como la tributaria se ven animadas con frecuencia por propósitos incentivadores. En este sentido, sin llegar a constituir necesariamente una variable independiente a propósito del relevo generacional, pueden alcanzar las correspondientes normas de dichas disciplinas una cierta autonomía susceptible de condicionar la configuración singular del supuesto en las cooperativas y en las sociedades laborales.

6. Para responder a las muchas preguntas que el relevo generacional puede suscitar en las dos figuras jurídicas consideradas en el presente libro, hará bien el lector en ignorar lo expuesto a lo largo de este extenso prólogo, concentrándose en el amplio elenco de estudios que lo componen. En ellos, a la luz del rigor mostrado por sus autores, encontrarán las muchas personas interesadas en la materia respuestas seguras y solventes, idóneas para ser trasladadas a la práctica inmediata que el relevo generacional pueda plantear tanto en las cooperativas como n las sociedades laborales.

No era fácil llevar adelante este trabajo conjunto, desde luego por la novedad de la materia, pero también por la falta de suficientes asideros conceptuales para enmarcar, aunque fuera mínimamente, los diversos estudios ahora publicados. Estamos, por tanto, ante una obra pionera, cuyos resultados, además de servir a la realidad práctica de las entidades de Economía social, podrán ser seguramente extrapolados a terrenos de mayor generalidad.

Pienso, desde luego, en la empresa familiar, cualquiera que sea la forma jurídica de que se revista, con el objetivo de que pueda salir del opresivo marco retórico en el que suele quedar aprisionada; pero cabe aludir, también, a las diversas organizaciones dotadas de personalidad jurídica, con independencia de que sean titulares, directos o indirectos, de explotaciones empresariales. También en ese amplio mundo del tercer sector resulta procedente plantearse el relevo generacional, no sólo por razones propiamente vitales, derivadas del inexorable fluir del tiempo, sino también por motivos de estricta eficacia organizativa.

Es obligado felicitar sinceramente a los autores por el excelente trabajo realizado y, de manera muy especial, a las profesoras Rosalía Alfonso y María del Mar Andreu, por haber conseguido llevar a buen puerto una iniciativa intelectual erizada de dificultades. Sólo cabe esperar ahora que este singular libro alcance el éxito que por su originalidad y alta calidad científica merece.

José Miguel Embid Irujo

Catedrático de Derecho Mercantil

Universidad de Valencia

Abreviaturas

AA.VV.	Autores Varios
BAG	*Bundesarbeitsgericht*
BOE	Boletín Oficial del Estado
BORM	Boletín Oficial del Registro Mercantil
CC	Código civil
CE	Constitución Española
CES	Comité Económico y Social
CESE	Comité Económico y Social Europeo
DA	Disposición adicional
DF	Disposición final
DGRN	Dirección General de los Registros y del Notariado
DGSJFP	Dirección General de Seguridad Jurídica y Fe Pública
DOUE	Diario Oficial de la Unión Europea
ECGI	*European Corporate Governance Institute*
ES	Economía Social
ESS	Economía Social y Solidaria
ITSS	Inspección de Trabajo y de la Seguridad Social
LCoop	Ley 27/1999, de 16 de julio, de Cooperativas
LEC	Ley de Enjuiciamiento Civil
LES	Ley 5/2011, de 29 de marzo, de Economía Social
LETA	Ley 20/2007, de 11 de julio, del Estatuto del trabajo autónomo
LFFE	Ley 5/2015, de 27 de abril, de fomento de la financiación empresarial
LGSS	Real Decreto Legislativo 8/2015, de 30 de octubre, por el que se aprueba el texto refundido de la Ley General de la Seguridad Social
LME	Real Decreto-ley 5/2023, de 28 de junio, de transposición de Directivas de la Unión Europea en materia de Modificaciones Estructurales

LSC	Real Decreto Legislativo 1/2010, de 2 de julio, por el que se aprueba el texto refundido de la Ley de Sociedades de Capital
LSAL	Ley 15/1986, de 25 de abril, de Sociedades Anónimas Laborales
LSL	Ley 4/1997, de 24 de marzo, de Sociedades Laborales
LSLP	Ley 44/2015, de 14 de octubre, de Sociedades Laborales y Participadas
ODS	Objetivos de Desarrollo Sostenible
OIT	Organización Internacional del Trabajo
PYMEs	Pequeñas y medianas empresas
RD	Real Decreto
RDL	Real Decreto-ley
RETA	Régimen Especial de Trabajadores Autónomos
RM	Registro Mercantil
RRDGRN	Resoluciones de la Dirección General de los Registros y del Notariado
RRM	Reglamento Registro Mercantil
SA	Sociedad Anónima
SAE	Sociedad Anónima Europea
SAL	Sociedad Anónima Laboral
SL	Sociedad Limitada
SLL	Sociedad Limitada Laboral
TFUE	Tratado de Funcionamiento de la Unión Europea
TGSS	Tesorería General de la Seguridad Social
TJUE	Tribunal de Justicia de la Unión Europea
TRADEs	Trabajadores autónomos económicamente dependientes
TRLET	Real Decreto Legislativo 2/2015, de 23 de octubre, por el que se aprueba el texto refundido de la Ley del Estatuto de los Trabajadores
TRLGSS	Real Decreto Legislativo 8/2015, de 30 de octubre, por el que se aprueba el texto refundido de la Ley General de la Seguridad Social
UE	Unión Europea

Capítulo 1

Relevo generacional en la empresa. Estado de la cuestión en la Unión Europea

María Dolores Ortiz Vidal
Profesora Contratada Doctora de Derecho Internacional y Relaciones Internacionales
Universidad de Murcia

SUMARIO: I. INTRODUCCIÓN. II. RELEVO GENERACIONAL EN EMPRESAS: CONCEPTOS CLAVE. III. POLÍTICAS Y PROGRAMAS DE LA UNIÓN EUROPEA PARA EL RELEVO GENERACIONAL EN EMPRESAS. *1. Directiva 2000/78/CE del Consejo, de 27 de noviembre de 2000, relativa al establecimiento de un marco general para la igualdad de trato en el empleo y la ocupación. 2. La Estrategia Europa 2020: en busca de un crecimiento inteligente, sostenible e integrador. 3. Programa para la Competitividad de las Empresas y las PYMEs (COSME). 4. Fondo Social Europeo Plus. 5. Política Agrícola Común.* IV. CONSIDERACIONES FINALES. V. BIBLIOGRAFÍA.

I. INTRODUCCIÓN

En la actualidad, aproximadamente 448 millones de personas residen en el territorio de los Estados miembros de la Unión Europea, siendo el perfil demográfico de sus regiones muy variado[1]. Sin embargo, a pesar de estas diferencias, resulta oportuno mencionar que, en todos los países miembros, en las últimas cinco décadas, la esperanza de vida al nacer ha aumentado aproximadamente en diez años, tanto para las mujeres como

1. https://www.ine.es/prodyser/demografia_UE/bloc-1a.html?lang=es

para los hombres. Este hecho ha generado un alto impacto en el ámbito económico, sanitario y sociolaboral.

En este contexto, cabe recordar que, en el marco de la Unión Europea, el aumento de la esperanza de vida —debido, entre otros factores, a la adopción de hábitos más saludables y a los avances en la atención médica— acompañado de una baja tasa de fecundidad, ha traído como consecuencia que la población en edad laboral disminuya progresivamente[2]. En el día de hoy, existe cada vez un mayor número de personas que se jubilan y un menor número de jóvenes que se incorporan al mercado laboral, especialmente en ciertos sectores de trabajo, tal y como se verá a lo largo del presente estudio[3].

Esta situación podría dar lugar a un aumento del riesgo de escasez de mano de obra lo que, a su vez, comportaría un difícil mantenimiento de la producción de bienes y de la prestación de servicios que, en última instancia, podría afectar a la prosperidad y al bienestar de todos los ciudadanos de la Unión Europea[4].

Ante esta realidad, el envejecimiento de la población se ha convertido en un desafío complejo y multifacético que requiere una minuciosa planificación y una continua colaboración entre las instituciones de la Unión Europea, los gobiernos de los Estados miembros y la sociedad civil[5]. Con la finalidad de poder hacer frente a este nuevo reto, la tríada mencionada con anterioridad se comprometió adoptar medidas encaminadas a alcanzar el justo equilibrio entre unas soluciones sostenibles para nuestra red de protección social y un refuerzo de la solidaridad y la justicia intergeneracional entre los jóvenes y las personas mayores, dando cabida al relevo generacional.

Sin embargo, hasta la fecha, las instituciones de la Unión Europea no se han pronunciado expresamente sobre el relevo generacional en las empresas y los programas y las políticas de los gobiernos de los Estados miembros de la Unión Europea se han limitado a potenciar una vida laboral más pro-

2. ARES CASTRO-CONDE, C., «Algunos apuntes sobre el nuevo contrato intergeneracional europeo», *Anuario de la Facultad de Derecho de la Universidad Autónoma de Madrid*, núm. 25, 2021, pp. 281-303.
3. FERNÁNDEZ GARCÍA, R., «La gestión de la prevención ante el envejecimiento de la población laboral», *Gestión práctica de riesgos laborales: integración y desarrollo de la gestión de la prevención*, núm. 176, 2019, pp. 7-15.
4. ESTÉBANEZ ESTÉBANEZ, P., «El Estado del Bienestar ante el envejecimiento de la población», *Temas para el debate*, núm. 145, 2006, pp. 62-64.
5. *Libro verde sobre el envejecimiento. Fomentar la solidaridad y la responsabilidad entre generaciones* [Bruselas (COM) 2021 50 final, de 27 de enero de 2021].

longada, a través de la introducción de reformas en los sistemas de protección social y de las pensiones[6].

Ante esta realidad, el presente trabajo reflexionará sobre cuál es el estado de la cuestión del relevo generacional en las empresas en la Unión Europea y si las normas, políticas y programas adoptados por sus instituciones y órganos son suficientes y adecuadas para que las empresas —especialmente las pequeñas y medianas, que constituyen uno de los principales pilares económicos de la Unión— puedan abordar una verdadera planificación del relevo generacional, que ofrezca auténticas oportunidades para el aprendizaje, la innovación y la colaboración intergeneracional.

II. RELEVO GENERACIONAL EN EMPRESAS: CONCEPTOS CLAVE

El relevo generacional constituye el procedimiento por el que los trabajadores de una empresa —con independencia de que sean propietarios o asalariados— traspasan gradualmente sus roles y sus responsabilidades a la siguiente generación, más joven, con el principal objetivo de poder garantizar la continuidad y, por ende, el éxito de la compañía en el futuro[7].

Este traspaso implica la cesión de aspectos empresariales y también de cualesquiera otros de carácter personal[8]. Por tanto, la generación más avanzada en edad transfiere a la más joven el papel que desempeña en la compañía —sus conocimientos, responsabilidades y experiencia acumulada— y la gestión de sus activos empresariales —financieros o patrimoniales— tales como sus acciones, propiedades e inversiones.

Al hilo de esta afirmación, cabe señalar que durante el proceso de transición generacional —que puede ser más o menos prolongado en el tiempo—. será habitual que se produzcan cambios en la cultura organizativa de la empresa, así como en la forma en la que se toman las decisiones y se dirige la entidad[9]. Excepcionalmente, la apertura de tal proceso de transición podría llegar a ocasionar un conflicto entre los trabajadores de la empresa,

6. GIL ALONSO, F., «Envejecimiento y sostenibilidad del sistema de pensiones: escenarios prospectivos para España en el marco de la Unión Europea», AA.VV., *Cambio demográfico y socio territorial en un contexto de crisis* (Coord. LÓPEZ GAY), Asociación de Geógrafos Españoles, Madrid, 2014, pp. 164-177.
7. MUÑOA, G., «El relevo generacional en la empresa familiar», *Revista APD: Asociación para el Progreso de la Dirección*, núm. 268, 2011, pp. 54-55.
8. GARCÍA-TENORIO RONDA, J./PÉREZ RODRÍGUEZ, M. J., «El relevo generacional y la estrategia de recursos humanos en la empresa familiar», *Partida Doble*, núm. 210, 2009, pp. 88-97.
9. SALAS FUMÁS, V./GALVE GÓRRIZ, «Gobierno y estrategia de la empresa familiar: una comparación generacional», *Revista de Responsabilidad Social de la Empresa*, núm. 7, 2011, pp. 15-46.

siendo su gestión efectiva la clave para alcanzar una transición exitosa. Sirva como ejemplo, la elaboración de un acuerdo de sucesión, una sólida planificación fiscal y una óptima gestión de activos.

El relevo generacional marca, como principal objetivo, asegurar la continuidad y la sostenibilidad de la empresa en el futuro, sin interrupciones significativas de las operaciones comerciales. Para ello, se requiere la instauración progresiva de un proceso de transferencia generacional, planificado y estratégico, adecuado a las necesidades y a los intereses específicos de la compañía.

El primer paso consiste en identificar a los sucesores[10]. En el caso de que la empresa sea familiar, el supuesto más común y frecuente será que los descendientes sucedan a sus progenitores en el desempeño del mismo puesto de trabajo. Ahora bien, en los demás casos, se recomienda que el área de recursos humanos de la empresa abra un proceso de selección, con la finalidad de que pueda evaluar las habilidades y las competencias de las personas elegidas para los puestos de trabajo que se deben cubrir.

Se trata de seleccionar a aquellos candidatos que posean tales competencias y habilidades o que, al menos, tengan el suficiente potencial para desarrollarlas en un ámbito empresarial en constante cambio. En concreto, la persona responsable del área de recursos humanos valorará sus conocimientos, su experiencia laboral y la capacidad del candidato para aprender y adaptarse a la asunción de posibles nuevas responsabilidades: liderar y colaborar con otros equipos de trabajo, tomar decisiones difíciles y hacer frente a desafíos estratégicos.

Dichas habilidades y competencias laborales deben venir acompañadas del compromiso y la pasión por el negocio, con el objetivo de que el sucesor pueda garantizar el éxito de la empresa a largo plazo. Tales características serán habituales en los casos de empresas familiares, pero excepcionales en los demás supuestos. Por esta razón, se recomienda priorizar la selección de aquellos aspirantes que muestren un gran interés y dedicación hacia el desempeño de su puesto de trabajo y, por extensión, hacia la empresa.

Además, el candidato debe ser un buen comunicador. Esta exigencia es fundamental para que exista una cordial relación empresarial entre el sucesor y los antiguos trabajadores de la compañía, los clientes, los socios y

10. AVELLÁN HERRERA, V./HERNÁNDEZ JUNCO, V., «Caracterización del proceso de relevo generacional en empresas familiares de países sudamericanos», *Entreciencias: diálogos en la sociedad del conocimiento*, núm. 23, 2021, pp. 1-17.

cualquier otra parte implicada en las operaciones comerciales de la empresa.

El segundo paso —una vez que se haya identificado al sucesor, con arreglo a los criterios y valores mencionados anteriormente— supone la potenciación y el desarrollo de las competencias y habilidades de la persona seleccionada para que, cuando proceda, pueda asumir su nuevo papel en la compañía[11].

A lo largo de este proceso —también de duración variada según las circunstancias específicas de cada caso— se establece una relación de *mentoring*[12]. Esto es, un compromiso a largo plazo entre mentor y sucesor, que implica una inversión de tiempo y de energía por parte de ambos y que trae como consecuencia un aprendizaje mutuo porque las dos partes se benefician de dicha relación. Por un lado, el mentor comparte su visión, conocimiento y experiencia, brindándole su apoyo y su orientación personalizada a lo largo del camino, atendiendo a sus específicas necesidades y a las metas marcadas. Por otro lado, el sucesor se compromete a aprender y a aplicar tal sabiduría en su propio crecimiento y desarrollo.

El éxito de la relación de *mentoring* se medirá a través del cumplimiento de las metas fijadas y del crecimiento personal y profesional del sucesor. Ahora bien, la estrategia de sucesión no es estática, sino que debe adaptarse a las necesidades cambiantes de la empresa y a la capacidad del sucesor. Por este motivo, la planificación del relevo generacional constituye un proceso en curso que requiere evaluación y ajustes a lo largo del tiempo, atendiendo a la específica situación de la empresa. A este respecto, se valora positivamente que dicho plan se pronuncie sobre el tratamiento de las cuestiones legales y financieras más relevantes, tal y como podrían ser la transferencia de la propiedad de la empresa, la gestión de sus activos y la optimización fiscal[13].

11. GALLEGO DOMÍNGUEZ, I., «El protocolo familiar. Un instrumento para la vida y el relevo generacional en la empresa familiar», *Estudios de Derecho Civil en homenaje al Profesor José González García* (Coord. JIMÉNEZ LIÉBANA), Thomson-Reuters Aranzadi, Navarra, 2012, pp. 395-418.
12. GUILLÉN SUBIRÁN, C., «Coexistencia generacional en los entornos de trabajo: cómo conseguir que las diferentes generaciones integren en sus valores la prevención de riesgos laborales», *Gestión práctica de riesgos laborales: integración y desarrollo de la gestión de la prevención*, núm. 196, 2021, pp. 28-36.
13. MARÍN BENÍTEZ, G., «Los incentivos fiscales al relevo generacional en la empresa familiar y su controvertida aplicación práctica», *Revista Técnica Tributaria*, núm. 114, 2016, pp. 29-64.

III. POLÍTICAS Y PROGRAMAS DE LA UNIÓN EUROPEA PARA EL RELEVO GENERACIONAL EN EMPRESAS

El Tratado de la Unión Europea incorpora, entre sus objetivos, el desarrollo de una estrategia coordinada tendente al pleno empleo, a través de la colaboración entre las políticas en materia de empleo de los Estados miembros, a fin de potenciar la existencia de una mano de obra cualificada, formada y adaptable (art. 3.3 TUE)[14].

Ahora bien, en la actualidad, la Unión Europea no dispone de una normativa específica que aborde la temática del relevo generacional en empresas de manera directa. No obstante, existen algunas Directivas y políticas relacionadas con el empleo, la igualdad de oportunidades y la promoción de la inversión en pequeñas y medianas empresas que sí están relacionadas con el tema del relevo generacional en el contexto empresarial, las cuales se abordarán a continuación.

1. DIRECTIVA 2000/78/CE DEL CONSEJO, DE 27 DE NOVIEMBRE DE 2000, RELATIVA AL ESTABLECIMIENTO DE UN MARCO GENERAL PARA LA IGUALDAD DE TRATO EN EL EMPLEO Y LA OCUPACIÓN

El empleo y la ocupación son elementos esenciales para garantizar la igualdad de oportunidades para todos los ciudadanos de la Unión Europea y contribuyen decisivamente a su plena participación en la vida económica, cultural y social, así como a su desarrollo personal[15].

Ante esta situación, la Directiva 2000/78/CE[16] tiene por objeto establecer un marco general para luchar contra la discriminación por motivos de religión o convicciones, de discapacidad, de edad o de orientación sexual en el ámbito del empleo y la ocupación, con el fin de que en los Estados miembros se aplique el principio de igualdad de trato (art. 1 Directiva 2000/78/CE).

En lo que atañe al presente trabajo, la discriminación por motivos de edad puede poner en peligro la consecución de algunos de los objetivos del Tratado de la Unión Europea, tal y como son el logro de un alto nivel de empleo y de protección social, la elevación del nivel y de la calidad de vida,

14. *DOUE* C 83/13, de 30 de marzo de 2010.
15. GONZÁLEZ COBALEDA, E., «Mayores: la lenta evolución de las políticas de empleo y el auge de la discriminación por edad», *El empleo de los colectivos vulnerables en el marco de la transformación tecnológica: una aproximación jurídico-social* (Coord. MONTES ADALID), Comares, Granada, 2022, pp. 169-190.
16. *DOCE* núm. 303, de 2 de diciembre de 2000.

la cohesión económica y social, la solidaridad y la libre circulación de personas (*Vid.*, art. 3 TUE y Considerando 11 Directiva 2000/78/CE).

En este contexto, la Directiva 2000/78/CE se encuentra estrechamente vinculada con el relevo generacional porque aquélla promueve la igualdad de oportunidades en el lugar de trabajo para las personas de todas las edades. En particular, la norma obliga a los Estados miembros a garantizar que el empleador trate a todos los trabajadores de manera justa, con independencia de su edad y les ofrezca igualdad de oportunidades para su desarrollo profesional y su promoción.

De la afirmación anterior cabe deducir que la Directiva prohíbe la generación de cualquier discriminación —directa o indirecta— por motivo de edad en los ámbitos del empleo y la ocupación. Por tanto, el empleador no puede tratar al trabajador de manera desfavorable debido a su edad, lo que también es relevante en el marco del relevo generacional.

Además, el ámbito de aplicación de la presente Directiva también incide en el relevo generacional. Prueba de ello es que ésta se aplica a todas las personas —con independencia de que pertenezcan al sector público o al sector privado— en relación con el acceso a todos los tipos y niveles de empleo y formación profesional, incluida la experiencia laboral práctica [art. 3.1.b) Directiva 2000/78/CE][17].

En este marco, la relación entre la norma y el relevo generacional se observa desde una doble perspectiva. Por una parte, se potencia la adopción de medidas de acción positiva, encaminadas a promover la igualdad de oportunidades en el empleo para aquellos grupos de personas que históricamente hayan sido desfavorecidos o marginados, lo que podría incluir a los jóvenes y a los trabajadores mayores. A este respecto, se fomenta la realización de prácticas laborales justas, que comportan la evaluación de los trabajadores en función de sus méritos y capacidades en lugar de su edad. Por otra parte, la Directiva garantiza la igualdad de acceso a la formación y el desarrollo profesional de los trabajadores, independientemente de su edad, lo que implica que tanto los trabajadores jóvenes como los mayores tengan la oportunidad de adquirir nuevas habilidades y conocimientos.

17. La presente Directiva sigue la línea de pensamiento marcada por las Directrices para el empleo del año 2000, aprobadas por el Consejo Europeo reunido en Helsinki, los días 10 y 11 de diciembre de 1999: https://www.europarl.europa.eu/summits/hel1_es.htm. Éstas subrayan la necesidad de promover un mercado de trabajo favorable a la integración social, mediante la formulación de una serie coherente de políticas dirigidas a prestar especial atención al apoyo concedido a los trabajadores de más edad, a fin de prolongar su participación en la población activa.

Sin embargo, la Directiva permite que, en muy contadas circunstancias, se pueda justificar una diferencia de trato por razón de la edad, tal y como podría ser que ésta constituya un requisito profesional esencial y determinante (Considerando 23 Directiva 2000/78/CE). Por tanto, la norma deja en manos de cada Estado miembro la posibilidad de que señale, en qué casos y con arreglo a qué criterios, una diferencia de trato por motivo de edad no constituye discriminación porque está justificada.

Ahora bien, la Directiva cita, a título ejemplificativo, tres supuestos que podrían calificarse por parte de las autoridades de los Estados miembros como diferencias de trato justificadas por razón de la edad (art. 6.1 *in fine* Directiva 2000/78/CE): a) el establecimiento de condiciones especiales de acceso al empleo y a la formación profesional, de empleo y de trabajo, incluidas las condiciones de despido y recomendación, para los jóvenes y los trabajadores de mayor edad, con vistas a favorecer su inserción profesional. b) el establecimiento de condiciones mínimas en lo que se refiere a la edad, la experiencia profesional o la antigüedad en el trabajo para acceder al empleo o a determinadas ventajas vinculadas al mismo. c) el establecimiento de una edad máxima para la contratación, que esté basada en los requisitos de formación del puesto en cuestión o en la necesidad de un período de actividad razonable previo a la jubilación.

Al hilo de estos supuestos, cabe mencionar que la Directiva establece dos límites: alcance de un objetivo legítimo y principio de proporcionalidad (art. 6.1 Directiva 2000/78/CE). A estos efectos, se considera finalidad legítima aquella que incluye los objetivos de las políticas de empleo, del mercado de trabajo y de la formación profesional, siempre que para lograrse se utilicen medios adecuados, necesarios y proporcionados[18].

En sintonía con todo lo anterior, cabe concluir que la presente Directiva, a pesar de que no se pronuncia expresamente sobre el concepto del relevo generacional en empresas, promueve el cumplimiento de principios generales —tal y como son la igualdad de oportunidades en el empleo para todas las edades y la prohibición de una discriminación basada en la edad en el ámbito laboral— que son aplicables a la planificación del relevo generacional.

Ahora bien, la Directiva es una norma de mínimos. Por tanto, los Estados miembros podrán adoptar o mantener disposiciones más favorables para

18. MENÉNDEZ SEBASTIÁN, P., «Discriminación por razón de edad», *Condiciones de empleo y relaciones de trabajo en el Derecho de la Unión Europea: un estudio de la jurisprudencia del Tribunal de Justicia* (Dir. GARCÍA MURCIA), Thomson-Reuters Aranzadi, Navarra, 2017, pp. 527-586.

la protección del principio de igualdad de trato que las previstas en ella (art. 8.1 Directiva 2000/78/CE). No obstante, cabe recordar que, dada la importancia del contenido de la norma sobre igualdad de trato en materia de empleo y ocupación, podría ser recomendable valorar la posibilidad de que ésta se publicara como Reglamento y no como Directiva.

Ello se debe a que el Reglamento es un acto jurídico de alcance general, obligatorio en todos sus elementos y directamente aplicable en cada Estado miembro (art. 288.2 TFUE). Se trata de una norma con vocación de generalidad[19] que vincula tanto en los fines como en los medios[20].

A diferencia de ello, la Directiva sólo es obligatoria respecto de los fines (art. 288.3 TFUE). Esta obligación se concreta en dos aspectos: el plazo para alcanzar dichos resultados y su contenido material. Por tanto, los Estados miembros están obligados a adoptar las medidas apropiadas y a acometer la transposición de la Directiva en el concreto plazo que ésta señale. En caso contrario, los Estados miembros incurrirán en una infracción del Derecho de la Unión Europea, concretamente del precepto de la Directiva que impone el plazo de transposición[21].

En consecuencia, elegir el Reglamento en lugar de la Directiva para la regulación de la igualdad de trato en materia de empleo y ocupación implica garantizar que un Estado miembro no aplique —de manera incompleta o selectiva— las disposiciones de la norma porque ello podría frustrar la aplicación de ciertas disposiciones de la legislación de la Unión Europea, respecto de las cuales hubiera manifestado su oposición o las hubiera estimado contrarias a ciertos intereses nacionales[22].

Además, el Reglamento es un acto jurídico directamente aplicable en cada Estado miembro, lo que implica que los países no tienen la obligación de incorporar a su ordenamiento interno su contenido, tal y como sucede con la Directiva[23]. Esta situación garantiza una buena administración de la

---

19. STJCE, de 11 de julio de 1968, *Zuckerfabrik Watenstedt GmbH c. Consejo de las Comunidades Europeas*, as. 6/68.
20. STJCE, de 30 de noviembre de 1972, *NV Granaria Graaninkoopmaatschappij c. Produktschap voor Veevoeder*, as. 18/72, FD. 16 y 17.
21. STJUE (Gran Sala), de 29 de julio de 2019, *Inter-Environnement Wallonie ASBL y Bond Beter Leefmilieu Vlaanderen ASBL c. Conseil des ministres*, as. C-411/17.
22. STJCE de 7 de febrero de 1973, *Comisión de las Comunidades Europeas c. República Italiana*, as. 39/72, FD. 20.
23. La Directiva 2000/78/CE del Consejo, de 27 de noviembre de 2000, relativa al establecimiento de un marco general para la igualdad de trato en el empleo y la ocupación, se incorporó tardíamente al ordenamiento jurídico español a través de la aprobación de la Ley 62/2003, de 30 de diciembre, de medidas fiscales, administrativas y de orden social (*BOE* núm. 313, de 31 de diciembre de 2003).

justicia y respeta el principio de seguridad jurídica porque evita que la norma produzca efectos —y éstos se desplieguen con plenitud— sólo después de que intervengan los Estados miembros.

A lo anterior hay que añadir que la Directiva se pronuncia sobre la necesidad de introducir, en el ordenamiento jurídico de cada Estado miembro, medios de protección jurídica adecuados respecto de aquellas personas que hayan sido objeto de discriminación basada en la edad[24]. Ahora bien, se limita a afirmar que los órganos judiciales de cada Estado miembro —con arreglo a la legislación o práctica nacional— serán los competentes para apreciar los hechos y que, en los asuntos en los que se presuma discriminación, la carga de la prueba recaerá en la parte demandada (Considerandos 15 y 31 Directiva 2000/78/CE). Por tanto, el nivel de protección podrá ser distinto en cada Estado miembro.

2. LA ESTRATEGIA EUROPA 2020: EN BUSCA DE UN CRECIMIENTO INTELIGENTE, SOSTENIBLE E INTEGRADOR

El antecedente más inmediato de la Estrategia Europa 2020 fue la Estrategia de Lisboa, cuyo principal objetivo para el conjunto de la Unión Europea se centraba en convertir a la economía de la Unión en «la economía del conocimiento más dinámica del mundo, con mayor crecimiento del empleo y mayor cohesión social antes de 2010»[25]. Sin embargo, la crisis financiera y económica de 2008 reveló y exacerbó importantes puntos débiles en la Unión Europea y puso de manifiesto la estrecha interdependencia de las economías de los Estados miembros.

Ante esta situación, el Consejo Europeo celebrado en Bruselas, los días 25 y 26 de marzo de 2010, a propuesta de la Comisión, consideró la puesta en marcha de la Estrategia Europa 2020, cuya finalidad era lograr, a lo largo de una década, un «crecimiento inteligente, sostenible e integrador»[26]. Ello

---

24. FERNÁNDEZ LÓPEZ, M. F./CALVO GALLEGO, F. J., «El tratamiento internacional y comunitario del empleo de las personas de edad avanzada: entre la prohibición de discriminación y el envejecimiento activo», *Personas de edad avanzada y mercado de trabajo: entre el envejecimiento activo y la estabilidad presupuestaria* (Coord. ÁLVAREZ CORTÉS), Tirant lo Blanch, Valencia, 2016, pp. 87-119.
25. DEL VAL TENA, A. L., «La política de empleo en la Unión Europea: de la Estrategia de Lisboa a la Estrategia Europa 2020», *Temas Laborales*, núm. 106, 2010, pp. 99-129. También, en este sentido, véanse las Conclusiones de la Presidencia del Consejo Europeo de Lisboa, 23 y 24 de marzo de 2000: *https://www.europarl.europa.eu/summits/lis1_es.htm#2*
26. Comunicación de la Comisión «Europa 2020. Una estrategia para un crecimiento inteligente, sostenible e integrador» (COM (2010) 2020 final; Bruselas, 3 de marzo de 2010).

se traducía en que la Unión Europea y sus Estados miembros debían crecer, desde una triple perspectiva[27]: a través del desarrollo de los conocimientos y de la innovación (crecimiento inteligente); mediante la creación de una economía más verde, más eficaz en la gestión de los recursos (crecimiento sostenible) y orientada a reforzar el empleo, la cohesión social y territorial (crecimiento integrador).

Al hilo de este triple punto de vista, cabe traer a colación el relevo generacional porque la Estrategia Europa 2020 se pronunciaba sobre la necesidad y la urgencia de promocionar el empleo para todas las edades, la inclusión social y la mejora de las condiciones laborales. Para ello, la Unión Europea se marcó como objetivo específico que, a más tardar en 2020, al menos el 75% de la población activa, de entre 20 y 64 años, estuviera empleada[28].

A los solos efectos de lograr este objetivo, la Comisión propuso el apoyo de siete iniciativas emblemáticas, que se materializarían en el ámbito de la Unión Europea y también en sus Estados miembros, la cuales pueden concretarse en las siguientes:

- «Unión por la innovación»[29]: esta iniciativa se orientaba a garantizar que las ideas innovadoras se pudieran convertir en productos y servicios que generaran crecimiento y empleo. Desde este postulado, la innovación y el relevo generacional se hallan interconectados en el contexto de la gestión empresarial y el desarrollo económico.

  Por una parte, la innovación es siempre atractiva para atraer a los jóvenes talentos y desempeña un papel crucial en la preparación de la próxima generación de líderes y en la sostenibilidad a largo plazo de las empresas. Los sucesores pueden necesitar estar al tanto de las últimas tecnologías y métodos digitales para mantener la competitividad de la empresa, siendo útil su involucración en la

---

La Estrategia Europa 2020 se aplica a través la Recomendación (UE) 2015/1184, del Consejo, de 14 de julio de 2015, relativa a las orientaciones generales para las políticas económicas de los Estados miembros y de la Unión Europea (*DOUE* L 192/27, de 18 de julio de 2015) y de la Decisión (UE) 2015/1848 del Consejo, de 5 de octubre de 2015, relativa a las orientaciones para las políticas de empleo de los Estados miembros para 2015 (*DOUE* L 268/28, de 15 de octubre de 2015).

27. MATÍA GALLO, N., «Estrategia Europa 2020: la estrategia europea para un crecimiento inteligente, sostenible e integrador», *Derecho y Cambio Social*, núm. 41, 2015, pp. 1-17.
28. REY SUÁREZ, P. M., «Los trabajadores mayores y la Estrategia Europa 2020», *Revista Galega de Economía*, vol. 21, núm. extraordinario, septiembre 2012, pp. 1-23.
29. https://commission.europa.eu/research-and-innovation_en

exploración de nuevos enfoques y estrategias de negocio. Por otra parte, la innovación no sólo se limita al ámbito tecnológico, sino que puede extenderse a la creación de nuevos productos, servicios y procesos, tal y como se indicó con anterioridad. Ello podría resultar valioso, en el marco del relevo generacional, para impulsar la diversificación y la expansión de la empresa hacia nuevos mercados y nuevas áreas de negocio, lo que puede crear oportunidades para los sucesores.

- «Juventud en movimiento»[30]: esta iniciativa se dirigía, fundamentalmente, a mejorar el rendimiento académico de los estudiantes y a facilitar la entrada de los jóvenes en el mercado de trabajo. Sin embargo, su enfoque en el desarrollo de habilidades, el emprendimiento y la colaboración intersectorial podría tener implicaciones indirectas para el relevo generacional en empresas y la economía en general.

  La preparación de la próxima generación de líderes y trabajadores es esencial para garantizar la continuidad y el crecimiento sostenible en el marco empresarial y económico de la Unión Europea. Además, esta iniciativa también ha promovido el espíritu empresarial entre los jóvenes, lo que puede dar lugar a la creación de nuevas oportunidades para el relevo generacional en el contexto empresarial[31].

  A lo anterior hay que añadir que la iniciativa «Juventud en movimiento» involucraba, a menudo, la colaboración entre el sector público, el sector privado y organizaciones de la sociedad civil. Esta cooperación también podría proporcionar un entorno propicio para la transferencia de conocimientos y la creación de oportunidades de relevo generacional en empresas.

- «Una agenda digital para Europa»[32]: esta iniciativa se centraba en impulsar la transformación digital en Europa. Si bien su objetivo principal era promover la economía digital y mejorar la infraestructura tecnológica en la región, también podría tener implicacio-

30. Comunicación de la Comisión al Parlamento Europeo, al Consejo, al Comité Económico y Social Europeo y al Comité de las Regiones: «Juventud en Movimiento. Una iniciativa destinada a impulsar el potencial de los jóvenes para lograr un crecimiento inteligente, sostenible e integrador en la Unión Europea» [COM (2010) 477 final; Bruselas, 15 de septiembre de 2010].
31. BAVIERA PUIG, I., «Perspectivas del empleo de los jóvenes en el marco de la Estrategia Europa 2020», *Revista española de derecho del trabajo*, núm. 195, 2017, pp. 165-192.
32. https://www.europarl.europa.eu/erpl-app-public/factsheets/pdf/es/FTU_2.4.3.pdf

nes para el relevo generacional en empresas y en la fuerza laboral en general. Prueba de ello es que, en un entorno empresarial cada vez más digitalizado, la próxima generación de trabajadores y líderes empresariales debe estar familiarizada con las tecnologías emergentes y preparada para operar en un entorno digital.

La Agenda Digital también podría impulsar la creación de *startups* digitales dirigidas por jóvenes emprendedores, lo que podría afectar positivamente al relevo generacional en el mundo empresarial. Asimismo, se podría facultar a los sucesores para que pudieran desarrollar redes profesionales y establecer conexiones con otros líderes empresariales y empresarios. Estas redes resultarán muy valiosas para el relevo generacional porque facilitan la identificación de sucesores y mentores.

– «Una Europa que utilice eficazmente los recursos»[33]: las iniciativas que promueven la eficiencia en el uso de recursos están relacionadas, frecuentemente, con la economía circular y la sostenibilidad. Esto puede influir en la forma en que las empresas operan y en cómo se gestionan los recursos, lo que podría afectar a las oportunidades de empleo y a las perspectivas de crecimiento para la próxima generación de trabajadores.

  En este contexto, los jóvenes emprendedores pueden ver oportunidades en la creación de empresas que se centren en la eficiencia de recursos y la sostenibilidad, lo que a su vez implica la exploración de nuevos modelos de negocio que sean más sostenibles. Asimismo, la sostenibilidad puede influir en la cultura empresarial, incluida la forma en la que se toman las decisiones y se establecen las prioridades para las empresas. Ello podría tener un impacto en cómo se gestiona el relevo generacional en términos de valores y de enfoques.

– «Una política industrial para la era de la mundialización»[34]: aunque la política industrial está diseñada principalmente para impulsar la competitividad y la sostenibilidad de las empresas europeas, sus efectos pueden tener implicaciones para el relevo generacional en términos de oportunidades de empleo, cultura empresarial, desarrollo de habilidades y enfoques empresariales.

33. https://environment.ec.europa.eu/topics/circular-economy_en
34. Comunicación de la Comisión al Parlamento Europeo, al Consejo, al Comité Económico y Social Europeo y al Comité de las Regiones: «Una política industrial integrada para la era de la globalización: poner la competitividad y la sostenibilidad en el punto de mira» [COM (2010) 614 final; Bruselas, de 28 de octubre de 2010].

En concreto, la política industrial integrada busca promover la sostenibilidad empresarial, lo que puede afectar la forma en que las empresas operan y gestionan sus recursos. Esto podría influir en las oportunidades de empleo y en las perspectivas de crecimiento para la próxima generación de trabajadores y líderes empresariales. Asimismo, la política industrial, a menudo, implica colaboración entre el sector público y el privado. Esta colaboración puede proporcionar oportunidades para la transferencia de conocimientos y la creación de oportunidades de relevo generacional en empresas.

- «Agenda de nuevas calificaciones y empleos»[35]: el programa se centra en el desarrollo de competencias y habilidades necesarias para el mercado laboral actual y futuro. Esto es relevante para el relevo generacional, ya que la próxima generación de trabajadores y líderes empresariales debe estar preparada, con las habilidades adecuadas, para asumir roles de liderazgo y responsabilidad en las empresas.

  Así, la Agenda puede influir en la forma en la que se aborda la flexibilidad laboral y el equilibrio entre trabajo y vida personal, lo que podría ser relevante para las preferencias laborales de la próxima generación. En concreto, se busca la modernización de los mercados laborales y la potenciación de la autonomía de las personas mediante el desarrollo de capacidades a lo largo de su vida, con el fin de aumentar la participación laboral y adecuar mejor la oferta y la demanda de trabajos.

- «Plataforma europea contra la pobreza»[36]: esta plataforma, al abordar la pobreza y la exclusión social, busca mejorar el acceso al empleo para todos los grupos demográficos, incluida la próxima generación de trabajadores[37]. Esta situación influye, si bien de manera indirecta, en el relevo generacional porque fomenta un ambiente empresarial más inclusivo que considera como posibles sucesores a personas de distintas edades y orígenes.

---

35. Comunicación de la Comisión al Parlamento Europeo, al Consejo, al Comité Económico y Social Europeo y al Comité de las Regiones: «Una estrategia para nuevas competencias y empleos: contribución europea al pleno empleo» [COM (2010) 682 final; Bruselas, 23 de noviembre de 2010].
36. Comunicación de la Comisión al Parlamento Europeo, al Consejo, al Comité Económico y Social Europeo y al Comité de las Regiones: «La Plataforma Europea contra la Pobreza y la Exclusión Social: Un marco europeo para la cohesión social y territorial» [COM (2010) 758 final; Bruselas, 16 de diciembre de 2010].
37. ESTÉVEZ ARAUJO, J. A., «Pobreza y empleo en la Estrategia Europa 2020», *Oxímora. Revista Internacional De Ética y Política*, núm. 14, 2019, pp. 1-9.

En definitiva, a pesar de que la Estrategia Europa 2020 no aborda específicamente el relevo generacional en empresas, promueve un entorno económico y laboral en el que el crecimiento sostenible y la inclusión son fundamentales. Estos elementos pueden influir en la forma en que las empresas abordan el relevo generacional y pueden tener un impacto en la planificación a largo plazo de las empresas en la Unión Europea.

3. PROGRAMA PARA LA COMPETITIVIDAD DE LAS EMPRESAS Y LAS PYMES (COSME)

El Programa para la Competitividad de las Empresas y las pequeñas y medianas empresas (en adelante, COSME) es la continuación del Programa para la Iniciativa Empresarial y la Innovación, desarrollado durante el período 2007-2013[38], con la salvedad de aquellas actuaciones que se incluyen en el Programa HORIZON 2020[39].

La institución de la Unión Europea encargada de gestionar el Programa COSME es la Comisión, si bien, su ejecución queda en manos de la Agencia Europea para las Pequeñas y Medianas Empresas (EASME)[40] y sus instrumentos financieros los regenta el Fondo Europeo de Inversiones[41].

En lo que concierne al presente trabajo, los objetivos del Programa COSME (2014-2020) pueden concretarse en los siguientes[42]:

- Facilitar el acceso de las pequeñas y medianas empresas a la financiación, a través del empleo de dos mecanismos[43]: el mecanismo de garantía de préstamos y el mecanismo de capital para el crecimiento.

38. En relación con ello, véase la Decisión n.º 1639/2006/CE, del Parlamento Europeo y del Consejo, de 24 de octubre de 2006, por el que se establece un programa marco para la innovación y la competitividad (2007-2013) (*DOUE* L 310/15, de 9 de noviembre de 2006).
39. https://www.horizonteeuropa.es/anteriores-programas/h2020
40. https://wayback.archive-it.org/12090/20210412123959/https://ec.europa.eu/easme/en/
41. https://europa.eu/institutions/financial/eif/index_es.htm
42. Reglamento (UE) N.º 1287/2013, del Parlamento Europeo y del Consejo, de 11 de diciembre de 2013, por el que se establece un Programa para la Competitividad de las Empresas y para las Pequeñas y Medianas Empresas (COSME) (2014-2020) y por el que se deroga la Decisión n.º 1639/2006/CE (*DOUE* L 347/33, de 20 de diciembre de 2013).
43. https://www.eif.org/what_we_do/guarantees/single_eu_debt_instrument/cosme-loan-facility-growth/index.htm

- Mejorar el acceso a los mercados apoyando a las empresas con sede en los Estados miembros de la Unión Europea, con la finalidad de que puedan beneficiarse de las ventajas que reporta el mercado único y de que puedan asimismo disfrutar de las posibilidades que ofrecen los mercados exteriores. Sirva como ejemplo la financiación de la *Enterprise Europe Network*.

- Crear un entorno favorable para la competitividad de las empresas, lo que incluye las acciones dirigidas a mejorar los marcos regulatorios y el fomento de los *clusters*.

- Fomentar el emprendimiento y la cultura empresarial, lo que integra el Programa Erasmus para Jóvenes Emprendedores[44]. Éste es un programa de intercambios transnacionales que ofrece a emprendedores noveles y personas que desean crear una empresa la oportunidad de aprender de empresarios experimentados que dirigen pequeñas empresas en otros países participantes.

De lo anterior puede desprenderse que el Programa COSME no se refiere expresamente al relevo generacional en las empresas en la Unión Europea. Ahora bien, se trata de un programa diseñado para asesorar y apoyar económicamente a las pequeñas y medianas empresas en su búsqueda de crecimiento y competitividad, lo que encaja perfectamente en el ámbito de la planificación del relevo generacional[45].

Desde este postulado, el Programa COSME contiene una amplia gama de instrumentos financieros y programas de garantía para las pequeñas y medianas empresas, que pueden ser utilizados por aquéllas que tengan abierto un proceso de relevo generacional para financiar la transición, la expansión o la modernización de la compañía.

El Programa COSME también oferta programas orientados a promover la innovación y la internacionalización de las pequeñas y medianas empresas, lo que puede provocar efectos —al menos de manera indirecta— en el marco del relevo generacional porque tales compañías podrán beneficiarse de nuevas oportunidades de mercado y de la adopción de prácticas empresariales más innovadoras. A este respecto, cabe señalar que el Programa COSME facilita la creación de redes y colaboración entre las empresas, lo

44. https://www.erasmus-entrepreneurs.eu/page.php?cid=5&pid=018&ctr=ES&;country=Espa%C3%B1a
45. A este respecto, véase «Annex to the Commission Implementing Decision on the financing of the programme for the Competitiveness of Enterprises and Small and Medium-sized Enterprises and the adoption of the work programme for 2020» [Bruselas C(2020) 111 final, de 17 de enero de 2020].

que puede resultar valioso para aquéllas que están buscando socios estratégicos u oportunidades de colaboración para realizar un proceso de sucesión.

Además, el Programa COSME incorpora medidas dirigidas a formar y asesorar a las pequeñas y medianas empresas, siendo este aspecto relevante en el ámbito del relevo generacional porque tales compañías podrán aprovechar estos recursos para desarrollar las competencias y habilidades de su generación más joven.

Las actividades que desarrolla el Programa COSME tienen continuidad en el futuro, a través del vigente el Programa COSME (2021-2027)[46]. En esencia, es un Programa muy similar a los anteriores, pero que incorpora dos novedades[47]: una es que sus instrumentos financieros se han integrado en *InvestEU*[48]. Otra es que se ha introducido un nuevo programa sobre el mercado único para empoderar y proteger a los europeos[49]. En relación con éste, cabe señalar que dicho programa se orienta a reforzar la gobernanza del mercado interior de la Unión Europea; impulsar la competitividad de las empresas, prestando especial atención a las pequeñas y medianas; promover la salud humana; y establecer el marco para la financiación de las estadísticas europeas.

En consecuencia, el Programa COSME ha sido diseñado para aplicar el *Small Business Act* de la Unión Europea, lo que incide en el marco del relevo generacional, tal y como ha quedado acreditado a lo largo del presente epígrafe, a pesar de que dicho Programa no se pronuncia expresamente sobre este ámbito.

4. FONDO SOCIAL EUROPEO *PLUS*

Durante más de seis décadas, el Fondo Social Europeo ha invertido en el futuro social de la ciudadanía de la Unión Europea. En la actualidad, el

46. https://eur-lex.europa.eu/ES/legal-content/glossary/cosme.html
47. FERNÁNDEZ ÁLVAREZ, A., ALBA ALONSO, J. y ANGIONE, A. E., «El programa COSME en el marco de la política industrial de la Unión Europea», *Boletín Económico de ICE. Información Comercial Española*, núm. 3138, 2021, pp. 59-74.
48. https://ec.europa.eu/investeuportal/desktop/es/index.html
49. Reglamento (UE) 2021/690, del Parlamento Europeo y del Consejo, de 28 de abril de 2021 por el que se establece un programa para el mercado interior, la competitividad de las empresas, incluidas las pequeñas y medianas empresas, el ámbito de los vegetales, animales, alimentos y piensos, y las estadísticas europeas (Programa para el Mercado Único), y se derogan los Reglamentos (UE) N.º 99/2013, (UE) N.º 1287/2013, (UE) N.º 254/2014 y (UE) N.º 652/2014 (Texto pertinente a efectos del EEE) (DOUE 153/1, de 3 de mayo de 2021).

nuevo Fondo Social Europeo Plus continuará siendo el principal instrumento de la Unión Europea para invertir en las personas[50].

El Reglamento (UE) 2021/1057, por el que se establece el Fondo Social Europeo Plus, persigue el objetivo de apoyar a los Estados miembros y a las regiones, a fin de lograr elevados niveles de empleo, una protección social justa y una mano de obra capacitada y resiliente preparada para el futuro mundo del trabajo[51]. Para ello, la Unión Europea y sus Estados miembros adoptarán medidas orientadas a potenciar la creación de unas sociedades inclusivas y cohesionadas, que aspiren a erradicar la pobreza y a cumplir con los principios establecidos en el pilar europeo de derechos sociales[52].

En este contexto, tomando en consideración la evolución del mundo laboral, la Unión Europea y sus Estados miembros deben estar preparados para afrontar los retos actuales y futuros en los ámbitos de educación, formación y aprendizaje permanente. Para ello, hay que potenciar un crecimiento inclusivo y mejorar las políticas sociales y de empleo, sin olvidar la sostenibilidad económica e industrial y la movilidad laboral[53].

Ante esta realidad, el Fondo Social Europeo Plus ayudará a las personas y a los Estados miembros a afrontar distintos desafíos, que abarcan desde la recuperación de la actual pandemia hasta el cumplimiento de los objetivos de la Unión Europea en los ámbitos de empleo, inclusión social, educación y clima[54].

En concreto, el Fondo Social Europeo Plus apoyará, complementará y añadirá valor a las políticas de los Estados miembros de la Unión Europea, con la finalidad de garantizar la igualdad de oportunidades, la igualdad de

50. https://ec.europa.eu/european-social-fund-plus/es
51. Reglamento (UE) 2021/1057, del Parlamento Europeo y del Consejo, de 24 de junio de 2021, por el que se establece el Fondo Social Europeo Plus (FSE+) y por el que se deroga el Reglamento (UE) N.º 1296/2013 (*DOUE* L 231/21, de 30 de junio de 2021).
52. A este respecto, véase el artículo 174 TFUE: «A fin de promover un desarrollo armonioso del conjunto de la Unión, ésta desarrollará y proseguirá su acción encaminada a reforzar su cohesión económica, social y territorial. La Unión se propondrá, en particular, reducir las diferencias entre los niveles de desarrollo de las diversas regiones y el retraso de las regiones menos favorecidas».
53. KAHALE CARRILO, D. T., «El Fondo Social Europeo y el fomento de la movilidad de trabajadores en la Unión Europea», *La libre circulación de trabajadores en la Unión Europea: situación actual y retos de futuro* (Coords. RODRÍGUEZ-RICO ROLDÁN y FERNÁNDEZ AVILÉS), Dykinson, Madrid, 2023, pp. 341-355.
54. Véase el documento: «Cantabria Europa: Revista de la Dirección General de Asuntos Europeos y Cooperación al Desarrollo», núm. 41, 2020, pp. 32-33.

acceso al mercado laboral, unas condiciones de trabajo justas y de calidad, la protección y la inclusión social[55].

A este respecto, cabe mencionar que el Fondo Social Europeo Plus no se refiere, expresamente, al relevo generacional en empresas. Sin embargo, tal y como se ha indicado con anterioridad, se trata de un instrumento financiero de la Unión Europea que desempeña un papel importante en la promoción del empleo, el desarrollo de habilidades y la inclusión de diferentes grupos de trabajadores, lo que puede tener implicaciones indirectas en el marco del relevo generacional.

Sirva como ejemplo que, en el período 2021-2027, el Fondo Social Europeo Plus invertirá en apoyar a los jóvenes que se han visto especialmente afectados por la crisis de la COVID-19. Los recursos del Fondo Social Europeo Plus se destinarán a ayudar a estos jóvenes a mejorar su educación y a encontrar un trabajo de calidad, lo que está relacionado con el relevo generacional en las empresas familiares.

Además, cabe señalar que el Fondo Social Europeo Plus financia una amplia gama de programas de formación y desarrollo de habilidades, de los que pueden beneficiarse tanto los trabajadores jóvenes como los trabajadores mayores. En este sentido, tales programas pueden contribuir a preparar a las generaciones más jóvenes para asumir roles de liderazgo en las empresas y mejorar las competencias de los trabajadores más experimentados.

A este respecto, resulta oportuno indicar que el Fondo Social Europeo Plus también promueve la igualdad de oportunidades y la inclusión de los grupos más desfavorecidos en el empleo. Esta promoción también genera implicaciones en el ámbito del relevo generacional, en la medida en que un entorno laboral inclusivo fomenta la participación de trabajadores de todas las edades.

A lo anterior hay que añadir que el Fondo Social Europeo Plus financia programas que apoyan el espíritu empresarial[56]. Por un lado, este tipo de programas potencia la creación de nuevas empresas, lo que también puede incidir en el relevo generacional en aquellos supuestos en los que las personas más jóvenes opten por abrir su propio negocio, en lugar de asumir el rol de liderazgo en la empresa familiar. Por otro lado, tales programas pue-

55. FERNÁNDEZ RODRÍGUEZ, C., «El fondo Social Europeo», *Revista de Derecho de la Unión Europea*, núm. 5, 2003, pp. 143-160.

56. PALMERO ZURDO, J., «El Fondo Social Europeo y la Europa social del siglo XXI», *Noticias de la Unión Europea*, núm. 181, 2000, pp. 87-100.

den centrarse en ayudar a los trabajadores a realizar transiciones laborales, lo que incluye la planificación de la jubilación y la sucesión de la empresa.

A los solos efectos de cumplir con tales objetivos de inversión, el Fondo Social Europeo Plus integra cuatro programas[57] y un presupuesto de aproximadamente 100.000 millones de euros, para el período 2021-2027. La mayor parte de este dinero se asignará en régimen de gestión compartida con los Estados miembros, lo que significa que las autoridades de gestión del Fondo Social Europeo Plus en cada país destinarán esa cifra a proyectos de su propio Estado, atendiendo así sus necesidades específicas. El resto del dinero, lo gestiona directamente la Comisión Europea, en el marco del capítulo de «Empleo e Innovación Social», apoyando actividades analíticas, desarrollo de capacidades y cooperación transfronteriza para fortalecer la protección y la inclusión sociales.

En definitiva, a pesar de que el Fondo Social Europeo Plus no aborda directamente el relevo generacional en las empresas en la Unión Europea, sus programas y sus actividades influyen en el entorno laboral y en la empleabilidad de distintos grupos de trabajadores, lo que impacta —indirectamente— en la planificación del relevo generacional en empresas. Desde este postulado, las empresas que tengan que afrontar una situación de relevo generacional pueden explorar cómo aprovechar los recursos y los programas financiados por el Fondo Social Europeo, con la finalidad de mejorar la formación y la inclusión de trabajadores de distintas edades en su mercado laboral.

5. POLÍTICA AGRÍCOLA COMÚN

La Política Agrícola Común es la política más antigua de la Unión Europea, aún en vigor[58]. En 1962, fue creada por los gobiernos de los seis países fundadores de las entonces denominadas Comunidades Europeas. La Política Agrícola Común es un conjunto de medidas legislativas, adoptadas por la Unión Europea, cuyo principal objetivo es elaborar una política común y unificada en materia de agricultura y pesca (art. 38.1 TFUE).

57. El Fondo Social Europeo Plus integra cuatro instrumentos de financiación, separados en el período de programación 2014-2020: el antiguo Fondo Social Europeo; la Iniciativa de Empleo Juvenil (*https://ec.europa.eu/social/main.jsp?langId=es&catId=1176*); el Fondo de Ayuda Europea para los Más Desfavorecidos (*https://ec.europa.eu/social/main.jsp?langId=es&catId=1089*) y el Programa de la Unión Europea para el Empleo y la Innovación Social (*https://ec.europa.eu/social/main.jsp?langId=es&catId=1081*).

58. SÁNCHEZ HERNÁNDEZ, Á., «La Política Agrícola Común de la Unión Europea», *Revista de derecho agrario y alimentario*, núm. 67, 2015, pp. 159-173.

En este contexto, cabe reflexionar sobre la relación que existe entre el sector agroalimentario y el relevo generacional en la Unión Europea. En el día de hoy, hay aproximadamente diez millones de agricultores que trabajan en el territorio de los Estados miembros de la Unión Europea y en torno a cuarenta millones de puestos de trabajo dependen del sector agroalimentario[59].

Sin embargo, la incerteza de las condiciones meteorológicas y climáticas, la inestabilidad en la gestión de las actividades económicas y la volatilidad de los costes de los insumos —tal y como son el combustible y los fertilizantes del sector— obligan a los agricultores a hacer frente a múltiples situaciones imprevistas[60].

Ante esta realidad, resulta complicada la incorporación de nuevos agricultores y más aún la de jóvenes agricultores[61]: sus ingresos son alrededor de un 40% inferiores a los de los trabajadores de otros sectores; existe un lapso inevitable entre la demanda del consumidor y el momento en el que el agricultor puede satisfacerla y está obligado a trabajar de manera sostenible y respetuosa con el medio ambiente.

Por estas razones, la Unión Europea elaboró una política de desarrollo rural, para el período de programación 2014-2020[62]. En concreto, esta política de desarrollo rural se fundamenta, principalmente, en dos pilares: pagos a jóvenes agricultores[63] y otras ayudas dirigidas a crear nuevas empresas para jóvenes agricultores, con la única finalidad de captar nueva

59. https://www.consilium.europa.eu/es/policies/cap-introduction/
60. En relación con la finalidad de poder contrarrestar la alta volatilidad de los precios en los mercados agrícolas de la Unión Europea, véase el Reglamento (UE) N.º 1308/2013, del Parlamento Europeo y del Consejo, de 17 de diciembre de 2013, por el que se crea la organización común de mercados de los productos agrarios y por el que se derogan los Reglamentos (CEE) N.º 922/72, (CEE) N.º 234/79, (CE) N.º 1037/2001 y (CE) N.º 1234/2007 (*DOUE* L 347/671, de 20 de diciembre de 2013).
61. https://agriculture.ec.europa.eu/common-agricultural-policy/cap-overview/capglance_es#legal-foundations
62. Comisión Europea, Dirección General de Agricultura y Desarrollo Rural: DI FEDERICO, E., «Los jóvenes y el relevo generacional», *Oficina de Publicaciones de la Unión Europea,* 2019: https://data.europa.eu/doi/10.2762/699917
63. A este respecto, véase el Reglamento (UE) N.º 1307/2013, del Parlamento Europeo y del Consejo, de 17 de diciembre de 2013, por el que se establecen normas aplicables a los pagos directos a los agricultores en virtud de los regímenes de ayuda incluidos en el marco de la Política Agrícola Común y por el que se derogan los Reglamentos (CE) nº 637/2008 y (CE) nº 73/2009 del Consejo (*DOUE* L 347/608, de 20 de diciembre de 2013).

savia para el sector agrícola[64]. Así, en virtud de dicha política, el joven agricultor recibe una cantidad monetaria que destinará a financiar sus actividades económicas, con el objetivo de poder producir los bienes demandados por los consumidores y de poder responder, de manera solvente, a las señales del mercado. Se garantiza la diversidad, la disponibilidad, la asequibilidad y la seguridad de los productos agrícolas en el ámbito de la Unión Europea[65].

Por tanto, la Política Agrícola Común constituye un área de la Unión Europea en la que se han implementado medidas específicas destinadas a potenciar el relevo generacional en la agricultura. Prueba de ello es el apoyo que se presta a los jóvenes agricultores, en los términos expresados con anterioridad.

La Política Agrícola Común también ha abordado el problema de acceso a la tierra y la propiedad para los jóvenes agricultores, lo que incluye la incorporación de programas de arrendamiento de tierras asequibles y el fomento de la transferencia de tierras entre generaciones[66].

Además, la Política Agrícola Común financia programas de formación y capacitación para jóvenes agricultores, lo que les ayudará a adquirir las habilidades, competencias y conocimientos necesarios para poder gestionar, con éxito, una explotación agrícola.

A lo anterior hay que añadir que la Política Agrícola Común promueve asimismo servicios de asesoramiento y de orientación para los jóvenes agricultores, prestando apoyo en las áreas de gestión empresarial, planificación de la sucesión y adopción de prácticas agrícolas sostenibles[67]. Estos servicios asegurarán una fácil transición entre generaciones y garantizarán la continuidad de las actividades agrícolas.

Finalizado el período 2014-2020, se aprobó un Reglamento transitorio que se aplicó para los años 2021-2022[68] que, con carácter general, se limitó a prorrogar la mayoría de las normas vigentes del marco de la Política Agrícola Común anterior. Excepcionalmente, concedió a los agricultores

64. En este sentido, véase el Reglamento (UE) N.º 1305/2013, del Parlamento Europeo y del Consejo, de 17 de diciembre de 2013, relativo a la ayuda al desarrollo rural a través del Fondo Europeo Agrícola de Desarrollo Rural (Feader) y por el que se deroga el Reglamento (CE) nº 1698/2005 del Consejo (*DOUE* L 347/487, de 20 de diciembre de 2013).
65. https://agriculture.ec.europa.eu/common-agricultural-policy/income-support_es
66. https://agriculture.ec.europa.eu/common-agricultural-policy/rural-development_es
67. https://agriculture.ec.europa.eu/common-agricultural-policy/market-measures_es
68. https://www.consilium.europa.eu/es/press/press-releases/2020/11/27/cap-transitional-regulation-informal-deal-on-how-to-fund-farmers/

europeos ocho mil millones de euros adicionales, con cargo al Instrumento de Recuperación de la Unión Europea, cuya única finalidad era garantizar la continuidad del apoyo jurídico y financiero de los beneficiarios para paliar la difícil situación a la que debieron hacer frente durante la pandemia de COVID-19.

En este contexto, podemos afirmar, sin temor a equivocarnos, que la Política Agrícola Común es un programa en constante evolución para poder dar respuesta a las cambiantes circunstancias económicas y a las exigencias de los ciudadanos. Prueba de ello es que, recientemente, la Política Agrícola Común ha sido reformada[69].

En concreto, desde el 1 de enero de 2023, la nueva Política Agrícola Común ha introducido las siguientes mejoras[70]: apoyar, de manera más específica, a las explotaciones más pequeñas[71]; mejorar la contribución de la agricultura a los objetivos medioambientales de la Unión Europea[72] y la flexibilidad de los Estados miembros a la hora de adaptar las medidas a las condiciones locales, atendiendo a sus propias necesidades[73].

Al hilo de esta última mejora, cabe señalar que los planes estratégicos que cada Estado miembro elabora en el marco de la Política Agrícola Común también tienen un impacto significativo en el relevo generacional en la

69. ORELLANA MORALEDA, E., «Evolución de la agricultura en los últimos 35 años e influencia de la PAC. Perspectivas de futuro», *Phytoma España: La revista profesional de sanidad vegetal*, núm. 345, 2023, pp. 16-17.
70. https://www.consilium.europa.eu/es/policies/cap-introduction/cap-future-2020-common-agricultural-policy-2023-2027/
71. Reglamento (UE) 2021/2116 del Parlamento Europeo y del Consejo de 2 de diciembre de 2021 sobre la financiación, la gestión y el seguimiento de la política agrícola común y por el que se deroga el Reglamento (UE) nº 1306/2013 (*DOUE* núm. 435, de 6 de diciembre de 2021).
72. Reglamento (UE) 2021/2117 del Parlamento Europeo y del Consejo de 2 de diciembre de 2021 que modifica los Reglamentos (UE) n.º 1308/2013, por el que se crea la organización común de mercados de los productos agrarios, (UE) n.º 1151/2012, sobre los regímenes de calidad de los productos agrícolas y alimenticios, (UE) n.º 251/2014, sobre la definición, descripción, presentación, etiquetado y protección de las indicaciones geográficas de los productos vitivinícolas aromatizados, y (UE) n.º 228/2013, por el que se establecen medidas específicas en el sector agrícola en favor de las regiones ultraperiféricas de la Unión (*DOUE* núm. 435, de 6 de diciembre de 2021).
73. Reglamento (UE) 2021/2115, del Parlamento Europeo y del Consejo, de 2 de diciembre de 2021, por el que se establecen normas en relación con la ayuda a los planes estratégicos que deben elaborar los Estados miembros en el marco de la política agrícola común (planes estratégicos de la PAC), financiada con cargo al Fondo Europeo Agrícola de Garantía (FEAGA) y al Fondo Europeo Agrícola de Desarrollo Rural (Feader), y por el que se derogan los Reglamentos (UE) n.º 1305/2013 y (UE) n.º 1307/2013 (*DOUE* núm. 435, de 6 de diciembre de 2021).

agricultura europea al proporcionar apoyo específico para los jóvenes agricultores, facilitar la transición de generaciones y promover prácticas agrícolas sostenibles e innovadoras. Estas medidas son esenciales para garantizar la continuidad y la competitividad del sector agrícola en Europa.

IV. CONSIDERACIONES FINALES

El relevo generacional es un fenómeno de alcance global que participa activamente en numerosos aspectos de la cultura, la economía y la política, tal y como ha quedado acreditado en el presente estudio. La preparación de la próxima generación y la adaptación de la sociedad a sus necesidades y expectativas (tecnológicas, educativas, formativas, medioambientales, etc.) son esenciales para garantizar la existencia de un futuro próspero y sostenible.

En particular, en el ámbito laboral, el cambio generacional es una realidad: la sucesión de propietarios y trabajadores en las empresas es imparable. Por este motivo, la planificación del relevo generacional en las compañías resulta esencial para garantizar que la sociedad pueda prosperar y mantener su éxito a medida que cambian las generaciones de propietarios y trabajadores. Una planificación cuidadosa y proactiva del relevo generacional en la empresa maximizará las oportunidades de continuidad, minimizará las interrupciones en el negocio y evitará los efectos negativos que puedan derivar de una sucesión no planificada.

Ahora bien, en la medida en que la generación más joven reemplaza a aquella de edad más avanzada, se observan habitualmente cambios en la productividad, la inversión y la dinámica del mercado laboral. Asimismo, también puede verse afectada la demanda de bienes y de servicios porque las personas de distintas edades tienen necesidades y preferencias diferentes.

Sin embargo, a pesar de la importancia del relevo generacional en las empresas, en la actualidad, no existe ninguna norma, política o programa de la Unión Europea que se pronuncie expresamente sobre ello. Por tanto, cabe afirmar que, en el día de hoy, el relevo generacional en las empresas no forma parte, *per se*, de la agenda estratégica de las prioridades europeas.

Ahora bien, ello no significa que no existan normas, políticas o programas de la Unión Europea que incidan —de manera indirecta— en la planificación del relevo generacional en las empresas. Prueba de ello son los cinco *elementos* referenciados expresamente en este trabajo: la Directiva 2000/78/CE del Consejo, de 27 de noviembre de 2000, relativa al establecimiento de un marco general para la igualdad de trato en el empleo y la ocupación; la Estrategia Europa 2020; el Programa para la Competitividad de las Empresas y las Pequeñas y Medianas Empresas (COSME); el Fondo Social Europeo Plus; y la Política Agrícola Común.

Se trata de cinco instrumentos muy distintos, que abarcan desde un acto jurídico de la Unión Europea (la Directiva 2000/78/CE) hasta programas de muy amplia proyección (la Estrategia Europa 2020) y/o de envergadura muy limitada (la Política Agrícola Común). Además, el contenido de los cinco elementos es muy variado, dando cabida a sectores económicos muy dispares.

Sin embargo, a pesar de estas diferencias (que atañen principalmente al proceso de generación del instrumento y a su contenido), se evidencia en todos ellos la proclamación del cumplimiento de principios generales que son aplicables —indirectamente— a la planificación del relevo generacional. En concreto, se trata del logro del pleno empleo, la igualdad de oportunidades en el trabajo para todas las edades, la mejora de las condiciones laborales, la búsqueda de crecimiento y competitividad, la formación (en competencias y habilidades) para trabajadores jóvenes y para trabajadores mayores y la prohibición de una discriminación basada en la edad en el ámbito laboral.

Ahora bien, en el marco del relevo generacional, estas normas, políticas y programas de la Unión Europea —al igual que sucede con las políticas adoptadas por los gobiernos de los Estados miembros en este ámbito— son insuficientes e ineficientes porque sólo inciden en él de manera indirecta.

Por esta razón, sería deseable que la Unión Europea elaborara una norma que se pronunciara expresamente sobre el relevo generacional en las empresas. Ello sería beneficioso para la propia Unión Europea y sus Estados miembros, no sólo porque aumentaría la conciencia sobre esta temática y su relevancia, sino también porque dicha norma podría proporcionar orientación y buenas prácticas para las empresas, especialmente aquellas que presentan un carácter familiar.

Además, sería recomendable que la norma incorporara medidas de apoyo a jóvenes emprendedores que buscan iniciar o tomar el control de una compañía y que incluyera incentivos para la formación de la próxima generación de trabajadores y líderes profesionales, con la finalidad de garantizar su adecuada formación.

Finalmente, habría que añadir que, las ventajas que se han mencionado sólo surtirán efecto si se crea una norma flexible, capaz de adaptarse a la diversidad de empresas en la Unión Europea, que tome en consideración la cultura y las prácticas empresariales de los Estados miembros y que pueda coordinarse con las legislaciones naciones porque algunos países ya han incorporado a su ordenamiento jurídico normativa reguladora del relevo generacional. Desde esta perspectiva, la decisión sobre desarrollar una norma específica en el ámbito del relevo empresarial dependerá, en gran medida, de la determinación de la Unión Europea de abordar esta cuestión, previa evaluación de su impacto en la economía y en la sociedad europea.

V. BIBLIOGRAFÍA

ARES CASTRO-CONDE, C., «Algunos apuntes sobre el nuevo contrato intergeneracional europeo», *Anuario de la Facultad de Derecho de la Universidad Autónoma de Madrid*, núm. 25, 2021, pp. 281-303.

AVELLÁN HERRERA, V./HERNÁNDEZ JUNCO, V., «Caracterización del proceso de relevo generacional en empresas familiares de países sudamericanos», *Entreciencias: diálogos en la sociedad del conocimiento*, núm. 23, 2021, pp. 1-17.

BAVIERA PUIG, I., «Perspectivas del empleo de los jóvenes en el marco de la Estrategia Europa 2020», *Revista española de derecho del trabajo*, núm. 195, 2017, pp. 165-192.

DEL VAL TENA, A. L., «La política de empleo en la Unión Europea: de la Estrategia de Lisboa a la Estrategia Europa 2020», *Temas Laborales*, núm. 106, 2010, pp. 99-129.

ESTÉBANEZ ESTÉBANEZ, P., «El Estado del Bienestar ante el envejecimiento de la población», *Temas para el debate*, núm. 145, 2006, pp. 62-64.

ESTÉVEZ ARAUJO, J. A., «Pobreza y empleo en la Estrategia Europa 2020», *Oxímora. Revista Internacional De Ética y Política*, núm. 14, 2019, pp. 1-9.

FERNÁNDEZ ÁLVAREZ, A./ALBA ALONSO, J./ANGIONE, A. E., «El programa COSME en el marco de la política industrial de la Unión Europea», *Boletín Económico de ICE. Información Comercial Española*, núm. 3138, 2021, pp. 59-74.

FERNÁNDEZ GARCÍA, R., «La gestión de la prevención ante el envejecimiento de la población laboral», *Gestión práctica de riesgos laborales: integración y desarrollo de la gestión de la prevención*, núm. 176, 2019, pp. 7-15.

FERNÁNDEZ LÓPEZ, M. F./CALVO GALLEGO, F. J., «El tratamiento internacional y comunitario del empleo de las personas de edad avanzada: entre la prohibición de discriminación y el envejecimiento activo», *Personas de edad avanzada y mercado de trabajo: entre el envejecimiento activo y la estabilidad presupuestaria* (Coord. ÁLVAREZ CORTÉS), Tirant lo Blanch, Valencia, 2016, pp. 87-119.

FERNÁNDEZ RODRÍGUEZ, C., «El fondo Social Europeo», *Revista de Derecho de la Unión Europea*, núm. 5, 2003, pp. 143-160.

GALLEGO DOMÍNGUEZ, I., «El protocolo familiar. Un instrumento para la vida y el relevo generacional en la empresa familiar», *Estudios de Derecho Civil en homenaje al Profesor José González García* (Coord. JIMÉNEZ LIÉBANA), Thomson-Reuters Aranzadi, Navarra, 2012, pp. 395-418.

GARCÍA-TENORIO RONDA, J./PÉREZ RODRÍGUEZ, M. J., «El relevo generacional y la estrategia de recursos humanos en la empresa familiar», *Partida Doble*, núm. 210, 2009, pp. 88-97.

GIL ALONSO, F., «Envejecimiento y sostenibilidad del sistema de pensiones: escenarios prospectivos para España en el marco de la Unión Europea», AA.VV., *Cambio demográfico y socio territorial en un contexto de crisis* (Coord. LÓPEZ GAY), Asociación de Geógrafos Españoles, Madrid, 2014, pp. 164-177.

GONZÁLEZ COBALEDA, E., «Mayores: la lenta evolución de las políticas de empleo y el auge de la discriminación por edad», *El empleo de los colectivos vulnerables en el marco de la transformación tecnológica: una aproximación jurídico-social* (Coord. MONTES ADALID), Comares, Granada, 2022, pp. 169-190.

GUILLÉN SUBIRÁN, C., «Coexistencia generacional en los entornos de trabajo: cómo conseguir que las diferentes generaciones integren en sus valores la prevención de riesgos laborales», *Gestión práctica de riesgos laborales: integración y desarrollo de la gestión de la prevención*, núm. 196, 2021, pp. 28-36.

KAHALE CARRILO, D. T., «El Fondo Social Europeo y el fomento de la movilidad de trabajadores en la Unión Europea», *La libre circulación de trabajadores en la Unión Europea: situación actual y retos de futuro* (Coords. RODRÍGUEZ-RICO ROLDÁN y FERNÁNDEZ AVILÉS), Dykinson, Madrid, 2023, pp. 341-355.

MARÍN BENÍTEZ, G., «Los incentivos fiscales al relevo generacional en la empresa familiar y su controvertida aplicación práctica», *Revista Técnica Tributaria,* núm. 114, 2016, pp. 29-64.

MATÍA GALLO, N., «Estrategia Europa 2020: la estrategia europea para un crecimiento inteligente, sostenible e integrador», *Derecho y Cambio Social,* núm. 41, 2015, pp. 1-17.

MENÉNDEZ SEBASTIÁN, P., «Discriminación por razón de edad», *Condiciones de empleo y relaciones de trabajo en el Derecho de la Unión Europea: un estudio de la jurisprudencia del Tribunal de Justicia* (Dir. GARCÍA MURCIA), Thomson-Reuters Aranzadi, Navarra, 2017, pp. 527-586.

MUÑOA, G., «El relevo generacional en la empresa familiar», *Revista APD: Asociación para el Progreso de la Dirección,* núm. 268, 2011, pp. 54-55.

ORELLANA MORALEDA, E., «Evolución de la agricultura en los últimos 35 años e influencia de la PAC. Perspectivas de futuro», *Phytoma España: La revista profesional de sanidad vegetal,* núm. 345, 2023, pp. 16-17.

PALMERO ZURDO, J., «El Fondo Social Europeo y la Europa social del siglo XXI», *Noticias de la Unión Europea,* núm. 181, 2000, pp. 87-100.

REY SUÁREZ, P. M., «Los trabajadores mayores y la Estrategia Europa 2020», *Revista Galega de Economía,* vol. 21, núm. extraordinario, septiembre 2012, pp. 1-23.

SALAS FUMÁS, V. y GALVE GÓRRIZ, «Gobierno y estrategia de la empresa familiar: una comparación generacional», *Revista de Responsabilidad Social de la Empresa,* núm. 7, 2011, pp. 15-46.

SÁNCHEZ HERNÁNDEZ, Á., «La Política Agrícola Común de la Unión Europea», *Revista de derecho agrario y alimentario,* núm. 67, 2015, pp. 159-173.

Capítulo 2

Prácticas empresariales de innovación en materia de gestión de la edad para el empleo y en el empleo en sociedades cooperativas y en sociedades laborales

MARIOLA SERRANO ARGÜESO
Profesora titular de Derecho del Trabajo y de la Seguridad Social
Universidad de Deusto

BELÉN GARCÍA ÁLVAREZ
Profesora Encargada Doctora de Derecho mercantil
Universidad de Deusto

I. ENVEJECIMIENTO DE LA POBLACIÓN Y ENVEJECIMIENTO DE LAS SOCIEDADES COOPERATIVAS Y DE LAS SOCIEDADES LABORALES

El envejecimiento de la población es un hecho. Se prevé que para el año 2050 la población envejecida sea el doble de la actual, mientras que la tasa del resto de la población, es decir, la de los niños y la de las personas en edad laboral habrá disminuido. En el año 2023 la población mayor de 65 años constituye el 20,34%, esto significa que alrededor de 9,4 millones de personas en España tienen más de 65 años. La baja natalidad, junto con el incremento de la esperanza de vida producen lo que se denomina envejecimiento poblacional. Esta situación determina no sólo la preocupación política y social por cuidar a las personas mayores por razones económicas o de salud, sino el interés (y necesidad) por aprovechar su trabajo y experiencia.

La Organización Mundial de la Salud utiliza el término «Envejecimiento Activo» para aludir a los pilares básicos que contribuyen a la mejora de vida de las personas en edad de envejecimiento (salud, participación, seguridad y aprendizaje continuo). Europa pone en alza la importancia del envejecimiento activo como elemento clave para el porvenir, y ya desde el año 1999 resalta la necesidad de incrementar y utilizar su potencial laboral con el fin de hacer frente a la competencia mundial. Desde entonces y hasta la actualidad, muchas han sido las iniciativas legislativas y políticas europeas, internacionales, nacionales y autonómicas que han mostrado la preocupación existente al respecto. Ello, no obstante, España es uno de los países europeos con un menor nivel de Envejecimiento Activo debido a sus bajas tasas de inserción laboral de las personas mayores de 64 años. Desde el comienzo del siglo XXI se recomienda vincular el aumento de la esperanza de vida a la edad de jubilación para afrontar el gran reto del envejecimiento de la población y el déficit de los sistemas de pensiones. De esta forma se viene entendiendo que han de promocionarse las vidas laborales y de cotización más largas, y restringirse en consecuencia el acceso a los planes de jubilación anticipada y a otras vías de salida temprana del mercado laboral. También se evidencia la preocupación por las pensiones al suponer una de las mayores partidas de gasto público. Pero ¿realmente creemos en el potencial de las personas mayores? A mayor abundamiento: ¿se tiene en cuenta en las empresas las especiales circunstancias de salud y psíquicas en las que pueden encontrarse? ¿Realmente podemos concluir que una mayor esperanza de vida debe ir acompañada de un alargamiento de la vida laboral de las personas?

Lo cierto es que trabajemos por gusto o por necesidad, la continuidad en el mercado de trabajo es la premisa básica para afrontar el proceso de envejecimiento de la población. Pero el envejecimiento activo en el ámbito laboral, partiendo de esa base y para que no quede en saco roto, necesita la puesta en marcha de políticas laborales que fomenten la conservación del empleo en personas de edad avanzada y la reintegración de los trabajadores mayores. Ello, en la aplicación práctica, topa con los estereotipos existentes sobre los trabajadores mayores y la discriminación que aún sufren éstos en el mercado de trabajo. No es fácil la supervivencia de los trabajadores de edad avanzada en las empresas porque éstas no consiguen ver el talento oculto y los valores que los trabajadores aportan: responsabilidad, seriedad, experiencia y control emocional, entre otros. Tampoco está normalizada la adaptación del trabajo a la edad de los trabajadores en todos los ámbitos en los que es necesario. Invertir y aprovechar el potencial de las personas mayores necesita de la implementación de sistemas de gestión de la edad y, sobre todo, necesita de empresas que crean y confíen en las personas de edad avanzada.

En este contexto, la gestión adecuada de la edad se convierte en algo vital para la supervivencia de muchas empresas que por diversas razones pueden encontrarse en una situación comprometida si no encuentran un relevo generacional. Con tal fin, las sociedades cooperativas y las sociedades laborales pueden ser un instrumento útil para lograr ese relevo generacional, y a su vez la supervivencia de dichas empresas transformándose o no en los dos tipos societarios mencionados. En esta dirección, se encuadra el Proyecto Estratégico para la Recuperación y Transformación Económica (PERTE) de la Economía Social y de los Cuidados, el impulso y desarrollo de la Economía Social aprobado en mayo de 2022 y que tiene entre sus objetivos dentro del marco del impulso y del desarrollo de la Economía Social la transformación de las empresas a modelos de la Economía Social para asegurar la viabilidad del negocio, fomentando así la regeneración empresarial y el mantenimiento del empleo. Por ello, el Consejo de Ministros, a propuesta del Ministerio de Trabajo y Economía Social, aprobó el pasado 11 de marzo de este año 2023 el Anteproyecto de Ley Integral de la Economía Social, así como la Estrategia Española de la Economía Social 2023-2027. Una medida sin duda necesaria si atendemos a los datos estadísticos, como los que arroja el Observatorio Español de la Economía Social que registra en el período 2000-2013 una bajada considerable del número de sociedades cooperativas constituidas, salvo en tres Comunidades Autónomas, en especial en el País Vasco, así como una bajada también considerable de las sociedades laborales sin excepción geográfica[1].

1. Conviene también destacar los datos que se pueden consultar en CIRIECSTAT sobre la economía social. Se distingue entre la economía social de mercado (formada fun-

II. PRINCIPIOS Y VALORES DE LAS SOCIEDADES COOPERATIVAS Y DE LAS SOCIEDADES LABORALES COMO CLAVE PARA SU SUBSISTENCIA EN UN MOMENTO DE ENVEJECIMIENTO POBLACIONAL

1. CARACTERÍSTICAS GENERALES DE LAS SOCIEDADES COOPERATIVAS Y DE LAS SOCIEDADES LABORALES

La sociedad cooperativa es un tipo de sociedad mercantil, que se diferencia del resto de sociedades mercantiles por poseer una serie de rasgos característicos particulares. Así la sociedad cooperativa se define en el artículo 1.1. de la Ley 27/1999, de 16 de julio, de Cooperativas (en adelante, LC) como «... *una sociedad constituida por personas que se asocian, en régimen de libre adhesión y baja voluntaria, para la realización de actividades empresariales, encaminadas a satisfacer sus necesidades y aspiraciones económicas y sociales, con estructura y funcionamiento democrático, conforme a los principios formulados por la alianza cooperativa internacional, en los términos resultantes de la presente Ley*», y en las leyes autonómicas podemos encontrar definiciones muy similares.

Ante todo, la sociedad cooperativa es una entidad mutualista, esto es, se basa en la idea de la ayuda recíproca o mutua entre sus miembros o socios. Este carácter de la sociedad cooperativa provoca dudas en cuanto a si tiene o no propiamente ánimo de lucro en el sentido de tener el fin común de repartir las ganancias entre los socios[2]. De todos modos, la respuesta a esa pregunta no es tan relevante, dado que su ausencia no sería óbice para su consideración como una sociedad mercantil, puesto que el ánimo de lucro es un elemento natural, pero no necesario del contrato de sociedad.

De este modo, la sociedad cooperativa es una forma jurídica societaria apta para el desarrollo en común de cualquier tipo de empresa o actividad económica, configurada por los valores y principios cooperativos[3]. No obstante, resulta difícil encontrar menciones en las leyes de cooperativas a los

damentalmente por sociedades cooperativas, mutuas y sociedades laborales) y la economía social no de mercado (conformada, sobre todo, por asociaciones y fundaciones). En el año 2019 la economía social de mercado contaba con 47.511 empresas que contaban con 553.960 trabajadores y con unas ventas netas de 81.137 millones de euros, mientras que la economía social de no mercado contaba con 37.183 entidades que contaban con 794.254 trabajadores y 1.264.690 voluntarios, generando unos ingresos de 24.337 millones de euros.

2. Sobre la relación entre la mutualidad y el lucro, PANIAGUA ZURERA, M., *Las empresas de la economía social. Más allá del comentario a la Ley 5/2011, de economía social*, Marcial Pons, Madrid, 2011, en especial pp. 490-496.

3. Se puede estimar que hay tres categorías de reglas que rigen a las sociedades cooperativas: En primer lugar, la propia política de la cooperativa; en segundo lugar, los

valores cooperativos; en cambio, no sucede lo mismo con los principios cooperativos que sí se mencionan en las leyes de cooperativas[4]. La formulación actual de los principios cooperativos proviene del año 1995, pero ya antes en los trabajos del Comité Central de la Alianza Cooperativa Internacional (en adelante, ACI) en los Congresos de Londres en el año 1934 y de París en el año 1937 se establecieron como principios esenciales: la adhesión libre; el control democrático; la distribución o el retorno según el consumo de los servicios o bienes de la cooperativa por parte de los socios; el interés limitado al capital; la neutralidad política y religiosa; la venta al contado y el desarrollo de la educación[5]. Este último principio relativo a la educación hay que tener en cuenta que se enunció en un momento en el que no estaba garantizada en absoluto una educación pública y universal. Más adelante en Manchester en el mes de septiembre del año 1995 se adoptó una Declaración sobre la Identidad Cooperativa que incluye una definición de las cooperativas, así como una enumeración y definición de los valores cooperativos y los principios cooperativos actualmente reconocidos como tales.

Pues bien, primeramente, hay que aludir a los valores cooperativos que son la autorresponsabilidad; la honestidad; la transparencia; la responsabilidad; la vocación social; la autoayuda; la igualdad; la equidad y la solidaridad. Los cuatro últimos se pueden considerar valores específicos del gobierno cooperativo de las sociedades cooperativas[6]. El valor de la solidaridad se puede manifestar internamente en cuanto a los derechos y deberes de los socios de la cooperativa, así como externamente respecto a la necesidad de que las actuaciones de las sociedades cooperativas se extiendan también a la comunidad circundante en la medida de lo posible[7]. Igualmente merece la pena reseñar los valores de responsabilidad y vocación

---

principios cooperativos que constituyen un sistema de ideas abstractas y que son válidos independientemente del tiempo y de las circunstancias, sin que se puedan modificar realmente, al incidir en el propio concepto de las cooperativas, y en tercer lugar, las leyes sobre las sociedades cooperativas que ponen en práctica los principios cooperativos adaptándolos a las condiciones socio-económicas existentes en un país y a una política legislativa determinada. MÜNKNER, H., *Principios cooperativos y derecho cooperativo*, Friedrich-Ebert-Stiftung (FES), Bonn, 1988, p. 32.

4. Véase cómo aparece la noción de principios cooperativos en la legislación cooperativa en GARCÍA ÁLVAREZ, B., «Sobre la noción de interés social de las sociedades cooperativas y los principios cooperativos», *REVESCO. Revista de estudios cooperativos*, núm. 34, 2019, pp. 1-44.
5. Véase, por todos, PARRA DE MAS, S., *La integración de la empresa cooperativa (Evolución de los principios cooperativos)*, Editorial de Derecho financiero, Madrid, 1974, pp. 54-55.
6. Véase CRACOGNA, D./URIBE GARZON, C., *Buen gobierno corporativo. Hacia un código de buenas prácticas*, Confecoop, 2003, pp. 45-46.
7. Se trata del denominado balance social de la actividad de la sociedad cooperativa. CRACOGNA, D./URIBE GARZÓN, C., *Buen gobierno corporativo, cit.*, p. 50.

social que suponen la apertura de las cooperativas a los miembros de las comunidades en las que se insertan[8]. Estos tres valores cooperativos, esto es, la solidaridad, la responsabilidad y la vocación social, tienen en común atender no solamente a los intereses de los socios de las sociedades cooperativas, sino también a los de las personas que se encuentran en la comunidad o entorno donde la cooperativa desarrolla sus actividades económicas.

Además, estos valores cooperativos se traducen y se concretan, a su vez, en siete principios cooperativos, que se consideran normas de conducta interdependientes: el principio de adhesión voluntaria y abierta o principio de puertas abiertas, que garantiza la libertad de las personas de entrada y salida de la cooperativa; el principio de gestión democrática por parte de los socios principio de una persona, un voto, que les asegura la participación directa y en condiciones de igualdad en la fijación de los objetivos de la cooperativa, con independencia del capital aportado; el principio de participación económica de los socios, que determina que los beneficios se distribuyan en función de la actividad de los socios en la cooperativa, en vez de según el capital aportado; principio de autonomía e independencia, es decir, las sociedades cooperativas son organizaciones autónomas de ayuda mutua, controladas por sus miembros[9]; el principio de educación, formación e información, esto es, la educación, formación e información como obligaciones que la sociedad cooperativa tiene con sus socios o asalariados, así como con el fomento del cooperativismo[10]; el principio de cooperación entre cooperativas; y el principio del interés por la comunidad, lo que significa apostar por el desarrollo sostenible y la cohesión social y territorial en el ámbito local.

No obstante, se discute la naturaleza de los principios cooperativos[11]. Hay quienes sostienen que son normas jurídicas de obligado cumpli-

8. En este sentido, se alude a que tradicionalmente las sociedades cooperativas han prestado ayuda para el crecimiento de grupos o de países en vía de desarrollo. MORILLAS JARILLO, M.ª J., «Concepto y clases de cooperativas», AA.VV., *Tratado de Derecho de Cooperativas*, vol. I, Tirant Lo Blanch, Valencia, 2013, p. 128.
9. CALLEJO, A. V., *Los principios cooperativos y las cooperativas de servicios públicos*, Intercoop, Buenos Aires, 1998, p. 52.
10. El cumplimiento de este principio conlleva también la obligación de la sociedad cooperativa de destinar fondos para hacerlo efectivo, y ese es el fundamento de la existencia de fondos obligatorios como el de educación y promoción.
11. La Jurisprudencia no ayuda en este punto, porque solamente en ocasiones se han mencionado los principios cooperativos y en todo caso para reforzar la argumentación correspondiente.

miento[12]. Otros, en cambio, afirman lo contrario[13], o cambian su valoración dependiendo del principio cooperativo[14]. En cualquier caso, la mayoría de la doctrina considera que son elementos configuradores de las cooperativas, supeditados a lo que establezca la legislación cooperativa correspondiente[15]. Los principios cooperativos son en el fondo una concreción en siete puntos de los rasgos que diferencian a una sociedad cooperativa de otros tipos de sociedades, civiles o mercantiles[16].

Por su parte, la sociedad laboral se encuentra regulada en la Ley 44/2015, de 14 de octubre, de Sociedades Laborales y Participadas[17]. Las sociedades laborales deben conseguir bien desde su constitución, bien una vez constituidas la calificación como sociedades laborales por la Dirección General del Trabajo Autónomo, de la Economía Social y de la Responsabilidad Social de las Empresas (o el órgano competente de la respectiva Comunidad Autónoma) y su consiguiente inscripción en el Registro administrativo de Sociedades Laborales [art. 2. LSLP y arts. 1. y 2 Real Decreto 2114/1998, de 2 de octubre, sobre Registro Administrativo de Sociedades Laborales (en adelante, Real Decreto 2114/1998)][18]. En el supuesto de una sociedad nueva

12. PANIAGUA ZURERA, M., «La sociedad cooperativa. Las sociedades mutuas y las entidades mutuales. Las sociedades laborales. La sociedad de garantía recíproca»; AA.VV., *Tratado de Derecho mercantil*, vol. I, Marcial Pons, Madrid, 2005, pp. 36-37; SANZ JARQUE, J. J., *Cooperación. Teoría General y régimen de las Sociedades Cooperativas. El nuevo Derecho Cooperativo*, Comares, Granada, 1994, pp. 158-159; PAZ CANALEJO, N./VICENT CHULIÁ, F., «Ley General de Cooperativas», *Comentarios al Código de Comercio y Legislación Mercantil Especial*, (dirs SÁNCHEZ CALERO Y ALBALADEJO), Tomo XX, vol. 1.º, Revista de Derecho Privado, EDERSA, Madrid, 1989. p. 45.
13. SANTOS DOMÍNGUEZ, M. A., «La relación de los principios cooperativos con el derecho», *CIRIEC - España. Revista jurídica de economía social y cooperativa*, núm. 27, 2015 (Ejemplar dedicado a: Principios y valores cooperativos en la legislación), pp. 87-132.
14. LLUIS Y NAVAS, J., *Derecho de Cooperativas*, Tomo I, Bosch, Barcelona, 1972, pp. 339-340.
15. ALFONSO SÁNCHEZ, R., «Los principios cooperativos como principios configuradores de la forma social cooperativa», *CIRIEC. Revista Jurídica de Economía Social y Cooperativa*, núm. 27, 2015, pp. 58-59; MÜNKNER, H., *Principios cooperativos y derecho cooperativo, cit.*, pp. 180-181; TRUJILLO DÍEZ, I. J., «El valor jurídico de los principios cooperativos. A propósito de la Ley 27/1999, de 16 de julio, de cooperativas», *RCDI*, núm. 658, marzo/abril, 2000, pp. 1340-1342.
16. SANZ JARQUE, J. J., *Cooperación*, cit., p. 91; TRUJILLO DÍEZ, I. J., «El valor jurídico de los principios cooperativos», *cit.*, p. 1329; LLOBREGAT HURTADO, M. L., *Mutualidad y empresas cooperativas*, Barcelona, Bosch, 1990, pp. 11-13.
17. Sobre los antecedentes históricos y legislativos de la figura de la Sociedad Anónima Laboral, véase AA.VV., *Sociedades anónimas laborales. Análisis Jurídico-económico de la Ley*, 2.º ed., FUNDESCOOP, Madrid, 1986, pp. 27-62.
18. El Registro Administrativo de Sociedades Laborales funciona bajo la dependencia de la Dirección General del Trabajo Autónomo, de la Economía Social y de la Responsabilidad Social de las Empresas, adscrita al Ministerio de Trabajo y Economía Social o del órgano competente de las Comunidades Autónomas.

deberá inscribirse a su vez en el Registro Mercantil, y aportar el certificado que acredite su calificación como sociedad laboral por el Registro anteriormente señalado (art. 4.1. Real Decreto 2114/1998). Si, en cambio, es una sociedad preexistente, la constancia en el Registro Mercantil de la calificación como laboral de la sociedad se hará por medio de una nota marginal en la hoja abierta a la misma (art. 4.2. Real Decreto 2114/1998).

Las Sociedades Laborales pueden ser Sociedades Anónimas (S.A.L.) o Sociedades de Responsabilidad Limitada (S.L.L. o S.R.L.L.) (art. 3 LSLP), y deben cumplir tres requisitos para poder ser calificadas como sociedades laborales (art. 1.2. LSLP). Primero, la mayoría del capital social debe ser como mínimo propiedad de trabajadores que prestan en ellas servicios retribuidos de forma personal y directa, en virtud de una relación laboral por tiempo indefinido. Segundo, ninguno de los socios debe ser titular de acciones o participaciones sociales que representen más de la tercera parte del capital social, salvo que la sociedad laboral se haya constituido inicialmente por dos socios trabajadores con contrato por tiempo indefinido, y tengan el 50% del capital social así como de los derechos de voto cada uno y que en un plazo máximo de 36 meses se ajusten al límite anteriormente descrito, o que se trate de socios que sin alcanzar el 50% del capital social sean entidades públicas o de participación mayoritariamente pública, o de entidades de la economía social. Tercero, el número de horas/año trabajadas por los trabajadores contratados por tiempo indefinido, que no sean socios, no puede ser superior al 49% del cómputo global de horas-año trabajadas en la sociedad laboral por el conjunto de los socios trabajadores, salvo que se trate de trabajadores con discapacidad de cualquier clase en grado igual o superior al 33%.

En una Sociedad Laboral hay socios trabajadores que prestan sus servicios retribuidos de forma directa y personal, con una relación laboral por tiempo indefinido y que son titulares de acciones o participaciones sociales de la denominada clase laboral, que en su conjunto deben suponer al menos el 50,01% del capital social. Puede haber también socios no trabajadores, personas físicas o jurídicas (públicas o privadas) titulares de acciones o participaciones sociales ordinarias o de la clase general y que no tienen relación laboral alguna con la sociedad laboral. Y finalmente podrá haber trabajadores asalariados con contrato temporal o indefinido, a tiempo completo o a tiempo parcial.

El capital social estará dividido en acciones nominativas o en participaciones sociales. No será válida la creación de acciones de la denominada clase laboral sin derecho de voto (art. 5 LSLP).

Además de las reservas legales o estatutarias que procedan, las sociedades laborales están obligadas a constituir una Reserva especial, que se dotará con el 10% del beneficio líquido de cada ejercicio, hasta que se alcance al menos una cifra superior al doble del capital social. Este Fondo sólo podrá destinarse a la compensación de pérdidas en el caso de que no existan otras reservas disponibles suficientes para este fin y/o a la adquisición de sus propias acciones o participaciones sociales (art. 14 LSLP).

En la LSLP se prevén, además de las sociedades laborales, las denominadas sociedades participadas por los trabajadores en su Segundo Capítulo[19]. Se definen como las sociedades anónimas o de responsabilidad limitada no laborales que promuevan el acceso a la condición de socios de los trabajadores, así como las distintas formas de participación de los mismos, en particular a través de la representación legal de los trabajadores, y cumplan alguno de los siguientes requisitos: a) Que cuenten con trabajadores que posean participación en el capital y/o en los resultados de la sociedad; b) Que cuenten con trabajadores que posean participación en los derechos de voto y/o en la toma de decisiones de la sociedad; c) Que adopten una estrategia que fomente la incorporación de trabajadores a la condición de socios; y d) Que promuevan los principios recogidos en el artículo 18 LSLP (art. 19.1. LSLP). Los principios recogidos en el artículo 18.3. LSLP son: la promoción del acceso de los trabajadores al capital social y/o a los resultados de la empresa; el fomento de la participación de los trabajadores en la toma de decisiones de la sociedad; y la promoción de la solidaridad interna y con la sociedad que favorezca el compromiso con el desarrollo local, la igualdad de oportunidades entre hombres y mujeres, la cohesión social, la inserción de personas en riesgo de exclusión social, la generación de empleo estable y de calidad, la conciliación de la vida personal, familiar y laboral y la sostenibilidad. Para las sociedades participadas por los trabajadores solamente se prevé un reconocimiento, que requiere desarrollo reglamentario, pero no una calificación y posterior inscripción como sucede con las sociedades laborales (art. 20 LSLP).

Finalmente, tanto las sociedades laborales como las sociedades participadas deberán adoptar políticas o estrategias de responsabilidad social, *«fomentando las prácticas de buen gobierno, el comportamiento ético y la transparencia»* (art. 13.4. LSLP para las sociedades laborales y art. 19.3. LSLP para

19. Se critica la introducción de la noción de sociedades participadas por los trabajadores por su ambigüedad e indeterminación, ya que no siquiera queda claro si son también entidades de economía social, y en caso negativo el riesgo de dilución de la figura de las sociedades laborales en OLAVARRÍA, J., «Las sociedades participadas: ¿un avance o un peligro?», AA.VV., *Empresas gestionadas por sus trabajadores. Problemática jurídica y social.* (coord. FAJARDO GARCÍA), Ciriec-España, 2015, pp. 219-224.

las sociedades participadas). Se remarca igualmente que la actuación de los administradores deberá favorecer «*la generación de empleo estable y de calidad, la integración como socios de los trabajadores, la igualdad de oportunidades entre hombres y mujeres y la conciliación de la vida personal, familiar y laboral*» (art. 13.3. LSLP para las sociedades laborales y art. 19.2. LSLP para las sociedades participadas).

2. LA ECONOMÍA SOCIAL COMO RASGO COMÚN DE LAS SOCIEDADES COOPERATIVAS Y DE LAS SOCIEDADES LABORALES

Tanto la sociedad cooperativa como la sociedad laboral son entidades de economía social[20]. La economía social[21] se define legalmente como el «… *conjunto de las actividades económicas y empresariales*[22], *que en el ámbito privado llevan a cabo aquellas entidades que, de conformidad con los principios recogidos en el artículo 4, persiguen bien el interés colectivo de sus integrantes, bien el interés general económico o social, o ambos*»[23] [art. 2 Ley 5/2011, de 29 de marzo, de Economía Social (en adelante, LES)[24]][25], y que cuenta con unos principios orientadores propios o específicos.

---

20. Sobre su caracterización jurídica y su origen, véase, por todos, PANIAGUA ZURERA, M., Las empresas de la economía social, *cit.*, pp. 57-65, y ALFONSO SÁNCHEZ, R., «Algunas consideraciones en torno a la Propuesta de Ley Marco de Economía Social», *REVESCO. Revista de Estudios Cooperativos*, núm. 102, 2010, pp. 7-23.
21. BATALLER GRAU, J., «Las entidades de Economía Social en un entorno globalizado: Planteamiento del problema», en *Las entidades de Economía Social en un entorno globalizado*, (Dir. BATALLER GRAU), Marcial Pons, Madrid, 2008, pp. 21-26.
22. Se critica acertadamente el énfasis puesto por el legislador en las actividades, que en realidad no identifican a la economía social, ya que lo que identifica realmente a la economía social es la finalidad perseguida y la forma en que se desarrollan las actividades. FAJARDO GARCÍA, G., «La identificación de las empresas de economía social en España. Problemática jurídica», *REVESCO. Revista de Estudios Cooperativos*, núm.128, 2018, pp. 101-102. Cabe señalar que en realidad la finalidad no es un criterio de distinción adecuado, ya que las sociedades mercantiles no tienen porque tener la finalidad de obtener beneficios para distribuirlo entre sus socios, es decir, el ánimo de lucro, que es algo habitual o natural, pero no esencial.
23. El legislador parece que quiso contraponer el interés particular, aunque colectivo de los integrantes de la entidad de economía social, con el interés general, común a todos los ciudadanos o propio de la sociedad civil. PAZ CANALEJO, N., *Comentario sistemático a la Ley 5/2011, de Economía Social*, Tirant Lo Blanch, Valencia, 2012, p. 44. En realidad, sería más acertada la redacción del precepto incidiendo en que la economía social persigue el interés general de forma directa o en conjunción con los intereses de sus miembros usuarios como se propone en FAJARDO GARCÍA, G., «La identificación de las empresas de economía social en España», *cit.*, p. 102.
24. Sobre la LES, véase PANIAGUA ZURERA, M., *Las empresas de la economía social, cit.*, pp. 102-141. Igualmente, FAJARDO GARCÍA, G., «El fomento de la economía social en la legislación española», *REVESCO. Revista de Estudios Cooperativos*, núm.107, 2012, pp. 58-97.

Precisamente en el artículo 4 de la LES se establece que las entidades de la economía social deben actuar en base a los siguientes principios orientadores[26]:

> *«a) Primacía de las personas y del fin social sobre el capital, que se concreta en gestión autónoma y transparente, democrática y participativa, que lleva a priorizar la toma de decisiones más en función de las personas y sus aportaciones de trabajo y servicios prestados a la entidad o en función del fin social, que en relación a sus aportaciones al capital social.*
>
> *b) Aplicación de los resultados obtenidos de la actividad económica principalmente en función del trabajo aportado y servicio o actividad realizada por las socias y socios o por sus miembros y, en su caso, al fin social objeto de la entidad.*
>
> *c) Promoción de la solidaridad interna y con la sociedad que favorezca el compromiso con el desarrollo local, la igualdad de oportunidades entre hombres y mujeres, la cohesión social, la inserción de personas en riesgo de exclusión social, la generación de empleo estable y de calidad, la conciliación de la vida personal, familiar y laboral y la sostenibilidad.*
>
> *d) Independencia respecto a los poderes públicos».*

Estos principios orientadores de la economía social se asemejan en buena medida a los principios cooperativos, por lo que no hay problema en su aplicación a las sociedades cooperativas[27]. En realidad, tampoco creemos que haya problemas en su aplicación a las sociedades laborales, a pesar de

25. En PÉREZ DE URALDE, J. M., «Aplicación, desarrollo y reforma de la Ley 5/2011 de Economía Social. ¿Un derecho debilitado?», *REVESCO. Revista de estudios cooperativos*, núm. 125, 2017, pp. 134-158 se critica la falta de desarrollo reglamentario de la LES, y su consiguiente falta de aplicabilidad.
26. Se critica la falta de correspondencia de estos principios del artículo 4 LES con los aprobados en 2002 por la Conferencia Europea Permanente de Cooperativas, Mutualidades, Asociaciones y Fundaciones (CEP-CMAF) aprobó la Carta de los Principios de la Economía Social. En 2008 pasó a denominarse *Social Economy Europe* y a integrar al resto de entidades de economía social, pero mantiene dichos principios como señas de identidad frente a las sociedades de capital. La Resolución del Parlamento Europeo, de 19 de febrero de 2009, sobre economía social [2008/2250(INI)] adoptó dichos principios: «Las empresas de la economía social se definen por las características y los valores que comparten: la primacía de la persona y el objeto social sobre el capital; la defensa y aplicación de los principios de solidaridad y responsabilidad; la conjunción de los intereses de los miembros y del interés general; el control democrático por parte de los miembros; la adhesión voluntaria y abierta; la autonomía de gestión y la independencia de los poderes públicos; la movilización de lo esencial de los excedentes para la consecución de objetivos de desarrollo sostenible, la mejora de los servicios a los miembros y el interés general». FAJARDO GARCÍA, G., «La identificación de las empresas de economía social en España», *cit.*, pp. 103-107.
27. PAZ CANALEJO, N., *Comentario sistemático, cit.*, p. 81.

ser sociedades anónimas o limitadas, ya que su calificativo como entidades de economía social debe primar ante una posible colisión[28].

De entre estos cuatro principios orientadores de toda entidad de economía social cabe destacar tres de ellos, en concreto, el de la primacía de las personas y del fin social sobre el capital, el de la aplicación de los resultados obtenidos de la actividad económica en función del trabajo aportado, así como el de la promoción de la solidaridad interna y con la sociedad.

El primero, el de la primacía de las personas y del fin social sobre el capital, supone poner en el centro a las personas sobre el capital de una o de otra forma[29]. En el caso de las sociedades cooperativas y de las sociedades laborales está claro que la primacía de las personas sobre el capital se manifiesta en especial en el siguiente principio, el de la aplicación de los resultados en función del trabajo aportado y no del capital aportado, y en su gestión democrática. Esto permite además que puedan ser un vehículo idóneo para favorecer la generación de empleo estable y de calidad como prevén expresamente el propio artículo 4 LES, así como los artículos 13.3. LSLP para las sociedades laborales y 19.2. LSLP para las sociedades participadas. Las sociedades cooperativas también son un instrumento adecuado para ello, en especial las cooperativas de trabajo asociado que tienen por objeto proporcionar a sus socios puestos de trabajo.

El segundo, el principio de la aplicación de los resultados obtenidos de la actividad económica en función del trabajo aportado se puede asimilar al principio cooperativo de participación económica de los socios. Conforme a la Declaración de la Alianza Cooperativa Internacional (ACI), «*Los asociados contribuyen equitativamente a la formación del capital de su cooperativa y lo administran democráticamente. Por lo general, al menos una parte de ese capital es propiedad común de la cooperativa. Los asociados suelen recibir una compensación limitada, si acaso alguna, sobre el capital suscrito como condición para asociarse. Destinan los excedentes a todos o alguno de los siguientes fines: el desarrollo de la cooperativa, posiblemente mediante la constitución de reservas de las cuales una parte al menos debe ser indivisible; la distribución a los asociados en proporción a sus operaciones con la cooperativa y el apoyo a otras actividades aprobadas por los asociados*». En definitiva, el principio de participación económica de los

28. En PANIAGUA ZURERA, M., *Las empresas de la economía social, cit.*, p. 187 se afirma que la sociedad laboral participa de la causa societaria general (la finalidad lucrativa) a la que adiciona como causa específica del tipo social, la consecución de objetivos o fines de interés general, en este caso constitucionalmente establecidos en el art. 129.2. CE, en concreto, la creación y/o el mantenimiento del empleo estable.
29. También es una forma de diferenciarlas de las sociedades mercantiles de capital que ponen en el centro el capital social suscrito y desembolsado por los socios.

socios se concreta en que éstos contribuyen equitativamente al capital social y lo gestionan de modo democrático. Este principio se relaciona con el principio de gestión democrática de las sociedades cooperativas, que se puede extender también a las sociedades laborales, aunque no a todas las entidades de economía social, por ejemplo, en una fundación resulta difícilmente aplicable dada su estructura legal. Pues bien, los socios de una sociedad cooperativa usualmente podrán recibir una compensación o un retorno cooperativo limitado en proporción a sus operaciones con la cooperativa y no simplemente en función de su aportación al capital social. Este calificativo de limitado no se define con claridad por parte de la ACI, pero se entiende que el mercado y los elementos de justicia y equidad limitarían su importe. En la Declaración de la ACI se afirma que *«El interés pagado a esas inversiones debería ser el competitivo, no especulativo»*. En principio los excedentes de la actividad se asignan por parte de los socios a todos o algunos de los siguientes fines: el desarrollo de la propia cooperativa, es decir, su reinversión en la propia actividad de la cooperativa; la constitución o el incremento de las reservas siendo, al menos una parte de ellas irrepartibles; o el apoyo a otras actividades. Hay que tener en cuenta además que una parte del capital será propiedad común de la sociedad cooperativa o de la sociedad laboral. A esa parte del capital se le puede denominar también capital institucional o autónomo, formado especialmente por las reservas irrepartibles. Este capital autónomo supone un refuerzo a la solidez financiera de la sociedad, así como una mayor autonomía frente a sus propios socios[30]. Es más, en relación con los excedentes la propia ACI afirma que una de las actividades más importantes que podrían y que deberían apoyar los socios cooperativistas por medio de estos excedentes es el desarrollo del movimiento cooperativo a todos los niveles, que se puede extender en relación con el objeto del trabajo, a las sociedades laborales[31].

El tercero, el de la promoción de la solidaridad interna y con la sociedad tiene dos vertientes claras. Por un lado, se trata de promover la solidaridad y la equidad internamente, esto es, entre los miembros de la sociedad. Por otro lado, debe promoverse también la solidaridad con la sociedad, se entiende con la sociedad civil[32]. En realidad, con este principio se está

30. SENENT VIDAL, M.ª J., «El concepto de interés social en la cooperativa», *Revista de Derecho Mercantil*, núm. 244, 2002, pp. 714-715.

31. Igualmente, este principio de participación económica de los socios está estrechamente ligado a otro principio cooperativo, el de autonomía e independencia de las cooperativas CALLEJO, A. V., *Los principios cooperativos, cit.*, p. 39, que también tiene un reflejo similar en los principios orientadores de las entidades de economía social.

32. Se critica en PAZ CANALEJO, N., *Comentario sistemático, cit.*, p. 85 que no se concreten los compromisos para la entidad de economía social que supone la solidaridad con la sociedad (civil).

subrayando un elemento de la definición legal de la economía social, que ya se abordó anteriormente, y que aludía de manera un tanto confusa a que las entidades de economía social perseguían el interés general y/o el interés colectivo de sus miembros. Pues bien, atendiendo a este principio en verdad las entidades de economía social deben atender al interés de sus miembros, pero también al interés general. Este principio de las entidades de economía social enlaza también con un principio cooperativo, concretamente con el último, que la ACI denomina como «*Preocupación por la Comunidad*», y a uno de los valores cooperativos, el de la solidaridad. La ACI explica así este séptimo principio cooperativo: «*A la vez que atienden las necesidades de sus asociados, las cooperativas trabajan en pro del desarrollo sustentable de sus comunidades mediante políticas aprobadas por aquellos». Es más, se afirma que «Las Cooperativas trabajan para conseguir el desarrollo sostenible de sus comunidades por medio de policías aprobadas por sus miembros*». Igualmente, la exigencia de que el desarrollo sea de un modo sostenible implica que no se trata de lograr el mero progreso socioeconómico y el incremento del nivel de vida de la comunidad, sino que también hay que tener en cuenta la calidad de vida, el medioambiente y la salud, en definitiva. Las políticas de las cooperativas y sus decisiones particulares deben promover el desarrollo sostenible y vigilar que no afecten negativamente a su entorno, en palabras de la ACI, al desarrollo humano sostenible. Se afirma también que «*[...] es un concepto integrado de desarrollo económico y justicia social que tiene por objeto mejorar tanto el potencial actual como el futuro para atender a las necesidades y aspiraciones humanas*».

Por consiguiente, se trata de contribuir al desarrollo económico, social y cultural de la comunidad en la que se inserta la sociedad cooperativa[33]. Si bien es cierto que una sociedad cooperativa se ha constituido en primer lugar para que los socios se beneficien directamente de sus actividades y resultados[34], no lo es menos que de forma más o menos indirecta la sociedad cooperativa también debe desarrollar acciones que favorezcan a la comunidad en la que el socio se integra. En suma, las sociedades cooperativas no solo deben buscar el interés colectivo de sus miembros o socios, sino que también tienen una responsabilidad con la comunidad en la que realicen sus actividades económicas que se traduce en que deben procurar su desarrollo sostenido y sostenible[35] Esto supone tener en consideración no sólo los intereses de los socios como conjunto o colectivo, sino también el de

33. CALLEJO, A. V., *Los principios cooperativos*, *cit.*, p. 88; MORILLAS JARILLO, M.ª J., «Concepto y clases de cooperativas», *cit.*, p. 131.
34. Los beneficiarios de las sociedades cooperativas y de las sociedades laborales son a su vez los propietarios de la empresa. FAJARDO GARCÍA, G., «La identificación de las empresas de economía social en España», *cit.*, p. 103.
35. MORILLAS JARILLO, M.ª J., «Concepto y clases de cooperativas», *cit.*, p. 131.

terceros como los trabajadores no socios, los acreedores de la sociedad, e inclusive las personas o ciudadanos pertenecientes a una determinada comunidad o entorno. De este modo se puede estimar que el interés social de las sociedades cooperativas incluye un interés público o general que se concreta en procurar el desarrollo económico y social del entorno o comunidad en que se asienta. Esta dimensión de la sociedad cooperativa que se puede calificar como solidaria trasciende la mera satisfacción de las necesidades e intereses patrimoniales de los socios cooperativistas y persigue el desarrollo de una función social que el propio ordenamiento jurídico tutela[36]. Lo mismo se puede predicar sin problemas de las sociedades laborales, a pesar de que sean sociedades anónimas o limitadas, el calificativo de laborales hace que tengan que tener en cuenta unos principios distintos que las sociedades de capital, como son las sociedades anónimas o limitadas, cuya forma jurídica adoptan.

Es más, las sociedades cooperativas tienen un importante y particular respaldo legal en la propia Constitución, en su artículo 129 que incorpora el mandato al Estado de fomentar la constitución y desarrollo de las sociedades cooperativas, y no de otro tipo de sociedades mercantiles. Las sociedades laborales también encajan en este precepto constitucional que alude a promover eficazmente las diversas formas de participación en la empresa[37].

En suma, se plasma generalmente la tensión entre el sistema económico y el mundo en el que las entidades de economía social tienen que actuar y desarrollar su actividad con los principios indicados anteriormente. En nuestro ordenamiento jurídico tenemos una serie de tipos de sociedades mercantiles que los individuos pueden elegir a la hora de desarrollar actividades económicas en el mercado[38]. Pueden elegir libremente la que más se adapte a sus necesidades y tienen cierta libertad en cada tipo para adaptarla a su situación en particular. Esto no obsta a que cada tipo de sociedad tenga sus características particulares y esenciales que no deben desnatura-

36. PANIAGUA ZURERA, M., *Mutualidad y lucro en la sociedad cooperativa*, McGraw Hill, Madrid, 1997, pp. 504-505.
37. Esta disposición ampara una serie de medidas legales como las relativas a la fiscalidad. La previsión en principio de un régimen fiscal más beneficioso o favorable para las sociedades cooperativas que para otro tipo de sociedades como las sociedades de capital que no puede justificarse únicamente en base al carácter mutualista de la sociedad cooperativa, SANTOS DOMÍNGUEZ, M. A., *El poder de decisión del socio en las sociedades cooperativas: La Asamblea General*, Civitas, Thomson Reuters, Madrid, 2014, pp. 216-218, sino en la existencia de un interés general, este principio de solidaridad hacia la sociedad (civil). Lo mismo podría predicarse de las sociedades laborales como entidades de economía social.
38. El contrato de sociedad es un contrato especial, particular que no permite la atipicidad.

lizarse, como sucede en el caso de las entidades de economía social. En particular, las sociedades cooperativas y las sociedades laborales como entidades de economía social deben favorecer el interés de la comunidad en la que se insertan, y eso incluye el fomento de empleo estable y de calidad que presupone una gestión adecuada de la edad.

III. MEDIDAS EMPRESARIALES DE INNOVACIÓN EN MATERIA DE GESTIÓN DE LA EDAD

Al igual que existen planes de igualdad obligatorios sería conveniente de forma complementaria a los mismos que se negociasen en la empresa los que han venido a llamar «Planes de Diversidad», que incluyen las políticas de gestión de la edad[39].

Como bien sabemos, el marco normativo para la negociación colectiva de medidas y planes de igualdad se instaura por Ley Orgánica 2/2007, de 22 de marzo, para la igualdad efectiva de mujeres y hombres en el Capítulo III del Título IV, artículos 45-49. Más tarde, el Real Decreto-ley 6/2019, de 1 de marzo, de medidas urgentes para la garantía de la igualdad de trato y de oportunidades entre mujeres y hombres en el empleo y la educación extiende la exigencia de redacción de los planes de igualdad a empresas de cincuenta o más trabajadores, además de prever un registro de los mismos. Por otro lado, el Real Decreto 901/2020, de 13 de octubre por el que se regulan los planes de igualdad y su registro es el desarrollo reglamentario establecido en el artículo 45.6 de la LOIMH. La experiencia vivida respecto a los planes de igualdad, su previsión normativa reiteradamente incumplida dada la incertidumbre de su ubicación en el ámbito de la Responsabilidad Social Empresarial, la aplastante jurisprudencia que la situaba en el ámbito de la negociación colectiva y que luego se plasma legislativamente, y la actual previsión que no ha logrado aún eliminar la desigualdad debiera servir de ejemplo para regular la gestión de la edad en la empresa eliminando cualquier mínimo atisbo de voluntariedad empresarial.

La economía social no debe quedar, de ningún modo, al margen de esta realidad. Y la negociación colectiva tiene también un papel fundamental en dicho ámbito. Tras la Sentencia del TS núm. 347/2019 de 8 de mayo (rec. 42/2018) queda claro que *«no solo los socios trabajadores de una cooperativa de trabajo asociado tienen derecho a afiliarse libremente al sindicato de su elección, sino, también .... que los sindicatos legalmente constituidos tienen derecho al libre*

---

39. *Vid.*, un primer estudio al respecto en: SERRANO ARGÜESO M./EREÑAGA DE JESÚS, N., «Prácticas empresariales de innovación social en la gestión de la edad y su aplicación en el ámbito del cooperativismo», *REVESCO. Revista de estudios cooperativos*, núm. 130, 2019, pp. 176-197.

ejercicio de la actividad sindical en las Cooperativas de Trabajo Asociado donde tengan afiliados socios trabajadores de las mismas». «Por tanto, el marco de las cooperativas en general, y de las cooperativas de trabajo asociado, en particular, se muestra favorable para la existencia de procesos de negociación colectiva y de firma de convenios colectivos, pues confluyen los valores y principios democráticos de la sociedad cooperativa con el derecho a la negociación colectiva como mecanismo de participación (...)»[40]. *«Los socios trabajadores pueden construir y defender sus intereses alternativos estrictamente laborales que vayan más allá de los propios de la relación societaria, para cuya defensa pueden resultar notoriamente insuficientes los cauces de participación en los órganos de gobierno de las cooperativas derivados de su condición de socios»*[41].

«Un Plan de Igualdad con Perspectiva de Edad o Plan de Diversidad Generacional sería un conjunto ordenado de medidas tendentes a alcanzar en la empresa la igualdad de trato y de oportunidades entre todas las generaciones presentes en la organización. Se nutre de un compromiso expreso de la Dirección, de la creación de estructuras de seguimiento y control (Comité de Igualdad o de Diversidad o Comité de Seguridad y Salud), de un diagnóstico de la situación o punto de partida de la empresa para ajustar las medidas a la realidad concreta y determinar cuáles van a ser los objetivos del Plan, una programación con un cronograma de cumplimiento de esos objetivos y por supuesto, una evaluación y seguimiento para comprobar los logros conseguidos, en una filosofía semejante a la de la gestión de PRL»[42].

Si realmente se quiere incorporar y mantener a trabajadores mayores en las empresas hay que implementar medidas adecuadas de gestión de la edad, lo que necesariamente conlleva innovación en las relaciones laborales e imaginación en la gestión de los recursos humanos facilitando la transferencia del conocimiento acumulado, evitando la discriminación y permitiendo la renovación de la plantilla de la empresa[43]. Las medidas de gestión de la edad conllevan implícito un deber de prevención para que la vulne-

40. CANALDA CRIADO, S., «Los derechos sindicales en las cooperativas: un estudio de su regulación en la negociación colectiva», *CIRIEC, Revista de Economía Pública, Social y Cooperativa,* núm. 102, 2022, p. 121.
41. En este sentido GARCÍA MURCIA, J./ÁNGEL QUIROGA, M., «La libertad sindical en las cooperativas de trabajo asociado», *Revista de Jurisprudencia Laboral,* núm. 5, 2019, pp. 1-12.
42. OTERO APARICIO, M.ª, «Edad y discriminación laboral», AA.VV., *Gestión de la edad y prevención de riesgos laborales,* OSALAN, 2023, p. 181.
43. En el Plan «Cuidamos la experiencia» de Gas Natural Fenosa, por ejemplo, se compromete a la contratación de jóvenes en los mismos puestos ocupados por trabajadores mayores. Es un plan en el que los jóvenes se incorporan a una formación en el que los trabajadores mayores realizan funciones tutoriales con ellos transmitiéndoles su experiencia al mismo tiempo que van preparando su retirada del mercado de trabajo.

ración de los derechos de las personas mayores no llegue a producirse, línea que siguen los Principios Rectores de Naciones Unidas sobre las Empresas y los Derechos Humanos al establecer «*la diligencia debida*» que, básicamente, supone la responsabilidad de las empresas de adoptar acciones para prevenir la violación de los derechos fundamentales dentro de su ámbito de organización y dirección[44].

¿Cuál es la edad concreta en la que consideramos «mayor» a la persona trabajadora? No es posible señalar una edad única y general, pero parece que hay consenso en la existencia de tres variables de edad para el desarrollo de medidas de gestión de la edad, los 45, los 55 y los 65 años[45] . Concretamente, algunos estudios[46] concluyen que es en esas edades cuando los beneficios son evidentes tanto para las empresas como para los trabajadores: aumenta la competitividad; promueve el «*feedback intergeneracional*» y la transmisión del conocimiento; maximiza el potencial de los *senior*; retiene

44. VELÁZQUEZ FERNÁNDEZ, M., *El envejecimiento de la población trabajadora*, Observatorio Vasco sobre acoso y discriminación, 2015. Disponible en: www. Observatoriovascosobreacoso.com (última visita 26 de septiembre 2023).

45. El primer referente de los 45 años se da porque es cuando las trabajadoras y trabajadores son «aún una generación con capacidad de poder e influencia en el sentido de que muchos de sus miembros ocupan posiciones clave en las capas elevadas de la sociedad» según autores como CERRATO ALLENDE, J./UGARTEBURU GASTAÑARES, I./IBARRETXE ZORRIKETA, R., «Factores psicosociales de trabajadoras y trabajadores veteranos y mercado laboral: el envejecimiento activo», *Lan Harremanak*, núm. 24, 2011, pp. 55-67. Además, el informe europeo *Working conditions of an ageing workforce* establece que la edad clave para intervenir y limitar la salida anticipada del mercado laboral de las personas trabajadoras maduras comienza a partir de los 45 años. El segundo referente, el de los 55 años se establece porque es a esta edad cuando las personas trabajadoras se comienzan a considerar personas trabajadoras de edad avanzada ya que se ubican en el tramo siguiente antes de la tercera edad en opinión de autoras como SÁNCHEZ-URÁN AZAÑA, Y., «Edad de jubilación y política de envejecimiento activo», *Revista del Ministerio de Empleo y Seguridad Social*, núm. 94, 2011, pp. 47-68. Y finalmente, el tercer referente de los 65 se ha percibido como «barrera de la ancianidad», es decir, se considera el momento en el que la persona trabajadora abandona el mercado laboral, aunque este umbral puede verse ampliado en los casos en los que las personas trabajadoras decidan permanecer en el mercado de trabajo y jubilarse con una edad mayor. FUNDACIÓN EUROPEA PARA LA MEJORA DE LAS CONDICIONES DE VIDA Y DE TRABAJO, *Working conditions of an ageing workforce*. Disponible en: https://www.researchgate.net/publication/268801020_Working_conditions_of_an_ageing_workforce (última visita 30 de octubre de 2023).

46. Son numerosas las guías y recomendaciones para una gestión adecuada de la edad en las empresas en consonancia con lo establecido a nivel europeo por el COMITÉ DE PROTECCIÓN SOCIAL Y COMITÉ DE EMPLEO, *Declaración del Consejo sobre el Año Europeo del Envejecimiento Activo y de la Solidaridad Intergeneracional: estrategia futura*, 16592/12 SOC 948 SAN 289.

el talento; desarrolla una mayor motivación y bienestar en el trabajo[47]; aumenta la formación, desarrollo y promoción individual; facilita la adquisición de responsabilidades por el reconocimiento de su valía personal; optimiza al máximo sus experiencias para trasladarlas a otras personas de la empresa; y ayuda a afrontar mejor un envejecimiento saludable[48].

A pesar de la falta de medidas legislativas al respecto, lo que sí existen son planes y diferentes manuales de buenas prácticas empresariales que identifican experiencias empresariales innovadoras en materia de gestión de la edad.

Para una adecuada implementación de las medidas de gestión de la edad en la empresa es necesario, en primer lugar, realizar un diagnóstico de situación para analizar tanto la posición como las condiciones de la organización y de sus personas trabajadoras. Y, en segundo lugar, deben determinarse las medidas necesarias para una adecuada política de gestión de la edad desde la contratación inicial en la organización hasta la salida de la empresa, pasando por la optimización de las carreras profesionales. El diagnóstico requiere una reflexión acerca de la edad del personal, es decir, hay que situar la edad de cada persona trabajadora de la organización. El Instituto Nacional de Seguridad e Higiene en el Trabajo dispone de una herramienta de autoevaluación para determinar si la empresa está preparada para hacer frente a los retos que plantea el envejecimiento de la plantilla (Cuestionarios de promoción de la salud. www.insst.es). Como resultado del diagnóstico que concretará la composición generacional de la organización se podrá proceder a la determinación y clasificación de medidas de gestión de la edad, que en este estudio dividiremos en tres bloques generales: las medidas de acceso, las medidas de mantenimiento y las medidas de salida[49].

---

47. Véase respecto al bienestar de las personas trabajadoras: SERRANO ARGÜESO, M., «Retribución emocional. Del bienestar a la felicidad de las personas trabajadoras», *Trabajo y Derecho,* núm. 17, 2023, pp.1-29.
48. En este sentido, hay ejemplos de empresas en las que han conseguido reducir sus costes de contratación al adoptar una política positiva de contratación en relación con la edad. Como buena práctica, Natural Gas Service (empresa de instalación y servicio de gas) ha conseguido notables ventajas de unas prácticas de contratación no discriminatorias por razón de edad. Así, un nuevo empleado de más de 50 años ha liderado el desarrollo de un nuevo sistema de aseguramiento de la calidad utilizando la experiencia obtenida en empleos previos. INNOBASQUE, *Guía para la gestión de la edad en las organizaciones de Euskadi.* Disponible en: http://www.carm.es/ctra/cendoc/haddock/16214.pdf (24 de septiembre de 2023).
49. INNOBASQUE, *Guia para la gestión de la edad, cit.,* Diagnóstico actualizado en la presentación de Gotzon Bernaola. Coordinador General de Innovación Empresarial. Agencia Vasca de la Innovación | Innobasque. 2022-2023. Disponible en: www. Euskadi.eus (última visita 25 de octubre de 2023).

Primero, las medidas de acceso:

- No discriminación en la contratación y diversificación de la edad de la plantilla. En aras a no discriminar a las personas mayores con una experiencia dilatada frente a la incorporación de personas jóvenes (cuya capacidad de adaptación y formación dentro de la organización está más valorada) los procesos de selección pueden basarse en la valoración del puesto de trabajo realizada y en las competencias, habilidades y aptitudes que este requiere; además, durante los mismos conviene hacer uso de instrumentos que no fijen el factor edad como determinante para la obtención del puesto de trabajo, y para ello, debieran analizarse los CV desde una óptica donde no se evalúen ni la edad ni el sexo[50]. El curriculum vitae anónimo o ciego (CVA) es un sistema de reclutamiento y selección de trabajadores/as donde se suprimen los datos personales de las personas aspirantes y ayuda a prevenir las discriminaciones involuntarias y las órdenes conscientes de discriminar a determinados colectivos. Para su implantación en una empresa se debe utilizar una tecnología adecuada, establecer un diseño técnico-jurídico del proceso y disponer de una política de empresa alineada con la igualdad. Esta herramienta obtuvo cierta fama al promoverse en 2017, desde el Ministerio de Igualdad y el Instituto de la Mujer (IM), un «Protocolo general para el diseño, implantación y valoración de un proyecto de currículum vitae anónimo para la selección de personal»[51]. Hay que tener en cuenta, ello no obstante, que no pocos profesionales de RH insisten que no es más que una forma de posponer la discriminación laboral en el acceso al empleo por razón de la edad a etapas posteriores del proceso de selección.

50. Es concretamente sobre las medidas y condiciones de acceso al empleo dónde se circunscribe una especial protección jurídica a las personas trabajadoras de mayor edad por medio de la Directiva 2000/78 del Consejo, relativa al establecimiento de un marco general para la igualdad de trato en el empleo y la ocupación (Diario Oficial de las Comunidades Europeas, núm. 303, de 2 de diciembre de 2000).para la igualdad efectiva de mujeres y hombres (BOE, núm. 71, de 23 de marzo de 2007). En España, recientemente aprobada la Ley 15/2022, de 12 de julio, integral para la igualdad de trato y no discriminación, tiene por objeto garantizar y promover el derecho a la igualdad de trato y no discriminación, y respetar la igual dignidad de las personas, en desarrollo de los artículos 9.2, 10 y 14 de la Constitución Española (BOE núm. 167). También la Ley 2/2023, de 28 de febrero, de Empleo (BOE N.º 51).
51. Véase https://wikigualdad.org/curriculum-vitae-anonimo-o-ciego; e Instituto de la Mujer: *Diseño, implantación y valoración de un proyecto piloto de currículum vitae anónimo para la selección de personal. Informe final de evaluación de resultados,* Instituto de la Mujer y para la Igualdad de Oportunidades, Madrid, 2020.

Segundo, las medidas de mantenimiento:

- Programas de concienciación y sensibilización[52].
- Existencia de un código ético que comprometa a todos los trabajadores, incluida la dirección[53]. Este código pretende evitar que no se reconozcan o identifiquen prácticas inadecuadas integradas en el día a día de las organizaciones (y de las personas). En ocasiones estas prácticas, cristalizadas desde hace décadas, pueden no sólo tolerarse sino pasar desapercibidas y apoyarse en prejuicios y estereotipos perfectamente extendidos.
- Anuncio de vacantes haciendo hincapié en las características del puesto de trabajo y de asociaciones o colegios profesionales que trabajen de primera mano con personas de edad con experiencia laboral o la inclusión de personas trabajadoras de todas las edades en cada grupo profesional, garantizando la transferencia del conocimiento y enriquecimiento del grupo por medio de grupos heterogéneos.
- Fomento de la participación de las personas trabajadoras de más de 45 años en las sesiones formativas, adaptando éstas a sus necesidades e intereses específicos mediante el diseño de un plan de formación dirigido a personas que ya son competentes en su actividad laboral.
- Medidas de transferencia del conocimiento. Se establecen con el fin de que las organizaciones no pierdan conocimientos cuando se da un caso de jubilación entre su plantilla. Para lograrlo resulta necesario elaborar un mapa de conocimiento que prevea la futura pérdida del capital humano de la persona que deja la organización y la intente evitar. Así, el mapa debe recoger cuáles son las fuentes y los activos de conocimiento de la organización y promover la cultura y el entorno del conocimiento. En este sentido también el *mentoring,* que consiste en el asesoramiento, *coaching* o formación de una persona experimentada en la organización al personal más joven o a personas en determinados puestos de trabajo, puede hacer que la experiencia de las personas trabajadoras de mayor edad sea útil y obtenga el mayor rendimiento posible entre las personas que componen la organización. Otra práctica es crear equipos mixtos

52. ASEPEYO, *Gestión de la edad en el trabajo. Guía de Buenas Prácticas,* Asepeyo, 2022, p. 3. Disponible en: https://prevencion.asepeyo.es/documento/gestion-de-la-edad-en-el-trabajo/ (última visita 23 de octubre de 2023).
53. OTERO APARICIO, «Edad y discriminación laboral», *cit.,* p. 180.

multigeneracionales estableciendo tareas compartidas entre trabajadores de diferentes edades. Las sinergias que se crean entre jóvenes y personas de más edad son positivas, ya que se complementa el dominio de los primeros en nuevas tecnologías, formación importante y adaptación a los cambios con la experiencia, conocimiento global, buena actitud y mayor capacidad de resolución de conflictos, por ejemplo[54]. En este sentido, destaca también el llamado *mentoring inverso* que promueve el cambio de roles dando valor al conocimiento y habilidades de las personas más jóvenes que aportarían a empleados senior y a directivos. Para esta transferencia del conocimiento es indispensable (como hemos mencionado anteriormente) que la organización constituya equipos de trabajo con personas de edades mixtas[55]. Estos grupos de trabajo identifican las fortalezas y debilidades de los trabajadores por colectivos de edad en los distintos puestos de trabajo.

– Medidas de seguridad y salud en el ámbito laboral que son necesarias para evitar la pérdida de capacidad de las personas trabajadoras de edad. Así pues, es importante que las organizaciones cuenten con medidas de prevención en lo referente a la salud física y psicológica de la plantilla, además de medidas destinadas a reducir la penosidad o el riesgo que conllevan ciertas actividades profesionales, en su caso[56]. Entre ellas podemos destacar las siguientes:
    - Diagnóstico psicosocial con perspectiva de edad;
    - Incorporación y uso de las nuevas tecnologías en la organización para desarrollar actividades pesadas o físicas;
    - Establecimiento de medidas de adaptación de funciones y condiciones de trabajo, que se refieren, entre otras, a la posibilidad de que la plantilla de más edad lleve a cabo turnos de menor duración o con un margen de descanso más amplio, tengan preferencia a la hora de elegir horario, sean sustituidos en las

54. ASEPEYO, *Gestión de la edad en el trabajo, cit.*, p. 3.
55. En este sentido, la Guía de la Federación Empresarial Metalúrgica Valenciana (FEMEVA) destaca la importancia de las funciones de *mentoring* tanto en habilidades para el trabajo como en otros aspectos menos identificables a nivel laboral, que, sin embargo, harán que las nuevas personas trabajadoras tengan una formación completa y una guía continua en su integración al trabajo, así como, en la cultura de la organización o el clima organizacional. FEMEVAL. *La buena práctica en gestión de la edad aplicación de la gestión de la edad en la empresa.* Disponible en: http://www.femeval.es/proyectos/ProyectosAnteriores/Sinnovaciontecnologia/Paginas/GestiondelaEdad.aspx (última visita 16 de septiembre de 2023).
56. VELÁZQUEZ FERNÁNDEZ, M., *El envejecimiento de la población trabajadora,* cit.

actividades que engrosan un mayor esfuerzo físico por personal más joven pasando a realizar estos trabajos de supervisión donde su experiencia es un potencial, e incluso que la organización prevea un cambio de funciones para estos después de realizar un período de nueva profesionalización; además de realizar sesiones formativas y de sensibilización a la plantilla en temas como el estrés, la conciliación del sueño e incluso la organización de cursos para combatirlos[57]. La evaluación de riesgos de la empresa debe contemplar aquellas condiciones de trabajo que puedan acelerar y/o influir en el proceso de envejecimiento, así como las medidas preventivas necesarias para evitarlos.

– Medidas de reducción y flexibilización del tiempo de trabajo, fundamentales para que las personas trabajadoras de mayor edad puedan afrontar condicionantes relacionados con la edad. Para ello, las organizaciones pueden establecer medios de trabajo basados en las nuevas tecnologías, como el teletrabajo, a fin de permitir a los empleados no tener que trasladarse físicamente y a diario a la organización y poder realizar la prestación laboral desde un lugar diferente, normalmente su propio domicilio; incrementar el tiempo de descanso introduciendo, por ejemplo, mini-descansos de 5 minutos cada media hora; establecer nuevos horarios continuos e ininterrumpidos de 8-15 h; e implementar un proceso para la gestión de las ausencias, también a nivel preventivo, ya que el número de ausencias aumenta con la edad (debido, básicamente, a enfermedad).

Tercero, las medidas de salida:

– La jubilación. Es conveniente que los trabajadores de edad avanzada dispongan de una mayor flexibilidad para determinar el momento y la naturaleza de su jubilación[58]. Esto es, se debe promover un escenario jurídico laboral que permita la existencia de un mercado de trabajadores de edad avanzada e impulsar la gestión eficaz y la motivación de las personas en el último tercio de su

57. Las medidas mencionadas están íntimamente vinculadas a problemas del envejecimiento derivados de la salud, que si bien exigen, en primer lugar, y a nivel individual que toda persona trabajadora vele por su salud, también corresponde, en segundo lugar, a la organización vigilar el estado de salud de la plantilla con trabajos con altas demandas físicas o mentales. PÉREZ BILBAO, J., *NTP 367: Envejecimiento y Trabajo: la gestión de la edad.* Disponible en: www.insst.es (última visita 6 de septiembre de 2023).

58. ASEPEYO, *Gestión de la edad en el trabajo,* cit., p. 5.

vida[59]. La dirección debe informar debidamente a los trabajadores de edad sobre las medidas existentes para una progresiva salida del mercado de trabajo. Lo cierto es que no existe hoy en día una verdadera política incentivadora de la posibilidad de compatibilizar la jubilación y el trabajo remunerado, más bien lo contrario, lo que hace que su uso sea muy reducido, cuando no inexistente en algunas modalidades. Las posibilidades legales para dicha compatibilidad son, a día de hoy, las siguientes:

* En primer lugar, se encuentra la denominada Jubilación activa [art. 214 Ley General de la Seguridad Social (en adelante, LGSS)]: persona jubilada voluntariamente que, tras al menos un año jubilada, decide volver a trabajar y compatibilizar todo o parte de su pensión de jubilación con un trabajo por cuenta propia o por cuenta ajena en la misma o distinta empresa. La cuantía de la pensión será del 50%, salvo en el primer supuesto si se tiene un trabajador a su cargo.

  Un desincentivo para acudir a este tipo de jubilación es el hecho de tener que dejar pasar un año desde la edad de jubilación ordinaria. Otro es que, salvo pacto en contrario con la empresa, hay que extinguir el contrato de trabajo de forma voluntaria por jubilación sin indemnización, y tener asegurado un contrato en la misma o distinta empresa compatible tan sólo con el 50% de la pensión [art. 49.1f del Estatuto de los Trabajadores (en adelante, ET)]. Además, se exige alcanzar el 100% de la base reguladora para poder solicitar la jubilación activa. Un incentivo empresarial es que hay una menor cotización solidaria por parte del jubilado activo (7%). La conversión en trabajadores autónomos puede propiciar jubilados activos que sean falsos autónomos. También es destacable los riesgos de fraude que tiene incentivar la posibilidad de acceder a la pensión completa si el jubilado activo autónomo contrata a un empleado[60].

* En segundo lugar, se encuentra la jubilación parcial (arts. 213 de la LGSS y 12.6 del ET): jubilación gradual previo pacto con la empresa. Reparto proporcional entre pensión y salario, con

59. Así se afirma en la presentación de Gotzon Bernaola, Diagnóstico actualizado en la presentación de Gotzon Bernaola. Coordinador General de Innovación Empresarial. Agencia Vasca de la Innovación | Innobasque. 2022-2023. Disponible en: www. Euskadi.eus (última visita 25 de octubre de 2023).

60. CONDE RUIZ, J. I. y LAHERA FORTEZA, J., «Jubilación flexible y compatible», *Fedea Policy Paper*, enero 2023. Disponible en: https://documentos.fedea.net/pubs/fpp/2023/01/FPP2023-01.pdf, pp. 18 y ss. (30 de octubre de 2023).

jornada reducida hasta jubilación completa. Hay dos tipos, la jubilación parcial ordinaria (una vez cumplida la edad de jubilación y los requisitos para acceder a la misma) y la jubilación parcial anticipada.

En este caso, hay un sobrecoste importante para la empresa porque se exige cotizar por la base de cotización que, en su caso, le hubiese correspondido de trabajar a tiempo completo. Es obligatorio en el caso de la jubilación parcial anticipada la suscripción de un contrato de relevo con correspondencia con las bases de cotización del jubilado parcial y nunca inferior al 65%. Los requisitos de acceso a esta modalidad de jubilación, además, son demasiado exigentes.

* En tercer lugar, está la jubilación flexible (art. 213.2 LGSS): pensionista que vuelve a trabajar a tiempo parcial compatibilizando pensión y trabajo en las condiciones establecidas legalmente y reduciendo, en consecuencia, su pensión de jubilación. Esta modalidad está, además, pendiente de desarrollo reglamentario.

* En cuarto lugar, la jubilación compatible con un trabajo autónomo, según el artículo 213.4 LGSS, pensionista de jubilación que efectúa trabajos autónomos en las condiciones legalmente establecidas sin reducción de la cuantía en la pensión de jubilación ordinaria.

  En este caso, los ingresos están topados en la cuantía vigente cada año del SMI. Denuncia DE LA HERA que *«parece increíble que la Ley esté incentivando la economía sumergida puesto que este tope puede estar generando situaciones de trabajo por cuenta propia retribuido con rentas reales no declaradas para cumplir esta compatibilidad tan restringida»*[61].

* En quinto lugar, la jubilación demorada, esto es, jubilarse después de la edad prevista para la jubilación. Este tipo de jubilación ha sido incentivada por la Ley 21/2020 y desde el 18 de mayo de 2023 se aplica el desarrollo normativo previsto en el Real Decreto 371/2023, de 16 de mayo.

  Demorar la jubilación no es una cuestión pacífica y mucho menos aceptada socialmente. Vivimos más y con más salud, pero seguimos siendo mayores, un aspecto que a menudo se

61. *Ibidem.*

olvida en las empresas que no implantan políticas de gestión de la edad para adaptarse a la nueva situación. Por otro lado, quizá, más que demorar la edad de jubilación en lo que debiera pensarse es en políticas adecuadas que compatibilicen la jubilación con un trabajo retribuido y que permitan que las personas se jubilen cuando decidan, de forma progresiva y voluntaria y sin los desincentivos existentes a día de hoy. El problema parece que puede agravarse con la recuperación parcial en el año 2018 de las jubilaciones forzosas de los convenios colectivos, corregido en parte por la Ley 21/2021 con la nueva DA 10.ª del ET que aumenta la edad a los 68 años y vincula estas cláusulas con mayores exigencias mezcladas con políticas de igualdad de género.

- Establecimiento de bancos de tiempo o reducción del tiempo de trabajo sin pérdida de salario.

- Periodos vacaciones adicionales para la preparación a la jubilación.

- Transición al mercado de trabajo a través de jubilaciones anticipadas escalonadas.

- Ofrecer planes de pensiones para poder jubilarse anticipadamente.

- Generar vínculos para que las personas jubiladas mantengan el contacto con los compañeros y con la empresa.

IV. GESTIÓN DE LA EDAD EN COOPERATIVAS Y SOCIEDADES LABORALES. A MODO DE CONCLUSIÓN

El problema del envejecimiento de la fuerza laboral afecta, como no podía ser de otra forma, a las empresas de economía social, en concreto a las sociedades cooperativas y a las sociedades laborales. Aquí también el número de jóvenes está disminuyendo debido tanto a cuestiones demográficas, como de falta de motivación y apego o quizá desconocimiento del movimiento cooperativista y de la economía social. Todo ello con los consecuentes problemas de pago de pensiones y necesidad de retraso de la edad de jubilación. Contar con personas mayores en las empresas requiere de políticas que aborden la gestión de la edad en la empresa desde distintos puntos de vista (salud, carrera profesional o retención de talento, entre otros) y favorezcan el intercambio de conocimiento con las más jóvenes.

En este sentido, los principios orientadores de las entidades de economía social, así como los valores y principios cooperativos, en particular los relativos a la promoción de la solidaridad interna y con la sociedad, son claves a la hora de generar importantes cambios que aporten una ampliación de oportunidades laborales y sociales a las personas trabajadoras de mayor edad, o lo que es lo mismo, que logren enfocar el envejecimiento activo como fuente de oportunidades sociales y económicas. Dichos valores y principios de la economía social deben servir en todo caso para construir una empresa viable, con la que los socios se identifiquen al apreciar en ella un proyecto que garantice su empleo y su vida profesional. Esa empresa viable debe tener presentes los derechos de los trabajadores mayores y adoptar medidas al respecto sobre la formación, la salud, la adaptación de las condiciones de trabajo a la edad y a las condiciones concretas de cada persona.

Y es que la filosofía de las entidades de economía social, como son las sociedades cooperativas y las sociedades laborales, reside en la elaboración de un proyecto que trasciende lo individual. Muestra de ello son sus principios de cooperación y compromiso con la comunidad. De ambos deducimos su obligación ética ante el envejecimiento de la población, pues los lleva a preocuparse por los intereses de la sociedad y a cooperar por medio de sus estructuras y organizaciones a fortalecer la cohesión social. En este escenario, la ACI sitúa el punto de partida para coadyuvar en el envejecimiento activo de las personas cooperativistas en la promoción de planes de acción concretos que desarrollen intervenciones integrales, de calidad y socialmente responsables, de manera que las organizaciones continúen mostrando una significativa fidelidad a su objetivo social y vocación de origen desde tres ejes principales: la promoción de estilos de vida saludable, el desarrollo y las oportunidades educativas, y la accesibilidad social[62], en consonancia con los denominados principios en favor de la política de edad proclamados por la Organización de las Naciones Unidas (ONU)[63].

Más allá de la declaración de valores de la identidad cooperativa, existen estudios más locales que contribuyen a dar forma a la esencia de un sistema

62. Así pues, el primero de los ejes que la ACI trabaja para el envejecimiento activo es el de entender las necesidades de la persona mayor asociada a sus cooperativas y conocer el estado actual de la situación para cada entidad. El segundo eje es impulsar el ajuste y la creación de servicios que satisfagan las principales necesidades y expectativas de la persona mayor asociada a sus cooperativas miembros. Y el tercero es promover la concienciación de los miembros de la cooperativa en la importancia de trabajar para mitigar los efectos del envejecimiento sobre el desarrollo socioeconómico y en adoptar medidas urgentes para garantizar su constante integración.

63. Así como, la independencia, la participación, los cuidados, la autorrealización y la dignidad.

de principios y valores cooperativos. Estos estudios señalan cómo se podría incidir en estos factores desde la sociedad y desde nuestras organizaciones. Concretamente, en la línea de actuación hacia la mejora de la calidad de vida presente y futura de toda la sociedad, se pone el énfasis en el «Envejecimiento en Positivo» en el que se establecen líneas de actuación para contribuir a la calidad de vida de las personas mayores. Entre ellas: el desarrollo de productos y servicios orientados a las personas mayores y diseñados desde sus propias necesidades y derechos; la promoción de una cultura donde el envejecimiento sea valorado, y a su vez, se reconozca la contribución de las personas de mayor edad; el diseño de políticas públicas que no abarquen de manera única la protección y el cuidado de las personas mayores, sino que se destinen en igual medida a garantizar su plena intervención y participación en la sociedad; el fomento desde el ámbito de la salud de sistemas sanitarios que se desarrollen desde una perspectiva del ciclo vital completo y adquieran líneas de trabajo orientadas a promover la salud, prevenir enfermedades y acceder de manera igualitaria a todo tipo de atención sanitaria de calidad; la creación de espacios intergeneracionales donde las personas de diferentes generaciones tengan la oportunidad de convivir, comunicarse y relacionarse, todo ello concebido como nuevos espacios de intercambio y participación; la formación y sensibilización acerca del envejecimiento de la población, ya que es la llave al cambio cultural y a la aceptación del envejecimiento y la vejez, creando un modelo que incentive y motive las aportaciones de las personas mayores[64]. En este ámbito, existen cooperativas creadas específicamente sobre esta óptica, como en el caso concreto de Brisa del Cantábrico Sociedad Cooperativa, la cual se erige sobre los principios de envejecimiento activo anteriormente citados[65].

Pues bien, es desde estos principios desde dónde la economía social puede contribuir a la igualdad de oportunidades de las personas mayores y a la construcción colectiva de una estrategia de envejecimiento activo que permita llegar a una vejez dinámica y con calidad de vida. Para cubrir las necesidades sociales hacia la búsqueda de mejorar las condiciones de bien-

64. INNOBASQUE, *Gestión de la edad en el trabajo*, cit.
65. Dicha sociedad cooperativa se crea como alternativa a las residencias de la tercera edad y se rige sobre los principios de envejecimiento activo anteriormente citados. De esta manera, se constituye como un complejo residencial y asistencial para personas mayores donde la ayuda mutua, la solidaridad y la empatía son los valores cooperativos fundacionales. Así pues, su premisa primordial es que el 80% de sus socios deben ser personas autónomas con objeto precisamente de contribuir al envejecimiento activo mediante gente independiente y autónoma que pueda tener una vejez vitalista y que al mismo tiempo colaboren y ofrezcan un estímulo y un ambiente agradable e integrador al restante 20% de cooperativistas. Para más información consultar: https://brisadelcantabrico.com/ (última visita 27 de septiembre de 2023).

estar a través del mercado de trabajo, la economía social debe plantear y poner en práctica acciones en torno al envejecimiento sostenible, saludable, autónomo y productivo. De este modo cumplirán con uno de los principios orientadores de la economía social plasmado legalmente en el artículo 4 LES y que conlleva la promoción de la solidaridad interna, es decir, entre los socios, y con la sociedad (civil) en su conjunto, y que se concreta en favorecer el desarrollo local, del entorno en el que están situadas y desarrollan sus actividades económicas, la cohesión social que conlleva evitar la exclusión social de las personas, por ejemplo, por tener una edad más avanzada y no poder acceder a un empleo o perder el que tuviesen, y la generación de un empleo estable y de calidad.

Ante este escenario, creemos en la potencialidad de las entidades de economía social más «empresariales» como son las sociedades cooperativas y las sociedades laborales para abordar el envejecimiento activo en la empresa, y es que ese mismo potencial se ubica precisamente en sus valores fundamentales, tales como una mayor cercanía hacia sus personas trabajadoras (la mayoría, a su vez, socios de las sociedades) y beneficiarias, un mejor conocimiento de los problemas sociales más actuales, y una mayor capacidad para que se cubran esas necesidades[66].

V. BIBLIOGRAFÍA

ALFONSO SÁNCHEZ, R., «Los principios cooperativos como principios configuradores de la forma social cooperativa», *CIRIEC. Revista Jurídica de Economía Social y Cooperativa*, núm. 27, 2015, pp. 49-86.

ALFONSO SÁNCHEZ, R., «Algunas consideraciones en torno a la Propuesta de Ley Marco de Economía Social», *REVESCO. Revista de Estudios Cooperativos*, núm.102, 2010, pp. 7-23.

ASEPEYO, *Gestión de la edad en el trabajo. Guía de Buenas Prácticas*, Asepeyo, 2022. Disponible en: https://prevencion.asepeyo.es/documento/gestion-de-la-edad-en-el-trabajo/ (última visita 23 de octubre de 2023).

BATALLER GRAU, J., «Las entidades de Economía Social en un entorno globalizado: Planteamiento del problema», en *Las entidades de Economía Social en un entorno globalizado* (Dir. BATALLER GRAU), Marcial Pons, Madrid, 2008, pp. 21-26.

66. Mantenemos pues, la conclusión general que se defendía en el anterior estudio realizado al respecto: SERRANO ARGÜESO M. y EREÑAGA DE JESÚS, N., «Prácticas empresariales de innovación social en la gestión de la edad y su aplicación en el ámbito del cooperativismo», cit.

CALLEJO, A.V., *Los principios cooperativos y las cooperativas de servicios públicos*, Intercoop, Buenos Aires, 1998.

CANALDA CRIADO, S., «Los derechos sindicales en las cooperativas: un estudio de su regulación en la negociación colectiva», *CIRIEC, Revista de Economía Pública, Social y Cooperativa,* núm.102, 2022, pp. 115-144.

CERRATO ALLENDE, J./UGARTEBURU GASTAÑARES, I./IBARRETXE ZORRIKETA, R., «Factores psicosociales de trabajadoras y trabajadores veteranos y mercado laboral: el envejecimiento activo», *Lan Harremanak,* núm.24, 2011, pp. 55-67.

CONDE RUIZ, J. I./LAHERA FORTEZA, J., «Jubilación flexible y compatible», *Fedea Policy Paper,* enero 2023. Disponible en: https://documentos.fedea.net/pubs/fpp/2023/01/FPP2023-01.pdf (última visita 30 de octubre de 2023).

CRACOGNA, D./URIBE GARZÓN, C., *Buen gobierno corporativo. Hacia un código de buenas prácticas*, Confecoop, 2003.

FAJARDO GARCÍA, G., «La identificación de las empresas de economía social en España. Problemática jurídica», *REVESCO. Revista de estudios cooperativos,* núm. 128, 2018, pp. 99-126.

– «Orientaciones y aplicaciones del principio de participación económica», *CIRIEC - España. Revista jurídica de economía social y cooperativa,* núm. 27, 2015 (Ejemplar dedicado a: Principios y valores cooperativos en la legislación), pp. 205-242.

FEMEVAL, La buena práctica en gestión de la edad aplicación de la gestión de la edad en la empresa. Disponible en: http://www.femeval.es/proyectos/ProyectosAnteriores/Sinnovaciontecnologia/Paginas/GestiondelaEdad.aspx (última visita 16 de septiembre de 2023).

GARCIA ALVAREZ, B., «Sobre la noción de interés social de las sociedades cooperativas y los principios cooperativos», *REVESCO. Revista de estudios cooperativos,* núm. 34, 2019, pp. 1-44.

GARCÍA MURCIA, J./ÁNGEL QUIROGA, M., «La libertad sindical en las cooperativas de trabajo asociado», *Revista de Jurisprudencia Laboral,* núm. 5, 2019, pp. 1-12.

FUNDACIÓN EUROPEA PARA LA MEJORA DE LAS CONDICIONES DE VIDA Y DE TRABAJO, *Working conditions of an ageing workforce.* Disponible en:https://www.researchgate.net/publication/

268801020_Working_conditions_of_an_ageing_workforce. (última visita 30 de octubre de 2023).

INNOBASQUE, *Guía para la gestión de la edad en las organizaciones de Euskadi*. Disponible en: http://www.carm.es/ctra/cendoc/haddock/16214.pdf. (última visita 24 de septiembre de 2023).

LLOBREGAT HURTADO, M. L., *Mutualidad y empresas cooperativas*, Barcelona, Bosch, 1990.

LLUIS Y NAVAS, J., *Derecho de Cooperativas*, Tomo I, Bosch, Barcelona, 1972.

MORILLAS JARILLO, M.ª J., «Concepto y clases de cooperativas», AA.VV., *Tratado de Derecho de Cooperativas*, vol. I, Tirant Lo Blanch, Valencia, 2013, pp. 111-142.

MÜNKNER, H., *Principios cooperativos y derecho cooperativo*, Friedrich--Ebert-Stiftung (FES), Bonn, 1988.

OLAVARRÍA, J., «Las sociedades participadas: ¿un avance o un peligro?», AA.VV., *Empresas gestionadas por sus trabajadores. Problemática jurídica y social*. (coord. FAJARDO GARCÍA). Ciriec-España, 2015, pp. 219-224.

OTERO APARICIO, M.ª J., «Edad y diversidad generacional en la gestión de la seguridad y la salud: Acciones clave», *NTP 1176*, INSST, 2023, pp 1-9. Disponible en www.insst.es (última visita 31 de octubre de 2023).

PANIAGUA ZURERA, M., *Las empresas de la economía social. Mas allá del comentario a la Ley 5/2011, de economía social*, Marcial Pons, Madrid, 2011.

– «La sociedad cooperativa. Las sociedades mutuas y las entidades mutuales. Las sociedades laborales. La sociedad de garantía recíproca», AA.VV., *Tratado de Derecho mercantil*, vol. I, Marcial Pons, Madrid, 2005.

– *Mutualidad y lucro en la sociedad cooperativa*, McGraw Hill, Madrid, 1997.

PARRA DE MAS, S., *La integración de la empresa cooperativa (Evolución de los principios cooperativos)*, Editorial de Derecho financiero, Madrid, 1974.

PAZ CANALEJO, N., *Comentario sistemático a la Ley 5/2011, de Economía Social*, Tirant Lo Blanch, Valencia, 2012.

VICENT CHULIÁ, F., «Ley General de Cooperativas», *Comentarios al Código de Comercio y Legislación Mercantil Especial* (dirs. SÁNCHEZ CALERO

Y ALBALADEJO.), Tomo XX, vol. 1.º, Revista de Derecho Privado, EDERSA, Madrid, 1989.

PÉREZ BILBAO, J., *NTP 367: Envejecimiento y Trabajo: la gestión de la edad.* Disponible en: www.inssst.es (última visita 6 de septiembre de 2023).

PÉREZ DE URALDE, J. M., «Aplicación, desarrollo y reforma de la Ley 5/2011 de Economía Social. ¿Un derecho debilitado?». *REVESCO. Revista de estudios cooperativos,* núm. 125,2017, pp. 134-158.

SÁNCHEZ-URÁN AZAÑA, Y., «Edad de jubilación y política de envejecimiento activo», *Revista del Ministerio de Empleo y Seguridad Social* (94) 2011, pp. 47-68.

SANTOS DOMÍNGUEZ, M. A., «La relación de los principios cooperativos con el derecho», *CIRIEC - España. Revista jurídica de economía social y cooperativa,* núm. 27, 2015 (Ejemplar dedicado a: Principios y valores cooperativos en la legislación), pp. 87-132.

– *El poder de decisión del socio en las sociedades cooperativas: La Asamblea General,* Civitas, Thomson Reuters, Madrid, 2014.

SANZ JARQUE, J. J., *Cooperación. Teoría General y régimen de las Sociedades Cooperativas. El nuevo Derecho Cooperativo,* Comares, Granada,1994.

SENENT VIDAL, M.ª J., «El concepto de interés social en la cooperativa», *Revista de derecho mercantil,* núm. 244, 2002, pp. 705-724.

SERRANO ARGÜESO M./EREÑAGA DE JESÚS, N., «Prácticas empresariales de innovación social en la gestión de la edad y su aplicación en el ámbito del cooperativismo», *REVESCO. Revista de estudios cooperativos,* núm. 130, 2019, pp. 176-197.

SERRANO ARGÜESO, M., «Retribución emocional. Del bienestar a la felicidad de las personas trabajadoras», *Trabajo y Derecho,* núm. 17, 2023, pp. 1-29.

TRUJILLO DÍEZ, I. J., «El valor jurídico de los principios cooperativos. A propósito de la Ley 27/1999, de 16 de julio, de cooperativas», *RCDI,* núm. 658, marzo/abril, 2000, pp. 1329-1360.

VELÁZQUEZ FERNÁNDEZ, M., *El envejecimiento de la población trabajadora,* Observatorio Vasco sobre acoso y discriminación, 2015. Disponible en: www. Observatoriovascosobreacoso.com (última visita 26 de septiembre de 2023).

Capítulo 3

El protocolo de relevo. Una visión general

JORGE NOVAL PATO
Profesor Titular de Derecho Mercantil
Universidad de Navarra

I. PLANTEAMIENTO INTRODUCTORIO

El paso del tiempo afecta esencialmente el futuro de las empresas. La relevancia de ese inevitable condicionante puede ser minusvalorada con facilidad. La identificación de la empresa con sus productos y servicios, o con sus instalaciones y marcas, así como con otros elementos materiales y signos distintivos puede conducir a no tener en cuenta que, en última instancia, pese al avance de la tecnología y de la robotización, las decisiones empresariales siguen correspondiendo a personas. En consecuencia, el transcurso de los años trastoca estructuralmente y de forma irremisible esa toma de decisiones. A primera vista, podría pensarse que las repercusiones de ese factor temporal residen únicamente en el envejecimiento de los fundadores y administradores, así como en la necesidad de llevar a cabo su relevo: los socios y administradores ya veteranos tienen que vencer la resistencia a hacerse a un lado, a desvincularse del proyecto con el que se han comprometido buena parte de su vida y dar paso a los próximos protagonistas. Sin embargo, también existe otra variable humana que complica enormemente la realización de esa sustitución de forma satisfactoria y sosegada: a lo largo de las décadas surgen vínculos familiares y se suceden generaciones, por ello, es muy probable que el número de personas interesadas en participar o beneficiarse de la actividad empresarial se multiplique[1]. Cada una de esas personas tiene sus propias expectativas y visión del papel que deben jugar en el futuro de la actividad. Además, el paso de los años, lejos de ser un período de tiempo inocuo, puede haber generado discrepancias e incluso enfrentamientos y un alejamiento progresivo entre todos ellos. De ahí que los cambios generacionales constituyan una fase compleja en la vida de la empresa que, en numerosas ocasiones, pese a los mejores esfuerzos, no han sido exitosos, sino que han derivado en el cierre de la empresa.

En todo este itinerario, el Derecho en general y el Derecho mercantil en particular, no son en absoluto la panacea para neutralizar ese conjunto de problemas. Sin embargo, una planificación y regulación adecuada pueden cumplir una función preventiva que, al menos, marque el camino a seguir y genere unos compromisos de futuro básicos para que el proceso acabe llegando a buen puerto, al tiempo que evitan o reducen los conflictos, e incluso contribuyen a reencauzarlos en el supuesto de que se produzcan.

Con ese objetivo, este trabajo se estructura en los siguientes apartados. Tras esta introducción, el segundo apartado se dedica a subrayar la necesidad, los escollos y los principales principios que desde una perspectiva jurídica deben guiar la planificación del relevo generacional. En el tercer apartado se exponen los instrumentos disponibles en el ordenamiento para dotar de eficacia jurídica a los consensos logrados respecto a la sucesión. Los tres siguientes apartados tienen por objeto el análisis de las principales materias que deben ser contenido de dicho plan de relevo. Así, respectivamente, en el apartado cuarto se estudia la problemática relativa a la renovación de las personas al frente de la gestión y representación de la empresa;

1. En ocasiones puede ocurrir que no existan personas interesadas en esa sucesión: el proyecto empresarial puede ser escasamente atractivo debido a su baja rentabilidad o a que pervive anclado en un modelo de negocio obsoleto y escasamente competitivo por no haber evolucionado de forma adecuada, ya sea debido a circunstancias externas, generales o específicas del sector, o a circunstancias internas. En este tipo de escenarios, la continuidad de la empresa no depende tanto de la aplicación de instrumentos jurídicos concretos, sino de analizar y tratar de resolver los problemas estratégicos o financieros que están lastrando la viabilidad futura del proyecto.

el apartado quinto se centra en el cambio de los socios de la empresa; y en el sexto se analiza el elemento financiero-económico, estrechamente ligado a los dos anteriores. Por último, en el séptimo apartado se exponen las instituciones jurídicas disponibles para articular la transmisión de la empresa cuando finalmente la continuidad de ésta va a quedar en manos de terceros ajenos al grupo, ya sea familiar o de otra naturaleza.

Con el fin de simplificar la exposición, el estudio de todos estos instrumentos mercantiles relacionados con el relevo generacional se realizará desde la perspectiva de la sociedad de responsabilidad limitada (SRL). Se evitarán así las numerosas digresiones que exigiría hacer referencia también al régimen jurídico de la SA, la cual, sin duda pueda adaptarse a las necesidades de una sociedad cerrada, pero quizá no sea el tipo social más adecuado para dar respuesta a esas necesidades. Por lo demás, la SRL es la sociedad más difundida en el tejido empresarial español, caracterizado por la presencia de numerosas pequeñas y medianas empresas. De ahí que la problemática jurídica de la SRL haya sido objeto de abundante casuística y de numerosos estudios y, por tanto, puede cumplir una función inspiradora que permita reflexionar y desarrollar los mecanismos jurídicos que ordenen esa misma realidad desde la óptica de las necesidades de las estructuras organizativas de la economía social.

II. LA PLANIFICACIÓN DEL RELEVO GENERACIONAL

La amplia variedad de expectativas e intereses, intensificados por profundas consideraciones afectivas, determina que el traspaso de la empresa a la siguiente generación difícilmente será viable si con antelación a la edad de jubilación de los actuales socios y administradores no se logra alcanzar un consenso sobre dicho relevo entre todas las partes implicadas a través de un protocolo de relevo generacional. Como habrá ocasión de insistir, por regla general, más que un documento dedicado exclusivamente establecer los principales hitos que deben guiar el proceso de relevo, esas normas o pautas formarán parte de un documento más amplio en el que se detallen otros aspectos que van más allá de los estrictamente sucesorios. Habitualmente ese documento se designa como protocolo familiar, en atención al marcado componente familiar que, por regla general, preside las relaciones personales en los negocios de pequeña y mediana dimensión.

La utilidad de este proceso depende de que todos sean conscientes de la necesidad de acometer e involucrarse de forma responsable en esta tarea, que va a exigir un esfuerzo general para encontrar soluciones consensuadas que respondan a planteamientos realistas y permitan definir y acotar las expectativas de forma objetiva y razonable. En suma, tomarse en serio la planificación, la actitud de asumir concesiones y de dar entidad a las implicaciones de los compromisos finales, en vez de que intenten luego, pasados los años, privar de relevancia a lo acordado. La aprobación de un protocolo familiar, siempre que haya sido trabajado a fondo y de forma abierta, dota de seguridad respecto al futuro.

Como se detallará en los siguientes apartados, ese protocolo debe centrarse en la definición de los obligaciones y derechos en una serie de aspectos que inciden en la interrelación entre la empresa y el grupo. Ahora bien, el régimen jurídico resultante de dicho documento será de escasa eficacia si todos los participantes en el proceso, tanto los integrantes de la generación saliente como los de la entrante, no asumen como propios una serie de valores que deben presidir la redacción de ese acuerdo y también su posterior ejecución. Este ingrediente, pese a su naturaleza metajurídica y al margen de su constancia o no en el protocolo, resulta esencial.

En la reflexión sobre esos principios rectores debe tenerse presente que, contrariamente a lo que podría pensarse a primera vista, el principal objetivo del protocolo no es tanto la pervivencia de la empresa, sino garantizar la estabilidad y cohesión del grupo de personas existente en torno al empresario único o en torno a los titulares de la mayoría de las acciones o participaciones sociales (en su caso, el grupo familiar). En efecto, aunque, como habrá ocasión de insistir, la empresa está estrechamente relacionada con dicho grupo, la continuidad de la empresa depende principalmente del acierto en la toma de decisiones estratégicas y de gestión con arreglo a criterios empresariales. Por ello, la conservación de la empresa no es el fin último que se pretende alcanzar con la suscripción consensuada de un protocolo, sino el mantenimiento de la unidad del grupo. En definitiva, el protocolo no es sino un instrumento dirigido a articular la convivencia dentro del grupo, si bien su mala gestión acabará afectando negativamente a la preservación de un proceso de decisiones equilibrado en el ámbito de la empresa.

Con arreglo a ese presupuesto, el grupo, basado en lazos familiares o de otra índole, debe ser consciente de que su razón de ser no deriva simplemente de la existencia de la empresa con la que guarda relación, sino que tiene unas raíces más profundas y un alcance mayor. Por ello, preservar la unidad de ese grupo posee una importancia superior a la del mantenimiento de la empresa. Aceptada esa premisa, paradójicamente la cohesión de dicho grupo depende de que todos acepten que la pervivencia de la empresa es un objetivo que debe ser priorizado por encima de cualquier interés personal en relación con la empresa. En efecto, los integrantes del grupo deben ser conscientes de que la continuidad y consolidación del proyecto empresarial trasciende sus intereses particulares: el impacto social de la empresa va mucho más allá de los miembros de dicho grupo. La credibilidad del proyecto empresarial depende de su compromiso con otros grupos de interés (los denominados *stakeholders*: trabajadores, proveedores, clientes y la comunidad en la que realiza su actividad) y el debilitamiento del proyecto empresarial o incluso el cierre o desaparición de la empresa afectaría negativamente a esa contribución social, que iría más allá de la incidencia directa en la pérdida de puestos de trabajo.

En estrecha relación con el presupuesto anterior, todos deben asumir que la profesionalidad debe ser un elemento identitario de la empresa. Los principios de mérito, capacidad y racionalidad empresarial deben ser respetados por encima de cualquier pretensión sustentada en la simple pertenencia al grupo. En todo caso, esa aspiración a la neutralidad y ponderación en la definición de la estrategia de la empresa y en su gestión no es un reto sencillo. Con facilidad, emociones y afectos crean un caldo de cultivo que amenaza y en ocasiones casi imposibilita que ese principio se pueda hacer realidad. En todo caso, conviene recordar que la ausencia de racionalidad en la toma de decisiones puede fundamentar la responsabilidad de los administradores. De modo particular, esa responsabilidad es probable que se reclame cuando la sociedad se haya despatrimonializado en perjuicio de los socios minoristas y acreedores, pero en favor de algún miembro de la familia. En este orden de ideas, la intromisión de los intereses de los miembros del grupo, sea o no de naturaleza familiar, difícilmente se puede pretender justificar alegando la existencia de una sociedad de naturaleza híbrida, donde la promoción económica y social de los integrantes del grupo se pretenda subsumir dentro del interés social, en un remedo de las sociedades de beneficio e interés común[2]. Por lo demás, la eventual licitud de esa «dualidad de fines» exigiría clarificar cuál de los dos es el prioritario y en qué proporción se debe fomentar el secundario.

Asimismo, la toma de decisiones debe guiarse por un principio de equidad en lo patrimonial, pero de discriminación en lo personal. En efecto, el reparto de los beneficios o la atribución de un mayor o menor número de acciones o participaciones entre cada una de las ramas familiares o grupos existentes en el entorno de la empresa, que se realice de conformidad con la regla fijada, debe atenerse siempre a un principio de proporcionalidad. Ahora bien, las decisiones que, a diferencia de las anteriores, vayan más allá de criterios puramente cuantitativos, serán habitualmente discriminatorias. El crecimiento de la familia o del grupo afín a la empresa introduce un

2. *Cfr.*, Disposición adicional décima de la Ley 18/2022, de 28 de septiembre, de creación y crecimiento de empresas.

condicionante: por regla general, «en la empresa no hay sitio para todos»[3]. A modo de ejemplo, a la hora de nombrar al administrador o administradores de la sociedad es probable que existan varios candidatos idóneos en atención a los requisitos de edad, formación y experiencia exigidos para ocupar ese cargo; ahora bien, cuando el número de aspirantes al puesto es superior al número de vacantes, la selección se hace ineludible y toda elección, aunque se ponga especial esfuerzo por evitar cualquier atisbo de arbitrariedad, entraña exclusión y, por tanto, discriminación. De nuevo, el enjuiciamiento de estos supuestos estará marcado por el componente emocional y, por ello, resulta preciso que todos estén prevenidos contra las desencuentros o conflictos generados por percibir decisiones lícitas como «injustas».

Por otra parte, es indudable, por lo expuesto, que esta tarea de planificación se centra primordialmente en las relaciones personales dentro del grupo y de éste con la empresa. No obstante, el paso del tiempo no afecta solo a las personas, sino también a los proyectos. La supervivencia de toda empresa requiere un ejercicio continuo de ajuste y adaptación. Por ello, este período de reflexión y de intercambio de pareceres y visiones entre distintas generaciones puede ser también una ocasión propicia para analizar la situación actual del negocio y redefinir el plan estratégico, teniendo en cuenta los retos y obstáculos que se presentan en una nueva coyuntura económica que presumiblemente será muy distinta de la que presidió los inicios de la empresa.

Por último, resulta discutible cuál es el momento más apropiado para iniciar este período de planificación del relevo. La atención del día a día de la actividad empresarial, necesitada de ordinario de la resolución apremiante de problemas, la posible resistencia del fundador a desligarse de la empresa y perder el control, así como el temor a la apertura de un proceso que se antoja conflictivo son algunos de los obstáculos que pueden motivar el que esta tarea no sea afrontada con la previsión oportuna. De modo particular, la existencia de previsibles diferencias sustanciales entre las expectativas propias y ajenas entre los miembros del grupo suele ser terreno abonado para que surjan malentendidos, que se traduzcan en distanciamientos y en dificultades para encontrar soluciones de encuentro respecto de los puntos de fricción. Por ello, no extraña que nunca se encuentre el momento para iniciar este período de comunicación e intercambio de expectativas y que se intente retrasar. Frente a esa comprensible dificultad, resulta opor-

3. Véase, SÁNCHEZ-CALERO GUILARTE, J. «Apuntes sobre la empresa familiar y sus conflictos», AA.VV., *Derecho de Sociedades, Concursal y de los Mercados Financieros. Libro Homenaje al profesor Adolfo Sequeira Martín*, Sepín, Madrid, 2022, pp. 71-87, p. 74.

tuno que todos en el grupo tengan presente que cuanto más tarden en sentarse a dialogar sobre estos temas y en explicitar sus discrepancias, más probable es que la situación se encone. En todo caso, conviene no postergar en exceso este proceso. Sería imprudente esperar a que se aproxime demasiado la edad de jubilación del fundador o fundadores y también que el comienzo de esta tarea estuviese forzado por la necesidad de reaccionar frente a una contingencia de gravedad.

III. LA EFICACIA JURÍDICA DEL PROTOCOLO DE RELEVO. EL PAPEL DE LOS ESTATUTOS Y DE LOS PACTOS PARASOCIALES

De conformidad con lo expuesto previamente, el protocolo, ya sea estrictamente un protocolo de relevo o uno de contenido más amplio que aborde cuestiones adicionales[4], es el documento final, aprobado por los miembros del grupo tras el período de debate y reflexión, que establece las normas que van a regir el cambio generacional en la sociedad desde la perspectiva del grupo. La importancia de este documento reside en su eficacia jurídica. Su interés sería escaso si de él no surgiesen derechos y obligaciones susceptibles de ejecución. Desde esa perspectiva, este negocio jurídico suele ser considerado como un contrato de sociedad, que da lugar, al menos, a una sociedad interna. En atención al principio de libertad de forma (arts. 1278-1280 CC), la constitución de esa sociedad no se supedita al otorgamiento de escritura pública ni a su inscripción en el Registro Mercantil.

La eficacia de este documento debe ser analizada desde dos ópticas. De una parte, su eficacia *inter partes* y, de otra, su eficacia frente a la sociedad de la que son socios todos o algunos de los miembros del grupo vinculado por el protocolo. En relación con la primera, es notorio que cualquiera de sus firmantes está legitimado para exigir el cumplimiento de las obligaciones contenidas en el pacto y cualquiera de ellos dispone también de todos los mecanismos previstos en ordenamiento jurídico para responder frente a los supuestos de incumplimiento: acción de cumplimiento, acción de

4. En relación con el posible contenido de este protocolo, desde la óptica del protocolo familiar, v., entre otros, CAMISÓN ZORNOZA, C./RÍOS NAVARRO, A., *El protocolo familiar: metodologías y recomendaciones para su desarrollo e implantación*, Tirant lo Blanch, Valencia, 2016, p. 78-200; VALMAÑA CABANES, A., *El régimen jurídico del protocolo familiar*, Comares, Granada, 2014, pp. 84-94; y ENCISO ALONSO-MUÑUMER, M.ª, «El protocolo familiar», AA.VV., *Tratado Jurídico y Fiscal de la Empresa Familiar* (Dir. ORTEGA BURGOS), Tirant lo Blanch, Valencia, 2021, pp. 127-158, pp. 132-138.

indemnización de daños y perjuicios, acción de remoción, acción de resolución y otras medidas de autotutela[5].

En relación con la eficacia del protocolo frente a la sociedad, caben distintas alternativas. La más sencilla sería la de incorporar en los estatutos el mayor número posible de las estipulaciones del protocolo, aunque el ámbito subjetivo de aplicación de esas cláusulas estatutarias no abarque a todos los socios, sino exclusivamente a los socios que sean firmantes del pacto[6]. Obviamente, el texto de la cláusula estatutaria deberá recoger esa restricción subjetiva. Para poder incluir lo pactado en el protocolo en los estatutos será necesario que los socios firmantes del protocolo dispongan de las mayorías necesarias para aprobar la modificación los estatutos y, además, deberá asegurarse que esa nueva previsión no genera ningún perjuicio a los socios que no forman parte del grupo y no han firmado el protocolo. Por otra parte, el recurso a esta solución no siempre resulta factible pues, entre otros motivos, no siempre se desea que los socios ajenos al grupo conozcan el contenido del protocolo o también puede ocurrir que algunas de las previsiones del protocolo no puedan formar parte de los estatutos por ser contrarias a normas imperativas.

Otra opción de otorgar eficacia societaria a lo pactado en el protocolo es la de estipular como prestación accesoria el cumplimiento del protocolo familiar. Esa alternativa ha encontrado particular acogida en los últimos años. La validez de este instrumento no sólo es compartida por un buen número de autores en la doctrina[7], sino que ha encontrado el refrendo de la Dirección General de los Registros y del Notariado, en su resolución de 26 de junio de 2018 e incluso en la sentencia del Tribunal Supremo 120/2020, de 20 de febrero. No obstante, la licitud de esta práctica es discutible, ya que depende de la interpretación amplia o restrictiva que se dé a la exigencia legal de que el contenido de la prestación accesoria conste íntegramente en los estatutos[8]. Por ello, su utilización no está exenta de cierto riesgo, si bien menor, pues nada impide que en un futuro más o menos próximo algún

---

5. En relación con esos remedios jurídicos, véase la exposición detallada de PAZ-ARES RODRÍGUEZ, C., «El *enforcement* de los pactos parasociales», *Actualidad Jurídica Uría&Menéndez*, núm. 5, 2003, pp. 19-43, pp. 21-30.
6. *Cfr.*, ENCISO ALONSO-MUÑUMER, M.ª, «El protocolo familiar», *cit.*, pp. 141-142.
7. Véase, entre otros, PAZ-ARES RODRÍGUEZ, C., «El *enforcement*», *cit.*, p. 41; FERNÁNDEZ DEL POZO, L., *El protocolo familiar: empresa familiar y publicidad registral*, Aranzadi, Cizur Menor, 2008, pp. 231-240; y VALMAÑA CABANES, A., *El régimen jurídico, cit.*, pp. 279-284.
8. Véase, ENCISO ALONSO-MUÑUMER, M.ª, «El protocolo familiar», *cit.*, pp. 152-156; y NOVAL PATO, J., «La jurisprudencia del Tribunal Supremo en materia de pactos omnilaterales. Comentario a la sentencia 300/2022, de 7 de abril», *Revista de Derecho de Sociedades* núm. 66, 2022, aptdo. 4.3 letra c).

tribunal haga suyas las críticas señaladas y decida desmarcarse de la posición mantenida por la DGRN.

Por lo demás, podría pensarse en que algunos de los medios de publicidad del protocolo, previstos específicamente para los protocolos de naturaleza familiar, por el Real Decreto 171/2007, de 9 de febrero, y, de entre ellas, de modo particular, la inscripción del protocolo en el Registro mercantil pudiera dotar a éste de oponibilidad frente a la sociedad. Sin embargo, ese objetivo no resulta viable: lo societario viene determinado exclusivamente por lo pactado por los socios, ya sea estatutariamente o mediante un pacto parasocial, siempre que, en este último caso, todos los socios de la sociedad sean a su vez miembros del grupo y por tanto todos ellos hayan firmado el pacto parasocial o protocolo. Pese a ello, las sentencias del Tribunal Supremo 120/2020, de 20 de febrero y 300/2022, de 7 de abril[9], se han inclinado, aunque *obiter dicta*, por otorgar esa eficacia *ad extra* a todo protocolo sea o no omnilateral[10].

IV. LOS ÓRGANOS DE DECISIÓN EN EL RELEVO GENERACIONAL. LA DEFINICIÓN DE LOS SUCESORES Y DE LAS ESTRUCTURAS DE GOBIERNO

El relevo generacional no se reduce a introducir cambios en los nombres de las personas que a partir de un determinado momento serán los responsables de regir y gestionar la sociedad, sino que, por regla general, la vida de la empresa va acompañada gradualmente de la ampliación del número de personas implicadas en torno a la propiedad de la empresa. Por ello, en este proceso de renovación resulta necesario valorar la conveniencia tanto de adoptar nuevas estructuras organizativas que den respuesta adecuada a esa nueva realidad como de precisar el protagonismo que procede otorgar a cada uno de los miembros del grupo, incluso a aquellos que carecen de cualquier vinculación jurídica con la empresa, ya sea societaria o laboral, pero que al menos deben tener garantizados unos derechos mínimos de información y de participación.

Dentro de este conjunto de cuestiones, una primera que conviene analizar es la forma de organizar la administración. De ordinario, las sociedades cerradas en sus inicios no habrán contado con un consejo de administración, sino que todas las tareas de gestión y representación habrán sido asumidas por un administrador único, dos administradores conjuntos o varios soli-

9. Sentencias del Tribunal Supremo 120/2020, de 20 de febrero (CENDOJ: 28079110012020100106) y 300/2022, de 7 de abril (CENDOJ: 8079110012022100290).
10. En relación con estas cuestiones, NOVAL PATO, J., «La jurisprudencia», *cit.*, aptdo. 4.3 letra c).

darios. Por ello, el relevo generacional puede ser el momento oportuno para introducir ese modelo de gestión. La existencia de un consejo de administración permite la participación directa en el proceso gerencial o de administración de representantes de las distintas ramas familiares o de los subgrupos existentes dentro del grupo que singulariza a la sociedad[11]. Al mismo tiempo, la implantación de un consejo de administración posibilita la incorporación de personas ajenas al grupo que refuercen la independencia requerida en la toma de decisiones en la gestión[12]. En todo caso, en relación con este punto no solo se debe decidir si finalmente la gestión de la sociedad se va a organizar en torno a un consejo de administración, sino también el número de puestos que van a existir en ese consejo de administración, el posible criterio de reparto de esos puestos entre los miembros del grupo y el número mínimo de consejeros independientes que van a formar parte de dicho órgano. Asimismo, conviene establecer con claridad los requisitos de idoneidad que se estiman necesarios para ser nombrado administrador: edad, formación y experiencia. Por lo demás, el diseño de este órgano debe estar presidido por una idea básica: la separación entre la empresa y el grupo. Los miembros del consejo de administración, aunque sean nombrados con el respaldo de algún grupo de socios, deben ser plenamente conscientes de que están obligados a desempeñar sus funciones atendiendo únicamente al interés de la sociedad. Es más, la ausencia de esa independencia de criterio y la consiguiente infracción del deber de lealtad puede acarrear su responsabilidad[13]. De ahí que la eventual creación de un consejo de administración no se orienta a garantizar que las ramas familiares o subgrupos dispongan de un instrumento para lograr que la gestión de la empresa se ajuste a sus intereses particulares y, aún menos, para enturbiar la gestión con argumentos emocionales o afectivos, sino que dicho órgano

11. En este orden de ideas, resulta de interés recordar que la existencia del consejo de administración normalmente irá acompañada de una diferenciación entre la gestión estratégica y la operativa, que se traducirá en la diversa participación de los miembros del consejo de administración en los cometidos que suelen integrar las fases que tradicionalmente articulan el proceso de administración: programación, dirección, ejecución y control. Véase, PAZ-ARES, C., «*Perseverare diabolicum* (A propósito de la STS 26-II-2018 y la retribución de los consejeros ejecutivos)», *Indret*, abril 2018, pp. 1-52, p. 37.

12. Sin embargo, no todo son ventajas. Si se dispone de un consejo de administración, en caso de existir desavenencias entre los miembros del grupo, éstas van a transcender de forma irremediable al órgano de administración, lo que repercutirá negativamente de forma directa en la gestión e incluso llegará a generar el bloqueo del órgano. SÁNCHEZ-CALERO GUILARTE, J. «Apuntes», *cit.*, p. 81.

13. En concreto, «el deber de lealtad obliga a los administradores a [...] desempeñar sus funciones bajo el principio de responsabilidad personal con libertad de criterio o juicio e independencia respecto de instrucciones y vinculaciones de terceros» [art. 228.d) LSC].

debe servir para facilitar que cada uno de esas ramas o subgrupos estén en condiciones de impulsar y supervisar que la empresa es gestionada de conformidad con el interés social que aprobaron de común acuerdo.

Otro tema clave es la selección del sucesor o sucesores, esto es, la designación de la persona o personas que van a tomar las riendas de la empresa en la próxima etapa. En relación con esta decisión, una cuestión a dilucidar es si se contempla la posibilidad de que ese nuevo liderazgo sea asumido por una persona ajena al grupo o, por el contrario, esa externalización se considera contraproducente para el mantenimiento de la influencia del grupo y, por tanto, se aspira a seleccionar un candidato interno. La preferencia por esta segunda alternativa es comprensible[14]. No obstante, incluso cuando se opte por esa opción, si finalmente ninguno de los miembros del grupo reúne las competencias y aptitudes profesionales requeridas para asumir esa tarea de forma satisfactoria, se debe seleccionar un profesional externo[15]. De lo contrario, la elección de una persona inadecuada para puestos de responsabilidad no solo puede traer consigo una gestión desafortunada, sino que de forma inmediata conducirá a que las personas con talento que trabajan en la empresa se cuestionen la viabilidad futura del proyecto y duden entre la oportunidad de mantener su vinculación con ella o la de comprometerse con mejores alternativas. En todo caso, la definición del perfil profesional que requiere el sucesor y la valoración de su idoneidad dependerá de la etapa de mayor o menor crecimiento en la que se encuentre en la empresa y de su plan estratégico. Por lo demás, la existencia de un consejo de administración con presencia de un buen número de miembros del grupo puede ser una solución de equilibrio que actúe como contrapeso al nombramiento de un consejero delegado externo y, por tanto, que contribuya a disipar los reparos que puedan existir para introducir ese cambio en la gestión de la empresa[16] . En definitiva, el relevo generacional implica el cambio de personas, pero en atención a la necesidad de trazar una distinción clara entre la empresa y el grupo, resulta esencial no perder de vista que más que la continuidad de personas de intereses particulares se trata

14. La pertenencia del administrador al grupo suele ir asociada, entre otras ventajas competitivas, a un especial compromiso de tiempo y esfuerzo con el proyecto. Véase, VIDÁN PEÑA, L. J., *Transmisión generacional de la empresa familiar*, Pamplona, 2023 (tesis doctoral disponible en https://doi.org/10.48305/Tesis/2454/45269), pp. 23-25.

15. Ese rechazo a sucesiones automáticas por parte de personas que se creen con derecho a dirigir la empresa con independencia de su capacitación, no se contrapone a que el plan de relevo generacional contemple un programa sólido de formación y desarrollo dirigido a los integrantes del grupo que sean candidatos potenciales para liderar el negocio en un futuro. Otra cosa bien distinta es que la participación en ese programa asegure su idoneidad cuando llegue el momento de la sucesión.

16. La incorporación en la gestión de terceras personas ajenas al grupo puede ser de ayuda para introducir una mayor objetividad en los debates y en la toma de decisiones, ya

de asegurar la continuidad de la empresa. Por ello, ningún integrante del grupo debe considerarse con derecho a participar en la gestión con independencia de su capacitación y de las necesidades reales de l a empresa.

La planificación del relevo exige no solo mirar hacia el futuro y, por tanto, concretar esa estrategia de búsqueda, selección y formación del sucesor, sino también prestar particular atención a las personas que han sido claves en el pasado, esto es, al fundador o fundadores. A la hora de abordar esta cuestión clave, además de ponderar la oportunidad del mantenimiento o transmisión de sus acciones o participaciones sociales[17] y el modo de garantizar que la desvinculación de la empresa no genere al fundador o fundadores inseguridad sobre su situación económica en los años venideros[18], resulta preciso determinar cuál es el papel que esas personas van a seguir desempeñando en la toma de decisiones tras la sucesión. En principio, la sustitución en el cargo de administrador priva al fundador o fundadores de todo poder de decisión, al menos en la gestión del día a día del negocio. Sin embargo, en ocasiones dichas personas pueden seguir siendo un activo particularmente útil para la empresa y el sucesor puede desear seguir aprovechando el conocimiento y experiencia de su predecesor. Para alcanzar ese objetivo, una fórmula sencilla consiste, en el supuesto de que exista un consejo de administración, en que esas personas formen parte de ese órgano y, por tanto, continúen aportando su buen hacer en la gestión estratégica de la empresa[19]. Con todo, lo aconsejable es que esa presencia del fundador o fundadores en el consejo de administración sea una situación temporal. Sin duda, cualquier generalización en este punto no puede ser concluyente. Las situaciones personales y empresariales son muy variadas. Sin embargo, la presencia del fundador o fundadores en dicho órgano puede suponer un condicionante relevante para el sucesor, aunque solo sea por un temor reverencial a la persona y al legado del fundador. De ahí que, pasado un tiempo prudencial, conviene que el sucesor disponga de total libertad y asuma plenamente su responsabilidad en la conducción del negocio, más aún si considera necesario introducir cambios estratégicos de calado respecto al pasado. La fijación del momento en que el fundador o fundadores deben abandonar el consejo de administración es totalmente

---

que contribuye a diluir la perspectiva emocional o representativa del interés particular de una rama del grupo que suele ser fuente de conflictos. Véase, PEÑAS MOYANO, M.ª J., «Órganos familiares y órganos societarios», AA.VV., *Creación, gestión estratégica y administración de la PYME* (Dir. ALCALÁ DÍAZ), Civitas, Madrid, 2010, pp. 617-649, pp. 633-635.

17. Véase *infra*, aptdo. V.
18. Véase *infra*, aptdo. VI.
19. Por otra parte, ese reconocimiento facilitará que el fundador o fundadores perciban su sustitución de forma más favorable y tranquilizadora.

discrecional. La duración de ese período se puede acortar y ser breve, si la sucesión ha ido precedida de una fase de transición en la que el fundador o los fundadores, unos años antes de cesar en sus cargos, han ido formando e introduciendo en la gestión a los futuros sucesores. Por lo demás, nada impide que informalmente, al margen de cualquier derecho u obligación, el sucesor solicite asesoramiento a las personas que estime oportunas y, por tanto, pida consejo, entre otras, a quienes durante años han sacado adelante la empresa.

Pese a todo lo anterior, la fijación de este punto no resulta sencilla en absoluto. Sería desacertado perder de vista que el relevo generacional entraña el consenso, ya sea de forma directa o indirecta, entre dos partes, el fundador y el sucesor, y que ambos pueden tener percepciones muy distintas respecto del valor de la contribución que el fundador todavía puede aportar a la empresa y de la aptitud del sucesor para guiar a la empresa en esta nueva fase. Además, esa disparidad de criterio o incluso esa desconfianza, más o menos mutua, no estará exenta de una elevada carga emocional: la resistencia del fundador a desligarse de uno de los grandes proyectos de su vida. A la vista de esas dificultades, no será infrecuente que proceda alejar el traspaso de competencias de un modelo ideal y, por tanto, que finalmente prevalezcan soluciones menos óptimas. En todo caso, conviene evitar que el fundador, pese a su relevo en el cargo, continúe siendo una pieza clave de la gestión y actuando como si poco hubiese cambiado. De ser así, el fundador debe ser consciente de que puede llegar a ser calificado como administrador de hecho[20] y de la responsabilidad que como tal le corresponde (art. 236.3 LSC). Por otra parte, desde la perspectiva del eventual mantenimiento de la condición de socio por parte del fundador, resulta contrario a derecho que los estatutos atribuyan un derecho de veto al fundador[21]. Ciertamente, la previsión estatutaria del voto plural o múl-

20. RONCERO SÁNCHEZ, A., «Los órganos de gobierno de la empresa familiar: órganos de la sociedad y órganos de la familia. Principios de buen gobierno corporativo», AA.VV., *Tratado Jurídico, cit.*, pp. 159-198, p. 184; y *Cfr.*, OTERO COBOS, M.ª T., «El consejo de familia como administrador de hecho», *Revista de Derecho de Sociedades*, núm. 61, 2021, pp. 291-334.

21. Esa prohibición no solo rige cuando explícitamente se reconoce el derecho de veto a un socio, sino también, por regla general, aunque la conclusión no es tan automática y las circunstancias y origen de esa estipulación deberían ser ponderadas, cuando ese mismo efecto se obtenga de forma indirecta, atribuyéndole al socio un derecho de voto plural de tal entidad que todo acuerdo requiera su voto favorable para poder ser aprobado. También pueden llegar a estar en los «aledaños de la unanimidad» cuando se establezcan mayorías tan elevadas que imposibiliten la adopción de acuerdos a pesar de que la participación del socio en el capital social no es elevada. Véase, DÍAZ MORENO, A., «Consentimiento de los socios y adopción de acuerdos sociales por unanimidad», *Gómez-Acebo & Pombo*, septiembre 2020, pp. 1-8, pp. 4-5.

tiple está admitida, aunque tan solo en las SRL[22]. Sin embargo, en ninguna sociedad de capital se admite que la adopción de un acuerdo social pueda quedar condicionada al voto favorable de un determinado socio. Esta conclusión se deduce de la prohibición legal de que los estatutos puedan exigir la unanimidad los socios para adoptar ningún acuerdo en la junta general (art. 200.1 LSC). Por ello, con independencia de que esa prohibición se considere desacertada o que desde una perspectiva *de lege ferenda* se estime que debería ser suprimida, actualmente el derecho de veto no tiene cabida en nuestro ordenamiento jurídico.

Por otra parte, la sucesión en la empresa puede ser un momento oportuno para revisar las competencias de la junta general. Por regla general, en la fase inicial de la empresa, cuando el negocio todavía no ha alcanzado grandes dimensiones, los socios tenderán a confiar la gestión y representación a aquella persona que estiman más adecuada en atención a su experiencia y capacidad. Además, la persona que seleccionen para ser administrador es probable que sea uno de ellos, esto es, una persona que ostenta la condición de socio y probablemente aquel que en su momento sugirió e impulsó la iniciativa. Pese a esa atribución específica de funciones en el socio-administrador, lo habitual será que los restantes socios realicen un seguimiento cercano del negocio, facilitado por las relaciones familiares o de amistad existentes entre todos ellos, y participen tanto en la concreción de la estrategia como en la supervisión de la actividad empresarial. Sin embargo, un resultado natural del paso del tiempo es la ampliación notable del grupo fundador y que esa armonía inicial sea difícilmente replicable en las nuevas generaciones. La razón de esa pérdida de consenso no reside únicamente en la diversidad de temperamentos, sino primordialmente en el aumento de tamaño tanto del grupo como del negocio y en la consiguiente desaparición de un conjunto de personas pequeño y homogéneo al frente

22. En relación con el voto plural, véase VALENZUELA GARACH, J., «Algunas cuestiones sobre los derechos del socio en la empresa familiar», AA.VV., *Cuestiones civiles y mercantiles en la empresa familiar* (Dir. GALLEGO DOMÍNGUEZ), La Ley, Madrid, 2022, pp. 523-556, pp. 543-545. En la SRL, la mayor o menor entidad del derecho de voto guarda relación directa con el número de participaciones sociales cuya titularidad se ostente. No obstante, esa regla puede ser modificada estatutariamente, alterando estatutariamente la proporcionalidad del derecho de voto entre participaciones del mismo valor nominal (art. 188.1 LSC y art. 184 RRM). Por otra parte, no es necesario modificar los estatutos. Otra opción para incrementar el derecho de voto de algunos socios, consiste en atribuir distinto valor nominal a las participaciones sociales. Así, en la medida en que el derecho de voto depende del número de participaciones sociales, si un socio, por ejemplo, fuese titular de diez participaciones sociales de valor nominal de 1 euro, su derecho de voto será diez veces superior del correspondiente al socio con una idéntica aportación al capital social, pero que tan solo posee una participación social por un valor nominal de 10 euros.

de un negocio de menor complejidad[23]. Esta nueva coyuntura no debe lastrar la eficiencia y competitividad de la empresa. Por ello, resulta aconsejable reforzar la discrecionalidad e independencia del órgano de administración y que estatutariamente se modere o incluso se suprima la facultad de la junta general de intervenir en los asuntos de gestión y, en concreto, la de impartir instrucciones al órgano de administración o de someter a su autorización la adopción de decisiones o acuerdos en materia de gestión (*cfr.* art. 161 LSC).

Por último, el relevo puede aconsejar la redefinición de las competencias de las estructuras organizativas que los miembros del grupo relacionado con la empresa, sea o no familiar, pudieron adoptar en su momento para coordinar sus intereses[24]. De modo particular, la existencia de estas estructuras permite, en primer lugar, que los miembros del grupo dispongan de cauces de información respecto de la evolución de la empresa. Asimismo, estos «órganos» son instrumentos de comunicación especialmente aptos para asegurar el indispensable intercambio de pareceres y favorecer la resolución de conflictos entre todos los integrantes del grupo, al posibilitar que las personas que no son socios o no están involucradas en la gestión de la sociedad participen en debates respecto a las relaciones entre el grupo y la sociedad[25]. Por tanto, la obligación de que todos ellos se reúnan con la periodicidad acordada resulta particularmente provechosa para proteger y alcanzar la deseada cohesión y armonía en el seno del grupo. Por último,

23. *Cfr.*, PAZ-ARES, C., «*Perseverare diabolicum*», *cit.*, pp. 37-39.
24. En el supuesto de que el grupo careciese de estas estructuras paralelas a las propias de la sociedad y los miembros del grupo se hubiesen limitado a mantener reuniones informales sin ninguna periodicidad fijada de antemano, el proceso de relevo generacional puede ser un buen momento para institucionalizar una organización más estable. Las empresas familiares suelen disponer de dos órganos: «el consejo familiar» y la «asamblea familiar». De forma similar a lo previsto para las sociedades de capital, el primer órgano suele actuar de forma más continuada y con funciones ejecutivas, mientras que el segundo es de carácter no permanente y se reúne esporádicamente con la periodicidad establecida. Véase VERDÚ CAÑETE, M.ª J., «Estructura orgánica de la empresa familiar», AA.VV., *Régimen jurídico de la empresa familiar* (Coord. SÁNCHEZ RUIZ), Civitas, Madrid, 2010, p. 75-98, p. 91-96; CAMPUZANO LAGUILLO, A. B., «Las sociedades familiares», AA.VV., *Tratado Jurídico, cit.*, pp. 15-91, pp. 88-91; PÉREZ-SERRABONA GONZÁLEZ, F. J., «El gobierno corporativo en la empresa familiar. Transición, gestión y perdurabilidad generacional de la sociedad familiar», AA.VV., *Cuestiones civiles y mercantiles, cit.*, pp. 351-391, pp. 370-374; ROCA FERNÁNDEZ-CASTANYS, J. A., «Órganos de gobierno en la empresa familiar», AA.VV., *Cuestiones civiles, cit.*, pp. 431-465, pp. 453-464; y CAÑABATE POZO, R., «El buen gobierno de la empresa familiar: Los órganos familiares», AA.VV., *Derecho de Sociedades. cit.*, pp. 283-300.
25. *Cfr.*, QUIJANO GONZÁLEZ, J., «Órganos de gobierno en la empresa familiar», AA.VV., *El patrimonio familiar, profesional y empresarial. Sus protocolos*, Tomo VI, Barcelona, 2005, pp. 47-92, p. 54.

estas estructuras proporcionan un medio esencial para fijar el sentido del voto que los socios integrantes del grupo van a ejercer en la junta general. Esa composición de intereses y unificación del criterio antes de la celebración de la junta general resulta crucial para que las desavenencias que entre ellos eventualmente puedan existir, lejos de trascender al exterior, se traduzcan en una actuación coordinada y alineada en el momento de la votación en la junta general. La fenomenología de esas decisiones es muy variada. No obstante, esas decisiones pueden ser agrupadas en dos categorías: decisiones de relación y decisiones de organización[26]. La diferencia entre ellas reside en su mayor o menor incidencia jurídica en la organización y funcionamiento de la sociedad. Las primeras, las de relación, se caracterizan por su neutralidad desde esa perspectiva. A modo de ejemplo, cabe mencionar las decisiones de relación que inciden en la atribución de participaciones sociales y en el reparto de dividendos entre los miembros del grupo. En cambio, las segundas afectan directamente a la sociedad. Entre otros temas, esas decisiones de organización pueden tener por objeto la modificación e interpretación de los estatutos; la composición del órgano de administración; la definición de la estrategia empresarial (plan de negocios, esquema de financiación o política de dividendos); la delimitación de las competencias de los administradores; la creación de filiales y otras modificaciones estructurales, así como la celebración de contratos entre la sociedad y los integrantes del grupo[27]. En todo caso, resulta preciso destacar que esas decisiones de organización deben ser acordes con el interés social y que, en ningún caso, con base en esas decisiones, la junta general está legitimada para adoptar acuerdos que en última instancia beneficien de forma injustificada al grupo en detrimento de los socios minoritarios que no forman parte del grupo (*cfr.*, art. 204.1-II LSC). En suma, es indudable

26. Esta clasificación se basa en la aceptada de forma generalizada para los pactos parasociales, en atención a las similitudes existentes con estos, que lleva a distinguir entre pactos de relación, pactos de atribución y pactos de organización. Véase PAZ-ARES RODRÍGUEZ, C., «El *enforcement*», *cit.*, pp. 19-20. Con el fin de simplificar la exposición, ya que sobre todo en este apartado se desea subrayar la necesidad de proteger las decisiones societarias de los intereses particulares de los miembros del grupo, no se incluyen en el texto las «decisiones de atribución». La razón de que no se mencionen no reside en que los miembros del grupo en ningún caso acordarán la atribución de ventajas a la sociedad, sobre todo de carácter financiero, en forma de préstamos o aportaciones, sino simplemente en que por regla general esos acuerdos de atribución, adoptados en el seno del grupo, no precisan que con posterioridad sean discutidos ni refrendados por la junta general. Es más, en ocasiones es posible que esas obligaciones de atribución ni siquiera exijan un pronunciamiento por parte de las estructuras del grupo cuando la sociedad requiera financiación, sino que la asunción de esas obligaciones puede haber sido ya objeto de discusión en el momento inicial constitutivo del grupo y fue incorporada cuando se redactó el protocolo familiar.

27. *Cfr.*, *Ibid*, p. 20.

que la función primordial de esas estructuras extrasocietarias es la de conciliar los intereses de los miembros del grupo en relación con la sociedad. No obstante, conviene trazar una separación clara entre el grupo y la sociedad, de tal forma que no se confunda el plano societario y el plano del grupo[28]: la adecuación de los acuerdos societarios con el interés social no debe quedar viciada por intereses extrasocietarios y, aún menos, esas estructuras extrasocietarias deben servir de cauce para adulterar la gestión con criterios carentes de profesionalidad[29].

V. EL CAMBIO DE TITULARIDAD DE LAS PARTICIPACIONES SOCIALES

La planificación del relevo generacional exige reflexionar sobre la estrategia que resulta más apropiada para renovar de forma ordenada la titularidad de las participaciones sociales dentro del grupo. El objetivo de ese proceso no es otro que el de proporcionar a todas las partes implicadas una respuesta satisfactoria a las siguientes preguntas: quiénes y cuándo deben transmitir sus participaciones sociales y quiénes tienen derecho a ser sus destinatarios. Además, para contestar a esos interrogantes resulta preciso resolver otros cuatro, estrechamente unidos a los anteriores: en primer lugar, sobre qué porcentaje de participaciones sociales el grupo debe mantener el control en todo momento para así asegurar la permanencia de la vinculación entre el grupo y la empresa a pesar del paso del tiempo; en segundo lugar, cómo se debe repartir ese porcentaje de participaciones entre las distintas ramas del grupo[30]; en tercer lugar, si los socios que se van a encargar de la administración deben contar con una participación superior en el capital social[31] y, por último, si los miembros del grupo que trabajen

28. Véase RONCERO SÁNCHEZ, A., «Los órganos de gobierno», *cit.*, pp. 188, y 192-194.
29. Obviamente, todo lo anterior en absoluto significa que el grupo no pueda priorizar e impulsar que el desarrollo de la actividad empresarial esté presidido por los valores, principios o cultura de empresa que el grupo siempre ha considerado como constitutivos de sus señas de identidad, *Cfr.*, CAMPUZANO LAGUILLO, A. B., «Las sociedades familiares», *cit.*, p. 89.
30. A su vez dentro del grupo se puede tener presente el grado de consanguineidad, la edad, y la idoneidad en función de la formación y experiencia laboral, ya sea general o específica.
31. Así, a modo de ejemplo: «No resulta inteligente elegir a un hijo para que continúe como principal administrador de la empresa familiar y que el capital y el consiguiente poder de decisión se reparta entre una mayoría de hijos extraños a la sociedad. Pero tampoco sería justo que, por asegurar una pacífica gestión al primero, se produzca un reparto patrimonial lesivo para los segundos», SÁNCHEZ-CALERO GUILARTE, J. «Apuntes», *cit.*, p. 74.

en la empresa tienen derecho a adquirir de forma preferente alguna participación social[32].

En atención a esa variedad de problemas, el consenso respecto a todos ellos solo será posible si esa planificación está presidida por una ponderación equilibrada de los intereses —diversos, cuando no enfrentados— correspondientes a las dos perspectivas existentes dentro del grupo: de una parte, la correspondiente a los transmitentes y, de otra, la de quienes aspiran o se consideran con derecho a ser sus destinatarios. Por lo demás, la concreción de ese plan de transmisión de las participaciones sociales dependerá de las características y peculiaridades de cada grupo: entre otros aspectos, su tamaño, la naturaleza de los vínculos, la fase de desarrollo en la que se encuentre el proyecto empresarial y sus vicisitudes. Ante esa imposibilidad de establecer reglas generales que sirvan para toda sociedad, se señalan a continuación algunas consideraciones que pueden servir de ayuda para guiar el proceso de redacción de la estrategia de relevo.

En primer lugar, conviene no perder de vista la ya mencionada fugacidad de la vida y, por tanto, que más tarde o más temprano el relevo en la titularidad de las participaciones sociales se va a producir de forma inexorable: el fallecimiento del socio va a comportar la transmisión forzosa de sus participaciones. A la hora de abordar esa realidad se pueden adoptar dos enfoques básicos: regular de forma específica las transmisiones *mortis causa* o anticipar la transmisión de las participaciones sociales a un momento previo al del posible fallecimiento del titular. Con arreglo a la primera opción, el plan de relevo generacional se reduciría a establecer un régimen propio para la transmisión *mortis causa* de las participaciones sociales. Sin embargo, limitar el plan a determinar quiénes van a ser los sucesores en esos supuestos, posiblemente no sea la solución más acertada. En efecto, la decisión del grupo de que los titulares de las participaciones sociales no las transmitan *inter vivos*, sino que pospongan su transmisión hasta que su titular fallezca, va a impedir que el grupo disponga de un cronograma preciso del relevo, pues nada permite prever cuándo va a acaecer el fallecimiento del socio: la muerte del socio es un hecho cierto, pero indeterminado *(dies certus an incertus quando)*. En cambio, el tiempo en la sucesión va a poder ser controlado si la transmisión de las participaciones sociales se desvincula del fallecimiento del socio. Por ello, resulta preciso fijar en qué condiciones se puede obligar al socio a transmitir. Con todo, esta segunda estrategia no debe llevar a descuidar la regulación de las transmisiones *mortis causa*, pues la muerte del socio también se puede producir de forma intempestiva y

32. De ser así, se debe concretar si se discrimina en función tanto del carácter indefinido o temporal de la relación laboral como de la mayor o menor antigüedad.

prematura, esto es, su desaparición puede tener lugar mucho antes de lo que cabía prever en atención a la esperanza de vida actual.

Ciertamente, la resistencia a desvincularse de la sociedad puede ser un patrón de conducta extendido entre los socios, especialmente cuando se trata del fundador o fundadores. No obstante, la actitud contraria no tiene por qué ser una excepción: algunos socios pueden desear poner término a su relación con la sociedad y transmitir *inter vivos* sus participaciones sociales. Para dar respuesta a esa eventualidad, el plan de relevo debe prever si se desea excluir o condicionar esa libertad del socio en dos aspectos: de una parte, respecto a su posible desvinculación y, de otra, respecto a la elección del destinatario o destinatarios de sus participaciones sociales.

La Ley de Sociedades de Capital dispone de un marco jurídico mínimo dirigido a proporcionar una respuesta básica a toda esa problemática. Conviene anticipar que todas esas normas son dispositivas y, por tanto, en los estatutos se pueden introducir cláusulas que alteren sustancialmente ese régimen jurídico. A continuación, se exponen de forma muy sucinta las principales reglas que configuran ese modelo legal. En primer lugar, la ley no cuenta con ninguna previsión específica que obligue al socio a transmitir sus participaciones sociales si no lo desea[33]. En segundo lugar, en relación con las transmisiones *mortis causa*, la LSC no altera la voluntad del socio. Por ello, salvo que los estatutos dispongan algo en contrario, el heredero o legatario sucederá en su posición jurídica al socio que fallezca (art. 110.1 LSC). En cambio, la LSC cuenta con normas más detalladas para las *transmisiones inter vivos*. En líneas generales, el socio puede decidir libremente su desvinculación de la sociedad mediante la transmisión de sus participaciones sociales, ya sea a título gratuito o a título oneroso. No obstante, dicho socio no está legitimado para imponer quién va a ser el adquirente de esas participaciones sociales ni, por tanto, quién va a ser el nuevo socio. En efecto, la LSC prevé un derecho de adquisición preferente. Con base en éste, la junta general puede decidir si desea que el adquirente propuesto pase a ser el titular de las participaciones sociales o, por el contrario, prefiere que esa persona sea sustituida por otra. El ámbito subjetivo de esa decisión no se reduce a seleccionar a otro socio o socios como destinatarios, sino que la

33. Ciertamente, existen tres causas legales de exclusión del socio (art. 350 LSC). Sin embargo, ese régimen de exclusión presupone una actuación del socio contraria a la sociedad: incumplimiento de algunas de sus obligaciones como socio o, en su caso, como socio-administrador. Por tanto, ese régimen no guarda una relación directa con el diseño de la estrategia de relevo generacional. Por otra parte, tampoco las causas legales de separación tienen conexión con esta problemática, ya que su finalidad es la de permitir que el socio se pueda desvincular de la sociedad como reacción a determinadas decisiones de la junta general y no por la simple desafección con el proyecto empresarial.

junta general también está legitimada para optar porque las participaciones sociales sean adquiridas por la propia sociedad o incluso por uno o varios terceros (art. 107.2 LSC). Pese a todo lo anterior, conviene no pasar por alto una excepción relevante: esa restricción no rige, es decir, no se reconoce el mencionado derecho de adquisición preferente, cuando el socio desee transmitir sus participaciones sociales a su cónyuge, a un ascendiente o descendiente del socio o a una sociedad perteneciente al mismo grupo que la transmitente (art. 107.1 LSC).

Por ello, si el grupo desea controlar plenamente el relevo en la titularidad de las participaciones sociales y que este proceso se ajuste a su plan será necesaria la modificación del régimen legal expuesto[34]. Para ello, se dispone de varios instrumentos[35]. En primer lugar, si se aspira a que el factor temporal en el cambio en la estructura de propiedad de la empresa no quede al albur de los socios y en todo caso que la transmisión de las participaciones sociales no quede supeditada al fallecimiento de sus titulares, conviene introducir cláusulas que establezcan un derecho de opción o rescate vinculado al acaecimiento de circunstancias prefijadas. De tal forma que cuando esas circunstancias concurran, la persona legitimada, ya sea un socio o un tercero, o varios, o incluso la propia sociedad, pueda exigir al socio la transmisión de sus participaciones sociales, la cual normalmente será a título oneroso[36]. Propiamente la LSC no contempla expresamente estas cláusulas de venta forzosa, pero si se prevén en el art. 188.3 RRM, aunque conviene no olvidar que este precepto es simplemente una norma reglamentaria. Sin duda, la edad puede ser una de las circunstancias que se tengan en cuenta

34. Para una exposición más sistemática de las técnicas disponibles, véase, PERDICES HUETOS, A. B., «Restricciones a la transmisión de acciones y participaciones. Algunas cuestiones respecto a las llamadas sociedad familiares», AA.VV., *El patrimonio familiar, profesional y empresarial. Sus protocolos* (Dir., GARRIDO MELERO/FUGARDO ESTIVILL), Bosch, Barcelona, t. IV, 2005, pp. 481-522, pp. 488-495.

35. Para un estudio detallado de las distintas modalidades de cláusulas, PERDICES HUETOS, A. B., *Cláusulas restrictivas de la transmisión de acciones y participaciones*, Civitas, Madrid, 1997.

36. También puede ser oportuno valorar la oportunidad de ampliar estatutariamente las causas de exclusión de los socios y así disponer de instrumentos que permitan dar salida a aquellos socios que han devenido problemáticos y están entorpeciendo el desarrollo del proyecto empresarial. Más dudoso es que se puedan prever cláusulas generales de exclusión «por justa causa». En relación con este debate, véase, GÁLLEGO LANAU, M.ª, «La exclusión del socio por justa causa», AA.VV., *El derecho de separación y la exclusión de socios en las sociedades de capital*, Tirant lo Blanch, Valencia, 2021, tomo II, pp. 1513-1542. Por su proximidad con este tema, en relación con el debate sobre la admisibilidad del derecho de separación por justa causa, véase, ALONSO LEDESMA, C., «El alcance de la autonomía de la voluntad en la separación y exclusión de socios», AA.VV., *El derecho de separación, cit.*, tomo I, pp. 179-225, pp. 195-204.

en este tipo de cláusulas. Su inclusión comporta que cuando el socio cumpla una determinada edad estará obligado a transmitir sus participaciones sociales. No obstante, el contenido de esas cláusulas puede ser muy variado. Así, entre otras circunstancias a tener en cuenta, la obligación de venta puede vincularse a la pérdida por parte del socio de las cualidades que han venido justificando su pertenencia al grupo; por ejemplo, el cese de la relación laboral con la sociedad o en el caso de un grupo familiar, la ruptura del vínculo conyugal. Por lo demás, ciertamente estas cláusulas de rescate se orientan a facilitar que el socio transmita sus participaciones antes del fallecimiento. No obstante, al margen de que a veces ese resultado no se consigue, puede ocurrir que un socio fallezca de forma imprevista. Por ello, también resulta aconsejable prever cláusulas de rescate específicas para los supuestos de transmisiones *mortis causa.* Gracias a ellas, en los casos de fallecimiento de un socio, los sobrevivientes o la sociedad, en función de que la cláusula se configure con mayor o menor amplitud, van a poder exigir el rescate de las participaciones sociales a los herederos o legatarios, siempre obviamente que lo estimen oportuno. Asimismo, de forma similar, sería imprudente desechar la posibilidad de que las participaciones sociales de un socio sean embargadas. Por ello, es aconsejable prever un derecho de rescate o de otra índole que permita impedir que el rematante se incorpore a la sociedad o incremente su participación[37]. Por último, conviene no perder de vista que estas cláusulas por sí solas no garantizan el cumplimiento del plan de relevo generacional. Este resultado sólo será posible si, como complemento a dichas cláusulas, se regula de forma detallada quiénes van a ser los destinarios de esas participaciones sociales y en qué condiciones[38].

Por otra parte, como ya se mencionó, el plan de relevo no sólo se debe ocupar de disponer de mecanismos que permitan forzar a un socio a que transmita sus participaciones sociales, sino que en muchas ocasiones es el socio

37. Con todo, la necesidad de este tipo de previsiones es menor en las SRL. En efecto, legalmente en todo caso los socios tienen reconocido un derecho de adquisición preferente para subrogarse en lugar del rematante (art. 109.3 LSC). Por otra parte, también resulta posible estipular estatutariamente la amortización de las participaciones en caso de embargo. De todas formas, conviene ponderar las ventajas e inconvenientes de esa previsión. Véase, PERDICES HUETOS, A. B., «Restricciones», *cit.,* p. 505.

38. La definición de este punto no resulta sencilla. Parece razonable que en primer lugar las participaciones sociales sean ofrecidas a las personas pertenecientes a la rama familiar o subgrupo del transmitente. No obstante, puede ocurrir que las nuevas generaciones en el grupo no estén interesadas en la empresa. Si esa circunstancia concurre y esas personas no ejercitan su derecho, resulta dudosa la conveniencia de ofrecer en todo caso esas participaciones sociales a las restantes ramas o subgrupos, pues se puede alterar la proporción de participación en el capital social entre ellos. Es más, de entrada, el subgrupo del transmitente va a ver reducida su participación

quien puede desear transmitirlas. En esos supuestos, una solución extrema para abordar ese propósito del socio consiste en establecer una prohibición que impida absolutamente al socio la transmisión de las participaciones sociales. Sin embargo, la licitud de esa intransmisibilidad está condicionada a un límite temporal (108.4 LSC)[39] o a que el socio cuente con un derecho de separarse de la sociedad en cualquier momento (art. 108.3 LSC). Frente a esa opción, otra menos drástica es la de establecer una cláusula de autorización o consentimiento en los estatutos sociales. La existencia de esa cláusula comporta que el socio sólo podrá transmitir sus participaciones sociales si la operación recibe la aprobación correspondiente. La competencia para adoptar esa decisión se puede reservar a la junta general, pero también se puede dejar en manos del órgano de administración o incluso de un tercero[40]. En todo caso, esa decisión no puede ser arbitraria. Ciertamente, a diferencia de lo que ocurre con las SA, para las SRL no es necesario explicitar las causas que deben guiar el enjuiciamiento de la solicitud de autorización de una transmisión y permiten denegarla. No obstante, ese mayor margen de libertad no significa que no se deban tener en cuenta los límites propios de la buena fe y del abuso de derecho[41]. Por lo demás, la autorización también se puede supeditar a que el destinatario propuesto cumpla una serie de requisitos o restringir la capacidad de elección del socio transmitente, de tal forma que éste deba seleccionar al destinatario de entre un grupo determinado de personas.

Este tipo de cláusulas presentan un inconveniente relevante, asociado a los supuestos en que al socio que deseaba desvincularse de la sociedad, se le deniegue la transmisión. En estos casos, es notorio que ese bloqueo de la operación y la consiguiente presencia en la sociedad de ese socio retenido contra

---

debido a que ninguno de sus miembros ha decidido adquirir las participaciones sociales. Por tanto, puede ser oportuno que la sociedad mantenga esas participaciones sociales en autocartera o que incluso se ofrezcan a terceros ajenos al grupo, siempre que el número de participaciones transmitidas no supongan una amenaza para que el grupo siga ostentando el control de la sociedad. V., en cambio, la propuesta de establecer un derecho de adquisición «en cascada», EMPARANZA SOBEJANO, A., «Transmisión de acciones y participaciones. Prestaciones accesorias», AA.VV., *Tratado Jurídico, cit.*, pp. 94-126, p. 107.

39. En concreto, se puede impedir al socio transmitir sus participaciones sociales «durante un período de tiempo no superior a cinco años a contar desde la constitución de la sociedad, o para las participaciones procedentes de una ampliación de capital, desde el otorgamiento de la escritura pública de su ejecución». Esta prohibición puede ser de particular ayuda para dotar de solidez al proyecto empresarial en sus comienzos o en la nueva etapa iniciada tras el incremento de los recursos propios y, por tanto, evitar la desestabilización que la salida de alguno de los socios comprometidos con el proyecto puede generar.

40. La posibilidad de supeditar la transmisión a la autorización por parte de un tercero no tiene por qué ser excepcional. Piénsese, por ejemplo, en el fundador de la sociedad que ya no mantiene su condición de socio, pero que todavía goza de una reconocida *«auctoritas»* en la sociedad.

41. EMPARANZA SOBEJANO, A., «Transmisión de acciones», *cit.*, p. 103.

su voluntad será fuente de conflictos o al menos hará más incómoda la gestión. Para eludir esos probables trastornos, se puede optar por otra fórmula: la estipulación en los estatutos sociales de un derecho de adquisición preferente, tanteo o prelación, ya sea en favor de los socios, de terceros o de la sociedad. Este tipo de cláusulas presentan la ventaja de que no restringen la libertad de los socios para abandonar la sociedad mediante la transmisión total de sus participaciones sociales o de disminuir su participación en la sociedad, cuando tan solo se desea realizar una transmisión parcial. Ahora bien, los socios no van a poder decidir libremente a quién transmiten sus participaciones sociales. Por tanto, esa modalidad de cláusulas entraña una doble funcionalidad. En primer lugar, gracias a este tipo de estipulaciones el grupo va a estar en condiciones de supervisar quienes son las personas que van a adquirir la condición de socios. La posibilidad de que el grupo tenga la facultad de vetar la entrada en la sociedad a aquellas personas que no se consideran idóneas o escasamente afines con el proyecto empresarial es particularmente relevante: la identidad de los socios resulta esencial en una sociedad cerrada. Por otra parte, estas cláusulas también son de utilidad para aquellos otros supuestos en los que aun cuando el destinatario propuesto por el transmitente sea un socio o un miembro del grupo, la transmisión altera el reparto equilibrado de las participaciones sociales dentro del grupo. Por ello, este tipo de estipulaciones permite que el grupo pueda seguir de forma ordenada el plan previsto de relevo, de incorporación de nuevas personas o de incremento de su participación en la sociedad, sin que se vea trastocado por decisiones unilaterales de transmisión de algún socio.

Tanto la previsión de un derecho de rescate como de un derecho de adquisición preferente presentan un problema común: la necesidad de satisfacer el valor de las participaciones sociales al socio transmitente. Esta dificultad, aunque no es de naturaleza jurídica sino económica, no debe perderse de vista. De escasa utilidad sería disponer de un derecho para hacerse con las participaciones de un socio o para impedir la adquisición de las participaciones sociales por una persona que no se considera idónea, si el ejercicio de esa pretensión va a quedar paralizado por la falta de fondos para satisfacerla. Para superar ese obstáculo se puede recurrir a constituir un «bolsín» familiar o del grupo que proporcione la liquidez requerida para hacer frente a esas adquisiciones[42]. Por ello, resulta de utilidad que se reconozca legitimación a la sociedad para hacerse con las participaciones sociales en caso de rescate o que, en su caso, se establezca un derecho de adquisición preferente

42. PERDICES HUETOS, A. B., «Restricciones», *cit.* , p. 494. Véase también ÁLVAREZ DE LINERA GRANDA, P., *Aspectos de Derecho mercantil de interés para la empresa familiar*, Akai, Madrid, 2022, pp. 163-174.

en su favor, pues de ordinario es probable que la sociedad disponga de una mayor liquidez que los socios.

Por otra parte, las sociedades, tanto cerradas como abiertas, suelen crear otras sociedades filiales. Con frecuencia, se trata de sociedad filiales unipersonales. Esas operaciones suelen ser aceptadas de forma unánime por todos los socios, ya que los miembros del grupo familiar o de otra índole menos implicados con la actividad empresarial suelen ver en estas operaciones la oportunidad de despreocuparse del seguimiento de la actividad empresarial. Además, estas operaciones vienen avaladas por razones de naturaleza económica. En efecto, por regla general, la creación de filiales permite optimizar el desarrollo del proyecto empresarial y diversificar sus riesgos. Sin embargo, estas operaciones entrañan riesgos. La constitución de sociedades filiales implica que los socios minoritarios o socios externos de la sociedad matriz resultante experimenten una disminución sustancial de su poder de decisión en las sociedades filiales. Por ello, el plan de relevo generacional no debe pasar por alto esta problemática y debe definir con precisión la posición jurídica de los denominados socios externos y los mecanismos jurídicos que se deben articular con el fin de proteger sus intereses[43].

Por último, cuando se eleva considerablemente el número de personas ligadas a la empresa por algún lazo familiar o de otra naturaleza que vaya más allá del vínculo estrictamente societario, es muy probable que las desavenencias entre todos ellos se multipliquen exponencialmente. De modo particular, las decisiones adoptadas por aquellos socios que mantienen un control directo de la gestión empresarial suelen ser cuestionadas por aquellos otros que carecen de esa influencia. Ese indudable distanciamiento y esa disparidad de criterios puede aconsejar la desvinculación de buena parte de ellos, bien mediante la transmisión de sus participaciones sociales a los socios que dirigen la sociedad o la amortización de dichas participaciones, en todo caso a cambio de la percepción de su valor razonable[44]. No obstante, esta solución puede estar asociada a obstáculos difícilmente superables, tanto por existir discrepancias sustanciales respecto al valor de las participaciones sociales que se pueden prolongar en el tiempo por vía judicial, como por la carencia de la liquidez necesaria para desembolsar la suma de dinero requerida para satisfacer a los socios que abandonan la sociedad.

43. En relación con esta problemática, véase, NOVAL PATO, J., «La jurisprudencia», *cit.*, Aptdo 5.2; y MARTÍNEZ MERCADO, M., «El ejercicio del derecho de separación ante la creación de sociedades filiales», AA.VV., *El derecho de separación, cit.*, tomo I, pp. 777-805.

44. *Cfr.*, SÁNCHEZ-CALERO GUILARTE, J. «Apuntes», *cit.*, pp. 74-79.

En estas situaciones, la previsión de una política de autocartera puede ser de particular ayuda[45].

VI. ASPECTOS ECONÓMICOS DE LA SUCESIÓN

Además de la conveniencia, anteriormente señalada, de que la sociedad vaya creando unos fondos con el fin de que ningún problema de liquidez impida al grupo mantener el control sobre la titularidad de las participaciones sociales y el proyectado proceso de transmisión, existen otras cuestiones de índole económica en torno al relevo generacional que deben ser tenidas en cuenta. En primer lugar, la compensación económica de los socios salientes. En efecto, para aquellos socios que durante buena parte de su vida han estado percibiendo una retribución por sus funciones de dirección en la sociedad, el relevo en esas tareas, más aún cuando se trate del fundador o fundadores, es probable que traiga consigo la pérdida de una fuente relevante de ingresos. Con el fin de eludir o al menos retrasar esa merma económica, el socio puede resistirse a iniciar la transición. Por ello, conviene ponderar la conveniencia de vincular su renuncia a una compensación económica o a la percepción periódica de una cantidad. Con esas atribuciones patrimoniales no se trata sólo de generar tranquilidad financiera al socio respecto de su porvenir, sino también de reconocer tanto su compromiso con la sociedad durante décadas como su generosidad por acceder a dar paso a las nuevas generaciones en la dirección de la sociedad. En favor de la legalidad de esas compensaciones se puede alegar, entre otros argumentos, la licitud de situaciones que guardan cierta similitud, como las indemnizaciones previstas en caso de cese de los administradores y directivos; o su calificación, más que como indemnizaciones, como emolumentos retroactivos por los extraordinarios servicios prestados[46]. No obstante, quizá sea más oportuno, para así evitar cualquier controversia respecto de su legitimidad, que las cantidades que se entreguen sean detraídas de los beneficios o incluso de los dividendos a repartir entre los socios integrantes del grupo. En el primer caso, la constitución de una reserva con cargo a beneficios dependerá de que éstos efectivamente se produzcan. En el segundo caso, el reparto de dividendos no solo está condicionado a la obtención de beneficios por parte de la sociedad, sino a que de forma adicional la junta general apruebe esa distribución[47]. Por lo demás, no cabe establecer reglas generales respecto a la oportunidad y alcance de esa retri-

45. *Ibidem*, p. 86.
46. *Cfr.*, DEL VAL TALENS, P., *Las donaciones societarias*, monografía núm. 50, Revista Aranzadi de Derecho de Sociedades, Thomson Reuters, Madrid, 2021, pp. 68-70.
47. Como es sabido, la existencia de beneficios no obliga a la junta general a aprobar el reparto de dividendos. En ocasiones, la reinversión de beneficios puede ser la estrategia más prudente.

bución adicional. Es evidente que, aunque en todo caso las cantidades o fórmulas que se adopten deben ser proporcionadas, la respuesta a ese interrogante variará en función de la empresa y de las circunstancias personales. Las posibilidades de establecer esa compensación variarán notablemente en función, entre otros factores, de la situación más o menos boyante que atraviese la empresa en el momento de la sucesión, de las diferentes expectativas de los socios y de las previsiones que el socio haya hecho ya para el futuro, ya sea vía ahorro, planes de pensiones o incluso mediante la tenencia de un número elevado de participaciones sociales percibidas a lo largo de los años en concepto de retribución.

Por otra parte, también puede ser de ayuda que la sociedad disponga de unos fondos dirigidos a cubrir total o parcialmente los gastos de formación de aquellos integrantes del grupo de quienes se espera que sean los pilares decisivos del proyecto empresarial en el futuro. A la hora de justificar esa dotación de fondos se puede alegar la creación de valor a largo plazo para la sociedad[48], esto es, que a través de esos fondos se pretende formar a las personas claves para que la sociedad tenga continuidad en las próximas décadas. Si se acepta ese planteamiento, esa dotación puede constituir una partida periódica de gastos de la sociedad. No obstante, también caben otras soluciones. De una parte, la ya mencionada creación de una reserva con cargo a beneficios o de un «bolsín» familiar o del grupo con cargo a los dividendos que les correspondan a los miembros del grupo. De otra, se pueden rebajar los objetivos y que el compromiso societario se limite a ayudar a la financiación del coste de la formación mediante la provisión de una línea de crédito interna en condiciones favorables o facilitar la obtención de financiación mediante el otorgamiento de garantías. En todo caso, será necesario que se delimiten con claridad los criterios de selección que van a fundamentar ese reparto de dinero o de ayudas, de tal forma que ningún integrante del grupo pueda alegar un trato discriminatorio. Además, se deberá revisar en qué medida los beneficiarios alcanzan los objetivos deseados y, en función de los resultados, ponderar una actualización del plan diseñado.

VII. LA CONTINUIDAD DE LA EMPRESA POR TERCEROS AJENOS AL GRUPO

Una alternativa al relevo generacional, pero que permite dar continuidad a la actividad empresarial, es el cambio en la titularidad de la empresa. En algunas ocasiones ese giro puede ser la mejor solución. Las razones que pueden motivar esa decisión pueden ser internas o externas. En efecto, la

48. *Cfr.*, DEL VAL TALENS, P., *Las donaciones societarias, cit.*, pp. 164-165.

causa subyacente a la transmisión de la empresa puede residir simplemente en las dificultades existentes para dar continuidad a la empresa dentro del propio grupo. Así, entre otros motivos, puede ocurrir que los miembros del grupo no estén interesados en desarrollar la actividad empresarial, carezcan de confianza en la viabilidad del negocio o por circunstancias personales no se consideren en condiciones de implicarse a fondo con el proyecto. En otros casos, la situación puede ser la contraria, muchos de los integrantes del grupo pueden tener un compromiso elevado con la empresa, pero esa implicación puede coexistir con una gran disparidad de criterios a la hora de decidir cuál es la estrategia empresarial a perseguir. Esa ausencia de un liderazgo claro dentro del grupo puede bloquear la toma de decisiones y frenar la marcha del negocio. De ahí que, en esos supuestos, aunque resulte doloroso poner fin a la historia del grupo, lo más aconsejable sea transmitir la empresa y repartir el importe de la enajenación entre los miembros del grupo. Por otra parte, en otros supuestos, la transmisión puede deberse simplemente a la recepción de una oferta de compra especialmente atractiva. Por ejemplo, los potenciales compradores confían en incrementar notoriamente la rentabilidad del negocio mediante la sustitución de los directivos actuales o un mejor empleo de activos empresariales que estiman infrautilizados o consideran, en atención a las sinergias operativas o financieras que la operación puede generar, que la empresa adquirida es un buen complemento para la expansión y posicionamiento de su negocio[49].

La transmisión de la empresa puede llevarse a cabo de forma directa o indirecta. En la primera modalidad, también denominada *asset deal*, la transmisión del conjunto organizado de elementos que constituyen la empresa puede articularse mediante un único contrato de compraventa de empresa. No obstante, cada uno de los medios o elementos que integran la empresa tiene su peculiar régimen de transmisión. Por ello, pese a la existencia de un negocio jurídico unitario, en aplicación de la doctrina del título y del modo, la transmisión efectiva de cada uno de esos componentes de la empresa exige que se respete su propia ley de circulación. De ahí que, para evitar ese proceso laborioso, resulta preferible articular la transmisión mediante una cesión global de activo y pasivo. Precisamente, la funcionalidad de esta modificación estructural consiste en que permite la transmisión en bloque de todos los bienes, derechos y obligaciones que integran la empresa.

En la segunda modalidad, la denominada *share deal*, la adquisición de la empresa se obtiene indirectamente mediante la compraventa de las par-

49. LÓPEZ SÁNCHEZ, M. A., *Elementos de Derecho mercantil. I, Introducción, Estatuto del empresario*, segunda edición revisada y ampliada, EUNSA, Pamplona, 2023, p. 159.

ticipaciones sociales de la sociedad que ostenta la titularidad de la empresa. En este contexto, conviene tener presente que para lograr el control de la sociedad no se requiere la adquisición de la totalidad de las participaciones sociales en que se divide el capital social, sino que basta con que se adquiera el porcentaje de participaciones sociales que resulta necesario para adoptar por mayoría la totalidad de las decisiones en la junta general. No obstante, con el fin de eludir los inconvenientes de tener que gestionar a los socios minoritarios, el adquirente puede preferir adquirir la totalidad de las participaciones sociales. Ese objetivo se puede alcanzar con facilidad a través de las denominadas cláusulas de arrastre *(drag along)*, en virtud de las cuales cuando un socio o socios desee transmitir una cuota del capital social igual o superior a la pactada, los demás socios estarán obligados a sumarse a la operación y, por tanto, deberán enajenar sus participaciones sociales en las mismas condiciones. Con el fin de que el alcance de esa obligación no se reduzca a los integrantes del grupo, sino a todos los socios, en el caso de que haya socios que no forman parte del grupo, conviene que ese tipo de estipulaciones consten en los estatutos en vez de en un pacto parasocial. En este orden de ideas, también puede resultar de interés introducir en los estatutos las denominadas cláusulas de *acompañamiento (tag along)* o de venta conjunta. Este tipo de estipulaciones serán de particular ayuda para proteger a los socios minoritarios que han quedado al margen de la negociación de la compra y, por tanto, si esa cláusula no se hubiese pactado, no participarían en la operación. En efecto, gracias a estas cláusulas, esos socios van a poder adherirse a la operación y exigir tomar parte en ella. Por tanto, la transmisión sólo va a ser posible si el potencial adquirente les ofrece también a los minoritarios la compra de sus participaciones sociales. Ahora bien, estas cláusulas no implican que el comprador deba adquirir el cien por cien de las participaciones sociales: la cláusula no altera el porcentaje del capital social que va a ser adquirido por el tercero, por ejemplo, el ochenta por cien del capital social, sino que a esa operación se adhieren todos los socios que lo deseen y, por tanto, ese porcentaje del ochenta por cien se debe prorratear entre todos los socios. Es decir, el socio o socios que planearon la transmisión pueden ver reducido el número de participaciones sociales que finalmente enajenen.

Por otra parte, ante el eventual desinterés de los socios por continuar con la actividad empresarial, puede ocurrir que los propios trabajadores de la empresa sean quienes se interesen por hacerse con el control de la sociedad. Así, con el fin de evitar el cierre de la empresa y la pérdida de sus puestos de trabajo, los trabajadores pueden decidir convertirse en socios y dar continuidad al proyecto empresarial. Sin duda, este cambio en la titularidad de la empresa puede canalizarse mediante cualquiera de las dos modalidades de adquisición anteriormente expuestas, la directa o la indirecta. No obstante, en este caso quizá sea más sencillo la resolución de la disyuntiva respecto a cuál de las dos opciones es más adecuada. En efecto, la existencia de las sociedades laborales en nuestro ordenamiento jurídico y, en particular la posibilidad de beneficiarse en un régimen fiscal más favorable [art. 17 Ley 44/2015, de 14 de octubre, de Sociedades Laborales y Participadas (LSLP)], aconseja que los trabajadores opten por la adquisición de las participaciones de los socios. En este orden de ideas, conviene no perder de vista que el reconocimiento de la condición de sociedad laboral no se supedita a la adquisición de la totalidad de las participaciones sociales por los trabajadores, sino que resulta suficiente con que la mayoría del capital social sea propiedad de los trabajadores, siempre que estén vinculados por una relación laboral por tiempo indefinido y presten servicios retribuidos a la sociedad de forma personal y directa [art. 1.2 letra a) LSLP][50]. En todo caso, las sociedades laborales continúan siendo sociedades de capital, si bien con algunas especialidades en su régimen jurídico; en concreto destacan las previstas en relación con la transmisión de las participaciones sociales dirigidas a garantizar el mayor acceso posible al capital social por parte de los trabajadores y el mantenimiento de esos porcentajes.

VIII. BIBLIOGRAFÍA

ALONSO LEDESMA, C., «El alcance de la autonomía de la voluntad en la separación y exclusión de socios», AA.VV., *El derecho de separación y la exclusión de socios en las sociedades de capital* (Dir. GONZÁLEZ FERNÁNDEZ), Tirant lo Blanch, Valencia, 2021, tomo I, pp. 179-225.

ÁLVAREZ DE LINERA GRANDA, P., *Aspectos de Derecho mercantil de interés para la empresa familiar*, Akai, Madrid, 2022.

50. ANDREU MARTÍ, M.ª M., «La sociedad laboral del siglo XXI. Significado y configuración», AA.VV., *El régimen jurídico de las sociedades laborales* (Dir. ANDREU MARTÍ), Aranzadi, Cizur Menor, 2017, pp. 27-47, pp. 36-37; y LÁZARO SÁNCHEZ, E. J., «Comentario arts. 1-4», AA.VV., *Comentario a la Ley de sociedades labores y participadas* (Dir. ALONSO ESPINOSA), Civitas, Madrid, 2017, pp. 31-67, pp. 39-43. Por lo demás, conviene no olvidar que en la reforma de la norma que rige las sociedades laborales llevada a cabo en 2015, de forma novedosa se regularon las denominadas sociedades participadas por los trabajadores. Se consideran como tales a cualquier otra sociedad en las que los socios trabajadores posean capital social y derechos de voto (arts. 18-20 LSLP). No obstante, estas sociedades no gozan de los beneficios fiscales previstos para las sociedades laborales. En relación con estas sociedades, véase, FARIAS BATLLE, M., «Sociedad participada por los trabajadores "versus" participación financiera de los trabajadores en la empresa», AA.VV., *El régimen jurídico, cit.*, pp. 301-329; y MARTÍNEZ MARTÍNEZ, D. F., «Comentario arts. 18-20», AA.VV., *Comentario a la Ley de sociedades labores, cit.*, pp. 275-301.

ANDREU MARTÍ, M.ª, «La sociedad laboral del siglo XXI. Significado y configuración», AA.VV., *El régimen jurídico de las sociedades laborales* (Dir. ANDREU MARTÍ), Aranzadi, Cizur Menor, 2017, pp. 27-47.

CAMISÓN ZORNOZA, C./RÍOS NAVARRO, A., *El protocolo familiar: metodologías y recomendaciones para su desarrollo e implantación*, Tirant lo Blanch, Valencia, 2016.

CAMPUZANO LAGUILLO, A. B., «Las sociedades familiares», AA.VV., *Tratado Jurídico y Fiscal de la Empresa Familiar* (Dir. ORTEGA BURGOS), Tirant lo Blanch, Valencia, 2021, pp. 15-91.

CAÑABATE POZO, R., «El buen gobierno de la empresa familiar: Los órganos familiares», AA.VV., *Derecho de Sociedades, Concursal y de los Mercados Financieros. Libro Homenaje al profesor Adolfo Sequeira Martín*, Sepín, Madrid, 2022, pp. 283-300.

DEL VAL TALENS, P., *Las donaciones societarias*, monografía núm. 50, Revista Aranzadi de Derecho de Sociedades, Thomson Reuters, Madrid, 2021.

DÍAZ MORENO, A., «Consentimiento de los socios y adopción de acuerdos sociales por unanimidad», *Gómez-Acebo & Pombo*, septiembre 2020, pp. 1-8.

EMPARANZA SOBEJANO, A., «Transmisión de acciones y participaciones. Prestaciones accesorias», AA.VV., *Tratado Jurídico y Fiscal de la Empresa Familiar* (Dir. ORTEGA BURGOS), Tirant lo Blanch, Valencia, 2021, pp. 94-126.

ENCISO ALONSO-MUÑUMER, M.ª, «El protocolo familiar», AA.VV., *Tratado Jurídico y Fiscal de la Empresa Familiar* (Dir. ORTEGA BURGOS), Tirant lo Blanch, Valencia, 2021, pp. 127-158.

FARIAS BATLLE, M., «Sociedad participada por los trabajadores "versus" participación financiera de los trabajadores en la empresa», AA.VV., *El régimen jurídico de las sociedades laborales* (Dir. ANDREU MARTÍ), Aranzadi, Cizur Menor, 2017, pp. 301-329.

FERNÁNDEZ DEL POZO, L., *El protocolo familiar: empresa familiar y publicidad registral*, Aranzadi, Cizur Menor, 2008.

GÁLLEGO LANAU, M.ª, «La exclusión del socio por justa causa», AA.VV., *El derecho de separación y la exclusión de socios en las sociedades de capital* (Dir. GONZÁLEZ FERNÁNDEZ), Tirant lo Blanch, Valencia, 2021, tomo II, pp. 1513-1542.

LÁZARO SÁNCHEZ, E. J., «Comentario arts. 1-4», AA.VV., *Comentario a la Ley de sociedades labores y participadas* (Dir. ALONSO ESPINOSA), Civitas, Madrid, 2017, pp. 31-67.

LÓPEZ SÁNCHEZ, M. A., *Elementos de Derecho mercantil. I, Introducción, Estatuto del empresario*, segunda edición revisada y ampliada, EUNSA, Pamplona, 2023.

MARTÍNEZ MARTÍNEZ, D. F., «Comentario arts. 18-20», AA.VV., *Comentario a la Ley de sociedades labores y participadas* (Dir. ALONSO ESPINOSA), Civitas, Madrid, 2017, pp. 275-301.

MARTÍNEZ MERCADO, M., «El ejercicio del derecho de separación ante la creación de sociedades filiales», AA.VV., *El derecho de separación y la exclusión de socios en las sociedades de capital* (Dir. GONZÁLEZ FERNÁNDEZ), Tirant lo Blanch, Valencia, 2021, tomo I, pp. 777-805.

NOVAL PATO, J., «La jurisprudencia del Tribunal Supremo en materia de pactos omnilaterales. Comentario a la sentencia 300/2022, de 7 de abril», *Revista de Derecho de Sociedades,* núm. 66, 2022.

OTERO COBOS, M.ª T., «El consejo de familia como administrador de hecho», *Revista de Derecho de Sociedades,* núm. 61, 2021, pp. 291-334.

PAZ-ARES RODRÍGUEZ, C., «El *enforcement* de los pactos parasociales», *Actualidad Jurídica Uría&Menéndez,* núm. 5, 2003, pp. 19-43.

PAZ-ARES RODRÍGUEZ, C., «*Perseverare diabolicum* (A propósito de la STS 26-II-2018 y la retribución de los consejeros ejecutivos)», *Indret,* abril 2018, pp. 1-52.

PEÑAS MOYANO, M.ª J., «Órganos familiares y órganos societarios», AA.VV., *Creación, gestión estratégica y administración de la PYME* (Dir. ALCALÁ DÍAZ), Civitas, Madrid, 2010, pp. 617-649.

PERDICES HUETOS, A. B., «Restricciones a la transmisión de acciones y participaciones. Algunas cuestiones respecto a las llamadas sociedad familiares», en AA.VV., *El patrimonio familiar, profesional y empresarial. Sus protocolos* (Dir., GARRIDO MELERO/FUGARDO ESTIVILL), Bosch, Barcelona, t. IV, 2005, pp. 481-522.

PÉREZ-SERRABONA GONZÁLEZ, F. J., «El gobierno corporativo en la empresa familiar. Transición, gestión y perdurabilidad generacional de la sociedad familiar», AA.VV., *Cuestiones civiles y mercantiles en la empresa familiar* (Dir. GALLEGO DOMÍNGUEZ), La Ley, Madrid, 2022, pp. 351-391.

QUIJANO GONZÁLEZ, J., «Órganos de gobierno en la empresa familiar», AA.VV., *El patrimonio familiar, profesional y empresarial. Sus protocolos*, Tomo VI, Barcelona, 2005, pp. 47-92.

ROCA FERNÁNDEZ-CASTANYS, J. A., «Órganos de gobierno en la empresa familiar», AA.VV., *Cuestiones civiles y mercantiles en la empresa familiar* (Dir. GALLEGO DOMÍNGUEZ), La Ley, Madrid, 2022, pp. 431-465.

RONCERO SÁNCHEZ, A., «Los órganos de gobierno de la empresa familiar: órganos de la sociedad y órganos de la familia. Principios de buen gobierno corporativo», AA.VV., *Tratado Jurídico y Fiscal de la Empresa Familiar* (Dir. ORTEGA BURGOS), Tirant lo Blanch, Valencia, 2021, pp. 159-198.

SÁNCHEZ-CALERO GUILARTE, J. «Apuntes sobre la empresa familiar y sus conflictos», AA.VV., *Derecho de Sociedades, Concursal y de los Mercados Financieros. Libro Homenaje al profesor Adolfo Sequeira Martín*, Sepín, Madrid, 2022, pp. 71-87.

VALENZUELA GARACH, J., «Algunas cuestiones sobre los derechos del socio en la empresa familiar», AA.VV., *Cuestiones civiles y mercantiles en la empresa familiar* (Dir., GALLEGO DOMÍNGUEZ), La Ley, Madrid, 2022, pp. 523-556.

VERDÚ CAÑETE, M.ª J., «Estructura orgánica de la empresa familiar», AA.VV., *Régimen jurídico de la empresa familiar* (Coord. SÁNCHEZ RUIZ), Civitas, Madrid, 2010, p. 75-98.

VIDÁN PEÑA, L. J., *Transmisión generacional de la empresa familiar*, Pamplona, 2023 (tesis doctoral disponible en https://doi.org/10.48305/Tesis/2454/45269).

Capítulo 4

Relevo de administradores y directivos (fallecimiento, jubilación, incapacidad): los planes de sucesión[*]

Luis Hernando Cebriá
Profesor titular de Derecho Mercantil
Universitat de València

SUMARIO: I. EL RELEVO DE LOS ADMINISTRADORES Y DIRECTIVOS COMO UNA CUESTIÓN DE GOBIERNO CORPORATIVO. *1. El plan de sucesión de administradores y directivos en el contorno de la estrategia de riesgos de la sociedad. 2. Libertad de configuración del plan de sucesión y las fuerzas del mercado de capitales: las exigencias de los «inversores institucionales» y los «gestores de activos».* II. PREVISIONES PROVENIENTES DEL DERECHO DE LAS SOCIEDADES COTIZADAS. *1. Las recomendaciones de los Códigos de buen gobierno: una mirada comparada.* 1.1. La posición central del presidente ejecutivo del consejo de administración y las funciones del consejero coordinador de los consejeros independientes. 1.2. Los órganos encargados de la supervisión de la idoneidad. 1.3. Competencias *versus* diversidad. *2. El deber de información y la información privilegiada.*

*. El presente trabajo se inserta en el proyecto de investigación de «Derecho de sociedades e intermediarios financieros en la Unión Europea» (AICO/2021/166), dentro del Subprograma para la consolidación y fortalecimiento de proyectos y grupos de I+D+i consolidados, financiado por la Conselleria d'Innovació, Universitats, Ciència i Societat Digital de la Generatitat Valenciana, del que son investigadores principales el autor y la profesora Vanessa Martí Moya.

III. LA SUCESIÓN EN LAS ENTIDADES FINANCIERAS. IV. LOS PLANES DE SUCESIÓN DE ADMINISTRADORES Y DIRECTIVOS. *1. Entre la previsibilidad (jubilación) y la contingencia (fallecimiento o incapacidad). 2. La promoción interna o la selección externa. 3. Fases: preparación, acompañamiento y separación.* V. SOCIEDADES CERRADAS Y FAMILIARES: EL «RELEVO GENERACIONAL». VI. LOS PLANES DE SUCESIÓN EN LAS COOPERATIVAS Y EN LAS SOCIEDADES LABORALES. VII. RECAPITULACIÓN. VIII. BIBLIOGRAFÍA.

I. EL RELEVO DE LOS ADMINISTRADORES Y DIRECTIVOS COMO UNA CUESTIÓN DE GOBIERNO CORPORATIVO

1. EL PLAN DE SUCESIÓN DE ADMINISTRADORES Y DIRECTIVOS EN EL CONTORNO DE LA ESTRATEGIA DE RIESGOS DE LA SOCIEDAD

El gobierno corporativo parte de un núcleo identificador como el «sistema por el cual las sociedades son dirigidas y controladas»[1]. Este esquema inicial, a su vez, en los últimos tiempos ha adquirido un amplio desarrollo en términos jurídicos a través de su plasmación en las estructuras de organización y funcionamiento de las sociedades, en especial de las grandes corporaciones. En este marco, la política de gestión de riesgos ha asumido un carácter relevante que se plasma, con carácter general, en el plano informativo, en el artículo 262 de la Ley de sociedades de capital (LSC), dedicado al contenido del informe de gestión, y, dentro del régimen de las sociedades cotizadas, en el artículo 540, que tiene por objeto el informe anual de gobierno corporativo y que ha de incluir, entre otros aspectos, los relativos a los sistemas de control del riesgo. A ello se ha de unir la competencia atribuida por el artículo 529 LSC al consejo de administración, en pleno, de la determinación de la política de control y gestión de riesgos, incluidos los fiscales, y la supervisión de los sistemas internos de información y control.

Entre la gestión de los riesgos se presenta la adecuada sucesión de los administradores y de otro «personal clave», como los directivos[2]. El «relevo generacional», desde otra perspectiva, constituye un desafío estratégico para muchas otras organizaciones, ya no solo desde la vertiente del mercado

1. Apartado 2.5 del llamado informe Cadbury sobre los aspectos financieros del gobierno corporativo (*Report of the Commitee on the financial aspects of Corporate Governance*) de 1 de diciembre de 1992.
2. Así, GRIFFIN, T./LARCKER, D. F./MILES, S./TAYAN, B., «Board evaluations and boardroom dynamics», *Rock Center for Corporate Governance at Stanford University Closer Look Series, Stanford University Graduate School of Business Research Paper* 17-22,

y de las sociedades cotizadas, sino también para otras entidades de menor dimensión y, en particular, en las que las relacione s familiares influyan en su gobierno corporativo. Este carácter estratégico, que tiene que ver con las orientaciones de un adecuado gobierno, por lo tanto, requiere ciertas previsiones que, no obstante, se desarrollan en un entorno cambiante y de incertidumbre[3].

Dentro de la necesidad de sistematización del «relevo generacional» y la «planificación de la sucesión», las previsiones en torno a la jubilación de administradores y directivos, por otro lado, merecen un enfoque diverso a aquellas otras circunstancias sobrevenidas, como el fallecimiento o la incapacidad. Con todo, en ambos supuestos, la planificación estructurada y sistemática, adaptada a las características del capital de cada sociedad y a su conformación orgánica, permite ordenar, en diferentes periodos temporales, las cuestiones relacionadas con la sucesión y las eventualidades que puedan provocarla. En definitiva, se trata, mediante los procesos oportunos, de acompasar las estructuras internas societarias a las circunstancias externas que requieran su adaptación[4].

2. LIBERTAD DE CONFIGURACIÓN DEL PLAN DE SUCESIÓN Y LAS FUERZAS DEL MERCADO DE CAPITALES: LAS EXIGENCIAS DE LOS «INVERSORES INSTITUCIONALES» Y LOS «GESTORES DE ACTIVOS»

Frente a la caracterización de esta conducta como el fomento por una «lucha por el poder», las previsiones de un buen gobierno corporativo han cambiado la visión a fin de reconocer que una correcta planificación de la

2017, pp. 1-9, p. 1; y LARCKER, D.F./TAYAN, B., *The Art and Practice of Corporate Governance*, 2023, p. 149. También para EICHHOLZ, RR./ROSENBAUER, I., «Nachfolgeplanung als Maßnahme unternehmerischen Risikomanagements», *BC*, 2018, pp. 319-323, p. 320, estos factores representan «riesgos flotantes» para la empresa (*schwebende Risiken*). Asimismo, como un riesgo operativo, para GUGLIELMETTI, R., «Corporate governance i piani di successione degli amministratori esecutivi nelle società quotate tra diritto e prassi aplicativa», *Rivista dei Dottori Commercialisti*, núm. 4, 2016, p. 617 ss.

3. Acerca de ambos elementos como un desafío organizativo estratégico, en un marco de incertidumbre, que requiere, en todo caso, un tratamiento sistemático, HAMM, M./MÜLLER, T., «Nachfolgeplanung als strategisches Element zur Bewältigung des Generationswechsels», *Führung gestaltet*, Nomos, 2019, pp. 109-126, pp. 109-110; y sobre su revisión periódica, LARCKER, D. F./TAYAN, B., *The Art and Practice*, *cit.*, p. 159.
4. HAMM, M./MÜLLER, T., «Nachfolgeplanung als strategisches Element», *cit.*, pp. 112-3. También como una decisión estratégica de gestión, para FAVARIO, T., «Le décès du dirigeant social. Aspects de droit des sociétés», *Recueil Dalloz*, 2017, núm. 29, pp. 1668-1675, párr. 25.

sucesión puede ser clave para el mantenimiento del valor de la entidad en el mercado[5]. En ello ha tenido mucho que ver la evaluación externa por parte de los inversores, en especial de los «inversores institucionales» y los «gestores de activos» en su labor de supervisión de las áreas más sensibles del gobierno corporativo de las entidades hacia las que dirigen su decisión inversora[6]. Entre ellas, el capital humano de la entidad, en el que los administradores y los directivos principales asumen una posición central, y su eventual sustitución por otras personas, inciden, a la postre, en la valoración de la inversión[7].

Desde esta perspectiva, los planes de sucesión constituyen una herramienta tendente mitigar el riesgo que puede resultar bien de un deficiente proceso de sucesión en la gestión y representación de la sociedad, bien en una incorrecta elección de quien haya de asumir tales funciones[8]. De lo que se trata, en definitiva, es que el reemplazo de administradores y directivos, en una situación de crisis o estrés organizativo, pueda llevarse a cabo ágilmente y que la gestión sea asumida por personas con las competencias y destrezas necesarias para que su eficacia no resulte comprometida. Pero, en el fondo, esta es una exigencia de gobierno corporativo en cuanto genera confianza en los accionistas e inversores y demuestra la planificación organizativa y la capacidad de reacción ante eventualidades e imprevistos en la

5. A partir del objetivo de una codeterminación sostenible en el Derecho alemán, MASSOLLE, J./NIEWERTH, C., «Generationenwechsel im Betriebsrat: Wissensmanagement und Nachfolgeplanung im Betriebsrat», *Mitbestimmungspraxis*, núm. 8, Hans-Böckler-Stiftung, Institut für Mitbestimmung und Unternehmensführung (I.M.U.), 2017, pp. 5-21, p. 16.
6. Así, GUGLIELMETTI, R., «Corporate governance», *cit.*, p. 617 ss., con remisión a la comunicación de la Consob de febrero de 2011, núm. DEM/11012984, en la que recomendó a los consejos de administración de las sociedades cotizadas evaluar la adopción de planes de sucesión de consejeros ejecutivos y su manifestación en el informe de gobierno corporativo, a fin de promover una mayor transparencia informativa en beneficio de la estabilidad del gobierno corporativo y de la «credibilidad» de las entidades, pues de otro modo su omisión «puede afectar negativamente a la protección de los inversores y al funcionamiento regular de los mercados, reduciendo el atractivo de los Bolsa italiana tanto para emisores como para inversores».
7. También desde la perspectiva de los grupos de interés, como trabajadores, la comunidad afectada u otros, CAREY, D./CHARAN, R./GRIESEDIECK, J./USEEM, M., «8 Questions to Ask Before Selecting a New Board Leader», *Harvard Business Review*, 2023, pp. 1-8, p. 1.
8. En este sentido, para AWWAD, A. A., «L'autovalutazione dell'organo amministrativo nel Codice italiano di Corporate Governance», *Milan Law Review*, vol. 3, núm. 1, 2022, pp. 1-19, p. 15, el órgano de administración, además de ser responsable de la existencia de un proceso de planificación y desarrollo de opciones estratégicas, debe garantizar que la sociedad cuente con consejeros competentes y profesionales, así como con un plan de sucesión.

composición del órgano administrativo o en la continuidad de directivos u otro personal clave de la organización empresarial[9].

Nuestro Derecho de sociedades no es ajeno a las eventuales situaciones de fallecimiento, jubilación o incapacidad de los administradores, en particular cuando la organización de la gestión de los asuntos sociales quede en manos de un consejo de administración[10]. Por ello, para empezar, y siempre los estatutos sociales no excluyan esta posibilidad, permite que la designación de los administradores sociales venga acompañada de suplentes, que habrán de integrar el órgano cuando exista una vacante, cualquiera que sea la causa y por el tiempo que falte por cumplir hasta la caducidad del cargo (*vid.*, arts. 216 y 222 LSC y 147.2 RRM). De otra parte, en un ámbito más limitado, como el de las sociedades anónimas, donde, por lo general, el órgano adopta la forma de consejo de administración con mayor asiduidad, la regulación establece ciertas reglas específicas en torno a la designa-

9. En los Principios de gobierno y sostenibilidad del Sistema de Jubilación de Empleados Públicos de California (*CalPERS' Governance & Sustainability Principles*), de septiembre de 2019, dentro del marco de la supervisión de sus inversiones, pone el foco en los consejos de administración de las sociedades, los gestores los vehículos de inversión y los gestores externos, y, en el ámbito de la «diversidad, independencia y competencia» de los consejos de administración, en su actualización y evaluación, de manera que puedan acreditar la combinación necesaria de habilidades, diversidad y experiencias para cumplir los objetivos estratégicos de la entidad, a lo añaden la planificación de la sucesión. Todo ello, de otra parte, ha de dar lugar a diálogos rutinarios sobre estos temas con los inversores institucionales, que incluyen aquellos aspectos relativos a la actualización y desarrollo de los planes de sucesión de los consejeros y de los directivos principales de la entidad en la que inviertan.

10. También, el art. 217 reconoce que, dentro de los sistemas de remuneración de los administradores que han de quedar determinados por los estatutos sociales, cabe la inclusión de indemnizaciones por cese, siempre y cuando el cese no estuviese motivado por el incumplimiento de las funciones de administrador. A tal efecto, el art. 224 prevé, al menos para las sociedades anónimas, la destitución inmediata de los administradores incursos en cualquiera de las prohibiciones legales y de los que tengan intereses opuestos a los de la sociedad, entre cuyos supuestos el art. 230 contempla la obligación de no competir, excepto que concurran las circunstancias que permitan su dispensa. Aquí la cuestión a dilucidar sería si el fallecimiento, la jubilación o la incapacidad del administrador tendrían ubicación en las causas de cese que recoge de forma discrecional el art. 223 LSC, o si se pudiera considerar una causa imputable al administrador. Como una suerte de *tertium genus*, esto no comporta ni un cese ni una dimisión del administrador, sino una circunstancia sobrevenida que le impide el ejercicio del cargo. Por otra parte, el art. 213 LSC prohíbe el ejercicio del cargo de administrador, entre otros, a aquellos que fueren judicialmente incapacitados, al paso que el apartado segundo del art. 363 vincula la disolución de la sociedad comanditaria por acciones al fallecimiento, cese, incapacidad o apertura de la fase de liquidación en el concurso de acreedores de todos los socios colectivos, salvo que se adopten las soluciones integradoras que permitan su continuación o la transformación en otro tipo social.

ción de administradores por cooptación y mediante el sistema de representación proporcional (arts. 216 LSC y 6 RD 821/1991)[11].

Fuera de las previsiones de la designación de administradores suplentes y del recurso a los sistemas de designación por cooptación y mediante la representación proporcional en las sociedades anónimas dotadas de Consejo, la previsión del artículo 171 LSC adopta un carácter general ante situaciones de acefalia. Cuando, con motivo de la muerte o cese de uno o varios administradores, no quepa la constitución del Consejo para su integración, esta solución normativa otorga a los vocales que permanezcan en el cargo la facultad de convocar la Junta general a este único objeto. Alternativamente, desplaza a cualquier socio la facultad de acudir al Letrado de la Administración de Justicia o al Registrador mercantil del domicilio social como remedio legal para la convocatoria de la Junta general y el nuevo nombramiento. En estos casos especiales, la convocatoria de la Junta ha de ir encaminada a la designación de un nuevo administrador único, de todos los administradores solidarios, de alguno de los administradores mancomunados, o de la mayoría de los miembros del consejo de administración.

Por el contrario, la regulación societaria no concede especial atención a los directivos y terceros auxiliares, cuya dependencia jerárquica del consejo de administración desplaza las cuestiones relativas a su fallecimiento, jubilación o incapacidad a la esfera de las facultades del consejo de administración[12]. Para ello, la regulación trata la figura de los directivos desde las

11. Frente a la competencia exclusiva de la Junta general para designar y separar a los administradores sociales, el sistema de designación por cooptación permite la «cobertura anticipada de vacante», de modo que el Consejo pueda, de forma provisional designar, entre los accionistas, a las personas que deban ocupar la posición de administrador (art. 244 LSC). Tal carácter provisorio permite la cobertura de la vacante hasta la siguiente reunión de la Junta general, de manera que la falta de ratificación en la Junta posterior da lugar la caducidad del cargo (*vid.*, arts. 145.2 y 3 y 139 RRM). Con todo, en el progresivo alejamiento de la sociedad cotizada del régimen general de las sociedades anónimas, todavía se han de reconocer ciertas especialidades. Como advierte el art. 529 decies, en estas sociedades cuyas acciones estén admitidas a negociación en un mercado regulado español, donde la forma del consejo de administración es obligatoria (o necesaria, nos dice el art. 529 bis), en primer lugar, no cabe la designación de suplentes. Por otra parte, el nombramiento por cooptación, en caso de vacante anticipada, puede recaer en una persona que no sea accionista de la sociedad, al paso que fija esta posibilidad antes de la celebración de la Junta, en cuyo caso la decisión de ratificación o cese habrá de ser pospuesta a la siguiente junta general. Finalmente, atribuye la propuesta de nombramiento o reelección de los miembros del consejo de administración que asuman la condición de consejeros independientes a la comisión de nombramientos y retribuciones. A tal efecto el consejo habrá de preparar un informe justificativo acerca de la competencia, experiencia y méritos del candidato.
12. Asimismo, LARCKER, D. F./TAYAN, B., *The Art and Practice, cit.*, p. 155.

competencias atribuidas al consejo de administración, entre las que se incluyen las relativas al nombramiento y destitución de los consejeros delegados de la sociedad y de los directivos que tuvieran dependencia directa del Consejo o de alguno de sus miembros (art. 249 bis LSC)[13]. Esto incluye, de otra parte, el establecimiento de las condiciones de sus contratos, así como las decisiones relativas a la remuneración de los consejeros, dentro del marco estatutario y, en su caso, de la política de remuneraciones aprobada por la Junta general, y el establecimiento de la retribución de los directivos[14].

Pese a las previsiones normativas que permiten integrar el órgano de administración ante una vacante, o, incluso, ante la inoperatividad del órgano por el fallecimiento o incapacidad de la mayoría de sus miembros, la conveniencia de una adecuada planificación de la sucesión, que en parte tiene que ver con el fenómeno del «relevo generacional», requiere tener presente otras consideraciones que serán tratadas en los sucesivos apartados. Solo cabe ahora avanzar que se trata de una materia no es objeto del Derecho de sociedades, como puede ser la testamentaría en el Derecho de sucesiones, por lo que queda a la libertad de la sociedad organizar sus estructuras y sus procesos de gobierno corporativo. De otra parte, su configuración se enfrenta a la complejidad de la finitud, no ya del cargo, sino de la persona que lo ejerce, y al riesgo, incierto en cuanto al momento de su

13. En concreto, la creciente tecnificación de la función de administración, además de exigir estructuras organizativas más complejas, puede requerir la asistencia de otros especialistas o técnicos, que pueden integrarse en la organización mediante una relación laboral o especial de dirección y que pueden actuar como sustento técnico de las decisiones del Consejo y de asistencia en las Juntas generales (*cfr.*, art. 181 LSC respecto de consejeros, gerentes, técnicos y demás personas con interés en la buena marcha de los asuntos sociales).

14. En este punto, el régimen de delegación de facultades del consejo de administración del art. 249 de la Ley de sociedades de capital reclama que en el contrato deban constar todos los conceptos por los que el consejero delegado pueda obtener una retribución por el desempeño de funciones ejecutivas. Su carácter taxativo impone, por lo tanto, la inclusión de primas de seguro o de contribución a sistemas de ahorro, que se han de relacionar con los supuestos anteriores de fallecimiento, jubilación o incapacidad. Estas cuestiones pueden igualmente incorporarse a los contratos de los directivos dependientes del consejo o de cualquiera de sus miembros. Lo anterior, a su vez, se ha de integrar en el marco de las funciones ejecutivas asignadas y de la política de retribuciones aprobada, en su caso, por la junta general, que el art. 529 novodecies, para las sociedades cotizadas, exige que incluya la duración de los contratos o acuerdos con los consejeros, los plazos de preaviso aplicables, las principales características de los sistemas de pensión complementaria o jubilación anticipada, las condiciones de terminación y los pagos vinculados a esta.

producción, en la línea de los seguros sobre la vida, del hecho que ocasione la muerte o la incapacidad[15].

II. PREVISIONES PROVENIENTES DEL DERECHO DE LAS SOCIEDADES COTIZADAS

1. LAS RECOMENDACIONES DE LOS CÓDIGOS DE BUEN GOBIERNO: UNA MIRADA COMPARADA

1.1. La posición central del presidente ejecutivo del consejo de administración y las funciones del consejero coordinador de los consejeros independientes

A diferencia del carácter orgánico del Consejo, por tratarse de una de las formas tasadas de organizar la administración de la sociedad, la delegación de facultades, aun cuando se integra en la organización social, asume un carácter potestativo. De este modo, se ha de mantener un deber de supervisión del Consejo respecto de las funciones encomendadas a los delegados[16]. Sin embargo, este enfoque varía en las sociedades cotizadas. En ellas los consejeros adoptan diversas funciones, según su clasificación como consejeros ejecutivos o no ejecutivos (art. 529 duodecies, apartados 1 y 2). Desde la visión de la Junta, por otro lado, la facultad de cesar a sus miembros, aun cuando la separación no conste en el orden del día (*cfr.*, art. 223 LSC) se ha de compaginar, en primer lugar, con el reconocimiento de un sistema mayoritario en la adopción de decisiones en sus órganos colegiados, y, en segundo lugar, con el régimen del conflicto de intereses cuando el administrador afectado sea, al mismo tiempo, socio de la entidad[17].

---

15. Sobre la dificultad de hacer coincidir la técnica utilizada con el evento objetivo, FAVARIO, T., «Le décès du dirigeant social», *cit.*, párr. 25.

16. Acerca de la distinción de funciones en el Consejo, ALONSO UREBA, A., «Diferenciación de funciones (supervisión y dirección) y tipología de consejeros (ejecutivos y no ejecutivos) en la perspectiva de los arts. 133.3 (responsabilidad de administradores) y 141.1 (autoorganización del consejo del TRLSA)», *Derecho de sociedades anónimas cotizadas: (estructura de gobierno y mercados)* (Coord. RODRÍGUEZ ARTIGAS), vol. 2, Aranzadi, 2006, pp. 769-850; y TRÍAS SAGNIER, M., «El Consejo de Administración como órgano garante del buen gobierno en la sociedad cotizada», *Revista de derecho de sociedades*, núm. 21, 2003, pp. 165-190.

17. Véase que el art.190.3 LSC permite al administrador afectado ejercer su derecho de voto y atribuye, en los casos de nombramiento, cese o revocación, la acreditación del conflicto de interés y del eventual perjuicio al interés social al socio disconforme que impugne; mientras que el art. 526, en el ejercicio del derecho de voto por administrador en caso de solicitud pública de representación, incluye este supuesto entre los que impiden el ejercicio de los derecho de voto correspondiente a las acciones representadas, salvo que hubiese recibido expresas instrucciones de voto de su representado.

En el marco de la actuación de los directivos y de su supervisión, el Informe Conthe, de 19 de mayo de 2006, entre las cuestiones por aquel entonces controvertidas, estimó «razonable encomendar al Consejo la aprobación del nombramiento y cese de los altos directivos que proponga el primer ejecutivo de la compañía, en el bien entendido de que, cuando se trate del nombramiento de un Consejero Delegado llamado a descargar de responsabilidades al Presidente ejecutivo o a facilitar su sucesión, no será indispensable que medie propuesta de éste». Esta preocupación tuvo en parte plasmación mediante la asignación legal de unas competencias indelegables al consejo de administración en el artículo 249 bis de la Ley de sociedades de capital, mediante la Ley 31/2014, de 3 de diciembre, por la que se modificara la Ley de Sociedades de Capital para la mejora del gobierno corporativo. En otro orden de cosas, la inclusión en nuestro sistema del artículo 529 septies permitió que el presidente del consejo mantuviera, salvo previsión en contrario de los estatutos sociales, la condición de consejero ejecutivo, a cuyo efecto reclama la misma mayoría que para la delegación de facultades. No obstante, en tal caso, como contrapeso, introdujo la figura del consejero coordinador, que ha de ser designado entre los consejeros independientes.

En esta tesitura, el presidente del consejo de administración, cuando a la par sea consejero ejecutivo, asume un papel central en la organización y en el funcionamiento del Consejo[18]. La regulación societaria, de otro lado, contempla que corresponde al consejero coordinador, que habrá de tener la condición de consejero independiente, la labor de solicitar la convocatoria del consejo de administración o la inclusión de nuevos puntos en el orden del día de un Consejo ya convocado, coordinar y reunir a los consejeros no ejecutivos y dirigir, en su caso, la evaluación periódica del presidente. En

18. Los «Principios de gobierno y sostenibilidad del Sistema de Jubilación de Empleados Públicos de California» (*CalPERS' Governance & Sustainability Principles*), de septiembre de 2019, en su apartado 14 recogen las exigencias acerca del plan de sucesión de *Chief Excutive Manager*. En tal ámbito, atribuyen al consejo de administración el desarrollo, implementación y revisión continua del plan de sucesión en relación con una estrategia a largo plazo que optimice el desempeño operativo, la rentabilidad y la creación de valor para los accionistas. Para ello, como mínimo, el proceso de planificación de la sucesión debiera considerar la revisión del plan por el consejo; el desarrollo de candidatos internos y de altos directivos, sin perjuicio del recurso a sistemas de reclutamiento externo y su comunicación con los miembros del Consejo; las previsiones a largo plazo para abordar los períodos de transición esperados y a corto plazo para abordar la gestión de crisis en caso de muerte, incapacitación o salida prematura; el diálogo continuo entre el consejo de administración y el ejecutivo afectado, sin perjuicio del diálogo de los miembros de consejo acerca de la sucesión sin su presencia; y la comunicación anual del plan, o de sus revisiones, a los accionistas.

este ámbito, el Código de Buen Gobierno de las Sociedades Cotizadas, si bien solo por la vía de las recomendaciones, entre otras, atribuye al consejero coordinador las funciones adicionales de mantener las relaciones con los inversores y accionistas de la sociedad en materia de gobierno corporativo y la dirección del plan de sucesión del presidente[19].

No obstante, el plan de sucesión no debiera quedar circunscrito a la figura del presidente ejecutivo de la entidad, sino que convendría que se extendiera al resto de miembros del Consejo, sean ejecutivos o no ejecutivos, de las comisiones, a los principales directivos y a otro personal clave de la organización[20]. En estos supuestos, sin embargo, el presidente habría de asumir tal tarea, desprovisto de los sesgos personales que pueden mermar la objetividad de su propia sucesión[21]. En este aspecto, el principio J del *Corporate Governance Code* del Reino Unido de julio 2018 contempla que los nombramientos de los miembros del Consejo debieran estar sujetos a un procedimiento formal, riguroso y transparente, a cuyo objeto destaca la utilidad de un plan de sucesión eficaz, tanto para el Consejo, como para la alta dirección. Respecto de la definición de «alta dirección», incluye, a estos efectos, el comité ejecutivo o el primer nivel de gestión por debajo del nivel del Consejo, incluido el secretario.

19. En relación con el principio 16, la Recomendación 34 señala «(q)ue cuando exista un consejero coordinador, los estatutos o el reglamento del consejo de administración, además de las facultades que le corresponden legal mente, le atribuya las siguientes: presidir el consejo de administración en ausencia del presidente y de los vicepresidentes, en caso de existir; hacerse eco de las preocupaciones de los consejeros no ejecutivos; mantener contactos con inversores y accionistas para conocer sus puntos de vista a efectos de formarse una opinión sobre sus preocupaciones, en particular, en relación con el gobierno corporativo de la sociedad, y coordinar el plan de sucesión del presidente».

20. Los «Principios de gobierno y sostenibilidad del Sistema de Jubilación de Empleados Públicos de California» (*CalPERS' Governance & Sustainability Principles*), de septiembre de 2019, en su apartado 15 también prevén planes de sucesión para los consejeros. Junto a los criterios del diálogo entre consejeros y con los accionistas y la divulgación de los planes de sucesión y de su seguimiento, el contenido mínimo de los planes debe considerar las jubilaciones esperadas de los miembros del consejo o las eventualidades de vacantes debido a fallecimientos, incapacitaciones o salidas prematuras y las previsiones de rotación de los consejeros, tanto en el consejo como en las comisiones delegadas, y las asignaciones, en su caso, de otros cargos.

21. Como recoge el apartado 116 de la «Guía sobre la efectividad del Consejo» (*Guidance on Board Effectiveness*) de 2018, el presidente es responsable de garantizar que el Consejo tenga acceso a una evaluación del gobierno corporativo facilitada externamente y debe garantizar que no se aborde como un mero ejercicio de cumplimiento, entre cuyas cuestiones el Consejo ha de tratar los desafíos en cuanto a su composición, diversidad, brechas de habilidades, actualización y sucesión.

1.2. Los órganos encargados de la supervisión de la idoneidad

El artículo 529 quindecies LSC, entre otras funciones, atribuye a la comisión de nombramientos y retribuciones la labor de «examinar y organizar la sucesión del presidente del consejo de administración y del primer ejecutivo de la sociedad y, en su caso, formular propuestas al consejo de administración para que dicha sucesión se produzca de forma ordenada y planificada». En el paso al derecho blando, a esta asignación se ha de unir la Guía Técnica aprobada por el Consejo de la Comisión Nacional del Mercado de Valores, de 20 de febrero de 2019, que establece una relación de buenas prácticas para el «examen y organización de la sucesión del presidente del consejo y del primer ejecutivo y de los altos directivos»[22]. La Guía técnica recomienda, en relación con la labor de la Comisión de nombramientos y retribuciones en estas facetas, que en la organización de la sucesión del primer ejecutivo se consulte con el presidente y con el primer ejecutivo actuales de la sociedad[23]; y que, en la organización de la sucesión del presidente, se involucre también al consejero coordinador, si tal cargo existe, y siempre y cuando, a su vez, no sea ya miembro de la Comisión.

En todo caso, asigna la elaboración del plan de sucesión a la comisión de nombramientos y retribuciones, lo cual, en cierta medida, parece contradictorio con la recomendación 34, que encomienda esta misión al consejero coordinador, pero que aquí también ha de resultar involucrado en su preparación[24]. Pero fuera este ámbito, cuando se trate de los planes de sucesión y de carrera o desarrollo profesional de los «altos directivos», materia cuya aprobación se atribuye directamente al Consejo, también incorpora,

---

22. Los «Principios de gobierno y sostenibilidad del Sistema de Jubilación de Empleados Públicos de California» (*CalPERS' Governance & Sustainability Principles*) en su apartado 11 también recogen las funciones asignadas a la comisión de nombramientos. Entre ellas se encuentra la «planificación de la sucesión del consejo de administración», que a su vez comprende la preparación de cambios en la composición del Consejo y en las comisiones delegadas, así como el nombramiento del presidente del Consejo y de las comisiones, a fin de una correcta implementación general del plan de negocios a largo plazo. En este orden de cosas, corresponde a los consejos establecer procedimientos que permitan un diálogo con los accionistas acerca de estos asuntos y considerar sus sugerencias a largo plazo para estas designaciones.
23. Asimismo, CAREY, D./CHARAN, R./GRIESEDIECK, J./USEEM, M., «8 Questions to Ask Before Selecting a New Board Leader», *cit.*, p. 3.
24. Así, el Informe de gobierno corporativo de las entidades emisoras de valores admitidos a negociación en mercados regulados en el ejercicio 2020 señala que hay sociedades que no encomiendan a estos consejeros coordinadores la función de coordinar el plan de sucesión del presidente, sino que consideran que es más adecuado que esta sea competencia de la comisión de nombramientos y retribuciones. Al respecto, la «Guía sobre la efectividad del Consejo» (*Guidance on Board Effectiveness*) del Reino

como una buena práctica, el deber de información a los miembros de la Comisión.

A estos efectos, algunas orientaciones de Derecho comparado pueden servir de referente a esta distribución competencial entre los órganos de nuestras sociedades cotizadas, siquiera por la vía del Derecho blando. Así, en primer lugar, los estándares del NYSE para sociedades cotizadas que coticen en la bolsa neoyorquina, según su sección 303A.04 exigen que las compañías tengan una comisión de nombramientos y de gobierno corporativo, cuyos miembros sean designados por el consejo y compuesta por consejeros independientes[25]. Entre sus funciones se halla la búsqueda, revisión y designación de aquellos candidatos a consejeros, en consideración a sus antecedentes y conocimientos profesionales, tecnología, experiencia y género[26]. Esta comisión, en consecuencia, habrá de desarrollar y revisar periódicamente los programas de capacitación y los planes de sucesión de los consejeros[27].

Por otro lado, el Código de Gobierno Corporativo del Reino Unido de julio de 2018, en su recomendación 17, también reclama del Consejo la designación de una comisión de nombramientos, encargada, entre otros asuntos, de la preparación y supervisión de planes para una sucesión ordenada tanto en el Consejo, como en los puestos de la alta dirección. A tal efecto, prevé que la mayoría de los miembros de la comisión deban ser consejeros no ejecutivos independientes y que el presidente del consejo no pueda presidir la comisión cuando se trate del nombramiento de su sucesor. Ante los conflictos que se puedan presentar en este ámbito, además, la «Guía sobre la efectividad del Consejo» (*Guidance on Board Effectiveness*) de

---

Unido, en su apartado 66, incluye, como una buena práctica, que el consejero coordinador asuma «la responsabilidad de un proceso de sucesión ordenado del presidente, trabajando en estrecha colaboración con la comisión de nombramientos. Es una buena idea que el director independiente senior forme parte de las comisiones del consejo de administración para mejorar su conocimiento del gobierno de la empresa».

25. Con referencia a la comisión específica designada a este fin, CHARAN, R., «Ending the CEO succession crisis», *Harvard Business Review*, 2005, vol. 83, núm. 2, pp. 72-81, p. 14; y HOOIJBERG, R./LANE, N., «How boards botch CEO succession», *MIT Sloan Management Review*, 2016, pp. 13-16, p. 13.

26. Da cuenta de ello, AWWAD, A. A., «L'autovalutazione dell'organo amministrativo», *cit.*, p. 4.

27. HOOIJBERG, R./LANE, N., «How boards botch CEO succession», *cit.*, p. 13, también remiten a la *Guía de la U.S. Securities and Exchange Commission's (SEC) que* reconoce que «la planificación de la sucesión del CEO plantea una importante cuestión de política relativa al gobierno corporativo que trasciende los asuntos ordinarios de negocio relativos a la gestión de los recursos humanos» («that CEO succession planning raises a significant policy issue regarding the governance of the corporation that transcends the dayto-day business matter of managing the workforce»).

2018, en su apartado 62, atribuye la responsabilidad del Consejo respecto de las actuaciones de las comisiones constituidas y, en caso de discrepancias, faculta a la Comisión de nombramientos para informar a los accionistas de ellas como parte del informe anual de sus actividades[28].

En Alemania, el sistema dual de administración, ha llevado al *Corporate Governance Kodex* alemán, en su versión de 28 de abril 2022, en su recomendación B.2, a atribuir la elaboración de un plan de sucesión de los miembros del consejo al «consejo de vigilancia», en colaboración con el consejo de dirección de la entidad[29]. En todo caso, su contenido debiera ser trasladado al informe de gobierno corporativo[30]. Por otra parte, en Francia, el *Code de gouvernement d'entreprise des sociétés cotées* de diciembre 2022, conocido como el *Code Afep-Medef*, dedica su recomendación 18 a la comisión encargada de los nombramientos. En sede de la sucesión de los administradores, confiere a esta comisión, o a otra creada *ad hoc*, la conformación de un plan de sucesión, en la que el presidente del consejo podrá formar parte, o bien habría de estar involucrado en su realización[31].

---

28. Por otra parte, en su apartado 68, la «Guía sobre la efectividad del Consejo» (*Guidance on Board Effectiveness*) de 2018 reconoce la importancia del consejero coordinador entre otros, en el caso en el que no se cumpla con las previsiones de la planificación de la sucesión. A tal efecto, su labor se ha de coordinar con las funciones del presidente y de otros consejeros, así como con los accionistas, a fin de dar respuesta a estas cuestiones, que afectan a la estabilidad del consejo de administración y, por extensión, de la sociedad.
29. Así, THEUSINGER, I./DOLFF, C., «AktG § 116. Sorgfaltspflicht und Verantwortlichkeit der Aufsichtsratsmitglieder», *Der Aufsichtsrat* (Dirs. BACKHAUS/TIELMANN), 2.ª ed. 2023, Rn. 231, destacan esta tarea compartida, que requiere la colaboración de ambos órganos en la planificación de la sucesión, si bien el nombramiento de los miembros del órgano de dirección, corresponde al órgano de supervisión; por otro lado, tal labor puede ser delegada en una comisión de personal, cuyo presidente habrá de tratar apropiadamente los datos personales de los candidatos e informar periódicamente al consejo de vigilancia. Asimismo, KREMER, T., «DCGK B.2. II. Langfriste Nachfolgeplanung (Hs. 1)», *Deutscher Corporate Governance Kodex. Kodex-Kommentar*, 8.ª ed., C.H. Beck, 2021, Rn. 3-8, Rn. 3; y BUSCH, D./LINK, S. P., «B.2. Nachfolgeplanung», *Deutscher Corporate Governance Kodex: Kommentar* (Dir. GHASSEMI-TABAR), C.H. Beck, 2023, Rn. 5-11, Rn. 7, a la luz del apartado segundo del art. 84 de la *Aktiengesetz*, señalan la competencia del consejo de vigilancia de designar al presidente del órgano de dirección. Igualmente, acerca de la asignación de tal función al órgano de vigilancia, HAMM, M./MÜLLER, T., «Nachfolgeplanung als strategisches Element», *cit.*, p. 121.
30. «Der Aufsichtsrat soll gemeinsam mit dem Vorstand für eine langfristige Nachfolgeplanung sorgen; die Vorgehensweise soll in der Erklärung zur Unternehmensführung beschrieben werden».
31. «18.2.2 Le comité des nominations (ou un comité ad hoc) établit un plan de succession des dirigeants mandataires sociaux. Il s'agit là de l'une des tâches principales du

Por último, en Italia, su *Codice di corporate governance*, en su versión de enero de 2020, dedica su principio XIII a encomendar al órgano de administración, dentro de su competencia, la revisión del proceso de nombramiento y sucesión de lo s administradores para que sea transparente y funcional, de modo que permita una composición óptima del órgano de administración. En el paso del principio a las recomendaciones, la recomendación 19, atribuye, en su labor de asistencia al órgano de administración, a la comisión de nombramientos, entre otras funciones, la «elaboración, actualización y ejecución de cualquier plan de sucesión del consejero delegado y demás consejeros ejecutivos»[32]. Por otra parte, si bien solamente para las sociedades de elevada capitalización[33], la recomendación 24 demanda, además, la identificación de los procedimientos que deben seguirse en caso de cese anticipado del cargo y un plan para la sucesión de la alta dirección[34].

comité, bien qu'elle puisse être, le cas échéant, confiée par le conseil à un comité ad hoc. Le président peut faire partie ou être associé aux travaux du comité pour l'exécution de cette misión».

32. Junto con la «identificación de candidatos al cargo de consejero en caso de cooptación» y la «posible presentación de una lista por parte del órgano administrativo saliente, que será implementada de acuerdo con métodos que aseguren su formación y presentación transparente». También pone el acento en la sucesión de los administradores ejecutivos, CASIRAGHI, R., «Corporate governance: il ruolo del presidente del consiglio di amministrazione nelle società quotate», *Rivista dei Dottori Commercialisti*, núm. 3, 2016, p. 429 ss. Acerca de la relevancia de la asunción de estas funciones por la comisión de nombramientos, formada por administradores independientes, GUGLIELMETTI, R., «Corporate governance», *cit.*, p. 617 ss., si bien señala otras opciones, como la conformación de comisiones que asuman o absorban tales funciones, como la comisión de recursos humanos, o el recurso a consultores externos especializados.

33. Califica así a aquellas cuya capitalización sea superior a mil millones de euros en el último día de mercado de cada uno de los tres años naturales anteriores.

34. *«Princìpi XIII. L'organo di amministrazione cura, per quanto di propria competenza, che il processo di nomina e di successione degli amministratori sia trasparente e funzionale a realizzare la composizione ottimale dell'organo amministrativo secondo i princìpi dell'articolo 2»; «Raccomandazioni 19. L'organo di amministrazione affida al comitato nomine il compito di coadiuvarlo nelle attività di:… d) eventuale presentazione di una lista da parte dell'organo di amministrazione uscente da attuarsi secondo modalità che ne assicurino una formazione e una presentazione trasparente; e) predisposizione, aggiornamento e attuazione dell'eventuale piano per la successione del chief executive officer e degli altri amministratori esecutivi»; y «24. Nelle società grandi, l'organo di amministrazione:… definisce, con il supporto del comitato nomine, un piano per la successione del chief executive officer e degli amministratori esecutivi che individui almeno le procedure da seguire in caso di cessazione anticipata dall'incarico; accerta l'esistenza di adeguate procedure per la successione del top management».*

1.3. Competencias *versus* diversidad

La diversidad se ha convertido, en los últimos tiempos, en un nuevo paradigma que ha impregnado el entero gobierno corporativo. Así es perceptible en el apartado del artículo 529 bis LSC, en el marco del régimen jurídico de las sociedades cotizadas, cuando reclama al consejo de administración que «los procedimientos de selección de sus miembros favorezcan la diversidad respecto a cuestiones, como la edad, el género, la discapacidad o la formación y experiencia profesionales y no adolezcan de sesgos implícitos que puedan implicar discriminación alguna y, en particular, que faciliten la selección de consejeras en un número que permita alcanzar una presencia equilibrada de mujeres y hombres»[35]. Como en otras facetas del Derecho de sociedades, estas cuestiones han de tener plasmación informativa a través del informe anual de gobierno corporativo (art. 540.4.a.8.ª LSC).

Nuestro Código de Buen Gobierno de las Sociedades Cotizadas no es ajeno a estas orientaciones provenientes de la sostenibilidad e, igualmente, en su principio 10, acoge que la política de selección de consejeros promoverá la diversidad de conocimientos, experiencias, edad y género en su composición. Si bien resalta el carácter programático del artículo 529 bis LSC, a tenor de su abstracta conformación y la flexibilidad para su implementación, por otro lado, reclama la consideración de este criterio en la fase inicial de selección de posibles candidatos. Además, su recomendación 14 incide en el fomento de un número significativo de altas directivas. Junto a ello incluye la presentación de un informe justificativo de la comisión de nombramientos en la publicación de la convocatoria de la Junta general de accionistas que se haya de pronunciar acerca de la ratificación, el nombramiento o la reelección de cada consejero.

Tampoco esta cuestión es ajena a otros Códigos de buen gobierno próximos al nuestro. Sin pretensiones de completitud, la recomendación B.1. del *Corporate Governance Kodex* alemán también reclama que el consejo de vigilancia, al tiempo de nombrar a los miembros del consejo de dirección, tenga en cuenta la diversidad[36] . Ello encuentra particular desarrollo en el Código de Buen Gobierno del Reino Unido de julio 2018. Su principio J, en

35. En particular, tras la Ley 11/2018, de 28 de diciembre, por la que se modifica el Código de Comercio, el texto refundido de la Ley de Sociedades de Capital aprobado por el Real Decreto Legislativo 1/2010, de 2 de julio, y la Ley 22/2015, de 20 de julio, de Auditoría de Cuentas, en materia de información no financiera y diversidad. Aun así, sobre la preferencia, en la práctica, de la evaluación de los aspectos financieros respecto de los relacionados con la sostenibilidad, LARCKER, D. F./TAYAN, B., *The Art and Practice, cit.*, pp. 156 y 159.

36. Como señalan BUSCH, D./LINK, S.P., «B.2. Nachfolgeplanung», *cit.*, Rn. 6, esto, a su vez, se ha de poner en relación con el art. 289.f(2) del *Handelsgesetzbuch*, dentro del

primer lugar, señala que tanto los nombramientos como los planes de sucesión deben basarse en méritos y criterios objetivos y que, dentro de este contexto, deben promover la diversidad de género, de orígenes sociales y étnicos y las fortalezas cognitivas y personales. A ello se une que el Principio K exige que el Consejo y sus comisiones deban incorporar una combinación de habilidades, experiencias y conocimientos; al paso que el Principio L considera la evaluación anual del gobierno corporativo según la composición, diversidad y la eficacia con la que los miembros del consejo interactúan para lograr los objetivos y contribuyen a los fines de la entidad, sin que quepa la elección de criterios discriminatorios[37]. Todo ello se concreta, con todo, en la recomendación 18, que, con un carácter más abierto, señala que el Consejo, a la hora de la elección de cada consejero, debe justificar las razones específicas por las que su contribución sea relevante para el éxito sostenible a largo plazo de la entidad[38].

La consideración anterior parece anteponer las competencias y habilidades de los miembros del consejo, con extensión al contenido del plan de

---

informe sobre el gobierno corporativo, y con el art. 76(3a) de la *Aktiengesetz*, cuando se trate de los consejos de administración de las sociedades cotizadas, a las que se aplique la regulación sobre codeterminación (M*itbestimmungsgesetz - MitbestG*), en los consejos de vigilancia y de dirección de las empresas mineras y de la industria del hierro y el acero (*Gesetz über die Mitbestimmung der Arbeitnehmer in den Aufsichtsräten und Vorständen der Unternehmen des Bergbaus und der Eisen und Stahl erzeugenden Industrie - MontanMitbestG* y *Gesetz zur Ergänzung des Gesetzes über die Mitbestimmung der Arbeitnehmer in den Aufsichtsräten und Vorständen der Unternehmen des Bergbaus und der Eisen und Stahl erzeugenden Industrie - MontanMitbestErgG*). A estos efectos, también puede verse la Directiva (UE)2022/2381 del Parlamento Europeo y del Consejo, de 23 de noviembre de 2022, relativa a un mejor equilibrio de género entre los administradores de las sociedades cotizadas y medidas conexas.

37. «*J. Appointments to the board should be subject to a formal, rigorous and transparent procedure, and an effective succession plan should be maintained for board and senior management. Both appointments and succession plans should be based on merit and objective criteria and, within this context, should promote diversity of gender, social and ethnic backgrounds, cognitive and personal strengths. K. The board and its committees should have a combination of skills, experience and knowledge. Consideration should be given to the length of service of the board as a whole and membership regularly refreshed. L. Annual evaluation of the board should consider its composition, diversity and how effectively members work together to achieve objectives. Individual evaluation should demonstrate whether each director continues to contribute effectively*».

38. «*All directors should be subject to annual re-election. The board should set out in the papers accompanying the resolutions to elect each director the specific reasons why their contribution is, and continues to be, important to the company's long-term sustainable success.*». Al hilo de la recomendación, y frente al carácter aspiracional de la diversidad, la «Guía sobre la efectividad del Consejo» (*Guidance on Board Effectiveness*) de 2018 pone el foco en la labor de la comisión de nombramientos de llevar a cabo un proceso continuo y proactivo de planificación y evaluación, teniendo en cuenta las prioridades estratégicas de la sociedad y las principales tendencias y factores que afectan a su éxito en el largo

sucesión, a los criterios de diversidad, si bien ambas orientaciones pueden cohabitar en la orientación del interés social y la adaptación a las características de las estructuras, societaria y empresarial, a las que el gobierno corporativo sirva de instrumento[39]. Así, los planes de sucesión del presidente y del resto de consejeros ejecutivos pueden, igualmente, hacerse extensibles a los consejeros no ejecutivos e independientes, en consideración a las aspiraciones de su contribución a la dirección de la entidad, en aspectos tales como su presencia en mercados internacionales y los distintos aspectos regulatorios afectados por su actividad[40]. Con todo, no cabe soslayar el carácter dinámico del mercado y, por ende, de la realidad empresarial y los cambios externos, de diferente índole, como los tecnológicos, a los que la sociedad puede estar expuesta[41].

2. EL DEBER DE INFORMACIÓN Y LA INFORMACIÓN PRIVILEGIADA

En torno a la confluencia de los contenidos del Código de buen gobierno con el Derecho de sociedades, las cuestiones relativas a las preocupaciones sobre la diversidad en la composición del consejo de administración tienen cabida en el artículo 540 LSC, dedicada al informe anual de gobierno corporativo. Pese a que son objeto de información otros aspectos sensibles que guardan relación con la sucesión, como los acuerdos entre la sociedad y sus cargos de administración y directivos o empleados que impongan indem-

plazo y a su viabilidad futura (párr. 86). Para ello centra la atención en la contribución de los consejeros y en sus habilidades y competencias, desde diversas perspectivas, que puedan coadyuvar la mejora del gobierno corporativo, así como, respecto de los consejeros no ejecutivos, en aquellas habilidades que aporten valor al consejo ante los desafíos y oportunidades que se le presenten (párr. 87). En este contexto, la diversidad, como medio para la superación del «pensamiento grupal único», se ha de entender en el marco de las decisiones de negocio a adoptar (párr. 88), por lo que los criterios de la diversidad, incluida la edad, la discapacidad, el origen étnico, la educación y el origen social, así como el género, se han de entender orientados a tal fin (párr. 89). En este aspecto, la diversidad, no solo en atención a los criterios anteriores, sino sobre la base de la experiencia y las competencias profesionales, es relevante a estos fines, igualmente en el marco de las relaciones interpersonales (párr. 91). En esta línea, LARCKER, D. F./TAYAN, B., *The Art and Practice, cit.*, p. 166 ss.

39. Como señalan BUSCH, D./LINK, S. P., «B.2. Nachfolgeplanung», *cit.*, Rn. 9, se han de traducir en criterios objetivos para la presentación de candidatos adecuados, sin que para ello quepa su identificación subjetiva.

40. También destaca la consideración de la estructura del Consejo en esta esfera, que puede llevar a la necesidad de adaptación en orden a la creación de comisiones específicas, como las de cumplimiento normativo, KREMER, T., «DCGK B.2. II. Langfriste Nachfolgeplanung», *cit.*, Rn. 4-5.

41. Al respecto, CHARAN, R., «Ending the CEO succession crisis», *cit.*, p. 75 ss.; y OOIJBERG, R./LANE, N., «How boards botch CEO succession», *cit.*, p. 16.

nizaciones cuando éstos dimitan o sean despedidos de forma improcedente o si la relación laboral llega a su fin con motivo de una oferta pública de adquisición, entre sus contenidos no figura la presentación de un plan de sucesión. Quizá podría tener cabida en el marco más amplio de los sistemas de control del riesgo, como un riesgo que pueda ser relevante para la sociedad, pero más bien parece que deba mantenerse entre la información sobre el grado de seguimiento de las recomendaciones de gobierno corporativo, o, en su caso, en la explicación de su falta de seguimiento, y, aun así, circunscrito a la sucesión de presidente del Consejo[42].

Frente a la oportunidad de publicitar el plan de sucesión, siquiera desde la perspectiva de un buen gobierno corporativo, en el otro lado de la balanza se ha de plantear la incidencia de la sucesión del administrador, principalmente del presidente ejecutivo, como una cuestión que puede incidir en el mercado de valores y, por lo tanto, dar lugar a actuaciones que constituyan un abuso de mercado[43]. Así es reconocible en el supuesto de hecho planteado en el caso entre Markus Geltl y Daimler AG, tratado por la sentencia del Tribunal de Justicia (Gran Sala) de 28 de junio de 2012 (asunto C-19/11), en torno a la propuesta y la posterior aceptación de la dimisión del presidente del consejo de administración de esa sociedad, de la que previamente fueron informados el presidente del consejo de vigilancia y, luego, otros miembros del consejo de vigilancia y del consejo de administración. Esta cuestión prejudicial puso de manifiesto que el conocimiento acerca de la sustitución de los consejeros, principalmente del presidente, por su singular posición, puede dar lugar, en este contexto, a una actuación que incida en

42. En este aspecto, la recomendación B.5. del *Corporate Governance Kodex alemán*, en su versión de 28 de abril 2022, señala la conveniencia de que el informe de gobierno corporativo indique la edad máxima autorizada para los miembros del consejo de dirección. Al respecto, también para los miembros del consejo de vigilancia, en el recomendación C.5, ROTH, M., «Deutscher Corporate Governance Kodex 2020-Grundlegende Kodexreform: Einführung von Grundsätzen und Stärkung der Unabhängigkeit», *Die Aktiengesellschaft (AG)*, núm. 8, 2020, pp. 278-295, p. 282. De otra parte, la recomendación 23 *Corporate Governance Code* del Reino Unido de julio 2018 requiere que se dé cuenta de la actuación de la comisión de nombramientos y, entre otros asuntos, acerca de procedimiento utilizado para los nombramientos y su adecuación a la planificación de la sucesión, así como de la manera en la que sirva para dar cumplimiento al criterio de la diversidad en la composición del consejo de administración.

43. Desde la perspectiva de las sociedades no cotizadas y la afectación del fallecimiento de un administrador en las relaciones contractuales de la entidad, también en el ámbito financiero, tanto la perspectiva de su prestigio individual, como de aquellos contratos caracterizados por un *intuitu personae* en la gestión de la entidad o cuando la sociedad tenga por objeto el ejercicio de una actividad profesional, FAVARIO, T., «Le décès du dirigeant social», *cit.*, pp. 1674-5.

el mercado de valores, a tenor del Reglamento n.º 596/2014, a partir de la calificación como información privilegiada[44].

La regulación, con todo, se ha de mover entre la actuación que autoriza el apartado octavo del artículo 17 del Reglamento n.º 596/2014 cuando el receptor esté sujeto a una obligación de confidencialidad[45], y el aprovechamiento en beneficio propio o de tercero, y la obligación de dar publicidad de tal información a fin de no alterar el normal funcionamiento de los mercados de valores[46]. Por otra parte, el apartado cuarto del artículo 17 del Reglamento (UE) n.º 596/2014 permite posponer la difusión de esta información cuando, en el ámbito interno, pueda perjudicar el interés de la sociedad, y, en el externo, el retraso en la difusión no pueda inducir al público a confusión o engaño, si bien siempre y cuando se pueda mantener su carácter confidencial, en los términos ya expresados. Aquí, sin embargo, cabría considerar, en el plano material, que las situaciones en torno a la sustitución del presidente o de los consejeros ejecutivos, cuando tenga relevancia para el mercado, se desarrolla en diversas etapas, desde la propuesta de la comisión de nombramientos hasta la designación por la Junta general[47]. Esta visión es refrendada por la mencionada sentencia del Tribunal de Justicia (Gran Sala) de 28 de junio de 2012 (asunto C-19/11), cuando consi-

44. Considerando 23 del Reglamento (UE) n.º 596/2014 del Parlamento Europeo y del Consejo, de 16 de abril de 2014, sobre el abuso de mercado y por el que se derogan la Directiva 2003/6/CE del Parlamento Europeo y del Consejo, y las Directivas 2003/124/CE, 2003/125/CE y 2004/72/CE de la Comisión.

45. Al respecto, la sentencia del Tribunal de Justicia (Gran Sala) de 22 de noviembre de 2005 (asunto C-384/02), en el proceso penal contra Knud Grøngaard y Allan Bang, consideró que la prohibición de revelación de la información privilegiada obtenida en su condición de representante de los trabajadores en el consejo de administración, o de miembro del comité de enlace de un grupo de empresas, no constituye un abuso de mercado cuando se haga al presidente del sindicato que agrupe a tales trabajadores y que lo haya designado, siempre y cuando exista un vínculo estrecho entre la revelación y el ejercicio de su trabajo, su profesión o sus funciones, y la revelación sea estrictamente necesaria para tal ejercicio.

46. Según el art. 17.1 del Reglamento (UE) n.º 596/2014, la página web de la sociedad es el instrumento hábil para ello, sin perjuicio, en nuestro fuero interno, de la obligación de comunicación a la Comisión Nacional del Mercado de Valores para su difusión en su página web institucional (arts. 226 y 228 de la Ley 6/2023, de 17 de marzo, de los Mercados de Valores y de los Servicios de Inversión).

47. La excepción expuesta obedece a que en fase preliminar o de negociación, cuando todavía el consejo de administración no haya adoptado un acuerdo social, esta difusión de las interacciones con terceros que den lugar a comunicaciones con ellos, de no fructificar, puede tener un efecto pernicioso para los inversores, en lugar de contribuir a una formación eficiente de los precios y evitar la asimetría de la información. En nuestro fuero interno, esta situación obliga a comunicar tal circunstancia a la Comisión Nacional, sin que, sin embargo, la entidad emisora deba justificar las condiciones que autoricen el retraso de la difusión de la información privilegiada.

deró que para ser considerada información privilegiada cabe tener en cuenta «las circunstancias o los hechos futuros sobre los que, a partir de una apreciación global de los elementos de información ya disponibles, se pone de manifiesto una perspectiva real de que existirán o se producirán».

III. LA SUCESIÓN EN LAS ENTIDADES FINANCIERAS

Otro ámbito regulatorio en el que se presentan con mayor intensidad los aspectos vinculados a la sucesión de los administradores es el que atañe a los sectores regulados. El gobierno corporativo ha adquirido una notable significación en el ámbito de las entidades financieras y de las participantes en los mercados de valores, en los que se plasman los requisitos de idoneidad de los administradores de estas entidades.

En este punto, el artículo 165 de la Ley 6/2023, de 17 de marzo, de los Mercados de Valores y de los Servicios de Inversión, junto al cumplimiento de los requisitos de idoneidad, reclama que las empresas de servicios de inversión y las empresas de asesoramiento financiero cuenten con unidades y procedimientos internos adecuados para llevar a cabo la selección, el seguimiento y el plan de sucesión. Toda esta estructura, por otra parte, en atención a su actuación, se habrá de adaptar al tamaño, la organización interna, carácter, escala y complejidad de sus actividades. Por otra parte, los requisitos de honorabilidad, honestidad e integridad, conocimiento, competencia, experiencia, independencia de ideas y buen gobierno, para la selección y evaluación de los miembros del órgano de administración son igualmente aplicables a los cargos de la alta dirección[48]. A ello se une la previsión de procedimientos de selección que favorezcan la diversidad de experiencias y de conocimientos y la presencia equilibrada de mujeres, y que, a la par, eviten sesgos implícitos de discriminación de cualquier tipo[49].

En la línea de la regulación del mercado de valores, también el Real Decreto 84/2015, de 13 de febrero, que desarrolla la Ley 10/2014, de 26 de junio, de ordenación, supervisión y solvencia de entidades de crédito, en su artículo 33 recoge los criterios exigibles para la selección, control y evaluación de los requisitos de idoneidad por parte de las entidades de crédito, las sociedades financieras de cartera y sociedades financieras mixtas de

48. Todo ello con sometimiento al control y a la potestad reconocida a la CNMV para la adopción de medidas de revocación, suspensión, intervención o sustitución. En torno a los criterios de interpretación de los requisitos de idoneidad, véanse, igualmente, los arts. 164 y 167 TRLMV.

49. A tal efecto, las empresas de cierto tamaño habrán de incorporar, según el art. 166, una comisión de nombramientos.

cartera[50]. Su contenido se desarrolla de manera similar al anterior, si bien tratándose de sociedades financieras de cartera y de sociedades financieras mixtas extiende la selección y la evaluación continua de los miembros de su consejo de administración a sus consejeros generales o asimilados; en el caso de las entidades de crédito, además, tal exigencia resulta también para los responsables de funciones de control interno y para otros puestos clave en la entidad[51]. La formulación anterior se ha de completar, por otra parte, con las funciones asignadas al comité de nombramientos. Entre ellas, se halla la de controlar que la toma de decisiones del consejo de administración no sea dominada por un individuo o por un grupo reducido de individuos, de manera que la endogamia y la univocidad puedan perjudicar el interés de la entidad en su conjunto; así como la adopción de medidas para una mayor representatividad del sexo con menor presencia en el Consejo y entre los cargos directivos (art. 38)[52].

50. Las Directrices de la ABE sobre gobierno interno (GL 44) de 27 de septiembre de 2011 ya fijaron su atención, tras la crisis financiera, además de en otros aspectos sensibles del gobierno corporativo, en el funcionamiento y composición del órgano de administración, así como en las cualidades, nombramiento y sucesión de sus miembros y de las personas con funciones clave en estas entidades, así como en la mejora de la función del control de riesgos (ap. 23). Así se desarrolló en su Directriz segunda, que incorporó a los aspectos relacionados con la composición y el funcionamiento del órgano de administración, en añadidura a los requisitos legales, las políticas de selección, seguimiento y planificación de la sucesión de sus miembros, que permitieran garantizar una experiencia colectiva suficiente. A estos efectos, tales políticas debían incluir la elaboración de una descripción de las competencias y habilidades necesarias y revisar, en caso de reelección, el desempeño del miembro durante su último mandato. Es más, esta directriz recogió una suerte de sustitución por turnos, de manera que el plan de sucesión hubiera de considerar la fecha de vencimiento del contrato o mandato de cada miembro del Consejo, a fin de evitar, en la medida de lo posible, el reemplazo simultáneo de un alto número de sus miembros. De ahí se advirtió, tras la gran recesión, la relevancia adquirida por los temas que guardan relación con la «Gestión de Riesgos» y los «Sistemas y Continuidad del Negocio».

51. En tal sentido, la identidad de las personas que ocupen estos puestos ha de ser comunicada al Banco de España. Al respecto también pueden verse las directrices conjuntas de la ESMA y la ABE sobre la evaluación de la idoneidad de los miembros del órgano de dirección y de los titulares de funciones clave en virtud de las Directivas 2013/36/UE y 2014/65/UE.

52. Las preocupaciones en torno a la igualdad entre mujeres y hombres son también manifestadas en el informe final sobre directrices de gobernanza interna de las EBA (GL/2021/05) de 2 julio 2021, que, en el marco de las funciones y responsabilidades del órgano de administración, se extienden a los aspectos vinculados a la remuneración, las políticas de contratación, el desarrollo profesional y los planes de sucesión, así como a la formación y capacidad para postularse a vacantes internas. Y ello de modo que estas entidades garanticen la igualdad de oportunidades para el personal, de conformidad con la Directiva 2006/54/CE del Parlamento Europeo y del Consejo, de 5 de julio de 2006.

IV. LOS PLANES DE SUCESIÓN DE ADMINISTRADORES Y DIRECTIVOS

1. ENTRE LA PREVISIBILIDAD (JUBILACIÓN) Y LA CONTINGENCIA (FALLECIMIENTO O INCAPACIDAD)

Los planes de sucesión, con carácter general, parten del tiempo de duración del cargo de administración en la entidad (*cfr.* arts. 221 y 529 undecies, sin perjuicio de su reelección) o tratándose de un directivo, de la duración del contrato que le una a ella[53]. Otras circunstancias como la edad de jubilación del administrador o directivo o el límite edad para ser miembro del Consejo, igualmente son tenidas en cuenta en la programación de la sustitución de la persona que tenga un cargo relevante en la organización[54].

Desde esta perspectiva, se trata de una previsión de carácter prospectivo que, a su vez, adopta un carácter estratégico y que se ubica en el marco de la adopción de sistemas de control del riesgo[55]. A tal efecto, el plan de sucesión se proyecta en el medio y largo plazo y se ha de adaptar a la duración y caducidad del cargo para el que la persona haya sido designada[56]. Por otra parte, se ha de enmarcar en las facultades y competencias de los órganos encargados de la preparación, revisión y evaluación del plan, según las estructuras corporativas, y en una correcta orientación de los objetivos de la entidad, para lo cual el plan ha de identificar las necesidades de desarrollo y los riesgos previsibles en la identificación de las personas con las características adecuadas para ocupar el cargo[57].

---

53. El *Corporate Governance Code* del Reino Unido de julio 2018 prevé, en su recomendación 19, que el presidente haya de permanecer en el cargo hasta nueve años desde la fecha de su primer nombramiento como miembro del consejo, que puede ampliarse, para facilitar una sucesión eficaz, por un tiempo limitado, particularmente en aquellos casos en los que sea un director no ejecutivo. En estos términos, la «Guía sobre la efectividad del Consejo» de 2018 aclara que la prórroga del mandato del presidente se justifica cuando antes ya haya ha sido miembro del consejo durante un período de tiempo significativo y se adecúe al plan de sucesión y al criterio de la diversidad en la composición del Consejo.
54. A tenor de la recomendación B.5 del del *Corporate Governance Kodex* alemán, BUSCH, D./LINK, S. P., «B.2. Nachfolgeplanung», *cit.*, p. 5.
55. HAMM, M./MÜLLER, T., «Nachfolgeplanung als strategisches Element», *cit.*, p. 113, destacan su carácter estratégico a medio y largo plazo, de manera que los procesos y estructuras internos se coordinen con las condiciones externas.
56. A la luz de la recomendación B.2. del del *Corporate Governance Kodex alemán*, KREMER, T., «DCGK B.2. II. Langfriste Nachfolgeplanung», *cit.*, Rn. 3.
57. La recomendación 22 del *Corporate Governance Code* del Reino Unido de julio 2018 atribuye al presidente el deber de evaluación, mediante el reconocimiento de las fortalezas y las debilidades del Consejo, y a cada consejero la participación en el proceso

No obstante, en otras ocasiones, la sustitución puede tener origen en una causa sobrevenida, como una incapacidad o el fallecimiento del administrador o de un directivo mientras estuviera ejerciendo sus funciones. Por otro lado, también puede pensarse en otras causas, como la dimisión de un administrador o su cese, en su caso, por el incumplimiento de sus deberes, o en la resolución contractual unilateral de un directivo[58]. Aquí el enfoque necesariamente ha de ser diferente, por lo que el plan de sucesión habrá de incluir medidas de contingencia en un corto plazo a fin de evitar disrupciones en la llevanza de los asuntos de gestión[59]. Ciertas previsiones, como la asunción de funciones por otro miembro de la organización, de manera provisoria, con todo, pueden servir como solución vicaria. Ello ya tiene su previsión normativa, si bien parcial, para los cargos de presidente y secretario del Consejo, a través de la asunción de su funciones por aquellos que ejerzan las correspondientes vicepresidencias, y puedan «hacer sus veces» (art. 246 LSC y arts. 529 sexies y 529 octies)[60].

2. LA PROMOCIÓN INTERNA O LA SELECCIÓN EXTERNA

Otro aspecto que queda al albur de la autorregulación de las entidades atañe a la opción, dentro del plan y a tenor de las circunstancias anteriores, de la adopción de medidas orientadas a facilitar la promoción interna, den-

---

y en la adopción de las medidas adecuadas. En este aspecto, destaca MEYER, D., «Grundsatz 6», *Deutscher Corporate Governance Kodex: Kommentar* (Dir. GHASSEMI-TABAR), C.H. Beck, 2023, pp. 115-140, p. 118, que, aunque el consejo de dirección y los accionistas no tienen influencia directa en las decisiones de personal, es costumbre consultar al presidente del Consejo para comprobar el perfil de los requisitos profesionales y personales al tiempo de la designación.

58. HAMM, M./MÜLLER, T., «Nachfolgeplanung als strategisches Element», *cit.*, p. 113.
59. El apartado 98 de la «Guía sobre la efectividad del Consejo» (*Guidance on Board Effectiveness*) de 2018 también advierte la consideración de horizontes temporales diferentes: la planificación de contingencias, para salidas repentinas e imprevistas; la planificación a medio plazo para la sustitución ordenada de los miembros del consejo de administración y de los altos ejecutivos (por ejemplo, en caso de jubilación); y la planificación a largo plazo, que permita acompasar la estrategia y los objetivos de la sociedad y las habilidades necesarias para una adecuada la composición del consejo de administración. También diferencian ambos niveles, como planes de sucesión en el largo plazo y planes de emergencia, KREMER, T., «DCGK B.2. II. Langfriste Nachfolgeplanung», *cit.*, Rn. 8; HOOIJBERG, R./LANE, N., «How boards botch CEO succession», *cit.*, p. 13; y EICHHOLZ, R./ROSENBAUER, I., «Nachfolgeplanung», *cit.*, p. 323, en particular en los supuestos de enfermedad o accidente. A su vez, entre las causas de baja voluntarias o involuntarias y la sucesión planificada o espontánea, STEIN, G./SAN MARTÍN, Á., «La sucesión del CEO», *IESE Business School*, Universidad de Navarra, Estudio-80, 2009, pp. 1-42, p. 3 ss.
60. Respecto del consejero ejecutivo GUGLIELMETTI, R., «Corporate governance», *cit.*, p. 617 ss., prevé la asunción de las funciones delegadas por el presidente de Consejo, con la asistencia de comisiones consultivas.

tro de la organización, a puestos de administración y directivos o, alternativamente, la selección externa de candidatos que opten a los cargos vacantes.

La estabilidad de la organización corporativa, y también como incentivo en la carrera profesional del personal, puede recomendar la ordenación de cursos de capacitación y de otras fórmulas que permitan, ya en unas fases previas, orientar los criterios objetivos con el propósito de cubrir las vacantes que se puedan presentar tanto en el consejo de administración y en los distintos cargos, como en la alta dirección de la entidad[61]. La promoción interna, dentro de los planes sucesorios, puede incluir medidas de tutoría o de mentoría en etapas previas de convivencia o un contacto periódico entre el titular y el eventual candidato. Cabe igualmente la posibilidad, en particular dentro de los grupos de sociedades que sirvan para dar cabida a «empresas policorporativas» que actúen en distintos mercados, de dar preferencia a aquellas personas que ocupen cargos correlativos en las sociedades filiales[62]. También en sociedades que abarquen distintos ámbitos de actividad, los planes de sucesión pueden prever la rotación de los aspirantes en distintas funciones, líneas de negocio o áreas geográficas[63]. En este orden de cosas, los planes, en último extremo, también pueden acoger la posibilidad de la adaptación de la estructura del consejo a la disponibilidad de las personas competentes para la asunción de sus vocalías [*cfr.*, arts. 23.e) y 211 LSC][64].

---

61. El apartado 99 de la «Guía sobre la efectividad del Consejo» (*Guidance on Board Effectiveness*) de 2018 reconoce ambas opciones, tanto la captación de candidatos externos, como la promoción de candidatos internos; y tanto para los cargos de consejeros ejecutivos, como para los mandos intermedios, en cuyo caso da preferencia a la promoción interna a través de programas de mentoría y colaboración, principalmente, con los consejeros no ejecutivos. De conformidad con lo anterior, el apartado 100, además, asigna a la comisión de nombramientos los programas de promoción interna a lo largo de toda la organización. Sobre la cadena de promoción en la organización de los recursos humanos se pronuncia, GUGLIELMETTI, R., «Corporate governance», *cit.*, p. 617 ss.
62. Como botón de muestra puede verse, dentro del sistema de gobernanza y sostenibilidad del grupo Iberdrola, su libro quinto, dedicado al gobierno corporativo y, dentro de él, su apartado séptimo, que se ocupa de la política de diversidad en la composición del consejo de administración y de la selección de sus miembros, en particular en «las fuentes para la identificación de los candidatos». Con referencia al grupo Colgate-Palmolive, asimismo, CHARAN, R., «Ending the CEO succession crisis», *cit.*, p. 79 ss. En esta línea, GUGLIELMETTI, R., «Corporate governance», *cit.*, p. 617 ss.
63. Al respecto, CHARAN, R., «Ending the CEO succession crisis», *cit.*, pp. 79-80; y HOOIJBERG, R./LANE, N., «How boards botch CEO succession», *cit.*, p. 16.
64. BUSCH, D./LINK, S. P., «B.2. Nachfolgeplanung», *cit.*, Rn. 11.

La idoneidad del candidato no debe ser vista desde un punto de vista subjetivo de una designación del «delfín», sino desde las condiciones y aptitudes para la asunción de las responsabilidades resultantes del cargo[65]. Igualmente, el mentor debe tener las garantías adecuadas para evitar que pueda ser removido del cargo una vez el discípulo haya adquirido las habilidades oportunas, de modo que no pueda verlo como un rival por el puesto o como una suerte de Edipo dispuesto a «matar al padre»[66]. Todas estas cuestiones requieren las oportunas adaptaciones de tiempo y lugar, así como tener en cuenta la disponibilidad de los candidatos, por lo que no son tratadas por la regulación societaria, siquiera por medio de las recomendaciones de gobierno corporativo[67]. Igualmente, la cuestión de la idoneidad de los candidatos puede llevar que la sociedad haya de mirar extramuros de la organización a fin de encontrar, entre otros candidatos externos, la persona que pueda mejor ocupar el cargo, especialmente cuando se trate de consejeros independientes en las sociedades cotizadas[68]. Toda esta estructura, por otra parte, comporta los costes necesarios para su seguimiento u actualización en la observancia de la evolución de los candidatos y la acreditación de la consecución de las capacidades requeridas para ocupar el cargo[69].

3. FASES: PREPARACIÓN, ACOMPAÑAMIENTO Y SEPARACIÓN

El plan de sucesión de administradores y directivos tiene lugar a través de distintas fases, que se puedan separar, a grandes trazos, entre la prepa-

65. BUSCH, D./LINK, S. P., «B.2. Nachfolgeplanung», *cit.*, Rn. 9.
66. En esta línea, HUNTZINGER, F./JOLIVET, T., «Transmission d'entreprises PME saines en Scop au regard de la relève de la direction. Une étude exploratoire de faisabilité en France», *Revue internationale de l'économie sociale*, 2010, núm. 316, pp. 58-71, p. 62, sobre la base de una «socialización organizacional».
67. Así, lo señalan, respecto del *Kodex* alemán, BUSCH, D./LINK, S. P., «B.2. Nachfolgeplanung», *cit.*, Rn. 10.
68. Para CHARAN, R., «Ending the CEO succession crisis», *cit.*, p. 74, esto puede ser particularmente útil cuando los *insiders* no tengan las competencias suficientes para hacerse cargo de la gestión del entero negocio, o ante cambios relevantes en su desarrollo, en el mercado o en la cultura empresarial, o cuando de esta manera el proceso interno no imponga las suficientes garantías de capacitación. Destacan, con todo, LARCKER, D.F./TAYAN, B., *The Art and Practice, cit.*, p. 189 ss., la tendencia al menor éxito en el largo plazo de aquellas sociedades que reemplazan a sus altos directivos y ejecutivos por terceros externos. A la luz de las previsiones del *Kodex* alemán, admiten esta posibilidad de la preferencia por candidatos externos, KREMER, T., «DCGK B.2. II. Langfriste Nachfolgeplanung», *cit.*, Rn. 7; y BUSCH, D./LINK, S. P., «B.2. Nachfolgeplanung», *cit.*, Rn. 9.
69. Asimismo, HAMM, M./MÜLLER, T., «Nachfolgeplanung als strategisches Element», *cit.*, p. 114; CHARAN, R., «Ending the CEO succession crisis», *cit.*, p. 76 ss.; y GUGLIELMETTI, R., «Corporate governance», *cit.*, p. 617 ss.

ración, el acompañamiento y la separación del anterior administrador o directivo[70]. Sin perjuicio de las posibilidades de adaptación a los hechos y circunstancias de la sociedad, la empresa y el mercado, los criterios de selección, idoneidad y diversidad, en aras al cumplimiento de las exigencias del gobierno corporativo, así como las previsiones de un período transitorio hasta la aceptación del cargo, debieran ser objeto de constancia escrita en el plan de sucesión[71].

Esto no quiere decir que el plan de sucesión deba verse como una realidad inmutable, sino, como recoge la Guía técnica del Consejo de la CNMV de 20 de febrero de 2019, requiere de una revisión periódica para su adaptación a la realidad cambiante de la empresa y el mercado. Para ello, como también recoge la Guía Técnica, puede ser conveniente la asistencia de asesores externos, a fin de evitar o reducir aquellas incertidumbres que puedan afectar a las normas funcionamiento de la sociedad[72]. Según la estructura de la sociedad, todas estas revisiones han de trasladarse desde la comisión

---

70. Con todo, HUNTZINGER, F./JOLIVET, T., «Transmission d'entreprises», *cit.*, p. 62, diferencian un proceso en cuatro fases, formado por la incubación e iniciación del sucesor; la elección, la preparación y su integración; el ejercicio conjunto del cargo compartido; y el desenganche del predecesor. Por otro lado, HAMM, M./MÜLLER, T., «Nachfolgeplanung als strategisches Element», *cit.*, pp. 115 ss., distinguen siete fases: la primera fase incluye medidas para asegurar el conocimiento y las redes, el análisis y la concepción del proceso de sucesión y el análisis de las estructuras y necesidades existentes; la segunda fase, la coordinación de un perfil de requisitos para el sucesor; la tercera consiste en el análisis de los mercados de trabajo; la cuarta, en el proceso de selección; la quinta fase se dedica a la decisión acerca de un candidato adecuado y la negociación en torno a las condiciones de su relación con la sociedad; la sexta fase es la relativa a la formación del sucesor; y la séptima completa el proceso con un acto formal de despedida del predecesor en el cargo.
71. El apartado 101 de la «Guía sobre la efectividad del Consejo» (*Guidance on Board Effectiveness*) de 2018 reconoce que la redacción del plan de sucesión por escrito puede ayudar a garantizar su cumplimiento y que, a su vez, puede ayudar a aumentar la diversidad en el consejo de administración y promocionarla entre los altos ejecutivos. Acerca del «diagnóstico de idoneidad», HAMM, M./MÜLLER, T., «Nachfolgeplanung als strategisches Element», *cit.*, p. 118.
72. Si bien en el caso español las recomendaciones de buen gobierno se ciñen a la sucesión del presidente o del primer ejecutivo, en el caso del Código de Gobierno Corporativo del Reino Unido de julio de 2018, su recomendación 20 la amplía a los consejeros no ejecutivos, a cuyo fin señala que, como regla general, debería utilizarse un sistema de publicidad abierta y/o una consultoría de búsqueda externa. En este último caso, tal recurso debería identificarse en el informe anual junto con una declaración sobre cualquier otra vinculación que tenga con la sociedad o con los consejeros. A tal efecto, la «Guía sobre la efectividad del Consejo» (*Guidance on Board Effectiveness*) de 2018, en su apartado 94, expresa que la publicación de las vacantes en los consejos de admi-

de nombramientos, que, a su vez, a estos efectos, puede tener la asistencia del departamento de recursos humanos de la entidad, al consejero coordinador y al presidente ejecutivo y, en último término, al consejo de administración[73]. En particular, así lo acoge la Guía cuando se observen irregularidades o desviaciones significativas respecto al plan, o presiones sobre los miembros de la comisión en relación con la sucesión del presidente o del primer ejecutivo, incidencias cuya constancia además reclama en el informe anual de funcionamiento de la Comisión.

En el plano material, los postulados del plan de sucesión requieren, de una parte, una previsión suficiente en torno a situaciones a largo plazo y contingencias en las que los candidatos hayan de asumir el cargo con prontitud[74]. De otra, ha de establecer evaluaciones periódicas acerca de las necesidades de la sociedad y las habilidades requeridas, también en términos

---

nistración y la colaboración con consultores externos dirigida a promover la diversidad son ejemplos de medios a través de los cuales la comisión de nombramientos puede acceder a un grupo más diverso de candidatos. También es necesario prestar atención a los procesos de comunicación con los candidatos, en particular a la preparación de las entrevistas para que los candidatos con diversos orígenes no queden en desventaja. En esta línea, HAMM, M./MÜLLER, T., «Nachfolgeplanung als strategisches Element», *cit.*, p. 114.

73. El apartado 97 de la «Guía sobre la efectividad del Consejo» (*Guidance on Board Effectiveness*) de 2018 destaca la colaboración entre el presidente y la comisión de nombramientos a fin de alcanzar una adecuada composición del Consejo y revisar las habilidades requeridas, identificar los sesgos que puedan existir, desarrollar criterios de nombramiento transparentes e informar acerca de la planificación de la sucesión, a cuyo efecto corresponde a la comisión de nombramientos la evaluación periódica y la propuesta de cambios cuando sean necesarios. Para HAMM, M./MÜLLER, T., «Nachfolgeplanung als strategisches Element», *cit.*, p. 118, dentro del sistema de administración dual alemán, si la responsabilidad principal recae en el consejo de supervisión, cabría implicar al departamento de recursos humanos en la búsqueda de candidatos, pues es el departamento que dispone de los recursos oportunos para ello. En este aspecto, para el apartado 98 de la «Guía sobre la efectividad del Consejo» inglesa, conviene que esta labor de preparación y selección no quede en manos de una sola persona, sino que sea tratada conjuntamente y de manera periódica para ayudar a informar y gestionar la estrategia de sucesión a largo plazo, que es cambiante en el tiempo.

74. KREMER, T., «DCGK B.2. II. Langfriste Nachfolgeplanung», *cit.*, Rn. 6, en los planes a largo plazo, establecen este horizonte de tres a cinco años, aunque el plan de contingencias puede indicar los candidatos que puedan asumir el cargo inmediatamente o dentro del plazo de un año. Por otra parte, HAMM, M./MÜLLER, T., «Nachfolgeplanung als strategisches Element», *cit.*, pp. 122-3, establecen este plazo entre uno y medio y dos años, dependiendo las características de la sociedad.

de diversidad de la composición del Consejo [75]. Para ello el seguimiento no debiera ceñirse a comprobaciones meramente formales, ni basarse sobre criterios subjetivos, sino que ha de tomar como referente los valores y la cultura empresarial de la entidad, su estrategia y la evolución esperada de sus actividades, a través, en su caso, de las denominadas «matrices de competencias (conocimientos, habilidades y actitudes)» [76]. Distintas técnicas, como entrevistas, seminarios y programas de mentoría, así como la participación limitada en las actividades propias del cargo, pueden ser útiles a este objeto [77].

En un plano diverso, la evolución de la organización corporativa puede llevar a la creación de otras comisiones, como una comisión de sostenibilidad o de transición digital, que demanden nuevas competencias y habilidades de los consejeros independientes que las formen, o bien la desaparición de otras, que a su vez puedan integrarse en las ya existentes [78]. Otro

---

75. El apartado 109 de la «Guía sobre la efectividad del Consejo» (*Guidance on Board Effectiveness*) de 2018 también señala que las evaluaciones del consejo de administración han de informar e influir en la planificación de la sucesión, en cuanto permitan revisan las habilidades de sus miembros y evaluar su composición. De este modo, el Consejo puede adoptar planes para cubrir las carencias encontradas y promover la diversidad y, a la postre, prever la necesidad de nuevos nombramientos en el Consejo y las habilidades y competencias necesarias para maximizar su eficacia. En relación con lo anterior, el apartado 113 reclama que las evaluaciones, sean internas o externas, deban ser rigurosas y examinar la efectividad del Consejo en su conjunto y la contribución de los consejeros, en consideración, entre otros aspectos, a la combinación de habilidades, experiencias y conocimientos en el contexto del desarrollo y la ejecución de la estrategia, los desafíos y oportunidades y los principales riesgos a los que se enfrente la sociedad; su propósito, dirección y valores; y los planes de sucesión y desarrollo.
76. El apartado 92 de la «Guía sobre la efectividad del Consejo» (*Guidance on Board Effectiveness*) de 2018 reclama, como una buena práctica de gobierno corporativo, que los nombramientos del consejo de administración se basen en el mérito y en función de criterios objetivos, que corresponde evaluar a la comisión de nombramientos sobre la base de las habilidades, las experiencias y los conocimientos de los miembros del consejo de administración y los desafíos futuros que afecten al negocio. En correspondencia, la comisión de nombramientos ha de preparar una descripción de sus funciones y de las capacidades requeridas para un nombramiento en particular, para luego desarrollar el proceso de identificación y selección de los candidatos adecuados, según los valores y comportamientos deseados. A estos efectos, el apartado 93 señala la utilidad de las llamadas «matrices de habilidades» para la evaluación de funciones y la planificación de la sucesión, pues permiten comparar el conjunto de habilidades existentes en el Consejo con las requeridas para ejecutar la estrategia y encarar los desafíos futuros.
77. Asimismo, HAMM, M./MÜLLER, T., «Nachfolgeplanung als strategisches Element», *cit.*, p. 118. En particular, en la órbita de la participación de los trabajadores en los órganos de representación de las grandes sociedades alemanas, MASSOLLE, J./ NIEWERTH, C., «Generationenwechsel im Betriebsrat», *cit.*, pp. 11-2.
78. En esta línea, KREMER, T., «DCGK B.2. II. Langfriste Nachfolgeplanung», *cit.*, Rn. 5.

aspecto sensible en la fase de preparación de la sucesión es el relativo a la utilización de los datos personales de los candidatos, a cuyo efecto, en su caso, la comisión de nombramientos tendrá que adoptar las cautelas adecuadas, también en coordinación con una eventual comisión de cumplimiento normativo[79].

En los aspectos de los planes de sucesión que fijen su atención en el largo plazo, como en los supuestos de jubilación o de la caducidad prevista en el cargo, o en su relevo, que al mismo tiempo puede reconocer al administrador la asignación de otro distinto, incluso no ejecutivo u honorario en la organización, puede ser igualmente relevante la previsión de un período de superposición inmediatamente anterior[80]. Este plazo transitorio o de embarque (*onboarding*) permite al sucesor adquirir pleno conocimiento de los asuntos relevantes de la llevanza de los asuntos corporativos (como las actas de las últimas reuniones del consejo y las relaciones con los socios) y de la actividad económica y la representación de la sociedad (como las relaciones con los acreedores y los grupos de interés más relevantes) y evitar situaciones de «vacío de poder», al paso que sirva para completar su formación[81]. Con todo, conviene igualmente delimitar las competencias del administrador o directivo saliente y del administrador o directivo entrante, con referencia a la fecha de la efectiva aceptación del cargo y la asunción de las responsabilidades que les sean inherentes[82]. El proceso, por lo tanto, culmina con el cese efectivo del anterior administrador o directivo, si bien todo ello debe acomodarse a la causas y circunstancias de la sucesión.

V. SOCIEDADES CERRADAS Y FAMILIARES: EL «RELEVO GENERACIONAL»

En la sucesión de las sociedades cerradas y, en particular, en las sociedades familiares, se ha de tener presente la mayor vinculación entre la mayoría del capital o el capital de control y las personas encargadas de la administración de la sociedad, así como la eventual identidad entre las dis-

79. KREMER, T., «DCGK B.2. II. Langfriste Nachfolgeplanung», *cit.*, Rn. 6.
80. HUNTZINGER, F./JOLIVET, T., «Transmission d'entreprises», *cit.*, p. 69, señalan la posibilidad de un cambio de la posición de consejero ejecutivo a la de presidente no ejecutivo del consejo de administración.
81. Al respecto, HAMM, M./MÜLLER, T., «Nachfolgeplanung als strategisches Element», *cit.*, p. 121.
82. EICHHOLZ, RR./ROSENBAUER, I., «Nachfolgeplanung», *cit.*, pp. 319-323, p. 322, la falta de claridad en esta fase puede llevar a conflictos entre el sucesor y el predecesor, por lo que este aspecto debe quedar suficientemente delimitado, así como la duración de esta fase. Asimismo, HAMM, M./MÜLLER, T., «Nachfolgeplanung als strategisches Element», *cit.*, pp. 114 y 122, que establecen este período en un máximo de seis semanas.

tintas posiciones jurídicas. Cuando se traslada a las sociedades familiares, tal vinculación frecuentemente tiene plasmación en la integración de los miembros de la familia en distintos cargos de gestión, como administradores o directivos. Aquí, la figura del fundador generalmente asume una posición central y, a través de su figura, se desarrolla todo el proceso sucesorio. De esta forma, la anticipación de la sucesión requiere, igualmente, tener en cuenta ciertos valores, no solamente vinculados a la cultura empresarial, sino también a los rasgos propios de la caracterización de la estructura de gobierno corporativo mediante el control familiar y las relaciones del «fundador» con sus descendientes y entre ellos[83].

En todo caso, el concepto de «sociedad familiar», que ha de partir del concepto relacional de control, también cuando sea ejercido por diversas personas vinculadas por lazos familiares, es un concepto atípico o tipológico que tradicionalmente no ha recibido un tratamiento específico en la configuración legal de nuestras sociedades de capital. Esta limitación fue en parte superada, si bien sobre la base de otro criterio diferente, como los *shareholders' agreements* o pactos parasociales, mediante los llamados «protocolos familiares» y su eventual publicidad registral[84]. Con ello se han dado reconocimiento al relevante número de sociedades familiares existentes en nuestro tejido empresarial, en las que las relaciones de propiedad y gobierno corporativo merecen un adecuado tratamiento desde el Derecho[85].

A partir de lo anterior, los planes de sucesión igualmente han de jugar de distinta manera cuando se trate de la jubilación, de la incapacidad o del fallecimiento del «fundador», que puede ser tanto el administrador único, como el presidente del Consejo, o el consejero delegado de la entidad, y, al mismo tiempo, el socio mayoritario de control. Esta casuística, sin embargo, dificulta, en cierta medida, la conformación de un régimen jurídico aplica-

83. Así, CAREY, D./CHARAN, R./GRIESEDIECK, J./USEEM, M., «8 Questions to Ask Before Selecting a New Board Leader», *cit.*, p. 5. Entre nosotros, PUIG CASTÁN, A., «Empresa familiar: Proceso de sucesión y plan de sucesión», *Cuadernos prácticos de la empresa familiar*, núm. 4, 2016, pp. 63-81, p. 74; DÍEZ SOTO, C. M., «La sucesión hereditaria en la empresa familiar: problemas y soluciones», *Régimen jurídico de la empresa familiar* (Coord. SÁNCHEZ RUIZ), 2010, pp. 141-166; y CABRERA SUÁREZ, M. K., «El proceso de sucesión en la empresa familiar», *Empresa familiar: aspectos jurídicos y económicos* (Coord. CORONA RAMÓN), 2011, pp. 639-665.

84. Así, el Real Decreto 171/2007, de 9 de febrero, que regula la publicidad de los protocolos familiares, autoriza el acceso al Registro mercantil de estos pactos tanto para las sociedades anónimas, como para las limitadas (*cfr.*, arts. 114.2.a. y 175.2.a. RRM).

85. Elementos todos ellos que, según PUIG CASTÁN, A., «Empresa familiar», *cit.*, p. 67, han de ser tenidos en cuenta en el plan de sucesión de las empresas familiares.

ble, de modo específico, a las reglas sucesión de la «sociedad familiar»[86]. A ello se unen los distintos aspectos del Derecho sucesorio que han de ser tenidos en cuenta. Con todo, ello no obsta para que, al igual que en otros modelos de sociedades, los planes de sucesión puedan prever criterios de promoción interna entre los miembros de la familia que ocupen ciertos cargos de administración o dirección en la sociedad o la exigencia de ciertos requisitos para ocupar la posición de dirección que viniera ejerciendo el «fundador»[87].

En primer lugar, cuando se trata de la previsión de la sucesión por la jubilación del «fundador» o «fundadores», los artículos 124.2.d y 185.3.d RRM autorizan la inscripción de comités consultivos y órganos honoríficos, pensados para que aquellos mantengan una relación con la sociedad con posterioridad al cese del cargo. A este objeto, la inscripción registral habrá de indicar las concretas competencias consultivas o informativas atribuidas y su específica denominación, que puede ir acompañada del término «familiar»[88]. De este modo y dentro del marco del «relevo generacional», junto a las labores de representación y gestión que resultan encomendadas a los administradores, el fundador o a los fundadores asumen ciertas funciones informativas o de asesoramiento, al paso que el ejercicio unitario del control de la labor de aquellos pueda ser instrumentalizado a través de la llamada «asamblea familiar»[89].

En un plano distinto quedarían los planes de sucesión por fallecimiento del «fundador». En esta instancia, la doble condición de administrador y de socio ha de dar lugar, desde esta última esfera, a la aplicación del Derecho sucesorio, también con referencia los Derechos forales, y al examen de com-

86. *In extenso*, GARRIDO DE PALMA, V. M., «La empresa familiar y el derecho de sociedades», *Anales de la Academia Matritense del Notariado*, tomo 43, 2005, pp. 99-132; y en «La familia empresaria: el cambio generacional en las empresas familiares (125 aniversario del Código Civil)», *Revista Jurídica del Notariado*, núm. 85, 2013, pp. 405-422.

87. Así puede verse en VALMAÑA CABANES, A., *El régimen jurídico del protocolo familiar*, Comares, 2014, p. 320.

88. La facultad de nombramiento o revocación de sus miembros podrá corresponder al consejo de administración o a la junta general. Por otra parte, la norma estatutaria habrá de comprender, en paralelo a la organización del consejo, su composición y los requisitos para pertenecer al órgano, su funcionamiento, el número de miembros y su retribución, y la forma de adoptar acuerdos. Todo ello en relación con el Real Decreto 171/2007, de 9 de febrero, por el que se regula la publicidad de los protocolos familiares. Sobre este particular, VALMAÑA CABANES, A., *El régimen jurídico del protocolo familiar*, *cit.*, p. 94, que también destaca la necesidad de adaptación de los protocolos, al menos, en cada período de transición generacional.

89. Por otro lado, sobre la conveniencia de crear una comisión que asesore sobre la sucesión de los administradores en las sociedades bajo un control de familiar, EICHHOLZ, R./ROSENBAUER, I., «Nachfolgeplanung», *cit.*, p. 323.

patibilidad de las medidas prevista en los planes con los instrumentos sucesorios de carácter dispositivo; en particular, en orden a la posible aplicación del artículo 1056 del Código civil para el mantenimiento del control de una sociedad de capital[90]. No obstante, en esta instancia cabría reconocer la opción que dispensa el apartado quinto del artículo 188 RRM, introducido por la disposición final 2.7 del Real Decreto 171/2007, de 9 de febrero, para que, mientras dure la situación de «comunidad hereditaria», si lo acogen los estatutos y así lo recoge el título sucesorio, un representante pueda ejercer los derechos sociales del «fundador» fallecido, lo cual le ha de conferir, en su caso, la facultad de la designación de los administradores sociales.

Por otro lado, la incapacidad, como circunstancia sobrevenida, requiere un tratamiento específico dentro de los planes de contingencia. En esta instancia, también puede presentar alguna utilidad la referencia que el apartado quinto del artículo 188 RRM hace a la representación del fallecido. En esta instancia, parece que, igualmente dentro de la libertad de pactos, los estatutos sociales igualmente puedan prever, en caso de incapacidad, la designación de un representante que actué temporalmente en nombre del administrador, verbigracia un directivo o un asesor externo[91]. Ciertamente esta previsión se podría topar con la legislación civil y procesal aplicable en torno a la intervención judicial preceptiva para la modificación de la capacidad. No obstante, en circunstancias sobrevenidas, por la situación de urgente necesidad y mediante dictamen médico, todavía cabría considerar la admisibilidad del nombramiento provisional de un representante, si así viniera autorizado en los estatutos sociales, con las garantías oportunas y en tanto que el administrador, como socio mayoritario, lo habría autorizado.

VI. LOS PLANES DE SUCESIÓN EN LAS COOPERATIVAS Y EN LAS SOCIEDADES LABORALES

El esquema anterior, a su vez, ha de ser adaptado a las entidades de la economía social. Sin pretensión de abarcar la amplia variedad de formas que se incardinan en esta categoría, tanto el régimen de las cooperativas como el de las sociedades laborales, según la Ley 27/1999, de 16 de julio, de Cooperativas (LCoop) y la Ley 44/2015, de 14 de octubre, de Sociedades

90. Puede verse, *in extenso*, nuestro trabajo «Transmisión sucesoria de las PYMES por causa de muerte», en AA.VV., *La compraventa y otras formas de transmisión de pequeñas y medianas empresas* (Coord. HERNANDO CEBRIÁ), Bosch, 2014, pp. 307-376, pp. 351 ss.

91. Igualmente, PUIG CASTÁN, A., «Empresa familiar», *cit.*, p. 78, en el marco de un traspaso programado.

Laborales y Participadas (LSLP), contienen ciertas soluciones normativas que han de ser traídas a esta instancia.

Los artículos 33 y 38 LCoop autorizan que los estatutos puedan designar suplentes de los consejeros del consejo rector, de los interventores o de otros cargos en la cooperativa. A tal efecto, pueden prever la designación de consejeros entre colectivos de socios, determinados objetivamente, si bien tal opción no puede alcanzar a los cargos de presidente, de secretario y, en su caso, de vicepresidente. En este orden de cosas, el artículo 34 atribuye su designación al consejo rector o a la asamblea general, según lo que resulte de la correspondiente previsión estatutaria y restringe la elección del presidente y de vicepresidente a la condición de socio cooperativista. En relación con el cese del anterior presidente, además, el apartado quinto del artículo 35, hasta la designación de su sustituto, confiere la atribución de sus funciones al vicepresidente[92], sin perjuicio de las sustituciones que procedan en casos de imposibilidad o de contraposición de intereses. Para el supuesto en el que quedasen vacantes, al alimón, los cargos de presidente y vicepresidente, el apartado sexto impone la asunción de tales funciones por parte de los consejeros elegidos entre los restantes de manera provisional. Por último, cuando el órgano no se pueda válidamente constituir, en la línea del artículo 171 de la Ley de sociedades de capital, todavía la regulación cooperativa autoriza la convocatoria de la asamblea general por los que se mantengan en el cargo al objeto de cubrir las vacantes.

Respecto de las incompatibilidades, incapacidades y prohibiciones para asumir los cargos de consejeros e interventores, el artículo 41 LCoop, además del supuesto del ejercicio de actividades competitivas, salvo que medie la oportuna dispensa de la Asamblea, recoge la declaración de incapacidad, según resulte de la sentencia de incapacitación. No obstante, en las cooperativas integradas mayoritariamente o exclusivamente por minusválidos psíquicos, todavía permite integrar su falta de capacidad de obrar mediante la participación de sus tutores, a los que se aplicará el régimen legal previsto para los consejeros e interventores. La consecuencia del cese, a petición de cualquier socio, se ha de hilar, por otra parte, con el régimen de las cooperativas de trabajo asociado, respecto de las cuales el artículo 80 contempla que sean socios trabajadores quienes legalmente tengan capacidad para contratar la prestación de su trabajo. En este punto, si como reclama su apartado tercero, la pérdida de la condición de socio trabajador ha de dar lugar al cese definitivo de la prestación de trabajo en la cooperativa, de igual manera llevará a la necesidad del cese de su condición de consejero cuando

92. También, con carácter general para el resto de sociedades, desde la práctica, en el Derecho francés, FAVARIO, T., «Le décès du dirigeant social», *cit.*, pp. 1673-4.

esta se encuentre ligada a la condición de socio. En este punto, el apartado segundo del artículo 84 declara que, si el socio trabajador fuera declarado en situación de incapacidad permanente, cesará el derecho de reserva del puesto de trabajo, y si fuese absoluta o gran invalidez, tendrá como efecto la baja obligatoria del socio trabajador.

En contraposición, la Ley 44/2015, de 14 de octubre, de sociedades laborales y participadas no hace referencia a una autocomposición, siquiera mayoritaria, del órgano de administración por parte de los socios de la clase laboral. Por consiguiente, aunque la mayoría del capital social sea propiedad de trabajadores que presten servicios retribuidos de forma personal y directa y en virtud de una relación laboral por tiempo indefinido, estos pueden designar como administrador a un tercero, salvo que los estatutos sociales lo impidan (*vid.*, art. 212 LSC). Aun en este caso, igualmente podrían exigir que el administrador fuera un socio *lato sensu*, lo que permitiría la designación de un socio de la clase general.

Junto a la previsión de apoderamientos para la delegación de la dirección y la gestión de la sociedad, y la adopción de medidas para delimitar las competencias de los apoderados y evitar interferencias y disfunciones entre ellos, el apartado segundo del artículo 13 de la Ley acoge del recurso al sistema de representación proporcional para designar a sus representantes en el órgano[93]. De esta manera, concede esta facultad a los socios de la clase general, siempre y cuando la administración quede conformada mediante un consejo de administración, e independientemente de si la sociedad adopta la forma de sociedad anónima o de responsabilidad limitada. Así las cosas, los socios de la clase general, cuya participación en el capital social y en los derechos de voto ha de ser minoritaria, todavía pueden designar una parte también minoritaria de los miembros del consejo de administración. En definitiva, esta medida actúa de contrapeso frente a la capacidad de decisión atribuida a los socios laborales, si bien en su labor de gestión se hallan igualmente constreñidos por su necesaria orientación hacia las peculiaridades de la sociedad laboral como modelo de la economía social, en relación con la generación de empleo estable y de calidad, la integración como socios de los trabajadores, la igualdad de oportunidades entre hombres y mujeres, la conciliación de la vida personal, familiar y laboral y

93. Acerca de este régimen, por todos, GRIMALDOS GARCÍA, M.ª I., «El impulso de la Responsabilidad Social de la Empresa en las Entidades de Economía Social: los deberes de los administradores de las sociedades laborales como caso paradigmático», *CIRIEC-España*, núm. 33 (2018), pp. 73-103.

las políticas de compromiso social (art. 13.3 y 4 LSLP)[94]. En lo restante, a estas sociedades les serán de aplicación las soluciones normativas expuestas, merced a su forma y, por tanto, las normas relativas a las sociedades anónimas y limitadas.

Todo ello hace que, en definitiva, fuera de las previsiones normativas y estatutarias en torno a las condiciones requeridas para asumir la condición de administrador, tanto en las cooperativas como en las sociedades laborales, todavía los socios dispongan de un amplio margen para adoptar planes de sucesión de administradores, de directivos y de otro «personal clave»[95]. A tal efecto, puede ser trasladada a esta instancia la distribución competencial vista para otras modalidades societarias cuando en su funcionamiento incorporen comisiones, comités o comisiones ejecutivas (*cfr.*, art. 36.1 LCoop). En este plano, la dimensión de la cooperativa igualmente puede permitir una adaptación de sus estructuras, desde la designación de un administrador único, hasta la representación del comité de empresa en el consejo rector[96] y la concesión por su parte de apoderamientos, en especial para el nombramiento de gerentes, directores generales o cargos equivalentes (*cfr.*, arts. 32 y 33 LCoop). En todos estos casos, son igualmente trasladables a estas formas sociales las medidas para sucesión en el largo plazo y de contingencia, y las de promoción interna, singularmente cuando sea requerida la condición de socio, y de selección externa, así como las previsiones en torno a la preparación de la sucesión, el acompañamiento del sucesor y, por último, la separación del cargo.

VII. RECAPITULACIÓN

El relevo de administradores y directivos, así como de otro personal clave, constituye una cuestión de gobierno corporativo, que, dentro de los sistemas de riesgos, no solo operativos, sino también estratégicos, ha dado lugar a los llamados «planes de sucesión». Como punta de lanza del gobierno corporativo, han sido los Códigos de buen gobierno de las sociedades cotizadas los primeros que, por la vía de principios y recomendaciones, han dado cuenta de esta realidad. En este punto, las exigencias de los

94. También con remisión a los principios y valores cooperativos, con particular atención en el capital humano, HUNTZINGER, F./JOLIVET, T., «Transmission d'entreprises», *cit.*, p. 62 y 68.
95. Véase, así, el apartado segundo del art. 34 de la Ley 27/1999, que autoriza que los estatutos admitan el nombramiento como consejeros de personas cualificadas y expertas que no ostenten la condición de socios, en número que no exceda de un tercio del total, siempre y cuando no ocupen los cargos de presidente ni vicepresidente.
96. Acerca de su relevancia, en este ámbito, HUNTZINGER, F./JOLIVET, T., «Transmission d'entreprises», *cit.*, p. 69 ss.

«inversores institucionales» y los «gestores de activos» y su creciente influencia en los mercados de capitales y, por extensión, en el gobierno corporativo de las sociedades cotizadas, han dado cuerpo a este fenómeno allende el Derecho de sociedades. De este modo, la libertad de configuración del plan de sucesión se ha visto en parte constreñida por tales demandas y, de ahí, su recepción por el Derecho blando.

Una mirada no solo al Código de buen gobierno español y a la Guía técnica de la Comisión Nacional del Mercado de Valores, sino a otros de nuestro entorno, en particular, el inglés, permiten tener una mirada más amplia de las posibilidades de conformación de los planes de sucesión. Junto a la relevante posición que ocupan el presidente del Consejo y el consejero delegado, también conviene tener presente las labores que a tal efecto han de asumir, en su caso, el consejero coordinador de los consejeros independientes y, por otro, la comisión de nombramientos, singularmente en términos de evaluación de la idoneidad y de competencias, pero también de diversidad de la composición del órgano. No menos relevante son, en este ámbito, las implicaciones que la sucesión puede tener en términos de la utilización de información privilegiada, así como la información a dispensar al mercado. Complementariamente, otras indicaciones pueden ser encontradas en el régimen de elección y sucesión de administradores y directivos de las entidades financieras.

Los planes de sucesión de administradores y directivos habitualmente quedan estructurados, en primer lugar, en términos de sucesión a largo plazo, en circunstancias de previsibilidad, como la caducidad del cargo, la edad y la jubilación. Con una visión diversa, también acogen los llamados planes de contingencia o situaciones de urgencia, entre los que se encuentran el fallecimiento o la incapacidad sobrevenida del administrador o directivo. Junto a lo anterior, con otras implicaciones, tienen en cuenta la movilidad de los miembros de la organización y, a tenor de las adaptaciones requeridas para el cumplimiento de los objetivos sociales, ordenan sistemas de promoción interna o bien las formas y criterios para la selección externa de los candidatos para cada cargo. Para ello, en diferentes instancias, los planes de sucesión pueden comprender, con mayor o menor detalle, distintas fases relativas a la preparación de la sucesión y al acompañamiento del predecesor hasta su efectiva separación del cargo. El «relevo generacional», por otra parte, tiene singular significación en las sociedades cerradas y familiares por *mor* de la concentración de propiedad y gestión y, además, por las diferentes relaciones personales y afectivas que puedan concurrir, que pueden, además, incidir en los valores y en la cultura empresarial que las caracterice. Todo ello, a la postre, reclama las oportunas adaptaciones, en su caso a través de previsiones estatutarias y protocolos familiares.

En este contexto, igualmente otras formas de la economía social, como las cooperativas y las sociedades laborales, con atención a su singular régimen jurídico, se pueden nutrir de las soluciones previstas en los planes de sucesión.

VIII. BIBLIOGRAFÍA

ALONSO UREBA, A., «Diferenciación de funciones (supervisión y dirección) y tipología de consejeros (ejecutivos y no ejecutivos) en la perspectiva de los artículos 133.3 (responsabilidad de administradores) y 141.1 (autoorganización del consejo del TRLSA)», AA.VV., *Derecho de sociedades anónimas cotizadas: (estructura de gobierno y mercados)* (Coord. RODRÍGUEZ ARTIGAS), vol. 2, Aranzadi, 2006, pp. 769-850.

AWWAD, A. A., «L'autovalutazione dell'órgano amministrativo nel Codice italiano di Corporate Governance», *Milan Law Review*, vol. 3, núm. 1, 2022, pp. 1-19.

BREYER, M., «Leitlinien für die Nachfolgeplanung: Sieben Felder einer gelungenen Übergabe», *Zeitschrift für Familienunternehmen und Strategie (FuS)*, número especial 2018, pp. 22-26.

BUSCH, D./LINK, S. P., «B.2. Nachfolgeplanung», *Deutscher Corporate Governance Kodex: Kommentar* (Dir. GHASSEMI-TABAR, N.), C. H. Beck, 2023, Rn. 5-11.

CABRERA SUÁREZ, M. K., «El proceso de sucesión en la empresa familiar», *Empresa familiar: aspectos jurídicos y económicos* (Coord. CORONA RAMÓN), 2011, pp. 639-665.

CASIRAGHI, R., «Corporate governance: il ruolo del presidente del consiglio di amministrazione nelle società quotate», *Rivista dei Dottori Commercialisti*, núm. 3, 2016, p. 429 ss.

CAREY, D./CHARAN, R./GRIESEDIECK, J./USEEM, M., «8 Questions to Ask Before Selecting a New Board Leader», *Harvard Business Review*, 2023, pp. 1-8.

CHARAN, R., «Ending the CEO succession crisis», *Harvard Business Review*, 2005, vol. 83, núm. 2, pp. 72-81.

DÍEZ SOTO, C. M., «La sucesión hereditaria en la empresa familiar: problemas y soluciones», AA.VV., *Régimen jurídico de la empresa familiar* (Coord. SÁNCHEZ RUIZ), 2010, pp. 141-166.

EICHHOLZ, R. R./ROSENBAUER, I., «Nachfolgeplanung als Maßnahme unternehmerischen Risikomanagements», *BC*, 2018, pp. 319-323.

FAVARIO, T., «Le décès du dirigeant social. Aspects de droit des sociétés», *Recueil Dalloz*, 2017, núm. 29, pp. 1668-1675.

GARRIDO DE PALMA, V. M., «La empresa familiar y el derecho de sociedades», *Anales de la Academia Matritense del Notariado*, tomo 43, 2005, pp. 99-132.

– «La familia empresaria: el cambio generacional en las empresas familiares (125 aniversario del Código Civil)», *Revista Jurídica del Notariado*, núm. 85, 2013, pp. 405-422.

GRIFFIN, T./LARCKER, D. F./MILES, S./TAYAN, B., «Board evaluations and boardroom dynamics», *Rock Center for Corporate Governance at Stanford University Closer Look Series, Stanford University Graduate School of Business Research Paper* 17-22, 2017, pp. 1-9.

GRIMALDOS GARCÍA, M.ª I., «El impulso de la Responsabilidad Social de la Empresa en las Entidades de Economía Social: los deberes de los administradores de las sociedades laborales como caso paradigmático», *CIRIEC-España*, núm. 33 (2018), pp. 73-103.

GUGLIELMETTI, R., «Corporate governance i piani di successione degli amministratori esecutivi nelle società quotate tra diritto e prassi aplicativa», *Rivista dei Dottori Commercialisti*, núm. 4, 2016, p. 617 ss.

HAMM, M./MÜLLER, T., «Nachfolgeplanung als strategisches Element zur Bewältigung des Generationswechsels», *Führung gestaltet*, Nomos, 2019, pp. 109-126.

HERNANDO CEBRIÁ, L., «Transmisión sucesoria de las PYMES por causa de muerte», AA.VV., *La compraventa y otras formas de transmisión de pequeñas y medianas empresas* (Coord. HERNANDO CEBRIÁ), Bosch, 2014, pp. 307-376.

HOOIJBERG, R./LANE, N., «How boards botch CEO succession», *MIT Sloan Management Review*, 2016, pp. 13-16.

HUNTZINGER, F./JOLIVET, T., «Transmission d'entreprises PME saines en Scop au regard de la relève de la direction. Une étude exploratoire de faisabilité en France», *Revue internationale de l'économie sociale*, 2010, núm. 316, pp. 58-71.

IDÍGORAS GAMBOA, I./VICENTE MOLINA, M.ª A./ALDAMIZ-ECHEVARRÍA y GONZÁLEZ DE DURANA, C., «El proceso de sucesión en las pymes familiares: algunas claves de su éxito», *Administrando en entornos inciertos*, XXIII Congreso Anual AEDEM, ESIC, 2009, pp. 1-20.

KREMER, T., «DCGK B.2. II. Langfriste Nachfolgeplanung (Hs. 1)», *Deutscher Corporate Governance Kodex. Kodex-Kommentar*, 8.ª ed., C.H. Beck, 2021, Rn. 3-8.

LARCKER, D. F./TAYAN, B., *The Art and Practice of Corporate Governance*, 2023.

MASSOLLE, J./NIEWERTH, C., «Generationenwechsel im Betriebsrat: Wissensmanagement und Nachfolgeplanung im Betriebsrat», *Mitbestimmungspraxis*, núm. 8, Hans-Böckler-Stiftung, Institut für Mitbestimmung und Unternehmensführung (I.M.U.), 2017, pp. 5-21.

MEYER, D., «Grundsatz 6», *Deutscher Corporate Governance Kodex: Kommentar* (Dir. GHASSEMI-TABAR, N.), C. H. Beck, 2023, pp. 115-140.

ROTH, M., «Deutscher Corporate Governance Kodex 2020-Grundlegende Kodexreform: Einführung von Grundsätzen und Stärkung der Unabhängigkeit», *Die Aktiengesellschaft (AG)*, núm. 8, 2020, pp. 278-295.

PUIG CASTÁN, A., «Empresa familiar: Proceso de sucesión y plan de sucesión», *Cuadernos prácticos de la empresa familiar*, núm. 4, 2016, pp. 63-81.

STEIN, G./SAN MARTÍN, Á., «La sucesión del CEO», *IESE Business School*, Universidad de Navarra, Estudio-80, 2009, pp. 1-42.

THEUSINGER, I./DOLFF, C., «AktG § 116. Sorgfaltspflicht und Verantwortlichkeit der Aufsichtsratsmitglieder», *Der Aufsichtsrat* (Dirs. BACKHAUS, R/TIELMANN, J.), 2.ª 2023, Rn. 231.

TRÍAS SAGNIER, M., «El Consejo de Administración como órgano garante del buen gobierno en la sociedad cotizada», *Revista de derecho de sociedades*, núm. 21, 2003, pp. 165-190.

VALMAÑA CABANES, A., *El régimen jurídico del protocolo familiar*, Comares, 2014.

Capítulo 5

Reestructuraciones empresariales como instrumento de relevo generacional*

Alberto Emparanza Sobejano
Catedrático de Derecho Mercantil
Universidad del País Vasco (UPV/EHU)

I. INTRODUCCIÓN

En este trabajo se pretenden exponer las posibilidades que las reestructuraciones empresariales ofrecen para favorecer el relevo generacional en las cooperativas de trabajo asociado y en las sociedades laborales. A tal fin, en primer lugar, se analizará la situación actual de las cooperativas de trabajo asociado y en las sociedades laborales que, en muchos casos, necesitan proceder al relevo generacional de sus socios, porque, entre otras muchas

*. Este trabajo se inscribe dentro de las investigaciones realizadas en el marco del Grupo de Investigación Consolidado del Sistema Universitario Vasco (IT1765-22) bajo el título «Tendencia actuales del Derecho Mercantil en la era de la digitalización», financiado por el Departamento de Educación, Universidades e Investigación del Gobierno Vasco y del que quien suscribe es investigador principal.

razones, una parte relevante de sus miembros ven próxima su baja de la entidad al cumplir la edad máxima reglamentaria (II). A continuación, de forma breve, se explicará el régimen, contenido y alcance de las reestructuraciones empresariales, esto es, las operaciones societarias a través de las que estas entidades pueden reconfigurar su estructura originaria y permitir así que entren nuevos socios (III). Finalmente, el último apartado tiene por objeto poner de relieve el papel relevante que las reestructuraciones empresariales pueden jugar en el proceso de relevo generacional en el que se encuentran en la actualidad las cooperativas de trabajo asociado y las sociedades laborales (IV).

II. EL NECESARIO RELEVO GENERACIONAL EN LAS COOPERATIVAS DE TRABAJO ASOCIADO

Con el transcurso del tiempo la renovación de los integrantes de una empresa resulta imprescindible para la continuidad de la actividad. Dicho relevo generacional puede precipitarse por el devenir de acontecimientos no previstos que complican su planificación previa. Sin embargo, cuando se produce por motivos estrictamente cronológicos, y, por tanto, previsibles, es necesario que la empresa articule los instrumentos idóneos para evitar este tipo de situaciones de riesgo que pueden poner en peligro la supervivencia del proyecto empresarial. La sucesión de los titulares de las empresas es uno de los retos más difíciles a los que se enfrentan estas entidades, si se quieren mantener los rasgos específicos de la gestión realizada. En este sentido, se debe garantizar el traspaso en unas condiciones que eviten la desaparición de la empresa, o su venta a un grupo inversor ajeno, que se desvíe de la política realizada por la empresa hasta ese momento.

Dicho peligro está presente especialmente en las empresas familiares, y en lo que a esta exposición concierne, en las cooperativas de trabajo asociado y en las sociedades laborales. Y resulta fundamental planificar ese relevo generacional en las empresas de economía social, porque en este tipo de entidades los titulares de la empresa son, en gran parte, quienes, además, llevan a cabo la labor de la entidad al desarrollar su actividad, por lo que resulta esencial que la sucesión de dichas personas socias sea planificada y permita que los nuevos socios continúen las líneas de actuación anteriores, a fin de mantener las señas de identidad de la política de la empresa. Para conseguirlo, es necesario que se articulen instrumentos y mecanismos eficientes que permitan a la empresa de economía social diseñar su proceso de sucesión y adaptarla a las circunstancias particulares que lo rodean.

La planificación del relevo generacional se debe concebir como un proceso. Dicha actuación requiere tiempo, dedicación e implicación de los titulares de la empresa de economía social. Para lograr su éxito, deberá promoverse con el apoyo mayoritario de sus miembros, porque la inactividad en esta fase de planificación repercutirá negativamente en la empresa y será difícil que pueda revertirse posteriormente. Además, debe tenerse presente que cada proceso de relevo generacional es único, porque se adapta a la situación y circunstancias de cada empresa. En este sentido, el traspaso generacional debe tener en cuenta la situación actual de la empresa en la que se plantea el proceso, y, al mismo tiempo, ha de proyectar una visión de futuro que acredite su efectividad. Al igual que en cualquier procedimiento, deberá contar con una fase inicial de estudio y propuestas, una segunda de preparación de los instrumentos que podrían utilizarse para su realización, y una fase final, que coincidirá con el momento de la retirada de algunos, o de la mayoría de los titulares de la empresa de economía social, que permitirá que el relevo de la titularidad, y de la gestión de la empresa social se haga de forma gradual.

En las cooperativas de trabajo de asociado y en las sociedades laborales, de igual forma que sucede en otro tipo de entidades empresariales, estamos asistiendo a un proceso de retirada gradual de los socios y trabajadores que prestan sus servicios en ellas. Conviene recordar a estos efectos que muchas de estas empresas, creadas por voluntad propia o, a consecuencia de las crisis económicas acaecidas en la década de los 90 o en la primera década del siglo actual, fueron promovidas por socios que formaban parte de la denominada generación del *baby boom*, producto de la gran ola de natalidad de la década de los 60 y principios del 70 del siglo anterior, que, como consecuencia del tiempo transcurrido, van a retirarse en los próximos cinco o diez años y dejar un gran vacío en las empresas de economía social, si no se efectúan políticas adecuadas de relevo generacional que permitan revertir dicha situación. Dicho proceso de relevo, además, debe efectuarse respetando las singularidades de la regulación de la economía social, teniendo en cuenta que, además de ser titulares de la entidad en cuestión, prestan sus servicios en la misma, por lo que su salida de la entidad deja un vacío institucional, organizativo y empresarial que debe cubrirse adecuadamente, si se quiere que la empresa de economía social siga funcionando activamente conforme a sus principios específicos.

Las modalidades societarias que pueden favorecer el relevo generacional en el ámbito de las empresas de economía social resultan de muy distinto tipo, pero normalmente se refieren a la posibilidad de acordar de antemano que las transmisiones *intervivos* o *mortis causa* que puedan producirse voluntariamente o de modo forzoso, tengan como destinatarios sujetos que adquieran la condición de socio de la empresa de economía social con el compromiso de seguir participando en la gestión de la entidad, de conformidad con las señas de identidad que han sido su *leitmotiv* en su trayectoria empresarial, y respetando naturalmente los principios propios de la naturaleza de las entidades de economía social. Estos instrumentos son objeto de un cuidado examen en varios de los trabajos que forman parte de la obra en la que se incluye el presente trabajo, por lo que no vamos a detenernos en su análisis, remitiéndonos para ello, al contenido de las contribuciones en cuestión.

La fórmula jurídica que puede favorecer el relevo generacional a la que se va a prestar atención en este trabajo es a la categoría de las denominadas reestructuraciones empresariales, que, como se verá a continuación, constituyen instrumentos adecuados para conseguir que puedan entrar en la entidad de economía social, nuevos socios que suplan la baja de los que deban retirarse, porque el transcurso del tiempo les ha llevado a tener que cesar su actividad en la empresa.

III. LAS REESTRUCTURACIONES EMPRESARIALES: NOCIÓN Y MODALIDADES

1. PLANTEAMIENTO

Las reestructuraciones empresariales no se configuran como una categoría jurídica cerrada. Si se analiza la normativa reguladora de la organización societaria, el término reestructuración carece de una definición precisa y no ha recibido un reconocimiento legal expreso en el marco del derecho de sociedades. Se trata, en suma, de un concepto de carácter económico-financiero, que ha ganado protagonismo en los últimos tiempos en el contexto de empresas con dificultades económicas, con el que se pretende proporcionar a dichas entidades soluciones de carácter jurídico-financiero que les permitan sortear dicho complicado trance.

La noción de reestructuración empresarial despliega su aplicación en el ámbito interno de la empresa. Bajo dicha categoría se incluyen aquellos procedimientos de reorganización interna del patrimonio empresarial que tienen como objeto incidir en la estructura financiera de la sociedad, en la composición del activo o del pasivo, o en la titularidad de las participaciones en la sociedad. En definitiva, abarcan un amplio abanico de operaciones entre los cuales, destacan la modificación del tipo societario, las operaciones de tomas de control, la formación de grupos de sociedades, la cesión global de sus activos, la fusión con otra entidad, la escisión o, simplemente, la reorganización del pasivo a través de la capitalización de su deuda[1].

1. En estos términos se expresa VÁZQUEZ CUETO, «El concepto de reestructuración en la Directiva 2019/1023 y su traslación al derecho español de sociedades de capital», *Revista Lex Mercatoria* Vol. 18. 2021, p. 14 ss.

Como se advierte, una buena parte de las operaciones incluidas dentro del concepto de reestructuración son objeto de regulación en el marco de la normativa de modificaciones estructurales, regulada hasta hace poco tiempo en la Ley 3/2009 de 3 de abril y que ha sido derogada recientemente por la normativa consagrada a tal efecto en el Real Decreto Ley 5/2023 de 28 de junio, en el que se establece un nuevo régimen de modificaciones estructurales para la transformación, fusión, escisión, y cesión global de activos y pasivos, que se desarrollen tanto en el ámbito nacional, como cuando se lleven a cabo en un contexto transfronterizo. Sin embargo, dicho listado de operaciones reguladas en la Ley de Modificaciones Estructurales (en adelante, LME) no abarca toda la casuística que el término reestructuración pretende comprender. Como antes se ha indicado, bajo la noción de reestructuración también deben ser incluidas las operaciones de reestructuración de deuda, en las que, con el fin de sanear la situación financiera de la empresa, se produce una ampliación del crédito disponible mediante procedimientos jurídicos extraconcursales, tales como la quita, el aplazamiento de deuda o, por lo que aquí interesa, la capitalización de deuda, en la que los acreedores pueden convertirse en socios de la empresa deudora. Es decir, la reestructuración también puede incidir sobre la situación del pasivo de la sociedad, al hacer posible que mejore su condición financiera adelgazando sus deudas mediante su conversión en capital. Por ello, la noción de reestructuración empresarial abarca tanto aquellas operaciones que inciden sobre el activo de la sociedad y afectan, por tanto, a la estructura patrimonial de la sociedad, como las que repercuten sobre el pasivo de la sociedad, reduciendo su importe o, por lo menos, aplazando sus exigencias de cumplimiento.

En este mismo sentido, lo proclama la Directiva 2019/1023 de 20 de junio sobre marcos de reestructuración preventiva, que, en su art. 2.1, define las operaciones de reestructuración como aquellas medidas que incluyen la modificación de la composición, las condiciones o la estructura de los activos y del pasivo o cualquier otra parte de la estructura de capital, así como las transmisiones de activos, unidades productivas o de la totalidad de la empresa. Dicha concepción ha sido acogida en los mismos términos en el art. 614 del Real Decreto Legislativo 1/2020 de 5 de mayo por el que se aprueba el Texto Refundido de la Ley Concursal, modificado por la Ley 16/2022 de 5 de septiembre de reforma del Texto Refundido de la Ley Concursal (en adelante, TRLC). Esta previsión legal trata de ofrecer soluciones a las empresas viables que atraviesan dificultades coyunturales a fin de promover su subsistencia sin tener que acudir al procedimiento concursal. Pues bien, en este contexto, es donde el término reestructuración ha adquirido gran relevancia a la hora de delimitar todas las actuaciones que la sociedad en dificultades tiene a su alcance para solventar con éxito su delicada situación. La incorporación desde el mundo económico-financiero de tales planteamientos ha calado en el plano jurídico, en el que ya no es extraño que el legislador utilice dicho término como una especie de procedimiento terapéutico, capaz de ofrecer salidas a los problemas económicos que atraviesan las empresas en dificultades[2].

De cualquier forma, el fenómeno de las reestructuraciones empresariales abarca no solo las operaciones de reestructuración del activo y pasivo de la empresa, cuando ésta se encuentre en situación delicada, sino también cuando tengan lugar en un contexto de crecimiento, o de cambio de control de la sociedad. Es importante destacar, en este sentido, que las reestructuraciones empresariales, pese a que en la actualidad hayan cobrado protagonismo normativo en las entidades que se encuentren en dificultades, también se utilizan para situaciones en las que la empresa necesita replantear su estructura corporativa para reforzar su crecimiento o para impulsar su diversificación. Por el objetivo que persigue esta exposición, el análisis de este tipo de operaciones se va a centrar en aquellas reestructuraciones que pueden llevar consigo un cambio en la titularidad de las participaciones de los socios en la cooperativa de trabajo asociado o en la sociedad laboral. Esto significa que el examen se va a limitar al estudio de la fusión, escisión, cesión global de activo y pasivo, y de la capitalización de deuda, que son las reestructuraciones empresariales cuya realización puede ser utilizada para hacer posible el relevo generacional de las entidades de economía social objeto de esta indagación[3].

2. Sobre los denominados planes de reestructuración, concebidos como acuerdos entre deudor y acreedores para que las empresas en dificultades que sean viables, puedan sortear sus problemas coyunturales y mantener su actividad económica *vid.*, en lugar de muchos, MOYA BALLESTER, «Los planes de reestructuración», *Derecho Concursal y Preconcursal* T. II (Dir. GALLEGO SÁNCHEZ), Valencia 2022, p. 2282 ss.

3. La segregación no formaría parte de las modalidades de reestructuración que fomentan el relevo generacional porque en sí, no generan la entrada de nuevos socios en la entidad de economía social que resulte beneficiaria de dicha sociedad, Así, como recuerda el art. 61 LME, se entiende por segregación «el traspaso en bloque por sucesión universal de una o varias partes del patrimonio de una sociedad (...) a una o varias sociedades, recibiendo a cambio la sociedad segregada acciones, participaciones o cuotas de la sociedad beneficiaria». Por lo tanto, en dicha modalidad, no se propicia un relevo de socios, ya que es la entidad de economía social en proceso de cambio generacional, la que va a seguir ostentando la titularidad de las participaciones en la nueva sociedad, continuando así formando parte de la entidad de economía social objeto de dicha segregación, si bien su actividad se limitará a ejercer una labor de control sobre la actividad de la nueva entidad.

2. NOCIÓN, FUNDAMENTO Y RÉGIMEN JURÍDICO

En el marco de las reestructuraciones empresariales, cabe mencionar aquellas que tienen lugar como consecuencia de la modificación de las condiciones del pasivo, y, entre las que sobresale, la conversión de deuda en capital, porque de las distintas operaciones que pueden realizarse en dicho ámbito es la que puede propiciar el llamado relevo generacional en las cooperativas y en las sociedades laborales, objeto de este trabajo. Y, sobre todo, las modificaciones estructurales, esto es, aquellas operaciones realizadas en el seno de las sociedades cooperativas y de las sociedades laborales que promueven un cambio sustancial en su estructura orgánica y que, por tanto, pueden hacer posible igualmente el relevo generacional de sus integrantes.

Estos instrumentos jurídicos tienen por objeto llevar a cabo la reorganización empresarial de una forma más simplificada de la que resultaría de aplicar los procedimientos tradicionales existentes por vía de modificación de los estatutos, y que requerirían el consentimiento de todos los socios afectados (arts. 291-293 LSC). En concreto, las modificaciones estructurales se erigen en una forma especialmente idónea de llevar a cabo procesos complejos de reestructuración empresarial, ya que facilitan notablemente su operatividad, permitiendo que tales decisiones puedan adoptarse de forma rápida y operativa, sin menoscabo de las garantías de los socios afectados[4]. El constante reajuste de estructuras y actividades al que están sometidas las sociedades en la actualidad debe contar con un sistema normativo que, sin merma de las necesarias garantías que estos procedimientos requieren, facilite su adopción y puesta en marcha en aras a conseguir una mayor competitividad empresarial del tejido económico nacional. Dicho objetivo de simplificación se logra especialmente en la transmisión del patrimonio realizada en el marco de tales modificaciones estructurales con la sustitución de las reglas de liquidación y sucesión particular por procedimientos más sencillos que permiten evitar que cada uno de los bienes pertenecientes a la sociedad tenga que transmitirse por separado con la consiguiente complejidad que dicha operatividad entraña[5]. Este efecto se materializa en que los derechos y obligaciones de las sociedades participantes en dichas modificaciones estructurales son objeto de sucesión universal, esto es, se transfieren de una sociedad a otra *ope legis* sin necesidad de que deban aplicarse los complejos mecanismos jurídicos propios de nuestro derecho contractual

4. Así lo destacan expresamente, GONZÁLEZ-MENESES/ÁLVAREZ ROYO-VILLANOVA, *Modificaciones estructurales de las sociedades mercantiles,* 2.ª Ed. Madrid 2013, p. 16 ss.
5. Se evitan así los costes de formalización derivados de la necesidad de escriturar y, en su caso, inscribir todas las obligaciones y contratos de la sociedad que transmite su patrimonio.

que requieren el consentimiento expreso y personal de cada uno de los negocios o contratos en los que interviene cada sociedad participante en el proceso de modificación estructural (arts. 1205 y 1257 CC)[6].

Para que dicho procedimiento simplificador se tramite adecuadamente es necesario que las sociedades participantes en la modificación estructural correspondiente cumplan una serie de requisitos destinados a proteger los derechos de las partes implicadas. Así, en concreto, en relación con los derechos de los socios de las sociedades intervinientes, se exige que sean informados debidamente de los pormenores del procedimiento, razón por la cual, las sociedades participantes deberán elaborar determinados documentos tales como el proyecto de la modificación estructural (arts. 39, 40, 64 y 74 LME), los balances (arts. 43, 44 y 45 LME), así como los informes de los administradores y de los expertos (arts. 41, 67, 68, 75 y 76 LME) con el fin de cumplir tales exigencias informativas. Toda esta información deberá ser hecha pública, de forma que todos los interesados puedan tener acceso a la misma, con lo que podrán conocerla tanto los socios como los terceros potenciales interesados en la situación generada con ocasión de la modificación estructural acordada[7]. Y, además, los acuerdos de modificaciones estructurales deberán ser objeto de publicación e inscripción en el Registro Mercantil para que todos los posibles interesados puedan conocer en detalle los términos y el alcance de la modificación estructural (arts. 51 y 78 LME).

Bajo la categoría de modificaciones estructurales se incluyen la transformación, la fusión, la escisión y la cesión global de activo y pasivo. La promulgación de la LME ha consagrado un nuevo régimen de modificaciones estructurales que está concebido para las sociedades mercantiles, pero que resulta aplicable también a las cooperativas. En efecto, aunque el art. 2.2.º de dicha norma establezca que las modificaciones estructurales de las sociedades cooperativas se regirán por su específico régimen legal, lo cierto es que el régimen de dicha normativa resulta aplicable subsidiariamente en todos aquellos aspectos en los que la regulación cooperativa no establezca una regulación específica[8].

Es cierto que la nueva norma no constituye una regulación elaborada completamente *«ex novo»*, sino que, sin perjuicio de los importantes cambios

6. Para estas cuestiones, *vid.*, extensamente, ÁLVAREZ ROYO-VILLANOVA, *La sucesión universal en las modificaciones estructurales,* Madrid 2016, *passim.*

7. Sobre estas cuestiones, *in extenso,* IGLESIAS-RODRÍGUEZ, «El derecho de información del socio y otros interesados en las modificaciones estructurales», *Las modificaciones estructurales de las sociedades mercantiles* (Coord. ROJO/CAMPUZANO/CORTÉS/PÉREZ TROYA), Cizur Menor 2015, p. 265 ss.

8. *Vid.*, sobre ello, ya con la normativa previgente, CANO ORTEGA, *La fusión de cooperativas,* Madrid 2015, p. 117.

introducidos en su redacción, mantiene una parte relevante del articulado anterior de la derogada formalmente Ley 3/2009, de 3 de abril, sobre modificaciones estructurales de las sociedades mercantiles, que queda subsumido en el nuevo texto conforme a las nuevas orientaciones apuntadas en la Directiva 2019/2121[9]. Ahora bien, desde una perspectiva sistemática, la nueva norma ha incorporado al principio de su articulado una serie de disposiciones generales aplicables a las modificaciones estructurales en su conjunto, con las que no contaba la previgente regulación. Dicha norma resulta directamente aplicable a las sociedades laborales, y como las normas cooperativas autonómicas no incluyen habitualmente en su articulado un régimen general aplicable a todas las modificaciones estructurales que las cooperativas pueden hacer uso, resulta de interés en esta sede efectuar una breve sinopsis de dicho régimen general. En concreto, los arts. 1 al 16 LME plantean unas normas comunes para las transformaciones, fusiones y escisiones tanto nacionales como transfronterizas que simplifican notablemente el contenido de la norma[10]. Con la previsión actual, la normativa de las modificaciones estructurales dispone de un régimen común aplicable a todas las operaciones de esta magnitud haciendo posible que exista un régimen legal más armonizado y coherente.

La novedosa parte general de la LME distingue tres fases: fase preparatoria, fase decisoria y fase ejecutiva, distinción que responde al enfoque procedimental en torno al que se estructura las modificaciones estructurales, ya que es la única forma de acoger adecuadamente todas las vicisitudes que rodean la propuesta, aprobación y ejecución de este tipo de decisiones. Además, la existencia de esa parte general pone de relieve que el procedimiento de adopción de las medidas estructurales comparte los mismos elementos en todas sus distintas modalidades. Por ello, el esfuerzo integrador que supone la elaboración de estas disposiciones generales no sólo cumple una función armonizadora, sino que también, pone de relieve, su genealogía común. Ello explica que en este trabajo nos inclinemos por explicar de forma genérica el procedimiento de las modificaciones estructurales, que cuentan ahora con un régimen común aplicable a todas ellas, lo que hace

9. Para una valoración general de la nueva norma, *vid.*, en relación con el texto del Anteproyecto, ÁLVAREZ ROYO-VILLANOVA. «El Anteproyecto de Ley modificaciones estructurales. Principales novedades», *El Notario del Siglo XXI* N.º 109, p. 40 ss.; y con relación a la norma promulgada ÁLVAREZ ROYO-VILLANOVA, «La nueva regulación de las modificaciones estructurales. Novedades del Real Decreto Ley 5/2023 respecto del Anteproyecto», *El Notario del Siglo XXI*, N.º 111 (2023), p. 22 ss.

10. Se evitan así las reiteraciones que se producían a menudo en la norma previgente en la que la regulación de cada una de las modalidades de modificación estructural contaba con su régimen específico, especialmente el de la fusión, que servía, de alguna manera, como régimen general.

innecesario tener que entrar en detalle en estas cuestiones cuando analicemos el contenido y alcance de las distintas modalidades de modificaciones estructurales.

A) Fase preparatoria

Esta primera fase gira en torno al proyecto de modificación estructural, cuyo contenido se regula en el art. 4 LME, que reproduce, en términos generales, el régimen previgente contemplado en la normativa ya derogada, y que se complementa con el mayor papel atribuido al informe del órgano de administración (art. 5 LME), en el que se deberán justificar los aspectos jurídicos y económicos de la modificación, sus consecuencias para los trabajadores, para la actividad futura de la empresa y para sus acreedores.

Dicha protección se ve reforzada con la emisión del informe de experto independiente (art. 6 LME) que examinará el proyecto de modificación estructural y elaborará un informe destinado a los socios en los términos precisos para cada tipo de operación en el que se fundamente debidamente el alcance de la supuesta compensación que se ofrezca a los socios y se pronuncie sobre la suficiencia del capital aportado. Todos estos aspectos deberán ser publicitados con anterioridad a la junta general que vaya a acordar una modificación estructural a fin de que los socios y posibles interesados en la operación puedan estar al corriente de la operación estructural que la sociedad lleve a cabo (art. 7 LME).

B) Fase decisoria

La aprobación de las modificaciones estructurales deberá ser acordada en la junta general, que es el órgano societario que ostenta la competencia exclusiva para decidir si se adoptan, y, en caso, afirmativo, en qué términos (art. 8 LME). Dicho pronunciamiento sigue la línea consagrada en la regulación anterior, si bien, da un paso más al atribuir a dicho acuerdo una presunción de validez, garantizando la estabilidad de las distintas modificaciones, mediante la reducción significativa de las causas que pueden provocar su invalidez. Se pretende así que las decisiones adoptadas por la junta desplieguen sus efectos una vez que se hayan cumplido escrupulosamente todas las obligaciones necesarias para acordar dicho acuerdo, y haya quedado garantizado que se han respetado debidamente los derechos de los socios y de los acreedores a la hora de llevar a cabo este tipo de operaciones.

Esto se advierte en que el art. 11 LME limita al máximo las posibilidades de impugnación del acuerdo, lo que constituye una novedad destacable respecto de la regulación previgente, ya que sólo se permite su ejercicio cuando hayan sido puestos en tela de juicio los derechos de los socios, esto es, cuando se plantee la impugnación del acuerdo para dirimir el alcance de la compensación en efectivo, la relación de canje de las acciones, o la suficiencia información de la compensación en efectivo al socio. Las reducidas posibilidades de los socios de impugnar los acuerdos de modificación estructural, resultan plenamente justificables desde la perspectiva societaria, ya que dicha restricción proporciona importantes dosis de seguridad en la toma de decisiones corporativas de la sociedad. Sin embargo, el supuesto *numerus clausus* de causas de impugnación del acuerdo de modificación estructural impide que ciertos casos que pueden afectar los intereses de los socios, sean impugnados por los afectados, con los evidentes perjuicios que puede conllevar dicha limitación para los socios perjudicados. Así, por ejemplo, la fijación inadecuada de la relación de canje, o de la compensación no estarían dentro de los supuestos acuerdos de modificación estructural susceptibles de ser impugnados. El alcance de estas cuestiones deberá ser objeto de un estudio más en profundidad, porque de seguir una interpretación literal de la norma, los socios podrían ver seriamente perjudicados sus intereses en el proceso de adopción de este tipo de operaciones.

Para que el acuerdo sea válido, el art. 8.2.º LME establece que la junta general «*tomará nota de los informes de los administradores y, en su caso, de las opiniones presentadas por los trabajadores o sus representantes (...), de los informes de los expertos independientes, así como de las observaciones presentadas por socios, acreedores o trabajadores*». Dicha locución significa que la junta, antes de adoptar su decisión, deberá tener muy en cuenta el contenido de dichos informes para que pueda adoptarse debidamente la formación del acuerdo de modificación estructural. Se entiende, por tanto, que para que el acuerdo sea válido, los socios deberán tener muy presentes las opiniones de los administradores y de los trabajadores, en su caso, a fin de que la decisión tomada resulte plenamente válida. Se pretende con ello, en suma, que un acuerdo de esta trascendencia sea adoptado con toda la información necesaria para que no haya dudas sobre el alcance y consecuencias de dicha operación. En este sentido, los socios deberán ser debidamente informados, sin tener que asumir coste alguno, de todas las vicisitudes que rodeen el acuerdo de la modificación estructural, contemplando el art. 7 LME los medios que la sociedad deberá poner en marcha para que la información sobre la operación llegue a todos los socios e interesados[11]. Excepcionalmente, si se adopta por unanimidad, el acuerdo podrá adoptarse sin necesidad de publicar o depositar los documentos exigidos en la normativa, y

11. Ahora bien, la junta general dispone de cierto margen para influir sobre el contenido del acuerdo de modificación estructural. Inicialmente, se declara que la junta acordará la aprobación o no del proyecto de modificación (art. 8.2.º *in fine* LME). Sin embargo, pese a que no se afirme expresamente, se entiende que la junta podrá modificar el

sin anuncio sobre la posibilidad de formular observaciones al proyecto de modificación (art. 9 LME).

La LME también establece una serie de tutelas específicas para proteger debidamente los intereses de los socios: el derecho a una compensación en efectivo y el tipo de canje (art. 12 LME). Se trata de una regulación relevante. Su novedad radica principalmente en la nueva protección que reciben los socios, ya que se les reconoce expresamente el derecho de separarse de la sociedad, y de enajenar sus participaciones o acciones, por las que recibirán una compensación en efectivo. Por lo tanto, se reconoce a los socios disconformes con la modificación el derecho a obtener una compensación en efectivo, para lo cual, deberán haber votado en contra de la aprobación del proyecto. Con todo, dicho derecho de separación sólo podrá ejercerse en los supuestos de transformaciones internas, en fusiones por absorción de la sociedad participada al 90 %, cuando no se elaboren los informes de administradores y expertos sobre el proyecto de fusión, así como en operaciones transfronterizas, cuando los socios vayan a quedar sometidos a una ley extranjera (art. 12.1.º.2 LME). Este derecho podrá ejercitarlo ante el juzgado de lo mercantil del domicilio social cuando no se ha fijado adecuadamente, si bien la interposición de dicha reclamación no paralizará, en modo alguno, la operación de la modificación estructural ni impedirá su inscripción en el Registro Mercantil (art. 12.5.º LME). Finalmente, el importe de dicha separación se calculará conforme al tipo de canje de las acciones o participaciones a las que tuvieren derecho, debiéndose tener en cuenta para ello el método de cálculo empleado para llevar a cabo dicho procedimiento de canje.

C) Fase ejecutiva

Una vez aprobada la modificación estructural, el Registrador Mercantil procederá a la inscripción de la operación, una vez que compruebe que se han cumplido todas las condiciones exigidas y se han cumplido correcta-

contenido inicialmente propuesto, como se deduce indirectamente del art. 8.7.º LME cuando señala que «todo cambio del proyecto de modificación estructural requerirá la misma mayoría» exigida para la aprobación del proyecto. De este modo, se concluye que la nueva LME permite la alteración del contenido del proyecto de modificación estructural, extremo ya admitido en la previgente regulación. Ahora bien, dicha facultad de alteración sólo podrá llevarse a cabo cuando se ejerza de modo uniforme en los correspondientes acuerdos adoptados por las juntas de las distintas sociedades. No cabrá, por tanto, alteración del acuerdo alguna si las sociedades involucradas no adoptan de manera coordinada el cambio propuesto, entendiéndose en tales casos, que la decisión unilateral de una de las juntas conlleva el rechazo al proyecto al haber desvirtuado con la propuesta de cambio la modificación estructural inicialmente propuesta.

mente todos los trámites (art. 16.1.º LME). Los efectos de la modificación tendrán lugar desde la fecha de su inscripción en el Registro Mercantil. Corresponde, por tanto, al Registrador Mercantil el importante papel de comprobar que el procedimiento de adopción del acuerdo de modificación estructural se ha llevado a cabo respetando la normativa aplicable, lo que supone que dispone de cierto margen de apreciación a la hora de ponderar el cumplimiento «debido» de las condiciones exigidas y «correcto» de todos los trámites necesarios. La inscripción excluye la posibilidad de que se pueda declarar la nulidad de la modificación estructural propuesta, sin perjuicio de que puedan ejercerse las acciones resarcitorias que correspondan a socios y terceros (art. 16.2.º LME).

3. MODALIDADES: CARACTERÍSTICAS PRINCIPALES

3.1. Fusión

La fusión es un instrumento al servicio de la reestructuración de empresas. Su finalidad reside en adaptar la estructura jurídica de la empresa a las circunstancias cambiantes del entorno económico en el que desarrolla su actividad. Se trata, por tanto, de un procedimiento de concentración de empresas que permite obtener efectos jurídicos excepcionales, ya que hace posible la sucesión universal de las sociedades participantes en el proceso de fusión y la asignación directa de participaciones a los socios de aquellas sin tener que superar los farragosos trámites que supondría la liquidación de las sociedades en cuestión y la posterior creación de otra entidad que acogiera el patrimonio de las entidades participantes en el proceso y las participaciones correspondientes de cada socio integrante de cada una de las sociedades que hubieran formado parte de dicha operación.

El art. 33 LME define la fusión como aquella operación en cuya virtud dos o más sociedades se integran en una única sociedad mediante la transmisión en bloque de sus patrimonios y la atribución a los socios de las sociedades que se extinguen de participaciones o cuotas de la sociedad resultante, que puede ser de nueva creación o una de las sociedades que se fusionan. En este sentido, las fusiones pueden ser dos clases: a) la fusión en una nueva sociedad implicará la extinción de cada una de las sociedades que se fusionan, así como la transmisión en bloque de los respectivos patrimonios sociales a la nueva entidad; b) o la absorción de una o más sociedades por otra ya existente, adquiriendo esta última por sucesión universal los patrimonios de las sociedades absorbidas, que, por ello, se extinguirán.

El fenómeno de la fusión se puede aplicar en todo tipo de sociedades. Las cooperativas y las sociedades laborales también pueden utilizar esta modificación estructural, como ya se ha destacado con anterioridad[12]. Las dudas pueden plantearse sobre la supuesta necesidad de que las sociedades que se fusionen revistan la misma naturaleza. En principio, nada impide que se produzcan fusiones heterogéneas entre sociedades mercantiles y cooperativas, por hacer hincapié en la naturaleza de las entidades participantes en este tipo de integración, que resultan de interés en esta exposición. En este sentido, se entiende que este tipo de fusiones resultan admisibles en el ámbito de las sociedades laborales, y en el ámbito cooperativo también, siempre que la normativa cooperativa correspondiente no lo impida. Así, aunque sea una previsión superflua, la mayoría de las normas autonómicas reguladoras de las cooperativas admiten que la fusión heterogénea es posible, siempre que no exista una norma legal que lo prohíba, sean compatibles los procesos previstos en las diferentes normativas aplicables, y sean susceptibles de inscripción en el Registro correspondiente[13].

La fusión puede llevarse a cabo de forma abreviada, sin tener que cumplir todos los requisitos legales, cuando la sociedad absorbente sea titular de forma directa o indirecta de todas las participaciones sociales en que se divida el capital de la sociedad (art. 53.1.º LME), por lo que, en tal caso, no tendrá que elaborar el proyecto de fusión, ni emitir el informe de administradores ni de expertos sobre el proyecto, ni tendrá, por último, que proceder a su aprobación por la junta de la sociedad absorbida. Asimismo, cuando la sociedad absorbente sea titular directo del 90 % o más de la sociedad que vaya a ser objeto de absorción, tampoco serán necesarios los informes de administradores y expertos sobre el proyecto de fusión, siempre que se ofrezca por la sociedad absorbente a los socios de la sociedad absorbida la adquisición de sus participaciones.

La fusión despliega tres efectos sustanciales. En primer lugar, conlleva la extinción de todas o algunas de las cooperativas que participan en la fusión. La extinción será de todas las entidades participantes, cuando la fusión haya tenido lugar mediante la creación de una cooperativa nueva, mientras que, si es consecuencia de una absorción, sólo se extinguirá la absorbida, conservando su propia personalidad jurídica la absorbente. En segundo lugar, producirá la transmisión en bloque de los patrimonios de las cooperativas o sociedades laborales extinguidas a la nueva entidad o a la entidad absorbente, que adquirirá por sucesión universal los derechos y obligaciones de aquellas. Y, sobre todo, por lo que aquí interesa, conllevará la integración de los socios que integraban las cooperativas o las sociedades

12. *Vid.*, por ejemplo, arts. 80 ss., de la Ley 11/2019, de 20 de diciembre, de Cooperativas de Euskadi (en adelante, LCE).

13. En este sentido, efectuando un repaso exhaustivo a la normativa autonómica existente en el marco cooperativo, CANO ORTEGA, *La fusión de cooperativas*, p. 150-151.

laborales extinguidas por la fusión, en la entidad de economía social nueva o en la absorbente. De este modo, como luego tendremos ocasión de profundizar, los socios de las cooperativas o sociedades laborales extinguidas participarán en la entidad de economía social nueva o en la absorbente, recibiendo participaciones en proporción con las que contaban inicialmente en su entidad[14].

3.2. La escisión

La escisión puede ser de dos tipos. La escisión total es aquella modificación estructural en cuya virtud se produce la extinción de una sociedad con división de todo su patrimonio en dos o más partes, cada una de las cuales se transmite en bloque por sucesión universal a una sociedad nueva, o es absorbida por una sociedad ya existente (art. 59 LME). La escisión parcial presenta una configuración similar, ya que también supone el traspaso en bloque por sucesión universal de una o varias partes del patrimonio de una sociedad, pero que necesariamente deberán formar una unidad económica, a una sociedad de nueva creación o ya existente. En ambas fórmulas los socios de la sociedad escindida recibirán un número de participaciones de la sociedad beneficiaria proporcional a la participación ostentada en la sociedad escindida. Sus diferencias radican, en primer lugar, en que, en la escisión parcial, la parte o partes del patrimonio de la sociedad que sean objeto de traspaso deberán formar una unidad económica. Y, en segundo lugar, en que la sociedad escindida no se extingue, sino que conserva una parte de su patrimonio, transfiriendo el resto en bloque a la entidad beneficiaria, por lo que los socios de la escindida, siguen manteniendo la titularidad de sus participaciones, con independencia de que sean beneficiarios de las participaciones que le correspondan en la entidad beneficiaria. La segregación no se incluye en este análisis, porque se trata de una modalidad estructural que no propicia la realización del relevo generacional de los socios integrantes de la entidad[15].

Por lo que se refiere a los efectos que despliega la escisión, conviene advertir que resultan bastante similares a los de la fusión. En primer lugar, la escisión conlleva la transmisión a las sociedades beneficiarias de la ope-

14. Con todo, conviene destacar que, en el ámbito de las cooperativas, diferenciándose del régimen general previsto a tales efectos en la LME (art. 12.1.º) cuyo alcance es mucho más restringido, se reconoce a los socios de las cooperativas que hayan votado en contra de la fusión, el derecho a separarse de la cooperativa. Así sucede, por ejemplo, en el art. 84 LCE en el que expresamente se le reconoce al socio disconforme un plazo de 40 días desde el último día de los anuncios del acuerdo de la fusión, para poder ejercer su derecho de separación.

15. *Vid.* al respecto, con mayores explicaciones, *supra* n.º 3.

ración del patrimonio de la escindida en bloque y por sucesión universal. En segundo lugar, la transferencia del patrimonio producida por la escisión genera, como contrapartida, la atribución a los socios de la escindida, de participaciones de la entidad beneficiaria en proporción a las que ostentaban en la entidad escindida. Y, por último, producirá la extinción de la escindida sólo cuando se trate de una escisión total.

A pesar de que la escisión guarda un indudable paralelismo con la figura de la fusión, tiene su funcionalidad propia, ya que su inherente función de reparto patrimonial justifica que pueda ser utilizada en procesos de reestructuración empresarial de diverso signo. Así, es una figura perfectamente adecuada para promover procesos de desconcentración empresarial que tengan por objeto la especialización del proceso productivo. También puede ser utilizada para distribuir los riesgos empresariales en diferentes entidades que soportan su propia responsabilidad. Y, dentro de estos objetivos, también cabe que pueda ser empleada para que una nueva entidad o, una ya existente, continúe la labor realizada por la sociedad o cooperativa escindida, mediante el traspaso a la entidad adquirente de todo su patrimonio, y, por tanto, de toda su actividad. Es, por ello, una modalidad estructural que puede ser utilizada para promover el relevo generacional de las cooperativas y de las sociedad laborales, ya que permite que una entidad distinta, con sus propios socios, sea la que vaya a continuar la actividad de la entidad escindida, y sean los socios de la entidad receptora quienes se encarguen de continuar la trayectoria de la cooperativa o sociedad laboral escindida, sin perjuicio de que los socios de la misma continúen durante un tiempo colaborando en la gestión de la entidad de economía social beneficiaria, hasta que tengan que abandonarla forzosamente cuando les llegue la edad de su retiro.

3.3. La cesión global de activo y pasivo

La cesión global de activo y pasivo es aquella modificación estructural en cuya virtud una sociedad transmite en bloque todo su patrimonio por sucesión universal a uno, a varios socios, o a terceros, a cambio de una contraprestación que no puede consistir en participaciones del cesionario (art. 72.1.º LME). La peculiaridad de esta figura reside en que se permite que una sociedad mantenga su existencia, pese a que transmita en bloque a un sujeto todo su patrimonio a un sujeto, con el efecto añadido de la sucesión universal que lleva consigo en cuya virtud el nuevo adquirente se hace con todo el patrimonio del cedente. La sociedad cedente sólo quedará extinguida si la contraprestación fuera recibida total y directamente por los socios (art. 72.2.º LME).

La cesión global de activo y pasivo se concibe, por tanto, como un instrumento de intercambio patrimonial entre la sociedad cedente y el cesionario. No se trata de una simple reordenación de activos en el marco de una colaboración empresarial, porque se lleva a cabo siempre con la contrapartida de una contraprestación patrimonial. Se configura, en suma, como un instrumento idóneo para llevar a cabo la venta de empresas de forma ágil mediante la sucesión universal que trae consigo, y sin necesidad de contar con el consentimiento individualizado de los integrantes de las entidades intervinientes en el proceso. Y, además, propicia una ventaja añadida, ya que, como se ha indicado, dicha operación de venta no conlleva necesariamente la extinción de la sociedad vendedora. La diferencia con respecto a la operación de la venta de empresa mediante la transmisión de las acciones o participaciones de la sociedad titular a los nuevos adquirentes, es que en la cesión global lo que se vende es la sociedad y no los socios, por lo que la cesión global se puede realizar con base en un acuerdo mayoritario, sin requerir, por ello, que estén a favor todos los socios de la entidad cedente[16]. También cabe que la cesión global pueda realizarse a dos o más cesionarios, estableciendo como condición, que cada parte del patrimonio que se ceda constituya una unidad económica (art. 73 LME).

3.4. La capitalización de deuda

La capitalización de deuda o también llamada conversión de deuda en capital es una forma de reestructuración empresarial especialmente idónea para aquellas situaciones en la que la empresa está atravesando dificultades económicas y necesita «adelgazar» su pasivo, y para enderezar dicha situación no cuenta con recursos ni capacidad de financiación suficiente. Con este tipo de procesos se pretende armonizar los intereses de la empresa endeudada, que soporta una importante carga financiera, liberándola parcialmente de su carga crediticia mediante la conversión de su deuda en capital, y los de los acreedores, que ven incrementada sus posibilidades de cobro cuando consideran que la integración en la empresa puede servir para rentabilizar su inversión, una vez que hayan procedido a su saneamiento, y puedan obtener de ella los consiguientes beneficios, o una valiosa plusvalía mediante su futura venta.

La capitalización de deuda produce una extinción del crédito del acreedor por novación y, al mismo tiempo, trae consigo una mejora de los *ratios* de endeudamiento de la empresa en dificultades que tendría como conse-

16. Sobre estas cuestiones, *in extenso*, GONZÁLEZ MENESES/ÁLVAREZ ROYO-VILLANOVA, *Modificaciones estructurales de las sociedades mercantiles*, p. 435 ss.

cuencia directa la ampliación del crédito disponible[17]. Para poder llevarse a cabo dicha conversión el importe de la deuda deberá hacerse lo posible para que coincida con la aportación al capital que se pretende atribuir al acreedor. En tal sentido, lo lógico es que dicho procedimiento deberá llevar consigo una adecuación de la deuda al importe de la aportación reconocida al acreedor. Y deberá ser aprobado por los socios para que tenga validez[18].

En la actualidad este procedimiento ha cobrado especial relieve con el impulso legislativo que han recibido los planes de reestructuración en la reforma del TRLC. En concreto, su art. 614 TRLC señala que un acuerdo de reestructuración podrá tener por objeto, entre otros aspectos, la composición de la estructura del activo y del pasivo del deudor. Y el art. 616 TRLC profundiza aún más en la cuestión, al entender que podrán verse afectados, en virtud del plan de reestructuración, los créditos que sufran una modificación de sus términos o condiciones, como sucede particularmente con la conversión de los créditos en participaciones sociales. A través de este instrumento se busca que aquellas empresas que se encuentren en dificultades económicas puedan sortear los obstáculos a los que se enfrentan mediante la firma de un plan de reestructuración que contenga, entre otros términos, este acuerdo, y conseguir de esta forma, no desembocar en concurso. Y para convencer a los acreedores de que los planes de reestructuración que incluyan este tipo de operaciones resulten plenamente aplicables, se establece que no podrán ser objeto de ninguna acción rescisoria, si así se acuerda en el plan de reestructuración, en caso de que la empresa deudora acabe finalmente declarándose en concurso (art. 615.2.º TRLC). Dicho plan de reestructuración deberá ser aprobado por los socios de la entidad, de conformidad con lo previsto en la normativa correspondiente[19]. Y no cabe, de ninguna forma, que pueda ser vinculante para la cooperativa, si ésta no se

17. En este sentido, lo recuerda, aun SÁNCHEZ PAREDES, «Algunas cuestiones en torno al incumplimiento del acuerdo de refinanciación con capitalización de deuda», Las reestructuraciones de las sociedades de capital en crisis (dir. Bermejo/Martínez/Recalde), Cizur Menor 2019, p. 383 ss., esp. 389-391.

18. *Cfr.*, art. 33 LCE: «La Asamblea General será el órgano competente para acordar: (...) i) Toda decisión que suponga, según los estatutos, una modificación sustancial en la estructura económica, organizativa o funcional de la cooperativa». En el ámbito de las sociedades laborales, se exige igualmente la aprobación por la Junta de Socios, como señala expresamente el art. 160 LSC, a la vista del silencio que guarda sobre el particular la Ley 44/2015, de 14 de octubre, de Sociedades Laborales y Participadas (en adelante, LSLP).

19. En efecto, es la normativa cooperativa o la societaria, en caso de que se trate de una sociedad laboral, la que se aplica en este tipo de cuestiones como ha confirmado el propio art. 631.1.º TRLC al afirmar que «cuando el plan de reestructuración contenga medidas que requieran el acuerdo de los socios de la sociedad deudora, se estará a lo establecido para el tipo legal que corresponda».

muestra favorable a su firma. Es decir, es una fórmula que debe ser aprobada por la entidad de economía social para que pueda tener efectos. La única excepción se plantea cuando la cooperativa o la sociedad laboral se encuentre en situación de insolvencia inminente o actual, en cuyo caso, cabrá que se proceda a su homologación, aunque no haya sido aprobado por los socios, al encontrarse la cooperativa al borde del concurso y, por tanto, entenderse que los socios no están legitimados para tomar decisiones sobre la cooperativa o sobre la sociedad laboral cuando éstas pueden ser gravemente perjudiciales para los acreedores (art. 640.2.º TRLC).

IV. EL PAPEL DE LAS REESTRUCTURACIONES EMPRESARIALES EN EL RELEVO GENERACIONAL

Una vez analizadas de forma breve el régimen de las reestructuraciones empresariales corresponde en este apartado explicar el modo en que la aplicación de dichas modalidades puede ayudar a hacer posible el relevo generacional en las cooperativas de trabajo asociado y en las sociedades laborales. Como se ha señalado, las reestructuraciones empresariales pueden constituir un instrumento idóneo para promover el cambio generacional de las cooperativas y de las sociedades laborales que vean en un horizonte próximo un cambio forzoso o voluntario de una parte relevante de sus socios. En este sentido, a continuación, intentaremos explicar más en detalle el importante alcance que este tipo de operaciones pueden desempeñar en los procesos de relevo generacional de las cooperativas de trabajo asociado y de las sociedades laborales.

No obstante, la utilización de estas fórmulas de reestructuración puede tropezarse con un doble obstáculo: por un lado, la naturaleza corporativa de la entidad. Así, es recomendable que la empresa con la que la entidad de economía social se vaya a fusionar, o a transmitir su patrimonio por vía de una escisión o de una cesión global de activo y pasivo, revista la condición de cooperativa o sociedad, porque en tal caso, la integración entre ambas entidades resultará mucho más sencilla desde una perspectiva jurídica-organizativa, y solo de este modo la asimilación por la nueva entidad de los principios propios de la economía social podrá llevarse a cabo de forma plenamente satisfactoria; y, por otro lado, la imprevisibilidad de la operación. El hecho de que este tipo de procedimiento no pueda planificarse, porque su éxito depende de que se lleven a cabo con el concurso de otros operadores, ajenos a la entidad de economía social, que estén interesados y quieran implicarse en la entidad en cuestión. Ahora bien, aunque las circunstancias que pueden propiciar la realización de dichas operaciones escapan totalmente al control de la cooperativa o de la sociedad laboral, y pueden variar significativamente dependiendo de la coyuntura económico-

-empresarial existente, ello no ha de impedir que las cooperativas de trabajo asociado y las sociedades laborales tengan previsto en sus estatutos la posibilidad de que el relevo generacional se lleve a cabo mediante este tipo de instrumentos, incorporando mecanismos eficaces que faciliten su realización. Esto es, prevean en los estatutos instrumentos que favorezcan la realización de fusiones, escisiones, o cesiones globales de activo y pasivo, cuando la cooperativa o la sociedad laboral así lo estimen conveniente, mediante cláusulas que allanen la adopción de este tipo de iniciativas, siempre que la mayoría de los socios estén de acuerdo en tenerlas expresamente previstas.

a) La fusión de sociedades cooperativas, de sociedades laborales, o de una cooperativa o sociedad laboral con otra entidad, puede constituir un instrumento idóneo para conseguir que la sociedad laboral o la cooperativa de trabajo asociado cuente con nuevos socios en su estructura empresarial. Como ya se ha señalado, la fusión conlleva la integración de una nueva estructura empresarial en el marco de la entidad de economía social participante en dicho proceso. Dicha integración podrá ser de mayor o menor intensidad, dependiendo de si se crea una nueva cooperativa o sociedad laboral en la que se incorporen las dos entidades participantes, o si una entidad de economía social absorbe a la otra. En cualquier caso, los socios de la entidad absorbente/absorbida o, de las que se han extinguido como consecuencia de la creación de una nueva cooperativa o sociedad laboral, formarán parte de la entidad de economía social absorbente o de la de nueva creación. El relevo generacional en estos casos se producirá como consecuencia de la entrada de los nuevos socios en la entidad resultante. Ahora bien, el proceso de fusión no conlleva la salida o retirada de los socios que, por razones de edad, o de cualquier otra índole, van a abandonar próximamente la cooperativa o la sociedad laboral. Tras un proceso de fusión, los socios de la entidad de la economía social, próximos a su retirada, continuarán en la nueva entidad creada o en la absorbente, en compañía de los nuevos socios provenientes de las otras entidades participantes en el proceso de integración. Estos últimos serán quienes impulsen el relevo generacional, ya que, como nuevos socios, son los que deben ser capaces de insuflar nuevas ideas y proyectos en la entidad de economía social, ahora de un mayor tamaño como consecuencia de la integración realizada.

Dicha integración podrá tener lugar en un momento de bonanza empresarial, en la que la entidad de economía social está en condiciones de afrontar nuevos retos, y crecer de forma inorgánica, participando en proyectos con otros operadores con cuya integración se busca fortalecer la capacidad y los recursos de las empresas intervinientes en el proceso. Pero también puede que se produzca cuando la entidad de economía social se encuentre en dificultades económicas y la fusión con otra entidad pueda servirle para obtener nuevos recursos económicos, reforzar su situación financiera y alcanzar las condiciones adecuadas para afrontar con éxito los retos a los que ha de enfrentarse en el mercado. En cualquiera de ambos escenarios, la fusión es una modalidad de reestructuración empresarial que puede favorecer el relevo generacional de forma gradual, ya que la entrada de los nuevos socios no conlleva automáticamente la salida de los socios que, por edad, están próximos a abandonar la cooperativa o la sociedad laboral. Conviene subrayar que siguen perteneciendo a la misma hasta que decidan darse de baja voluntariamente o de modo forzoso por haber llegado a la edad de jubilación. Esta convivencia durante un tiempo entre los socios nuevos y los socios experimentados puede resultar de gran utilidad, porque va a permitir que los nuevos titulares de la entidad de economía social aprendan de las experiencias vividas en la entidad por los socios que tienen tras de sí una indudable experiencia empresarial y que, de este modo, pueden transmitírsela a los nuevos para que la tengan en cuenta en el devenir de su actividad. La presencia de los socios próximos a retirarse también puede servir para que los nuevos tengan siempre la posibilidad de plantearles las dudas o cuestiones que tengan por conveniente y, de este modo, su adaptación a la empresa de economía social resulte más llevadera.

b) A través de la escisión, sea total o parcial, se consigue que la cooperativa o sociedad laboral se pueda extinguir total o parcialmente, y pueda transmitirse en bloque por sucesión universal a una entidad de economía social de nueva creación o, sea absorbida por una ya existente, recibiendo los socios de la primitiva en la nueva entidad de economía social o, en la absorbente, un número de participaciones proporcional al que ostentaban en dicha entidad. De esta forma, se puede conseguir que en la cooperativa de trabajo asociado o en la sociedad laboral se incorporen nuevos socios que continúen la senda iniciada por quienes impulsaron la actividad de dicha entidad.

Se trata, por tanto, de un tipo de reestructuración que coincide en gran medida, con la fusión, ya que permite que la actividad de la entidad de economía social continúe mediante el traspaso a otra entidad de este tipo del patrimonio de la primigenia, para que sea esta última la que se encargue de continuar llevando a cabo dicha actividad. De este modo, conviven en la nueva entidad de economía social los socios que la integraban con los provenientes de la entidad objeto de escisión. El procedimiento de escisión, en suma, puede servir también para que se produzca el deseado relevo generacional, haciendo posible que los socios de la entidad de economía social receptora del patrimonio de la cooperativa o de la sociedad laboral objeto de escisión, continúen la labor realizada por esta última, en aras a conseguir llevar a buen fin su proceso de relevo generacional.

La nueva entidad creada o la absorbente de la entidad de economía social escindida, dependiendo de si la escisión se ha producido mediante la transmisión en bloque de su patrimonio a una nueva entidad o a otra ya existente absorbente, va a estar integrada por los socios de la entidad escindida y por los que ostentan dicha condición en la nueva entidad de economía social, o ya lo tenían en la que le ha absorbido. Se trata, por tanto, de un procedimiento de relevo generacional gradual, en la medida en que conviven durante un tiempo los socios que, por razones de edad, deben próximamente abandonar la cooperativa o la sociedad laboral, con los que ostentan dicha condición en la nueva o absorbente y que son quienes están llamados a continuar la senda trazada por la cooperativa que pretende llevar a cabo dicho relevo generacional. Esta convivencia temporal permite que el cambio se produzca de forma organizada, y los socios nuevos que vayan a hacerse cargo de la entidad de economía social en cuestión puedan aprender de las enseñanzas y experiencias de los socios que van a abandonar próximamente la entidad, consiguiendo, de esta forma, que el relevo generacional sea efectivo y exitoso.

c) La cesión global de activo y pasivo

Esta modalidad de reestructuración permite transmitir en bloque todo su patrimonio por sucesión universal a uno, a varios socios o a terceros, a cambio de una contraprestación que no podrá consistir en participaciones del cesionario. Se trata, por tanto, de un instrumento que puede servir para hacer efectivo el relevo generacional, si la cooperativa o la sociedad laboral transfiere su patrimonio a una entidad de economía social que asuma las obligaciones y derechos de la cedente. De este modo, la entidad receptora, y, por ende, sus socios, serán los beneficiarios de la cesión y podrán llevar a cabo la actividad que hasta el momento realizaban los socios de la entidad cedente. Los socios de esta última quedarán fuera de la nueva entidad de economía social, si bien mantendrán dicha condición de socios en la entidad cedente que, pese ceder su activo y pasivo, sólo se extinguirá si la contraprestación por dicha cesión global de activo y pasivo la recibieran total y directamente los socios (art. 72 LME).

En esta modalidad, de forma distinta a lo que sucede en la fusión o en la escisión, no se produce la convivencia durante un determinado tiempo de los socios de la entidad cedente con los de la cesionaria, porque una vez que tenga lugar dicha reestructuración, los únicos socios que van a ostentar tal condición en la entidad de economía social cesionaria son quienes revestían esa calificación en la misma. La cesión global de activo y pasivo conlleva automáticamente la salida de los socios de la entidad de economía social cedente, sin que ello suponga su ingreso en la entidad receptora de la cesión global. Se trata, por tanto, de una modalidad de relevo generacional automática, ya que no admite que exista en ningún momento la coexistencia de los socios de la entidad de economía social cedente con los de la cesionaria, que son quienes van a encargarse a partir de ese momento de realizar la actividad que hasta entonces efectuaban los socios de la entidad cedente.

d) La capitalización de deuda

Este instrumento, como se ha señalado, está concebido para supuestos en los cuales la entidad en cuestión se encuentre en una situación financiera delicada. Su ámbito de aplicación se limita sustancialmente, ya que no tiene sentido hacer uso del mismo en entidades saneadas que carezcan de problemas financieros, ya que, en tal caso, si alguien está interesado en incorporarse como socio en la entidad de economía social en cuestión, deberá hacerlo por los cauces previstos en la normativa societaria o cooperativa correspondiente. Por ello, la capitalización de la deuda en las entidades de economía social solo será utilizable en aquellas que estén atravesando serios problemas financieros.

Hay que reconocer, en consecuencia, que se trata de una fórmula ciertamente excepcional, aplicable para este tipo de escenarios en los que se pretenda aprovechar la coyuntura adversa para impulsar el relevo generacional, aun de forma poco ortodoxa, mediante la entrada de los acreedores como socios de la entidad de economía social. Se trata de una fórmula difícilmente aplicable en el ámbito de las cooperativas de trabajo asociado y de las sociedades laborales, porque los acreedores no tienen normalmente vocación de ser socios de una entidad de estas características a causa de su peculiar configuración corporativa. Si, además, es una entidad financiera o un fondo de inversión, la posibilidad es, en tal caso, sumamente remota, porque el *modus operandi* de este tipo de entidades no responde en modo alguno a las formas de organización de la actividad de las cooperativas y de las sociedades laborales. Por ello, este instrumento solamente tendría posibilidades de llevarse a cabo cuando el acreedor sea una cooperativa o una sociedad laboral, lo que no será frecuente, pero no hay que descartar que ello suceda cuando pueda existir un grado de colaboración estrecho entre cooperativas y/o sociedades laborales que propicie una intensa relación comercial, empresarial e incluso financiera, sin que ello suponga que formen parte de un mismo grupo empresarial. En dicha tesitura, podría acordarse la capitalización de la deuda de la entidad de economía social acreedora en la entidad deudora, propiciando, indirectamente, el relevo generacional de la entidad de economía social en dificultades, sin perjuicio de que los socios de dicha entidad siguieran formando parte de la misma, al conseguir así que los socios de la entidad acreedora se convirtieran en nuevos socios de la entidad de la economía social en crisis. Sin embargo, hay que admitir que no se trataría de un relevo generacional plenamente voluntario, sino más bien, forzado por las circunstancias adversas en la que se encuentra la entidad de economía social en crisis y, que realmente, no constituye el contexto idóneo para la efectiva realización del relevo generacional de dicha entidad si se pretenden preservar sus señas de identidad.

V. BIBLIOGRAFÍA

ÁLVAREZ ROYO-VILLANOVA, *La sucesión universal en las modificaciones estructurales,* Madrid 2016.

ÁLVAREZ ROYO-VILLANOVA, «El Anteproyecto de Ley modificaciones estructurales. Principales novedades», *El Notario del Siglo* XXI N.º 109 (2022) p. 40 ss.

ÁLVAREZ ROYO-VILLANOVA, «La nueva regulación de las modificaciones estructurales. Novedades del Real Decreto Ley 5/2023 respecto del Anteproyecto», *El Notario del Siglo XXI,* N.º 111 (2023), p. 22 ss.

CANO ORTEGA, *La fusión de cooperativas,* Madrid 2015.

GONZÁLEZ-MENESES/ÁLVAREZ ROYO-VILLANOVA, *Modificaciones estructurales de las sociedades mercantiles,* 2.ª Ed. Madrid 2013.

IGLESIAS-RODRÍGUEZ, «El derecho de información del socio y otros interesados en las modificaciones estructurales», *Las modificaciones estructurales de las sociedades mercantiles* (coord. Rojo/Campuzano/Cortés/Pérez Troya), Cizur Menor 2015, p. 265 ss.

MOYA BALLESTER, «Los planes de reestructuración», *Derecho Concursal y Preconcursal* T. II (dir. Gallego Sánchez), Valencia 2022, p. 2281 ss.

SÁNCHEZ PAREDES, «Algunas cuestiones en torno al incumplimiento del acuerdo de refinanciación con capitalización de deuda», Las reestructuraciones de las sociedades de capital en crisis (dir. Bermejo/Martínez/Recalde), Cizur Menor 2019, p. 383 ss.

VÁZQUEZ CUETO, «El concepto de reestructuración en la Directiva 2019/1023 y su traslación al derecho español de sociedades de capital», *Revista Lex Mercatoria* Vol. 18. 2021.

Capítulo 6

Aspectos societarios del relevo generacional en las cooperativas de trabajo asociado*

Irene Escuin Ibáñez
Profesora Titular de Derecho Mercantil
Universidad Politécnica de Cartagena

*. Trabajo integrado en el Proyecto «Plataformas digitales para la economía de cuidados» (TED2021-129367B-I00), financiado por el Ministerio de Ciencia e Innovación MCIN/AEI/10.13039/501100011033 y por la Unión Europea «NextGenerationEU»/«PRTR», del que son investigadoras principales Mercedes Farias Batlle y Rosalía Alfonso Sánchez.

I. LA COOPERATIVA DE TRABAJO ASOCIADO COMO CLASE ESPECIAL DE COOPERATIVA

El capítulo X de la Ley 27/1999, de 16 de julio, de Cooperativas (LCoop), a la hora de enumerar las distintas clases menciona en primer término a las cooperativas de trabajo asociado. De acuerdo con el art. 80 se trataría de aquellas que tienen por objeto proporcionar a sus socios puestos de trabajo, mediante su esfuerzo personal y directo, a tiempo parcial o completo, a través de la organización en común de la producción de bienes o servicios para terceros. De esta definición legal conviene destacar los siguientes aspectos. En primer lugar, estamos ante una asociación de personas que se compromete a prestar su trabajo personal en la cooperativa. Como consecuencia de ello, los socios deben ser necesariamente personas físicas con la capacidad legal y profesional necesaria para la prestación en común del trabajo objeto de la cooperativa. Tendrán que ser, por tanto, mayores de edad y, en caso de que se requiera, disponer de la titulación oficial pertinente[1].

Desde la perspectiva interna, la cooperativa de trabajo asociado se constituye para satisfacer determinadas necesidades comunes a todos los socios que se identifican fundamentalmente con el deseo de disfrutar de un empleo estable y en las mejores condiciones posibles[2]. En cumplimiento de este fin común, los socios asumirán una serie de obligaciones entre las que se encuentra la de aportación y la de prestar su trabajo personal en la sociedad, actividad está última que se identificará como la actividad cooperativizada. Distinta de la actividad cooperativizada es la concreta actividad mercantil que la cooperativa de trabajo asociado realiza en el mercado y para el mercado. Esta última se identificará con el concepto de objeto social presente en toda sociedad mercantil y actuará en la dimensión externa de la cooperativa[3].

1. FAJARDO GARCÍA, G., «Concepto, causa y objeto de la cooperativa de trabajo asociado», AA.VV., *Cooperativas de trabajo asociado y estatuto jurídico de sus trabajadores* (Dir. FAJARDO GARCÍA), Tirant lo Blanch, Valencia 2016, p.196; MORILLAS JARILLO, M.ª J./FELIÚ REY, M. I., *Curso de cooperativas*, Tecnos, Madrid, 2018, p. 181.
2. FAJARDO GARCÍA, G., «Concepto, causa y objeto», *cit.*, p. 202.
3. ALFONSO SÁNCHEZ, R., «Formas jurídicas del trabajo asociado en la economía social», AA.VV., *Cooperativas de trabajo asociado y estatuto jurídico de sus trabajadores* (Dir. FAJARDO GARCÍA), Tirant lo Blanch, Valencia 2016, p. 87.

II. TIPOLOGÍA DE SOCIOS EN LA COOPERATIVA DE TRABAJO ASOCIADO

1. LOS SOCIOS TRABAJADORES

Atendiendo a las particularidades de la cooperativa de trabajo asociado, puede concluirse que su clase natural de socio será el socio trabajador que participa directamente en la actividad cooperativizada prestando en común su trabajo personal[4]. La concurrencia de esta doble condición de socio y trabajador sobre los miembros de la cooperativa lleva a plantear cuál es la naturaleza de la relación que mantiene con la persona jurídica. Al respecto, la propia LCoop en su art. 80.1 califica este vínculo como societario, en la medida en que la prestación común de trabajo es el objeto del contrato de constitución de este tipo de cooperativas[5]. El carácter societario de esta relación implica, por tanto, que la posición jurídica del socio trabajador vendrá delimitada tanto por lo establecido en la legislación sobre cooperativas como por el contrato constitutivo de la concreta persona jurídica y por los acuerdos alcanzados por los socios sobre cuestiones específicas.

Ahora bien, se trata de una relación societaria sobre la que inciden importantes cuestiones de naturaleza laboral. Algunas de ellas se encuentran previstas en la propia LCoop. En concreto, sus artículos 84 al 86 se encargan de establecer las modalidades de suspensión temporal, excedencia, o baja obligatoria del socio, así como los efectos de la sucesión de empresas en las cooperativas por contratas o concesiones. Para la regulación de otro tipo de aspectos relacionados con la prestación del trabajo, la LCoop atribuye competencia a los propios los estatutos, al reglamento de régimen interno o la propia asamblea general de la cooperativa. Se trataría de aspectos como la duración de la jornada de trabajo, el descanso mínimo semanal, los permisos, las fiestas y las vacaciones anuales (art. 83 LCoop).

4. En este punto es necesario evidenciar que los socios trabajadores de una cooperativa de trabajo asociado no son equivalentes a los socios de trabajo del resto de cooperativas. Estos últimos forman parte de sociedades cogestionadas que, aunque no cooperativizan el trabajo, admiten socios que realizan una prestación de actividad personal y profesional. Las cooperativas de trabajo asociado, sin embargo, son entes plenamente autogestionados donde todos los socios cooperativizan su actividad laboral, véase diferencias en MORILLAS JARILLO, M.ª J./FELIÚ REY, M. I., *Curso de cooperativas, cit.*, p. 197.

5. Cabe apuntar que estamos ante una cuestión que en la evolución legislativa de las cooperativas ha planteado controversias tanto en la doctrina, como en la jurisprudencia, véase en este sentido FAJARDO GARCÍA, G., «Naturaleza jurídica de la relación entre la cooperativa de trabajo asociado y el socio trabajador. Consecuencias», AA.VV., *Cooperativas de trabajo asociado y estatuto jurídico de sus trabajadores* (Dir. FAJARDO GARCÍA), Tirant lo Blanch, Valencia, 2016, p. 248 y ss.

La manera como se procede a incorporar este conjunto de cuestiones de naturaleza laboral en la propia regulación societaria es diferente en cada normativa autonómica. Existen leyes autonómicas que depositan en la propia cooperativa la aprobación de un «estatuto jurídico de la persona socia trabajadora». Otras establecen una suerte de prelación de normas aplicables a la prestación de trabajo por parte del socio de una cooperativa de trabajo asociado en cuya cúspide se sitúan las normas legales y reglamentarias del Estado que regulan el contrato de trabajo, sin perjuicio de que los Estatutos o la asamblea de la cooperativa puedan mejorar las condiciones establecidas en ellas[6].

Respecto a la posición jurídica que ocupa el socio trabajador en el marco de la relación societaria que le une a la cooperativa, conviene señalar que la prestación en común de la actividad laboral constituye simultáneamente su principal derecho y obligación. Es un derecho porque el carácter mutualista de la cooperativa de trabajo asociado requiere que todos sus miembros puedan acceder sin restricciones al desarrollo de la actividad laboral[7]. Pero, por otro lado, esta necesidad de colaboración y ayuda mutua hace que la prestación de trabajo se convierta en una obligación inherente a la condición de socio que este último realiza, no porque haya firmado un contrato de trabajo, sino porque es miembro de la cooperativa de trabajo asociado[8]. En definitiva, el socio estará obligado a trabajar mientras sea socio porque, precisamente, esta es la razón que le mueve a formar parte de este tipo social. A diferencia de lo que ocurre en las sociedades de capital, no estamos ante inversores en búsqueda de mayor rentabilidad para su dinero, sino de personas que se acercan a la cooperativa pretendiendo un empleo estable y seguro, para prestar —como socio— su trabajo personal en colaboración con los demás.

6. Véase al respecto SENENT VIDAL, M.ª J., «Derechos y obligaciones de la persona socia trabajadora de la cooperativa de trabajo asociado en la ley», AA.VV., *Cooperativas de trabajo asociado y estatuto jurídico de sus trabajadores* (Dir. FAJARDO GARCÍA), Tirant lo Blanch, Valencia 2016, p. 372.
7. El ejercicio de este derecho no puede ser objeto de discriminaciones arbitrarias e injustas entre los socios, al tiempo que conlleva una obligación correlativa para la cooperativa de facilitar su ejercicio, véase AA.VV., *Derecho de las sociedades cooperativas* (Dirs. VARGAS VASSEROT/GADEA SOLER/SACRISTÁN BERGIA), La Ley, Madrid, 2015, p. 236; SENENT VIDAL, M.ª J., «Derechos y obligaciones de la persona socia trabajadora de la cooperativa de trabajo asociado en la ley», *cit.*, p. 362.
8. De igual forma, la propia ley determina que la pérdida de la condición de socio implica también el cese de la prestación de trabajo (art. 80.3 LCoop), véase FAJARDO GARCÍA, G., «Naturaleza jurídica de la relación entre la cooperativa de trabajo asociado y el socio trabajador. Consecuencias», *cit.*, p. 234.

Todo ello también incide en papel que asume el capital social en el seno de las cooperativas de trabajo asociado. En realidad, su capitalización se consigue fundamentalmente a través de los excedentes conseguidos por realización de la actividad cooperativizada, más que a través de las aportaciones de los socios al capital. Por ello, y aunque la LCoop exige que los estatutos establezcan un mínimo de capital para constituir una cooperativa y que los socios realicen la aportación social necesaria para adquirir dicha condición, es posible encontrar en la práctica cooperativas de trabajo asociado con un capital bastante reducido y una aportación social exigua por parte del socio[9].

Por lo demás, los socios de trabajo disfrutan de los mismos derechos y obligaciones que cualquier otro socio de una cooperativa. No obstante, y teniendo en cuenta la mezcla cuestiones laborales y societarias que concurren sobre su caracterización jurídica, conviene incidir en las especialidades de uno de los derechos que mayor conexión tiene con la vertiente laboral de la figura de socio trabajador, en concreto, el derecho a percibir anticipos societarios. En términos generales, el art. 80.4 LCoop reconoce a todos los socios de la cooperativa el derecho a percibir una parte de los excedentes o resultados positivos de la sociedad una vez computados los ingresos y descontados los gastos. Es lo que se denomina derecho al retorno y cuya cuantía se desconoce hasta que no finaliza el ejercicio económico y se contabilizan todas las operaciones realizadas. Pues bien, en el ámbito de las cooperativas de trabajo asociado y como una modalidad del derecho al retorno, los socios trabajadores tienen reconocido el derecho a percibir los llamados anticipos societarios[10] que se configuran atendiendo a las siguientes características. En primer lugar, y de acuerdo con lo establecido por la propia LCoop estas percepciones no tienen la consideración de salarios, porque no vienen pactados en un previo contrato de trabajo suscrito con la cooperativa. Más bien se perciben como consecuencia de la relación societaria que vincula al socio trabajador y la cooperativa y que nace como consecuencia de la suscripción del contrato constitutivo[11]. Por otro lado, los anticipos se perciben periódicamente en un plazo de tiempo no superior a un mes, y además dicha percepción es automática.

Por lo que respecta a su cuantía, y atendiendo a lo que establece la LCoop, la asamblea general es el órgano competente para fijarla tomando

9. FAJARDO GARCÍA, G., «Naturaleza jurídica de la relación entre la cooperativa de trabajo asociado y el socio trabajador. Consecuencias», *cit.*, p. 241.
10. SENENT VIDAL, M.ª J., «Derechos y obligaciones de la persona socia trabajadora de la cooperativa de trabajo asociado en la ley», *cit.*, p. 354.
11. COSTAS COMESAÑA, J., «Cooperativas de trabajo asociado», AA.VV., *Tratado de cooperativas* (Dir. PEINADO GARCIA), t. II, Tirant lo Blanch, Valencia, 2018, p. 1478.

como punto de referencia la participación de cada socio en la actividad cooperativizada. La Ley estatal no establece requisitos adicionales para concretar el importe de estos anticipos y el resto de las leyes autonómicas tampoco ofrecen soluciones unánimes en la materia. Algunas no establecen ningún tipo de restricción a la cuantía que pueda acordar la asamblea. Otras exigen que el importe acordado sea similar a las retribuciones normales en la zona y sector de actividad según su categoría profesional y la jornada laboral realizada[12]. También existen leyes autonómicas que impiden que dicha cuantía sea inferior al salario mínimo interprofesional[13]. En cuanto al importe máximo de estos anticipos, y a pesar de que el marco legal no establece nada sobre la materia, una gestión prudente de la cooperativa exigía establecer también establecer un tope conforme a los criterios objetivo de mercado al objeto de favorecer la generación de beneficios[14].

2. LOS SOCIOS COLABORADORES

El hecho de que los miembros de una cooperativa de trabajo asociado deban asumir también la condición de trabajadores no obsta para que pueda coexistir en su seno otra tipología de socios prevista tanto en la LCoop, como en las distintas leyes autonómicas sobre cooperativas. Tal es el caso de los socios colaboradores, es decir, aquellos que no participan en la actividad cooperativizada, pero que colaboran en la consecución del objeto social, ya sea aportando capital o realizando alguna actividad complementaria (art. 14.1 LCoop). Las distintas leyes autonómicas no ofrecen una visión unitaria de la configuración y la nomenclatura de esta categoría de socio[15]. A pesar de ello, parece claro que el objetivo del legislador al incluirla en la LCoop fue abrir las puertas a la presencia dentro de la cooperativa de socios capi-

12. Véase en este sentido, art. 105.1 de la Ley de Cooperativas de Extremadura, COSTAS COMESAÑA, J., «Cooperativas de trabajo asociado», *cit.*, p. 1479; FAJARDO GARCÍA, G./BOQUERA MATARREDONA, J., «Relación societaria cooperativa y los límites legales a la autogestión», AA.VV., *Cooperativas de trabajo asociado y estatuto jurídico de sus trabajadores* (Dir. FAJARDO GARCÍA), Ed. Tirant lo Blanch, Valencia 2016, p. 345.
13. Véase art. 105.4c) de la Ley de Cooperativas de Castilla la Mancha, art. 105.1 de la Ley de Cooperativas Gallega y el art. 99.6 de la Ley de Cooperativas del País Vaso, COSTAS COMESAÑA, J., «Cooperativas de trabajo asociado», *cit.*, p. 1479; FAJARDO GARCÍA, G. / BOQUERA MATARREDONA, J., «Relación societaria cooperativa y los límites legales a la autogestión», *cit.*, p. 345.
14. En este sentido FAJARDO GARCÍA, G./BOQUERA MATARREDONA, J., «Relación societaria cooperativa y los límites legales a la autogestión», *cit.*, 345.
15. La unidad en cuanto a la denominación de esta figura se rompe con la Ley de Cooperativas de Castilla la Mancha que utiliza el término socio cooperador en lugar de colaborador. Respecto al contenido, existen leyes autonómicas que utilizan el término asociado, adherido o inversor para referirse en general a todos aquellos sujetos que

talistas que no desarrollan actividad cooperativizada alguna y que sólo realizan aportaciones d e capital[16].

En principio el régimen jurídico de los socios colaboradores debe venir previsto en los propios estatutos de la cooperativa. En función de ello, y dado que su presencia representa la quiebra de uno de los principios cooperativos básicos como es el de la participación directa del socio en el desarrollo de la actividad cooperativizada, es necesario establecer reglas especiales sobre el porcentaje de capital que puede ser suscrito por estos socios, sobre su participación en los resultados positivos de la cooperativa, sobre el reparto ponderado de los derechos y obligaciones o sobre su acceso a los órganos sociales[17].

3. OTRO TIPO DE SOCIOS

Junto a los socios colaboradores, las cooperativas de e trabajo asociado también pueden contar con los llamados *socios inactivos*, es decir, aquellos que, por causas justificadas, dejan de realizar la actividad cooperativizada pero que mantienen su condición de socio. En la mayor parte de las leyes autonómicas el paso a socio inactivo debe solicitarse voluntariamente por parte del sujeto interesado y es la cooperativa quien debe autorizarlo. En cualquier caso, la participación de este tipo de socios en la cooperativa está sujeta a importantes restricciones[18].

De igual forma también es posible encontrar *socios trabajadores de duración determinada*, es decir, socios que mantienen con la cooperativa una vinculación temporal con el objetivo de hacer frente a necesidades puntuales

---

participan en el capital de la cooperativa, pero no en la actividad cooperativizada. Esta falta de unidad tanto en la nomenclatura como en el contenido dificulta enormemente el análisis de esta figura, véase MORILLAS JARILLO, M.ª J./FELIÚ REY, M. I., *Curso de cooperativas, cit.*, p. 198.

16. AA.VV., *Derecho de las sociedades cooperativas* (Dirs. VARGAS VASSEROT/GADEA SOLER/ SACRISTÁN BERGIA), *cit.*, p. 211.

17. MORILLAS JARILLO, M.ª J./FELIÚ REY, M. I., *Curso de cooperativas, cit.*, p. 200; LASSALETTA GARCÍA, P. J./MILLÁN CALENTI, R. A./MONTERO VILAR, J. A./ ÁLVARO HERRERA, L., «Tipos de socios y otras formas de participación social», AA.VV., *Tratado de cooperativas* (Dir. PEINADO GARCIA), t. II, Tirant lo Blanch, Valencia, 2018, p. 350.

18. La mayor parte de las leyes autonómicas condicionan la posibilidad de ser socio inactivo a tener una cierta antigüedad en la cooperativa, además tienen limitaciones en el ejercicio de su derecho de voto, en su participación en los órganos de la cooperativa y también en sus derechos económicos, véase ampliamente en MORILLAS JARILLO, M.ª J./FELIÚ REY, M. I., *Curso de cooperativas, cit.*, p. 203.

de incremento en la actividad cooperativizada[19]. La existencia de este tipo de socios depende de que los estatutos hayan previsto su régimen jurídico y sobre ellos van a concurrir igualmente limitaciones en cuanto a su número, votos que pueden emitir en la asamblea o porcentaje de participación en el capital social.

En último término, algunas leyes autonómicas también prevén que las sociedades cooperativas incluyan en sus estatutos lo que se denomina *socio a prueba,* aunque sujetando dicha posibilidad a determinadas restricciones[20]. Algunas de ellas hacen referencia a la duración del período de prueba, en la medida en que no podrá exceder un determinado período de tiempo. Otras remiten al porcentaje de socios que bajo estas condiciones pueden existir en la cooperativa, así como a las limitaciones en el ejercicio de sus derechos políticos y económicos mientras dure la situación de prueba. Conviene señalar, en cualquier caso, que, pese a su denominación, no estamos propiamente ante una categoría especial de socio, sino de sujetos que adquieren la condición de socio de pleno derecho en el momento en que superen el período o situación de prueba[21].

4. LOS TRABAJADORES NO SOCIOS

Las cooperativas de trabajo asociado se sustentan sobre una base societaria formada básicamente por socios trabajadores y, con carácter excepcional, por otras figuras societarias alternativas reconocidas estatutariamente (socios colaboradores, socios inactivos, etc.), siempre con restricciones en su porcentaje de participación y en su régimen de derechos. Partiendo de esta configuración inicial de acuerdo con la cual los socios deben ser trabajadores, nada obsta para que en una cooperativa de trabajo asociado puedan coexistir simultáneamente trabajadores que participen en el desarrollo de la actividad cooperativizada y del objeto social pero que no ostenten la condición de socio[22].

---

19. La figura fue precisamente creada por la Ley vasca de cooperativas de 24 de junio de 1993, con el objetivo de que las cooperativas pudiesen disponer de un instrumento que, siendo coherente con los principios mutualistas, fuese alternativo a la contratación de trabajadores por cuenta ajena y les permitiera hacer frente a con flexibilidad y competitividad a las demandas del mercado, COSTAS COMESAÑA, J., «Cooperativas de trabajo asociado», *cit.,* p. 1469.
20. MORILLAS JARILLO, M.ª J./FELIÚ REY, M. I., *Curso de cooperativas, cit.,* p. 210.
21. COSTAS COMESAÑA, J., «Cooperativas de trabajo asociado», *cit.,* p. 1473.
22. En realidad, la cooperativa no tiene obligación de integrar a todos sus trabajadores como socios ALFONSO SÁNCHEZ, R., «Formas jurídicas del trabajo asociado en la economía social», *cit.,* p. 89.

En cualquier caso, esta posibilidad queda sometida al cumplimiento de una serie de restricciones a las que es necesario hacer referencia. La más importante de todas hace referencia al número de horas de trabajo que deben cumplir empleados por cuenta ajena. En este sentido la mayor parte de las leyes autonómicas sobre cooperativas establece que dicho número no podrá rebasar el 30% de las horas trabajadas anualmente[23]. La razón de ello es que existe un mayor interés por canalizar la actividad laboral en una cooperativa de trabajo por la vía societaria más que por la suscripción de contratos de trabajo. En la práctica, sin embargo, estas limitaciones han funcionado como auténticas restricciones que han inclinado la balanza hacia las sociedades laborales, más permisivas en este aspecto[24].

III. EL RELEVO GENERACIONAL EN EL CONTEXTO DE UNA COOPERATIVA DE TRABAJO ASOCIADO

Hasta ahora se ha venido señalando el papel protagonista que adquiere el socio trabajador en la configuración societaria de una cooperativa de trabajo asociado. Este último desarrolla su prestación de trabajo al amparo de una relación exclusivamente societaria que elimina su consideración de trabajador por cuenta ajena y su sometimiento a la legislación laboral[25]. No obstante, el hecho de que el marco jurídico en el que se mueve el socio trabajador esté conformado básicamente por la legislación sobre cooperativas, los estatutos societarios y el reglamento de régimen interno de la propia cooperativa no impide reconocer que se trata de una figura en la que también se combinan importantes dosis de laboralidad. Conviene no olvidar que las previsiones de la LCoop en materia de régimen disciplinario, duración de la jornada, vacaciones, fiestas, etc., presentan importantes similitudes con la legislación laboral[26].

23. La mayor parte de leyes autonómicas han utilizado el criterio del número de horas trabajadas, en lugar del criterio utilizado anteriormente que comparaba el número de socios con el número de trabajadores de la cooperativa. Este nuevo criterio se considera más flexible en la medida en que tiene en cuenta la prestación de trabajo a tiempo parcial y la existencia de necesidades puntuales de mano de obra, véase COSTAS COMESAÑA, J., «Cooperativas de trabajo asociado», *cit.*, p. 1453.
24. VARGAS VASSEROT, C., *La actividad cooperativizada y las relaciones de la cooperativa con sus socios y con tercero*, Thomson-Aranzadi, Cizur Menor, 2006, p. 215.
25. GARCÍA JIMÉNEZ, M., «Alcance jurídico de la relación societaria entre el socio trabajador y la cooperativa de trabajo asociado», AA.VV. *Cooperativas de trabajo asociado y estatuto jurídico de sus trabajadores* (Dir. FAJARDO GARCÍA), Tirant lo Blanch, Valencia, 2016, p. 293.
26. ALFONSO SÁNCHEZ, R., «Formas jurídicas del trabajo asociado en la economía social», *cit.*, p. 89.

Partiendo de la estrecha conexión que existe entre la vertiente societaria y laboral de esta figura societaria, resulta necesario ahora dirigir el foco de atención sobre las consecuencias recíprocas que puede tener en ambas vertientes la presencia de vicisitudes que afecten tanto a la relación societaria, como al normal desarrollo de la prestación de trabajo. Se trataría, concretamente, de analizar si la extinción del vínculo social por la salida del socio de la cooperativa va a repercutir automáticamente en el desarrollo de su actividad laboral, o si la presencia de circunstancias que impiden continuar con la prestación de trabajo puede afectar directamente a su condición de socio.

Planteada así la cuestión, cabe señalar que, en principio, la comunicación recíproca de vicisitudes no actúa cuando el punto de partida es la relación societaria. En este sentido, la salida del socio y, consecuentemente, la extinción del vínculo social por haber cursado baja voluntaria de la cooperativa no tiene por qué afectar automáticamente al desarrollo de la prestación de trabajo. Es posible continuar vinculado a la cooperativa como trabajador por cuenta ajena y contribuir a la realización del objeto social, no en cumplimiento de la actividad cooperativizada, sino del contrato de trabajo. En este sentido, ya hemos hablado de la posible convivencia en el marco de una cooperativa de trabajo asociado de socios de trabajo y trabajadores no socios.

La conclusión, sin embargo, es distinta cuando la presencia de determinadas circunstancias impide al socio trabajador el normal desarrollo de su actividad laboral. La razón de ello es que, si este último ya no reúne las condiciones objetivas necesarias para seguir trabajando, estaría incumpliendo uno de los requisitos necesarios para ostentar la condición de socio en el marco de una cooperativa de trabajo asociado, a tenor de lo establecido en el art. 80.2 LCoop y esta circunstancia significaría su salida forzosa de la cooperativa o lo que es lo mismo su baja obligatoria[27]. Atendiendo a este resultado, es posible afirmar que en el marco de una cooperativa de trabajo asociado la imposibilidad de continuar con la prestación de trabajo tiene un efecto inmediato sobre el vínculo societario que une al socio trabajador con la cooperativa hasta el punto de que puede llegar a extinguirlo. En este caso,

27. SÁNCHEZ RUIZ, M., «Baja, separación y expulsión de socios», AA.VV. *Cooperativas de enseñanza. Régimen jurídico y económico: aspectos estratégicos* (Dir. ALFONSO SÁNCHEZ), Thomson Reuters-Aranzadi, Elcano, 2018, p. 233; SENENT VIDAL, M.ª J., «Pérdida de la condición de persona socia trabajadora de la cooperativa de trabajo asociado», AA.VV. *Cooperativas de trabajo asociado y estatuto jurídico de sus trabajadores* (Dir. FAJARDO GARCÍA), Tirant lo Blanch, Valencia, 2016, p. 418.

sí que se produciría una comunicación directa de las vicisitudes de la relación laboral sobre la societaria.

Respecto a las circunstancias que pueden impedir al socio trabajador proseguir con la ejecución de su prestación de trabajo personal en la cooperativa, en el orden civil cualquier situación de modificación de la capacidad jurídica imposibilitaría automáticamente el desarrollo de la actividad de prestación personal de trabajo provocando, en consecuencia, la salida forzosa del socio de la cooperativa. En el orden societario, resulta destacable el hecho de que tanto los arts. 85 y 86 LCoop, como las distintas leyes autonómicas mencionen supuestos específicos que afectan a la continuidad de la prestación de trabajo causando la baja obligatoria del socio trabajador en el seno de una cooperativa de trabajo asociado. La ley remite, en primer, termino a los casos de incapacidad permanente absoluta o gran invalidez del socio trabajador. De igual forma, regula con cierto detalle la baja obligatoria por causas económicas, tecnológicas o de fuerza mayor, entendida como una baja conjunta de varios socios trabajadores cuando se constata la necesidad de reducir su número para mantener la viabilidad empresarial de la cooperativa.

Más allá de estos dos supuestos concretos, la legislación sobre cooperativas no remite a otro tipo de circunstancias concretas que afectan a la continuidad de la prestación de trabajo del socio trabajador y que, por tanto, son susceptibles de extinguir el vínculo societario. No se mencionan, por ejemplo, circunstancias que en el orden laboral pueden significar la rescisión del contrato de trabajo tales como el despido por causas objetivas[28] o, en especial, la jubilación de los socios trabajadores. La ausencia de una referencia expresa a este último supuesto en la legislación sobre cooperativas hace necesario abordar las principales consecuencias jurídicas que encierra el relevo generacional en las cooperativas de trabajo asociado. Las implicaciones que ello conlleva no solo en el terreno de la composición interna de la cooperativa, sino también en el de su estructura financiera justifica un estudio más pormenorizado del supuesto distinguiendo los diversos escenarios que plantea la jubilación del socio trabajador.

28. En este sentido, SÁNCHEZ RUIZ, M., «Baja, separación y expulsión de socios», *cit.*, p. 234. El despido por causas objetivas quedaría reflejado en el aspecto societario a través de la expulsión de socios.

IV. CONSECUENCIAS JURÍDICAS DEL RELEVO GENERACIONAL EN EL CASO DEL SOCIO TRABAJADOR DE LA COOPERATIVA DE TRABAJO ASOCIADO

1. JUBILACIÓN DEL SOCIO TRABAJADOR SIN ENTRADA DE NUEVOS SOCIOS

El acceso a la jubilación por parte de los socios trabajadores tras cumplir los requisitos necesarios para ello en términos de edad y años cotizados[29], representa el cese de su prestación de trabajo personal y, en consecuencia, la pérdida de los requisitos necesarios para ser considerado socio trabajador. Por ello, y a pesar de que la LCoop no incluye expresamente a la jubilación entre la lista de causas que pueden cursar la baja obligatoria de la cooperativa, el hecho de que ya no sea posible cumplir con una de las exigencias fundamentales que encierra la condición de socio trabajador es suficiente para desencadenar la necesaria extinción del vínculo societario. Esta baja obligatoria por jubilación va a tener, además, carácter forzoso en la medida en que resulta irrelevante el deseo del socio de continuar en la cooperativa y automático porque opera *ex lege* una vez ha quedado constatado el cese de la prestación de trabajo[30]. Ante dicha circunstancia, el consejo rector será el órgano encargado de decidir sobre las circunstancias y calificación de la baja previa audiencia del interesado a petición propia o de cualquier otro socio y el resultado del procedimiento será la salida del socio y la consiguiente reducción del número de miembros de la cooperativa.

En cualquier caso, baja obligatoria del socio trabajador por jubilación no solo tiene efectos en la composición interna de la sociedad, sino que también tiene importantes implicaciones económicas. La razón de ello es que, como

29. Respecto a los requisitos, conviene señalar que el RDL8/2015, de 30 de octubre, por el que se aprueba el texto refundido de la Ley General de la Seguridad Social, establece en su art. 7 c) que los socios trabajadores de una cooperativa de trabajo asociado están comprendidos en el sistema de la seguridad social. A este último pueden integrarse bien como asimilados a trabajadores por cuenta ajena, bien como trabajadores autónomos en el régimen especial correspondiente, correspondiendo a la propia cooperativa a través de sus estatutos la elección de un sistema u otro. Véase, GARCÍA JIMÉNEZ, M., «Alcance jurídico de la relación societaria entre el socio trabajador y la cooperativa de trabajo asociado», *cit.*, p. 307.

30. SÁNCHEZ RUIZ, M., «Baja, separación y expulsión de socios», *cit.*, p. 233. No obstante, conviene señalar que, en aras de promocionar el llamado envejecimiento activo, actualmente es posible compatibilizar la jubilación con el desarrollo de una actividad laboral por cuenta propia o ajena a través del acceso a lo que se denomina jubilación activa (art. 214 LGSS), la jubilación flexible o la jubilación parcial (art. 215 LGSS). En caso de que el socio trabajador accediera a alguna de estas situaciones cabría plantearse si realmente estamos ante una ruptura del vínculo societario.

consecuencia, la cooperativa debe reembolsar sus aportaciones al socio saliente. En principio, este último, tiene derecho al reembolso de las aportaciones obligatorias y voluntarias exigibles[31] que se liquidan por el consejo rector, dentro del plazo legalmente establecido para ello, tomando en cuenta el balance del ejercicio en que se produzca la baja y deduciendo únicamente el importe correspondiente a las pérdidas[32]. Junto a ello, el socio saliente también puede reclamar la devolución de otro tipo de cantidades que pasarían igualmente a integrar su cuota de reembolso. Hablaríamos concretamente de su participación en las eventuales reservas voluntarias, de los intereses devengados por sus aportaciones y no abonados o de los retornos cooperativos acreditados que no han sido satisfechos[33]. Por lo demás la cooperativa dispone de un plazo para el reintegro de las aportaciones obligatorias y voluntarias, que normalmente es de cinco años, con el que poder evitar el riesgo de capitalización en el caso de que el pago tuviera que ser inmediato. Este plazo, sin embargo, no se aplica a la devolución del resto de partidas que integran la cuota del socio saliente[34].

Las implicaciones societarias y económicas que encierra la baja del socio por jubilación convierten el relevo generacional en un auténtico reto para

31. La sociedad cooperativa puede optar por caracterizar las aportaciones sociales como no exigibles, es decir, aportaciones cuyo reembolso en caso de baja puede ser rehusado incondicionalmente por el Consejo rector, véase ALFONSO SÁNCHEZ, R./ SÁNCHEZ GARCÍA, M.ª L. «Capital social, aportaciones y régimen económico», AA.VV., *Cooperativas de enseñanza. Régimen jurídico y económico: aspectos estratégicos* (Dir. ALFONSO SÁNCHEZ, R.), Thomson Reuters-Aranzadi, Elcano, 2018, p. 354.

32. Véase al respecto, ANDREU MARTÍ, M.ª M. «Aportaciones al capital social II. Reembolso de aportaciones sociales», en AAVV. *La Ley 27/1999, de 16 de julio, de Cooperativas. Veinte años de vigencia y resoluciones judiciales 1999-201,* (Dir. ALFONSO SÁNCHEZ, A., *et alts.*), ed. Aranzadi, Cizur Menor, 2020, p. 405 y ss; ESCUIN IBÁÑEZ, I. «Régimen económico de la sociedad cooperativa», en AA.VV. *La Ley 27/1999, de 16 de julio, de Cooperativas. Veinte años de vigencia y resoluciones judiciales 1999-201,* (Dir. ALFONSO SÁNCHEZ, A., *et alts.*), ed. Aranzadi, Cizur Menor, 2020, p. 458.

33. ALFONSO SÁNCHEZ, R./SÁNCHEZ GARCÍA, M.ª L., «Capital social, aportaciones y régimen económico», *cit.*, p. 358; SENENT VIDAL, M.ª J., «Pérdida de la condición de persona socia trabajadora de la cooperativa de trabajo asociado», *cit.*, p. 42; COSTAS COMESAÑA, J., «Capital social, aportaciones y régimen económico» en AA.VV. *Régimen jurídico de las sociedades cooperativas catalanas. Adaptado a la Ley 12/2015, de 9 de julio, de Cooperativas de Cataluña* (Dir. ALFONSO SÁNCHEZ, R.), ed. Atelier, Barcelona, 2020, p. 255 y ss.

34. Para ALFONSO SÁNCHEZ, R., *La transformación de la sociedad cooperativa,* Edersa, 2002, p. 190, dichas cuantías pueden ser reivindicadas por el socio en cualquier momento a partir de su baja, sin que la cooperativa pueda demorar el pago salvo pacto válido y anterior al respecto, o salvo que la naturaleza de la posición activa del socio aconseje una solución distinta (por ejemplo, que en la cooperativa se hubiera constituido un fondo de retornos —previsto en muchas normas— por un plazo determinado y se hubiera pactado el aplazamiento del abono de la parte del socio hasta la expiración del mismo).

las cooperativas de trabajo asociado, especialmente cuando la generación de socios que participaron en la fase de constitución de la sociedad entra en fase de jubilación. En ese momento se puede producir la salida de una parte muy importante del capital humano de la cooperativa además de la pérdida de recursos económicos que deben destinarse al pago de las correspondientes cuotas de reembolso. Los efectos que la conjunción de ambas circunstancias puede tener sobre la viabilidad económica de la cooperativa en el futuro hace que resulte conveniente diseñar un sistema de planificación del relevo que, en la medida de lo posible, permita ir compensando las salidas con entradas de socios nuevos en la cooperativa.

2. JUBILACIÓN DEL SOCIO TRABAJADOR CON ENTRADA DE NUEVOS SOCIOS

En el ámbito de las sociedades de capital, la salida del socio viene acompañada simultáneamente por la entrada de uno nuevo porque normalmente se canaliza a través del procedimiento de transmisión de las cuotas de participación en el capital social ya sea a través de acciones en la sociedad anónima o participaciones en la sociedad limitada. Este procedimiento permite la sustitución del socio transmitente por el sujeto que adquiere las acciones o participaciones sin que se produzca una reducción del capital social. Tan solo en casos excepcionales la salida del socio implica una rescisión del contrato de sociedad. Estaríamos hablando concretamente de la separación o exclusión del socio, procedimientos que finalizan con la amortización de su posición jurídica y, consecuentemente, con una reducción del capital social y del número de miembros de la sociedad. Siendo este el escenario que se plantea en las sociedades capitalistas, el funcionamiento de las cooperativas y, en el caso que nos ocupa de las cooperativas de trabajo asociado, en este punto resulta completamente diferente.

Uno de los principios sobre los que se asienta la configuración jurídica de las sociedades cooperativas es el de puertas abiertas, entendido como la posibilidad que tienen todos sus miembros de incorporarse a la cooperativa o causar baja en ella libremente en cualquier momento. Quiere decirse con ello que en este tipo societario la entrada o salida del socio no queda condicionada, como en el resto de las sociedades mercantiles, a la necesaria transmisión y consiguiente adquisición en el mercado de su cuota de participación en la cooperativa. En una cooperativa, el socio puede causar baja sin necesidad de alegar justa causa, ni de tener que esperar a que su posición jurídica sea adquirida por un tercero, de igual forma que el tercero puede solicitar su entrada en cualquier momento, sin necesidad de esperar a que alguien desee transmitir su cuota de participación en la cooperativa. Todo ello hace que en este tipo societario las entradas y salidas de socios no estén conectadas de forma simultánea como en las sociedades de capital y que, por tanto, la posibilidad de compensar unas con otras a efectos de mantener el equilibrio en la composición interna de la cooperativa conlleve un procedimiento complejo.

Especial significación adquiere este procedimiento cuando la jubilación del socio trabajador desencadena su baja obligatoria de la cooperativa de trabajo asociado. En este escenario, y como ya hemos tenido oportunidad de comprobar, el consejo rector sería el órgano encargado de acordar la baja, previa audiencia del interesado, para posteriormente liquidar y satisfacer la cuota de reembolso del socio saliente integrada por las aportaciones necesarias y voluntarias, así como el resto de las partidas integrantes de dicha cuota. La posibilidad de compensar su salida llevaría a tramitar, de forma paralela, la entrada del aspirante a nuevo socio. Este último tendría que presentar su solicitud de entrada al consejo rector para que, en un plazo no superior a tres meses, emitiera su decisión al respecto (art. 13 LCoop). Una vez acordada la entrada, el socio entrante tendría que satisfacer las aportaciones obligatorias y voluntarias establecidas estatutariamente, así como la cuota de ingreso. En el marco de este proceso complejo, que implica tramitar de forma paralela la baja obligatoria del socio trabajador jubilado y la entrada *ex novo* de un nuevo socio, resulta interesante analizar el efecto que puede tener sobre el relevo la aplicación del art. 50 LCoop. Este precepto, al regular la llamada transmisión de aportaciones en el marco de una cooperativa, permite establecer una suerte de conexión entre altas y bajas facilitando el procedimiento de relevo en su conjunto. Por esta razón, llevaremos a cabo un análisis detenido del mismo que nos permita identificar de forma más precisa su contenido y evidenciar las diferencias existentes respecto al proceso de transmisión de acciones o participaciones característico de las sociedades de capital.

El art. 50 LCoop introduce la posibilidad de que el socio transmita su aportación a la cooperativa, bien por actos *intervivos* o *mortis causa,* aunque restringida únicamente a socios o bien a personas que adquieran dicha condición en un plazo determinado de tiempo. Como bien señala el precepto, estamos simplemente ante la cesión, mediante la suscripción de un negocio jurídico privado, de la aportación patrimonial a la cooperativa del socio saliente a otro socio o al tercero que desea entrar en la misma. Lo que se transmite, por tanto, es la parte patrimonial de la posición jurídica de socio, cuyo importe viene consignado en el Libro Registro de Aportaciones y que es el resultado del conjunto de vicisitudes que pueda haber experimentado dicha aportación a lo largo de la permanencia del socio en la cooperativa (aportaciones obligatorias iniciales, otras aportaciones obligatorias, aportaciones voluntarias, posibles imputaciones de pérdidas, aportaciones complementarias, etc.)[35]. En sentido inverso, el adquirente simplemente va a asumir mediante la suscripción del negocio privado, la dimensión patrimonial de la condición de socio de acuerdo con su valor contable.

Respecto a las condiciones de la transmisión fijadas en el negocio privado es importante tener en cuenta la ausencia de una correlación directa entre aportación y precio. Es decir, en el contrato de transmisión se puede consignar un precio inferior, igual o, como será el caso más frecuente, superior al valor contable de la aportación que se transmite. En tal caso es importante tener en cuenta que la diferencia entre ampos importes se acumulará en el patrimonio del socio cedente, pero en ningún caso podrá computarse como una aportación adicional a la cooperativa del socio entrante. Desde el punto de vista económico, la posición jurídica de este último dentro de la sociedad vendrá definida exclusivamente por el valor de la aportación que se transmite, tal y como se refleja en los libros contables. Haber pagado más por ella, no significa haber aportado más a la cooperativa. Consecuentemente, el exceso satisfecho por el socio en el momento de entrar solo podrá rentabilizarse en el futuro si consigue transmitir la aportación a un precio superior al que la adquirió.

En cualquier caso, conviene recalcar la idea de que el proceso diseñado por el art. 50 LCoop remite exclusivamente a la transmisión de la vertiente económica de la condición de socio, pero no de la condición de socio completa. Esta última encierra algo más que la mera contribución patrimonial a la cooperativa y, por tanto, su transmisión implica acompañar el procedimiento del art. 50 LCoop con la apertura del trámite de admisión de nuevos socios del art. 13 LCoop, es decir, habrá que presentar la solicitud de entrada al consejo rector y este tendrá que acordar la entrada. De hecho, la propia ley condiciona la eficacia del negocio jurídico de la transmisión de las aportaciones al cumplimiento de este trámite. Es decir, en el momento en que el Consejo rector da su visto bueno a la entrada del nuevo socio es cuando se consolida la adquisición de la porción de capital social del socio saliente. A partir de entonces, y en caso de que así se haya previsto en los estatutos, el socio entrante habrá de satisfacer la cuota de ingreso y demás aportaciones voluntarias quedando reflejada su participación en el capital social de la cooperativa en el Libro Registro de Aportaciones. No obstante, si el consejo rector no autoriza la entrada, se frustra la adquisición de la condición de socio y, por tanto, el negocio jurídico de la transmisión deviene ineficaz[36].

35. ALFONSO SÁNCHEZ, R./SÁNCHEZ GARCÍA, M.ª L., «Capital social, aportaciones y régimen económico», *cit.*, p. 362.
36. ALFONSO SÁNCHEZ, R./SÁNCHEZ GARCÍA, M.ª L., «Capital social, aportaciones y régimen económico», *cit.*, p. 361.

Trasladando todas estas ideas al ámbito del relevo generacional, podríamos concluir que la aplicación del proceso de transmisión de aportaciones facilita la cobertura de las vacantes generadas por los socios trabajadores que se jubilan con la entrada de socios nuevos. Pero, además de ello, también puede solventar los problemas derivados de la salida masiva de recursos derivados del pago de las cuotas de reembolso cuando la jubilación afecta a una parte importante de la plantilla. En este caso, se produciría el «traspaso en bloque» a los socios aspirantes de las aportaciones de los socios que causan baja incluyendo, como hemos visto, las iniciales, otras obligaciones que se hayan podido establecer, las voluntarias, las complementarias posibles y descontando posibles imputaciones de pérdidas, sin necesidad de liquidar las cuotas de reembolso. Los socios aspirantes, por su parte, accederán a la cooperativa desembolsando únicamente la cuota de ingreso y posibles aportaciones voluntarias que se hayan podido establecer en los estatutos. Su aportación obligatoria será la del socio transmitente que ya se encuentra contabilizada en el Libro de Aportaciones y, por la cual, ha pagado un determinado precio en el negocio jurídico privado de transmisión.

La culminación de todo este proceso exige, sin embargo, disponer de un número de aspirantes admitidos por el consejo rector suficiente para cubrir todas las bajas generadas por la jubilación de los socios trabajadores y compensar, de este modo, las entradas con las salidas.

En este punto, resulta interesante recordar la posibilidad de que en una cooperativa de trabajo asociado convivan socios y personal asalariado en el desarrollo de la actividad cooperativizada y del objeto social respetando los límites previstos en el art. 80.7 LCoop, en concreto, que el número de horas trabajadas al año no supere el 30% del total de horas al año realizadas por socios trabajadores. La razón de ello es que estos trabajadores representan un reducto de capital humano que la cooperativa puede utilizar para cubrir las bajas de socios trabajadores, con la ventaja de que ya han demostrado su valía profesional durante todo el tiempo en el que han venido desempeñando su puesto de trabajo en la cooperativa. Frente a la alternativa de buscar posibles candidatos que deben superar el período de prueba, la incorporación de personal propio ya formado representa una ventaja considerable.

Para el personal laboral, por su parte, los procesos de relevo por jubilación de socios trabajadores representan un momento clave en el acceso a dicha condición privilegiada de socio, algo que no siempre es fácil. Las cooperativas de trabajo asociado ya constituidas necesitan establecer limitaciones en el tránsito hacia la figura del socio trabajador porque la propia lógica productiva de la empresa impide un aumento indeterminado de socios[37]. Por ello, las situaciones de relevo son susceptibles de generar una coyuntura económica favorable a la entrada de personal laboral en la estructura societaria. En cualquier caso, el trabajador que transita hacia la condición de socio necesita poner en la balanza diversos elementos. Básicamente porque todo ello supone la pérdida de la protección especial que el derecho del trabajo otorga al personal laboral por cuenta ajena a cambio muchas veces del pago de un elevado precio[38].

3. JUBILACIÓN DEL SOCIO TRABAJADOR Y TRÁNSITO HACIA OTRAS FIGURAS SOCIETARIAS COMO EL SOCIO COLABORADOR O EL SOCIO INACTIVO

La pérdida significativa de capital social que se produce como consecuencia del relevo generacional en la cooperativa de trabajo asociado puede atemperarse, no solo facilitando la entrada de socios nuevos, sino también mediante la conversión de la posición jurídica del socio trabajador que se jubila en socio colaborador. Esta última es una figura plenamente reconocida, como ya hemos tenido oportunidad de comprobar en el art. 14.1 LCoop, y caracterizada por formar parte de la estructura societaria sin participar en el desarrollo de la actividad cooperativizada. La conversión en socio colaborador representaría para todos aquellos sujetos inmersos en el proceso de jubilación una vía para continuar implicados en la sociedad, aunque de otra manera. Su vínculo societario sería el propio de un socio inversor con un régimen distinto de derechos y obligaciones, pero que mantiene su aportación social en la cooperativa de trabajo asociado. Su rol principal consistiría en financiar el objeto social, pero con una experiencia profesional acumulada, fruto de todos los años en los que han venido desempeñando su prestación laboral, y que ahora también pueden poner al servicio de las generaciones que asumen el relevo. En el mismo sentido, el proceso de jubilación de socio trabajador también puede derivar en el tránsito hacia la figura del socio inactivo prevista en algunas leyes autonómicas de cooperativas[39]. De igual forma, estamos ante un instrumento que

---

37. ESCRIBANO GUTIÉRREZ, J., «El difícil tránsito a la condición de socio-trabajador en las cooperativas de trabajo asociado», *CIRIEC-España, Revista Jurídica de Economía Social y Cooperativa*, núm. 40, 2022, p. 55.
38. ESCRIBANO GUTIÉRREZ, J., «El difícil tránsito a la condición de socio-trabajador», *cit.*, p. 46.
39. La mayoría de las leyes autonómicas sobre cooperativas introducen este término para referirse a aquellos socios que respetando el periodo de antigüedad previsto en los estatutos y por causa justificada cesan en el ejercicio de la actividad cooperativizada.

evita la ruptura del vínculo societario evitando la salida de aportaciones sociales, válido para todos aquellos socios trabajadores que cumplan con las condiciones y período de antigüedad previsto en los estatutos de la cooperativa.

V. BIBLIOGRAFÍA

AA.VV., *Derecho de las sociedades cooperativas* (Dir. VARGAS VASSEROT/ GADEA SOLER/SACRISTÁN BERGIA), La Ley, Madrid, 2015.

ALFONSO SÁNCHEZ, R., «Formas jurídicas del trabajo asociado en la economía social», AA.VV., *Cooperativas de trabajo asociado y estatuto jurídico de sus trabajadores* (Dir. FAJARDO GARCÍA), Tirant lo Blanch, Valencia, 2016, pp. 79-106.

– *La transformación de la sociedad cooperativa,* Edersa, 2002.

ALFONSO SÁNCHEZ, R./SÁNCHEZ GARCÍA, M.ª L., «Capital social, aportaciones y régimen económico», AA.VV., *Cooperativas de enseñanza. Régimen jurídico y económico: aspectos estratégicos* (Dir. ALFONSO SÁNCHEZ), Thomson Reuters-Aranzadi, Elcano, 2018, pp. 331-371.

ANDREU MARTÍ, M.ª M. «Aportaciones al capital social II. Reembolso de aportaciones sociales», en AA.VV., *La Ley 27/1999, de 16 de julio, de Cooperativas. Veinte años de vigencia y resoluciones judiciales 1999-201* (Dir. ALFONSO SÁNCHEZ, A., *et alts.*), ed. Aranzadi, Cizur Menor, 2020, p. 401-451.

Algunas leyes utilizan una denominación distinta. En concreto, el RDL 2/2015, de 15 de mayo, que aprueba el Texto Refundido de la Ley de Cooperativas de la Comunidad de Valencia, la Ley 8/2006, de 16 de noviembre, de Cooperativas de la Región de Murcia y la Ley Foral 14/2006, de 11 de diciembre, de Cooperativas de la Comunidad Foral de Navarra utilizan el término común de asociados para referirse tanto a los socios inactivos como a los colaboradores. Por su parte, la Ley 5/1998, de 18 de diciembre, de Cooperativas de Galicia, la Ley 4/2001, de 2 de julio, de Cooperativas de La Rioja y el RDL 2/2014, de 29 de agosto, por el que se aprueba el Texto Refundido de la Ley de Cooperativas de Aragón hablan de socios excedentes. La figura no aparece prevista en la Ley 4/2022, de 31 de octubre, de Cooperativas Canarias, mientras que la Ley 5/2023, de 8 de marzo, de Cooperativas de las Islas Baleares, así como la Ley 12/2015, de 9 de julio de Cooperativas de Cataluña introduce una figura diferente, la del socio en excedencia para referirse a todos aquellos socios que cesan en el desarrollo de la actividad cooperativizada, pero con carácter temporal.

COSTAS COMESAÑA, J., «Cooperativas de trabajo asociado», AA.VV., *Tratado de cooperativas* (Dir. PEINADO GARCÍA), t. II, Tirant lo Blanch, Valencia, 2018, pp. 1445-1502.

– «Capital social, aportaciones y régimen económico» AA.VV., *Régimen jurídico de las sociedades cooperativas catalanas. Adaptado a la Ley 12/2015, de 9 de julio, de Cooperativas de Cataluña* (Dir. ALFONSO SÁNCHEZ, R.), Atelier, Barcelona, 2020, pp. 221-278.

ESCRIBANO GUTIÉRREZ, J., «El difícil tránsito a la condición de socio-trabajador en las cooperativas de trabajo asociado», *CIRIEC-España, Revista Jurídica de Economía Social y Cooperativa*, núm. 40, 2022, pp. 41-81.

ESCUÍN IBÁÑEZ, I. «Régimen económico de la sociedad cooperativa», AA.VV., *La Ley 27/1999, de 16 de julio, de Cooperativas. Veinte años de vigencia y resoluciones judiciales 1999-201* (Dir. ALFONSO SÁNCHEZ, A., *et alts.*), Aranzadi, Cizur Menor, 2020, pp. 453-462.

FAJARDO GARCÍA, G., «Concepto, causa y objeto de la cooperativa de trabajo asociado», AA.VV., *Cooperativas de trabajo asociado y estatuto jurídico de sus trabajadores* (Dir. FAJARDO GARCÍA), Tirant lo Blanch, Valencia 2016, pp.183-210.

– «Naturaleza jurídica de la relación entre la cooperativa de trabajo asociado y el socio trabajador. Consecuencias», AA.VV., *Cooperativas de trabajo asociado y estatuto jurídico de sus trabajadores* (Dir. FAJARDO GARCÍA), Tirant lo Blanch, Valencia, 2016, pp. 229-264.

FAJARDO GARCÍA, G./BOQUERA MATARREDONA, J., «Relación societaria cooperativa y los límites legales a la autogestión», AA.VV., *Cooperativas de trabajo asociado y estatuto jurídico de sus trabajadores* (Dir. FAJARDO GARCÍA), Tirant lo Blanch, Valencia, 2016, pp. 327-348.

GARCÍA JIMÉNEZ, M., «Alcance jurídico de la relación societaria entre el socio trabajador y la cooperativa de trabajo asociado», AA.VV., *Cooperativas de trabajo asociado y estatuto jurídico de sus trabajadores* (Dir. FAJARDO GARCÍA), Tirant lo Blanch, Valencia, 2016, pp. 293-314.

LASSALETTA GARCÍA, P. J./MILLÁN CALENTI, R. A./MONTERO VILAR, J. A./ÁLVARO HERRERA, L., «Tipos de socios y otras formas de participación social», AA.VV., *Tratado de cooperativas* (Dir. PEINADO GARCÍA), t. II, Tirant lo Blanch, Valencia, 2018, pp. 311-384.

MORILLAS JARILLO, M.ª J./FELIÚ REY, M. I., *Curso de cooperativas*, Tecnos, Madrid, 2018.

SÁNCHEZ RUIZ, M., «Baja, separación y expulsión de socios», AA.VV., *Cooperativas de enseñanza. Régimen jurídico y económico: aspectos estratégicos* (Dir. ALFONSO SÁNCHEZ), Thomson Reuters-Aranzadi, Elcano, 2018, pp. 217-238.

SENENT VIDAL, M.ª J., «Derechos y obligaciones de la persona socia trabajadora de la cooperativa de trabajo asociado en la ley», AA.VV., *Cooperativas de trabajo asociado y estatuto jurídico de sus trabajadores* (Dir. FAJARDO GARCÍA), Tirant lo Blanch, Valencia, 2016, pp. 351-391.

– «Pérdida de la condición de persona socia trabajadora de la cooperativa de trabajo asociado», AA.VV., *Cooperativas de trabajo asociado y estatuto jurídico de sus trabajadores* (Dir. FAJARDO GARCÍA), Tirant lo Blanch, Valencia 2016, pp. 351-391.

VARGAS VASSEROT, C., *La actividad cooperativizada y las relaciones de la cooperativa con sus socios y con tercero*, Thomson-Aranzadi, Cizur Menor, 2006.

Capítulo 7

Transmisión *mortis causa* en cooperativas de trabajo asociado

M.ª de Lourdes Ferrando Villalba
Catedrática de Derecho Mercantil
Universitat de València

I. CONSIDERACIONES GENERALES SOBRE LAS COOPERATIVAS DE TRABAJO ASOCIADO

La caracterización de la sociedad cooperativa como tipo social personalista, por la relevancia que en ella tienen las circunstancias de sus socios, tiene una de sus más claras manifestaciones en el reconocimiento de un derecho/deber del socio de participar en la actividad cooperativizada.

Esta actividad puede ser de diversa naturaleza, pudiéndose dedicar la cooperativa a cualquier actividad económica lícita (art. 1.2 LCoop), como se desprende de la clasificación efectuada por el art. 6.1 LCoop, que menciona en primer lugar, entre las cooperativas de primer grado, las cooperativas de trabajo asociado. Estas cooperativas asocian a personas físicas[1], y se dedican a la producción o mediación, o ambas actividades, de bienes y servicios para el mercado, con la prestación de trabajo por parte de sus socios. En efecto, la LCoop establece un régimen específico para sus socios trabajadores, que, con matices, resulta de aplicación a los socios de trabajo y otro tipo de socios que prestan su trabajo o servicios en otro tipo de cooperativas[2].

Es, por tanto, la finalidad de esta forma de empresa de la economía social, la de satisfacer la necesidad de los socios de acceder a un puesto de trabajo estable. Constituye, por ello, un instrumento de potenciación del autoempleo[3], y para su conservación en tiempos de crisis[4], que es objeto de regulación tanto en la Ley estatal de Cooperativas como en las distintas leyes autonómicas, que contemplan asimismo la figura del socio trabajador, unido por una relación societaria con la sociedad cooperativa, si bien el análisis de su régimen jurídico ofrece grandes semejanzas con la legislación laboral[5].

1. El art. 80.1 LCoop define las sociedades cooperativas de trabajo asociado como *«las que tienen por objeto proporcionar a sus socios puestos de trabajo, mediante su esfuerzo personal y directo, a tiempo parcial o completo, a través de la organización en común de la producción de bienes o servicios para terceros»*, especificando el párrafo 2 del precepto que *«podrán ser socios trabajadores quienes legalmente tengan capacidad para contratar la prestación de su trabajo»*.
2. PANIAGUA ZURERA, M., *La sociedad cooperativa. Las sociedades mutuas y las entidades mutuales. Las sociedades laborales. La sociedad de garantía recíproca*, Vol. 1., «La sociedad cooperativa. Las sociedades mutuas de seguros y las mutualidades de previsión social», en *Tratado de Derecho Mercantil* (Dirs. OLIVENCIA/FERNÁNDEZ-NOVOA/JIMÉNEZ DE PARGA), Marcial Pons, Barcelona, 2005, p. 150), quien alude a los socios trabajadores de las cooperativas de explotación comunitaria de la tierra, socios profesionales de la medicina de cooperativas sanitarias, profesores y personal de administración y servicios asociados en una cooperativa de enseñanza, socios de trabajo de cooperativas integrales que integren en su objeto social la prestación de trabajo de éstos, así como las cooperativas de iniciativa social dedicadas a la prestación de actividades y servicios sociales con el trabajo de sus socios.
3. Al respecto GARCÍA JIMÉNEZ, M., «El concepto de cooperativa de trabajo asociado. Objeto social y principales características», AA.VV., *Cooperativa de trabajo asociado y estatuto jurídico de sus socios trabajadores* (Dirs. FAJARDO/SENENT VIDAL) Tirant lo Blanch, 2016, pp. 189 y ss.
4. En este sentido, nuestro trabajo «La transformación de sociedades mercantiles en sociedades cooperativas: una opción para la conservación de la empresa en tiempos de crisis», AA.VV., *Economía social y Derecho. Problemas jurídicos actuales de las empresas de economía social* (Dirs. GÓMEZ MANRESA/PARDO LÓPEZ), Comares, 2013, pp. 137 y ss.
5. Destaca en este sentido ALFONSO SÁNCHEZ, R., «Formas de trabajo asociado en la economía social», AA.VV., *Cooperativa de trabajo asociado y estatuto jurídico de sus socios trabajadores* (Dirs. FAJARDO/SENENT VIDAL), Tirant lo Blanch, 2016, p. 66, que tal

Por otra parte, en las cooperativas de trabajo asociado, como en cualquier otra entidad societaria, puede apreciarse una doble vertiente, la interna o de relación cooperativa con sus socios, y la externa, relativa a la explotación de su objeto social. Precisamente la explotación de su actividad económica, dirigida al mercado puede que exija la contratación de terceros, que se convierten en trabajadores asalariados, y que, por tanto, no sean solo los socios quienes «trabajen» para explotar la actividad cooperativa. En este caso, quedarán sometidos al régimen laboral correspondiente, y la LCoop, en su art. 80.7, prevé la limitación del número de horas/año que puedan realizar los trabajadores con contratos por cuenta ajena (treinta por ciento del total de horas/año que realicen los socios trabajadores). Se ha destacado que la indicada limitación constituye una vía para incorporar nuevos socios a la cooperativa[6], dado que la propia LCoop (art. 80.8) contempla el régimen por el cual estos trabajadores asalariados pueden convertirse en socios de la cooperativa.

Desde el punto de vista de su objeto social, las cooperativas de trabajo asociado pueden desarrollar numerosas actividades de mercado. Pueden apreciarse, además, distintos supuestos en los que la legislación cooperativa se refiere en concreto a algunas formas de cooperativas de trabajo asociado, con algunas especialidades, en su caso. Así, pueden mencionarse las cooperativas de trabajo asociado de enseñanza (art. 103 LCoop), las de transportes de trabajo asociado (art. 100 LCoop); las cooperativas sanitarias, a las que se aplicará el régimen de las de trabajo asociado en el caso en que los socios sean profesionales de la medicina, siempre que no sean cooperativas de servicio (arts. 101 y 102 LCoop), así como las cooperativas de trabajo asociado de iniciativa social.

La especial naturaleza de la cooperativa de trabajo asociado, y la especial relación «societaria» del socio trabajador imponen una referencia, aun breve, a la naturaleza de esta relación, antes de abordar las consecuencias que esta pueda tener en orden a la transmisión *mortis causa* de la aportación social.

---

semejanza existe en relación con materias como prevención y salud laboral, condiciones de trabajo de menores de edad, régimen disciplinario de los socios, jornada laboral, descanso semanal, fiestas, vacaciones, permisos, causas de suspensión y excedencias, o bajas por causas económicas, técnicas, organizativas o de producción. Incluso recientemente, a partir de 1 de enero de 2023, ha sido necesaria la modificación de las normas relativas a contratación de trabajadores indefinidos de las cooperativas de trabajo asociado en las distintas leyes cooperativas, por la generalización de este tipo de contratos por la legislación laboral estatal.

6. ALFONSO SÁNCHEZ, R., «Formas de trabajo asociado», *cit.*, p. 67.

II. LA ESPECIALIDAD DE LA CONDICIÓN DE SOCIO EN LAS COOPERATIVAS DE TRABAJO ASOCIADO

Las cooperativas de trabajo asociado ejercitan una actividad económica mediante el trabajo personal del socio, siendo habitual que los estatutos de la cooperativa de trabajo asociado le impongan una dedicación exclusiva en la prestación de su trabajo personal, así como una prohibición de competencia con la actividad de la cooperativa[7]. No obstante, ninguna norma exige que el objeto social de la cooperativa se explote de forma exclusiva mediante el trabajo personal y directo de los socios, de modo que es posible que la cooperativa contrate a terceros no socios, que quedarán sujetos al régimen laboral, si bien dentro de los límites (sobre todo respecto del cómputo total del trabajo asalariado) establecidos por la legislación de cooperativas.

En este punto, el art. 80.7 LCoop establece un límite del treinta por ciento del total de horas/año realizadas por los socios trabajadores, de modo que, en caso de rebasar este límite, los trabajadores asalariados (no socios) con contrato indefinido y con más de dos años de antigüedad, deberán ser admitidos como socios trabajadores si así lo desean y lo solicitan en los seis meses siguientes, siempre que cumplan los requisitos estatutarios exigidos para la admisión de socios. Estos socios no necesitarán superar el período de prueba (art. 81 LCoop), aunque los Estatutos lo prevean con carácter general para la admisión de un nuevo socio. Se trata de una regla del todo lógica, dada la antigüedad del trabajador asalariado por cuenta ajena en la cooperativa. Conviene destacar, en todo caso, que se trata de un derecho del trabajador, quien no está obligado a convertirse en socio, sino que puede rechazar esta oferta[8] de integración en la cooperativa como socio[9].

El cómputo del porcentaje establecido en la norma citada, no obstante, contempla numerosas excepciones, entre las que pueden destacarse las relativas a los trabajadores contratados en virtud de cualquier disposición de fomento del empleo de personas con discapacidad física o psíquica, o los

7. Al respecto, COSTAS COMESAÑA, J., «Cooperativas de trabajo asociado», AA.VV., *Tratado de Derecho de cooperativas* (Dirs. PEINADO GRACIA/VÁZQUEZ RUANO), 2.ª ed., Tirant lo Blanch, 2019, pp. 1456 y 1457.

8. Como ha señalado la doctrina, la cooperativa deberá comunicar al trabajador que cumple los requisitos para solicitar la admisión, de ahí la utilización del término oferta.

9. En este caso, dejaría de computarse en el límite de trabajo asalariado por cuenta ajena, conforme al art. 80.7.b) LCoop.

que presten servicios a la Administración Pública y a entidades que sirvan al interés general, si se realizan en locales de titularidad pública[10].

Junto a los socios trabajadores, el art. 80.1 LCoop permite que las cooperativas de trabajo asociado cuenten con socios colaboradores, que no prestan su trabajo a la cooperativa, pero efectúan una aportación económica, en los términos de los arts. 14 y ss., LCoop.

1. EL SOCIO TRABAJADOR

Toda cooperativa de trabajo asociado debe contar con socios trabajadores, de modo que además de cumplir con los requisitos relativos al número mínimo de socios (art. 8 LCoop), en concreto tres socios en la cooperativa de trabajo asociado de primer grado[11], es imprescindible que se cumpla este requisito. Así, la obligación de participar en la actividad cooperativizada se desarrolla a través de su trabajo personal y directo (art. 80.1 LCoop).

Podrán ser socios trabajadores todos aquellos que cuenten con capacidad legal para contratar la prestación de su trabajo, incluso los extranjeros, conforme a la legislación específica sobre prestación de su trabajo en España (art. 80.2 LCoop; arts. 6 y 7 ET). Dado que la principal obligación del socio trabajador es la prestación de su trabajo para el desarrollo de la actividad cooperativizada, si pierde la condición de socio trabajador, cesará su prestación de trabajo en la cooperativa (art. 80.3 LCoop). A la inversa, si el socio trabajador, por la razón que fuera, justificada o no, imperativa o voluntaria, dejara de prestar su trabajo para la cooperativa, debería causar baja como socio trabajador, aunque podría ser posible su continuación, en su caso, como socio colaborador.

10. El art. 80.7 LCoop recoge otros supuestos, como son: los trabajadores integrados en la cooperativa por subrogación legal, los que sustituyan a socios trabajadores o asalariados en situación de excedencia o incapacidad temporal, baja por maternidad, adopción o acogimiento; los que presten sus trabajos en centros de carácter subordinado o accesorio; los contratados para ser puestos a disposición de empresas usuarias cuando la cooperativa actúa como empresa de trabajo temporal; y los trabajadores con contratos de trabajo en prácticas y para la formación. Las cooperativas de trabajo asociado pueden acogerse al régimen fiscal de cooperativas especialmente protegidas (art. 7 de la Ley 20/1990, de 19 de diciembre, sobre Régimen fiscal de las cooperativas), siempre y cuando cumplan con los requisitos establecidos por el art. 8 de la Ley 20/1990, que ha sido modificado con motivo de la reforma laboral, aumentando en consecuencia el porcentaje de trabajadores indefinidos con que puede contar sin perder esta calificación.

11. En las cooperativas de segundo grado sólo podrán existir socios de trabajo, en su caso, habida cuenta su integración por personas jurídicas, al menos por dos cooperativas.

El socio trabajador está sometido a un período de prueba que cumple la finalidad de comprobar la aptitud del trabajador para el puesto de trabajo, así como también «la identificación de la persona con los intereses mutualísticos de la cooperativa»[12]. Dicho período de prueba no se exige en los supuestos previstos expresamente por la legislación cooperativa, bien porque se trate de un supuesto de sucesión empresarial, porque el socio haya sido trabajador asalariado de la cooperativa y tenga derecho a ser admitido como socio si cumple los requisitos previstos estatutariamente, o porque con anterioridad hubiera cumplido ya dicho período de prueba. Prevé también el art. 81.1 LCoop la posibilidad de suprimir o reducir el período de prueba por mutuo acuerdo entre la cooperativa (competencia ejercitada en este caso por el Consejo Rector) y el socio trabajador que se incorpora. En principio, el régimen general prevé un período de prueba de seis meses, salvo que el trabajo exija especiales condiciones profesionales, en cuyo caso podrá ser de hasta dieciocho meses (art. 81.2 LCoop).

Si bien el socio «en situación de prueba» gozará, según la ley, de los mismos derechos y obligaciones que los socios trabajadores, el art. 81.3 LCoop establece una serie de particularidades, que los convierten en socios trabajadores con un estatuto especial: su relación se puede resolver por libre decisión unilateral, facultad que se reconoce también al Consejo Rector; no son elegibles para los cargos de la sociedad; no podrán votar en la Asamblea General aquellos puntos del orden del día que les afecten de forma personal o directa; no podrán efectuar aportaciones al capital social ni tampoco desembolsar la cuota de ingreso; no les serán imputadas pérdidas de la cooperativa ni tendrán derecho al retorno cooperativo. Lo que sí tendrán derecho, y resulta relevante a efectos del fallecimiento del socio, es al anticipo societario, contemplado en el art. 80.4 LCoop.

En el caso de que el Consejo Rector estime que el socio no ha superado el período de prueba deberá comunicárselo. Aunque la LCoop no lo menciona expresamente, dicha comunicación deberá efectuarse mediante una resolución escrita y motivada; en caso de que no concurra denuncia por ninguna de las partes, cooperativa o socio, este se convertirá en socio de pleno derecho tras desembolsar la aportación mínima obligatoria al capital social y, en su caso, pagar la cuota de ingreso en la cooperativa.

La naturaleza jurídica del vínculo entre el socio trabajador y la cooperativa es, como señala la LCoop, societario, aunque ha planteado ducas a la doctrina el establecimiento de unos mínimos en la regulación del socio trabajador que son del todo coincidentes con la legislación laboral, así en orden

12. COSTAS COMESAÑA, J., «Cooperativas de trabajo asociado», *cit.*, p. 1478.

a permisos, licencias, vacaciones, jornada laboral y calendario, suspensión y excedencias, trabajo de los menores de edad y normas sobre salud y seguridad laboral (arts. 80, 83 y 84 LCoop)[13].

Un elemento esencial del régimen jurídico del socio trabajador es la percepción del denominado anticipo societario, regulado en el art. 80.4 LCoop. Expresamente manifiesta la Ley que no se trata de salario, por más que se indique que se percibirá periódicamente en plazo no superior a un mes. El anticipo societario es definido por la norma como una percepción a cuenta de los excedentes de la cooperativa, que se le imputará según su participación en la actividad cooperativizada. Esto quiere decir que se trata de un reparto adelantado de beneficios de la empresa cooperativa, de modo que, si el resultado final arrojara pérdidas, tal anticipo debería también ser reintegrado por el socio[14]. En cuanto al importe del anticipo, si bien no existe un límite máximo para el mismo, debe considerarse la normativa sobre gastos deducibles para la determinación del excedente, de modo que solo lo serán los anticipos que no superen las retribuciones salariales comunes en la zona y para ese sector de trabajo o actividad, criterio también utilizado para la calificación de la cooperativa de trabajo asociado como cooperativa especialmente protegida por la normativa fiscal[15].

2. EL SOCIO COLABORADOR

La cooperativa de trabajo asociado puede contar también con socios colaboradores, como reconoce el art. 80.1 LCoop. El socio colaborador no

13. E incluso esta tendencia se aprecia, sobre todo, en la aplicación de las mismas normas de tutela en materia de Seguridad Social. Véase en este sentido la STSL La Rioja (Social) de 12 de mayo de 2016, Roj STSJ LR 183/2016-ECLI:ES:TSJLR:2016:183 pionera en el reconocimiento del derecho a la jubilación anticipada de los socios trabajadores.

14. En este sentido, FAJARDO GARCÍA, I. G., *La gestión económica de la cooperativa: responsabilidad de los socios*, Tecnos, 1997, p. 242, niega que deba reintegrarse en caso de pérdidas el anticipo que se corresponda con el salario mínimo interprofesional, reconociendo una cierta garantía «salarial» de cobro al socio trabajador. La STSJ Madrid de 11 de septiembre de 2009 destaca la naturaleza mutual de la relación existente entre el socio trabajador y la cooperativa, de modo que no les resulta de aplicación el ET. Este argumento sirve para amparar la práctica de la cooperativa de imputar pérdida con cargo a anticipos societarios. Un análisis más específico de las resoluciones que se refieren al anticipo societario, en FERRANDO GARCÍA, F. M., en AA.VV., *La Ley 27/1999, de 16 de julio, de Cooperativas. Veinte años de vigencia y resoluciones judiciales (1999-2019)*, Thomson Reuters Aranzadi, Cizur Menor, 2021, pp. 646 y ss.

15. Sobre la determinación y cuantía del anticipo en relación con el excedente de la cooperativa, véase ALZOLA BERRIOZABALGOITIA, I./VILLAFÁÑEZ PÉREZ, I., «Los resultados del ejercicio económico en las cooperativas de trabajo asociado», AA.VV., *Cooperativa de trabajo asociado y estatuto jurídico de sus socios trabajadores* (Dirs. FAJARDO/SENENT VIDAL) Tirant lo Blanch, 2016, pp. 514 a 517.

es un socio trabajador, lo define el art. 14.I LCoop como el socio capitalista (persona física o jurídica) que no desarrolla la actividad cooperativizada, por lo tanto, que no presta su trabajo, pero puede contribuir a la consecución del objeto social (el socio cooperativo no podrá desarrollar actividades cooperativizadas en el seno de la sociedad[16]). El socio colaborador es un socio que realiza una aportación a la cooperativa y que podrá participar en los derechos y obligaciones sociales y económicas de la cooperativa, en los términos que determine la Asamblea General (art. 14.II LCoop), y dentro de los límites establecidos por la Ley (no podrán superar los socios colaboradores el treinta por ciento de los votos en los órganos sociales de la cooperativa).

Los socios colaboradores deberán desembolsar la aportación económica que determine la Asamblea General, sin que le puedan ser exigidas nuevas aportaciones, y, en todo caso, sus aportaciones no podrán exceder del cuarenta y cinco por ciento del total de las aportaciones al capital social (art. 14.III LCoop).

El socio colaborador, como el socio trabajador, no responderá por las deudas sociales, estando limitada su responsabilidad a las aportaciones al capital social que hubiera suscrito, con independencia de su desembolso. En caso de causar baja, responderá de las deudas de la cooperativa contraídas con anterioridad a la baja, durante cinco años y hasta el límite del reembolso obtenido (art. 15.3 y 4 LCoop).

En caso de liquidación de la cooperativa, se reintegrará en primer lugar su aportación a los socios colaboradores (art.75.2.b) LCoop).

III. EFECTOS DEL FALLECIMIENTO DEL SOCIO

El fallecimiento del socio no es abordado en la legislación cooperativa como un supuesto de baja, sino como un supuesto de transmisión de las aportaciones del socio fallecido. Esta transmisión, conforme señala el art. 50 LCoop podrá efectuarse por actos *«inter vivos»* o *«mortis causa»*. En este último supuesto, establece el art. 50 con carácter general, que solo podrá transmitirse la aportación a causahabientes ya socios que así lo soliciten, o, en caso de no ser socios con anterioridad al fallecimiento del causante, deberán solicitar la admisión como tales, en todo caso dentro del plazo de

16. La existencia del socio colaborador comporta, en cierto modo, una situación contraria al principio cooperativo de participación directa del socio en el desarrollo del objeto social (en este sentido, PASTOR SEMPERE, C., *Los recursos propios en las sociedades cooperativas,* Edersa, 2002, p. 125; VIGUERA REVUELTA, R., *El derecho de reembolso en las sociedades recursos propios cooperativas,* Tirant lo Blanch, 2014, p. 62).

seis meses desde el fallecimiento. En caso de no ser admitidos o de no solicitar la admisión, tendrán derecho a la liquidación del crédito correspondiente a la aportación social. Habla la LCoop de «liquidación» y no de «reembolso», entendiendo que la muerte del socio supone, por tanto, la disolución parcial de la cooperativa.

En consecuencia, la transmisión de las aportaciones no comporta la transmisión de la condición de socio, que deberá llevarse a cabo conforme a las reglas y el procedimiento de admisión fijado legal y estatutariamente. Precisamente, son los estatutos de la cooperativa los que determinarán el concreto régimen de transmisión de las aportaciones aplicable (art. 11.1.1.º LCoop).

El principal efecto del fallecimiento del socio es que pierde su condición de tal. En el caso del socio trabajador, se extingue también la prestación de trabajo a la cooperativa, por lo que ello puede plantear alguna cuestión dudosa en relación con las situaciones transitorias en que puede encontrarse el patrimonio que integra la herencia del causante.

En principio, podemos afirmar, en relación con la aportación obligatoria del socio fallecido, que su valor económico se integra en el patrimonio relicto. También lo harán las actualizaciones que esta aportación obligatoria hubiera tenido por efecto de sucesivos acuerdos de la Asamblea general, así como la parte que corresponda, en su caso, al socio fallecido en las reservas voluntarias repartibles. Se detraerán de estas cantidades la parte de las pérdidas del ejercicio en que haya fallecido el socio, así como las de ejercicios anteriores no compensadas (art. 58.3 LCoop)[17].

En este conjunto de bienes que se integran en el patrimonio hereditario del fallecido se incluirá también el anticipo societario devengado y no pagado al socio trabajador, en su caso, si bien podría darse el caso de que dicho anticipo debiera ser reintegrado dependiendo de los excedentes cooperativos del ejercicio.

1. LA TRANSMISIÓN DE LA CONDICIÓN DE SOCIO

En la cooperativa el control de las condiciones subjetivas del socio es un elemento esencial de su régimen jurídico, requisito que se hace todavía más patente en relación con las cooperativas de trabajo asociado, dada la espe-

17. Véase en este sentido SAP Zamora de 6 de julio de 2018 (núm. 198/2018) Roj: SAP ZA 330/2018 - ECLI:Es:APZA:2018:330; SAP Murcia de 6 de julio de 2004 (núm. 162/2004), Roj: SAP MU 1653/2004 - ECLI:ES:APMU:2004:1653.

cialidad del régimen del socio trabajador y las personales aptitudes que el desarrollo de la actividad laboral cooperativizada puede exigir.

Se observa, en consecuencia, la intensa personalización que caracteriza a las sociedades cooperativas, junto con la relevancia de la contribución del socio a la actividad cooperativizada, que constituyen el fundamento del régimen legal establecido para la transmisión *mortis causa* en la LCoop.

En efecto, el régimen previsto para la transmisión de acciones y participaciones sociales en las sociedades de capital permite al causahabiente, con independencia de su condición de heredero o legatario, convertirse en socio, si bien con la posibilidad, en la sociedad limitada, de introducir en los estatutos una cláusula estatutaria de adquisición preferente en favor de los socios y, en su defecto, de la sociedad, y en el caso de la sociedad anónima, a la vez que se reconoce la posibilidad de que las restricciones a la libre transmisibilidad de acciones nominativas se apliquen a la transmisión *mortis causa* si existe previsión estatutaria en este sentido, se establece que únicamente podrá denegarse la adquisición de la condición de socio al causahabiente si se le ofrece un adquirente de las acciones o las adquiere la propia sociedad, por un valor razonable y pagándolas al contado (arts. 110 y 124 LSC).

En consecuencia, la regla general en las sociedades de capital será que el causahabiente, por la aceptación de la herencia, adquiere las acciones o participaciones del socio fallecido y se convierte en socio, lo que se destaca en el art. 110 LSC relativo a las sociedades de responsabilidad limitada, y queda sometido a la inexistencia de interés por parte de socios o la sociedad para adquirir sus acciones, en el caso de la sociedad limitada.

Se trata de una regla de libertad en la transmisión a sujetos que se encuentran en la esfera íntima de relación del socio, si bien esta regla general puede estar sujeta a restricciones legales (así, acciones o participaciones que conlleven la obligación de realizar prestaciones accesorias (arts. 86 y ss., LSC) o estatutarias (reconocimiento de un derecho de adquisición preferente u otras limitaciones a la transmisión, admisibles incluso para las sociedades anónimas si se trata de acciones nominativas (arts. 110 y 123 LSC)[18].

Más restrictivo es, por lo tanto, el régimen previsto para la transmisión de la aportación del socio cooperativo, dado que la transmisión de la aportación no comporta la adquisición (transmisión) de la condición de socio,

18. Por todos, véase en este punto SARAZÁ JIMENO, R., «Art. 110. Régimen de la transmisión mortis causa», pp. 1541-1552, y RECALDE CASTELLS, A./ARIAS VARONA, F. J., «Art. 123. Restricciones a la libre transmisibilidad», pp. 1717 y ss., ambos en AA.VV., *Comentario de la Ley de sociedades de capital* (Dirs. GARCÍA-CRUCES GONZÁLEZ/ SANCHO GARGALLO), Tomo II, Tirant lo Blanch, 2021.

sino que solo se eximirá de la solicitud de admisión como socio a los causahabientes que ya lo sean con anterioridad, pero la condición de socio en este caso tampoco se adquirirá de forma automática, sino previa solicitud. Podemos pensar en supuestos en los que no será posible que el causahabiente asuma la posición del causante en la cooperativa, aunque ya fuera socio, por razones de titularidad del capital, por porcentajes en clases de socios, porque los estatutos no contemplan la transmisión de las aportaciones voluntarias de los socios colaboradores, entre otros.

El causahabiente que no fuera socio con anterioridad, si desea integrarse en la cooperativa como socio, deberá solicitar la admisión en la cooperativa, debiendo reunir para ello los requisitos exigidos legal y estatutariamente. En caso de que no desee incorporarse a la cooperativa, o de que su solicitud hubiera sido rechazada, tendrá derecho a que le sea liquidada la participación del fallecido, y en este caso sin las deducciones previstas en el art. 51.3 LCoop.

En todo caso, los estatutos de la cooperativa podrán establecer en este punto el procedimiento de transmisión, así como determinados derechos de adquisición preferente a favor de otros socios, de modo que, aun cuando el causahabiente cumpliera los requisitos exigidos estatutariamente para ser socio, y deseara ser admitido como tal en la cooperativa, los socios que ya lo fueran en el momento de fallecimiento de su causante, podrían ejercitar este derecho de preferencia.

Podemos pensar que este derecho de preferencia establecido en los estatutos sociales, en cuanto referido a la transmisión de las aportaciones de un socio trabajador, solo podrá establecerse a favor de otros socios trabajadores, o bien de socios no trabajadores que cumplan los requisitos para ser admitidos como socios trabajadores, e incluso podría plantearse en este supuesto la posibilidad de que se estableciera un derecho de preferencia, en su caso, con carácter subsidiario, a favor de trabajadores por cuenta ajena de la cooperativa que se encontraran en la situación contemplada en el art. 80.8 LCoop, y a los que se debe ofertar acceder a la condición de socios.

1.1. Solicitud de ingreso en la cooperativa o de reconocimiento de la condición de socio del causahabiente

Desde el momento de su fallecimiento, el socio pierde su condición de tal, su aportación se integra en el patrimonio de la herencia[19], y en caso de

19. En este sentido, SANCHO REBULLIDA, F., «Comentario del art. 657 del Código Civil», AA.VV., *Comentario del Código Civil,* Ministerio de Justicia, 1991, p. 1798, inter-

ser socio trabajador, deja de prestar, en consecuencia, su trabajo a la sociedad (art. 80.3 LCoop).

Dado que la legislación cooperativa no reconoce la adquisición automática de la condición de socio, ni tan solo la asunción cumulativa de dich a posición en el supuesto de causahabiente ya socio, pues este deberá cursar también una solicitud al Consejo Rector[20], siempre se producirá una situación transitoria en la cual, si bien la aportación tendrá un titular, que será la herencia yacente, la comunidad hereditaria o el heredero o legatario, este titular no revestirá la condición de socio, puesto que deberá pasar por el procedimiento formal de admisión en el caso de causahabiente no socio o de reconocimiento en el supuesto del que ya lo fuera[21].

El causahabiente no socio no será considerado socio y no podrá ejercitar sus derechos como tal hasta que no se haya formalizado su admisión en la cooperativa, para lo cual deberá cumplir con el procedimiento al efecto establecido en la legislación cooperativa de aplicación y en los estatutos de la cooperativa.

Como ya se ha apuntado, se deben distinguir aquí dos supuestos distintos, conforme a la legislación estatal cooperativa [art. 50.1.b) LCoop]: el supuesto en el que el causahabiente ya sea socio con anterioridad, o el caso en que nos encontremos con un sujeto no socio. Dentro de este último grupo podría darse el caso de que se tratara de un trabajador asalariado de la cooperativa, que a su vez podría encontrarse o no en la circunstancia contemplada en el art. 80.8 LCoop.

---

pretando el art. 657 CC, señala que la muerte del causante lo que determina es la apertura de la sucesión, de modo que todas las relaciones jurídicas transmisibles de las que era titular se integran en su herencia. El derecho a la sucesión de una persona nace, —no se transmite—, con la muerte del causante. Y justamente será el momento del fallecimiento del causante el que determine cuestiones tan relevantes como la delación hereditaria (la determinación de las personas, que estando llamados a suceder al causante (vocación hereditaria), pueden aceptar la herencia) o la valoración de los bienes, que se efectuará también en dicha fecha. En relación con el socio cooperativo, por lo tanto, a esa fecha se retrotraerá la determinación de las cantidades que, en caso de liquidación de la participación del socio cooperativo por no incorporarse como socio el sucesor o sucesores, correspondan al causahabiente.

20. De hecho, como afirma SANCHO REBULLIDA, F., «Comentario del art. 659 del Código Civil», *cit.*, p. 1660, en algunos supuestos «el fenómeno transmisivo más tiene de subrogación en una posición contractual, continuación del contrato con un nuevo sujeto —no necesariamente heredero—, que de sucesión hereditaria», reflexión que podría también aplicarse a este supuesto de hecho, en el que, no obstante, lo que se aprecia es una disociación entre la transmisión de la aportación del socio y la transmisión de la condición de tal.

21. Véase apartado IV de este trabajo.

Si el sucesor por herencia o legado del socio fallecido no fuera ya socio de la cooperativa, deberá solicitar la admisión a la misma conforme a lo establecido en el art. 13 LCoop y en los estatutos de la cooperativa.

El procedimiento de admisión de nuevos socios se inicia con un escrito dirigido al Consejo Rector, debemos entender, aunque la Ley no lo menciona, motivado, en el sentido de indicar los datos de causante y causahabiente, así como los motivos por los que se desea ingresar en la cooperativa, justificando la concurrencia en el solicitante de los requisitos exigidos para ello.

El Consejo Rector dispone de un plazo de tres meses para responder, debiendo motivar su decisión. La motivación, imprescindible en los supuestos de rechazo de la solicitud, debe entenderse también necesaria en los supuestos de admisión del socio en la cooperativa, como garantía de falta de arbitrariedad y aplicación ajustada de los requisitos de admisión por parte del órgano resolutor. De hecho, el art. 13.3 LCoop prevé la posibilidad de impugnación del acuerdo de admisión, siendo preceptiva en este caso la audiencia del interesado, y para poder fundamentar la impugnación será necesario haber motivado la decisión.

El Consejo Rector dispone de un plazo de tres meses desde el recibo de la solicitud para resolverla, por lo que, si transcurrido este plazo no se ha contestado al solicitante, se deberá entender estimada su solicitud de ingreso como socio. En caso de rechazo de la solicitud, como señala la LCoop, la decisión es recurrible (art. 13.2 LCoop).

En el supuesto de que el sucesor del socio causante fuera ya socio, no se exige su admisión, dado que ya lo es, pero sí que deberá solicitar al Consejo Rector su reconocimiento como socio asumiendo la aportación obligatoria del socio fallecido. En concreto, podría darse el caso de que el sucesor, heredero o legatario, superara el límite de titularidad del capital social establecido para las cooperativas de primer grado en el art. 45.6 LCoop (un tercio del capital social) y, en consecuencia, su solicitud sería rechazada, procediendo a liquidar la aportación del socio fallecido.

En hipótesis podrían darse varios supuestos: i) que ambos socios, fallecido y causahabiente, sean colaboradores, siendo la aportación voluntaria transmisible por regla estatutaria, aportación que el socio colaborador sucesor podrá asumir, en principio, previa solicitud al Consejo Rector; ii) que el socio fallecido sea trabajador, y el socio causahabiente también lo sea, en cuyo caso estaríamos al reconocimiento por el Consejo Rector de la condición de socio, siempre que el socio no superara los límites de tenencia de capital; iii) que el socio fallecido sea trabajador y el socio causahabiente sea simplemente colaborador, en cuyo caso este último podría decidir: desear ser socio trabajador en la parte correspondiente al fallecido, solicitándolo al Consejo Rector, siempre que reúna los requisitos para ello, o bien no hacerlo, en cuyo caso deberá liquidarse la aportación del socio; por último, iv) que el socio fallecido sea colaborador y el causahabiente trabajador, en cuyo caso, si bien deberá solicitarse al Consejo Rector, la cuestión se centra en el reconocimiento o no en los estatutos de la posibilidad de transmitir estas aportaciones.

En el caso de que el causahabiente sea socio, con carácter general, el art. 50.1.b) LCoop exige la solicitud al Consejo Rector, de modo que en ningún caso se reconoce automáticamente la condición socio asumiendo el causahabiente la cuota de participación de su causante.

No se refiere el art. 50.1.b) LCoop a cómo deba realizarse dicha solicitud, pero es razonable pensar que deberá ser objeto de comunicación escrita, con indicación de los datos de causante y socio solicitante, así como aquellas cuestiones que se desean hacer constar, sobre todo cuando lo que el socio pretende es cambiar de clase, principalmente cuando se trate de pasar a ser socio trabajador.

Por otra parte, el reconocimiento o admisión como socio permitirá a este ejercitar los derechos y soportar los deberes u obligaciones inherentes a esta condición, pero con ciertas especialidades en relación con los socios trabajadores, especialidades que podrían incluso determinar la extinción del vínculo societario y de la prestación laboral del socio. Nos referimos en este punto a la exigencia del período de prueba, que con carácter general se exige a todo socio que se incorpore a la cooperativa, salvo que se encuentra en alguno de los supuestos previstos legal o estatutariamente o si dicho período de prueba hubiera sido suprimido por acuerdo del socio y la cooperativa. En realidad, el socio es admitido «a prueba», y solo después de haberla superado, será considerado socio trabajador. Con anterioridad a la superación del período de prueba, se trata de un socio que no es trabajador, pero que gozará de los mismos derechos que el socio trabajador, si bien con las especialidades mencionadas en el art. 81.3 LCoop[22]. Pero en realidad no

22. Dispone el art. 81.3 LCoop, que *«los nuevos socios, durante el período en que se encuentren en situación de prueba, tendrán los mismos derechos y obligaciones que los socios trabajadores, con las siguientes particularidades: a) Podrán resolver la relación por libre decisión unilateral, facultad que también se reconoce al Consejo Rector. b) No podrán ser elegidos para los cargos de los órganos de la sociedad. c) No podrán votar, en la Asamblea General, punto alguno que les afecte personal y directamente. d) No estarán obligados ni facultados para hacer aportaciones al capital social ni para desembolsar la cuota de ingreso. e) No les alcanzará la imputación de pérdidas que se produzcan en la cooperativa durante el período de prueba, ni tendrán derecho al retorno cooperativo»*.

es tampoco un socio técnicamente hablando, por cuanto no puede realizar aportaciones al capital social ni desembolsar la cuota de ingreso, limitándose a participar en la actividad cooperativizada, con derecho a obtener el anticipo societario correspondiente (art. 80.4 LCoop).

Por lo tanto, en este supuesto, en que el causahabiente sea un sujeto no socio que deba realizar el período de prueba, será considerado titular del valor económico de la aportación obligatoria mínima para adquirir la condición de socio[23], pero no se hará efectivo hasta el transcurso del período de prueba, de modo que en caso de superarlo, pasará a ser reconocido como socio trabajador, con plenitud de derechos y deberos, y en caso de no superar el período de prueba, podrá exigir la liquidación de la aportación del socio fallecido, a la que tiene derecho. Se trata de un complejo sistema que pretende garantizar, como se ha señalado al inicio de este trabajo, el control sobre los sujetos que ingresan como socios en la cooperativa.

1.2. Efectos del rechazo a la solicitud de admisión

El Consejo Rector dispone de un plazo de tres meses para poder estimar o rechazar la solicitud de admisión del causahabiente del socio fallecido. El silencio, en caso de transcurso del plazo sin contestación, tiene sentido positivo, lo que supondrá la incorporación del nuevo socio a la cooperativa, si bien con las especialidades que puede comportar en este caso la exigencia de sometimiento a un período de prueba, por la especial naturaleza de su contribución a la actividad cooperativizada (su trabajo personal y directo).

En caso de rechazo a la solicitud de admisión, se deberá proceder a la liquidación de la aportación del socio fallecido. Dice el art. 50.1.b) LCoop que el socio tendrá derecho a la liquidación del crédito correspondiente a la aportación social. En realidad, hasta ese momento, lo que ha entrado en la herencia del socio fallecido es este derecho de crédito al valor económico de la aportación del socio, que no hará falta liquidar si el sucesor puede incorporarse como socio a la cooperativa, si así lo desea y cumple los requisitos establecidos para ello.

El crédito correspondiente a la aportación social se integra conforme a lo dispuesto en el art. 51 LCoop. Al reembolso del crédito por la aportación social en los supuestos de las transmisiones *mortis causa* se aplican, por tanto, las reglas previstas para la baja del socio, aunque propiamente estemos ante supuestos de hecho diferentes. Prueba de ello es que nunca podrá

23. En efecto, el causahabiente no tendrá que realizar la aportación prevista por los arts. 13.5 y 46.1 LCoop.

ser considerada injustificada, no pudiéndose aplicar las deducciones del art. 51.3 LCoop.

El reembolso de las aportaciones del socio fallecido se regirá por el procedimiento fijado en los estatutos de la cooperativa, si bien el art. 51.1 LCoop dispone que la liquidación deberá efectuarse según el balance de cierre del ejercicio en que se produzca la baja, sin que se puedan efectuar, en el caso objeto de nuestro estudio, más deducciones que las establecidas en el art. 51.2 LCoop, relativas a «las pérdidas imputadas e imputables al socio, reflejadas en el balance de cierre del ejercicio en el que se produzca la baja, ya correspondan a dicho ejercicio o provengan de otros anteriores y estén sin compensar».

Dispone el art. 51.2 LCoop que el Consejo Rector dispondrá de un plazo de tres meses desde la aprobación de las cuentas del ejercicio en que se causó baja, para efectuar el cálculo del importe a retornar de las aportaciones al capital, importe que deberá ser comunicado en el supuesto de baja al socio que la causa, pero en el supuesto de hecho de las transmisiones *mortis causa,* al heredero o legatario, plazo que dada su posible extensión puede dificultar al sucesor la correspondiente liquidación del Impuesto sobre Sucesiones y Donaciones, para cuya liquidación el plazo es de seis meses contados desde la fecha de fallecimiento del causante. El plazo de reembolso no podrá exceder, en ningún caso, de un año desde la comunicación del fallecimiento del socio a la cooperativa (art. 51.4 LCoop). En el caso de socios trabajadores, deberá entenderse efectuada la comunicación cuando a esta le conste que el socio ha cesado en su prestación de trabajo para la cooperativa y, por lo tanto, desde este momento, debería empezar a contarse el plazo indicado.

Frente a la negativa del Consejo Rector a admitir al socio en la cooperativa, que deberá ser, como se ha indicado, siempre motivada, podrá este interponer recurso (art. 13.2 LCoop).

El solicitante dispondrá de un plazo de veinte días que se computan desde la notificación del acuerdo del Consejo Rector por el que se deniega la admisión. El recurso se dirigirá al Comité de Recursos, o, en su defecto, a la Asamblea General de la cooperativa. El Comité de Recursos resolverá en un plazo máximo de dos meses, contados desde la presentación de la impugnación y la Asamblea General en la primera reunión que se celebre. En ambos casos, se deberá conceder audiencia al interesado para que alegue lo que tenga por conveniente.

Ante la resolución del recurso contraria a sus intereses, podría plantear el socio impugnación por la vía judicial, aun cuando dicha posibilidad no es expresamente reconocida en la LCoop[24].

IV. SUPUESTOS ESPECIALES

El art. 50.1.b) LCoop no reconoce la adquisición de la condición de socio al causahabiente del socio fallecido, más bien lo que establece es una regla general que establece precisamente lo contrario, de modo que por el fallecimiento del socio, lo que se integra en el patrimonio de la herencia es el valor económico de la aportación del socio, y, en definitiva, el derecho de crédito del causahabiente a su liquidación y pago, si no desea incorporarse como socio a la sociedad, si su admisión es rechazada, o en caso de ser ya socio, no desea consolidar su posición aumentando su participación, o en su caso, transformando la calificación de las aportaciones[25].

La transmisión *mortis causa* puede tener lugar a título de herencia o de legado (art. 668 CC), sin que el título en este punto plantee ninguna distinción de interés, aplicándose la misma norma contenida en el art. 50.1.b) LCoop.

Más interés plantea el análisis de las distintas situaciones que pueden darse en relación con la sucesión hereditaria, y cuya especial naturaleza y regulación plantean especialidades.

1. LA HERENCIA YACENTE

La adquisición de la herencia mediante aceptación del llamado a suceder al causante supone que, desde el momento de fallecimiento del causante hasta la aceptación, la herencia se encuentra vacante, situación a la que se denomina herencia yacente. Caracteriza a esta situación el hecho de que la herencia carece de un titular de las relaciones jurídicas y bienes que lo integran[26]. No es una situación que encuentre regulación en nuestro Derecho, por lo que se plantea la cuestión de cómo resolver las cuestiones relativas

24. En este sentido, VIGUERA REVUELTA, R., *El derecho de reembolso en las sociedades cooperativas, cit.*, p. 58 y la doctrina que allí cita.
25. Debe tenerse en cuenta, en este punto, que sería posible, por aplicación del art. 47.3 LCoop, esta transformación: «*El Consejo Rector podrá decidir, a requerimiento de su titular, la conversión de aportaciones voluntarias en obligatorias, así como la transformación de aportaciones obligatorias en voluntarias cuando aquéllas deban reducirse para adecuarse al potencial uso cooperativo del socio*».
26. En este sentido, VALPUESTA FERNÁNDEZ, M.ª R., «La adquisición de la herencia», AA.VV., *Derecho de sucesiones,* Tirant lo Blanch, 1992, p. 523.

a la administración y representación de la herencia durante este período transitorio.

Puede ser posible que se haya nombrado albacea administrador de la herencia, y en este caso estas funciones serán desempeñadas por él (art. 902 CC); si nada se hubiera previsto, podría instarse judicialmente el nombramiento de administrador. En el supuesto de sucesión intestada, la solicitud del abintestato permitiría adoptar las medidas de administración y aseguramiento de los bienes que fueran necesarias.

Es cierto también que el art. 999 CC permite que los llamados a la herencia realicen actos de mera conservación o administración provisional, expresando que estos actos no supondrán aceptación de la herencia si con ellos no se ha tomado el título o cualidad de heredero. Sin embargo, la insuficiencia de estas facultades del llamado a suceder, han llevado a la doctrina a sugerir otras vías para resolver esta situación, y así se ha sugerido la posibilidad de aplicar analógicamente el art. 1020 CC, que se refiere a la posibilidad de poner en administración la herencia mientras que el llamado a suceder hace uso del derecho de deliberar antes de aceptar o repudiar[27].

Lo que está claro es que durante el tiempo en el cual la herencia permanece yacente, este patrimonio con titular indeterminado puede precisar de medidas de administración, conservación y aseguramiento, por lo que, salvo en el supuesto de designación testamentaria, será necesario determinar de qué modo puede administrarse y protegerse hasta el momento de la aceptación.

En el supuesto de la aportación del socio en la cooperativa de trabajo asociado, y centrándonos en la figura del socio trabajador, por el fallecimiento del socio su aportación ha pasado a integrarse en la herencia, que hasta el momento de la aceptación permanece yacente. Es importante tener en cuenta que el llamado a suceder debe proceder a la aceptación, si desea hacerlo, teniendo en cuenta los plazos establecidos en la legislación cooperativa, si su intención es solicitar su admisión como socio caso de no serlo y cumplir los requisitos exigidos para ello, El art. 50.1.b) LCoop exige que esta solicitud se efectúe dentro de los seis meses siguientes al fallecimiento del causante. Pero también, las normas fiscales, sobre la tributación por Impuesto de Sucesiones y Donaciones imponen la celeridad en la aceptación de la herencia, y más aún, en su distribución entre los herederos, con la finalidad de liquidar el impuesto. Por ello, la situación de yacencia de la herencia es transitoria.

27. En este sentido, DÍEZ-PICAZO, L., «La aceptación de la herencia por los acreedores del heredero», *Anuario de Derecho Civil,* vol. 12, n.º 1, 1959, pp.127-198.

En relación con los derechos y deberes del socio trabajador, durante este período en el cual la herencia se encuentra yacente, parece obvio que, al cesar en el trabajo, se perderá el derecho y las obligaciones económicas de esta prestación (como señala el art. 84.1 LCoop para los supuestos de suspensión). Pero nada se dice en relación con los derechos políticos correspondientes a su aportación, que podrían ser ejercitados por el albacea administrador o administrador judicial de la herencia, en su caso. Del mismo modo, deberá encargarse de las obligaciones económicas derivadas de la pertenencia a la cooperativa, como la de realizar aportaciones obligatorias periódicas, hasta tanto se determine si el llamado a suceder acepta la herencia, y, en su caso, es admitido como socio de la cooperativa o, en otro caso, se liquida la aportación del causante, entregándole al heredero o legatario el valor económico correspondiente a la aportación realizada por el socio, con las actualizaciones correspondientes y las deducciones establecidas legalmente. La transmisión *mortis causa* no equivale a estos efectos a una baja del socio, sino que plantea una situación, transitoria, de indeterminación del titular de la aportación, como ya hemos señalado, que puede desembocar, sin embargo, también, en la liquidación de la aportación con el correspondiente reembolso de su valor económico al sucesor del socio fallecido.

2. LA COMUNIDAD HEREDITARIA

Muy común en la práctica es que, ante la pluralidad de causahabientes, una vez aceptada la herencia, estos soliciten su admisión como socios como comunidad hereditaria. Si bien dogmáticamente es posible la admisión como socio de una entidad que no goce de personalidad jurídica, en el supuesto de los socios trabajadores de una cooperativa de trabajo asociado, ello plantearía el problema de la prestación del trabajo personal y directo, que exige, por lo tanto, que los socios trabajadores sean personas físicas.

La comunidad hereditaria supone que la posesión, uso y administración de los bienes comunes corresponde a todos los comuneros, quienes podrán llevar a cabo actos conservativos y ejercitar, en defensa de la masa común hereditaria, las acciones que correspondían al causante y las nacidas después, siempre en beneficio de la comunidad (arts. 393 y 394 CC)[28].

Esta posibilidad no parece aplicable a las cooperativas de trabajo asociado en relación con la condición de socio trabajador, salvo que se trate de una situación transitoria, previa a la partición hereditaria, a los solos efectos de ejercitar los derechos y obligaciones que no van vinculados a la presta-

28. CLEMENTE MEORO, M., «La comunidad hereditaria», AA.VV., *Derecho de sucesiones, cit.*, pp. 577 y ss.

ción de trabajo personal y directo, y mientras que no se determine la atribución concreta de la aportación a uno o varios de los miembros integrantes de la comunidad hereditaria.

La partición hereditaria extingue la comunidad hereditaria, dado que en este caso ya se tratará de titulares proindiviso de este bien concreto de la herencia, si bien el supuesto puede plantear también la cuestión de si será posible que todos ellos soliciten, en su caso, la admisión como socios, y si tendrán que asumir alguna obligación económica en caso de ser admitidos.

La primera cuestión debe contestarse afirmativamente, pero la solicitud no podrá efectuarse como comunidad de bienes, sino por cada socio de forma individual, dado que ellos serán quienes se obliguen personal y directamente a prestar su trabajo como contribución a la actividad cooperativizada. Por lo tanto, todos los sucesores que sean cotitulares de una cuota de la aportación del socio fallecido, podrán dirigir al Consejo Rector la solicitud de admisión en la cooperativa, caso de no ser ya con anterioridad socios.

Evidentemente, la aportación del socio fallecido permitiría al sucesor que fuera admitido como socio liberarse de la obligación de realizar la aportación mínima obligatoria necesaria para convertirse en socio, dado que la «hereda» de su causante. Pero en el supuesto analizado, en el que nos encontramos con varios sujetos, la solución será que cada uno de ellos deberá completar la cuantía restante hasta la aportación obligatoria mínima[29], teniendo en cuenta el porcentaje de atribución de la aportación a cada socio efectuada en la partición de la herencia.

Si se diera el caso de que algún cotitular de la aportación del socio no fuera admitido como socio, debería procederse a la liquidación de su cuota de aportación por la cooperativa, de forma que los restantes cotitulares, aceptado su ingreso en la cooperativa, deberían completar su aportación mínima obligatoria teniendo en cuenta la parte liquidada a quien no devino socio o no quiso solicitar su ingreso en la cooperativa.

3. EL USUFRUCTO DE LA HERENCIA

Es frecuente, cuando el socio fallecido estuviera casado, que instituyera herederos y legara al cónyuge el usufructo universal de la herencia, o bien

29. En este sentido, NIETO SÁNCHEZ, J., «Posición jurídica del socio (II): baja y expulsión. Transmisión de aportaciones», AA.VV., *La sociedad cooperativa en la Ley 27/1999, de 16 de julio, de Cooperativas* (Coord. ALONSO ESPINOSA), Comares, 2001, p. 190.

que el tercio de la herencia sobre el cual recayera el usufructo del cónyuge viudo comprendiera la aportación del socio a la cooperativa.

En este caso se plantea la posibilidad de constituir un derecho de usufructo sobre la aportación, y a quién corresponderá, en primer lugar, la condición de socio. La legislación societaria (art. 127 LSC) atribuye al nudo propietario la condición de socio, quien podrá ejercitar los derechos propios de tal condición, a excepción del derecho al dividendo, que corresponderá al usufructuario. Esta solución, sin embargo, no es satisfactoria para la cooperativa de trabajo asociado, puesto que la condición de socio trabajador impone a éste la prestación de su trabajo personal y directo, además de la realización de la aportación obligatoria correspondiente, y de la cuota de ingreso que se determine, en su caso.

La primera cuestión que se plantea pues es la posibilidad de constituir un derecho real de usufructo sobre una aportación de un socio trabajador en una cooperativa de trabajo asociado.

La especial naturaleza de la prestación del socio trabajador impide generalizar la regla establecida para las sociedades de capital, que resuelve la cuestión de quién reviste la condición de socio y, en principio, ejercita los derechos propios de esa condición, salvo el de percibir los dividendos, que correspondería al usufructuario, salvo que el título constitutivo del usufructo distribuya el ejercicio de estos derechos de otro modo.

En el caso de la cooperativa de trabajo asociado, la constitución de un usufructo sobre la aportación de un socio trabajador entraña mayor dificultad. Téngase en cuenta que el socio debe prestar su trabajo personal y directo, percibirá el anticipo societario, pero con el riesgo de tener que devolverlo si los resultados de la cooperativa no son los esperados, y, en consecuencia, se trataría de atribuir, por ejemplo, al nudo propietario, la obligación de contribuir a la actividad cooperativizada y el riesgo de devolución del anticipo societario, que le compensa, aunque no tiene naturaleza salarial, por la prestación de este trabajo, y al usufructuario los excedentes repartibles al final del ejercicio y que no hayan sido anticipados al socio trabajador, y la retribución, en su caso, de las aportaciones voluntarias. El título constitutivo del usufructo debería reflejar el reparto de los derechos y obligaciones entre nudo propietario y usufructuario, que en nuestra opinión deberían garantizar a quien revista al condición de socio, y que deberá prestar su trabajo personal y directo, un anticipo societario equivalente al salario recibido en la misma zona y sector, pudiendo el usufructuario recibir los rendimientos que excedan del mismo, así como la retribución en concepto de intereses que, en su caso, le correspondiera.

Con carácter general, se ha defendido que quien debería tener derecho a adquirir la condición de socio debería ser el usufructuario, sin realizar aportaciones nuevas, y que este podría ejercitar todos los derechos, menos el de baja en la cooperativa, dado que debería mediar el consentimiento del nudo propietario. Sin embargo, esta solución tampoco es adecuada, en nuestra opinión, para la cooperativa de trabajo asociado, por su especial naturaleza.

La mejor solución sería, evidentemente, la estimación del porcentaje de atribución que correspondería al usufructuario y al nudo propietario, con el objeto de convertir la constitución de usufructo en un supuesto de cotitularidad, que daría derecho, por lo tanto, a ambos, a solicitar su ingreso en la cooperativa, si así lo desearan, aplicándose las reglas antes analizadas.

V. BIBLIOGRAFÍA

ALFONSO SÁNCHEZ, R., «Formas de trabajo asociado en la economía social», AA.VV., *Cooperativa de trabajo asociado y estatuto jurídico de sus socios trabajadores* (Dirs. FAJARDO/SENENT VIDAL), Tirant lo Blanch, Valencia, 2016.

ALZOLA BERRIOZABALGOITIA, I./VILLAFÁÑEZ PÉREZ, I., «Los resultados del ejercicio económico en las cooperativas de trabajo asociado», AA.VV., *Cooperativa de trabajo asociado y estatuto jurídico de sus socios trabajadores* (Dirs. FAJARDO/SENENT VIDAL), Tirant lo Blanch, Valencia, 2016.

CLEMENTE MEORO, M., «La comunidad hereditaria», AA.VV., *Derecho de sucesiones,* Tirant lo Blanch, Valencia, 1992.

COSTAS COMESAÑA, J., «Cooperativas de trabajo asociado», AA.VV., *Tratado de Derecho de cooperativas* (Dirs. PEINADO GRACIA/VÁZQUEZ RUANO), 2.ª ed., Tirant lo Blanch, Valencia, 2018.

DÍEZ-PICAZO, L., «La aceptación de la herencia por los acreedores del heredero», *Anuario de Derecho Civil,* vol. 12, n.º 1, 1959, pp.127-198.

FAJARDO GARCÍA, I. G., *La gestión económica de la cooperativa: responsabilidad de los socios,* Tecnos, Madrid, 1997.

FERRANDO GARCÍA, F. M., AA.VV., *La Ley 27/1999, de 16 de julio, de Cooperativas. Veinte años de vigencia y resoluciones judiciales (1999-2019),* Thomson Reuters Aranzadi, Cizur Menor, 2021.

FERRANDO VILLALBA, M.ª DE L., «La transformación de sociedades mercantiles en sociedades cooperativas: una opción para la conservación de la empresa en tiempos de crisis», AA.VV., *Economía social y Derecho. Problemas jurídicos actuales de las empresas de economía socia*l (Dirs. GÓMEZ MANRESA/PARDO LÓPEZ), Comares, Granada, 2013.

GARCÍA-CRUCES GONZÁLEZ, J. A., SANCHO GARGALLO, I. (dirs.), *Comentario de la Ley de sociedades de capital,* Tomo II, Tirant lo Blanch, Valencia, 2021.

GARCÍA JIMÉNEZ, M., «El concepto de cooperativa de trabajo asociado. Objeto social y principales características», AA.VV., *Cooperativa de trabajo asociado y estatuto jurídico de sus socios trabajadores* (Dirs. FAJARDO/ SENENT VIDAL), Tirant lo Blanch, Valencia, 2016.

NIETO SÁNCHEZ, J., «Posición jurídica del socio (II): baja y expulsión. Transmisión de aportaciones», AA.VV., *La sociedad cooperativa en la Ley 27/1999, de 16 de julio, de Cooperativas* (Coord. ALONSO ESPINOSA), Comares, Granada, 2001.

PANIAGUA ZURERA, M., *La sociedad cooperativa. Las sociedades mutuas y las entidades mutuales. Las sociedades laborales. La sociedad de garantía recíproca,* Vol. 1., «La sociedad cooperativa. Las sociedades mutuas de seguros y las mutualidades de previsión social», en *Tratado de Derecho Mercantil* (Dirs. OLIVENCIA, FERNÁNDEZ-NOVOA Y JIMÉNEZ DE PARGA), Marcial Pons, Barcelona, 2005.

PASTOR SEMPERE, C., *Los recursos propios en las sociedades cooperativas,* Edersa, Madrid, 2002.

SANCHO REBULLIDA, F., «Comentario del art. 657 del Código Civil», AA.VV., *Comentario del Código Civil,* Ministerio de Justicia, Madrid, 1991.

VALPUESTA FERNÁNDEZ, M.ª R., «La adquisición de la herencia», AA.VV., *Derecho de sucesiones,* Tirant lo Blanch, Valencia, 1992.

VIGUERA REVUELTA, R., *El derecho de reembolso en las sociedades recursos propios cooperativas,* Tirant lo Blanch, Valencia, 2014.

Capítulo 8

Especialidades del relevo generacional en cooperativas de enseñanza*

Rosalía Alfonso Sánchez
Catedrática de Derecho Mercantil
Universidad de Murcia

*. Trabajo integrado en los siguientes proyectos: 1. «Método, finalidad y contenido en la ordenación jurídica del gobierno corporativo» (PID2021-128186NB-I00), financiado por el Ministerio de Ciencia e Innovación y del que es investigador principal José Miguel Embid Irujo; 2. «Plataformas digitales para la economía de cuidados» (TED2021-129367B-I00), financiado por el Ministerio de Ciencia e Innovación MCIN/AEI/10.13039/501100011033 y por la Unión Europea «NextGenerationEU/PRTR», del que son investigadoras principales Mercedes Farias Batlle y Rosalía Alfonso Sánchez.

1.2. Transmisión de aportaciones *inter vivos* y negocio jurídico de transmisión. 1.3. Adquisición por la cooperativa de las aportaciones de los socios. 2. *El supuesto de transmisión de aportaciones por fallecimiento del socio trabajador.* 3. *El supuesto de los socios fundadores a quienes se les deniega el rembolso de sus aportaciones no dinerarias por la naturaleza de lo aportado.* 3.1. Aportaciones no dinerarias en cooperativas de enseñanza. 3.2. Los supuestos que han llegado a los tribunales. 3.3. La puerta abierta por el Tribunal Supremo. 4. *El supuesto de la jubilación parcial y el contrato de relevo.* 5. *La paga de antigüedad en los colegios concertados: indisponible por la cooperativa.* IV. EL IDEARIO O CARÁCTER PROPIO DEL CENTRO EN LAS COOPERATIVAS DE ENSEÑANZA. LOS VALORES COOPERATIVOS COMO ESENCIA PARA SU *STORYTELLING.* V. BIBLIOGRAFÍA.

I. UNA MIRADA AL COOPERATIVISMO DE ENSEÑANZA EN ESPAÑA

El cooperativismo de enseñanza ha estado presente en la estructura del sistema educativo español desde principios del siglo XX, vigente entonces la que se considera la primera ley de educación española, la Ley de Instrucción Pública de 9 de septiembre de 1857 (o Ley Moyano). Durante sus ciento trece años de vigencia se sucedieron tres leyes de cooperación (1931, 1938 y 1942) que, si bien no llegaron a recoger la cooperativa de enseñanza como clase específica[1], facilitaron en la práctica —en especial a partir de los años cincuenta— el surgimiento de la figura como una alternativa educacional en algunos territorios, como País Vasco[2] y Cataluña[3]. Más adentrado el siglo, los promotores de las cooperativas de enseñanza de la década de los sesenta responden al perfil de padres motivados por su insatisfacción con la escuela estatal existente o con las escuelas religiosas, en un entorno

1. Se citan como experiencias significativas de esta época la Cooperativa Pedagógica Española o la Mutua Escolar Blanquerna, si bien sin una correspondencia clara con lo que actualmente son las cooperativas en la educación FERNÁNDEZ GUADAÑO, J., «La realidad actual de las sociedades cooperativas en la educación», *REVESCO. Revista de Estudios Cooperativos,* n.º 71, 2000, pp. 55-76, p. 70.
2. Bajo el impulso de José María de Arizmendiarrieta nace la Liga de Educación y Cultura a finales de los años 50, integrada por centros de distintos niveles de educación y sostenida por diversas instituciones públicas y privadas de la Comarca del Alto Deba (Guipúzcoa) y que años más tarde adoptaría la forma jurídica de cooperativa. Su elemento distintivo era el binomio estudio-trabajo, es decir, una educación y formación técnica orientada a la consecución de un puesto de trabajo en la industria. Sobre estas cuestiones LUJÁN ALCARÁZ, J., «Prólogo», AA.VV., Cooperativas de enseñanza. Régimen jurídico y económico: aspectos estratégicos (Dir. ALFONSO SÁNCHEZ), Thomson Reuters-Aranzadi, Cizur Menor, 2018, pp. 45-51.

en el que el desarrollo económico del país propicia que las capas medias de las zonas más desarrolladas económicamente quieran para sus hijos una educación de mayor calidad.

El refrendo del cooperativismo de enseñanza se produce con la Ley 52/1974, de 19 de diciembre, General de Cooperativas y su desarrollo reglamentario. En su clasificación de las cooperativas en grupos, ramas y tipos de acuerdo con su objeto social, el Reglamento de 1978 define las cooperativas de enseñanza como aquellas cuyo objeto principal sea «procurar la solución del problema de enseñanza, en sus distintos niveles», y también procurar u organizar «cualquier tipo de actividad docente, en cualquier ramo del saber y/o formación técnica, artística, deportiva u otras» (arts. 144-146). Entra en juego así en el sistema educativo español, de forma explícita, el cooperativismo de enseñanza tanto en su modalidad de trabajo asociado, que integra a profesores y demás profesionales de la enseñanza, así como personal no docente, en su caso, como en su variante de consumo, esto es, el que asocia a padres de alumnos (o representantes legales de éstos) y los propios alumnos[4]. Y lo hace en un momento regido por la Ley de 4 de agosto de 1970, General de Educación y Financiamiento de la Reforma Educativa (LGE), orientada a hacer partícipe de la educación a toda la población española por considerarla una tarea de país y en cuyo contexto surge la figura del concierto. Posiblemente estas consideraciones, así como la apuesta de la LGE por la promoción y sostenimiento de centros docentes por entidades públicas y privadas y por particulares, vinieron implícitamente a reconocer la capacidad de las cooperativas de crear centros docentes para impartición de enseñanzas regladas[5]. A mediados de los años setenta del siglo pasado las cooperativas de enseñanza que proliferan en

---

3. Fue la falta de puestos escolares en la población de San Sadurni d´Anoia y zona rural circundante la que agrupó a los padres en cooperativa para afrontar el problema de la educación de sus hijos, surgiendo en 1966 la Escuela Vilarnau y, poco después, la Escuela Montbau de Barcelona. CASTAÑO COLOMER, J., *La cooperativa de enseñanza,* Ceac, Barcelona, 1985, p. 55; MORENO MARTÍNEZ, P. L., *La organización en las cooperativas de enseñanza (Fundamentos teóricos y jurídicos),* Tesina, Facultad de Filosofía y Ciencias de la Educación, Murcia, 1983, pp. 57-58.
4. Atendiendo a esta finalidad, la acción cooperativa se presenta por la Ley como recurso paliativo para una determinada demanda educativa no satisfecha por el Estado en los distintos niveles de la enseñanza reglada, y al tiempo como alternativa para cualquier tipo de actividad docente (LUJÁN ALCARÁZ, J., «Prólogo», *cit.*, pp. 45-51).
5. Son destacables las ayudas y beneficios a la iniciativa no estatal en esta materia recogidas en el Decreto 488/1973, de 1 de marzo: subvenciones para construcción y equipamientos de centros; créditos y demás beneficios inherentes a la declaración de interés social; y cesión del uso de edificios construidos para centros estatales. El art. 1 de esta norma, al regular las preferencias en la concesión de beneficios y ayudas a los

España lo hacen bajo la fórmula de trabajo asociado. La recesión económica, la mejora de la calidad de la enseñanza estatal y el mayor control de los centros privados por la administración central, provoca la crisis del sector de la enseñanza privada y el cierre de algunos de estos centros, lo que lleva a sus trabajadores (docentes y no docentes) a hacerse cargo de los mismos (por compra o arriendo) para evitar perder el puesto de trabajo, y lo hacen constituyéndose en cooperativa[6].

La Ley Orgánica 5/1980, de 19 de junio, por la que se regulaba el Estatuto de Centros Escolares (LOECE), terminó de ofrecer encaje al cooperativismo de enseñanza en la estructura del sistema educativo como centros privados, aunque, en realidad, fue la Ley Orgánica 8/1985, de 3 de julio, reguladora del Derecho a la Educación (LODE) y sus desarrollos posteriores, la que articuló de forma efectiva la doble red de centros que perdura hasta nuestros días, dando vida a los conciertos educativos en un marco jurídico específico, lo que incentivó la proliferación de colegios bajo la fórmula cooperativa en la modalidad de concertados. En especial, el Reglamento de Normas Básicas sobre Conciertos Educativos[7] contenía dos preceptos esenciales en tal sentido, al reconocer «preferencia», siempre que se dé igualdad de condiciones, a los centros en régimen de cooperativa (art. 22), y al disponer una ayuda estatal adicional para las iniciativas de carácter cooperativo —o de similar significado social— que presten un servicio educativo de reconocida calidad[8]. La Ley 3/1987, de 2 de abril, General de Cooperativas, con un nuevo planteamiento del cooperativismo de enseñanza adecuado a su realidad sociológica, contribuyó también a su consolidación, básicamente en la variedad de trabajo asociado, siendo escaso el recurso a la fórmula de consumo de enseñanza y muy excepcional el de las cooperativas educacio-

centros no estatales (los privados) coloca en primer lugar a las cooperativas de padres de alumnos o profesores, al lado de las comunidades de religiosos de la enseñanza y de las instituciones públicas y privadas que no tengan como finalidad la obtención de beneficios económicos. Sobre esta norma, FUENTES VIÑAS, A. M./LORENZO DELGADO, M./CORCHÓN ÁLVAREZ, E., «Cooperativas de enseñanza como tercera vía dentro de nuestro sistema educativo», *Ediciones Universidad de Salamanca, Enseñanza,* 20, 2002, pp. 51-84, pp. 61-62.

6. FERNÁNDEZ GUADAÑO, J., «La realidad actual de las sociedades cooperativas en la educación», *cit.,* pp. 70-71; *idem,* «Evolución de las sociedades cooperativas en España», AA.VV., *40 años de historia de las Empresas de Participación,* Madrid, Verbum, Madrid, 2013, pp. 443-461.
7. Reglamento aprobado por Real Decreto 2377/1985, de 18 de diciembre.
8. La ayuda financia gastos de inversión relativos a instalaciones y equipamientos escolares (DANovena) y aún está vigente.

nales[9]. En esta época surgen las cooperativas de enseñanza de trabajo asociado promovidas por grupos de profesores que, de forma consciente, habida cuenta el desempleo que sufre el sector de la enseñanza, deciden asociarse y dotarse de un puesto de trabajo. Así, bajo la protección de los conciertos educativos, se establecen en zonas de expansión urbana necesitadas de puestos escolares donde edifican centros modernos [de elevado coste y alto nivel de endeudamiento] y desarrollan, a través de la fórmula cooperativa, un proyecto educativo propio[10].

La aprobación de la Ley Orgánica 1/1990, de 3 de octubre, de Ordenación General del Sistema Educativo (LOGSE), consolidaría la división de los centros educativos en públicos, centros de educación privados y centros de educación privados concertados, suponiendo las novedades que incluía (ampliar dos cursos la escolarización obligatoria y gratuita y rebajar la *ratio* de alumnos por aula) la necesidad de incrementar el número de puestos escolares; crecimiento al que coadyuvó la Ley Orgánica 9/1995, de 20 de noviembre, de la participación, la evaluación y el gobierno de los centros docentes (LOPEG), al incluir la obligación de los centros privados concertados de admitir alumnos con necesidades educativas especiales. Por su parte, la Ley 27/1999, de 16 de julio, de Cooperativas (estatal), viene a mantener la tradicional distinción entre cooperativas de enseñanza a las que se les aplican las normas de las cooperativas de trabajo asociado (las de profesores y otro personal) y las que quedan bajo el régimen de las cooperativas de consumo (las de padres y/o alumnos), apareciendo en la práctica una modalidad híbrida, las llamadas cooperativas integrales de educación, que cuentan con los socios típicos de ambas, y desapareciendo las cooperativas educacionales, categoría que quedó incluida en las de enseñanza.

En la década de los 90 el cambio demográfico provocaría una disminución del total del alumnado en centros docentes, tanto públicos como privados, afectando también a la supervivencia y expansión del número de cooperativas de enseñanza, que descendió bruscamente en comparación

9. Se distingue así por primera vez entre cooperativas de enseñanza, aglutinadoras de las dos variantes ya previstas en el Reglamento de 1978 (de consumo —padres y alumnos— y de trabajo asociado —docentes y otro personal—, art. 144), y cooperativas educacionales, nueva figura que «pretendía posibilitar el acceso de los jóvenes al conocimiento práctico de las técnicas de organización empresarial, enmarcadas en criterios democráticos y de solidaridad propios de la estructura cooperativa», y para las cuales diseñaba un especial régimen jurídico (arts. 145-146), diferenciando las educacionales de suministro (libros, material escolar, didáctico científico, deportivo, o recreativo) y las educacionales de servicios (residencias, comedores, bares, transportes, instalaciones deportivas y similares).

10. FUENTES VIÑAS, A. M./LORENZO DELGADO, M./CORCHÓN ÁLVAREZ, E., «Cooperativas de enseñanza como tercera vía», *cit.*, pp. 56-57.

con la década precedente. Sin embargo, la importancia relativa del cooperativismo de enseñanza se mantiene y llega hasta la Ley Orgánica 2/2006, de 3 de mayo, de Educación (LOE), norma que, bajo el principio de esfuerzo compartido, llevó a cabo una escolarización equitativa del alumnado entre los centros docentes de titularidad pública y los privados concertados, acentuando así el carácter complementario (aunque singular) de ambas redes escolares. El reconocimiento del derecho de padres, madres y tutores legales a elegir el tipo de educación y el centro para sus hijos que contiene la Ley Orgánica 8/2013, de 9 de diciembre, para la Mejora de la Calidad Educativa (LOMCE), conectado a la eliminación del compromiso de garantizar una plaza en un centro público (art. 109 LOE), y su sustitución por una oferta de plazas organizada en atención a la oferta existente entre centros públicos y privados concertados y la demanda social (art. 109 LOMCE), favoreció al movimiento cooperativo de enseñanza al desenvolverse éste, casi en su totalidad, en el marco de la enseñanza concertada, consolidándolo.

Sin embargo, algunos de los cambios introducidos en la educación concertada por la Ley Orgánica 3/2020, de 29 de diciembre, por la que se reforma la Ley Orgánica 2/2006, de 3 de mayo, de Educación (LOMLOE) son vistos negativamente por el sector, en especial en todo lo relacionado con la supresión de concursos públicos para la construcción de centros privados concertados (en su lugar, se prevé la colaboración de los municipios con las Administraciones a la hora de obtener solares para construir centros públicos), o la eliminación de «la demanda social» como criterio para la creación de centros escolares (en su lugar se dispone que las Administraciones educativas promoverán un incremento progresivo de puestos escolares en la red de centros de titularidad pública)[11]. Para el mundo cooperativo, la LOMLOE contiene, no obstante, una norma beneficiosa pues a los centros que estén constituidos y funcionen en régimen de cooperativa y que atiendan a poblaciones escolares de condiciones económicas desfavorables o que realicen experiencias de interés pedagógico para el sistema educativo, se les reconoce preferencia para acogerse al régimen de conciertos (arts. 50 y 116.2).

Pese a todo, en cifras globales, por los factores demográficos e históricos reseñados, la enseñanza concertada tiene, en este primer tercio del siglo XXI, un peso muy significativo en la provisión educativa pues alrededor del treinta por ciento del alumnado de educación primaria y secundaria obli-

11. Sobre las fricciones políticas y sociales que ha generado la reforma de 2020 y cómo ha afectado a la educación concertada, MUÑOYERRO GONZÁLEZ, P., «La educación concertada en España: origen y recorrido histórico», *Ediciones Universidad de Salamanca, Hist. Educ.*, 41, 2022, pp. 405-425, pp. 418-420.

gatoria se escolariza actualmente en centros concertados. El porcentaje se eleva significativamente en algunas comunidades autónomas y en los núcleos urbanos más poblados, en especial en educación secundaria[12]. De esos centros concertados, más del noventa por ciento de los mismos son titularidad de cooperativas de enseñanza.

En el presente capítulo nos centraremos en las cooperativas de enseñanza que asocian a profesores y personal no docente y de servicios (art. 103.3 LCoop)[13] y cuyo objeto es el desarrollo de actividades docentes, en sus distintos niveles y modalidades, pudiendo realizar también, como complementarias a las docentes, actividades extraescolares y conexas, así como prestar servicios que faciliten las primeras (art. 103.1 LCoop)[14].

II. LA CUESTIÓN DE LA EDAD EN LAS COOPERATIVAS DE ENSEÑANZA

En atención a los antecedentes expuestos es posible afirmar que la creación de cooperativas de enseñanza en España tuvo su momento álgido en las dos últimas décadas del siglo XX. Eso significa que los socios trabajadores partícipes en ese boom han debido superar con creces los treinta años de servicio y estar, por tanto, próximos a la jubilación. Ante el riesgo de que se produzcan situaciones de reemplazos masivos de docentes coincidentes con una escasez de profesorado de relevo, y para evitarlo o paliar sus efectos, sería aconsejable que cada cooperativa realizase una planificación a medio y largo plazo para un relevo generacional ordenado y adecuado a las peculiaridades y necesidades de su centro educativo.

---

12. Por ejemplo, en el País Vasco el porcentaje asciende al 53,2%, en la Comunidad Autónoma de la Región de Murcia al 50%, en la Comunidad de Madrid al 40,1% y en La Rioja al 39,1%. Véase «Infografía: La educación concertada en España» (https://fundaciobofill.cat/es/blog/infografia-educacion-concertada-espana).
13. Sobre los tipos de sociedades cooperativas en el sector de la educación, LÓPEZ MARTÍNEZ, M., «Capítulo XVI. Cooperativas de enseñanza», AA.VV., *Tratado de Derecho de Cooperativas* (Dir. PEINADO), T. II, Tirant lo Blanch, Valencia, 2019, pp. 1504-1511.
14. Su actividad cooperativizada es, lógicamente, la prestación del trabajo personal de los socios. Ello hace que el régimen aplicable a esta clase de cooperativa sea el previsto para las de trabajo asociado (arts. 103.3 y 80 y ss., LCoop). No obstante, la amplia configuración legal permite a las cooperativas de enseñanza admitir como socios a todos los trabajadores implicados en la actividad, aunque su tarea no sea docente; lo que no implica, a la inversa, la obligación de integrar a todos los trabajadores como socios. De forma que es perfectamente posible la existencia de una cooperativa de enseñanza en la que todos los socios trabajadores sean docentes, siendo los no docentes y de servicios personal asalariado de la cooperativa. LÓPEZ MARTÍNEZ, M., «Capítulo XVI. Cooperativas de enseñanza», *cit.*, p. 1505.

1. DATOS Y CIFRAS EN EL SECTOR DE LAS ENSEÑANZAS NO UNIVERSITARIAS

Si atendemos a los datos ofrecidos por el Ministerio de Educación y Formación Profesional para el curso académico 2022-2023[15], en la *Tabla 1* puede verse que, de un total de 28.458 centros de enseñanzas de régimen general no universitarias, 19.162 son centros públicos (un 67,3%) y 9.296 son centros privados —con o sin concierto— (un 32,6%)[16]. Desde el curso 2011-2012 al curso 2022-2023, en esas enseñanzas el profesorado en los centros públicos ha pasado de un total de 494.516 personas en 2011 a la cifra de 549.150 docentes en 2023 (lo que supone un 72,3% del total del profesorado español), incrementándose en 54.624 profesionales. En los centros de enseñanza concertada y privada, por su parte, se ha pasado de un total de 188.451 profesores en 2011 a la cifra de 210.044 docentes en 2023 (lo que implica el 27,6% del total del profesorado español) incrementándose en 21.593 profesionales *(Tabla 2)*. En la distribución por edades, en la *Tabla 3* puede verse que en 2021 el profesorado menor de 40 años representa el 33,4% del total (en los centros públicos la cifra es del 30,6%; en los privados y concertados es del 40%); mientras que el profesorado de 40 años en adelante representa el 70,6% del total (el porcentaje es del 69,5% en los centros públicos y del 59,3% en los privados y concertados).

Tabla 1. Previsión del número de centros clasificados por las enseñanzas que imparten en el curso 2022-2023

	Total	Centros Públicos	Centros privados
Centros de EE. Régimen General no universitarias	**28.458**	**19.162**	**9.296**
Centros E. Infantil (1)	8.875	4.557	4.318
Centros E. Primaria (2)	10.075	9.579	496
Centros E. Primaria y E.S.O. (2)	2.228	733	1.495
Centros ESO / Bachillerato / F.P.	5.171	4.085	1.086

15. MINISTERIO DE EDUCACIÓN Y FORMACIÓN PROFESIONAL, *Datos y cifras. Curso escolar 2022/2023*, Madrid, 2022, pp. 16 y 19.

16. Según las estadísticas del Ministerio de Educación y Formación Profesional (Subdirección General de Estadística y Estudios) sobre clasificación de los centros por enseñanzas que imparten por titularidad/financiación y comunidad autónoma/provincia, de los centros privados, 5.402 (el 58,3 %) tenían concertadas todas o parte de las enseñanzas impartidas, mientras que 3.859 (el 41,7 %) financiaron con fondos privados todas las enseñanzas impartidas.

	Total	Centros Públicos	Centros privados
Centros E. Primaria, E.S.O. y Bachillerato / F.P. (2)	1.604	9	1.595
Centros específicos de E. Especial	467	190	277
Centros específicos de E. a distancia	38	9	29

(1) Centros autorizados por las Administraciones Educativas.

(2) Además pueden impartir E. Infantil.

Tabla 2. Evolución del profesorado (1) de Enseñanzas de Régimen General no universitarias

	2011-2012	2016-2017	2020-2021	2021-2022 (2)
Total	**682.967**	**687.425**	**757.466**	**759.184**
Centros Públicos	494.516	487.450	545.825	549.140
Maestros	242.433	244.457	257.978	255.777
Catedráticos y Profes. de E. Secundaria	178.913	180.030	217.591	220.988
Profesores Técnicos de F.P.	28.473	26.412	30.515	32.249
Otro profesorado (3)	44.697	36.551	39.741	40.126
Centros Enseñanza Concertada y Privada	188.451	199.975	211.641	210.044

(1) Se considera el personal que ejerce la docencia directa en los centros docentes dentro del horario escolar.

(2) Datos avance.

(3) Incluye otro profesorado que atiende Primer ciclo de E. Infantil, profesorado de religión y otras categorías no recogidas en los Cuerpos docentes citados.

Tabla 3. Distribución del profesorado de Enseñanzas de Régimen General no universitarias por edad. Curso 2020-2021

	Total	Menos de 30	30 a 39	40 a 49	50 a 59	60 y más
Total Profesorado	**100,0**	**8,5**	**24,9**	**33,7**	**26,8**	**6,1**
Profesorado de Centros Públicos	100,0	6,8	23,8	35,0	28,9	5,6
Maestros	100,0	7,7	27,8	34,4	24,7	5,3
Catedráticos y Profes. de E. Secundaria	100,0	5,1	19,4	36,6	33,9	4,9
Profesores Técnicos de F.P.	100,0	2,3	17,9	37,8	34,4	7,6
Profesorado de E. Concertada y Privada	100,0	13,0	27,7	30,5	21,4	7,4

Los datos anteriores reflejan un envejecimiento rápido del profesorado tanto en centros públicos como privados con o sin concierto. El número de profesores en el tramo mayores de 40 aumenta progresivamente y por el contrario el número de menores de esa edad desciende, lo que provoca un desequilibrio en la distribución de los tramos de edad que aumenta cada año, dando lugar a claustros envejecidos[17]. Ahora bien, también aportan dichos datos un aspecto positivo relevante pues en la evolución de docentes experimentada a lo largo del período comprendido entre 2011-2012 y 2021-2022, se ha producido un crecimiento de 76.217 profesionales, lo que supone un aumento relativo del 10%. Por tipo de centro, han aumentado 54.624 docentes en los centros públicos y 21.593 en los centros privados —concertados o no—, lo que representa un incremento relativo del 9,9% y del 10,28% respectivamente. Preocupa, no obstante, la interrupción del crecimiento experimentada en los centros de enseñanza privada y concertada entre los cursos 2021-2022 y 2022-2023, descendiendo en 1.597 el número de

17. Para un análisis de la distribución del profesorado por tramos de edad en función de los distintos niveles educativos, MINISTERIO DE EDUCACIÓN Y FORMACIÓN PROFESIONAL, *Sistema estatal de indicadores de la educación 2023*, Madrid, 2023, p. 56, resultando que los maestros que atienden a los niveles de Infantil y Primaria presentan un perfil de profesorado más joven. En este mismo estudio se analizan las diferencias por comunidades autónomas en la estructura de edades del profesorado.

docentes, aunque experiencias anteriores muestran la capacidad de recuperación del volumen de profesorado en estos centros[18].

En este contexto, de envejecimiento de los claustros de profesores y de estancamiento en número de las platillas docentes en los centros privados, la gestión adecuada de los recursos humanos se convierte en algo vital para la supervivencia de muchas cooperativas de enseñanza que, por diversas razones, puedan encontrarse en una situación comprometida en lo relativo al relevo generacional.

2. IMPORTANCIA DE UN PLAN DE RELEVO GENERACIONAL Y GESTIÓN DE EDAD

Las cooperativas de enseñanza no son, en efecto, ajenas a los problemas de renovación de plantilla que afectan a las empresas en general. Como todas, tendrán que afrontar el relevo generacional y acometer el traspaso organizado de la empresa entre la generación saliente y la entrante, para lo que deberán estar preparadas. La supervivencia de la empresa va a depender, en muchos casos de la existencia de un plan preventivo de relevo o reemplazo, susceptible de ofrecer soluciones tanto en los casos planificados, como en las situaciones de necesidad o ante acontecimientos inesperados. Las cooperativas de enseñanza de trabajo asociado añaden a la situación descrita el hecho de que serán los socios trabajadores quienes deban estar atentos a procurar para la sociedad de la que son titulares las mejores soluciones para cuando las condiciones de edad (y otras relacionadas con la salud) les impidan seguir en activo. El conocimiento de los instrumentos que su ley reguladora pone al servicio del relevo generacional de los socios desde la perspectiva del Derecho de sociedades es la mejor herramienta para asegurar el éxito del relevo y la supervivencia de la empresa y por esa razón dedicaremos más adelante este estudio al análisis de tales instrumentos societarios.

2.1. Declaraciones de intenciones

Por el momento, centramos la atención en un temario más genérico. A lo largo de muchos de los capítulos de la presente obra habrá comprobado el lector los problemas que la cuestión demográfica en cuanto a la pirámide

18. Si atendemos al *Informe 2022 sobre el estado del sistema educativo. Curso 2020-2021*, del CONSEJO ESCOLAR DEL ESTADO, la tendencia creciente en el número de docentes en la enseñanza privada también se vio interrumpida en el curso 2019-2020 (donde se perdieron 2.243 plazas), recuperándose, no obstante, en el curso 2020-2021, en el que se rescataron las plazas perdidas y se crearon 4.407 puestos más (pp. 318 y 319 del Informe).

invertida de la población está provocando en muchos escenarios de la vida de las personas y, en general, de la realidad económica, social y política en el entorno de la Unión Europea. Y también habrá comprobado que las instituciones europeas aprecian cada vez más el [supuesto] poder transformador que afirman reconocer a la economía social y las entidades que integran este concepto. En la Comunicación «Actualización del nuevo modelo de industria de 2020: Creación de un mercado único más sólido para la recuperación de Europa», la Comisión Europea ha reconocido que la Economía Social constituye el núcleo del ecosistema «Economía social y de proximidad», uno de los catorce ecosistemas industriales identificados en la actualización de la estrategia industrial de la Unión Europea[19]. Y en la Comunicación «Construir una economía que funcione para las personas: un plan de acción para la economía social», la Comisión Europea ha aprobado un Plan de Acción para la Economía Social, con el objetivo de fomentar la innovación social, apoyar el desarrollo de la Economía Social e impulsar su poder transformador social y económico, proponiendo una serie de acciones para el período 2021-2030[20]. En particular, se afirma que las entidades de la economía social pueden desempeñar un papel importante en «el contexto del envejecimiento de la población activa y del aumento de la fuga de cerebros, la transferencia intergeneracional de conocimientos y el emprendimiento por parte de las personas de edad avanzada»[21].

En el plano nacional, favorecer el relevo generacional en entidades de economía social es una de las líneas de acción de la Estrategia Española para la economía social 2023-2027[22], en la que se apuesta por el diseño de un plan integral de apoyo a empresas con problemas de relevo generacional. No existen aún noticias de la existencia de tal plan, sin embargo, han visto la luz hasta el momento dos bloques de ayudas que, en el marco del denominado Plan Integral de Impulso a la Economía Social para la Generación de un Tejido Económico, Inclusivo y Sostenible, han identificado como proyectos subvencionables los de creación y consolidación de entidades del tejido productivo de la Economía Social con carácter innovador, incidiendo

19. COMISIÓN EUROPEA. Comunicación de la Comisión al Parlamento Europeo, al Consejo, al Comité Económico y Social Europeo y al Comité de las Regiones, Bruselas, 5.5.2021, COM/2021/350 final.
20. COMISIÓN EUROPEA. Comunicación de la Comisión al Parlamento Europeo, al Consejo, al Comité Económico y Social Europeo y al Comité de las Regiones, Bruselas, 9.12.2021, COM/2021/778 final.
21. COM/2021/778 final, *cit.*, p. 15.
22. Véase la Resolución de 17 de mayo de 2023, de la Secretaría de Estado de Empleo y Economía Social, por la que se publica el Acuerdo del Consejo de Ministros de 11 de abril de 2023, por el que se aprueba la *Estrategia Española de Economía Social 2023-2027*.

en el relevo generacional y en el emprendimiento juvenil[23]. Sin embargo, en el listado definitivo de entidades y proyectos beneficiarios no existe ninguno dedicado a dichos objetivos[24].

Es el momento, entonces, de que sea el propio sector, en concreto y a nuestro modo de ver, las asociaciones representativas de los intereses de las entidades de economía social, las que asuman el reto de diseñar los instrumentos útiles y precisos para acompañar a estas empresas en la cada vez más inaplazable tarea de diseñar sus planes de relevo generacional y gestión de edad. Las guías para la elaboración de este tipo de planes, adecuadas al sector de actividad y forma de empresa de que se trate, podrían ser una herramienta idónea para tal fin, al modo en que lo han venido siendo los modelos de estatutos sociales que las asociaciones de referencia han puesto desde siempre a disposición de los grupos de socios interesados en constituir una entidad de economía social, especialmente en la forma de sociedades laborales y cooperativas —cualquiera que sea su clase—. Relevante ha sido a este respecto la labor que han desarrollado, por ejemplo, las uniones de cooperativas de enseñanza en cuanto al asesoramiento y acompañamiento al grupo de docentes no sólo durante el proceso de creación de la cooperativa (ya sea *ex novo*, por adquisición de la empresa en que son trabajadores, o por transformación de una sociedad de otra naturaleza en cooperativa [y] de enseñanza), sino también —y en especial— para la elaboración de esos reglamentos de régimen interno que permiten cohonestar la

23. Dentro del marco del Proyecto Estratégico para la Recuperación y Transformación Económica (PERTE) de la Economía Social y de los Cuidados, se dictó primero la Orden TES/1233/2022, de 5 de diciembre, de bases reguladoras de las ayudas para el Plan Integral citado, y luego, una vez aprobada la Adenda al Plan de Recuperación, Transformación y Resiliencia (Acuerdo del Consejo de Ministros de 6-6-2023; BOE de 7 de junio), la Orden TES/869/2023, de 22 de julio. El Programa 2: INICIATIVA_ES, contempla las siguientes acciones subvencionables: 1. Creación de entornos colaborativos para el desarrollo tecnológico, social e innovador, que fomenten el emprendimiento juvenil o el relevo generacional. 2. Diseño de planes integrales para la puesta en marcha de iniciativas estratégicas basadas en la innovación tecnológica, social y medioambiental en el ecosistema de la Economía Social. 3. Desarrollo de modelos de capacitación e impulso del emprendimiento juvenil, especialmente femenino, en zonas rurales o en riesgo de despoblación. 4. Actuaciones para la consolidación técnica y organizativa de las entidades de la Economía Social, con efecto positivo en el relevo generacional y el fomento del emprendimiento juvenil.
24. Véase *Propuesta de resolución definitiva de la Dirección General del Trabajo Autónomo, de la Economía Social y de la Responsabilidad Social de las Empresas para la concesión de ayudas en régimen de concurrencia competitiva en la convocatoria 2022-2023* (https://www.mites.gob.es/ficheros/ministerio/sec_trabajo/perte_EsyEC/20_07_2023-PRD-F.pdf), en especial el *Anexo I*. Ministerio de Trabajo y Economía Social (https://www.mites.gob.es/ficheros/ministerio/sec_trabajo/perte_EsyEC/20_07_2023-PRD-Anexos-F.pdf).

persona jurídica sociedad cooperativa con el centro educativo (la empresa) de que es titular[25].

2.2. Diseñando un plan de relevo generacional y gestión de la edad en cooperativas de enseñanza

En cualquier caso, podemos avanzar cuáles serían los pasos a seguir en orden a construir un plan de relevo generacional y gestión de edad en las cooperativas de enseñanza. Conocer la situación del claustro de profesores y del resto de personal que presta servicios en el centro, tanto se trate de socios trabajadores como de trabajadores no socios, en lo que se refiere a edad, fecha de incorporación a la cooperativa y cotizaciones a la seguridad social, se convierte en la pieza clave del diseño del Plan. Habrá que recopilar los datos cuantitativos y cualitativos de todos los sujetos y clasificarlos por las etapas educativas que ofrezca el centro, siendo así que su análisis permitirá obtener una foto fija de la situación de la cooperativa de enseñanza en cuanto a sus recursos humanos en materia de edad, concretar un diagnóstico y señalar las necesidades a corto, medio y largo plazo.

Determinar cuál sea, con base en ese diagnóstico, el tratamiento idóneo para lograr un relevo generacional y de gestión de la edad ordenado será la segunda fase del proceso de elaboración del Plan. Ahora bien, como en la vida, y en la medida en que la fuerza de trabajo de las cooperativas de enseñanza es la persona, la planificación del relevo por razón de edad no permitirá automatismo ni en su diseño ni, menos aún, en su aplicación. Por tal razón, la cooperativa habrá de afrontar no sólo el horizonte de la jubilación sino, por ejemplo, situaciones de pura necesidad que sobrevienen de forma inesperada y que pueden afectar a personas concretas (bajas por enfermedad, situaciones de incapacidad, fallecimiento, bajas, expulsiones, ejercicio del derecho de separación de socios trabajadores, despidos o renuncias de trabajadores) o al centro educativo en general (pérdida de

25. Para las cooperativas de trabajo asociado el reglamento de régimen interno representa la máxima expresión de su capacidad de autorregulación, al poder desarrollar los estatutos de manera flexible y ágil en orden a cubrir en cada momento las necesidades de la cooperativa. Sobre este instrumento, SENENT VIDAL, M.ª J., «El reglamento de régimen interno de la cooperativa: instrucciones de uso», *CIRIEC-España. Revista de Economía Pública, Social y Cooperativa,* n. 16, 2005, pp. 1-11 versión digital; VARGAS VASSEROT, C., «Particularidades y detalles de la escritura de constitución, de los estatutos sociales y del reglamento de régimen interno de las sociedades cooperativas», *Revista de Derecho Societario,* N.º 37, 2011. SERRANI, L., «La certificación del reglamento de la cooperativa», *Revista General de Derecho del Trabajo y de la Seguridad Social,* N.º 37, 2014, pp. 430 y ss.; ESCRIBANO GUTIÉRREZ, J., «Reglamentos de régimen interno de las Cooperativas de trabajo asociado y determinación de las condiciones de trabajo», *REVESCO. Revista de Estudios Cooperativos,* 1(143), 2023, pp. 31-40.

unidades concertadas, o del concierto de modo absoluto, u otras causas económicas, técnicas, organizativas o de producción o en el supuesto de fuerza mayor, que obliguen a reducir, con carácter definitivo, el número de puestos de trabajo de la cooperativa o modificar la proporción de las cualificaciones profesionales del colectivo que integra la misma para mantener la viabilidad empresarial de la cooperativa —art. 85 LCoop—). Sería conveniente reservar un apartado en el contenido del Plan en el que especificar, al menos, los criterios de actuación en cada una de las posibles circunstancias sobrevenidas que puedan materializarse con el fin de dejar claro cómo se actuará si la situación se produce y evitar errores o conflictos. Así pues, en esta fase habrá que cerrar la definición de los objetivos del plan y el diseño de medidas idóneas para alcanzarlos, en todos los escenarios posibles (previstos, previsibles e imprevisibles).

De forma transversal, y para la coherente coordinación del Plan de relevo generacional y de gestión de la edad con los estatutos sociales de la cooperativa de enseñanza y su reglamento de régimen interno, así como con la estructura de las etapas educativas cubiertas por el centro y el número de unidades existentes, concertadas y/o no concertadas (en su caso)[26], el Plan deberá tener en cuenta y respetar los criterios objetivos y subjetivos [estatutarios y legales] de admisión de socios trabajadores. Igualmente, si los estatutos permiten la existencia de socios colaboradores, esta situación deberá contemplarse en el Plan, sobre todo por la opción que la LCoop ofrece a quienes no realicen la actividad que motivó su ingreso en la cooperativa —por causa justificada— de pasar a ostentar la condición de socio colaborador sin necesidad de solicitar la baja (art. 14 LCoop). El Plan debería definir cuál será la contribución de estos socios a la consecución de la actividad cooperativizada propia del objeto social de la cooperativa de enseñanza. Por otra parte, y desde la perspectiva laboral y de seguridad social, es relevante atender a las variantes de jubilación que propician el reparto del empleo entre los mayores y los jóvenes, o fuerzan la salida de los de más edad para dar entrada a otros trabajadores (jubilación forzosa y jubilación parcial) y las que permiten bien un rejuvenecimiento mediante una salida a una edad inferior a la ordinaria de jubilación (jubilación anticipada) o bien

26. Las cooperativas de enseñanza suelen configurar su estructura organizativa de acuerdo a los tipos de enseñanza que imparten y según las materias o especialidades. Asimismo, las distintas localizaciones de sus centros (sedes) suele ser otra manera en que las cooperativas se estructuran. Así, ORELLANA ZAMBRANO, W., «Unidad didáctica 9. Cooperativas de enseñanza», *CIRIEC*, pp. 127-143 (https://ciriec.es/wp-content/uploads/2021/11/09-coop-ensenanza.pdf).

la compatibilidad parcial o total con el trabajo por cuenta propia o por cuenta ajena (jubilación y envejecimiento activo)[27].

La viabilidad del Plan dependerá no sólo de su contenido sino, principalmente, del nivel de aceptación del mismo entre los socios de la cooperativa pues es lo que contribuirá a su virtualidad para ser asumido por los consejos rectores venideros. Cobra aquí relieve la puesta en conocimiento y debate del Plan con y entre los socios de modo que cuente con el respaldo mayoritario de quienes de presente forman parte de la cooperativa de enseñanza. En consecuencia, la tercera fase sería la aprobación del Plan. Pero en ella no acabaría el proceso, puesto que se hace fundamental someterlo a una revisión periódica con el fin de que sus previsiones puedan quedar adaptadas a la realidad por la que esté atravesando la cooperativa de enseñanza en cada momento. Encomendar esta tarea a una comisión de seguimiento, revisión y actualización del Plan en el seno del Consejo rector permitiría tanto una especialización en este marco como la paulatina generación de una cultura empresarial propia de relevo generacional y gestión de la edad en la concreta cooperativa de enseñanza. Todo lo relativo a dicha comisión integraría también el contenido del Plan.

Deberá la cooperativa de enseñanza decidir cómo incardinar el Plan en su «sistema de fuentes» interno. Una opción es incorporarlo al reglamento de régimen interno, beneficiándose así el Plan del carácter de texto normativo interno que este tiene[28]. Como es sabido, la aprobación del texto reglamentario corresponde, por lo general, a la Asamblea general por la mayoría simple que cada ley de cooperativas establezca, siguiendo los mismos parámetros la propuesta y aprobación de una eventual modificación el

27. A este temario se dedica el Capítulo 15 de la presente obra, por lo que remitimos a su contenido.

28. Aunque de rango jurídico inferior a los estatutos sociales. *Cfr.*, art. 87.1 LCoop cuando establece que *«las cuestiones contenciosas que se susciten entre la cooperativa [de trabajo asociado] y sus socios trabajadores, por su condición de tales, se resolverán aplicando, con carácter preferente, esta Ley, los Estatutos y el Reglamento de régimen interno de las cooperativas, los acuerdos válidamente adoptados por los órganos sociales de la cooperativa y los principios cooperativos»*. Para ESCOLANO NAVARRO, J. J. «Constitución: escritura y estatutos», AA.VV., La Sociedad Cooperativa en la ley 27/1999, de 16 de julio, de Cooperativas, (Coord. ALONSO ESPINOSA), Comares, Granada, 2001, p. 80), el Reglamento es una manifestación más de la capacidad de autorregulación conferida a promotores y socios a través de la Asamblea. «Puede ser fijado en el momento genético de la sociedad, incluido en la propia escritura de constitución como un pacto más acordado por los socios fundadores (art. 10.1); o bien, posteriormente, por acuerdo de la Asamblea. A cuyo fin es conveniente que los Estatutos determinen el régimen de mayorías para su aprobación y rectificación».

mismo[29]. Habría que tener en cuenta, no obstante, que las previsiones del Plan no son exactamente (o no siempre y/o no sólo) desarrollo de materias previstas en los estatutos de la entidad[30], por lo que en este sentido se estaría ante un contenido reglamentario extraestatutario, fruto y expresión de la autonomía de la voluntad de los socios de la cooperativa de enseñanza, que deberá ser respetuoso con la ley, la moral y el orden público (art. 1255 CC) pero también con los principios cooperativos y los derechos adquiridos de los socios. Otra opción es concebir el Plan de relevo generacional y gestión de la edad como un pacto parasocial, firmado por los socios y por la propia sociedad y con eficacia *inter partes,* pues en él se dan soluciones a cuestiones no contempladas con anterioridad (por ejemplo, en los estatutos sociales) pero de gran relevancia para el funcionamiento interno de la sociedad, la toma de decisiones o la organización de la actividad societaria[31]. El Plan (protocolo o pacto parasocial) es evidente que ha de respetar (también aquí) los límites dispuestos para los contratos en el art. 1255 CC, así como los principios y valores que caracterizan el modelo y que rigen el funcionamiento de las cooperativas[32].

29. La impugnación total o parcial del reglamento se realizará por los cauces generales de impugnación de acuerdos sociales (SENENT VIDAL, M.ª J., «El reglamento de régimen interno», *cit.,* p. 11 de la versión digital).

30. Las referencias legales no suelen ir mucho más allá de la autorización genérica a que el reglamento desarrolle los estatutos por acuerdo de la Asamblea general, de algunas alusiones a concretos aspectos que pueden preverse reglamentariamente ya la obligación de entrega a los socios del texto vigente del reglamento (SENENT VIDAL, M.ª J., «El reglamento de régimen interno», *cit.,* pp. 2, 5 y 8 de la versión digital). La autora no encuentra inconveniente para dar juego a la autonomía de la voluntad, y pone como ejemplo la Ponencia titulada «La dimensión empresarial de las cooperativas» aprobada por la Federación Valenciana de Empresas Cooperativas de Trabajo Asociado en su 5.º Congreso de 20-5-2005, en la que además de expresar la líneas centrales de un reglamento se apuntan otras materias de carácter más general o transversal (como el desarrollo e implantación de modelos organizativos empresariales; la adopción de medidas de conciliación de vida personal, familiar y laboral; y la potenciación de la democracia interna mediante el fomento de la información y la participación de los socios, especialmente con la introducción del uso de las nuevas tecnologías).

31. PAZ ARES, C., «El enforcement de los pactos parasociales», *AJUM Actualidad Jurídica Uría Menéndez,* núm. 5, 2003, pp. 19-44, p. 21.

32. La doctrina mercantil ha considerado históricamente nulos los pactos contrarios a la ley o a los principios configuradores del tipo social (por todos, GIRÓN TENA, J., *Derecho de Sociedades,* Tomo I, Benzal, Madrid, 1976, p. 313); no obstante, la doctrina más reciente aboga por la necesidad de matizar esta afirmación, ya que la rigidez en la interpretación de los principios cooperativos dista de las normas más generalizadas en la práctica (MIRANDA RIBERA, E., «La validez y oponibilidad de los pactos parasociales en las cooperativas», *CIRIEC-España, Revista Jurídica de Economía Social y Cooperativa,* núm. 38, 2021, pp. 268 y 273). Sobre los pactos parasociales en la sociedad cooperativa, y en especial en cuestión de relevo generacional, véase Capítulo 12 de la presente obra.

III. RESOLUCIONES JUDICIALES CON INCIDENCIA EN EL RELEVO GENERACIONAL EN COOPERATIVAS DE ENSEÑANZA DESDE UNA PERSPECTIVA SOCIETARIA

1. EL SUPUESTO DEL SOCIO QUE DESEA TRANSMITIR SU APORTACIÓN AL MOMENTO DE LA JUBILACIÓN PARA QUE EL ADQUIRENTE PUEDA INCORPORARSE COMO SOCIO

1.1. Diferencia entre transmisión de la aportación y transmisión de la condición de socio

La transmisión de aportaciones por actos *inter-vivos* se admite entre socios (transmisión libre) y también hacia quienes adquieran esa cualidad dentro de los tres meses siguientes a la transmisión, que queda así condicionada al cumplimiento de dicho requisito (art. 50 LCoop); esto es, la transmisión será eficaz frente a la cooperativa sólo y exclusivamente si el adquirente alcanza la condición de socio en aquel plazo[33]. Además, el adquirente no podrá asumir ni más de un tercio del capital social de la cooperativa (límite máximo de aportación por socio) ni menos de la aportación obligatoria mínima para ser socio[34].

Como es sabido, la transmisión de la totalidad de la aportación social provoca la pérdida de uno de los requisitos necesarios para ostentar la condición de socio cual es la realización del porcentaje de desembolso mínimo de la aportación obligatoria mínima para ser socio, y por ello esa pérdida es causa de baja obligatoria del socio [arts. 10.1.d; 11.1.g) y 17.5 LCoop]. Se distingue, por tanto, entre la transmisión de aportaciones y la pérdida de la condición de socio; la primera requiere seguir el procedimiento establecido al efecto en los estatutos, pero por sí misma no provoca de forma directa que el socio deje de serlo. El transmitente sólo causará baja en la sociedad

33. Habría que distinguir entre la *condicio iuris* que impone la ley, de la posible *condicio facti* que podrían incluir las partes en el contrato, es decir, distinguir entre la transmisión de la aportación y el negocio obligacional realizado por las partes. En efecto, el incumplimiento de la condición legal (adquirir la condición de socio) determina la irrelevancia del negocio de transmisión de aportaciones frente a la cooperativa; y el incumplimiento de la condición contractual (que el cesionario adquiera la condición de socio) determina la ineficacia automática de dicho negocio. De no estar expresamente prevista esta condición en el contrato, el negocio quedaría sujeto a su propio régimen de impugnación [ALFONSO SÁNCHEZ, R./SÁNCHEZ GARCÍA, M.ª L., «Capital social, aportaciones y régimen económico», AA.VV., *Cooperativas de enseñanza. Régimen jurídico y económico: aspectos estratégicos* (Dir. ALFONSO SÁNCHEZ), Thomson Reuters-Aranzadi, Elcano, 2018, pp. 331-371, p. 361].

34. De no alcanzar este límite, el aspirante no llegaría a ser socio; de superar el primero de los apuntados se vería obligado el adquirente a transmitir la diferencia (ALFONSO SÁNCHEZ, R./SÁNCHEZ GARCÍA, M.ª L., «Capital social, aportaciones y régimen económico», *cit.*, p. 361).

(y perderá la condición de socio) cuando sea firme el acuerdo que la declare, y recordemos que el Consejo rector adoptará el acuerdo, previa audiencia del interesado, de oficio, a petición de cualquier otro socio o del propio afectado (art. 17.5 LCoop). Se ha de advertir, además, que es posible la transmisión parcial de aportaciones de modo que, reservando el transmitente la participación mínima obligatoria para ser socio conservará tal condición pese a la transmisión de parte de su cuota en el capital social[35].

Si el procedimiento para materializar la transmisión de aportaciones no está claro en los estatutos sociales, se pueden producir situaciones conflictivas, lo que entorpece y retrasa el «cambio» de socios en la cooperativa de enseñanza. Por ejemplo, en el supuesto de hecho de la SAP Murcia de 17-3-2016, el socio comunicó al consejo rector su solicitud de baja voluntaria, iniciándose el procedimiento para ello, pero la prueba practicada respecto del contenido de la solicitud y el contexto en que fue presentada (tras correos electrónicos manifestando esa voluntad al presidente del consejo rector), permiten concluir que en realidad la solicitud, presentada como baja voluntaria al consejo rector, era una comunicación de la voluntad del socio de transmitir sus aportaciones en la cooperativa de enseñanza, y de ahí que incluyera también el currículum vitae de varios candidatos a adquirirlas[36]. En el supuesto de la SJM Murcia de 18-10-2021, uno de los socios fundadores manifestó públicamente en 2015, un año antes de su jubilación, en diversas Asambleas generales y personalmente a la presidencia del Consejo rector y demás socios su voluntad de transmitir su participación social. Meses antes de su jubilación, instó en dos ocasiones ante la cooperativa de enseñanza la transmisión, pero no obtuvo respuesta. Ante el silencio, el 9-7-2019 el socio y su hija presentaron escrito comunicando formalmente la voluntad del primero de ceder su participación a su hija y el compromiso de ésta de subrogarse en los derechos y obligaciones que como socio tenía su padre. Pero en 2017 la cooperativa había realizado varias transferencias al socio

35. Nada dicen las normas sobre transmisión parcial; sobre que el transmitente mantenga su condición de socio por la proporción de aportación no transmitida (siempre que retenga el mínimo para ser socio) y que el adquirente sea admitido como socio con la cuantía de la aportación adquirida (si cubre la aportación obligatoria mínima). A nuestro juicio, la opción es posible y permite, además, solucionar aquellas situaciones en las que, por minoración del número de socios, la proporción de capital en manos de quienes permanezcan en la cooperativa supere el porcentaje máximo de capital por socio (ALFONSO SÁNCHEZ, R./SÁNCHEZ GARCÍA, M.ª L., «Capital social, aportaciones y régimen económico», *cit.*, pp. 359).

36. Es la SAP MU 867/2016 - ECLI: ES:APMU:2016:867. Véase, FERRANDO VILLALBA, M.ª L., «Aportaciones al capital social (I). Transmisión de aportaciones sociales», AA.VV., *Cooperativas de enseñanza. Régimen jurídico y económico: aspectos estratégicos* (Dir. ALFONSO SÁNCHEZ), Thomson Reuters-Aranzadi, Elcano, 2018, pp. 383-400, pp. 395 y 400.

por cantidad igual a sus aportaciones por lo que no lo considera socio, y por acuerdo de 12-7-2019 le deniega su derecho a transmitir. Considera el juzgador que para decidir si el socio tiene derecho a la transmisión debe determinarse si mantiene esa condición; y en la medida que no consta que el Consejo rector haya acordado su baja obligatoria por jubilación, el socio lo sigue siendo, por lo que le reconoce el derecho a transmitir su participación social[37].

Como se ha indicado, la ley se refiere a la «transmisión de aportaciones», de modo que el adquirente sólo asume una parte del capital social y no la condición de socio, y el transmitente sólo cede dicha parcela patrimonial de lo que es su completa posición de socio (que es algo más, obviamente, que la simple participación en el capital). Ciertamente, lo que se transmite es la aportación del socio al capital social, es decir, el importe que aparece a su nombre en el Libro Registro de Aportaciones, cuyo montante será consecuencia de las vicisitudes acontecidas a la aportación durante la pertenencia del socio a la cooperativa (aportaciones obligatorias iniciales, otras aportaciones obligatorias, aportaciones voluntarias, posibles imputaciones de pérdidas, aportaciones complementarias, etc.)[38]. Como señala la SJM de Murcia

37. SJM MU 12464/2021 - ECLI:ES:JMMU:2021:12464. También condena a la cooperativa a elevar a la Asamblea General el recurso interpuesto por el socio contra el acuerdo del Consejo rector de 12-7-2019 por el que se le deniega la transmisión de su participación a favor de su hija. Esta decisión provoca un nuevo litigio en el que, finalmente el Juzgado de lo mercantil de Murcia resuelve que la cooperativa ha de estimar el recurso del socio y autorizar la transmisión (SJM MU 396/2023, de 31-1-2023 - ECLI:ES:JMMU:2023:396).

38. El único interés económico del negocio de adquisición de la aportación radica para el adquirente en la posibilidad de asumir la condición de socio. Ahora bien, como esta condición no es libremente transmisible, lo que transmite el socio (el objeto del contrato) es el valor contable de su aportación social [*Cfr.*, art. 70.1.a) LCoop]. Si la venta fuera por importe superior al indicado, la cooperativa sólo reconocería al adquirente como aportación al capital el valor contable de la aportación cedida (y no la suma total pagada). Afirma la SAP Albacete de 19-5-2003 (SAP AB 625/2003 - ECLI: ES:APAB: 2003:625), que la jurisprudencia ha tratado con autonomía la cualidad subjetiva de socio y la transmisión de los derechos aparejados a dicha condición [así, véanse las SAP Burgos de 4-3-2016 (SAP BU 184/2016 - ECLI:ES:APBU:2016:184) y de 29-4-2016 (SAP BU 406/2016 - ECLI: ES:APBU:2016:406): «Sobre la transmisión de la condición de socio durante el proceso de construcción de las viviendas la ley de cooperativas nada dice. Solo se habla de la transmisión de las aportaciones (…), pero esto es algo distinto de la transmisión de la cuota, pues lo primera es una transmisión entre socios de la Cooperativa. No es una transmisión dirigida a posibilitar la entrada de nuevos socios en sustitución de aquellos que quieren dejar de serlo»]. Sobre estos pronunciamientos, véase FERRANDO VILLALBA, M.ª L., «Aportaciones al capital social (I). Transmisión de aportaciones sociales», AA.VV., *Cooperativas de enseñanza. Régimen jurídico y económico: aspectos estratégicos* (Dir. ALFONSO SÁNCHEZ), Thomson Reuters-Aranzadi, Elcano, 2018, pp. 383-400, pp. 391-392.

de 17-4-2023 «una cosa es el acuerdo de transmisión de aportaciones sociales y otra el acuerdo de atribución de la condición de socio»[39].

El desconocimiento de esta circunstancia es fuente de litigiosidad en las cooperativas de enseñanza. Un repaso a las resoluciones judiciales pone de manifiesto la creencia de ambas partes del negocio transmisivo de que dicha transmisión de aportaciones conlleva la de la condición de socio, entrando el adquirente en el lugar del transmitente frente a la cooperativa. Pero nada más lejos de la realidad. La LSCRMurcia, por ejemplo, establece que de aprobarse la transmisión «el adquirente estará obligado a asumir el compromiso o uso potencial de la actividad cooperativizada del que era titular el socio transmitente» (art. 70.1.a). En este marco uno de los socios fundadores de una cooperativa de enseñanza ejerció su derecho de transmisión de aportaciones antes de su jubilación y junto al interesado en la adquisición, presentaron el 22-7-2020 escrito conjunto dirigido al Consejo Rector, solicitando se aprobara la transmisión, previo acuerdo de admisión del adquirente como socio trabajador, aceptando éste aceptó subrogarse en los derechos y obligaciones que ostenta el transmitente como socio de pleno derecho en la cooperativa, solicitando, igualmente, su admisión como socio. El Consejo rector notifica al socio el 8-10-2020 la denegación de la solicitud de transmisión basada en motivos pedagógicos y económicos, pero no responde al adquirente sobre su solicitud de admisión. Este hecho (dejar transcurrir tres meses sin dar respuesta a la solicitud de incorporación formulada por aquél) provoca la admisión del adquirente como socio (silencio positivo)[40]. Y en cuanto a la denegación de la transmisión, se declara nulo el acuerdo al no cumplirse los requisitos precisos para su válida denegación: que dicha transmisión responde a un intento de eludir las normas legales, estatutarias o los acuerdos sociales, y que con ello se puede causar un perjuicio a la cooperativa o a los derechos de sus socios [art. 70.1.a) LSCRMur-

39. SJM MU 864/2023 - ECLI:ES:JMMU:2023:864. El Consejo rector deniega la aprobación previa de la transmisión de aportaciones con razones vinculadas a la pervivencia de la sociedad cooperativa y a la necesidad de reducir el número de socios; la socia impugna el acuerdo, y comunica a la cooperativa la transmisión antes de que se resuelva. El Juzgado considera que los argumentos defensivos utilizados por la cooperativa para denegar la transmisión deberían esgrimirse para defender la denegación de un acuerdo de admisión del socio adquirente (de atribución de la condición de socio), por lo que reconoce el derecho de la socia a transmitir sus aportaciones.

40. Se interesaba por el socio transmitentes que se declarase la aceptación del adquirente como socio, con su subrogación en los derechos y obligaciones que aquél ostenta en la Cooperativa, algo en lo que el juzgador no puede entrar pues legitimado para solicitar el reconocimiento como socio sólo lo está el adquirente. En cualquier caso, apunta la sentencia que el acuerdo de admisión de socio fue adoptado válidamente por el Consejo por silencio u omisión al dejar transcurrir tres meses sin dar respuesta a la solicitud de incorporación como nuevo socio que le fue dirigida por adquirente.

cia]. Es el supuesto de la SJM Murcia de 15-6-2022[41]. En el supuesto que se describe en la SJM Murcia de 18-10-2021 (ya citada), uno de los socios fundadores comunica a la cooperativa de enseñanza su intención de transmitir al momento de su jubilación sus aportaciones a su hija, en un escrito conjunto en el que consta formalmente tal voluntad y el compromiso de ésta de subrogarse en los derechos y obligaciones que como socio tenía su padre. La presidente del consejo rector responde que la incorporación de la hija dependía de las necesidades en cada momento de la cooperativa y que hubiera horas lectivas suficientes para incorporarla como socia[42].

Conecta por ello la transmisión de aportaciones, con el procedimiento de admisión de nuevos socios, llevándose a cabo conforme a las reglas de éste y computándose las aportaciones transferidas como aportaciones del nuevo socio. Además, como el adquirente ha de solicitar su admisión como socio en la cooperativa según las reglas aplicables, puede que la cooperativa tenga previsto en estatutos la necesidad de que el nuevo socio abone una cuota de ingreso o, incluso que realice una aportación voluntaria. El aspirante a socio deberá entonces abonar al socio transmitente el importe de su aportación y a la cooperativa el importe de la cuota de ingreso y la aportación voluntaria, si fuera el caso. El adquirente admitido como socio verá reflejada en el Libro Registro de Aportaciones la cuantía de su aportación (la parte adquirida del socio saliente y, en su caso, la aportación voluntaria), siguiendo sin embargo la cuota de ingreso el destino que le es propio, esto es, la asignación al Fondo de Reserva Obligatorio (de naturaleza irrepartible, salvo previsión estatutaria en contra).

1.2. Transmisión de aportaciones *inter vivos* y negocio jurídico de transmisión

Como se observa, la legislación cooperativa sólo se ocupa de prever la transmisión de aportaciones y sus consecuencias para el adquirente y la sociedad, sin regular el propio negocio de transmisión, quizá por respetar

41. Es la SJMMU 8646/2022, de 15-6-2022 (ECLI:ES:JMMU:2022:8646).
42. Alegaba el socio, con base en el art. 70.a) LSCRMurcia y el art. 47.1.a) Estatutos, que el adquirente de la participación no debe realizar cualquier tipo de actividad cooperativizada o la que designe el consejo rector, sino que la ley impone específicamente que el adquirente ha de realizar (y se ha de comprometer a ello) la misma actividad que venía realizando el socio transmitente, quedando limitada la función del consejo rector a verificar si efectivamente el nuevo socio tiene la capacitación necesaria para realizar la actividad del socio cedente y a que la transmisión no responde a un intento del socio de eludir las normas legales, estatutarias o los acuerdos sociales, siendo por tanto estos los únicos motivos de denegación de las transmisiones según los artículos citados (SJM MU 12464/2021 - ECLI:ES:JMMU:2021:12464).

que corresponde a la esfera privada de las partes. Así las cosas, es la práctica la que desvela las condiciones de ese negocio de transmisión, donde la autonomía de la voluntad puede ofrecer un rico y variado abanico de posibilidades. Una de ellas es la de pactar un precio superior al valor de la aportación social que se transmite, supuesto de hecho frecuente en las cooperativas de enseñanza[43].

En esta hipótesis, el adquirente será admitido como socio por el importe (contable) de la aportación que se le ha transmitido (no hay que engañarse) y, de no producirse alteraciones en dicha cuantía durante su permanencia en la cooperativa, cuando llegue el momento de su baja [o expulsión, ejercicio del derecho de separación o fallecimiento] ese será también el importe de reembolso al que tendrá derecho. Por su parte, la diferencia entre el importe de la aportación y el valor final de la transmisión quedará en el patrimonio personal del transmitente, sin que el adquirente pueda hacer valer ese montante frente a la cooperativa a efectos de que le sea reconocido también como aportación al capital social. Para el cesionario, el negocio así planteado carece de atractivo pues el esfuerzo económico suplementario que ha realizado (la diferencia) sólo encontraría compensación si llegara a transmitir su aportación social por una diferencia igual o superior a la que él pagó en su momento, nunca en caso de baja. Para el cedente, en cambio, el negocio es muy rentable pues la transmisión de una aportación al capital social le supone un incremento patrimonial por la diferencia. La situación para el adquirente empeora aún más si la cooperativa le exige para ser socio el desembolso de una cuota de ingreso y de una aportación voluntaria[44].

1.3. Adquisición por la cooperativa de las aportaciones de los socios

Por regla general, nuestras leyes de cooperativas han omitido tanto la mención como el tratamiento del instituto de las aportaciones propias siguiendo así la línea trazada por la Ley de cooperativas de 1987. La Ley de 1974, por el contrario, sí llegó a incidir en esta materia, prohibiendo, por un lado, la adquisición por la cooperativa de partes sociales de su propio capital

43. En el argot de estas cooperativas se habla de «comprar la plaza» en la cooperativa. A modo de ejemplo, en el siguiente enlace del Foro Docentes con Educación, (consultado el 22-11-2023, http://docentesconeducacion.es/viewforum.php?f=147), bajo la leyenda «Compraventa de plazas en centros privados/concertados y cooperativas», aparecen 19 ofertas/demandas de compraventa de plazas.
44. ALFONSO SÁNCHEZ, R./SÁNCHEZ GARCÍA, M.ª L., «Capital social, aportaciones y régimen económico», *cit.*, p. 363.

o su aceptación a título de prenda, pero admitiendo, por otro, las adquisiciones a título gratuito[45].

Los autores parecen mostrarse a favor de la admisibilidad de la adquisición derivativa de aportaciones sociales por parte de la cooperativa. Bien por analogía con las sociedades anónimas, o bien por expresa previsión estatutaria, quedaría justificada la autocartera[46]. Incluso los menos proclives a la admisión, por encontrar ciertos inconvenientes de tipo dogmático para ello, concluyen a favor de la figura por entender que, respetando la integridad del capital mínimo, puede ser un sistema abreviado para la salida de socios[47].

A nuestro juicio, nada impide la previsión estatutaria de un régimen especial para la adquisición derivativa y tenencia de las propias aportaciones por la cooperativa, teniendo la figura un particular interés por los beneficios que podría reportar. Piénsese, en tal sentido, en la adquisición y tenencia por la cooperativa de enseñanza de las aportaciones de los socios que causen baja, con el compromiso de enajenarlas en un plazo limitado (dos años, por ejemplo) siendo obligatoria su enajenación a los aspirantes a socios. Si bien es cierto que, de esta manera, la cooperativa es titular de su propio capital, no lo es menos que el capital en la cooperativa no es el que determina la posición de socio, por lo que las «aportaciones propias»: i) no alterarían el funcionamiento de la cooperativa ni los derechos de los socios (especialmente el de voto); ii) permitirían la entrega al socio saliente de fondos que la cooperativa podría recuperar con la venta de las aportaciones

---

45. En el ámbito del Reglamento (CE) n.º 1435/2003 del Consejo, de 22 de julio, relativo al Estatuto de la Sociedad Cooperativa Europea (RSCE), la SCE no puede suscribir, comprar o aceptar en garantía sus propias participaciones, ni directamente ni a través de persona que actúe en nombre propio pero por cuenta de la SCE (art. 4.12.1.º RSCE). La excepción la constituyen las SCE que sean entidades de crédito, que quedan autorizadas (aunque sólo) para aceptar participaciones en garantía para sus operaciones corrientes (art. 4.12.2.º RSCE). Se echa en falta en el RSCE el régimen jurídico que viniera a completar las condiciones, circunstancias, consecuencias y efectos de la violación por parte de la SCE de la prohibición de adquisición y tenencia de las propias participaciones. Además, la simple prohibición, sin régimen complementario, puede aparecer como caprichosa en una forma social, la cooperativa (aunque sea europea) en la que el capital no tiene la importancia —en lo que se refiere a derechos del socios — que ostenta en las sociedades de capital.
46. VICENT CHULIÁ, F., «Comentario Art. 78 LGC», *Ley General de Cooperativas, Comentarios al Código de Comercio y legislación mercantil especial* (Dir. SÁNCHEZ CALERO/ ALBALADEJO), T. XX, Vol. 3.º, Bosch, Madrid, 1994, p. 288.
47. NIETO SÁNCHEZ, J., «Posición jurídica de los socios (ii): baja y expulsión. Transmisión de aportaciones», AA.VV., *Derecho de sociedades cooperativas de la Región de Murcia* (Dir. ALONSO), Aranzadi-Thomson Reuters, Cizur Menor, 2010, pp. 197-239, pp. 193-194; *idem*, «Posición jurídica de los socios», pp. 197-239.

a los aspirantes a socios; iii) no devengarían intereses moratorios, suponiendo un ahorro de costes para la cooperativa[48].

De alguna manera la mayoría de las leyes cooperativas regulan un supuesto asimilable al instituto de las aportaciones propias. Nos referimos a la posibilidad de conectar las aportaciones cuyo reembolso ha sido rehusado con las pretensiones de suscripción y desembolso de aportaciones de los solicitantes de ingreso en la cooperativa. De modo que, si los estatutos así lo han previsto, la aportación de los nuevos socios que ingresen en la cooperativa deberá preferentemente realizarse mediante la adquisición de las aportaciones cuyo reembolso, habiendo sido solicitado por baja de sus titulares, se haya rehusado. La adquisición se producirá por orden de antigüedad de las solicitudes de reembolso, y de ser de igual fecha, se distribuirá en proporción al importe de las aportaciones (art. 51.7 LCoop)[49]. No cabe duda de que desde el momento de la baja del socio y hasta el ingreso del aspirante, las aportaciones sociales del socio saliente estarán en manos de la cooperativa, como aportaciones propias.

2. EL SUPUESTO DE TRANSMISIÓN DE APORTACIONES POR FALLECIMIENTO DEL SOCIO TRABAJADOR

La transmisión de aportaciones *mortis causa* presenta una fisonomía distinta a la propia de la transmisión *inter vivos*, esencialmente porque el fallecimiento del socio supone la automática pérdida de tal condición y el también directo traspaso del valor económico de sus aportaciones (y de otros conceptos económicos que pudieran corresponder al fallecido en la cooperativa[50] y/o de los que pudiera ser deudor) al patrimonio relicto.

Respecto de la posición deudora del socio fallecido, es interesante la SAP Zaragoza de 25-6-2012, que reconoce la validez de un acuerdo por el que los socios avalan de forma mancomunada una parte del préstamo con garantía personal celebrado por la cooperativa y que deberán abonar en caso de baja, pero indicándose expresamente en el acuerdo que no resultará de aplicación a los supuestos de baja por jubilación o fallecimiento[51] (evitando así la transmisión de esta obligación al causahabiente).

48. Así nos pronunciamos en nuestro trabajo ALFONSO SÁNCHEZ, R./SÁNCHEZ GARCÍA, M.ª L., «Capital social, aportaciones y régimen económico», *cit.*, p. 364.
49. ALFONSO SÁNCHEZ, R./SÁNCHEZ GARCÍA, M.ª L., «Capital social, aportaciones y régimen económico», *cit.*, p. 360.
50. Sobre estas cuestiones remitimos a nuestro trabajo ALFONSO SÁNCHEZ, R./SÁNCHEZ GARCÍA, M.ª L., «Capital social, aportaciones y régimen económico», *cit.*, pp. 357-359, y bibliografía allí citada.
51. SAP Z 1591/2012 - ECLI: ES:APZ:2012:1591. Véase FERRANDO VILLALBA, M.ª L., «Aportaciones al capital social (I)», *cit.*, pp. 396-397.

Si el causahabiente es socio, puede optar por solicitar hacer efectiva la transmisión de aportaciones por causa de muerte y ver así incrementada, en la cuantía de las aportaciones de su causante, su propia aportación total al capital social, debiendo el Consejo rector proceder a modificar el Libro Registro de Aportaciones en este sentido[52]; ahora bien, habrá que respetar el límite máximo de aportación por socio que establece la ley (*cfr.*, arts. 13 y 45.6 LCoop). En cualquier caso, este incremento en su aportación no supone una alteración del contenido de su posición de socio. Pero al causahabiente [socio] le ampara también la opción de exigir la liquidación del crédito correspondiente a la aportación social de su causante, no teniendo lugar en tal caso transmisión de aportaciones alguna[53].

Si el causahabiente no es socio puede optar por solicitar su admisión en la cooperativa, y ha de hacerlo en el plazo de seis meses desde el fallecimiento, siendo el Consejo rector el órgano que resuelva su solicitud en atención a los requisitos objetivos y subjetivos exigidos legal y estatutariamente para ser socio. Su admisión implica el reflejo en el Libro Registro de Aportaciones de las de titularidad de su causante, materializándose la transmisión. Pero puede optar por exigir la liquidación del crédito correspondiente a la aportación social de su causante, lo que hará igualmente si su solicitud de admisión como socio le es denegada —por no cumplir los requisitos o por resultar extemporánea— (*cfr.*, art. 13 LCoop). También habrá que reflejar en el Libro Registro de Socios los cambios que se hayan producido en la titularidad de las aportaciones.

52. De ser varios, habrá que estar a la cuota parte correspondiente a cada uno. Por otra parte, entendemos que el resto de la cuota del socio fallecido será exigible por el causahabiente en cualquier momento a partir del fallecimiento. Sobre el plazo de reintegro de los conceptos de la cuota de socio diferentes a la aportación al capital social, ALFONSO SÁNCHEZ, R., *La transformación de la sociedad cooperativa,* Editoriales de Derecho reunidas, 2002, pp. 189-190.

53. La liquidación de las aportaciones se realiza sobre su valor contable, no hay derecho al valor real. Así, SAP Ciudad Real de 23-9-2005 (SAP CR 780/2005 - ECLI: ES:APCR:2005:780); también la STSJ Murcia (Social) de 4-6-2001 (n.º 768), citada por SAP Murcia de 6-7-2004 (SAP MU 1653/2004 - ECLI: ES:APMU:2004:1653); y la SAP Santa Cruz de Tenerife de 26-10-2012 (SAP TF 2631/2012 - ECLI: ES:APTF:2012:2631). La SAP Zamora de 6-7-2018 (SAP ZA 330/2018 - ECLI: ES:APZA:2018:330), reconoce que son reembolsables a los causahabientes del socio fallecido las aportaciones al capital de la cooperativa, convenientemente actualizadas, en su caso, y detraída la parte correspondiente de las pérdidas del ejercicio en que se causa baja y las de ejercicios anteriores no compensadas, así como la parte que corresponda al socio en las reservas voluntarias repartibles (*Cfr.*, art. 58.3 LCoop). Sobre estas resoluciones, FERRANDO VILLALBA, M.ª L., «Aportaciones al capital social (I)», *cit.*, pp. 396-400.

3. EL SUPUESTO DE LOS SOCIOS FUNDADORES A QUIENES SE LES DENIEGA EL REMBOLSO DE SUS APORTACIONES NO DINERARIAS POR LA NATURALEZA DE LO APORTADO

3.1. Aportaciones no dinerarias en cooperativas de enseñanza

En la revisión del proceso de constitución de algunas cooperativas de enseñanza se ha podido observar una práctica relacionada con la naturaleza de las aportaciones no dinerarias realizadas por los socios fundadores que está siendo cuestionada. Como es fácilmente comprensible, la puesta en marcha de un centro escolar requiere de una fuerte inversión, ya sea tan sólo para la adquisición (o arrendamiento), rehabilitación o acondicionamiento de edificios ya existentes, o para la compra del solar y construcción del centro (si es ésta la opción), con las exigencias que impone la intención de atribuir un uso educativo a las instalaciones resultantes en orden a la obtención de la autorización de la administración educativa competente[54]. La inversión sumariamente apuntada exigirá el concurso de la financiación ajena prestada por entidades de crédito, que examinarán la solvencia de la entidad para su concesión, aspecto en el que cobra relevancia la relación capital-patrimonio de la cooperativa de enseñanza, pues cabe presumir que el grupo de fundadores (docentes y no docentes, en su caso), no estarán en condiciones económicas de asumir el desembolso que el proyecto requiere.

Hay que idear, entonces, una fórmula de materialización de aportaciones obligatorias al capital social de la cooperativa por parte de los socios iniciales que permita un grado de capitalización de la entidad suficiente para merecer la aprobación de la financiación a solicitar a la entidad de crédito. Y es aquí donde puede surgir el problema. Si los socios carecen tanto de numerario como de bienes o derechos que aportar a la cooperativa ¿pueden realizar aportaciones «intelectuales»? En concreto, la idea de poner en marcha la cooperativa de enseñanza, el diseño material del centro educativo, la elaboración del proyecto educativo del centro, etc., que surge de los socios fundadores ¿puede ser valorada? ¿Es un activo intangible susceptible de ser objeto de aportación a la sociedad por parte de los «creadores»?

54. Imprescindible un plan de inversión, un plan de financiación y un estudio de viabilidad económico financiera. Por su interés práctico, véase la *Guía para proyectar y construir escuelas infantiles*, editada en 2011 por el Ministerio de Educación y la Federación Española de Municipios y Provincias, y elaborada por Vicenç Arnaiz Sancho (psicólogo), Iciar de Basterrechea Meunier (arquitecta), Sergi Salvador Carreño (arquitecto). Rescatada de http://femp.femp.es/files/566-1151-archivo/Gu%C3%ADa%20para%20proyectar%20y%20construir%20escuelas%20infantiles.pdf

La moderna doctrina contable concibe el capital intelectual como sinónimo de activo intangible en general o sentido amplio[55], admitiendo su contribución a la obtención de beneficios futuros por parte de la empresa y la capacidad de ésta de controlar esos activos —resultado de acontecimientos pasados—. Se admite, en consecuencia, que puedan ser adquiridos de forma individualizada (valorados a precio de adquisición/valor razonable) o como parte de un negocio (valorados según su valor razonable); y también que puedan ser generados internamente (si tienen un valor de mercado claramente asignable, como por ejemplo los gastos de I+D). Jurídicamente, sin embargo, se dice que resulta impensable e imposible hoy día considerar el capital intelectual dentro del concepto contable de activo; para ello habría que aceptar la concepción económica indicada, sobre lo que no hay referentes ni acuerdo[56].

Sin embargo, si la idea que recoge el concreto proyecto empresarial «cooperativa de enseñanza» estuviera lo suficientemente definida, avanzada y desarrollada, podría ser plasmada en un soporte —tangible o intangible—, quizá expresándola de modo detallado, como producto o servicio nuevo y específico. De esta forma, la ejecución o desarrollo de la idea (no la idea en sí) podría ser considerada propiedad intelectual y, por ende, protegida por derecho de autor. Y de ser así, a nuestro juicio, no habría inconveniente para su admisibilidad como aportación no dineraria[57]. Desde otro enfoque, también es posible defender que, por ejemplo, el conocimiento especializado del sector de la enseñanza necesario para el diseño formal y material del centro educativo, para la elaboración del proyecto educativo del centro, etc., que permita la puesta en marcha de la empresa de enseñanza titularidad de la cooperativa, así como el modelo de negocio necesario para su constitución, desarrollo y explotación, pueda ser concebido como *know-how* y, en consecuencia, ser admitido como aportación no dineraria.

---

55. No se trata de activos ocultos, ni de capital humano, ni del fondo de comercio. Para una actualización del estado de la cuestión, CAÑIBANO, L., «Contabilidad e intangibles: una visión actual», *Contaduría Universidad de Antioquia,* 81, 2022, pp. 39-60.
56. Sobre todas estas cuestiones, SIERRA FERNÁNDEZ, M./ROJO RAMÍREZ, A., «Los activos intangibles (capital intelectual) en contabilidad financiera», *Instituto de Contabilidad y Auditoría de Cuentas,* separata, 2001, pp. 1-41; OCHOA HERNÁNDEZ, M. L./PRIETO MORENO, M. B./SANTIDRIÁN ARROYO, A., «Estado actual de los modelos de capital intelectual y su impacto en la creación de valor en empresas de Castilla y León», *Revista de Investigación Económica y Social de Castilla y León,* n.º monográfico, 2010.
57. La autoría puede probarse, por ejemplo, introduciendo los documentos en un sobre sellado ante notario que certifique la fecha en que se ha cerrado; sobre que deberá mantenerse cerrado hasta su utilización como prueba en juicio.

Así lo ha entendido la Dirección General de Registros y del Notariado en una interpretación extensiva del concepto de *know-how* en un supuesto de aportación no dineraria en el acto de constitución de una sociedad de responsabilidad limitada[58]. En la escritura de constitución los socios, junto con otros bienes, se comprometían a aportar cierto conocimiento o *know-how*. El *know-how* consistía en «la información técnica necesaria para diseñar, fabricar, emplear, mantener o comercializar productos o sus elementos que permiten lograr el proyecto específico» y su aportación se concretaba en «el conocimiento de la industria de servicios, marketing e investigación de mercado. Asimismo, su aportación se manifiesta en el conocimiento especializado en materia de emprendimiento, desarrollo empresarial, liderazgo y dirección de equipos»[59]. Por su parte, uno de los socios aportaba «un conocimiento amplio acerca del sector tecnológico e innovación». Se alega en la escritura que la aportación del *know-how* cumple con todos los requisitos tanto legales como doctrinales, en la medida que «(i) tiene naturaleza patrimonial; (ii) su aportación a la Sociedad va a incrementar sustancialmente las ganancias de la Sociedad; (iii) es susceptible de ser inscrito en el balance; (iv) puede ser valorado económicamente de acuerdo con criterios objetivos; (v) puede ser enajenado o negociado; (vi) puede ser objeto de un contrato de cambio; y (vii) es susceptible de apropiación y, en consecuencia, de ser convertido en dinero y apto para producir una ganancia»[60]. El registrador mercantil consideró que la aportación del *know-how*, tal y como estaba descrita en la escritura de constitución, lejos de constituir una aportación no dineraria, se asemejaba a la aportación de trabajo o servicios y, como tales, no pueden ser objeto de aportación (art. 58.2 LSC). Sin embargo, el centro directivo, por medio de una aplicación analógica, entendiendo que el *know-how* aportado por los socios «aun cuando sea un bien inmaterial tiene carácter patrimonial, es susceptible de valoración económica y de apropiación», declara que «puede aportarse a la sociedad y es apto para producir una ganancia». Además, añade, «*es diferente de la mera*

58. Resolución de la Dirección General de Registros y del Notariado de 4 de diciembre de 2019 (BOE del 21-1-2020).

59. Como se observa no consiste en documentos, libros, procedimientos, métodos o técnicas plasmadas por escrito, sino del conocimiento de que dispone el aportante fruto de su experiencia y trabajo en el sector en cuestión.

60. Por todo ello, los socios valoran la aportación del *know-how* a la Sociedad en 44.000€. Señala VERDERA BUSUTIL, C. («El *know how:* de idea a patrimonio ¿Hasta dónde llega su patrimonialización? Comentario a la RDGRN de 4 de diciembre de 2019», *Revista Bolivariana de Derecho,* N.º 30, julio 2020, pp. 802-815, pp. 807 y 806), que parece que, desde el primer momento, ni siquiera los propios socios ni el notario autorizante tienen demasiado clara la posibilidad de aportar el *know-how* a una sociedad, ya que se preocupan en exceso en describir con todo detalle el objeto de la aportación y las razones por las que, a su juicio, es perfectamente válida y absolutamente necesaria dicha aportación para que la Sociedad pueda cumplir con su objeto social.

obligación de hacer, por lo que no se infringe la norma que impide que sean objeto de aportación el trabajo o los servicios (art. 58.2 LSC)» [61].

3.2. Los supuestos que han llegado a los tribunales

Ninguna de las dos soluciones apuntadas (propiedad intelectual o *know how*) es la que se discute en el supuesto de cinco socios fundadores de una cooperativa de enseñanza que, asesorados por un auditor, atribuyeron la condición de aportación no dineraria a *«los trabajos realizados por los socios desde la creación de la cooperativa para la puesta en funcionamiento del centro escolar»;* y lo hicieron cinco años después de su constitución, como contravalor en un supuesto aumento de capital. Cuando con ocasión de su expulsión reclaman el reembolso de esas aportaciones, la cooperativa lo deniega. Se trata del supuesto enjuiciado por el Tribunal Supremo en su sentencia de 6-7-2021, en el que se debate si resulta legalmente admisible la capitalización de unos trabajos y servicios para considerarlos como aportaciones sociales exigibles en caso de reembolso (que es lo que la Audiencia Provincial de Murcia niega en su sentencia de 12-4-2018) [62]. Según el Tribunal Supremo no puede computarse como aportación un concepto como los trabajos preparatorios para la puesta en funcionamiento de la actividad coo-

61. La DGRN reduce la discusión acerca de la viabilidad del *know how* como aportación no dineraria, a la efectiva concurrencia de cuatro requisitos: carácter patrimonial, susceptible de valoración económica, que pueda ser objeto de apropiación y que sea apta para producir una ganancia, obviando otras cuestiones que hasta ese momento servían como argumentos para rechazar tal posibilidad. A la vista de esta interpretación flexible, VERDERA BUSUTIL, C. («El know how: de idea a patrimonio», *cit.*, p. 812) plantea que «quizás la aportación del *know-how* a una sociedad debiera articularse a través de un contrato que incluyera las estipulaciones típicamente previstas en los contratos de licencia de *know-how que* permita, por un lado, que la sociedad explote dicho conocimiento durante un periodo determinado de tiempo y, por otro, que los socios se obliguen a ponerlo en efectivo conocimiento de la sociedad».

62. Hasta llegar al Tribunal Supremo el desarrollo del proceso ha sido el siguiente: SJM MU 2128/2017, de 29-11-2017 (ECLI:ES:JMMU:2017:2128); SAP MU 931/2018, de 12-4-2018 (ECLI:ES:APMU:2018:931); y STS 2724/2021, de 6-7-2021 (ECLI:ES:TS: 2021:2724). La situación era la siguiente: cinco profesores fundaron en enero de 2004 la cooperativa de enseñanza Pantemur (luego Da Vinci-Mar Menor). Cada uno realizó una aportación obligatoria de 61,50€ (307,5€). En febrero de 2009 designan un economista auditor para valorar los trabajos que desde la creación de la cooperativa habían realizado para la puesta en funcionamiento del centro escolar, prevista para el curso 2009-2010. El auditor adelanta en mayo de 2009 un borrador definitivo del informe de capitalización. El 1-6-2009 los fundadores acuerdan en Asamblea general aceptar la capitalización realizada por el auditor de 50.000€ por socio (250.000€). Este acuerdo no consta inscrito en el Registro de Cooperativas; consta en un acta manuscrita. No

perativizada no incluible en el balance[63]. Y por la misma razón, no es admisible intentar sortear dicho obstáculo mediante una capitalización *ad hoc* de tales trabajos, a fin de simular que fueron una aportación de capital evaluable en dinero[64].

---

consta que simultáneamente se constituyeran los socios en reunión del Consejo Rector, ni consta el informe de experto. El 26-8-2009 la cooperativa paga al auditor su informe y éste firma el original el 30-8-2009, que recoge una valoración de 168.832,39€. El centro escolar se puso en funcionamiento en el curso 2009-2010. El 1-9-2009 se incorporaron 22 socios trabajadores, desembolsando cada uno en concepto de aportación dineraria obligatoria 15.000€ y como voluntaria 35.000€. El 4 de-9-2009 los cuatro socios fundadores que quedaban (una había causado antes baja voluntaria) se reúnen en Asamblea general y en Consejo rector (cuando ya existían desde el 1-9-2009, 22 socios más) para aprobar el informe sobre sus aportaciones no dinerarias y el aumento de capital en 200.000,00€ siendo su contravalor la aportación de los derechos de crédito de los cuatro socios fundadores contra la cooperativa, con arreglo al informe del auditor. Para estos socios fundadores se trataba de actualizar el acuerdo adoptado el 1-6-2009, ya que tras la baja en julio de una de las fundadoras había que adaptar la capitalización a los restantes. Este acuerdo no consta inscrito en el Registro de Cooperativas.

63. Dice el Tribunal Supremo que el trabajo y los servicios no pueden tener la consideración de aportaciones no dinerarias, puesto que, aunque puedan ser valorables económicamente, no pueden incorporarse al patrimonio de la sociedad. El trabajo no es un valor cuantificable y actual, incluible como activo en el balance de la sociedad cooperativa y susceptible de expresión monetaria y ejecución, por lo que no puede cumplir con la función de garantía que es propia del capital.

64. El supuesto de hecho discutido en la instancia (favorable a los dos fundadores que demandaron a la cooperativa solicitando condena al pago a cada uno de 50.000€ en concepto de importe de las aportaciones sociales efectuadas, con sus correspondientes intereses legales, tras la expulsión de los cuatro fundadores que permanecían en 2015 en la cooperativa), en la audiencia (favorable a la cooperativa) y en casación (favorable a la cooperativa), contiene más elementos de análisis en cuanto a validez de reuniones y acuerdos diversos en el seno de la cooperativa de enseñanza. La situación no sólo ha dado lugar al litigio comentado sino también al derivado de la reclamación de cantidad acordada como reembolso entre la socia fundadora que causó baja en julio de 2009 y la cooperativa (SJM MU de 30-11-2013; SAP MU 1004/2015 de 23-4-2015 —ECLI:ES:APMU:2015:1004—, pendiente recurso de casación), en el que lo que se enjuicia es sólo la validez y exigibilidad del reconocimiento de deuda, por lo que no se debate ni la aportación no dineraria ni la validez de las reuniones ni acuerdos. Además, otro de los cuatro fundadores expulsados, interpuso en 2016 demanda interesando la condena a la cooperativa a reembolsarle sus aportaciones sociales (50.000€ como obligatorias y 1.050€ como voluntarias), más el interés legal del dinero. Centrada la cuestión principal en decidir la eficacia de la capitalización del trabajo realizado por los fundadores en fecha 1-6-2009, la instancia asume la SAP MU 931/20018, de 12-4-2018 (recaída en el caso idéntico de dos de los socios ya visto *supra*) por lo que desestima la demanda; y la audiencia se reitera en su sentencia de 2018: «(...) las aportaciones de los socios al capital social (...) pueden consistir en «bienes y derechos susceptibles de valoración económica», y como tales no se pueden catalogar los trabajos realizados por los socios promotores para poner en marcha la cooperativa (...). Se trata de la SJM MU 2878/2018, de 20-6-2018 (ECLI:ES:JMMU:2018:2878); y de la SAP MU 1128/2019 de 16-5-2019 (ECLI:ES:AAPMU:2019:1128).

El criterio manifestado por la Audiencia Provincial de Murcia en su sentencia de 12-4-2018, corroborado en 2021 por el Tribunal Supremo como se acaba de ver, ha sido sostenido en litigios similares. Así, con respecto a la misma cooperativa de enseñanza, y en un supuesto de hecho idéntico atinente a otro de los socios fundadores, cabe citar la sentencia de dicha Audiencia de 16-5-2019[65].

En el ámbito de otra cooperativa de enseñanza, y ante «la necesidad de emitir un pronunciamiento sobre la validez de los acuerdos de ampliación de capital»[66], declara el Juzgado de lo Mercantil de Murcia que «no se puede soslayar la doctrina ya emitida por la Audiencia Provincial de Murcia en la sentencia (…) que se transcribe de 12-4-2018 (…)», y concluye que «por tanto, el trabajo y la gestión realizada por las socias se considera salario, pero no activo intangible de la sociedad» (es la sentencia de 29-9-2021, por la que desestima las pretensiones de cuatro socias fundadoras)[67]. Sin embargo, la cuestión a decidir no era ésta, sino la validez del acuerdo de aprobación de las cuentas del ejercicio 2018 por no ser éstas fiel reflejo de la situación financiera de la cooperativa, por lo que la Audiencia Provincial de Murcia no considera trasladable al caso ni la sentencia de 12-4-2018 citada ni lo resuelto por el Tribunal Supremo en su sentencia de 6-7-2021[68].

3.3. La puerta abierta por el Tribunal Supremo

No obstante, se pregunta el Tribunal Supremo en su sentencia de 6-7-2021 si unos trabajos que tienen por objeto la puesta en marcha del objeto

65. Es la SAP MU 1128/2019 de 16-5-2019 (ECLI:ES:AAPMU:2019:1128). Véase descripción del supuesto en la nota anterior.
66. Un acuerdo de aumento de capital adoptado en asamblea general por unanimidad de las siete socias fundadoras de la sociedad cooperativa Centro de Enseñanza Sagrada Familia mediante aportaciones no dinerarias.
67. SJM MU 11320/2021 de 29-9-2021 (ECLI:ES:JMMU:2021:11320). La cooperativa considera nulos de pleno derecho los acuerdos de capitalización adoptados en la junta de 19-4-2007, por consistir las aportaciones no dinerarias de las fundadoras en un activo intangible, en concreto «el trabajo con las labores de gestión de las fundadoras, que daría lugar únicamente a un salario» (según consta en el escrito de contestación a la demanda). Resulta importante, resaltar que en 2012 se dio de baja una de las socias fundadoras por jubilación y la cooperativa liquidó sus aportaciones incluyendo las aportaciones no dinerarias que ahora discute; y en 2017 lo hicieron otras dos de las fundadoras e igualmente en sus aportaciones se reconoció la no dineraria.
68. Según la Audiencia «huelga verificar (…) si es o no trasladable lo resuelto por el TS en la sentencia 488/2021, de 6 de julio que confirma la sentencia de la AP de Murcia citada (de 12-4-2018) por el juzgador *a quo*, recaída precisamente en un litigio sobre liquidación de aportaciones tras la baja de socio (que es la polémica de fondo)». Y —continúa la Audiencia— «si se suscita ese litigio, allí será en el que se dilucide qué reembolso de aportaciones procede y qué eficacia tienen las aportaciones no dinerarias de 2007» (SAP MU 699/2023, de 2-2-2023 -ECLI:ES:APMU:2023:699).

social y que pueden ser merecedores de retribución, pueden ser valorados como crédito y como tal considerarse aportación no dineraria pues, en este caso, no se trataría de la aportación de trabajo —o el compromiso de aportarlo— una vez constituida la cooperativa, sino de la aportación de un crédito por retribución de unos trabajos o servicios previos (a la constitución de la cooperativa o a la ampliación del capital). Ahora bien, como en el caso en litigio los aportantes eran miembros del consejo rector, la respuesta positiva requeriría que esas labores o trabajos no estuvieran comprendidos en las obligaciones propias de tales cargos para poner en funcionamiento la sociedad. Explorando esta interpretación, el Tribunal Supremo revisa los conceptos que constan en el Informe del auditor como tareas capitalizadas (a saber, «Comisión agentes independientes»; «Facturas de trabajos externos»; «Coste financiero»; «Reuniones»; «Gestiones»; «Desplazamientos»; «Gastos de viaje»), pero concluye que ninguno de ellos puede considerarse evaluable como un trabajo o un servicio merecedor de retribución independiente que pueda ser conceptuado como un crédito contra la sociedad que se aporta como aportación no dineraria en una ampliación de capital. Son sólo labores propias de los miembros del Consejo rector para poner en funcionamiento el objeto social una vez constituida la cooperativa.

Es importante este análisis pues, como vemos, el Tribunal Supremo ha dejado abierta la puerta a la admisión de aportaciones no dinerarias consistentes en aportaciones de créditos por retribución de trabajos o servicios siempre y cuando sean *previos* (y este es el dato determinante) a la constitución de la cooperativa y/o, en su caso, a la ampliación del capital. De este modo cabría defender que el crédito generado por el trabajo y los servicios realizados por los fundadores —antes de la constitución de la cooperativa y de utilidad para ésta— puede tener la consideración de aportación no dineraria, valorable económicamente, e incorporable al patrimonio de la sociedad. Ese crédito es un valor cuantificable y actual, incluible como activo en el balance de la sociedad cooperativa y susceptible de expresión monetaria y ejecución, por lo que cumple con la función de garantía que es propia del capital.

4. EL SUPUESTO DE LA JUBILACIÓN PARCIAL Y EL CONTRATO DE RELEVO

Favorecer el acceso del profesorado de la enseñanza concertada a la situación de jubilación parcial, mediante el fomento de los contratos de relevo en las condiciones fijadas en la legislación vigente o recogidos a través de la negociación colectiva es una pretensión de muchas administraciones autonómicas. Los socios trabajadores de las cooperativas de trabajo asociado pueden acogerse a la jubilación parcial siempre que estén incluidos en el sistema de seguridad social como asimilados a trabajadores por cuenta ajena, que reduzcan su jornada y derechos económicos en las condiciones previstas para el contrato del jubilado parcial y cumplan los requisitos establecidos para ello. Es necesario que la cooperativa concierte, con un socio de duración determinada de la misma o con un desempleado la realización en calidad de socio trabajador de la jornada dejada vacante por el socio que se jubila parcialmente, con las mismas condiciones establecidas para la celebración de un contrato de relevo[69].

Sobre el papel la opción expuesta se muestra atractiva para su aplicación a las cooperativas de enseñanza: posibilitar que socios de trabajo próximos a la edad de jubilación minoren su carga (reduzcan su jornada) y acudan a su relevo docentes jóvenes[70]. Cuestión diversa es cómo se articula realmente la medida y se cohonesta con las peculiaridades de la legislación cooperativa. En el supuesto de hecho que se describe en la SJM Murcia, de 17-4-2003, una socia fundadora de una cooperativa de enseñanza desde el 1-1-1986, que contaba con 25 horas semanales, pidió la jubilación parcial para permitir la contratación como relevista de su sobrina, de manera que, al pasar la demandante a la situación de jubilación total, con la transmisión de su participación pacíficamente hecha, coincidiendo con la finalización del contrato de relevo y, según el estatus consuetudinario (pero con pleno soporte legal), la sobrina continuara como socia sucediendo en el puesto a la demandante. El contrato de relevo fue suscrito entre la relevista y la cooperativa en 2017, incorporándose la sobrina y haciéndose cargo de 18 de las 25 horas de su tía, estando previsto asumir ese total de 25h tras la jubilación. La socia fundadora solicita el 27-8-2021 la aprobación previa del consejo rector para la transmisión de aportaciones *inter vivos* a su sobrina al amparo del art. 70 LSCRMurcia. La sobrina cumplía todas las condiciones legales para integrarse en la cooperativa y estaba plenamente dispuesta a asumir el compromiso de intervenir en la actividad cooperativizada como maestra de enseñanza primaria. El consejo rector deniega la aprobación previa de la transmisión el 20-4-2021, y lo notifica el día 21. La socia impugna el acuerdo del consejo rector y comunica a la cooperativa la transmisión de su participación para permitir la continuidad de la relevista con su trabajo como socia-trabajadora sucesora de la demandante, tal y como estaba previsto y acordado en su momento. El consejo rector ha ignorado la impugnación y

69. Sobre este temario, véanse en la presente obra los Capítulos 14 y 15.
70. Véase STS-SOC 613/2019, de 13-2-2019 (STS 614/2019- ECLI:ES:TS:2019:614) que señala coherente con la política de empleo el hecho de que la jubilación anticipada, aunque sea parcial, no se traduzca en la pérdida de puestos de trabajo; de ahí la exigencia de celebrar simultáneamente un contrato de relevo con al menos la misma duración que el tiempo que reste hasta la jubilación definitiva del relevado y con una jornada al menos igual al tiempo de reducción experimentada por la jornada de este.

ha despedido a la sobrina de manera abrupta, contratando las 18 h de la sobrina a otra persona. La socia trabajadora no se ha jubilado y permanece en la cooperativa con 7 horas de trabajo. Se plantea sí la demanda contra el acuerdo del consejo rector denegatorio de la transmisión, declarando el juzgado de lo mercantil la nulidad del mismo (por infracción del art. 70.1 LSCRMurcia) y reconociendo a la demandante el derecho a trasmitir las aportaciones de las que es titular en la cooperativa demandada a su sobrina, pero sin más consecuencias al no ser objeto del pleito el acuerdo del consejo rector relativo a la admisión de un nuevo socio (por lo que no se pronuncia sobre la inadmisión de la sobrina como socia)[71].

Se pone de manifiesto también en el supuesto reseñado —una vez más— que transmitente y adquirente han de defender sus intereses frente a la cooperativa de forma independiente y autónoma. El socio transmitente ha de solicitar al consejo rector por una parte la aprobación de la transmisión de las aportaciones sociales y por otra la baja en la cooperativa (ya sea voluntaria u obligatoria). No cabe entender comprendida la segunda solicitud en la primera. Por su parte, el adquirente aspirante a socio ha de solicitar al consejo rector la admisión en la cooperativa. No cabe entender la aprobación de la transmisión como acuerdo favorable a la admisión del adquirente como socio.

5. LA PAGA DE ANTIGÜEDAD EN LOS COLEGIOS CONCERTADOS: INDISPONIBLE POR LA COOPERATIVA

Los Convenios del sector de la enseñanza concertada (en este momento está vigente el VII) contemplan el derecho a cobrar una paga de antigüedad (equivalente a cinco mensualidades) a aquellos trabajadores que estén próximos a cumplir 25 años en el centro. Así, los docentes que figuren en la nómina de pago delegado de los centros concertados que cumplan con los requisitos establecidos en el Acuerdo para la Mejora de la Calidad de la Educación correspondiente, y en los términos establecidos en el mismo, podrán solicitar a la consejería competente de la administración autonómica en cuyo territorio radique el centro el abono de dicha paga adjuntando un certificado de vida laboral. El plazo para la presentación de las solicitudes será de un año a contar de la fecha en la que se cumplen los 25 años de antigüedad. Los trabajadores que no figuren en la nómina de pago delegado de los centros concertados tendrán que solicitar la paga de antigüedad al propio centro, y quienes tengan parte de la jornada en pago delegado y parte en pago no delegado deberán solicitarla tanto a su centro como a la Administración.

71. SJM MU 864/2023, de 17-4-2023 (ECLI:ES:JMMU:2023:864).

Visto de forma sucinta el régimen de la paga por antigüedad en los colegios concertados surge la pregunta en torno a la capacidad de la cooperativa de enseñanza para decidir el reparto entre los socios del importe de tal paga, esto es, el modo de asignar internamente el monto de la cantidad que pueda percibir de la administración autonómica.

Es el interrogante que se dilucida en la SAP Madrid de 3-2-2017[72]. Los hechos tienen como referencia la paga de antigüedad de 2012 en la Comunidad de Madrid al amparo del V Convenio Colectivo de empresas de enseñanza privada sostenidas total o parcialmente con fondos públicos y de la normativa de desarrollo del mismo[73]. Solicitada por una cooperativa de enseñanza dicha paga, la Administración Pública la fijó para veinticinco de los socios; sin embargo, la Asamblea general acuerda por mayoría (25 votos a favor, 15 en contra y uno en blanco) el reparto de su importe entre treinta y tres socios de la entidad que cumplían los requisitos de antigüedad. Uno de los socios contrario al acuerdo lo impugna en vía judicial por contrario a la ley, pero su acción no prosperó. Recurrido el fallo ante la Audiencia Provincial, ésta declara la nulidad del acuerdo asambleario por vulnerar las previsiones del V Convenio citado y su normativa de desarrollo, ya que priva a todos los socios afectados (no sólo al demandante) de lo que debería serles entregado como paga de antigüedad. La Resolución del Director General de Becas y Ayudas a la Educación de la Comunidad de Madrid, fijaba la paga de forma explícita en consideración a las circunstancias concretas de los profesores implicados, determinados nominalmente en el anexo (entre los que se encontraba el demandante) y con consignación del importe correspondiente a cada uno.

Expone la sentencia que el hecho de que la cooperativa de enseñanza reciba una asignación por la suma del total de los importes correspondientes a los veinticinco profesores implicados y deba luego gestionar la entrega de lo que legalmente les corresponde, no le da margen de disposición para adoptar acuerdos tendentes a variarlo, ni aunque lo sea con carácter parcial o para satisfacer finalidades análogas. Las cantidades que recibe la cooperativa del erario público están asignadas para su aplicación a un determinado fin; y el hecho de que deba satisfacer el importe correspondiente al

72. SAP M 4867/2017, de 3-2-2017 (ECLI:ES:APM:2017:4867).
73. La primera de esas normas estipula quién y cuánto debe percibirse como paga extraordinaria por antigüedad en la empresa y el segundo de esos instrumentos incluye en su ámbito al profesorado socio y trabajador de una cooperativa de trabajo asociado, incluidos los cooperativistas cuyo centro de enseñanza percibe las cantidades correspondientes al concierto educativo con la Administración a través del denominado módulo íntegro (por lo que el demandante quedaría incluido en él, con independencia de la naturaleza de la relación que le vincula con la cooperativa).

profesor con arreglo a su normativa interna no entraña que se esté ante un concepto disponible para la cooperativa; simplemente, deberá seguir el procedimiento de control que corresponda según su sistema organizativo para materializar el pago al profesor.

Avanza finalmente la sentencia una solución para que socios con la misma antigüedad no se vean discriminados por no haber sido contemplados en la decisión de la Administración pública con respecto a la paga de antigüedad. Y en tal sentido indica que «la regla de la igualdad de trato en el seno de la cooperativa podría justificar la realización del esfuerzo económico preciso para que aquellos otros socios de la misma que no estuvieran comprendidos entre los beneficiarios de la asignación pública pudieran disfrutar de una paga similar con cargo a otros recursos que la cooperativa tuviera disponibles».

Esta idea podría materializarse en la cooperativa de enseñanza a través de un fondo de reserva voluntario y repartible previsto en los estatutos sociales. Por su especificidad, y por el carácter solidario de tal fondo, puesto que ha de dotarse con excedentes disponibles del ejercicio que, de no ser destinados al fondo en la proporción que se establezca, podrían ser atribuidos a todos los socios trabajadores como retorno cooperativo en atención a su actividad cooperativizada, el acuerdo de constitución del fondo y las circunstancias de su dotación y disposición del montante acumulado, ha de ser objeto de una detallada información a los socios, de un detenido debate en Asamblea general en orden al acuerdo de aprobación y de una minuciosa redacción de la cláusula estatutaria al respecto.

IV. EL IDEARIO O CARÁCTER PROPIO DEL CENTRO EN LAS COOPERATIVAS DE ENSEÑANZA. LOS VALORES COOPERATIVOS COMO ESENCIA PARA SU *STORYTELLING*

Con carácter general, el derecho de creación de centros docentes implica también el derecho a establecer el propio ideario y carácter propio del centro, así como el derecho a la dirección del mismo. Ese ideario es la muestra más clara del ejercicio de la libertad de enseñanza[74], y se ha dicho de él que «va a ser el instrumento que singularice la particular orientación que el titular de un centro docente pretende dar a su enseñanza»[75].

Se define el ideario como el «conjunto de principios básicos y fundamentales que sintetiza la orientación última que define un centro educativo

74. BENEYTO BERENGUER, R., ¿Puede ser inconstitucional la LOMLOE?, *Revista CEFLegal*, 255 (abril 2022), pp. 81-110, p. 102.
75. EMBID IRUJO, A., *Las libertades en la enseñanza,* Tecnos, Madrid, 1983, p. 323.

ante los padres, los alumnos, los profesores y ante la sociedad en general. Marca los fines últimos, las ideas-fuerza»[76]. En definitiva, es un documento ideológico y, consiguientemente, distinto de un proyecto educativo, de un reglamento de régimen interior o de una programación anual, y viene establecido por el titular del centro[77], en nuestro caso, la cooperativa de enseñanza.

La educación en las cooperativas de enseñanza se caracteriza por ser «pluralista (asumiendo las diferentes culturas y vivencias de los alumnos, garantizando la libertad de expresión y no adoctrinamiento en ninguna confesión, es decir, laica); investigadora y crítica (propiciando una metodología basada en las actividades creadoras e investigadoras del alumnado y profesorado, fomentando el espíritu crítico para poder formar opiniones propias y potenciando el desarrollo de la capacidad intelectual y la imaginación); no marginadora (partiendo de la individualidad, compensando desigualdades…) y coeducadora (combatiendo los roles sexuales establecidos)»[78]. Y el ideario exige trabajar los valores cooperativos desde la propia escuela, aplicar la metodología del aprendizaje cooperativo y estructurar una organización de la empresa que responda a este fin. La gestión democrática establecida en los estatutos es el modelo para la organización del centro; la participación, implicación y el esfuerzo de socios y trabajadores están orientados a la cooperación educativa y empresarial, y ésta, a su vez, es referente obligado en la metodología didáctica que se sigue con los alumnos. Además, esos valores de la cooperación (solidaridad, democracia, justicia, equidad, espíritu crítico, tolerancia, honestidad, transparencia, responsabilidad y vocación social) han de estar en la base y ser la guía de sus proyectos educativos.

Los valores cooperativos son también la garantía y la base intergeneracional del ideario (en cuanto a mínimos imprescindibles) de las cooperativas de enseñanza. Son el elemento con el que lograr la ausencia de conflictos a lo largo de la vida del centro educativo tiempo en la medida en que la variación de los socios que en su momento aprobaran el ideario por la entrada de los socios posteriores difícilmente podrá alterarlo y, normal-

---

76. BENEYTO BERENGUER, R., «El ideario de los centros docentes», *Lección magistral, apertura del curso 2005-06*, Universidad Cardenal Herrera - CEU, Valencia, 2005, pp. 1-36, p. 19 (https://repositorioinstitucional.ceu.es/bitstream/10637/2904/3/Ideario_Beneyto_2005.pdf).
77. BENEYTO BERENGUER, R., «El ideario de los centros docentes», *cit.*, p. 27.
78. Véase CAMARERO, A., «Escuela cooperativa concertada», en *Concierto cooperativo, GSD/Cuadernos*, n.º 61, marzo 2019, pp. 3-11, p. 9, con cita de Fernando Fernández (UCETAM) y Juan Antonio Pedreño (CEPES).

mente, permanecerá estable, debiendo ser respetado[79]. Y la razón estriba en que aquellos valores no son propios y específicos de una concreta cooperativa de enseñanza, sino comunes a todas las que existen en el mercado. Por ello es fundamental que la "savia nueva" que pueda llegar a la cooperativa reciba una formación inicial que los eduque sobre el carácter específico de las cooperativas, sus principios y valores. Los nuevos docentes han de ser conscientes del carácter de la organización a la que se incorporan y de sus ventajas; y eso es lo que debe guiar su deseo de formar parte de la cooperativa de enseñanza[80]. Lo cual no quiere decir que el socio trabajador (o el trabajador no socio) deba convertirse en una suerte de "apologista" de dicho ideario, ni que transforme su enseñanza en propaganda, ni que subordine a ese ideario las exigencias que el rigor científico impone a su labor» (Sentencia del Tribunal Constitucional 5/1981, de 13 de febrero, FJ 10.º), pero tampoco puede «dirigir ataques abiertos o solapados contra ese ideario»[81], puesto que la existencia del carácter propio de los centros privados obligan al docente a una actitud de respeto y de no ataque al mismo[82].

Según la Alianza Cooperativa Internacional, las historias sobre cómo los socios fundadores de la cooperativa (en nuestro caso, de enseñanza) afrontaron y superaron los duros desafíos del comienzo y cómo así lo han ido haciendo a lo largo de los años las siguientes generaciones según los problemas y necesidades que se les hayan ido presentando, es uno de los mejores recursos educativos para los socios que se van incorporando en cada

79. Desde un punto de vista legal, no supondría nada más que una reforma de estatutos, pero podrían originarse conflictos entre los socios e incluso el desmembramiento de la sociedad por la baja instantánea de socios que ingresaron debido precisamente al ideario, pues si bien como profesor se ve obligado al respeto al ideario, como socio trabajador ha de reconocérsele el derecho de proponer y defender la reforma de los estatutos y en esa reforma cabe el ideario. Sin embargo, la continuidad de los profesore en su puesto de trabajo forma parte de la continuidad de un ideario inicial [BORJABAD GONZALO, P., «El estatuto de centros escolares (LOECE) y las cooperativas de enseñanza», *Revesco. Estudios Cooperativos*, núm. 51, 1983, pp. 199-218; pp. 215-2016].

80. Así, ALIANZA COOPERATIVA INTERNACIONAL, *Notas de orientación para los principios cooperativos*, 2015, pp. 68-69 (https://www.ica.coop/sites/default/files/publication-files/guidance-notes-es-2107251738.pdf).

81. Destaca SALGUERO SALGUERO, M. [«Libertad de enseñanza, neutralidad y libertad de cátedra como formas de pluralismo institucionalizado», *Derechos y libertades: Revista de Filosofía del Derecho y derechos humanos*, n.º 5, 1995 (Ejemplar dedicado a Pluralismo, Tolerancia y Derechos), pp. 543-552, p. 546] que «la sintonía con la línea ideológica de la organización se presupone tácitamente» pudiendo derivar en causa de extinción de la relación laboral una labor docente que ataque abiertamente el ideario del centro.

82. DELGADO MORAL, C., «Autonomía docente versus libertad de cátedra en la enseñanza no universitaria», *Avances en supervisión educativa, Revista de la Asociación de Inspectores de Educación de España*, n.º 36, 2021, pp. 85-110, con cita de la STC 77/1985, de 27 de junio, FJ n.º 9).

momento a la cooperativa, pues les hace apreciar el legado que reciben y genera la responsabilidad de conservarlo[83]. Para las cooperativas de enseñanza resulta importante ofrecer una mejor visión de lo que son y de cuáles son sus valores esenciales y su saber hacer educativo. Y la narración del tipo de circunstancias indicadas puede utilizarse, entre otros fines, para involucrar a los nuevos socios y a los trabajadores y hacerles sentir parte del proyecto, para comunicar los valores corporativos de manera efectiva y ayudar a comprenderlos.

En atención a lo expuesto puede que el *storytelling* (conocido como el arte de contar relatos), en cuanto que apela a los sentidos y emociones de los sujetos, puede ser una útil y eficaz herramienta de gestión de la comunicación en las cooperativas de enseñanza. Según las utilidades que los autores reconocen al *storytelling*, esta herramienta permitiría dar a los nuevos socios (y también a los empleados) el lugar que merecen dentro de la historia general de la cooperativa a la que pertenecen, lo que contribuye al desarrollo de los docentes y a su identificación con el centro[84].

Además, no sólo en el plano interno podría cumplir su función el *storytelling* en orden a ofrecer una mejor visión de lo que son las cooperativas de enseñanza y cuáles son sus valores esenciales. La utilización y aplicación efectiva de esa herramienta puede servir para generar un mayor grado de convicción y creencia «en la marca» por parte de los socios trabajadores y trabajadores no socios de la cooperativa, y ello fácilmente puede provocar que éstos expresen su creencia y convicción con sus respectivos grupos de interés[85]: la cooperativa de enseñanza es un proyecto que inspira. Ilusionante lema para diseñar un plan de atracción de talento joven favorecedora del relevo generacional.

---

83. Así lo afirma la Alianza Cooperativa Internacional (ACI) desde una perspectiva global y genérica, con relación al principio de educación y formación cooperativa, y para cualquier clase de cooperativa. La ACI remite al sitio web *Stories.coop* como ejemplo de una manera sencilla de poner al alcance de todos, las historias relativas al cooperativismo del pasado más reciente. Señala también que la tecnología permite hoy acceder instantáneamente a los elementos de este legado, y pone como ejemplo el trabajo pionero del Fondo del Legado Cooperativo (Co-operative Heritage Trust) en el Reino Unido a la hora de conservar dicho patrimonio, una buena práctica que puede replicarse con facilidad y convertirse en una piedra angular de la educación cooperativa (ALIANZA COOPERATIVA INTERNACIONAL, *Notas de orientación, cit.*, p. 72).
84. Sobre este recurso de planificación estratégica, KELLY ROBLEDO-DIOSES/ TOMÁS ATARAMA-ROJAS/ ALBERTO LÓPEZ-HERMIDA RUSSO, «El storytelling como herramienta de comunicación interna: una propuesta de modelo de gestión», *Cuadernos de Gestión* Vol. 20, N.º 1, 2020, pp. 137-154, p. 139-142 y autores allí citados.
85. KELLY ROBLEDO-DIOSES/ TOMÁS ATARAMA-ROJAS/ ALBERTO LÓPEZ-HERMIDA RUSSO, «El storytelling como herramienta», *cit.*, p. 139, y autores allí citados.

V. BIBLIOGRAFÍA

ALFONSO SÁNCHEZ, R./SÁNCHEZ GARCÍA, M.ª L., «Capital social, aportaciones y régimen económico», AA.VV., *Cooperativas de enseñanza. Régimen jurídico y económico: aspectos estratégicos* (Dir. ALFONSO SÁNCHEZ), Thomson Reuters-Aranzadi, Elcano, 2018, pp. 331-371.

ALIANZA COOPERATIVA INTERNACIONAL, *Notas de orientación para los principios cooperativos*, 2015, pp. 68-69 (https://www.ica.coop/sites/default/files/publication-files/guidance-notes-es-2107251738.pdf).

BENEYTO BERENGUER, R., «El ideario de los centros docentes», *Lección magistral, apertura del curso 2005-06*, Universidad Cardenal Herrera - CEU, Valencia, 2005, pp. 1-36 (https://repositorioinstitucional.ceu.es/bitstream/10637/2904/3/Ideario_Beneyto_2005.pdf).

BENEYTO BERENGUER, R., ¿Puede ser inconstitucional la LOMLOE?, *Revista CEFLegal*, 255 (abril 2022), pp. 81-110.

BORJABAD GONZALO, P., «El estatuto de centros escolares (LOECE) y las cooperativas de enseñanza», *Revesco. Estudios Cooperativos*, núm. 51, 1983, pp. 199-218.

CAMARERO, A., «Escuela cooperativa concertada», en *Concierto cooperativo, GSD/Cuadernos*, n.º 61, marzo 2019, pp. 3-11.

CAÑIBANO, L., «Contabilidad e intangibles: una visión actual», *Contaduría Universidad de Antioquia*, 81, 2022, pp. 39-60.

COMISIÓN EUROPEA. Comunicación de la Comisión al Parlamento Europeo, al Consejo, al Comité Económico y Social Europeo y al Comité de las Regiones, Bruselas, 5.5.2021, COM/2021/350 final.

COMISIÓN EUROPEA. Comunicación de la Comisión al Parlamento Europeo, al Consejo, al Comité Económico y Social Europeo y al Comité de las Regiones, Bruselas, 9.12.2021, COM/2021/778 final.

CONSEJO ESCOLAR DEL ESTADO, *Informe 2022 sobre el estado del sistema educativo. Curso 2020-2021.*

DELGADO MORAL, C., «Autonomía docente versus libertad de cátedra en la enseñanza no universitaria», *Avances en supervisión educativa, Revista de la Asociación de Inspectores de Educación de España*, n.º 36, 2021, pp. 85-110.

EMBID IRUJO, A., *Las libertades en la enseñanza*, Tecnos, Madrid, 1983.

ESCOLANO NAVARRO, J. J., «Constitución: escritura y estatutos», AA.VV., La Sociedad Cooperativa en la ley 27/1999, de 16 de julio, de Cooperativas (Coord. ALONSO ESPINOSA), Comares, Granada, 2001.

ESCRIBANO GUTIÉRREZ, J., «Reglamentos de régimen interno de las Cooperativas de trabajo asociado y determinación de las condiciones de trabajo», *REVESCO. Revista de Estudios Cooperativos*, 1(143), 2023, pp. 31-40.

FERNÁNDEZ GUADAÑO, J., «La realidad actual de las sociedades cooperativas en la educación», *REVESCO. Revista de Estudios Cooperativos*, n.º 71, 2000, pp. 55-76.

FERNÁNDEZ GUADAÑO, J., «Evolución de las sociedades cooperativas en España», AA.VV., *40 años de historia de las Empresas de Participación*, Madrid, Verbum, Madrid, 2013, pp. 443-461.

FERRANDO VILLALBA, M.ª L., «Aportaciones al capital social (I). Transmisión de aportaciones sociales», AA.VV., *Cooperativas de enseñanza. Régimen jurídico y económico: aspectos estratégicos* (Dir. ALFONSO SÁNCHEZ), Thomson Reuters-Aranzadi, Elcano, 2018, pp. 383-400.

FUENTES VIÑAS, A. M./LORENZO DELGADO, M./CORCHÓN ÁLVAREZ, E., «Cooperativas de enseñanza como tercera vía dentro de nuestro sistema educativo», *Ediciones Universidad de Salamanca, Enseñanza*, 20, 2002, pp. 51-84.

GIRÓN TENA, J., *Derecho de Sociedades*, Tomo I, Benzal, Madrid, 1976.

KELLY ROBLEDO-DIOSES/ TOMÁS ATARAMA-ROJAS/ ALBERTO LÓPEZ-HERMIDA RUSSO, «El storytelling como herramienta de comunicación interna: una propuesta de modelo de gestión», *Cuadernos de Gestión* Vol. 20, N.º 1, 2020, pp. 137-154.

LÓPEZ MARTÍNEZ, M., «Capítulo XVI. Cooperativas de enseñanza», AA.VV., *Tratado de Derecho de Cooperativas* (Dir. PEINADO), T. II, Tirant lo Blanch, Valencia, 2019, pp. 1504-1511.

LUJÁN ALCARÁZ, J., «Prólogo», AA.VV., Cooperativas de enseñanza. Régimen jurídico y económico: aspectos estratégicos (Dir. ALFONSO SÁNCHEZ), Thomson Reuters-Aranzadi, Cizur Menor, 2018, pp. 45-51.

MINISTERIO DE EDUCACIÓN Y FORMACIÓN PROFESIONAL, *Datos y cifras. Curso escolar 2022/2023*, Madrid, 2022.

MINISTERIO DE EDUCACIÓN Y FORMACIÓN PROFESIONAL, *Sistema estatal de indicadores de la educación 2023*, Madrid, 2023.

MIRANDA RIBERA, E., «La validez y oponibilidad de los pactos parasociales en las cooperativas», *CIRIEC-España, Revista Jurídica de Economía Social y Cooperativa*, núm. 38, 2021, pp. 261-289.

MORENO MARTÍNEZ, P. L., *La organización en las cooperativas de enseñanza (Fundamentos teóricos y jurídicos)*, Tesina, Facultad de Filosofía y Ciencias de la Educación, Murcia, 1983.

MUÑOYERRO GONZÁLEZ, P., «La educación concertada en España: origen y recorrido histórico», *Ediciones Universidad de Salamanca, Hist. Educ.*, 41, 2022, pp. 405-425.

NIETO SÁNCHEZ, J., «Posición jurídica de los socios (ii): baja y expulsión. Transmisión de aportaciones», AA.VV., *Derecho de sociedades cooperativas de la Región de Murcia* (Dir. ALONSO), Aranzadi-Thomson Reuters, Cizur Menor, 2010, pp. 197-239, pp. 193-194.

OCHOA HERNÁNDEZ, M. L./PRIETO MORENO, M. B./SANTIDRIÁN ARROYO, A., «Estado actual de los modelos de capital intelectual y su impacto en la creación de valor en empresas de Castilla y León», *Revista de Investigación Económica y Social de Castilla y León*, n.º monográfico, 2010.

ORELLANA ZAMBRANO, W., «Unidad didáctica 9. Cooperativas de enseñanza», *CIRIEC*, pp. 127-143 (https://ciriec.es/wp-content/uploads/2021/11/09-coop-ensenanza.pdf).

PAZ ARES, C., «El enforcement de los pactos parasociales», *AJUM Actualidad Jurídica Uría Menéndez*, núm. 5, 2003, pp. 19-44.

SALGUERO SALGUERO, M. «Libertad de enseñanza, neutralidad y libertad de cátedra como formas de pluralismo institucionalizado», *Derechos y libertades: Revista de Filosofía del Derecho y derechos humanos*, n.º 5, 1995 (Ejemplar dedicado a Pluralismo, Tolerancia y Derechos), pp. 543-552.

SENENT VIDAL, M.ª J., «El reglamento de régimen interno de la cooperativa: instrucciones de uso», *CIRIEC-España. Revista de Economía Pública, Social y Cooperativa*, n. 16, 2005, pp. 1-11 versión digital.

SERRANI, L., «La certificación del reglamento de la cooperativa», *Revista General de Derecho del Trabajo y de la Seguridad Social*, N.º 37, 2014, pp. 430 y ss.

SIERRA FERNÁNDEZ, M./ROJO RAMÍREZ, A., «Los activos intangibles (capital intelectual) en contabilidad financiera», *Instituto de Contabilidad y Auditoría de Cuentas*, separata, 2001, pp. 1-41.

VARGAS VASSEROT, C., «Particularidades y detalles de la escritura de constitución, de los estatutos sociales y del reglamento de régimen interno de las sociedades cooperativas», *Revista de Derecho Societario*, N.º 37, 2011.

VERDERA BUSUTIL, C., «El *know how:* de idea a patrimonio ¿Hasta dónde llega su patrimonialización? Comentario a la RDGRN de 4 de diciembre de 2019», *Revista Bolivariana de Derecho*, N.º 30, julio 2020, pp. 802-815.

VICENT CHULIÁ, F., «Comentario Art. 78 LGC», *Ley General de Cooperativas, Comentarios al Código de Comercio y legislación mercantil especial* (Dir. SÁNCHEZ CALERO/ALBALADEJO), T. XX, Vol. 3.º, Bosch, Madrid, 1994.

Capítulo 9

Relevo generacional y cooperativas agroalimentarias

NARCISO ARCAS LARIO
Catedrático de Economía, Sociología y Política Agraria
Universidad Politécnica de Cartagena

JORGE LUÍS SÁNCHEZ NAVARRO
Investigador de la Cátedra Cajamar de Cooperativismo Agroalimentario
Universidad Politécnica de Cartagena

MIGUEL HERNÁNDEZ ESPALLARDO
Catedrático de Comercialización e Investigación de Mercados
Universidad de Murcia

I. INTRODUCCIÓN

En la literatura aparecen diferentes definiciones de relevo generacional, aunque no siempre coincidentes. PERRACHON [1] lo define como «el proceso de traspasar en vida o no, la herencia (capital y bienes) y la sucesión (el

1. PERRACHON ARIZTIA, J., «Relevo generacional: ¿Cuándo deseo que ocurra? Consecuencias y posibles soluciones», *Revista del Plan Agropecuario Uruguay*, núm. 144, 2012, pp. 30-33.

poder y la gerencia) a la nueva generación», y AVELLÁN Y HERNÁNDEZ[2] como el traspaso de la dirección de una empresa de una generación a otra para que se mantenga operativa. Por su parte, en el ámbito agrario, la FUNDACIÓN ALTERNATIVAS[3] señala que el relevo generacional se puede llevar a cabo a través de dos perfiles de personas: las herederas de las explotaciones y las nuevas que se incorporan a la actividad agraria desde fuera del sector.

Desde una perspectiva más amplia, el Consejo Europeo de Jóvenes Agricultores sobre relevo generacional, celebrado en Bruselas en 2017, señalaba que «el relevo generacional es un tema que va mucho más allá de la reducción de la media de edad de los agricultores en la Unión Europea. También se trata de capacitar a una nueva generación de jóvenes agricultores altamente cualificados para brindar a Europa todas las ventajas de la tecnología en apoyo de unas prácticas agrícolas sostenibles»[4].

En el sector agrario de la Unión Europa, y en particular en España, el relevo generacional es uno de los principales retos a los que se enfrentan sus empresas para garantizar su futuro y continuidad, haciendo frente a los importantes desafíos del sector relacionados, entre otros aspectos, con el desarrollo sostenible y la transformación digital[5]. En el caso de las cooperativas agroalimentarias, el relevo generacional de sus socios cobra, si cabe, aún mayor relevancia por tratarse de organizaciones participativas en cuya administración y dirección tienen un gran protagonismo todos sus miembros. De aquí el consenso existente en los ámbitos académico, de la administración y el empresarial, acerca de la importancia y necesidad de que las empresas agroalimentarias y, en particular, las cooperativas aborden el asunto del relevo generacional.

2. AVELLÁN HERRERA, V./HERNÁNDEZ JUNCO, V., «Caracterización del proceso de relevo generacional en empresas familiares de países sudamericanos». *Entreciencias: Diálogos en la Sociedad del Conocimiento*, vol. 9, núm. 23, 2021, pp. 1-24.

3. FUNDACIÓN ALTERNATIVAS, *Libro blanco de la alimentación sostenible en España*, Fundación Alternativas, Madrid, 2022. En https://fundacionalternativas.org/wp-content/uploads/2022/07/61ab882cbe810bbdcfa4717e66a07244.pdf

4. MINISTERIO DE AGRICULTURA, PESCA Y ALIMENTACIÓN, *Necesidades Formativas de la Juventud Rural*, Ministerio de Agricultura, Pesca y Alimentación, Madrid, 2020. En https://www.mapa.gob.es/es/desarrollo-rural/temas/jovenes-rurales/estudiodenecesidadesformativasdelajuventudrural_tcm30-544481.pdf

5. GARRIDO FERNÁNDEZ, F. E./POLLNOW, G. E., «Relevo generacional e instalación de jóvenes en la agricultura», *Agricultura y ganadería familiar en España. Anuario 2021*, Fundación de Estudios Rurales, Madrid, 2021, pp. 47-53. En https://www.upa.es/upa/_depot/_adjuntos/14345405104034216269469 63.pdf. LARUMBE, P./SANZBERRO, D./ZORZANO, I./BURGUI, B./LACOSTA, Z., «El relevo generacional en el sector agrario: un reto para la competitividad y la sostenibilidad», *Navarra Agraria*, núm. 235, 2019, pp. 9-28.

En el ámbito académico son muchos los trabajos que tratan esta problemática en el sector agrario, en general[6] y, en menor medida, en el ámbito del cooperativismo agroalimentario[7]. Los primeros coinciden en que el relevo generacional es un importante reto para el desarrollo de los territorios rurales, por lo que, ante la falta de jóvenes agricultores que releven a una mayoría de avanzada edad, son necesarias medidas de apoyo. Por su parte, SIMÓN Y MELGAREJO[8] coinciden en que el relevo generacional es un reto fundamental para el futuro de las cooperativas agroalimentarias, por lo que recomiendan que adopten medidas para atraer y retener a los jóvenes agricultores. De forma similar, ARCAS *ET AL.*[9] mencionan como una debilidad de las cooperativas la escasa presencia de jóvenes entre los socios, debido al problema de relevo generacional en los titulares de las explotaciones agrarias y, por lo tanto, en las cooperativas en las que se integran como socios.

En cuanto a la administración, la Resolución del PARLAMENTO EUROPEO[10], sobre «El relevo generacional en las futuras explotaciones agrícolas de la Unión» señala que el bajo nivel de relevo generacional en la agricultura constituye una preocupación para el sector y para el conjunto de la sociedad en toda la Unión, motivo por el que abordar el asunto resulta fundamental para la futura sostenibilidad social, económica y medioambiental de las zonas rurales. En el plano nacional, el MINISTERIO DE

6. GUERRERO GINEL, J. E./LARA VÉLEZ, P./MAROTO MOLINA, F./ORTIZ MEDINA, L., «El relevo generacional y su importancia para el desarrollo de los territorios», *Mediterráneo Económico*, 35, 2022, pp. 219-235. LARUMBE, P./SANZBERRO, D./ZORZANO, I./BURGUI, B./LACOSTA, Z., «El relevo generacional en el sector agrario», *cit.*, pp. 9-28. LÓPEZ MUÑOZ, M. A., «El relevo generacional y la mujer en el medio rural», *Revista de Administración y Dirección de Empresas*, núm. 6, 2022, pp. 106-140. RAMOS TRUCHERO, G. E./IZQUIERDO RAMÍREZ, B., «La formación en el sector agroalimentario», *Agricultura Familiar en España. Anuario 2018*, Fundación de Estudios Rurales, 2018, pp. 76-80.
7. ARCAS, N./MEROÑO, A. L./HERNÁNDEZ, M./GARCÍA, D./SÁNCHEZ, J. L./LÓPEZ, E. I./ALCÓN, F., *El cooperativismo agroalimentario en la Región de Murcia: Presente y futuro*. Consejo Económico y Social de la Región de Murcia. Murcia, 2022. SIMÓN ELORZ, K./MELGAREJO MOLINA, Z., *Relevo generacional en los socios de las cooperativas agrarias*, XVII Congreso Internacional de Investigadores en Economía Social y Cooperativa. Toledo, 2018.
8. SIMÓN ELORZ, K./MELGAREJO MOLINA, Z., *Relevo generacional, cit.*
9. ARCAS, N./MEROÑO, A. L./HERNÁNDEZ, M./GARCÍA, D./SÁNCHEZ, J. L./LÓPEZ, E. I./ALCÓN, F., *El cooperativismo agroalimentario, cit.*
10. PARLAMENTO EUROPEO, *Relevo generacional en las futuras explotaciones agrícolas de la Unión*, Parlamento Europeo, Bélgica, 2023. En https://www.europarl.europa.eu/doceo/document/TA-9-2023-0372_ES.pdf

AGRICULTURA, PESCA Y ALIMENTACIÓN[11] señala que «el insuficiente relevo generacional en la agricultura se ha convertido en un importante reto social, ambiental y territorial». Similares pronunciamientos son realizados en el Informe sobre el plan estratégico de la PAC 2021 [12] y en el PERTE Agroalimentario[13], del Plan de Recuperación, Transformación y Resiliencia (PRTR). El primero también considera el relevo generacional como un reto fundamental para el futuro del sector agrario, y el segundo señala que «en el ámbito de la producción primaria, es necesario garantizar el relevo generacional de los titulares de explotaciones agrarias durante los próximos años, con el objetivo de asegurar el mantenimiento de la actividad agraria en la próxima década».

En el plano empresarial, las organizaciones profesionales agrarias españolas como la Coordinadora de Organizaciones de Agricultores y Ganaderos (COAG), la Asociación Agraria de Jóvenes Agricultores (ASAJA) y la Unión de Pequeños Agricultores (UPA) coinciden en señalar el grave problema de relevo generacional del sector agrario español, y en la necesidad de implementar políticas para afrontarlo[14]. De forma similar, en el ámbito de las cooperativas, el Plan Estratégico del Cooperativismo Agroalimentario Español 2021-2024, realizado por Cooperativas Agro-alimentarias, señala como una de las debilidades de las cooperativas agroalimentarias la falta de relevo generacional entre su base social, por lo que para superarla marca como objetivo «aumentar la presencia de jóvenes agricultores en la

11. MINISTERIO DE AGRICULTURA, PESCA Y ALIMENTACIÓN, *Estudio sobre el acceso a la tierra*, Ministerio de Agricultura, Pesca y Alimentación, Madrid, 2021. En https://www.mapa.gob.es/es/desarrollo-rural/temas/jovenes-rurales/grupo_focal_digital__tcm30-555421.pdf
12. MINISTERIO DE AGRICULTURA, PESCA Y ALIMENTACIÓN, *Informe sobre el plan estratégico de la PAC 2021*, Ministerio de Agricultura, Pesca y Alimentación, Madrid, 2023. En https://www.mapa.gob.es/es/pac/pac-2023-2027/plan-estrategico-v21_tcm30-659518.pdf
13. GOBIERNO DE ESPAÑA, *Memoria descriptiva del PERTE Agroalimentario*, Gobierno de España, Madrid, 2022. En https://planderecuperacion.gob.es/sites/default/files/2022-02/PERTE_Agroalimentario_memoria_08022022.pdf
14. ASAJA, *Reforma de la PAC 2014 —2020. Propuestas legislativas. Valoración de ASAJA*, ASAJA, Madrid, 2012. En https://www.asaja.com/files/internacional/23052012093358_VALORACION%20DE%20ASAJA%20PROPUESTAS%20LEGISLATIVAS%20REFORMA%20PAC%20POST%202013%20%20marzo12.pdf. COAG, *Propuestas agrarias para la Comisión para la reconstrucción social y económica de España*, 2020. En https://www.congreso.es/docu/comisiones/reconstruccion/documentacion_participacion_ciudadana/20200602_C3.pdf. GARRIDO FERNÁNDEZ, F. E./POLLNOW, G. E., «Relevo generacional e instalación», *cit.*, pp. 47-53.

base social y en los órganos de gobierno de las cooperativas», a través de la adopción de una serie de medidas[15].

En el contexto que se acaba de describir, el objetivo de este trabajo es analizar el problema del relevo generacional en el sector agrario y, en particular, en las cooperativas agroalimentarias, prestando especial atención a sus causas, a sus consecuencias y a las acciones para para abordarlo.

Para lograr este objetivo, el trabajo continúa con un apartado dedicado al relevo generacional en el sector agrario. Posteriormente, se analiza el relevo generacional en las cooperativas agroalimentarias, y finaliza con las conclusiones y la bibliografía utilizada.

II. EL RELEVO GENERACIONAL EN EL SECTOR AGRARIO

1. PROBLEMÁTICA

Según la Resolución del Parlamento Europeo de 2023, sobre el relevo generacional en las futuras explotaciones agrícolas de la Unión Europea, en 2020, el 57,6% de los jefes de explotaciones agrarias tenía más de 54 años y solo el 12% tenía menos de 40 años, correspondiendo casi la mitad a titulares de entre 35-39 años[16].

El problema de la excesiva edad de los titulares de las explotaciones agrarias es compartido por España. Según el Censo Agrario de 2020, el 66,8% tiene más de 54 años, siendo mayoría los que tienen más de 64 años (41,3%). En cambio, el 3,9% tiene menos de 35 años, y solo el 0,5% tiene menos de 25 años (Tabla 1). El problema se ha ido agravando con el paso del tiempo, de forma que en 2020 los titulares de más de 64 años (41,3%) superando en 10 puntos porcentuales al que había en 1999 (31,2%). Por su parte, los menores de 45 años, en cambio, han disminuido su participación en 10 puntos porcentuales, pasando del 23,1% en 1999 al 13,9% en 2020 (Tabla 1).

Además, se prevé que en el período 2020-2030 unos 200.000 agricultores alcancen la edad de jubilación (6 de cada 10), por lo que para garantizar un relevo generacional sostenible es necesaria la incorporación de 20.000 nuevos agricultores cada año. Sin embargo, actualmente la media anual de incorporaciones se sitúa muy por debajo de las necesidades del sector, situándose en torno a las 8.500 anuales[17].

15. COOPERATIVAS AGRO-ALIMENTARIAS, *Plan Estratégico del Cooperativismo Español 2021-2024*, Cooperativas Agro-alimentarias, Madrid, 2022.
16. PARLAMENTO EUROPEO, *Relevo generacional, cit.*
17. CONSEJO ECONÓMICO Y SOCIAL, *Un medio rural vivo y sostenible. Consejo Económico y Social*, 2021. En https://www.ces.es/documents/10180/5250220/Inf0221.pdf

Tabla 1. Edad de los jefes de explotación agraria (%)

Censo Agrario	Menos de 25 años	De 25 a 34 años	De 35 a 44 años	De 45 a 54 años	De 55 a 64 años	De 65 y más años
2020	0,49	3,46	9,98	19,22	25,53	41,32
2009	0,35	4,45	13,57	22,31	26,28	33,04
1999	1,04	6,97	15,09	21,00	24,78	31,12

Fuente: INSTITUTO NACIONAL DE ESTADÍSTICA[18].

Por otra parte, como hecho positivo, en la medida que puede atenuar el impacto negativo de la elevada edad de los titulares de las explotaciones, cabe mencionar que los titulares jóvenes son los que cuentan con explotaciones de mayor tamaño en cuanto a superficie de cultivo. Así lo acredita el hecho de que en las explotaciones con más de 10 hectáreas el porcentaje de jefes de explotación que tienen menos de 65 años es superior a la media del total de explotaciones, con independencia del intervalo de edad considerado (Tabla 2).

Tabla 2. Edad de los jefes de explotación agraria según tamaño (%)

Censo Agrario 2020	Menos de 25 años	De 25 a 34 años	De 35 a 44 años	De 45 a 54 años	De 55 a 64 años	De 65 y más años
Total explotaciones	1,04	6,97	15,09	21,00	24,78	31,12
Menor de 1 ha.	0,87	6,00	13,63	19,59	23,98	35,93
De 1 a 1,99 ha.	0,96	6,36	13,73	19,73	24,12	35,10
De 2 a 4,99 ha.	0,88	5,97	13,84	20,20	25,02	34,09
De 5 a 9,99 ha.	0,92	6,39	14,93	21,49	25,54	30,73
De 10 a 19,99 ha.	1,15	7,63	16,80	23,36	25,77	25,28
De 20 a 29,99 ha.	1,31	8,92	18,16	23,82	25,71	22,08
De 30 a 49,99 ha.	1,35	9,71	18,99	24,19	26,00	19,76
De 50 a 99,99 ha.	1,49	10,94	20,52	24,70	26,53	15,81
De 100 ha. o más	1,32	11,27	21,23	25,07	25,30	15,81

Fuente: INSTITUTO NACIONAL DE ESTADÍSTICA[19].

18. INSTITUTO NACIONAL DE ESTADÍSTICA, *Censos agrarios de 1999, 2000 y 2020*, Madrid. En https://www.ine.es/dyngs/INEbase/es/operacion.htm?c=Estadistica_C&cid=1254736176851&menu=resultados&idp=1254735727106
19. INSTITUTO NACIONAL DE ESTADÍSTICA *Censos agrarios de 1999, 2000 y 2020, cit.*

2. CAUSAS

Las causas del problema del relevo generacional en el sector agrario, y la consiguiente elevada edad de los titulares de las explotaciones agrarias, son diversas y complejas. La revisión de los estudios realizados hasta el momento nos muestra las siguientes causas atendiendo a su naturaleza socioeconómica, cultural y política[20]:

Socioeconómicas

- La falta de rentabilidad de muchas explotaciones agrarias, debido a la caída de los precios de los productos agrarios y al aumento de los costes de los factores de producción (mano de obra, energía, combustibles, fitosanitarios…), dificulta la incorporación de jóvenes al sector al no lograr suficientes ingresos para mantener sus explotaciones.
- La falta de oportunidades de formación y empleo en el medio rural, que hace que los jóvenes se vean obligados a emigrar a las ciudades en busca de mejores oportunidades.
- La dificultad para acceder a la tierra, debido a la concentración de la propiedad en manos de grandes propietarios que no están dispuestos a venderla o, si lo están, es a precios elevados fuera del alcance de los jóvenes agricultores.
- La elevada inversión para acceder a los medios de producción para la primera instalación.
- La dificultad de los jóvenes para acceder a la financiación de las tierra e inversiones necesarias, porque la inversión se percibe como arriesgada y por carecer de historial bancario y de activos que aportar como garantía.

20. ALGUACIL MARÍ, M. P./NAVARRO LÉRIDA, S./PASTOR DEL PINO, C./SACRISTÁN BERGIA, F., *Modelos innovadores para impulsar a las cooperativas agroalimentarias, evitar el abandono de explotaciones y fomentar el relevo generacional*, Cooperativas Agroalimentarias, Madrid, 2020. En https://www.uv.es/catedracae/publicaciones/2020-modelos-innovadores.pdf.; COAG, *Propuestas agrarias, cit.;* COOPERATIVAS AGRO-ALIMENTARIAS, *Plan Estratégico del Cooperativismo Español 2021-2024, cit.;* GARRIDO FERNÁNDEZ, F. E./POLLNOW, G. E., «Relevo generacional», *cit.*, pp. 47-53; GUERRERO GINEL, J. E./LARA VÉLEZ, P./MAROTO MOLINA, F./ORTIZ MEDINA, L., «El relevo generacional y su importancia», *cit.*, pp. 219-235; PARLAMENTO EUROPEO, *Relevo generacional, cit.;* RAMOS TRUCHERO, G. E./IZQUIERDO RAMÍREZ, B., «La formación en el sector agroalimentario», *cit.*, pp. 76-80; SIMÓN ELORZ, K./MELGAREJO MOLINA, Z., *Relevo generacional, cit.*

Culturales

- La imagen negativa que se tiene de la agricultura, al asociarse a la dureza del trabajo físico y a la falta de oportunidades de desarrollo profesional. Esta imagen negativa dificulta la atracción de jóvenes hacia el sector.
- La despoblación rural, que hace que las zonas rurales sean cada vez menos atractivas para los jóvenes.
- La falta de apoyo familiar. En muchos casos, los padres no apoyan la decisión de sus hijos de dedicarse a la agricultura, debido a la creencia de que el sector es poco rentable o a la falta de oportunidades de desarrollo profesional.
- Las pensiones bajas de los agricultores los lleva, a menudo, a utilizar las ayudas directas a las explotaciones como forma de apoyo durante la jubilación y a retrasar la transferencia de las tierras.

Políticas

- La falta de viviendas, infraestructuras (viarias, energéticas, telecomunicaciones...) y servicios básicos en el medio rural, tales como la educación, la sanidad o el transporte disuaden a los jóvenes de establecerse en el medio rural.
- La incertidumbre del sector, teniendo que hacer frente a desafíos como el cambio climático, la competencia internacional y los cambios de los hábitos de consumo.
- La falta de apoyo institucional, en la medida en que las políticas públicas no ofrecen el apoyo suficiente a los jóvenes agricultores.
- Exceso de burocracia y exigencias poco justificadas para acceder a las ayudas de incorporación de jóvenes.

3. CONSECUENCIAS

Las consecuencias de la edad avanzada de muchos de los titulares de las explotaciones tienen que ver, sobre todo, con sus actitudes ante factores claves para la competitividad de las empresas, tales como la formación y la innovación. En este sentido, ARCAS Y MUNUERA[21] señalan que la actitud

21. ARCAS, N./MUNERA, J. L., «El cooperativismo como estrategia para mejorar la competitividad de la empresa agroalimentaria», *Distribución y Consumo*, núm. 42, 1998, pp. 47-63.

de las personas mayores no siempre es favorable al progreso, de forma que suelen tener una mayor desconfianza respecto al asesoramiento agrícola, una reserva prudente hacia las innovaciones y una tendencia a la subordinación de los jóvenes, los cuales son, en muchas ocasiones, meros asalariados de los mayores y ven muy mermadas sus funciones directivas.

GARRIDO Y POLLNOW[22] señalan que la actitud más conservadora y poco propensa al riesgo y a la innovación de las personas mayores hace que se muestren reacias a cambiar las prácticas agrícolas tradicionales por otras más novedosas, productivas, eficientes y sostenibles desde el punto de vista medioambiental. Esto hace que tengan grandes dificultades para hacer frente a los nuevos desafíos relacionados con la transformación digital, el cambio climático o la transición ecológica.

Por otra parte, la formación de los agricultores mayores es, en general, más baja que la de los jóvenes, debido, en parte, a que no han tenido la oportunidad de acceder a ella y a la menor motivación para adquirir nuevas habilidades y conocimientos, especialmente los relacionados con la gestión de empresas, lo que puede dificultar su adecuada gestión. En esta línea, RAMOS E IZQUIERDO[23] señalan que la edad condiciona la motivación por formarse y que los jóvenes agricultores, en comparación a los mayores, son más dinámicos y tienen más presente en su gestión el objetivo de mejorar y modernizar sus explotaciones. Así lo acreditan los datos ofrecidos por el PARLAMENTO EUROPEO[24], señalando que los agricultores jóvenes tienen niveles educativos más altos en formación agrícola, ya que el 21,4 % la habían recibido, frente a solo el 3,6 % de los mayores de 65 años, y también habían asistido a cursos de formación profesional actualizados sobre métodos de explotación agrícola innovadores.

Los mencionados déficits de formación y conocimientos de los agricultores de más edad, especialmente los relacionados con la gestión de empresas, unido a su mayor aversión al riesgo, a la adaptación a los cambios y a la adopción de nuevas tecnologías influye de forma negativa en los costes, en la productividad, en la adaptación a las demandas del mercado y, en definitiva, en la rentabilidad y en la competitividad de las explotaciones agrarias.

22. GARRIDO FERNÁNDEZ, F. E./POLLNOW, G. E., «Relevo generacional e instalación», *cit.*, pp. 47-53.
23. RAMOS TRUCHERO, G. E./IZQUIERDO RAMÍREZ, B., «La formación en el sector agroalimentario», *cit.*, pp. 76-80.
24. PARLAMENTO EUROPEO, *Relevo generacional, cit.*

Por otra parte, como señala el PARLAMENTO EUROPEO[25], una de las consecuencias de la edad avanzada de los titulares de explotaciones y del consiguiente problema de relevo generacional ha sido el abandono y descenso del número de explotaciones (un 37% entre 2005-2020). Ello ha provocado un aumento de su tamaño y una mayor concentración, que dificulta el acceso de los jóvenes a la tierra.

Asimismo, el abandono de las explotaciones, consecuencia de la falta de relevo generacional, favorece la despoblación del medio rural[26]. Esto, a su vez, puede desincentivar la realización de inversiones en infraestructuras (de transporte, comunicación, eléctricas…) y servicios (educativos, sanitarios, de ocio…) por parte de las administraciones públicas.

Por último, cabe señalar la influencia negativa que tiene la falta de relevo generacional de los titulares de las explotaciones agrarias sobre las cooperativas agroalimentarias. De un lado, pueden comprometer su competitividad, viabilidad y continuidad al ver reducido el número de socios y, con ello, el volumen comercializado[27]. Y, por otra parte, porque puede incrementar el número de socios de edad avanzada, trasladando también a ellas el problema del relevo generacional de sus socios[28].

Algunas de las consecuencias de la edad elevada de los agricultores y de la falta de relevo generacional en el medio rural, tales como la baja rentabilidad de las explotaciones o la despoblación del medio rural, entre otras, coinciden con las causas expuestas anteriormente. De esta forma, se genera un círculo en el que las causas de la falta de relevo son potenciadas por sus propias consecuencias, lo que exige la adopción de las medidas necesarias para romperlo.

4. SOLUCIONES

Para abordar el problema del relevo generacional en el sector agrario es necesario abordar las causas que lo originan. Entre las medidas que se pueden adoptar se encuentran las siguientes[29].

25. PARLAMENTO EUROPEO, *Relevo generacional, cit.*
26. RAMOS TRUCHERO, G. E./IZQUIERDO RAMÍREZ, B., «La formación en el sector agroalimentario», *cit.*, pp. 76-80.
27. SIMÓN ELORZ, K./MELGAREJO MOLINA, Z., *Relevo generacional, cit.*
28. COOPERATIVAS AGRO-ALIMENTARIAS, *Plan Estratégico del Cooperativismo Español, cit.*
29. COMITÉ ECONÓMICO Y SOCIAL EUROPEO, *Evaluación del impacto de la PAC en el relevo generacional*, Comité Económico y Social Europeo, Bélgica, 2019. En https://

Socioeconómicas

– Mejorar la rentabilidad del sector. Para ello, se pueden adoptar, entre otras muchas, medidas como la reducción de los costes de producción, la mejora de la comercialización de los productos agrarios y el apoyo a la adquisición de maquinaria y nuevas tecnologías.

– Ofrecer oportunidades de formación y empleo en el medio rural. Para ello, se pueden impulsar programas de formación y empleo, así como promover el desarrollo de nuevos sectores económicos en las zonas rurales (turismo rural, artesanía...).

– Facilitar el acceso a la tierra mediante el apoyo a su compra, el arrendamiento por parte de los jóvenes agricultores y la creación de bancos de tierras.

Culturales

– Mejorar la imagen y visibilidad de la agricultura, para que sea percibida como una profesión con prestigio social y favorezca la autoestima profesional de los jóvenes agricultores. Para ello, se pueden llevar a cabo campañas de sensibilización para destacar la importancia de la agricultura y las oportunidades que ofrece el sector.

– Respaldo familiar al relevo generacional a través de la transmisión de conocimientos y experiencia, y el apoyo financiero y moral.

Políticas

– Proporcionar a los jóvenes agricultores formación en contenidos técnicos, empresariales y digitales, así como en métodos de producción sostenibles y prácticas innovadoras, para que puedan res-

---

www.asajacyl.com/leon/wp-content/uploads/sites/6/2019/11/Evaluaci%C3%B3n-del-impacto-de-la-PAC-en-el-relevo-generacional.pdf; COAG, *Propuestas agrarias para la Comisión, cit.;* GUERRERO GINEL, J. E./LARA VÉLEZ, P./MAROTO MOLINA, F./ORTIZ MEDINA, L., «El relevo generacional y su importancia», *cit.*, pp. 219-235; MINISTERIO DE AGRICULTURA Y PESCA, ALIMENTACIÓN Y MEDIO AMBIENTE, *Medidas en favor de los jóvenes y las mujeres en el ámbito de la estrategia de modernización y diversificación rural*, Ministerio de Agricultura y Pesca, Alimentación y Medio Ambiente, Madrid, 2017. En https://www.mapa.gob.es/es/desarrollo-rural/planes-y-estrategias/170707_situaciontrabajosjovenes_estrategiamodernizacionruraldgdrpf_tcm30-420640.pdf. MINISTERIO DE AGRICULTURA, PESCA Y ALIMENTACIÓN, *Necesidades Formativas de la Juventud Rural, cit.;* PARLAMENTO EUROPEO, *Relevo generacional, cit.;* RAMOS TRUCHERO, G. E./IZQUIERDO RAMÍREZ, B., «La formación en el sector agroalimentario», *cit.* 76-80.

ponder de forma adecuada a los retos y oportunidades actuales y futuros.

- Mejorar las infraestructuras (de comunicación, digitales…) y servicios en el medio rural, invirtiendo en servicios de educación, sanidad y transporte en las zonas rurales.

- Fortalecer el apoyo institucional, aumentando las ayudas públicas a los jóvenes agricultores y mejorando las políticas públicas de desarrollo rural.

- Priorizar las medidas de apoyo a la instalación de agricultores jóvenes en los Programas de Desarrollo Rural.

- Establecer beneficios fiscales y de cotización a la Seguridad Social para los jóvenes que se incorporen a la actividad agraria.

- Mejorar los aspectos relacionados con las medidas de apoyo a la incorporación de jóvenes agricultores, tales como la agilización, reducción y simplificación de la burocracia.

- Facilitar la sucesión en la titularidad de las explotaciones agrarias, dando prioridad a aquel miembro de la familia que quiera instalarse como agricultor.

- Apoyar el relevo en las explotaciones incentivando el cese anticipado de los titulares de mayor edad a favor de una persona joven.

- Realizar un acompañamiento integral e individualizado a los jóvenes titulares de explotaciones que se quieran incorporar, tanto a nivel técnico (asesoramiento, formación…) como de gestión (planes empresariales, tramitación de ayudas…) como a nivel procedimental.

- Favorecer la digitalización del medio rural y ayudar a los jóvenes a adquirir competencias digitales, puesto que las tecnologías digitales agilizan, facilitan y mejoran la eficiencia de muchas de las actividades y procesos que se llevan a cabo en las explotaciones.

- Fomentar y facilitar la incorporación de los jóvenes agricultores a las cooperativas agroalimentarias. Como señala GARRIDO[30], «las cooperativas tienen una posición privilegiada para revertir la tendencia actual y convertirse en el instrumento más eficaz para faci-

30. GARRIDO CHAMORRO, C., «Cooperativismo, una fórmula para incorporar a los jóvenes al medio rural», *Desarrollo Rural y Sostenible*, núm. 49, 2021, pp. 22-23.

litar la incorporación y la fijación de los jóvenes en el medio rural y la recuperación de tierras abandonadas».

Son muchas la referencias que aparecen en la literatura mencionando la contribución que las cooperativas agroalimentarias realizan a la solución del problema del relevo generacional de las explotaciones agrarias. Así, el PARLAMENTO EUROPEO[31] en su informe sobre «El relevo generacional en las explotaciones agrarias de la UE del futuro» subraya el papel fundamental de las cooperativas agroalimentarias en la incorporación de jóvenes al sector, ayudándoles a superar los obstáculos que se encuentran. Así, destaca que las cooperativas facilitan la actividad agraria suministrándoles asesoramiento y servicios, reduciendo sus costes, concentrando la oferta, favoreciendo la comercialización en común, y, fomentando su participación e interlocución con las administraciones e instituciones. El Informe insiste, además, en la necesidad de asegurar una representación adecuada de jóvenes en los órganos de decisión de las cooperativas. Por ello, pide a los Estados miembro que promuevan la incorporación de los jóvenes agricultores a las cooperativas, empresas que les permiten aunar esfuerzos, obtener sinergias, y acceder a inversiones que, de otra forma, los jóvenes no podrían acometer, aumentando el valor añadido a sus producciones.

En el mismo sentido, el Plan Estratégico del Cooperativismo Agroalimentario Español 2021-2024 señala a las cooperativas agroalimentarias como «facilitadoras de la calidad de vida de los agricultores y ganaderos, haciendo la actividad atractiva a los jóvenes, prestando múltiples servicios (asesoramiento, servicios de sustitución, gestión de las explotaciones, secciones de cultivo o explotación en común), con capacidad para prestar servicios y responder a necesidades de su base social y del entorno social más allá de las actividades puramente agrarias, tales como secciones de crédito, servicios asistenciales, guardería, turismo (...)»[32].

Por su parte, ARCAS Y MUNUERA[33] consideran que las cooperativas agrarias hacen más atractiva la actividad agraria para los jóvenes. Esto es así pues los servicios (información, formación, asesoramiento técnico, comercialización, transformación...) que presta al socio se traducen en una disminución de la incertidumbre de la actividad agraria y en un aumento de su rentabilidad, a la vez que permiten superar el aislamiento del trabajo

31. PARLAMENTO EUROPEO, *Relevo generacional, cit.*
32. COOPERATIVAS AGRO-ALIMENTARIAS, *Plan Estratégico del Cooperativismo Español 2021-2024, cit.*
33. ARCAS, N./MUNERA, J. L., «El cooperativismo como estrategia para mejorar la competitividad de la empresa agroalimentaria», *Distribución y Consumo*, núm. 42, 1998, pp. 47-63.

en la actividad agraria, situación nada atractiva para las nuevas generaciones de jóvenes agricultores.

III. EL RELEVO GENERACIONAL EN LAS COOPERATIVAS AGROALIMENTARIAS

1. PROBLEMÁTICA

Los Informes sobre el cooperativismo agroalimentario español realizados por el Observatorio Socioeconómico del Cooperativismo Agroalimentario Español (OSCAE), de Cooperativas Agro-alimentarias, facilitan información de la presencia de los jóvenes en las cooperativas agroalimentarias, considerados como tales los menores de 41 años, tanto en el colectivo de socios como en los órganos de dirección (miembros del consejo rector, presidencia y gerencia.

En cuanto al colectivo de socios, del análisis de la información de los referidos informes se deduce que (Tabla 3):

- Su participación es reducida y variable en función de la Comunidad Autónoma. Así, mientras que, en 2021, en las cooperativas de las Islas Baleares (18,0%) y de la Comunidad Valenciana (17,0%) la participación es superior a la media nacional (10,2%), en otras, como es el caso de Cantabria, con una participación del 1,8%, y Galicia, Madrid y Navarra, con el 3,0%, es muy inferior.
- La participación, aunque de forma leve, se ha ido incrementando de forma paulatina en el período 2018-2021, pasando del 9,2% al 10,2%.

Tabla 3. % de socios jóvenes sobre el total por CCAA (2018-2021)

Comunidad Autónoma	2018	2019	2020	2021	Diferencia 2021-2018
Andalucía	10,6%	11,1%	11,0%	11,0%	0,4
Aragón	7,8%	7,4%	7,0%	8,0%	0,2
Cantabria	0,0%	0,0%	2,3%	1,8%	1,8
C. y León	10,2%	10,5%	11,0%	10,0%	-0,2
C. La Mancha	3,5%	4,8%	5,0%	5,0%	1,5
Cataluña	14,6%	14,2%	9,0%	10,0%	-4,6

Comunidad Autónoma	2018	2019	2020	2021	Diferencia 2021-2018
C. Valenciana	12,7%	12,7%	16,0%	17,0%	4,3
Extremadura	10,2%	10,2%	11,0%	11,0%	0,8
Galicia	1,8%	3,3%	3,0%	3,0%	1,2
Islas Baleares	13,2%	16,6%	17,0%	18,0%	4,8
La Rioja	-	10,7%	9,0%	10,0%	-
Madrid	3,3%	3,2%	3,0%	3,0%	-0,3
Navarra	2,7%	2,3%	3,0%	3,0%	0,3
País Vasco	9,6%	9,1%	10,0%	9,0%	-0,6
P. de Asturias	0,0%	0,0%	0,0%	7,0%	7,0
R. de Murcia	7,9%	7,9%	4,0%	4,0%	-3,9
Total	**9,2%**	**9,6%**	**9,9%**	**10,2%**	**1,0**

Fuente: COOPERATIVAS AGRO-ALIMENTARIAS[34].

En lo referido a la presencia de jóvenes en el consejo rector, se observa que (Tabla 4):

– Es ligeramente inferior a la participación que tienen como socios. Así, en 2021, mientras que la participación de los socios jóvenes era del 10,2%, la participación de estos en el consejo rector era casi un punto porcentual inferior (8,3%).

– También varía por Comunidad Autónoma. Así, la participación que tienen en las cooperativas del País Vasco (17,0%), las Islas Baleares (15,0%) y la Rioja (17,0%) casi duplica en todas ellas a la media nacional (8,3%). En cambio, en Cantabria (0,0%) y en Andalucía, Principado de Asturias y la Región de Murcia, con el 6,0%, es muy inferior.

– La participación en el período 2018-2021 ha experimentado un incremento inferior (0,4 puntos porcentuales) al de los socios (1 punto porcentual), pasando del 7,9% al 8,3%.

34. COOPERATIVAS AGRO-ALIMENTARIAS, *Informe Socieconómico 2021*, Madrid, 2022.

Tabla 4. % de jóvenes en el consejo rector sobre el total por CCAA (2018-2021)

Comunidad Autónoma	2018	2019	2020	2021	Diferencia 2021-2018
Andalucía	5,6%	6,2%	6,0%	6,0%	0,4
Aragón	12,9%	12,8%	13,0%	11,0%	-1,9
Cantabria	0,0%	0,0%	0,0%	0,0%	0,0
C. y León	5,9%	7,5%	10,0%	11,0%	5,1
C. La Mancha	3,3%	6,5%	7,0%	8,0%	4,7
Cataluña	23,1%	23,1%	14,0%	9,0%	-14,1
C. Valenciana	6,5%	6,4%	6,0%	7,0%	0,5
Extremadura	11,5%	13,0%	12,0%	11,0%	-0,5
Galicia	9,8%	11,3%	12,0%	11,0%	1,2
Islas Baleares	9,6%	11,8%	13,0%	15,0%	5,4
La Rioja	-	12,9%	17,0%	15,0%	-
Madrid	6,9%	7,0%	8,0%	8,0%	1,1
Navarra	6,9%	8,3%	8,0%	8,0%	1,1
País Vasco	11,3%	15,0%	20,0%	17,0%	5,7
P. de Asturias	5,0%	5,0%	5,0%	6,0%	1,0
R. de Murcia	0,4%	0,4%	6,0%	6,0%	5,6
Total	**7,9%**	**9,2%**	**8,7%**	**8,3%**	**0,4**

Fuente: COOPERATIVAS AGRO-ALIMENTARIAS[35].

Respecto al acceso de los jóvenes al cargo de presidente, cabe señalar que (Tabla 5):

- Es muy bajo, casi la mitad del que ostentan en el consejo rector. En 2021, mientras que la participación de los jóvenes en el consejo rector fue del 8,3%, solo el 4,4% accedieron al cargo de presidente.
- También varía por Comunidad Autónoma. Así, en Cantabria, Principado de Asturias y la Región de Murcia ningún presidente tiene

35. COOPERATIVAS AGRO-ALIMENTARIAS, *Informe Socieconómico 2021, cit.*

menos de 40 años. En cambio, en La Rioja (21,0%), Islas Baleares y País Vasco, con el 13,0%, el porcentaje de presidentes jóvenes es muy superior a la media nacional (4,4%).

- La participación en el período 2018-2021 ha experimentado un incremento superior (2,1 puntos porcentuales) al de los socios (1 punto porcentual) y al de los miembros del consejo rector (0,4 puntos porcentuales), pasando del 2,3% al 4,4%.

Tabla 5. % de presidentes jóvenes sobre el total por CCAA (2018-2021)

Comunidad Autónoma	2018	2019	2020	2021	Diferencia 2021-2018
Andalucía	2,0%	3,3%	3,0%	3,0%	1,0%
Aragón	7,4%	4,7%	5,0%	7,0%	-0,4%
Cantabria	0,0%	0,0%	0,0%	0,0%	0,0%
C. y León	0,8%	1,6%	1,0%	1,0%	0,2%
C. La Mancha	2,1%	4,4%	5,0%	5,0%	2,9%
Cataluña	0,0%	0,0%	1,0%	1,0%	1,0%
C. Valenciana	0,4%	0,4%	6,0%	5,0%	4,6%
Extremadura	2,3%	5,6%	3,0%	3,0%	0,7%
Galicia	3,8%	9,4%	11,0%	7,0%	3,2%
Islas Baleares	0,0%	3,4%	7,0%	13,0%	13,0%
La Rioja	-	12,5%	8,0%	21,0%	-
Madrid	4,0%	4,0%	4,0%	4,0%	0,0%
Navarra	4,8%	6,5%	3,0%	5,0%	0,2%
País Vasco	8,8%	7,4%	9,0%	13,0%	4,2%
P. de Asturias	0,0%	0,0%	0,0%	0,0%	0,0%
R. de Murcia	1,4%	1,4%	0,0%	0,0%	-1,4%
Total	**2,3%**	**3,7%**	**3,8%**	**4,4%**	**2,1%**

Fuente: COOPERATIVAS AGRO-ALIMENTARIAS[36].

36. COOPERATIVAS AGRO-ALIMENTARIAS, *Informe Socieconómico 2021, cit.*

Por último, en cuanto a la participación que tienen los jóvenes como directores o gerentes de las cooperativas, se observa (Tabla 6):

- En 2021 fue más baja (6,3%) que la que tenían en el consejo rector (8,3%), pero superior a la que tenían como presidentes (4,4%).
- En Cantabria (100%), Islas Baleares (19,0%) y Madrid (17,0%), los jóvenes tienen una participación muy superior a la media nacional (6,3%). En cambio, en el Principado de Asturias (0,0%), Cataluña (2,0%) y Andalucía, Castilla La Mancha y Navarra, con el 5,0%, el porcentaje de directores o gerentes jóvenes es inferior a la media nacional (6,3%).
- En el período 2019-2021 la presencia de los jóvenes se ha mantenido casi constante en torno al 6,3%.

Tabla 6. % de directores o gerentes jóvenes sobre el total por CCAA (2018-2021)

Comunidad Autónoma	2019	2020	2021	Diferencia 2021-2018
Andalucía	5,6%	6,0%	5,0%	-0,6%
Aragón	4,0%	4,0%	9,0%	5,0%
Cantabria	100,0%	-	100,0%	0,0%
C. y León	10,7%	10,0%	8,0%	-2,7%
C. La Mancha	4,4%	4,0%	5,0%	0,6%
Cataluña	0,6%	0,0%	2,0%	1,4%
C. Valenciana	7,9%	8,0%	6,0%	-1,9%
Extremadura	9,8%	9,0%	9,0%	-0,8%
Galicia	17,0%	19,0%	13,0%	-4,0%
Islas Baleares	13,8%	13,0%	19,0%	5,2%
La Rioja	20,8%	8,0%	4,0%	-16,8%

Comunidad Autónoma	2019	2020	2021	Diferencia 2021-2018
Madrid	8,0%	16,0%	17,0%	9,0%
Navarra	8,1%	5,0%	5,0%	-3,1%
País Vasco	9,3%	11,0%	11,0%	1,7%
P. de Asturias	0,0%	0,0%	0,0%	0,0%
R. de Murcia	1,4%	7,0%	7,0%	5,6%
Total	**6,4%**	**6,3%**	**6,3%**	**-0,1%**

Fuente: COOPERATIVAS AGRO-ALIMENTARIAS[37].

2. CAUSAS

Como era de esperar, y apuntan diversos autores, el problema del relevo generacional en las explotaciones agrarias se traslada a las cooperativas agroalimentarias, puesto que los socios de estas son los titulares de aquellas[38]. Por ello, no cabe duda de que la principal causa de la escasa presencia de los jóvenes entre los socios de las cooperativas es la reducida participación que tienen entre los titulares de las explotaciones agrarias.

La comparación entre la edad de los titulares de las explotaciones agrarias, facilitada por el Censo Agrario de 2020, y la de los socios de las cooperativas, que se acaba de exponer, podría ayudar a conocer en qué medida el problema del relevo generacional es más o menos acusado en las cooperativas que en el promedio del sector. Si el porcentaje de socios de cooperativas menores de 41 años fuera menor que el % de titulares de explotación menores de 41 años, se podría inferir que el envejecimiento es un problema más acuciante en el sector cooperativo. Sin embargo, esta comparación no es posible realizarla debido a que los datos del Censo Agrario permiten conocer los titulares de explotaciones menores de 35 y 45 años, pero no los menores de 41 años, que son los considerados como jóvenes en las cooperativas. Tan solo se pueden inferir que el porcentaje de socios de cooperativas menores de 41 años (10,2%) es muy superior al de jefes de explotación

37. COOPERATIVAS AGRO-ALIMENTARIAS, *Informe Socieconómico 2021, cit.*
38. SIMÓN ELORZ, K./MELGAREJO MOLINA, Z., *Relevo generacional, cit.;* ARCAS, N./ MEROÑO, A. L./HERNÁNDEZ, M./GARCÍA, D./SÁNCHEZ, J. L./LÓPEZ, E. I./ ALCÓN, F., *El cooperativismo agroalimentario en la Región de Murcia, cit.*

menores de 35 años (3,9%) y ligeramente inferior al de jefes de explotación menores de 45 años (13,9%) (Tabla 7).

Tabla 7. % de jóvenes en el consejo rector sobre el total por CCAA (2018-2021)

Jefes de explotación menores de 35 años (%)	Jefes de explotación menores de 45 años (%)	Socios de cooperativas menores de 41 años (%)
3,9%	13,9%	10,2%

Fuente: Elaboración propia.

La edad, para algunos autores, tiene un efecto positivo en la pertenencia a una cooperativa. Es decir, los titulares de explotaciones agrarias de más edad tienen una mayor disposición a incorporarse a cooperativas[39]. Sin embargo, para otros autores, aunque menos numerosos, la edad está relacionada de forma negativa con la participación en una cooperativa[40].

Otra de las causas que dificulta la incorporación de los jóvenes a las cooperativas es que los socios fundadores y los que tienen más antigüedad, por lo general de mayor edad, se oponen a la entrada de nuevos socios, entre ellos de los jóvenes, debido a lo que se conoce como el problema del polizón o de la propiedad común. Este problema se genera porque los socios, aunque para formar parte de la cooperativa tienen que realizar aportaciones al capital, si la cuantía de estas aportaciones no refleja el beneficio generado por las inversiones derivadas de las aportaciones de los antiguos cooperativistas, los nuevos se estarán beneficiando del capital acumulado en la cooperativa (propiedad común) y actuarán como polizones. Es decir, lo que debería pagar el socio nuevo sería la aportación de entrada más el incre-

39. BERNARD, T./SPIELMAN, D. J., «Reaching the rural poor through rural producer organizations? A study of agricultural marketing cooperatives in Ethiopia», *Food Policy*, vol. 34, núm. 1, 2009, pp. 60-69. CHAGWIZA, C./MURADIA, R./RUBEN, R., «Cooperative membership and dairy performance among smallholders in Ethiopia», *Food Policy*, núm. 59, 2016, pp. 165-173. JIN, S./JIA, X./JAMES, H. S., «Risk attitudes within farmer cooperative organizations: Evidence from China's fresh apple industry», *Annals of Public and Cooperative Economics*, 92(2), 2021, pp. 173-205. SHUMETA, Z./D'HASE, M., «Do coffee cooperatives benefit farmers? An exploration of heterogeneous impact of coffee cooperative membership in Southwest Ethiopia», *International food and Agribusiness Management Review*, 19(4), 2016, pp. 37-52.
40. HAO, J./BIJMAN, J./GARDEBROEK, C./HEERINK, N./HEIJMAN, W./HUO, X., «Cooperative membership and farmers» choice of marketing channels – evidence from apple farmers in Shaanxi and Shandong Provinces, China», *Food Policy*, núm.74, 2018, pp. 53-64. ITO, J./BAO, Z./SU, Q., «Distributional effects of agricultural cooperatives in China: Exclusion of smallholders and potential gains on participation», *Food Policy*, vol. 37, núm. 6, 2012, pp. 700-709.

mento de valor derivado de las inversiones ya realizadas anteriormente. De lo contrario, se estará repartiendo por igual el beneficio acumulado entre los socios que lo generaron y los que han entrado *a posteriori*. Una consecuencia de esto es que los socios de las cooperativas, sobre todo los más antiguos, prefieren que no entren nuevos socios para que no se produzca una expropiación de la riqueza que, según ellos, les pertenece[41].

En la literatura también aparece como causa de la falta de relevo generacional en las cooperativas el desconocimiento de ellas entre los jóvenes, y la percepción que tienen como una fórmula empresarial no adaptada a las necesidades de los mercados actuales[42] Ello, podría obedecer, tal y como señala COOPERATIVAS AGROA-ALIMENTARIAS[43], a «la escasa comunicación interna y externa de los valores cooperativos frente a su base social, especialmente los más jóvenes, que olvidan las ventajas de estar en las cooperativas».

3. CONSECUENCIAS

Como señalan SIMÓN Y MELGAREJO[44], la primera consecuencia del problema de la falta de relevo generacional en las cooperativas es la reducción del número de socios por alcanzar la edad de jubilación y, por consiguiente, de la cantidad de producto que aportan para su comercialización y de las compras de factores productivos (fertilizantes, plaguicidas…) que realizan a la cooperativa. Esto puede afectar de forma negativa a la rentabilidad de las cooperativas, tanto por la mayor dificultad para atender las exigencias de sus clientes en cuanto a cantidad y variedad de productos, como por los mayores costes en los que incurren, al reducir el volumen comercializado y, por lo tanto, tener que repercutir los costes fijos en menores unidades de producto comercializado.

Otra consecuencia es que en las cooperativas la mayoría de los socios tienen una edad avanzada, replicándose los mismos problemas que se daban en las explotaciones agrarias, derivados de la escasa formación, aver-

---

41. ARCAS N./ALCÓN, F./CEGARRA, J./HERNÁNDEZ, M./LÓPEZ, E. I./MARCOS, G./ MARTÍN, J. F./MÍNGUEZ, A./TANTIUS, P., *El gobierno de las cooperativas agroalimentarias. Factores de éxito*, Fundación Cajamar, Almería, 2011. En https://publicacionescajamar.es/series-tematicas/economia/el-gobierno-de-las-cooperativas-agroalimentarias-factores-de-exito
42. ALGUACIL MARÍ, M. P./NAVARRO LÉRIDA, S./PASTOR DEL PINO, C./SACRISTÁN BERGIA, F., *Modelos innovadores para impulsar a las cooperativas agroalimentarias, cit.*
43. COOPERATIVAS AGRO-ALIMENTARIAS, *Plan Estratégico del Cooperativismo Español 2021-2024, cit.*
44. SIMÓN ELORZ, K./MELGAREJO MOLINA, Z., *Relevo generacional, cit.*

sión al riesgo y disposición a innovar e invertir de estos socios. Este problema se agrava aún más en el caso de las cooperativas en la medida que tiene una mayor dimensión que las explotaciones agrarias de sus socios, y por tratarse de empresas participativas en las que sus socios, especialmente los que forma parte del consejo rector, tienen la responsabilidad de gestionarlas de forma adecuada.

En este sentido, SIMÓN Y MELGAREJO[45], en un trabajo empírico realizado con la información obtenida mediante encuestas a cooperativas agroalimentarias de Navarra y Aragón, comprueban que los socios jóvenes cuentan con explotaciones de mayor dimensión y muestran una mayor disposición a invertir e innovar. Además, en comparación con los más longevos, se caracterizan por contratar servicios a través de la cooperativa.

De forma similar, ARCAS *et al.*[46], en un estudio que analiza las cooperativas hortofrutícolas murcianas, concluyen que los socios de más edad tienen: a) un menor nivel de estudios, b) una menor participación en las asambleas, y c) una menor disposición a que la cooperativa se implique en procesos de integración y de incremento del valor añadido.

Otro de los problemas que generan los socios de las cooperativas de más edad es lo que se conoce como el problema del horizonte temporal[47]. Este surge por la dificultad de los socios para transmitir sus participaciones y recuperar la cuantía aportada en caso de baja, lo que repercute en un bajo interés en hacer inversiones a largo plazo. La no existencia de un mercado que permita valorar las aportaciones y transmitirlas libremente, implica que el socio de la cooperativa no esté interesado en realizar inversiones que superen el horizonte temporal de su estancia en la cooperativa, pues no se verán recompensados por los rendimientos futuros que pudieran generar.

Este problema se agudiza en el caso de los socios de más edad, por la menor expectativa de permanencia que tienen ante la mayor proximidad a su jubilación. Estos socios mayores tenderán a invertir menos y a optar por inversiones cuyo plazo de recuperación de los resultados sea menor y no exceda del tiempo que prevén permanecer en la cooperativa. Además, tendrán menos incentivos a realizar aquellas inversiones relacionadas con

45. SIMÓN ELORZ, K./MELGAREJO MOLINA, Z., *Relevo generacional, cit.*
46. ARCAS, N./GARCÍA, D./HERNÁNDEZ, M./MEROÑO, A./MUNUERA, J. L./PÉREZ, F./RUIZ, S., *El Cooperativismo hortofrutícola de la Región de Murcia. Evolución reciente y diagnóstico actual*, Federación de Cooperativas Agrarias de la Región de Murcia. Murcia, 2004.
47. ARCAS N./ALCÓN, F./CEGARRA, J./HERNÁNDEZ, M./LÓPEZ, E. I./MARCOS, G./ MARTÍN, J. F./MÍNGUEZ, A./TANTIUS, P., *El gobierno de las cooperativas agroalimentarias, cit.*

intangibles (innovación, reputación, investigación y desarrollo, etc.) que suelen tener un período de recuperación más largo, pero que son fundamentales para la supervivencia de la cooperativa[48].

4. SOLUCIONES

Anteriormente se indicó que una de las causas del reducido número de socios jóvenes y de la falta de relevo generacional en las cooperativas es la existencia de este mismo problema en las explotaciones agrarias. Por ello, entre las soluciones más eficaces para abordarlo en las cooperativas se encuentran las indicadas anteriormente para afrontarlo en las explotaciones agrarias. De aquí el papel importante que las cooperativas, a través de los múltiples servicios que prestan a sus socios y al medio rural, pueden jugar favoreciendo la implementación de estas soluciones.

De forma más directa, a la incorporación de jóvenes a las cooperativas también pueden ayudar las siguientes medidas[49]:

- Que las cooperativas mejoren su atractivo para los jóvenes, ayudándoles a reducir la incertidumbre de la actividad que realizan, hacerla más seductora y a mejorar la rentabilidad de sus explotaciones. Para ello, deben realizar a los socios una oferta de servicios integrales y profesionalizados (información, formación, asesoramiento técnico y en gestión, suministro de insumos, comercialización, financiación, investigación…).
- Que los responsables de las cooperativas sean capaces de ganarse la confianza de los socios. Para ello, además de prestarles un mayor número de servicios, es fundamental que cuenten con los recursos tecnológicos y humanos con capacidad para adoptar las decisiones dirigidas a que los socios alcancen sus objetivos.
- Llevar a cabo las acciones para mejorar la visibilidad, imagen y reputación de las cooperativas para ganarse la confianza de los jóvenes agricultores y, con ello, el deseo de incorporarse a ellas.

48. ARCAS N./ALCÓN, F./CEGARRA, J./HERNÁNDEZ, M./LÓPEZ, E. I./MARCOS, G./MARTÍN, J. F./MÍNGUEZ, A./TANTIUS, P., *El gobierno de las cooperativas agroalimentarias, cit.*

49. ALGUACIL MARÍ, M. P./NAVARRO LÉRIDA, S./PASTOR DEL PINO, C./SACRISTÁN BERGIA, F., *Modelos innovadores, cit.;* ARCAS N./ALCÓN, F./CEGARRA, J./HERNÁNDEZ, M./LÓPEZ, E. I./MARCOS, G./MARTÍN, J. F./MÍNGUEZ, A./TANTIUS, P., *El gobierno de las cooperativas agroalimentarias, cit.;* COOPERATIVAS AGRO-ALIMENTARIAS, *Plan Estratégico del Cooperativismo Español 2021-2024, cit.;* GARRIDO FERNÁNDEZ, F. E./POLLNOW, G. E., «Relevo generacional, *cit.*, 47-53. PARLAMENTO EUROPEO, *Relevo generacional, cit.*

- Mejorar la comunicación interna y externa difundiendo los valores y principios del cooperativismo, así como los beneficios que sus organizaciones generan a sus socios, a los agricultores de la zona en la que se ubican y a la población en general.
- Establecer fórmulas, por parte de las cooperativas, que faciliten a los jóvenes la aportación a capital social, tales como establecer una cuantía baja o dar facilidades para el pago, de forma que las aportaciones al capital no se conviertan en una barrera a la entrada de agricultores jóvenes.
- Facilitar a los agricultores jóvenes el acceso a las cooperativas a través de figuras como los socios de prueba y, en colaboración con los socios de más edad, tutorizar a los jóvenes en los inicios de su instalación.
- Facilitar a los socios jóvenes financiación para su instalación y posterior modernización de sus explotaciones mediante secciones de crédito, convenios con entidades de crédito para que les faciliten créditos en condiciones ventajosas o avalando los préstamos que les concedan.
- Llevar a cabo iniciativas que faciliten a los jóvenes agricultores el acceso a la tierra, tales como comprar o arrendar terrenos para que los cultiven los socios jóvenes, o intermediar con los socios que se jubilan o los propietarios del suelo para que los socios jóvenes adquieran o arrienden la tierra para su cultivo.
- Difundir e intercambiar experiencias innovadoras exitosas llevadas a cabo por las cooperativas para atraer a los jóvenes al sector agrario e incorporarlos como socios.
- Reivindicar un mayor apoyo público a los jóvenes titulares de explotaciones agrarias para su incorporación a las cooperativas, a través de ayudas directas y fiscales.
- Gestión en común de las explotaciones de los socios que finalizan su actividad, así como la gestión directa de tierras, con la finalidad de no reducir el volumen comercializado e, incluso, incrementarlo, así como diversificar la oferta de productos y ampliar el calendario de permanencia en el mercado.

IV. CONCLUSIONES

El hecho de que la mayoría de los titulares de las explotaciones agrarias en la Unión Europea y, por supuesto en España, tengan una edad avanzada ha suscitado un amplio consenso en los ámbitos académico, de la administración y empresarial de que garantizar el abastecimiento de alimentos y la sostenibilidad social, económica y medioambiental de las zonas rurales pasa por abordar el relevo generacional en el sector agrario. Sin jóvenes al frente de sus explotaciones será muy difícil, por no decir imposible, afrontar los grandes retos a los que se enfrenta.

La necesidad de afrontar este relevo generacional cobra cada vez más relevancia ante los nuevos desafíos a los que se enfrentan las explotaciones agrarias, relacionados con las nuevas demandas de los consumidores, con la transición ecológica y la transformación digital. Es evidente que los jefes de explotación de mayor edad tienen más dificultades para afrontar estos nuevos retos, dada la menor formación con la que cuentan, la mayor aversión al riesgo y las actitudes más conservadoras que suelen tener ante las innovaciones. De aquí la importancia de abordar el relevo generacional para contar con agricultores jóvenes con mentalidad emprendedora y propensos a adoptar las innovaciones que tales cambios y demandas requieren.

El problema del relevo generacional en el sector agrario tiene numerosas y variadas (socioeconómica, culturales y políticas) causas, al igual que sus consecuencias. Entre estas últimas destaca el efecto negativo que tiene sobre las cooperativas agroalimentarias. De un lado, porque merma su rentabilidad y pone en peligro su continuidad, al ver reducido el número de socios y, con ello, el volumen que comercializan. Además, puede conllevar un incremento del número de socios de más edad, trasladando así a las cooperativas el problema del relevo generacional de sus socios. De aquí, la preocupación que también existe por abordar el problema del relevo generacional en las cooperativas agroalimentarias. En el caso de las españolas, en 2021, solo el 10,2% de sus socios se podían calificar como jóvenes (con edad inferior a 41 años). El problema se agrava más en el caso del consejo rector y de la presidencia, donde los jóvenes tienen una participación aún menor (8,3% y 4,4%, respectivamente), al igual que sucede con los cargos de director o gerente, ocupados por personas jóvenes solo en el 6,3% de las cooperativas.

Si bien las cooperativas sufren las consecuencias de la falta de relevo generacional no es menos cierto que, por su vinculación al territorio, son un instrumento ideal para impulsarlo, en la medida que pueden ayudar a mitigar las causas económicas, culturales y políticas que lo generan. Así, a modo de ejemplo, los múltiples servicios (formación, información, asesoramiento técnico, suministro…) que las cooperativas prestan a sus socios mejoran su formación y la rentabilidad de sus explotaciones, facilitan y hacen más atractiva la actividad agraria, y mejoran su imagen y visibilidad. Además, las cooperativas también pueden llevar a cabo actividades y prestar servicios que dinamicen el medio rural y respondan a las necesidades de la población de las zonas en las que se ubican, tales como servicios asistenciales, de guardería, turismo, culturales, de ocio. Por último, a través del papel que desempeñan como interlocutoras ante las administraciones e instituciones, pueden ayudar a impulsar las soluciones políticas expuestas.

Puesto que el relevo generacional en el sector agrario, y en particular en las cooperativas agroalimentarias, es un desafío de gran complejidad, que se ve afectado por muchos y diversos factores (económicos, culturales y políticos), debe abordarse de manera integral con políticas y herramientas coordinadas en las distintas áreas de la acción pública (educación, economía, agricultura, fiscalidad, legislación, tecnología…). Para ello, es necesaria la colaboración de las distintas administraciones involucradas (de la Unión Europea, nacionales, regionales y locales), de las organizaciones representativas de los titulares de las explotaciones agrarias y de las cooperativas agroalimentarias, de los titulares de las explotaciones agrarias y, por supuesto, de las propias cooperativas y del conjunto de la sociedad.

Por último, hay que señalar que el apoyo al relevo generacional en la agricultura es un objetivo de la PAC 2023-2027 y que los Estados miembros deben dedicar a él recursos superiores a los de periodos de programación anteriores[50] (Ministerio de Agricultura, Pesca y Alimentación, 2022). Por ello, como señalan RAMOS E IZQUIERDO[51] «se espera que el Plan Estratégico Nacional de la nueva PAC sea una buena oportunidad para abordar este problema con sentido de Estado, aprovechando los recursos que ofrece la UE y definiendo grandes líneas estratégicas con carácter integral. Solo así se podrá impulsar la necesaria renovación generacional de la agricultura sobre la base de proyectos innovadores y viables de instalación de nuevos agricultores».

50. MINISTERIO DE AGRICULTURA, PESCA Y ALIMENTACIÓN, *Estrategia de relevo generacional*, Ministerio de Agricultura, Pesca y Alimentación, Madrid, 2022. En https://www.mapa.gob.es/ca/pac/pac-2023-2027/estrategia-de-relevo-generacional_tcm34-626873.pdf

51. RAMOS TRUCHERO, G. E./IZQUIERDO RAMÍREZ, B., «La formación en el sector agroalimentario», *cit.*, pp. 76-80.

V. BIBLIOGRAFÍA

ALGUACIL MARÍ, M. P./NAVARRO LÉRIDA, S./PASTOR DEL PINO, C./SACRISTÁN BERGIA, F., *Modelos innovadores para impulsar a las cooperativas agroalimentarias, evitar el abandono de explotaciones y fomentar el relevo generacional*, Cooperativas Agro-alimentarias, Madrid, 2020. En https://www.uv.es/catedracae/publicaciones/2020-modelos-innovadores.pdf.

ARCAS N./ALCÓN, F./CEGARRA, J./HERNÁNDEZ, M./LÓPEZ, E. I./MARCOS, G./MARTÍN, J. F./MÍNGUEZ, A./TANTIUS, P., *El gobierno de las cooperativas agroalimentarias. Factores de éxito*, Fundación Cajamar, Almería, 2011. En https://publicacionescajamar.es/series-tematicas/economia/el-gobierno-de-las-cooperativas-agroalimentarias-factores-de-exito

ARCAS, N./GARCÍA, D./HERNÁNDEZ, M./MEROÑO, A./MUNUERA, J. L./PÉREZ, F./RUIZ, S., *El Cooperativismo hortofrutícola de la Región de Murcia. Evolución reciente y diagnóstico actual*, Federación de Cooperativas Agrarias de la Región de Murcia. Murcia, 2004.

ARCAS, N./MEROÑO, A. L./HERNÁNDEZ, M./GARCÍA, D./SÁNCHEZ, J. L./LÓPEZ, E. I./ALCÓN, F., *El cooperativismo agroalimentario en la Región de Murcia: Presente y futuro*. Consejo Económico y Social de la Región de Murcia. Murcia, 2022.

ARCAS, N./MUNERA, J. L., «El cooperativismo como estrategia para mejorar la competitividad de la empresa agroalimentaria», *Distribución y Consumo*, núm. 42, 1998, pp. 47-63.

ASAJA, *Reforma de la PAC 2014 -2020. Propuestas legislativas. Valoración de ASAJA*, ASAJA, Madrid, 2012. En https://www.asaja.com/files/internacional/23052012093358_VALORACION%20DE%20ASAJA%20PROPUESTAS%20LEGISLATIVAS%20REFORMA%20PAC%20POST%202013%20%20marzo12.pdf.

AVELLÁN HERRERA, V./HERNÁNDEZ JUNCO, V., «Caracterización del proceso de relevo generacional en empresas familiares de países sudamericanos». *Entreciencias: Diálogos en la Sociedad del Conocimiento*, vol. 9, núm. 23, 2021, pp. 1-24.

BERNARD, T./SPIELMAN, D. J., «Reaching the rural poor through rural producer organizations? A study of agricultural marketing cooperatives in Ethiopia», *Food Policy*, vol. 34, núm. 1, 2009, pp. 60-69.

CHAGWIZA, C./MURADIA, R./RUBEN, R., «Cooperative membership and dairy performance among smallholders in Ethiopia», *Food Policy*, núm. 59, 2016, pp. 165-173.

COAG, *Propuestas agrarias para la Comisión para la reconstrucción social y económica de España,* 2020. En https://www.congreso.es/docu/comisiones/reconstruccion/documentacion_participacion_ciudadana/20200602_C3.pdf

COMITÉ ECONÓMICO Y SOCIAL EUROPEO, *Evaluación del impacto de la PAC en el relevo generacional,* Comité Económico y Social Europeo, Bélgica, 2019. En https://www.asajacyl.com/leon/wp-content/uploads/sites/6/2019/11/Evaluaci%C3%B3n-del-impacto-de-la-PAC-en-el-relevo-generacional.pdf

CONSEJO ECONÓMICO Y SOCIAL, *Un medio rural vivo y sostenible. Consejo Económico y Social,* 2021. En https://www.ces.es/documents/10180/5250220/Inf0221.pdf

COOPERATIVAS AGRO-ALIMENTARIAS, *Informe Socieconómico 2021,* Madrid, 2022.

COOPERATIVAS AGRO-ALIMENTARIAS, *Plan Estratégico del Cooperativismo Español 2021-2024,* Cooperativas Agro-alimentarias, Madrid, 2022.

FUNDACIÓN ALTERNATIVAS, *Libro blanco de la alimentación sostenible en España,* Fundación Alternativas, Madrid, 2022. En https://fundacionalternativas.org/wp-content/uploads/2022/07/61ab882cbe810bbdcfa4717e66a07244.pdf

GARRIDO CHAMORRO, C., «Cooperativismo, una fórmula para incorporar a los jóvenes al medio rural», *Desarrollo Rural y Sostenible,* núm. 49, 2021, pp. 22-23.

GARRIDO FERNÁNDEZ, F. E./POLLNOW, G. E., «Relevo generacional e instalación de jóvenes en la agricultura», *Agricultura y ganadería familiar en España. Anuario 2021,* Fundación de Estudios Rurales, Madrid, 2021, pp. 47-53. En https://www.upa.es/upa/_depot/_adjuntos/14345405104034216 26946963.pdf.

GOBIERNO DE ESPAÑA, *Memoria descriptiva del PERTE Agroalimentario,* Gobierno de España, Madrid, 2022. En https://planderecuperacion.gob.es/sites/default/files/2022-02/PERTE_Agroalimentario_memoria_08022022.pdf.

GUERRERO GINEL, J. E./LARA VÉLEZ, P./MAROTO MOLINA, F./ ORTIZ MEDINA, L., «El relevo generacional y su importancia para el desarrollo de los territorios», *Mediterráneo Económico*, 35, 2022, pp. 219-235.

HAO, J./BIJMAN, J./GARDEBROEK, C./HEERINK, N./HEIJMAN, W./ HUO, X., «Cooperative membership and farmers' choice of marketing channels - evidence from apple farmers in Shaanxi and Shandong Provinces, China», *Food Policy*, núm.74, 2018, pp. 53-64.

INSTITUTO NACIONAL DE ESTADÍSTICA, *Censos agrarios de 1999, 2000 y 2020*. Madrid. En https://www.ine.es/dyngs/INEbase/es/operacion.htm?c=Estadistica_C&cid=1254736176851&menu=resultados&idp=1254735727106

ITO, J./BAO, Z./SU, Q., «Distributional effects of agricultural cooperatives in China: Exclusion of smallholders and potential gains on participation», *Food Policy*, vol. 37, núm. 6, 2012, pp. 700-709.

JIN, S./JIA, X./JAMES, H. S., «Risk attitudes within farmer cooperative organizations: Evidence from China's fresh apple industry», *Annals of Public and Cooperative Economics*, 92(2), 2021, pp. 173-205.

LARUMBE, P./SANZBERRO, D./ZORZANO, I./BURGUI, B./ LACOSTA, Z., «El relevo generacional en el sector agrario: un reto para la competitividad y la sostenibilidad», *Navarra Agraria*, núm. 235, 2019, pp. 9-28.

LÓPEZ MUÑOZ, M. A., «El relevo generacional y la mujer en el medio rural», *Revista de Administración y Dirección de Empresas*, núm. 6, 2022, pp. 106-140.

MINISTERIO DE AGRICULTURA Y PESCA, ALIMENTACIÓN Y MEDIO AMBIENTE, *Medidas en favor de los jóvenes y las mujeres en el ámbito de la estrategia de modernización y diversificación rural*, Ministerio de Agricultura y Pesca, Alimentación y Medio Ambiente, Madrid, 2017. En https://www.mapa.gob.es/es/desarrollo-rural/planes-y-estrategias/170707_situaciontrabajosjovenes_estrategiamodernizacionruraldgdrpf_tcm30-420640.pdf

MINISTERIO DE AGRICULTURA, PESCA Y ALIMENTACIÓN, *Estrategia de relevo generacional*, Ministerio de Agricultura, Pesca y Alimentación, Madrid, 2022. En https://www.mapa.gob.es/ca/pac/pac-2023-2027/estrategia-de-relevo-generacional_tcm34-626873.pdf

MINISTERIO DE AGRICULTURA, PESCA Y ALIMENTACIÓN, *Estudio sobre el acceso a la tierra*, Ministerio de Agricultura, Pesca y Alimentación, Madrid, 2021. En https://www.mapa.gob.es/es/desarrollo-rural/temas/jovenes-rurales/grupo_focal_digital__tcm30-555421.pdf

MINISTERIO DE AGRICULTURA, PESCA Y ALIMENTACIÓN, *Informe sobre el plan estratégico de la PAC 2021*, Ministerio de Agricultura, Pesca y Alimentación, Madrid, 2023. En https://www.mapa.gob.es/es/pac/pac-2023-2027/plan-estrategico-v21_tcm30-659518.pdf

MINISTERIO DE AGRICULTURA, PESCA Y ALIMENTACIÓN, *Necesidades Formativas de la Juventud Rural*, Ministerio de Agricultura, Pesca y Alimentación, Madrid, 2020. En https://www.mapa.gob.es/es/desarrollo-rural/temas/jovenes-rurales/estudiodenecesidadesformativasdelajuventudrural_tcm30-544481.pdf

PARLAMENTO EUROPEO, *Relevo generacional en las futuras explotaciones agrícolas de la Unión*, Parlamento Europeo, Bélgica, 2023. En https://www.europarl.europa.eu/doceo/document/TA-9-2023-0372_ES.pdf

PERRACHON ARIZTIA, J., «Relevo generacional: ¿Cuándo deseo que ocurra? Consecuencias y posibles soluciones», *Revista del Plan Agropecuario Uruguay*, núm. 144, 2012, pp.30-33.

RAMOS TRUCHERO, G. E./IZQUIERDO RAMÍREZ, B., «La formación en el sector agroalimentario», *Agricultura Familiar en España. Anuario 2018*, Fundación de Estudios Rurales, 2018, pp. 76-80.

SHUMETA, Z./D'HASE, M., «Do coffee cooperatives benefit farmers? An exploration of heterogeneous impact of coffee cooperative membership in Southwest Ethiopia», *International food and Agribusiness Management Review*, 19(4), 2016, pp. 37-52.

SIMÓN ELORZ, K./MELGAREJO MOLINA, Z., *Relevo generacional en los socios de las cooperativas agrarias*, XVII Congreso Internacional de Investigadores en Economía Social y Cooperativa. Toledo, 2018.

Capítulo 10

Aspectos societarios del relevo generacional en sociedades laborales*

MERCEDES FARIAS BATLLE
Profesora Titular de Derecho Mercantil
Universidad de Murcia

*. Este artículo es parte del proyecto TED2021-129367B-I00 «Plataformas digitales para la economía de cuidados» (PLADECUIs), financiado por el Ministerio de Ciencia e Innovación MCIN/AEI/10.13039/501100011033 y por la Unión Europea «NextGenerationEU»/PRTR.

I. CONTEXTUALIZACIÓN

El régimen jurídico contenido en la Ley 44/2015, de 14 de octubre, de Sociedades Laborales y Participadas (en adelante LSLP), persigue fomentar la participación financiera de los trabajadores en la empresa, favoreciendo la adquisición de la condición de socio de aquéllos y permitiendo, no obstante, el mantenimiento de la condición de socio de quienes dejan de ser trabajadores por jubilación. La regulación de la adquisición *ex novo* y los supuestos de adquisición por transmisión de la condición de socio en la LSLP tienen una función auténticamente morfológica, porque del cumplimiento de los requisitos de titularidad del capital del art. 1 LSLP depende el mantenimiento de su calificación como sociedad laboral; función que se configura a través de los varios preceptos (no obstante el número limitado de artículos que tiene la LSLP) dedicados a regular los cambios en la base subjetiva de las sociedades laborales. Función que se adjetiva por la naturaleza imperativa (imperatividad absoluta o de mínimos, según los casos) de algunos extremos de dicho régimen jurídico.

Tanto el régimen de adquisición *ex novo* como los de transmisión de la condición de socio de clase laboral, están preordenados para agilizar las entradas de nuevos socios trabajadores con contrato laboral por tiempo indefinido y la nutrición o el relevo de la base subjetiva por incorporación como socios, preferentemente, de trabajadores con contrato por tiempo indefinido para mantener así el fomento de la referida participación financiera de los trabajadores en la empresa y con ello los porcentajes que, según la LSLP, son precisos para no perder la calificación de «laboral». Por ello, aunque no estuviera inicialmente concebido a tal fin, el régimen de los cambios, por distintas causas, de la base subjetiva de las sociedades laborales resulta idóneo para ser aplicado a los fines del relevo generacional. Como iremos revisando en las páginas que siguen, tal idoneidad se predica no únicamente por el régimen establecido en la LSLP sino también por los, normalmente estrechos, márgenes dispositivos que dicho régimen ofrece.

Los aspectos societarios del relevo generacional en las sociedades laborales se concretan en las especialidades de la LSLP (y normas concurrentes, como la Ley 5/2011, de 29 de marzo, de Economía Social, en adelante LES; en concreto sus arts. 9, 10 y 10bis) referidas a los cambios de la base subjetiva de la sociedad, que es lo que se va a tratar en las siguientes páginas. Es importante recordar que la sociedad laboral, en su forma anónima o de responsabilidad limitada, se ajusta perfectamente tanto a la función económica de las llamadas empresas familiares como a las que no tienen, *a priori*, ese carácter.

En este trabajo, sin perjuicio de puntuales referencias a las singularidades propias de las empresas familiares, entendemos el relevo generacional en sentido amplio; es decir, el cambio por el que las generaciones más jóvenes van tomando el testigo del conocimiento y el control de la actividad de la empresa, así como de la sociedad que es su titular, para la transferencia intergeneracional de la riqueza de la empresa. Porque desde el punto de vista de la LSLP y el relevo generacional en ella, es indiferente si entre los socios salientes, los que permanecen y los entrantes hay o no un vínculo familiar. En un proyecto ideal de empresa con forma de sociedad laboral debería estar prevista toda cuestión relacionada con el relevo, tanto por causas relativas a la salida de socios trabajadores, por jubilación u otras causas (como la exclusión *ex* art. 16.3 LSLP), como por estrategia al servicio de la conservación de la empresa en momentos de crisis económica. Previsión que en unos casos deberá tener su régimen jurídico configurado en los estatutos sociales o en pactos parasociales y, en otros, una guía en instrumentos voluntarios empresariales, como planes en los que se incluyan políticas de gestión de la edad[1].

Haremos mera referencia a lo que hace a la transmisión o adquisición *ex novo* de la condición de socio, para no entrar a materias ya tratadas en otros capítulos de esta obra. Consideramos que es bueno que la empresa se dote y configure adecuadamente las herramientas estatutarias y parasociales en las que se puede establecer *ex ante* un régimen jurídico de transmisión de la condición de socio o su adquisición *ex novo*, que acompañen y completen el plan de relevo generacional de la empresa. Plan que, para continuar en un plano ideal, debería ser paulatino para evitar las pérdidas de valor que pueden ocurrir en las crisis de cambio[2].

1. Sobre estos últimos *vid.*, en esta misma obra, SERRANO ARGÜESO, M./GARCÍA ÁLVAREZ, B., «Capítulo 2. Prácticas empresariales de innovación en materia de gestión de la edad para el empleo y en el empleo en cooperativas y sociedades laborales».
2. Sobre este tema, a propósito de las empresas familiares *vid.*, MARTÍNEZ PARRILLA, A. B., *Problemática de la sucesión en la empresa familiar: estudio de las empresas familiares*

Comprobaremos como en las sociedades laborales las normas que disciplinan la transmisión o la adquisición originaria de acciones o participaciones de clase laboral permiten que los relevos se vayan produciendo de forma paulatina, sin tener que llegar a la crisis de cambio que comporta el relevo sin previsión. Claro está que, a tal fin, resulta más que aconsejable que todo ello forme parte de un plan de relevo generacional (pacto parasocial) que, en atención a la continuidad de la empresa, cumpla, en las que no tienen la condición de sociedad familiar, una función similar a los protocolos familiares.

Conviene advertir que todo lo que a continuación se va a analizar tiene como *prius* el mantenimiento de la condición laboral de la sociedad de capital, anónima o limitada, porque, de lo contrario, no hay especialidad que tratar respecto de los problemas jurídicos que suscita el relevo generacional en las otras formas y tipos de sociedad. Es decir, que los actos y pactos para el relevo generacional que van a ser objeto de análisis son aquellos que, según la vocación de la LSLP, procuran que no se pierdan los requisitos de porcentaje de capital en manos de socios trabajadores con contrato por tiempo indefinido que establece el art. 1 LSLP. Porque cualquier otro escenario nos lleva fuera del perímetro de este trabajo: tras la pérdida de calificación las especialidades o singularidades del correspondiente relevo generacional no estarán marcadas por la LSLP sino por la LSC o, en caso de transformación de la sociedad tras la pérdida de la calificación «laboral», por la norma societaria reguladora de los correspondientes tipo o forma sociales de destino.

También es presupuesto de este capítulo la preexistencia de la sociedad laboral en la que se va a producir el relevo generacional. Porque, como es sabido, el relevo generacional se puede dar (constituyendo por los trabajadores de la empresa en relevo una sociedad laboral) para suceder en la actividad al empresario individual que se jubila o al socio único de una sociedad de capital. En ninguno de los dos casos los problemas que se puedan presentar tienen que ver con el régimen de transmisión de acciones o participaciones de la sociedad laboral como herramienta al servicio del relevo generacional. Aquellos son objeto de otros capítulos de esta obra.

Para concluir con esta introducción es preciso indicar que no se va a reiterar el tratamiento del régimen jurídico aplicable a las sociedades laborales en relación con cada uno de los aspectos analizados. Sin perjuicio de

---

de Albacete, Tesis doctoral, Mónica Giménez Baldazo (dir.), Universidad de Alcalá, Editorial Universidad de Alcalá, 2018 y bibliografía allí cit; disponible a 30 de octubre 2023 en https://www.educacion.gob.es/teseo/imprimirFicheroTesis.do?idFichero=%2BEreoPqr4cQ%3D

remitir para cada cuestión a las obras en las que hayan sido tratados, este trabajo se va a limitar a tratar los temas desde la perspectiva del relevo generacional.

II. EL RÉGIMEN DE LA TRANSMISIÓN POR ACTOS *INTER VIVOS* DE LA CONDICIÓN DE SOCIO AL SERVICIO DEL PAULATINO RELEVO GENERACIONAL

1. INTRODUCCIÓN

Brevemente hay que recordar que la LSLP establece que todas las acciones o participaciones sociales, sean de la clase que sean, tendrán el mismo valor nominal y conferirán los mismos derechos económicos (art. 5.1 LSLP). La Ley configura dos clases de acciones: laboral y general. Las acciones o participaciones de clase laboral no sólo serán de existencia obligatoria en esta sociedad, sino que deben constituir al menos la mayoría del capital. Su titularidad corresponde a los trabajadores que presten en ella servicios retribuidos de forma personal y directa en virtud de una relación laboral por tiempo indefinido (art. 1.2, *a* y art. 5, ambos de LSLP). Su transmisión a sujetos que no tenga un vínculo laboral de esas características con la sociedad obligará a modificar la clase a la que pertenecen las acciones o participaciones sociales para integrarlas en la «clase general» (conforme al régimen previsto en el art. 5.3 LSLP). En la clase general se integrarán el resto de las acciones o participaciones que no sean de clase laboral.

El régimen de transmisión de las acciones o participaciones sociales de la sociedad laboral está contenido en los arts. 6 a 10 LSLP. La importancia que en esta sociedad reviste el régimen transmisivo de las acciones o participaciones ha sido objeto de especial atención por parte de la doctrina, fundamentalmente en lo que respecta a la transmisión de las acciones o participaciones de clase laboral, porque es ésta la que regula con mayor precisión la LSLP ya que a su titularidad se vincula el mantenimiento o pérdida de la condición «laboral» de la sociedad[3].

3. Sobre la transmisión de acciones o participaciones de clase laboral *vid.*, entre otros, ALONSO ESPINOSA, F. J., «Artículo 6. Derecho de adquisición preferente en caso de transmisión voluntaria *inter vivos* de acciones o participaciones», AA.VV., *Comentario a la Ley de sociedades laborales y participadas* (ALONSO ESPINOSA, Dir.), Civitas Thomson-Reuters, Cizur Menor, 2017, pp. 94-129; ALONSO ESPINOSA, F. J., «Artículo 7. Valoración de las acciones o participaciones a los efectos de su transmisión o amortización», AA.VV., *Comentario a la Ley de sociedades laborales y participadas* (ALONSO ESPINOSA, Dir.), Civitas Thomson-Reuters, Cizur Menor, 2017, pp. 129-134; ANDREU MARTÍ, M. M., «La transmisión de acciones y participaciones. Causas y

2. TRANSMISIÓN VOLUNTARIA *INTER VIVOS*

En la exposición del régimen del art. 6 LSLP a los efectos del relevo generacional hay que recordar que su contenido es de aplicación, según mandato de la propia LSLP, a los supuestos de transmisión forzosa por extinción de la relación laboral (art. 9 LSLP) y por exclusión del socio (art. 16.3 LSLP). La causa transmisiva que considera el art. 6 LSLP es voluntaria y la de los demás preceptos es, por la concurrencia de diversas circunstancias, forzosa. La diferencia entre todos ellos está solamente en la naturaleza de la causa que da lugar a la transmisión. Esta es una de las razones por las que el régimen de transmisión voluntaria se trata en este Capítulo.

Pero, por otra parte, es esencial tener presente la realidad del tiempo que vivimos en el que el envejecimiento de la población está demandando la generación de nuevas políticas para el mantenimiento de la actividad de los trabajadores más allá de la edad de su jubilación. Así, la llamada jubilación activa, la jubilación parcial o la jubilación flexible pueden ser estrategias al servicio del relevo generacional que permitan un cambio paulatino en el que todos, trabajadores en edad de jubilación, trabajadores jóvenes y la empresa ganen en calidad de vida y en calidad del puesto de trabajo; manteniendo para su traspaso el conocimiento experto, lo que evitará la pérdida de valor empresarial. Estas estrategias son, o deberían ser, connaturales a las empresas de la economía social[4]. Esta es otra de las razones del tratamiento del régimen de transmisión voluntaria *inter vivos* en este Capítulo; con la finalidad de que las sociedades laborales conozcan el régimen

---

procedimientos», AA.VV., *Participación de los trabajadores en la empresa y sociedades laborales* (FAJARDO GARCÍA, Dir.), Tirant lo Blanch, Valencia, 2018, pp. 709-729; ANDREU MARTÍ, M. M., «Transmisión de acciones y participaciones sociales en la reforma propuesta de la Ley de sociedades laborales», *CIRIEC-España. Revista Jurídica* n.º 25, 2014; ESCUÍN IBÁÑEZ, I., «Régimen jurídico del capital social (I) Clases de acciones y participaciones sociales. Su transmisión», AA.VV., *El régimen jurídico de las sociedades laborales* (ANDREU MARTÍ, Dir.), Aranzadi Thomson-Reuters, Cizur Menor, 2017, pp. 89-108; FARIAS BATLLE, M., «La transmisión de la condición de socio en las sociedades laborales profesionales», AA.VV., *La Sociedad Laboral Profesional: Una figura societaria en estudio,* (ALFONSO SÁNCHEZ/FARIAS BATLLE, Dirs.), Aranzadi Thomson-Reuters, Cizur Menor, 2023, pp. 145-185; FERNÁNDEZ SAHAGÚN, M. S., «Particularidades de la sociedad laboral como sociedad mercantil especial. Comentario de la Sentencia 441/2021 de la Audiencia Provincial de Barcelona, 20 de enero 2021», *Revista Derecho de Sociedades RdS,* n.º 63, 2021; ZURUTUZA ARIGITA, I., «La evolución del régimen de transmisión de acciones y participaciones sociales en las sociedades laborales», *Revista de Derecho de Sociedades RdS,* Aranzadi, n.º 52, enero-abril 2018, pp. 191-226.

4. Sobre todas estas cuestiones *vid.*, en esta misma obra, SERRANO ARGÜESO, M./ GARCÍA ÁLVAREZ, B., «Capítulo 2. Prácticas empresariales de innovación en materia de gestión de la edad», *cit.* y bibliografía allí citada.

jurídico que deberán establecer y cumplir acompañando a esos planes estratégicos de relevo generacional.

2.1. Libertad transmisiva

El art. 6 LSLP establece, en sus apartados 1 y 2, las dos alternativas de régimen de transmisión voluntaria *inter vivos* de acciones o participaciones sociales. Los márgenes dispositivos de este precepto no permiten pactar estatutariamente la libertad transmisiva dispuesta en el art. 107 LSC. En el apartado 1 art. 6 LSLP se dicta un régimen, disponible estatutariamente, de libre transmisibilidad de las acciones o participaciones sociales, tanto de clase laboral como de clase general, pero sólo a favor de los sujetos allí indicados. A su tenor *«(L)as acciones y participaciones, salvo previsión estatutaria en contra, podrán transmitirse libremente a los socios trabajadores y trabajadores no socios por tiempo indefinido»*. El pacto estatutario que hiciera uso del carácter dispositivo de este precepto podría, bien eliminarlo, en cuyo caso regiría el sistema de prelación establecido en el apartado 2 del art. 6 LSLP, bien limitar la libertad transmisiva sólo a uno de los colectivos mencionados en dicho precepto.

Esta libertad transmisiva, limitada o no a alguno de los dos colectivos mencionados (socios trabajadores y trabajadores no socios por tiempo indefinido), es una de las principales herramientas jurídicas para favorecer el relevo generacional en las sociedades laborales.

En el entendido de que con la sucesión generacional no se quiere perder el calificativo de laboral, es conveniente mantener en los estatutos esta libertad transmisiva y, además, firmar todos los socios un pacto parasocial por el que los socios saliente (por jubilación u otras causas) se comprometan a vender, presentes las circunstancias que se indicaran en dicho pacto parasocial (cualquiera de las que abran paso a un proceso, inminente o progresivo, de relevo generacional), a los socios trabajadores o, como será más probablemente necesario en el relevo generacional, a los trabajadores no socios por tiempo indefinido, todas o parte de sus acciones o participaciones sociales[5].

Conviene que, en el momento de configurar las previsiones del relevo generacional, se valore la oportunidad de optar estatutariamente por mantener la libertad transmisiva sólo a favor de los trabajadores por tiempo

5. Para el estudio de las cuestiones más concretas relativas a la tipología, validez y eficacia de los pactos parasociales para el relevo generacional se hace una remisión genérica al trabajo en esta misma obra de NOVAL PATO, J., «Capítulo 3. El protocolo de relevo. Una visión general» y bibliografía allí citada.

indefinido no socios. En caso de mantenerse la libertad transmisiva a favor de ambos grupos, en el pacto parasocial deberán precisarse con detalle los criterios para el reparto de la venta y firmarse por todos los socios, especialmente los de clase laboral, para evitar problemas de inoponibilidad del pacto a estos[6].

En cambio, no se puede incluir en los estatutos como sujetos en el perímetro de la libertad transmisiva a los trabajadores sin contrato indefinido, porque la alternativa al régimen de libertad que ofrece la LSLP sólo permite acudir al régimen establecido en el apartado 2 del art. 6 LSLP[7]. La LSLP configura este régimen de libertad transmisiva considerando un ámbito subjetivo en el que, no importa cuantas transmisiones se produzcan, no se va a perder por su causa el calificativo de laboral que se vincula, en primer lugar, al porcentaje de capital ostentado por trabajadores con relación laboral indefinida (art. 1 LSLP).

No hay inconveniente en compatibilizar un pacto de estas características con la posibilidad de que el socio transmitente mantenga parte de sus acciones o participaciones, tanto si continúa como socio de clase laboral como si, al perder el vínculo laboral con la sociedad, se cambian las acciones o participaciones que aun ostente a la clase general. Desde luego, será necesario incluir tales posibilidades bien en los estatutos, bien en el pacto parasocial. Cualquiera que sea la opción dependerá de la estrategia elegida para el relevo, pero no hay inconvenientes desde el punto de vista jurídico.

Como estamos describiendo un pacto parasocial que modula un supuesto legal de libertad transmisiva, el pacto de compromiso de venta de

---

6. Los trabajadores por tiempo indefinido no socios no serán firmantes del pacto parasocial sino terceros beneficiados por el contrato. Los trabajadores pueden firmar un compromiso de compra de acciones o participaciones o, directamente, adquirir las que se les ofrezcan. Por razones cuya consideración remitimos a los trabajos de los laboralistas, el incumplimiento del compromiso de compra no podrá tener consecuencias en su contrato laboral.

7. La LSLP sacó del elenco de sujetos con preferencia adquisitiva a los trabajadores con relación laboral no indefinida que sí figuraban en la Ley 4/1997, de 24 de marzo, de sociedades laborales. Esto fue objeto de numerosas críticas, como puede comprobarse en los trabajos citados en una nota anterior. Es posible especular con un pacto parasocial que les diera entrada. Pero, nos suscita dudas la eficacia de un pacto parasocial en el que se incluyera como colectivo de adquisición preferente a los trabajadores sin contrato indefinido. Porque chocaría, no solo con los supuestos de libertad transmisiva (de mantenerse el régimen dispositivo en los estatutos) sino también con el régimen imperativo de preferencia del apartado 2 del art. 6 LSLP. Si se firmara un pacto parasocial sería aconsejable que no se les diera preferencia respecto de los trabajadores con relación laboral indefinida no socios. Porque el pacto sería oponible a los socios firmantes del pacto, pero no a los trabajadores con relación laboral indefinida no socios, lo que podría generar litigiosidad.

acciones o participaciones no plantea incompatibilidades con el régimen jurídico societario. Por tanto, no resulta de aplicación la previsión del apartado 4 del mismo art. 6 LSLP, según la cual *«(L)a transmisión de acciones o participaciones que no se ajusten a los previsto en la ley o, en su caso, a lo establecido en los estatutos, no producirán efecto alguno frente a la sociedad»*.

En el referido pacto deberían indicarse no sólo las circunstancias que activan la obligación de venta, sino las consecuencias de su incumplimiento. Será preciso establecer en el pacto las estipulaciones necesarias para concretar la obligación del transmitente. Así, por ejemplo, quién será el adquirente o los criterios de elección del/de los adquirente/s, el número de acciones o participaciones incluidas en la obligación de transmisión, el precio o criterios para su determinación, etc. Correcta y completamente configurada la obligación, en caso de incumplimiento, los demás socios podrán ejercer la acción de cumplimiento forzoso, solicitando judicialmente que se haga honor a la obligación pactada (arts. 1096 y 1101 Código civil en relación con art. 701 Ley de Enjuiciamiento civil), imponiendo al socio incumplidor la venta comprometida.

2.2. La prelación adquisitiva del art. 6.2 LSLP

El apartado segundo del art. 6 LSLP establece el régimen imperativo que deberá seguirse en las transmisiones de acciones o participaciones sociales si no se han transmitido libremente, bien porque se ha derogado estatutariamente el régimen de libertad transmisiva del apartado 1 art. 6 LSLP, bien porque ninguno de los sujetos de ese ámbito de libertad ha tenido interés en la adquisición.

Según el régimen de la LSLP, el número de acciones o participaciones a transmitir, y las características y términos económicos de la propuesta de transmisión las elaborará libremente el socio transmitente (arts. 6.2 y 7 LSLP). En cuanto al precio, dicha libertad deberá ceder en el caso de que en los estatutos se haya incluido el pacto al que hacer referencia el art. 7 párrafo cuarto: *«los socios de la sociedad laboral podrán acordar en los estatutos sociales los criterios y sistemas de determinación previa del valor de las acciones o participaciones para los supuestos de su transmisión o amortización, en cuyo caso prevalecerá este valor»*.

Por lo que respecta al número de acciones o participaciones a transmitir, la libertad del socio indicada está reforzada, en el caso de que la sociedad laboral sea de responsabilidad limitada, por la nulidad de los pactos estatutarios que obliguen a un socio a transmitir un número de participaciones distinto al que él desea transmitir (*cfr.* art.108.2 LSC). Este régimen, si bien no puede derogarse estatutariamente, sí podrá ser objeto de pacto parasocial (conviene, para su eficacia en todo caso, que sea suscrito por todos los socios) por el que se establezca, en consonancia con el Plan de relevo generacional, el número de acciones o participaciones que el socio deberá transmitir.

Por lo que hace a la identidad del adquirente, la LSLP establece una jerarquía de preferencia, que ha sido considerada por todos los autores de la doctrina como imperativa: en caso de que varias personas muestren su interés por adquirir las acciones o participaciones se seguirá el siguiente orden de preferencia: primero trabajadores indefinidos no socios, en relación directa a su antigüedad en la empresa; segundo a socios trabajadores, en relación inversa al porcentaje de capital que ya posean; en tercer lugar, los socios de clase general que, de ser varios, se distribuirán la oferta a prorrata de su participación en el capital social y en cuarto y último lugar, la sociedad. De no presentarse ofertas de compra en el plazo de 20 días contados desde la notificación por el socio a los administradores de la transmisión proyectada, el socio podrá transmitir libremente las acciones o participaciones.

En el pacto parasocial que acompañe y desarrolle el protocolo de relevo generacional se puede alterar la preferencia desde el segundo de los rangos, firmando un acuerdo omnilateral por el que, con el criterio que consideren más oportuno, decida anteponer a alguno de los tres colectivos concernidos (socios trabajadores, socios de capital y sociedad). En ningún caso parece que fuera ni conveniente, ni necesario, ni acaso lícito, eliminar la preferencia de adquisición de los trabajadores no socios con relación laboral indefinida.

Sí, en cambio, puede ser muy útil un pacto parasocial que, para evitar acumulaciones de poder (aunque fueran dentro del límite de la norma, *cfr.* art., 2, b LSLP), obligara a los socios trabajadores a no ejercitar su preferencia; que igualmente se obliguen, por virtud del pacto, a no ejercer su preferencia los socios de capital, para permitir que sean jóvenes que puedan entrar en la opción de compra en el régimen de libertad transmisiva del art. 6.2 penúltimo párrafo LSLP. Para ello, todos los socios deberán también comprometerse a que transmitirán libremente sólo a las personas que la sociedad (por acuerdo de la Junta o, por delegación, los administradores) les indique. Personas que, en el plan de relevo generacional deberán, aunque objetivamente, ser descritas. Para tener que acudir a esta vía para darles entrada con preferencia a esos jóvenes de relevo no tendrán que ser trabajadores con relación laboral indefinida (porque ellos son los titulares del primer rango de la preferencia), sino trabajadores sin relación indefinida o incluso personas que no tengan aun contrato y que sean contratados indefinidamente tras su adquisición.

En relación con este último supuesto, que su contrato no sea indefinido no impide que puedan ser adquirentes ya que la propia LSLP prevé el cambio de clase de acciones (art. 5.3 LSLP), de laboral a general si su nuevo titular no es un trabajador con contrato indefinido. Si estos cambios ponen en riesgo la calificación de la sociedad (porque se pierdan los porcentajes exigidos en el art. 1 LSLP), deberá autorizarse la operación por los administradores (art. 6.3 LSLP), o preverse en el pacto parasocial que no se llevarán a cabo transmisiones a su amparo que hagan perder la calificación laboral de la sociedad. Pero, en la adquisición por trabajadores no indefinidos no tiene porqué darse esta circunstancia, todo dependerá que la distribución del capital restante, lo que debe ser valorado caso a caso.

También cabe pactar, para el caso de que no se quiera o no se pueda ejercer la opción antedicha, que los socios de clase laboral y los de capital renuncian a adquirir para que sea la sociedad la que adquiera y ostente partes del capital con las que dar curso al Plan de relevo generacional (respetando el régimen previsto en el art. 12 LSLP). Para lo que, como todo en relación con el relevo generacional óptimo, deberá, con la suficiente antelación, ir dotándose una reserva especial que permita a la sociedad tener los fondos necesarios para la adquisición (art. 12.1 LSLP). La dotación de esta reserva, con cargo a beneficios no distribuidos, también deberá ser objeto del pacto parasocial que acompañe al relevo generacional.

3. TRANSMISIÓN FORZOSA

3.1. Transmisión forzosa por extinción de la relación laboral del socio trabajador

El régimen jurídico previsto en el art. 9 LSLP, aunque está inicialmente concebido para evitar la pérdida de la calificación como «laboral» de la sociedad, sirve también a los fines del relevo generacional, sin necesidad de sofisticados acuerdos en los pactos parasociales que lo modulen; sí, en cambio, de pactos estatutarios invocados por la propia norma.

Con el título «*Transmisión de acciones y participaciones en los supuestos de la extinción laboral*» se establece la disciplina a seguir sea cual fuere la causa de la extinción.

Así, en el apartado 1 se establece el deber de todo socio, al que se le extinga la relación laboral por cualquier causa, de ofrecer la adquisición de acciones o participaciones a los sujetos y en los términos dispuestos en el art. 6 LSLP, en el plazo de un mes a contar desde la firmeza de la extinción[8]. Se puede introducir en el pacto parasocial según el cual, para estos casos con vistas a un relevo generacional regido por criterios coherentes, se estará a los mismos pactos parasociales dispuesto en relación con las transmisiones voluntarias por actos *inter vivos* del art. 6 LSLP.

En cambio, si se quisiera que los trabajadores cesantes permanecieran en la sociedad como socios de clase general (*ex* art. 9 1 *in fine*), lo que ocurrirá según la norma si no encontraran adquirentes, sería preciso un pacto que lo propiciara. Esto será deseable en unos casos y en otros no tanto; dependiendo de la causa de la extinción de la relación laboral. Porque si la extinción de la relación laboral es por una causa no contenciosa, como por ejemplo la jubilación o la incapacidad o la excedencia, es hasta deseable que el socio permanezca, como un singular *business angel*, ya que podrá continuar contribuyendo con su conocimiento a la mejor explotación de la empresa.

En cambio, si la extinción de la relación laboral es por causas que sitúan al socio en relación de conflicto de intereses o de enemistad manifiesta con la sociedad, haciendo uso de la disponibilidad estatutaria invocada en el apartado 2 del art. 9 LSLP, conviene establecer el régimen que se seguirá si no hay adquirentes conforme al régimen (legal o parasocialmente modulado, visto *supra*) del art. 6 LSLP. Y, la solución más directa (habida cuenta de que nadie, ni la sociedad, ha podido o querido adquirir) será la amortización de las acciones o participaciones, reduciendo el capital en el valor correspondiente. Esta sería, recordemos, la medida a aplicar si no hay adquirentes «amigables» y para evitar un mal mayor, cuál sería la permanencia como socio de clase general de una persona que podría utilizar su posición jurídica para entorpecer o perjudicar el funcionamiento o los intereses sociales.

3.2. Salida del socio por otras causas

En la medida en que pueden ser la causa de un negocio de transmisión de acciones o participaciones, comentaremos brevemente lo atingente a la separación y exclusión de socios en la sociedad laboral.

El art. 16 LSLP dicta las reglas especiales aplicables a los socios de sociedades laborales en relación con dos supuestos de salida de socios, separación y exclusión, que, tradicionalmente, habida cuenta de que comparten el mismo procedimiento de valoración de acciones o participaciones (por-

8. Las especialidades en el caso de extinción de la relación por causa de muerte y la consiguiente adquisición hereditaria de las acciones o participaciones se tratan en otro capítulo de esta obra, al que nos remitimos.

que ambos comportan la disolución parcial del vínculo societario), se tratan bajo el mismo Título (Título IX, Separación y exclusión de socios, LSC) o, en este caso, mismo artículo de la ley. Pero las causas por las que procede el ejercicio voluntario del derecho de separación y su fundamento último, y las causas que dan lugar a la posibilidad de excluir a un socio de la sociedad y su fundamento último, son distintas entre sí[9].

La LSLP sólo introduce las causas específicas aplicables a las sociedades laborales, sin perjuicio de que también se han de aplicar las previstas para la sociedad anónima o la sociedad de responsabilidad limitada reguladas en la LSC. Tanto el régimen especial de las sociedades laborales como el general de las sociedades de capital ha sido objeto de suficiente atención por parte de la doctrina, a cuyos trabajos nos remitimos[10].

Baste aquí recordar que la LSLP prevé que las acciones correspondientes al socio separado o excluido deberán ser ofrecidas a los trabajadores de la sociedad con contrato de trabajo por tiempo indefinido conforme a lo establecido en el art. 6 de la LSLP. Las acciones o participaciones sociales no adquiridas serán amortizadas mediante reducción de capital.

Esa oferta de compra, preferente y única a los trabajadores con contrato indefinido, es, indirectamente, un mecanismo de relevo generacional porque permite la entrada de nuevos socios de clase laboral. En cambio, el mandato de amortización en caso de no adquisición por los trabajadores señalados impide que las partes del capital del socio que causa baja se que-

9. Sobre el significado de la separación y de la exclusión como instrumentos jurídicos para la salida de socios en las sociedades de capital, *vid.*, SÁNCHEZ RUIZ, M., «La nueva regulación legal de la separación y la exclusión de socios en las sociedades laborales», *CIRIEC-España. Revista jurídica*, n.º 30, 2017, pp. 1-39, disponible en octubre 2023 en http://ciriec-revistajuridica.es/wp-content/uploads/comen30-04.pdf.

10. ALFONSO SÁNCHEZ, R., «Estatuto jurídico del socio (II). Separación y exclusión», AA.VV., *Derecho de sociedades de capital* (Dir. EMBID IRUJO), Marcial Pons, Madrid, 2016, pp. 205-224.; ALFONSO SÁNCHEZ, R., «Separación y exclusión de socios en la sociedad laboral», AA.VV., *El nuevo régimen jurídico de las sociedades laborales* (Dir. ANDREU MARTÍ), Aranzadi, Pamplona, 2017, pp. 135-183; ANDREU MARTÍ, M. M., «Régimen de separación y exclusión de socios en la sociedad laboral profesional», AA.VV., *La Sociedad Laboral Profesional: Una figura societaria en estudio,* (ALFONSO SÁNCHEZ/FARIAS BATLLE, Dirs.), Aranzadi Thomson Reuters, Cizur Menor, 2023, pp. 187-231; COSTAS COMESAÑA, J., «La separación del socio», AA.VV., *Participación de los trabajadores en la empresa y sociedades* (Dir. FAJARDO GARCÍA), Tirant Lo Blanch, Valencia, 2018, pp. 931-956; EMPARANZA SOBEJANO, A., «Separación y exclusión de socios», AA.VV., *Comentario de la Ley de Sociedades de Capital* (Coords. ROJO/BELTRÁN), t. II, Aranzadi, Cizur Menor, 2011; SÁNCHEZ RUIZ, M., «La nueva regulación legal de la separación y la exclusión de socios en las sociedades laborales», *cit.*

den en cartera para favorecer su ofrecimiento con ocasión de la ejecución de los planes de relevo generacional.

La salida voluntaria por separación del socio o la exclusión del socio por decisión de la Junta son acontecimientos que, aunque pueden ser considerados en un plan de relevo generacional con carácter de eventualidad posible, no pueden sustentar ni todos ni la mayoría de los cambios de titularidad de partes del capital que son necesarios para dar curso a un relevo ordenado.

Cabe pactar en los estatutos sociales, como se ha argumentado mayoritariamente por la doctrina, ulteriores causas de separación y de exclusión a las establecidas en la LSLP y la LSC, respetando, si no constaban desde la fundación de la sociedad, el procedimiento de modificación de estatutos para estos casos. No obstante, no parece que sea este el ámbito idóneo, ni de validez, para pactos estatutarios tendentes a facilitar el relevo generacional, instituyendo causas de separación o exclusión dirigidas a tal fin.

III. LA SUPRESIÓN DEL DERECHO DE SUSCRIPCIÓN PREFERENTE, LA ADQUISICIÓN DERIVATIVA DE ACCIONES O PARTICIPACIONES PROPIAS Y LA ASISTENCIA FINANCIERA PARA LA ADQUISICIÓN DE PARTES DEL CAPITAL COMO ESTRATEGIAS AL SERVICIO DEL RELEVO GENERACIONAL

1. DERECHO DE SUSCRIPCIÓN PREFERENTE

El aumento de capital es una buena estrategia jurídico-financiera al servicio del paulatino relevo generacional. Tal vez la mejor alternativa para preparar con suficiente tiempo el relevo, porque permite la permanencia de los socios que están más cercanos a jubilarse y la entrada de nuevos socios que han de aprender el *know how* de la empresa. Por el aumento de capital, además, se incrementarán los recursos propios de la sociedad.

En el art. 11 LSLP, bajo el título «Derecho de suscripción preferente» se establecen las especialidades de la sociedad laboral en relación con la materia.

Del régimen previsto en este precepto sólo vamos a detenernos en el establecido en el apartado 4, porque es el que permite alterar el régimen establecido en los apartados anteriores que, en resumen, establece la regla de derecho de adquisición preferente a prorrata de los titulares de cada clase de acciones y, al no ser disponible en los estatutos, no favorece el relevo generacional ya que sólo contempla el intercambio de acciones o participaciones entre socios.

El tenor literal del art. 11.4 LSLP es: «*La exclusión del derecho de preferencia se regirá por la normativa vigente que resulte aplicable al tipo de sociedad, pero cuando la exclusión afecte a las acciones o participaciones de la clase laboral, la prima será fijada libremente por la Junta General, siempre que la misma apruebe un Plan de adquisición de acciones o participaciones por los trabajadores de la sociedad con contrato por tiempo indefinido, y que las nuevas acciones o participaciones se destinen al cumplimiento del Plan e imponga la prohibición de enajenación en un plazo de cinco años*».

La medida, como en los demás casos que hemos analizado, está prevista para favorecer el mantenimiento de la condición «laboral» de la sociedad y la entrada de los trabajadores como socios. Pero también puede ser útil a los fines del relevo generacional, porque el «plan de adquisición» al que hace referencia, puede ser el plan de relevo generacional. Entendemos que éste, de preexistir al acuerdo de aumento de capital, deberá ser puesto a disposición de la Junta en la que la modificación estatutaria de la cifra de capital social se acuerde, porque, al excluirse el derecho de preferencia en la adquisición de participaciones o acciones deberá seguirse el régimen previsto en el art. 308 LSC. El plan al que se refiere la LSLP puede o, tal vez, debe en un relevo bien planificado, contener las informaciones indicadas en el apartado 2 del art. 308 LSC.

En lo que hace al informe de administradores y auditores, en relación con el valor de las nuevas acciones o participaciones que invoca el art. 308 LSC, debe ser tenido en cuenta que, si la supresión afecta a las acciones o participaciones de clase laboral, «*la prima será fijada libremente por la Junta General siempre que la misma apruebe un Plan de adquisición de acciones o participaciones por los trabajadores de la sociedad con contrato por tiempo indefinido*». No creemos que se esté eximiendo a los administradores de la sociedad del deber de elaborar un informe «*en el que especifiquen el valor de las participaciones o de las acciones de la sociedad y se justifiquen detalladamente la propuesta y la contraprestación a satisfacer por las nuevas participaciones o por las nuevas acciones, con la indicación de las personas a las que hayan de atribuirse*» (art. 308.2,a LSC); de lo que está eximiendo el precepto es de que, con o sin informe de auditor o experto independiente, «*...el valor nominal de las nuevas participaciones o de las nuevas acciones, más, en su caso, el importe de la prima, se corresponda con el valor real atribuido a las participaciones en el informe de los administradores en el caso de las sociedades de responsabilidad limitada o con el valor que resulte del informe del experto independiente en el caso de las sociedades anónimas*» (art. 308.2, c LSC). Porque «*la prima será fijada libremente por la Junta*

General» si se cumplen todos los requisitos indicados en el art. 11.4 LSLP: 1) se apruebe un plan de adquisición de acciones o participaciones por los trabajadores con contrato por tiempo indefinido (que puede ser el plan de relevo generacional), 2) las nuevas acciones o participaciones se destinen al cumplimiento del plan y 3) se imponga la prohibición de enajenación de dichas acciones o participaciones en un plazo de cinco años.

En relación con este último requisito, la prohibición de transmisión en un plazo (máximo) de cinco años (propio de las sociedades de responsabilidad limitada —ya que en la LSC no hay una autorización similar para las sociedades anónimas, *cfr.*, art. 108.4 y 123. 2 ambos LSC— aunque el que comentamos es un régimen aplicable a toda sociedad laboral, sea anónima o limitada), nótese que, en el caso de empresa en relevo generacional, tal prohibición cumple con especial intensidad la finalidad que subyace a esta medida: permitir que se consoliden las relaciones personales societarias entre los nuevos integrantes de la Junta, favoreciendo, así, la continuidad de la empresa de la que la sociedad es titular.

2. ADQUISICIÓN DERIVATIVA DE ACCIONES O PARTICIPACIONES PROPIAS

Puesto en relación el régimen de la adquisición por la sociedad de sus propias acciones o participaciones con la logística y la intendencia del relevo generacional hay que hacer, tan sólo, una advertencia, porque el resto de las previsiones no revisten especialidad para el caso que nos ocupa respecto del régimen general aplicable a la adquisición de capital propio por una sociedad laboral.

Al planificar el relevo, conviene considerar la importancia de las reservas y crear e ir dotando, en su caso, una reserva especial con la finalidad de adquisición de acciones propias cuyo importe deberá aproximarse al de la previsión de salida de socios de clase laboral y la compra de sus partes de capital por la sociedad. Porque, según el art. 12.1 LSLP, la sociedad laboral sólo podrá adquirir capital para cartera con cargo a beneficios, a la reserva especial y a otras reservas disponibles.

Esta reserva especial servirá para evitar graves descapitalizaciones de la sociedad en el caso de que, al no haber podido ser enajenadas a trabajadores con contrato por tiempo indefinido, únicos posibles adquirentes de la autocartera (art. 12.2 LSLP), tuvieran que ser amortizadas mediante reducción de capital (art. 12.3 LSLP).

3. ASISTENCIA FINANCIERA PARA LA ADQUISICIÓN DE PARTES DEL CAPITAL

En el régimen de la LSC, las sociedades de responsabilidad limitada no pueden prestar asistencia financiera a sus socios *«para la adquisición de sus propias participaciones o de las participaciones creadas o las acciones emitidas por sociedad del grupo a que la sociedad pertenezca»* (art. 143.2 LSC); a diferencia de la sociedad anónima que sí podrá prestar asistencia financiera, como excepción a la regla general de prohibición, a *«los negocios dirigidos a facilitar al personal de la empresa la adquisición de las acciones de la propia sociedad o de participaciones o acciones de cualquier otra sociedad perteneciente al mismo grupo»* (art. 150.2 LSC).

Una de las singularidades del régimen de la sociedad laboral en relación con la asistencia financiera es que sí autoriza a las sociedades limitadas laborales, porque el régimen dispuesto en el art. 12.4 LSLP no distingue la forma social que adopte la sociedad laboral.

A través de esta autorización legal, creando la *«reserva equivalente al importe de los créditos anotados en el activo»* (art. 150.2 LSC que le resulta aplicable a la sociedad laboral), la sociedad laboral podrá favorecer los relevos generacionales. Porque podrá prestar la asistencia financiera que precisen para la adquisición de capital los trabajadores con contrato por tiempo indefinido que no sean socios.

IV. MEDIDAS PÚBLICAS PARA LA FINANCIACIÓN DE LA ADQUISICIÓN DE ACCIONES O PARTICIPACIONES DE LA CLASE LABORAL. ESPECIAL REFERENCIA A LA CAPITALIZACIÓN DE LA PRESTACIÓN POR DESEMPLEO

Seguramente, en muchos casos para la adquisición de acciones o participaciones por los trabajadores más jóvenes, el principal problema es encontrar financiación para la operación y no tanto, o no sólo, problemas de orden jurídico societario. Por eso, para terminar esta propuesta de herramientas societarias al servicio del relevo generacional, parece adecuado hacer una somera referencia a las formas de ayuda pública para la adquisición de la condición de socio trabajador.

1. PROGRAMAS DE FOMENTO DE LA ECONOMÍA SOCIAL

El art. 9 LES establece, como principio que ha de informar las políticas sociales que se han de generar incentivos a la incorporación de personas trabajadoras a cooperativas y sociedades laborales: *«(L)as cooperativas y sociedades laborales que incorporen personas trabajadoras desempleadas como per-*

sonas socias trabajadoras o de trabajo podrán beneficiarse de bonificaciones en las cuotas empresariales de la Seguridad Social, en los términos y las cuantías que legalmente se establezcan». El Estado y las Comunidades Autónomas, cada uno en la esfera de sus competencias, dictan medidas para ayudas, más o menos directas, para la adquisición de la condición de socio cooperativo en cooperativa de trabajo asociado o de socio de clase laboral en las sociedades laborales.

Así, la Administración central del Estado viene teniendo distintos programas a lo largo de los años con este fin. Entre otras, la vigente Ley de empleo que fue aprobada por Real Decreto Legislativo 3/2015, de 23 de octubre, por el que se aprobó el Texto Refundido de la Ley de Empleo. Finalizado el período de vigencia de la primera Estrategia Española de Activación para el empleo de este contexto legal (Estrategia regulada por el Real Decreto 1032/2017, de 15 de diciembre), la actualmente vigente es la Estrategia Española de Apoyo Activo al Empleo para el nuevo período 2021-2024, regulada por el Real Decreto 1069/2021, de 4 de diciembre, que establece el nuevo marco general de políticas activas de empleo y de intermediación laboral a desplegar de forma conjunta por el Estado y las Comunidades Autónomas. «La nueva Estrategia es un instrumento fundamental para desarrollar el Plan de Recuperación, Transformación y Resiliencia y afronta, en línea con el objetivo 8 de la Agenda 2030, los retos de la reducción del desempleo, especialmente el que afecta a los colectivos más vulnerables, y la creación de empleo estable y de calidad»[11]. En este sentido la Estrategia hace, entre otros extremos, referencia a las políticas de apoyo al relevo generacional por jubilación.

En desarrollo de la referida Estrategia, el Estado ha dictado últimamente, por citar como ejemplo la más reciente (a la fecha de cierre de este trabajo), a través del Ministerio de Trabajo y Economía social, la Orden TES/869/2023, de 22 de julio, por la que se establecen las bases reguladoras de las ayudas para el Plan Integral de Impulso a la Economía Social para la Generación de un Tejido Económico, Inclusivo y Sostenible (BOE n.º 177, de 23 de julio de 2023). Esta orden se integra dentro del marco del Proyecto Estratégico para la Recuperación y Transformación Económica (en adelante, PERTE) de la Economía Social y de los Cuidados. De entre los objetivos que persigue está (como programa 1. «Transforma_es») generar y

11. MINISTERIO DE TRABAJO Y ECONOMÍA SOCIAL (GOBIERNO DE ESPAÑA), «La búsqueda del puesto de trabajo», disponible en noviembre 2023 en https://www.mites.gob.es/es/Guia/texto/guia_1/contenidos/guia_1_2_1.htm#:~:text=La%20nueva%20Estrategia%20Espa%C3%B1ola%20de%20Apoyo%20Activo%20al,econom%C3%ADa%20de%20los%20cuidados%20y%20pol%C3%ADticas%20de%20empleo%C2%BB.

mantener el empleo de empresas viables que estén atravesando dificultades o sin relevo generacional, mediante su conversión en fórmulas empresariales de la economía social gestionadas por sus trabajadores y trabajadoras. Podrán ser beneficiarias, entre otras, las entidades de la Economía Social que realicen actuaciones en el ámbito nacional, de acuerdo con lo que se recoge en la Ley 5/2011, de 29 de marzo, de Economía Social. Los proyectos se subvencionarán, conforme establece la Orden de bases reguladoras indicadas. No obstante, el interés de la convocatoria, no aparece como concepto incluido en los gastos la subvención directa para la adquisición de la condición de socio (sí gastos de inversión y mejora, técnica, digital y jurídica), lo que convendría que se incorporara en próximas convocatorias ya que sería de gran ayuda y estímulo[12].

También queremos dar cuenta de un ejemplo de excelente práctica en relación con los incentivos y el fomento de la economía social. En la Comunidad Autónoma de la Región de Murcia, la Orden de la Consejería con competencias en materia de Economía social, desde hace años viene convocando subvenciones en el programa de fomento que incluyen, entre otras, ayudas directas para la adquisición de la condición de socio en cooperativas y sociedades laborales por los trabajadores de estas.

En el año en curso, 2023, la Consejería de Empresa, Economía Social y Autónomos, publicó en el Boletín Oficial de la Región de Murcia (n.º 150, sábado 1 de julio de 2023) el extracto de la Orden de la Consejería de Empresa, Economía Social y Autónomos de convocatoria de subvenciones

---

12. En el pasado reciente, según CANALDA CRIADO, S. («El fomento del empleo decente y sostenible en cooperativas y sociedades laborales», *REVESCO. Revista de Estudios Cooperativos*, Tercer Cuatrimestre, n.º 132, 2019, pp. 77-96. DOI: 10.5209/REVE.65485, pp. 90-91) en relación con la a Orden TAS/3501/2005, de 7 de noviembre, por la que se establecieron las bases reguladoras para la concesión de subvenciones para el fomento del empleo y mejora de la competitividad en las cooperativas y sociedades laborales (que desarrollaba el mandato de la Estrategia Española de Activación para el Empleo (EEAE), aprobada por Real Decreto 1032/2017, de 15 de diciembre, que es el instrumento de coordinación del Sistema Nacional de Empleo —en la actualidad derogado— e incluía los principios de actuación y objetivos estratégicos y estructurales a alcanzar en materia de políticas de activación para el empleo) afirmó que «es destacable la conexión de esos criterios relativos al empleo generado con el requisito genérico recogido en el art. 3.1 por el cual la incorporación de las nuevas personas socias deberá suponer un incremento del empleo respecto de la media de los 12 meses anteriores a la fecha de incorporación de los nuevos socios por los que se percibe la ayuda. En tanto que el efecto de este criterio es, al mismo tiempo, requisito para la concesión de la ayuda, sería más conveniente que, en lugar de adoptar dicha perspectiva cuantitativa, los criterios relativos al empleo se describieran en términos cualitativos valorando, por ejemplo, políticas de conciliación de la vida laboral y familiar».

para programas de fomento de la economía social para el año 2023. Programa 2.º[13].

Los beneficiarios del programa de subvenciones son las pequeñas y medianas empresas de Economía Social que tengan su domicilio social y fiscal en la Región de Murcia. Las ayudas se concederán para centros de trabajo ubicados en la misma.

A través de este programa se financian las aportaciones dinerarias realizadas por cada socio trabajador que constituya la sociedad y/o que incremente el capital social escriturado de la empresa en cuantía no inferior a tres mil euros (3.000,00 euros), debiendo estar desembolsado en su totalidad. También son objeto de subvención, los importes necesarios para abonar la adquisición de aportaciones o participaciones cuando sea consecuencia de jubilación, fallecimiento, incapacidad permanente total, absoluta o gran invalidez de su titular. Como máximo se subvencionarán seis socios trabajadores por empresa, y sólo se podrá conceder una ayuda por persona.

La convocatoria de este año incluye la adquisición, entre otras, por causa de jubilación, lo que constituye un hito en la financiación del relevo generacional. Esto diferencia la subvención de la CA de la Región de Murcia de las convocatorias de muchas otras CC.AA. en las que se exige, como requisito de la subvención, que la entrada de nuevas personas trabajadoras suponga un incremento respecto del número de trabajadores del ejercicio anterior.

Aunque los términos de las ayudas referidas nos merecen la mejor opinión, convendría que, para ulteriores ediciones, el objeto de la ayuda se extendiera también a cualquiera que sea la causa de transmisión de aportaciones de cooperativa o de acciones o participaciones de sociedad laboral, incluyendo expresamente aquellas que tengan su origen en la ejecución de un plan de relevo generacional; permitiendo así que la ayuda pueda ser destinada a adquirir por el trabajador no socio las acciones que la sociedad tenga en cartera (art. 12 LSLP), porque esta ayuda contribuirá a mejorar el valor del activo neto de la sociedad beneficiaria y a evitarle, en su caso, incurrir el gasto de tener que realizar una reducción de capital (art. 12.3 LSLP).

En las convocatorias de ayudas de otras CC.AA. para el fomento de la adquisición de la condición de socio de las personas trabajadoras con con-

13. De conformidad con lo previsto en los artículos 17.3.b y 20.8.a de la Ley 38/2003, de 17 de noviembre, General de Subvenciones, se publica el extracto de la convocatoria cuyo texto completo puede consultarse en la Base de Datos Nacional de Subvenciones (https://www.infosubvenciones.es/bdnstrans/GE/es/convocatoria/705660)

trato de duración indefinido, en muchos casos no se conceden ayudas para la compra de las partes de capital del socio que se jubila y, en cambio, sí se exige el incremento del n.º de personas socias como consecuencia de la entrada subvencionada de nuevos socios. Todo ello considerado, el marco de las ayudas no siempre favorece el relevo generacional ya que el incremento exigido supone el mantenimiento del n.º de socios, al tiempo que no se favorece la compra de las aportaciones o partes de capital que corresponden a los socios que se vayan a jubilar. No obstante, hay que indicar que en los últimos años ha mejorado sensiblemente el fomento de la economía social en todo el país [14].

Para finalizar este breve repaso queremos insistir en que para el fomento de la contratación de personas trabajadoras en las empresas de la economía

---

14. Mencionamos a continuación alguna iniciativa (al menos 1 por CA, ya que esta nota no tiene un ánimo exhaustivo) relacionada con dicho fomento siempre que se refiera la convocatoria al año 2023: 1) En la Comunidad autónoma de Aragón, la Orden EPE/340/2023, de 24 de marzo, en su art. 25 se establece que «Los diferentes mecanismos que el Gobierno de Aragón tiene en materia de financiación e inversión deberán contemplar de manera activa el trabajo autónomo y el emprendimiento entre sus colectivos de referencia de manera que se facilite el acceso a la financiación a través de los mecanismos ya creados. Asimismo, se incentivará la micro financiación y el *crowdfunding*». 2) En la Comunidad autónoma de Castilla la Mancha, la Resolución de 22/03/2023, de la Dirección General de Autónomos, Trabajo y Economía Social, la línea 2 subvenciona la incorporación con carácter indefinido de personas socias trabajadoras o socias de trabajo y diversifica las cuantías dependiendo de la situación en que se encuentre la persona que justifica la subvención. 3) En la Comunidad de Castilla León, la Orden de 25 de abril de 2023, de la Consejería de Industria, Comercio y Empleo, las personas que se incorporen como socios trabajadores o de trabajo en una cooperativa o sociedad laboral deberán estar incluidas en alguno de los colectivos que allí se indican. 4) La comunidad autónoma de Cantabria, Orden EPS/4/2021, de 24 de marzo, cuyo Programa I es la constitución de nuevas cooperativas o sociedades laborales e Incorporación de socios trabajadores o socios de trabajo a cooperativas y sociedades laborales. 5) En la Comunidad Autónoma de La Rioja, está abierta todo el año el plazo de solicitud de la convocatoria de pago de cuotas a la Seguridad Social de personas trabajadoras que han capitalizado las prestaciones por desempleo y que se incorporen a una cooperativa o sociedad laboral como personas socias-trabajadoras o que se constituyan como personal trabajador autónomo. 6) En la Comunidad Autónoma de Madrid tiene abiertas múltiples líneas de ayuda, apoyo y fomento del empleo, que incluye a colectivos desfavorecidos. Pueden consultarse todas las convocatorias en este documento de la Consejería de Economía, Hacienda y Empleo, disponible en noviembre 2023, https://www.madrid.org/bvirtual/BVCM015686.pdf. 7) En la Comunidad Autónoma de las Islas Baleares, Resolución del conseller de Modelo Económico, Turismo y Trabajo por la que se aprueba la convocatoria de ayudas para la promoción de la ocupación y la mejora de la competitividad de cooperativas, microcooperativas y sociedades laborales de las Illes Balears para los años 2023 y 2024, cuyo Programa II se dirige a la incorporación de personas en microcooperativas ya sea como socios trabajadores, de trabajo o socios fundadores. Deberán estar

social no basta con la convocatoria de ayudas y subvenciones, sino que son muy precisos todos los programas de difusión, formación y asesoramiento

---

en situación de demanda de ocupación. 8) En la Comunidad autónoma de las Islas Canarias, no hemos encontrado ayudas directas para la adquisición de la condición de socio en las cooperativas o sociedades laborales, pero sí varias resoluciones de apoyo e incentivo al empleo a las que podrán concurrir las cooperativas y sociedades laborales (Resolución de 1 de agosto de 2023 y Resolución de 1 de agosto de 2023, en relación con el fomento de la economía social en esta CA, la Resolución de 23 de octubre de 2023) 9) En la Comunidad Foral de Navarra la convocatoria de ayudas para la incorporación de socios en cooperativas y sociedades laborales por Resolución 6251E/2023, de 2 de octubre. 10) En la Comunidad Valenciana, la Resolución de 12 de enero de 2023, del conseller de Economía Sostenible, Sectores Productivos, Comercio y Trabajo, en la que se establecen ayudas a las cooperativas y sociedades laborales, preexistentes o de nueva constitución, para la actuación de incorporación, con carácter indefinido y en centros de trabajo ubicados en el territorio de la Comunidad Valenciana, como socias trabajadoras o socias de trabajo, de personas desempleadas y de personas con contrato de trabajo de carácter temporal, en la misma cooperativa o sociedad laboral en la que se integren como socias. 11) En la Generalitat de Cataluña, la Resolución de 12 de enero de 2023, del conseller de Economía Sostenible, Sectores Productivos, Comercio y Trabajo, por la cual se efectúa la convocatoria anticipada, para el ejercicio 2023, de las ayudas, a las cooperativas, sociedades laborales y empresas de inserción. 12) En la Junta de Andalucía Resolución de 19 de abril de 2023, de la Dirección General de Trabajo Autónomo y Economía Social, «Apoyo a la incorporación de personas socias trabajadoras o de trabajo en Cooperativas y Sociedades Laborales» que persigue apoyar la incorporación de cualquier persona desempleada. 13) En la Junta de Extremadura, la Resolución de 28 de abril de 2023, de la Secretaría General, el Programa I: Creación de empleo estable, subvenciona la incorporación de personas desempleadas como socias trabajadoras o de trabajo a sociedades cooperativas y sociedades laborales, así como la transformación de contratos temporales de personas de su plantilla en contratos indefinidos, al tiempo que adquieren estas personas la condición de socias trabajadoras o de trabajo. 14) La Junta de Galicia, en la Orden de 9 de enero 2023, en el Programa II se establece el fomento de acceso a la condición de persona socia. Pero, dicha incorporación debe suponer un incremento de socios, por lo que no parece pensada para la compra con causa de jubilación. 15) En el País Vasco, la Orden de 10 de mayo de 2023, de la Vicelehendakari Segunda y consejera de Trabajo y Empleo, en su Capítulo I, art. 3, regula subvenciones dirigidas a financiar los gastos que directamente se deriven de mecanismos (herramientas jurídicas) que faciliten el relevo generacional en las empresas de economía social. El objeto de la línea de subvenciones son las ayudas que el Gobierno Vasco, a través del Departamento de Trabajo y Empleo, podrá otorgar, durante el ejercicio 2023, para: a) La incorporación de personas desempleadas a empresas con forma jurídica de Sociedad Cooperativa o Sociedad Laboral, en calidad de personas socias trabajadoras o de trabajo de duración indefinida. b) La incorporación como personas socias trabajadoras o socias de trabajo de duración indefinida de las personas trabajadoras no-socias con contrato laboral por cuenta ajena, en activo, en empresas con forma jurídica de Sociedad cooperativa o laboral, entre otras, con especial referencia a la incorporación de personas con discapacidad. 16) En el Principado de Asturias, la Resolución de 10 de marzo de 2023, de la Consejería de Industria, Empleo y Promoción Económica, por la que se aprueba la convocatoria para la concesión de ayudas a la incorporación de socios en sociedades cooperativas de trabajo asociado y sociedades laborales.

que llevan a cabo las entidades representativas de las empresas de la economía social.

Así, por ejemplo, en Aragón, la Ley 7/2019, de 29 de marzo, de apoyo y fomento del emprendimiento y del trabajo autónomo, que pone un foco en el fomento del relevo generacional, en su artículo 13 titulado «Fomento del relevo generacional» establece que *«la Administración de la Comunidad Autónoma pondrá en marcha medidas específicas e incentivos para fomentar el relevo generacional de los empresarios y autónomos próximos a la jubilación y para garantizar la continuidad de la ocupación y de las actividades económicas sostenibles que potencialmente pudieran finalizar por jubilación»*.

Merece señalar lo acontecido en la Comunidad Foral de Navarra en el ejercicio de 2023, en el que se tuvo que dictar la *Resolución 6251E/2023, de 2 de octubre, de la directora gerente del Servicio Navarro de Empleo-Nafar Lansare, por la que se desautoriza el gasto de la partida correspondiente de la subvención aprobada mediante Resolución 507E/2019, de 3 de abril, por la que se aprueba la convocatoria de subvenciones al fomento del empleo en cooperativas de trabajo asociado y sociedades laborales de Navarra mediante la incorporación de personas desempleadas socias*, porque las solicitudes no habían cubierto el importe convocado. Seguramente la falta de solicitudes no se debía a la bonanza económica de las entidades de la economía social sino a la necesidad de incrementar los programas de difusión, formación y asesoramiento al que hemos hecho referencia y que menciona la Estrategia Española de Economía Social 2023-2027[15].

2. LA CAPITALIZACIÓN DE LA PRESTACIÓN POR DESEMPLEO PARA LA ADQUISICIÓN DE LA CONDICIÓN DE SOCIO TRABAJADOR O DE TRABAJO DE COOPERATIVA O DE SOCIEDAD LABORAL

Desde el año 2015, el art. 10 LES establece el régimen de la capitalización de la prestación por desempleo que ayuda de forma directa a la adquisición de la condición de socio[16]. Se regula el abono de la prestación por desempleo en su modalidad de pago único a los beneficiarios de prestaciones cuando pretendan incorporarse, de forma estable, como socios trabajadores o de

15. *Vid.* el análisis de debilidades del DAFO realizado para la Estrategia Española de Economía Social 2023-2027, publicada en el BOE de 1 de junio de 2023 por Resolución de 17 de mayo de 2023, de la Secretaría de Estado de Empleo y Economía Social, por la que se publica el Acuerdo del Consejo de ministros de 11 de abril de 2023, por el que se aprueba la Estrategia Española de Economía Social 2023-2027.
16. *Vid.*, CAVAS MARTÍNEZ, F., «La capitalización de las prestaciones por desempleo y el cese de actividad como medidas de fomento del emprendimiento social», *Revista General de Derecho del Trabajo y de la Seguridad Social*, N.º. 43, 2016; MARTÍNEZ

trabajo en cooperativas o en sociedades laborales, aunque hayan mantenido un vínculo contractual previo con dichas sociedades, independientemente de su duración. El abono se realizará a favor de las personas que trabajen en la sociedad laboral o cooperativa con una relación laboral de carácter indefinido que reúnan todos los requisitos para ser beneficiarios de la prestación por desempleo de nivel contributivo, salvo el de estar en situación legal de desempleo, que pretendan adquirir la condición de persona socia trabajadora o de trabajo en dicha sociedad laboral o cooperativa.

Quienes capitalicen la prestación por desempleo, también podrán destinar la misma a los gastos de constitución y puesta en funcionamiento de una entidad, así como al pago de las tasas y el precio de servicios específicos de asesoramiento, formación e información relacionados con la actividad a emprender.

La auténtica singularidad, que convierte la fórmula en un instrumento de financiación realmente útil, está en que los beneficiarios no tienen que estar en situación legal de desempleo; lo que, entre otras, favorece los procesos de relevo generacional ya que permite a los trabajadores en activo solicitar lo que se conoce como «pago único»[17].

El abono de la prestación se realizará de una sola vez por el importe que corresponda a las aportaciones al capital, incluyendo la cuota de ingreso, en el caso de las cooperativas, o al de la adquisición de acciones o participaciones del capital social en una sociedad laboral en lo necesario para acceder a la condición de socio[18].

BARROSO, M. R., «La capitalización de la prestación por desempleo como medida de fomento del empleo autónomo y de la economía social» AA.VV., *Los nuevos perfiles del Estado social. La promoción del empleo de los trabajadores jóvenes y maduros*, (ESCUDERO PRIETO, Dir.), 2017, págs. 315-344. La establecida en la Ley de economía social que comentamos es una medida, de signo similar, pero con un régimen algo diferente, de la capitalización por desempleo del art. 34 de la Ley 20/2007, de 11 de julio, del Estatuto del trabajo autónomo. Un análisis de esta última en GARCÍA ROMERO, B., «Incentivos laborales al autoempleo individual (II). Prestación por desempleo y fomento del autoempleo», AA.VV., *Fomento del Trabajo Autónomo y la economía social. Especial referencia a las novedades introducidas por la Ley 31/2015 de 9 de septiembre*, (FARIAS BATLLE, M/FERRANDO GARCÍA, Dirs.), Aranzadi Thomson Reuters, Cizur Menor, 2015, pp. 221-239, p. 236.

17. La expresión «salvo el de estar en situación legal de desempleo» se introdujo en la reforma de las LES por modificación del apartado 1.1.ª, con efectos desde el 1 de septiembre de 2023, por la disposición final 3.2 Real Decreto-Ley 1/2023, de 10 de enero.

18. El art. 10 bis LES establece otra medida directamente encaminada a financiar la adquisición de la condición de socio, pero la finalidad es favorecer la continuidad de la

V. BIBLIOGRAFÍA

ALFONSO SÁNCHEZ, R., «Estatuto jurídico del socio (II). Separación y exclusión», AA.VV., *Derecho de sociedades de capital* (Dir. EMBID IRUJO), Marcial Pons, Madrid, 2016, pp. 205-224.

ALFONSO SÁNCHEZ, R., «Separación y exclusión de socios en la sociedad laboral», AA.VV., *El nuevo régimen jurídico de las sociedades laborales* (Dir. ANDREU MARTÍ), Aranzadi, Cizur Menor, 2017, pp. 135-183.

ALONSO ESPINOSA, F. J., «Artículo 6. Derecho de adquisición preferente en caso de transmisión voluntaria *inter vivos* de acciones o participaciones», AA.VV., *Comentario a la Ley de sociedades laborales y participadas* (ALONSO ESPINOSA, Dir.), Civitas Thomson-Reuters, Cizur Menor, 2017, pp. 94-129.

ALONSO ESPINOSA, F. J., «Artículo 7. Valoración de las acciones o participaciones a los efectos de su transmisión o amortización», AA.VV., *Comentario a la Ley de sociedades laborales y participadas* (ALONSO ESPINOSA, Dir.), Civitas Thomson-Reuters, Cizur Menor, 2017, pp. 129-134.

ANDREU MARTÍ, M. M., «La transmisión de acciones y participaciones. Causas y procedimientos», AA.VV., *Participación de los trabajadores en la empresa y sociedades laborales* (FAJARDO GARCÍA, Dir.), Tirant lo Blanch, Valencia, 2018, pp. 709-729.

ANDREU MARTÍ, M. M., «Transmisión de acciones y participaciones sociales en la reforma propuesta de la Ley de sociedades laborales», *CIRIEC-España. Revista Jurídica* n.º 25, 2014.

empresa en concurso. Los destinatarios de esta modalidad de capitalización, introducida la disposición final 8 de la Ley 16/2022, de 5 de septiembre, de reforma del texto refundido de la Ley Concursal, son las personas que reúnan todos los requisitos para ser beneficiarios de la prestación contributiva por desempleo, salvo el de estar en situación legal de desempleo cuando vayan a destinar ese importe a adquirir acciones o participaciones sociales de una sociedad en la que prestan servicios retribuidos como personas trabajadoras con contrato de trabajo por tiempo indefinido de forma que, con dicha adquisición, individualmente considerada, o con las adquisiciones que realicen otras personas, trabajadoras o no de la sociedad, esta reúna las condiciones legalmente necesarias para adquirir la condición de sociedad laboral o transformarse en cooperativa. El abono de la prestación capitalizada requerirá que la empresa se haya declarado en concurso y que el juez de lo mercantil haya acordado la transformación de la sociedad en una sociedad cooperativa o sociedad laboral en el marco de lo dispuesto en los artículos 219 o 224 bis y artículos concordantes del texto refundido de la Ley Concursal.

ANDREU MARTÍ, M. M., «Régimen de separación y exclusión de socios en la sociedad laboral profesional», AA. VV., *La Sociedad Laboral Profesional: Una figura societaria en estudio* (ALFONSO SÁNCHEZ/FARIAS BATLLE, Dirs.), Aranzadi Thomson Reuters, Cizur Menor, 2023, pp. 187-231.

CANALDA CRIADO, S., «El fomento del empleo decente y sostenible en cooperativas y sociedades laborales», *REVESCO. Revista de Estudios Cooperativos*, Tercer Cuatrimestre, n.º 132, 2019, pp. 77-96. DOI: 10.5209/REVE.65485.

CAVAS MARTÍNEZ, F., «La capitalización de las prestaciones por desempleo y el cese de actividad como medidas de fomento del emprendimiento social», *Revista General de Derecho del Trabajo y de la Seguridad Social*, N.º 43, 2016.

COSTAS COMESAÑA, J., «La separación del socio», AA.VV., *Participación de los trabajadores en la empresa y sociedades* (Dir. FAJARDO GARCÍA), Tirant Lo Blanch, Valencia, 2018.

EMPARANZA SOBEJANO, A., «Separación y exclusión de socios», AA.VV., *Comentario de la Ley de Sociedades de Capital* (Coords. ROJO/BELTRÁN), t. II, Aranzadi, Cizur Menor, 2011.

ESCUÍN IBÁÑEZ, I., «Régimen jurídico del capital social (I) Clases de acciones y participaciones sociales. Su transmisión», AA.VV. *El régimen jurídico de las sociedades laborales* (ANDREU MARTÍ, Dir.), Aranzadi Thomson-Reuters, Cizur Menor, 2017, pp. 89-108.

FARIAS BATLLE, M., «La transmisión de la condición de socio en las sociedades laborales profesionales», AA.VV., *La Sociedad Laboral Profesional: Una figura societaria en estudio* (Dirs. ALFONSO SANCHEZ/FARIAS BATLLE), Aranzadi Thomson-Reuters, Cizur Menor, 2023, pp. 145-185.

FERNÁNDEZ SAHAGÚN, M. S., «Particularidades de la sociedad laboral como sociedad mercantil especial. Comentario de la Sentencia 441/2021 de la Audiencia Provincial de Barcelona, 20 de enero 2021», *Revista Derecho de Sociedades RdS*, n.º 63, 2021.

GARCÍA ROMERO, B., «Incentivos laborales al autoempleo individual (II). Prestación por desempleo y fomento del autoempleo», AA.VV., *Fomento del Trabajo Autónomo y la economía social. Especial referencia a las novedades introducidas por la Ley 31/2015 de 9 de septiembre* (FARIAS BATLLE/FERRANDO GARCÍA, Dirs.), Aranzadi Thomson Reuters, Cizur Menor, 2015, pp. 221-239.

MARTÍNEZ BARROSO, M. R., «La capitalización de la prestación por desempleo como medida de fomento del empleo autónomo y de la economía social» AA.VV., *Los nuevos perfiles del Estado social. La promoción del empleo de los trabajadores jóvenes y maduros* (ESCUDERO PRIETO, Dir.), 2017, pp. 315-344.

MARTÍNEZ PARRILLA, A. B., Problemática de la sucesión en la empresa familiar: estudio de las empresas familiares de Albacete, Tesis doctoral, Mónica Giménez Baldazo (dir.), Universidad de Alcalá, Editorial Universidad de Alcalá, 2018, disponible a 30 de octubre 2023 en https://www.educacion.gob.es/teseo/imprimirFicheroTesis.do?idFichero=%2BEreoPqr4cQ%3D

MINISTERIO DE TRABAJO Y ECONOMÍA SOCIAL (GOBIERNO DE ESPAÑA), «La búsqueda del puesto de trabajo», disponible en noviembre 2023 en https://www.mites.gob.es/es/Guia/texto/guia_1/contenidos/guia_1_2_1.htm#:~:text=La%20nueva%20Estrategia%20Espa%C3%B1ola%20de%20Apoyo%20Activo%20al,econom%C3%ADa%20de%20los%20cuidados%20y%20pol%C3%ADticas%20de%20empleo%C2%BB

NOVAL PATO, J., «Capítulo 4. En general, instrumentos mercantiles de y para el relevo generacional», AA.VV., *Relevo generacional en cooperativas de trabajo asociado y sociedades laborales* (ALFONSO SANCHEZ/ANDREU MARTÍ, Dirs.), Aranzadi Thomson Reuters, Cizur Menor, 2023.

SÁNCHEZ RUIZ, M., «La nueva regulación legal de la separación y la exclusión de socios en las sociedades laborales», *CIRIEC-España. Revista jurídica,* n.º 30, 2017, pp. 1-39. Disponible en http://ciriec-revistajuridica.es/wp-content/uploads/comen30-04.pdf

SERRANO ARGÜESO, M./GARCÍA ÁLVAREZ, B., «Capítulo 3. Prácticas empresariales de innovación en materia de gestión de la edad para el empleo y en el empleo en cooperativas y sociedades laborales», AA.VV., *Relevo generacional en cooperativas de trabajo asociado y sociedades laborales* (ALFONSO SANCHEZ/ANDREU MARTI), Aranzadi Thomson-Reuters, Cizur Menor, 2023.

ZURUTUZA ARIGITA, I, «La evolución del régimen de transmisión de acciones y participaciones sociales en las sociedades laborales», *Revista de Derecho de Sociedades RdS,* Aranzadi, n.º 52, enero-abril, 2018, pp. 191-226.

Capítulo 11

Transmisión *mortis causa* en las sociedades laborales

Miguel Gimeno Ribes
Profesor Titular de Derecho Mercantil
Universidad de Valencia

I. INTRODUCCIÓN

La transmisión *mortis causa* de acciones y participaciones constituye un aspecto esencial del relevo generacional en las sociedades mercantiles. A ello se añaden, como es evidente, otros instrumentos, dentro de los que se encuentran, a título ejemplificativo, las previsiones correspondientes en pactos parasociales. Desde este punto de vista, la opción de política legislativa en la materia es especialmente relevante. Lo mismo puede decirse de la utilización de las posibilidades de la autonomía estatutaria en este contexto. La legislación sobre sociedades laborales no responde en este sentido a un planteamiento distinto. Por el contrario, el régimen de transmisión *mortis causa* contenido en el art. 10 LSLP[1] incorpora un planteamiento de política jurídica revelador.

La perspectiva no es nueva ni accidental, ya que la regla mantiene la pauta prevista en la normativa anterior (art. 11 LSL 1997[2]). En esencia, se trata de una configuración que invierte la tendencia propia del régimen de las sociedades laborales. Como es sabido, la calificación como sociedad laboral exige el cumplimiento de los requisitos establecidos en el art. 1.2 LSLP. Las tres exigencias se refieren a la necesidad de garantizar que el capital social sea tendencialmente disperso y que exista coincidencia entre la mayoría de los socios y la de los trabajadores indefinidos. La primera de ellas contrasta con la realidad habitual de las sociedades capitalistas en la Europa continental, que se caracterizan por contar con un socio mayoritario o de control[3]. Por su parte, los otros dos requisitos tienen que ver con la existencia de una mayoría de propiedad de trabajadores indefinidos y con que las horas de estos últimos mayoritariamente correspondan a socios.

La percepción tradicional en la doctrina ha sido que el régimen de la transmisión *mortis causa* (art. 10 LSLP) casaba menos que otras reglas, paradigmáticamente, las de transmisión *inter vivos* (art. 6 LSLP), con los postulados del art. 1.2 LSLP[4]. La evolución histórica de la regla en la legislación de sociedades laborales puede arrojar alguna luz a la génesis de un precepto de estas características. Con todo, la permanencia de la regla en el tiempo permite afirmar que no se trata de una anomalía, sino que es una decisión de política legislativa plenamente consciente. En este sentido, la norma sobre transmisión *mortis causa* favorece la sucesión por parte de herederos más que la tendencia a la mayor presencia de trabajadores indefinidos[5].

---

1. Ley 44/2015, de 14 de octubre, de Sociedades Laborales y Participadas.
2. Ley 4/1997, de 24 de marzo, de Sociedades Laborales.
3. Véase, por muchos, LA PORTA, R./LÓPEZ-DE-SILANES, F./SHLEIFER, A., «Corporate Ownership around the World», *J. Finance*, vol. 54, núm. 2, 1999, pp. 471-517.
4. ALONSO ESPINOSA, F. J., «Especialidades en el régimen de la posición jurídica del socio», AA.VV., *Régimen Jurídico de las Sociedades Laborales (Ley 4/1997)*, Coord. ALONSO ESPINOSA, Valencia, Tirant Lo Blanch, 1997, pp. 67-100, p. 98; SÁENZ GARCÍA DE ALBIZU, J. C./GOÑI SEIN, J. L./DE LA HUCHA CELADOR, F./PERDICES HUETOS, A. B., *Sociedades laborales*, Madrid, Civitas, 2000, p. 218.
5. Véase sobre la función tuitiva de los trabajadores de la LSLP, BARRERO RODRÍGUEZ, E., «Consideraciones sobre la reforma del régimen legal de las sociedades laborales», *Revista de Derecho de Sociedades*, núm. 45, 2015 (versión electrónica), ap. 3.2.2.

Pese a todo, la afirmación realizada no debe entenderse como absoluta. En relación con esto último, debe tenerse en cuenta, en primer lugar, que la regla sobre transmisión *mortis causa* no renuncia a introducir salvaguardas de laboralidad. Entre ellas se encuentra la protección del heredero o legatario que sea a su vez trabajador indefinido de la compañía (art. 10.3 LSLP) y la pauta sobre el mantenimiento de la calificación como sociedad laboral (art. 10.4 LSLP). A ello se añade, en segundo lugar, que el precepto en cuestión no constituye un compartimento estanco en la legislación de sociedades laborales. Por el contrario, se trata de una norma que debe ser aplicada e interpretada en relación con el conjunto de la ley. Esto se deriva desde luego de las remisiones que realiza el propio art. 10 LSLP tanto al derecho de adquisición existente en sede de transmisión *inter vivos* (art. 6.2 LSLP) como al mantenimiento de los requisitos de laboralidad de la compañía (art. 1.2 LSLP). A ello se añade la necesidad de tener en cuenta otros preceptos del mismo cuerpo legal para integrar algunos conceptos contenidos en el art. 10 LSLP, como ocurre, a título ejemplificativo, con el valor razonable (cfr., art. 7 LSLP).

El presente trabajo da cuenta de la especialidad que representa la regla sobre transmisión *mortis causa* en la legislación de sociedades laborales. A tal efecto, el análisis aborda primero la particularidad en sí misma, atendiendo a las singularidades tipológicas que se presentan y a la disparidad de tratamiento de las transmisiones entre vivos y por causa de muerte (II.). La consideración de estos extremos permite reflexionar sobre el fundamento de la configuración del precepto analizado. Esto último permite a su vez realizar la correspondiente exégesis del régimen contenido en aquél. A tal efecto, se distingue entre la regla supletoria, que plantea una transmisión *mortis causa* no restringida (III.), y el detallado sistema previsto como alternativa de diseño estatutario (IV.). El estudio concluye con el análisis de los supuestos en los que se dejan de cumplir los requisitos necesarios para la calificación laboral y el mecanismo del consentimiento (V).

II. LA ESPECIALIDAD DE LA REGLA DE TRANSMISIÓN *MORTIS CAUSA* EN LA LEGISLACIÓN DE SOCIEDADES LABORALES

1. LA AUSENCIA DE DIFERENCIACIÓN TIPOLÓGICA

El art. 10 LSLP contiene un primer apartado a cuyo tenor existe una regla de libre transmisibilidad *mortis causa* de las acciones o participaciones sociales de sociedades anónimas o limitadas laborales. Frente a este régimen supletorio, el apartado segundo permite el establecimiento de un sistema estatutario alternativo consistente en un derecho de adquisición de las acciones o participaciones de clase laboral que se pretendan transmitir y que siga el régimen general previsto para las transmisiones *inter vivos que* no se hagan a favor de trabajadores indefinidos. La configuración del precepto plantea una primera cuestión reseñable, como es el indistinto tratamiento de las sociedades anónimas y limitadas. Esta apreciación contrasta con la norma de la que se toma en régimen de transmisiones por causa de muerte, contenido en el régimen de sociedades limitadas y que hoy se encuentra en el art. 110 LSC[6]. No obstante, el planteamiento en el caso de las sociedades anónimas es comparable, tal y como se prevé en el art. 124 LSC. En este sentido, como regla general, la condición de socio se adquiere como consecuencia de la sucesión por causa de muerte. Únicamente si así lo prevén los estatutos, se puede hacer uso del derecho de adquisición.

La ausencia de distinción tipológica se presenta también en el caso de las transmisiones *inter vivos* (art. 6 LSLP), en las que sí que constituye una verdadera diferencia respecto del régimen general de las sociedades de capital. Esta circunstancia puede comprenderse desde la óptica de las exigencias previstas en el art. 1.2 LSLP, que responden a una lógica diferente[7]. Desde esta perspectiva, se diluyen los caracteres tipológicos cerrado y abierto de los tipos generales. En su lugar, el carácter laboral es el que inspira el sistema de restricciones a la libre transmisibilidad. Esto no resulta excesivamente problemático en la medida en que un régimen imperativo de restricción (art. 6 LSLP) no desvirtúa verdaderamente los tipos generales. A este respecto, desde luego que esto no ocurre en el caso de la sociedad de responsabilidad limitada a la luz de la regla supletoria del art. 107 LSC. Y tampoco ocurre así en el caso de las sociedades anónimas, donde las restricciones son perfectamente posibles (art. 123 LSC) y, además, en ocasiones vienen previstas por la propia norma legal, como ocurre en el contexto de las prestaciones accesorias (cfr., art. 88 LSC). Las consideraciones realizadas responden en buena medida a la proximidad conceptual entre los tipos generales, algo que es propio de algunos ordenamientos, como es el caso de España, aunque no de otros[8]. Es conocido en relación con esto último la

---

6. Real Decreto Legislativo 1/2010, de 2 de julio, por el que se aprueba el texto refundido de la Ley de Sociedades de Capital. Véase sobre el origen del art. 10 LSLP en el régimen general de sociedades de responsabilidad limitada, ALONSO ESPINOSA, F. J., «Especialidades», *cit.*, p. 98; SÁENZ GARCÍA DE ALBIZU, J. C./GOÑI SEIN, J. L./DE LA HUCHA CELADOR, F./PERDICES HUETOS, A. B., *Sociedades, cit.*, p. 218; ALONSO ESPINOSA, F. J., «Artículo 10», AA.VV., *Comentario a la Ley de Sociedades Laborales y Participadas* (Dir. ALONSO ESPINOSA), Cizur Menor, Aranzadi, 2017, pp. 146-160, p. 147.
7. Véase PAGADOR LÓPEZ, J., *Las sociedades laborales. La sociedad de garantía recíproca*, Madrid, Marcial Pons, 2005, *passim.*
8. Véase ROJO FERNÁNDEZ-RÍO, A., «La sociedad anónima como problema», *Revista de Derecho Mercantil*, núms. 187-188, 1988, pp. 7-34.

idea desarrollada doctrinalmente de la *polivalencia funcional*[9], esto es, la posibilidad de concebir los tipos sociales para diferentes estructuras y, en particular, la sociedad anónima, de modo que la utilización de esta última y de la sociedad de responsabilidad limitada será parcialmente coincidente[10].

La reflexión previa es especialmente nítida en el caso de las sociedades laborales. En el régimen general, la transmisión de acciones y participaciones sociales constituye uno de los elementos determinantes de la cuestión tipológica[11]. Sin embargo, no ocurre así con el tipo especial que aquí es objeto de análisis. Esto sorprende si se atiende a la función económica que pueden tener las sociedades laborales. Con carácter general, se trata de un mecanismo o manifestación de la previsión constitucional de acceso de los trabajadores a los medios de producción (art. 129 CE)[12]. Si a esta perspectiva se añade la exigencia de dispersión del capital [art. 1.2.b) LSLP], cabe entender que las laborales sean tendencialmente sociedades anónimas. Así parece haber sido el entendimiento originario, en la medida en que la LSAL 1986[13] se refería en exclusiva al indicado tipo social.

---

9. Véase FERNÁNDEZ DE LA GÁNDARA, L., «El problema tipológico: la consagración del sistema dualista sociedad anónima-sociedad de responsabilidad limitada», *Revista de Derecho de Sociedades*, núm. Extraordinario, 1994, pp. 35 y ss.; GONDRA ROMERO, J. M., «La posición de la sociedad de responsabilidad limitada en el marco de la reforma del Derecho de sociedades de capital», AA.VV., *La reforma del derecho español de sociedades de capital. Reforma y adaptación de la legislación mercantil a la normativa comunitaria en materia de sociedades* (Coords. ALONSO UREBA/CHICO ORTIZ/ LUCAS FERNÁNDEZ), Madrid, Colegio Nacional de Registradores de la Propiedad, 1987, pp. 909-940, p. 931.
10. DEL VAL TALENS, P./GIMENO RIBES, M., «Setting the Scene. Family Firms and Closed Companies in Spain», en FLEISCHER, H./RECALDE CASTELLS, A./SPINDLER, G. (Ed.), *Family Firms and Closed Companies in Germany and Spain*, Tübingen, Mohr Siebeck, 2021, pp. 23-63, pp. 25-31.
11. Véase, por ejemplo, EMBID IRUJO, J. M., «Cuestiones de tipología societaria en la Ley de Sociedades de Capital», AA.VV., *Estudios de derecho mercantil en homenaje al profesor José María Muñoz Planas* (Coords. PILOÑETA ALONSO/IRIBARREN BLANCO), Civitas, Madrid, 2011, pp. 169-183; ILLESCAS ORTIZ, R., «Sentencia de 10 de enero de 2010. El Tribunal Supremo se pronuncia sobre los tipos sociales (S.A. y S. R. L.) y la aplicación analógica de sus normas», *Cuadernos Cívitas de Jurisprudencia Civil*, núm. 88, 2012, pp. 195-212.
12. CIVERA GARCÍA, A., «Consideraciones en torno a la nueva Ley de Sociedades Laborales», *Revista General de Derecho*, núms. 634-635, 1997, pp. 9181-9195, pp. 9181-9182; PAGADOR LÓPEZ, J., *Las sociedades, cit.*, p. 19; MATEO HERNÁNDEZ, J. L., «Hacia una mayor participación de los trabajadores en la realidad empresarial a través de la nueva regulación de las sociedades laborales», *Revista de Derecho de Sociedades*, núm. 46, 2016 (versión electrónica), ap. I; LÁZARO SÁNCHEZ, E. J., «Artículos 1-4», AA.VV., *Comentario a la Ley de Sociedades Laborales y Participadas* (Dir. ALONSO ESPINOSA), Cizur Menor Aranzadi, 2017, pp. 31-67, p. 40.
13. Ley 15/1986, de 25 de abril, de Sociedades Anónimas Laborales.

Frente a esto último, y sin perjuicio de las amplias posibilidades de configuración[14], la sociedad limitada parece un vehículo idóneo para la empresa familiar precisamente por su carácter cerrado[15]. Esto último, que representa la perspectiva inversa de lo indicado en el párrafo previo, explica alguna disparidad en el régimen general de las sociedades de capital. Cabe recordar en este contexto que la excepción de la prohibición de asistencia financiera para la adquisición de acciones propias por los empleados (art. 150.2 LSC) ha sido también entendida como una manifestación del art. 129 CE[16]. Con todo, la exclusión únicamente se prevé para las sociedades anónimas y no para las de responsabilidad limitada (art. 143.2 LSC). Entre las explicaciones que se han buscado para esta diferenciación, en la doctrina se ha trazado el paralelismo con el sistema originario de las sociedades laborales[17]. A este respecto, debe tenerse en cuenta que el último precepto citado tiene su origen en el art. 40.5 LSRL 1995[18], que fue promulgada en un momento en el que todavía se encontraba vigente la LSAL 1986.

Con todo, la distinción tipológica parece haber sido superada, precisamente en aras de la referida polivalencia funcional. Esto no impide, sin embargo, que existan distinciones en la legislación de sociedades laborales que respondan hasta cierto punto a la dualidad funcional que se ha expuesto en este apartado. Se trata de la diferencia existente entre la transmisión *mortis causa* (art. 10 LSLP) e *inter vivos* (art. 6 LSLP) de acciones y participaciones sociales.

2. LA DIVERGENCIA EN LA TRANSMISIÓN

Frente a la regla supletoria prevista en el art. 10.1 LSLP, según la cual la transmisión *mortis causa* no se encuentra sujeta a restricciones, el art. 6.2 LSLP establece una regla imperativa que configura un derecho de adquisi-

14. Al respecto, en relación con las sociedades cotizadas familiares, véase DEL VAL TALENS, P./GIMENO RIBES, M., «Listed Family Companies in Spain», en FLEISCHER, H./PRIGGE, S. (Eds.), *Listed Family Firms*, Bingley, Emerald, 2024 (en prensa).
15. Véase, por ejemplo, RODRÍGUEZ ARTIGAS, F., «La empresa familiar y las reformas de la ley de sociedades limitadas», AA.VV., *El patrimonio familiar, profesional y empresarial. Sus protocolos. Constitución, gestión, responsabilidad, continuidad y tributación* (Coords. GARRIDO MELERO/ FUGARDO ESTIVIL), vol. IV, Bosch, Barcelona, 2005, pp. 383-432.
16. Véase FERNÁNDEZ DEL POZO, L., «Asistencia financiera a los trabajadores para la adquisición de acciones propias (art. 81.2 LSA)», *Revista de Derecho Bancario y Bursátil*, núm. 47, 1992, pp. 811-848, p. 814.
17. Véase PANTALEÓN PRIETO, A. F./PORTELLANO DÍEZ, P., «Artículos 40-41», en PANTALEÓN PRIETO, A. F./PORTELLANO DÍEZ, P./VÉRGEZ SÁNCHEZ, M., *Régimen de las Participaciones Sociales en la Sociedad de Responsabilidad Limitada*, Civitas, Madrid, pp. 478-486, pp. 480-482.
18. Ley 2/1995, de 23 de marzo, de Sociedades de Responsabilidad Limitada.

ción con un orden de prelación[19]. El orden de los sujetos que pueden comprar las acciones o participaciones tiene en cuenta en primer lugar a los trabajadores indefinidos de la sociedad que no tengan la condición de socio. Le siguen los que sí que sean socios (clase laboral), tras los cuales se encuentran los socios que no sean trabajadores (clase general) y, finalmente, la sociedad. El único punto en común es la libre transmisibilidad a los trabajadores indefinidos (arts. 6.1 y 10.3 LSLP). La finalidad de lo previsto en el art. 6.2 LSLP es evidente y se encuentra en línea con los postulados del art. 1 LSLP, así como con el propio art. 129 CE. Por su parte, el planteamiento del art. 10.1 LSLP ha sido tradicionalmente cuestionado en la doctrina. La crítica ha venido dada por la ausencia de un planteamiento común de ambas formas de transmisión, reforzado por el hecho de que incluso puedan ser configuradas cláusulas estatutarias que hagan absolutamente intransmisibles las acciones determinadas circunstancias (art. 8.1 LSLP)[20].

En realidad, parece que existen argumentos para comprender esta disparidad entre los regímenes de transmisión. Por una parte, pueden tenerse en cuenta las consideraciones realizadas en el apartado anterior. Cabe pensar a este respecto en constelaciones en las que la sociedad laboral tenga, al mismo tiempo, una estructura familiar[21]. Para tales supuestos puede tener sentido contar con un régimen supletorio que permita la transmisión *mortis causa* sin restricciones. Establecer una regla dispositiva con este contenido exige que, de considerarse, deba preverse la pauta contraria de origen o mediante la correspondiente modificación estatutaria (art. 10.2 LSLP)[22]. En último término, la formulación legal constituye un mecanismo de equilibrio entre ambos intereses y, potencialmente, una herramienta de tutela de la minoría (rama familiar)[23] en la medida en que se exige el cambio respecto de la regla supletoria si se quiere contar con una restricción.

19. Sobre ello, ALONSO ESPINOSA, F. J., «Especialidades», *cit.*, pp. 93-94; PAGADOR LÓPEZ, J., *Las sociedades, cit.*, pp. 231-234; BARRERO RODRÍGUEZ, E., «Consideraciones», *cit.*, ap. 3.2.2.
20. Por muchos, SÁENZ GARCÍA DE ALBIZU, J. C./GOÑI SEIN, J. L./DE LA HUCHA CELADOR, F./PERDICES HUETOS, A. B., *Sociedades, cit.*, pp. 218-219.
21. Véase, JORDÁ GARCÍA, R., «Ventajas e inconvenientes de instrumentar uma empresa familiar como sociedade laboral», *Anuario de Derecho*, núm. 39, 2022, pp. 1-25.
22. Véase sobre la posibilidades de configuración del derecho dispositivo, FLEISCHER, H., «Gesetz und Vertrag als alternative Problemlösungsmodelle im Gesellschaftsrecht. Prolegomena zu einer Theorie gesellschftsrechtlicher Regelsetzung», *Zeitschrift für das gesamte Handelsrecht und Wirtschaftsrecht (ZHR)*, vol. 168, núm. 6, 2004, pp. 673-707, pp. 692 y ss.
23. Se insinúa en SÁENZ GARCÍA DE ALBIZU, J. C./GOÑI SEIN, J. L./DE LA HUCHA CELADOR, F./PERDICES HUETOS, A. B., *Sociedades, cit.*, p. 225.

La referencia a la sociedad familiar parte del entendimiento según el cual se trata del contexto en el que la sucesión tiene especial relevancia. En términos de Derecho de sucesiones, parece evidente que la presencia de familiares entre los herederos es altamente previsible, habida cuenta del régimen de las legítimas (arts. 806 y ss. CC) y de las normas sobre la sucesión intestada (arts. 912 y ss. CC).

Una segunda consideración que puede en realizarse en materia de transmisión tiene que ver con la sucesión *mortis causa* en sí misma por oposición a la enajenación de las acciones o participaciones sociales. La esencia de la sucesión hereditaria es precisamente encontrar un sujeto a quien destinar un patrimonio de una persona fallecida. Desde este punto de vista, en el límite, no es operativa una restricción absoluta de transmisión *mortis causa*. Esto explica que el art. 8.1 aluda únicamente a las transmisiones entre vivos y no a las que se producen por causa de muerte. Esto hace perfectamente compatible una previsión que supone una restricción absoluta cuando se trata de que las acciones o participaciones sociales sean enajenadas y una regla dispositiva como la prevista en el art. 10.1 LSLP[24]. Así se explica igualmente la distinción existente en el tipo general de la sociedad de responsabilidad limitada. En él se prohíbe cualquier cláusula estatutaria que permita la libre transmisibilidad de las participaciones sociales *inter vivos* (art. 108 LSC) y, sin embargo, se establece como regla supletoria la ausencia de limitaciones cuando se produce por causa de muerte (art. 110.1 LSC) y sin realizar distinciones (*cfr.*, art. 107 LSC).

III. LA TRANSMISIÓN *MORTIS CAUSA* SIN RESTRICCIONES

1. LA REGLA SUPLETORIA

La transmisión *mortis causa* de las acciones o participaciones sociales de una sociedad laboral se produce en dos circunstancias. La primera se da ante la ausencia de regla estatutaria que contenga un pacto en contrario (art. 10.1 LSLP). La segunda, por su parte, es la previsión del art. 10.3 LSLP, que establece imperativamente la ausencia de restricciones cuando el heredero o legatario es un trabajador indefinido de la sociedad. A este último se dedica el siguiente apartado. El primero de los supuestos pone de manifiesto que la consecuencia de la transmisión a un heredero o legatario es la adquisición de la condición de socio. La pauta plantea tres dudas interpretativas que resolver. Se refieren, respectivamente, a las implicaciones de la referida transmisión, a la identificación de los sujetos que pueden adquirir y la previsión de reglas estatutarias como las indicadas en el art. 10.2 LSLP.

24. De opinión distinta, SÁENZ GARCÍA DE ALBIZU, J. C./GOÑI SEIN, J. L./DE LA HUCHA CELADOR, F./PERDICES HUETOS, A. B., *Sociedades, cit.*, pp. 218-219.

A ellas se añade una consecuencia práctica, como es la que tiene que ver con la clase de acciones del causante y la del heredero o legatario.

La primera de las cuestiones que analizar constituye el núcleo de la regla. La transmisión de la condición de socio se produce por efecto de la sucesión hereditaria[25]. Debe tenerse en cuenta a tal efecto que la pauta prevista en el Derecho de sucesiones es que el efecto se produce desde que tiene lugar el deceso (art. 657 CC)[26]. En consecuencia, el fallecimiento supone que el heredero [o legatario, art. 881 CC] se convierte en socio[27]. Esto no impide que, respecto de la sociedad, la referida circunstancia no tenga efectos hasta que se produce la inscripción en el libro-registro de socios (art. 104.2 LSC) o en el libro-registro de acciones nominativas (art. 116.2 LSC en relación con el art. 5.1 LSLP)[28]. Únicamente desde este último momento será posible el ejercicio de los derechos frente a la compañía. Desde este punto de vista, no se produce propiamente una interinidad en la condición de socio sin perjuicio de las exigencias correspondientes respecto de la sociedad.

La segunda cuestión se refiere a los sujetos que adquieren la condición de socio. El art. 10.1 LSLP alude al adquirente, quien puede presentar tanto la condición de heredero, como la de legatario. La doble referencia responde al planteamiento del que se ha dado cuenta con carácter previo. La regla no es sino una consecuencia del Derecho común. La referencia a ambos sujetos elimina dificultades de comprensión que pudieran generarse con una referencia genérica. También delimita las únicas figuras que pueden adquirir la condición de socio mediante la transmisión *mortis causa.* El patrimonio que representan las acciones y participaciones sociales se transfiere a quien

25. ALONSO ESPINOSA, F. J., «Especialidades», *cit.,* p. 98; ALONSO ESPINOSA, F. J., «Artículo 10», *cit.,* pp. 148-149; FARIAS BATLLE, M., «La transmisión de la condición de socio en las sociedades laborales profesionales», AA.VV., *La Sociedad Laboral Profesional. Una figura societaria en estudio* (Dirs. ALFONSO SÁNCHEZ/FARIAS BATLLE), Aranzadi, Cizur Menor, 2023, pp. 145-185, p. 160.

26. SANTOS MARTÍNEZ, V., «Transmisión de acciones y de participaciones de las sociedades laborales», AA.VV., *Estudios de Derecho de sociedades y Derecho concursal. Libro homenaje al Profesor Rafael García Villaverde,* t. II, Madrid, Marcial Pons, 2007, pp. 1269-1307, pp. 1289, 1291.

27. Véase RUBIO GARRIDO, T., «Artículo 657», *Comentarios al Código Civil* (Dir. BERCOVITZ RODRÍGUEZ-CANO), t. IV, Tirant Lo Blanch, Valencia, 2013, pp. 5016-5038, pp. 5025-5028.

28. Véase RECALDE CASTELLS, A., «Artículo 55», AA.VV., *Comentarios a la Ley de Sociedades Anónimas* (Coords. ARROYO MARTÍNEZ/EMBID IRUJO/GÓRRIZ), Tecnos, Madrid, 2009, pp. 567-590, pp. 571-574; RECALDE CASTELLS, A./PÉREZ MILLÁN, D., «Artículo 116», *Comentario de la Ley de Sociedades de Capital* (Dirs. GARCÍA-CRUCES/SANCHO GARGALLO), Tirant Lo Blanch, Valencia, pp. 1599-1618, pp. 1602-1603. En materia de sociedades laborales, SANTOS MARTÍNEZ, V., «Transmisión», *cit.,* p. 1290.

sucede con independencia del carácter que tenga. Esta constatación permite afirmar la compatibilidad de la regla del art. 10.1 LSLP con los postulados de laboralidad y dispersión del capital del art. 1.2 LSLP. Esto es así porque el primer apartado del precepto que nos ocupa tiene la función de dotar de cobertura la transferencia de la condición de socio, algo que debe tener en todo caso en constelaciones en las que se produzca por causa de muerte. Si no es posible mantener las acciones o participaciones sociales en poder del fallecido por razones evidentes, únicamente pueden ser transmitidas.

De hecho, resulta sintomático que el apartado primero del art. 10 LSLP utilice la expresión «*salvo pacto en contrario*». De ser así, la relación entre el primero y el segundo apartado sería de sustitución y no de añadido o complemento. Esto permite analizar la tercera cuestión que resolver, relativa a la inclusión de la correspondiente cláusula estatutaria. Esta última se combina con la indicación del apartado 1 del art. 10 LSLP. Esto tiene como consecuencia que el heredero o legatario en todo caso adquiere la condición de socio, y ello con independencia de que se haga uso del derecho de adquisición al que alude el art. 10.2 LSLP. La presencia de la referida restricción no modifica los efectos generales recién descritos. No obstante, es sabido que, respecto de la sociedad, no será considerado como socio hasta que no se produzca la inscripción, respectivamente, en el libro-registro de socios o en el libro-registro de acciones nominativas. Por ello, puede ocurrir por hipótesis que, si se reconoce el derecho de adquisición en los estatutos, el heredero o legatario no llegue a quedar reflejado en el libro-registro correspondiente y ello con independencia de que tuvo transitoriamente la condición de socio[29]. Desde este punto de vista, la pauta del art. 10.1 LSLP no tiene como función describir la alternativa a la previsión estatutaria del apartado que le sigue. Por el contrario, constituye una descripción de la consecuencia que se producirá en toda circunstancia.

Finalmente, por lo que respecta a la consecuencia práctica relativa a la concreta condición del heredero y legatario, la cuestión relevante es si tiene la condición de trabajador indefinido o no[30]. Lo mismo puede decirse de la del causante. En esencia, lo relevante en estos casos es el cambio de una clase a otra, es decir, de la laboral (socios que sean trabajadores indefinidos) a la general (resto de socios) o viceversa. Cuando se produce un cambio con ocasión de la inscripción en el correspondiente libro-registro, es necesario proceder a la adaptación de los estatutos. Por razones operativas, y en la medida en que no constituye una decisión que requiera de la oportuna deliberación por parte de los socios, el art. 5.3 LSLP prescinde de la necesi-

29. Véanse las consideraciones de ALONSO ESPINOSA, F. J., «Artículo 10», *cit.*, p. 149.
30. SANTOS MARTÍNEZ, V., «Transmisión», *cit.*, p. 1290.

dad de acuerdo de la junta general propio del régimen de las modificaciones estatutarias (cfr., art. 285.1 LSC)[31]. Serán los propios administradores quienes otorguen la escritura pública ante el notario para poder proceder a su inscripción en el Registro Mercantil.

2. LA PARTICULARIDAD DEL TRABAJADOR INDEFINIDO

La segunda situación en la que no entran en juego las restricciones es la contemplada en el art. 10.3 LSLP. Se trata de la regla que prevé los supuestos en los que el heredero o legatario es un trabajador indefinido. En este contexto, el planteamiento general es idéntico, ya que el heredero o legatario adquiere la condición de socio. La particularidad de la norma es que actúa como límite a la autonomía estatutaria del apartado precedente. Las posibilidades de incorporar un derecho de adquisición se restringen cuando en quien adquiere la condición de socio concurre la circunstancia referida. En tales casos, es evidente que se producirá la inscripción en el libro-registro correspondiente de quien recibió la condición de socio a través de transmisión por causa de muerte.

El precepto presenta una cuestión hermenéutica central que se refiere a lo que debe entenderse por trabajador indefinido. Se trata, en esencia, de si la mencionada alusión se refiere únicamente a los que todavía no son socios o a los que ya ostentan esta condición. Se ha señalado acertadamente en la doctrina la circunstancia que plantea la disparidad de criterios entre lo previsto para las transmisiones *inter vivos* en el art. 6.2 LSLP y lo contenido en la regla que nos ocupa (art. 10.3 LSLP)[32]. En realidad, el art. 6.2 LSLP no resulta coherente con el apartado que le precede (art. 6.1 LSLP), ya que en el ejercicio del derecho de adquisición se diferencia entre ambos tipos de trabajadores indefinidos. Los que no ostentan también la condición de socio cuentan con preferencia a los efectos de convertirse en titulares de las acciones o participaciones sociales que pretenden ser enajenadas. El planteamiento responde a la plasmación de las pautas generales del art. 1.2 LSLP en el orden de prelación. A tal efecto, se favorece el cumplimiento tanto de la laboralidad, como de la dispersión del capital. Por ello, el trabajador indefinido que tiene la condición de socio queda en segundo lugar en tér-

31. Véase SÁENZ GARCÍA DE ALBIZU, J. C./GOÑI SEIN, J. L./DE LA HUCHA CELADOR, F./PERDICES HUETOS, A. B., *Sociedades, cit.*, p. 220; ALONSO ESPINOSA, F. J., «Artículo 5», AA.VV., *Comentario a la Ley de Sociedades Laborales y Participadas* (Dir. ALONSO ESPINOSA), Aranzadi, Cizur Menor, 2017, pp. 67-94, pp. 81-82.
32. SÁENZ GARCÍA DE ALBIZU, J. C./GOÑI SEIN, J. L./DE LA HUCHA CELADOR, F./PERDICES HUETOS, A. B., *Sociedades, cit.*, pp. 227-228. Similar a este planteamiento, SANTOS MARTÍNEZ, V., «Transmisión», *cit.*, pp. 1294-1295.

minos de preferencia (art. 6.2 LSLP), ya que no incrementa la dispersión del capital social.

Ante esta circunstancia, la ausencia de limitación a quienes no tienen la condición de socio de la regla prevista en el art. 10.3 LSLP plantea la duda de su interpretación. Sería deseable desde luego la clarificación del tenor del precepto *de lege ferenda*. Sin embargo, *de lege lata* cabe plantearse dos alternativas. La primera pasa por seguir el tenor literal, lo que supone ampliar a los trabajadores indefinidos que sean socio la limitación a la posible inclusión de un derecho estatutario de adquisición. La segunda, por el contrario, consistiría en llevar a cabo una reducción teleológica en atención a los preceptos referidos con carácter previo (arts. 1.2 y 6.2 LSLP). Además de la literalidad del art. 10.3 LSLP, a favor de la primera alternativa se encuentra el tenor del art. 6.1 LSLP, que explícitamente se refiere a trabajadores indefinidos que sean socios y a los que no lo sean. En todo caso, con este planteamiento se desconsidera la perspectiva de los requisitos necesarios para mantener el carácter de sociedad laboral (art. 1.2 LSLP). En último término, la regla de la dispersión tiene la misma relevancia que las exigencias de mayoría de trabajadores indefinidos como socios[33].

Por su parte, la opción de la reducción teleológica puede fundamentarse en el propio contenido del art. 10 LSLP. Si no se lleva a cabo la correspondiente operación hermenéutica, los apartados segundo y tercero del indicado precepto entran en contradicción. En buena medida, el art. 10.2 LSLP remite al art. 6.2 LSLP para determinar el contenido y el ejercicio del derecho estatutario de adquisición. En concreto, el mencionado apartado alude al «*procedimiento*». Como es sabido, este último consiste precisamente en el sistema basado en el orden de prelación. No debería poder preverse la inaplicación del régimen estatutario cuando los herederos tienen la doble condición de trabajadores indefinidos y de socios y, al tiempo, establecer un orden de prelación en el que los que no son socios tienen preferencia sobre los que lo son para el ejercicio del derecho de adquisición.

El resultado de las consideraciones anteriores es doble. *De lege ferenda* sería deseable una mejor coordinación entre los arts. 6.1 y 10.3 LSLP, por una parte, y el art. 6.2 LSLP, por otra. Sin embargo, *de lege lata*, la misma problemática que afecta al art. 10.3 LSLP se plantea también en sede de transmisiones *inter vivos* (art. 6.1 LSLP). Si se procediese a una reducción teleológica en un caso, también procedería en las enajenaciones del art. 6 LSLP. Sin embargo, en tales casos se estaría interpretando la regla claramente en contra de lo que explícitamente prevé el precepto legal. Por ello,

33. *Cfr.*, PAGADOR LÓPEZ, J., *Las sociedades, cit.*, pp. 36 y ss.

cabe decantarse por una interpretación amplia, según la cual el trabajador indefinido al que alude el art. 10.3 LSLP puede tener la condición de socio o no contar con ella[34].

A las consideraciones anteriores cabe añadir alguna otra cuestión. Se trata de la realidad referida a los trabajadores que no sean indefinidos. Como es sabido, a la hora de establecer las clases, la general se define por exclusión. Esto supone que, si un trabajador temporal adquiere la condición de socio, se incluirá en la clase indicada, ya que la laboral se reserva a quienes tienen carácter indefinido (art. 5.2 LSLP). Esta opción tiene que ver con la inestabilidad que lo contrario generaría en las clases que integran el capital social, con la consecuencia de tener que realizar modificaciones estatutarias (art. 5.3 LSLP) y, especialmente, con el riesgo de dejar de cumplir los requisitos que otorgan la calificación como sociedad laboral (art. 1.2 LSLP). A lo anterior se añade la exigencia prevista para supuestos de extinción de la relación laboral (indefinida), según la cual entra en juego el derecho de adquisición del art. 6.2 LSLP y, de no encontrarse compradores, pasa a la clase general. Por todo ello, puede afirmarse que la condición de trabajador temporal del heredero o legatario no se encuentra en ningún caso en el ámbito de aplicación del art. 10.3 LSLP. La literalidad y la teleología de la regla lo explican y se justifica por razones de política legislativa que atienden a los aspectos indicados.

Finalmente, cabe hacer mención de un extremo práctico considerado por la doctrina. Se trata del momento en el que el heredero o legatario debe contar con la condición de trabajador indefinido para que le pueda resultar de aplicación la cobertura del art. 10.3 LSLP. Las posturas defendidas han sido dispares y han optado tanto por requerir la existencia de la relación laboral con anterioridad a la muerte del antiguo socio[35], como por no hacerlo[36]. Si se atiende a la estructura del art. 10 LSLP, procede decantarse por la segunda alternativa. En buena medida, siguiendo el entendimiento expuesto del art. 10.1 LSLP, la adquisición de la condición de socio por parte del heredero o legatario se produce en todo caso. Por ello, únicamente sería requisito contar con la condición de trabajador indefinido antes de que sea ejercitado el derecho de adquisición por parte de otro con la misma condi-

34. En resultado, ALONSO ESPINOSA, F. J., «Especialidades», *cit.*, p. 99; PAGADOR LÓPEZ, J., *Las sociedades, cit.*, p. 251; ALONSO ESPINOSA, F. J., «Artículo 10», *cit.*, p. 152.
35. VALPUESTA GASTAMINZA, E./BARBERENA BELZUNCE, I., *Las sociedades laborales. Aspectos societarios, laborales y fiscales*, Aranzadi, Cizur Menor, 1998, p. 138; PAGADOR LÓPEZ, J., *Las sociedades, cit.*, p. 251.
36. SÁENZ GARCÍA DE ALBIZU, J. C./GOÑI SEIN, J. L./DE LA HUCHA CELADOR, F./PERDICES HUETOS, A. B., *Sociedades, cit.*, p. 229.

ción. De no darse esta circunstancia, el heredero o legatario deberá proceder a la entrega de las acciones o participaciones sociales.

IV. EL DERECHO DE ADQUISICIÓN

1. LA RESERVA ESTATUTARIA Y EL ALCANCE DE LA IMPERATIVIDAD

El régimen sobre transmisiones *mortis causa* en las sociedades laborales otorga la posibilidad de inclusión de una cláusula estatutaria en la que se establezca un derecho de adquisición de las acciones o participaciones sociales que han sido objeto de la sucesión hereditaria. El art. 10.2 LSLP fija la configuración estatutaria mediante una remisión al art. 6.2 LSLP. En este sentido, si en el documento fundacional se prevé el derecho de adquisición, el régimen previsto está integrado por la referida regla existente en sede de transmisiones *inter vivos* y por las especialidades previstas en el propio art. 10.2 LSLP y que se refieren esencialmente a las condiciones del ejercicio del derecho y el precio a abonar por las acciones o participaciones sociales. En el presente y en los siguientes apartados se da cuenta de los cuatro aspectos esenciales del mecanismo estatutario considerado. A tal efecto, se considera en primer lugar lo que representa la reserva estatutaria para, a continuación, valorar las implicaciones de la restricción del régimen a las acciones de clase laboral. En tercer lugar y cuarto lugar, se analiza el contenido del derecho y las cuestiones más relevantes de su ejercicio.

El primer aspecto que plantea el régimen es el relativo a la reserva estatutaria y sus implicaciones. La exigencia del art. 10.2 LSLP pasa por la previsión el texto constitucional del derecho de adquisición. Esto no plantea dificultades intelectivas más allá de la necesidad de inclusión de la pauta en el referido documento. Ahora bien, dos aspectos del tenor del art. 10.2 LSLP han conducido a un sector doctrinal a entender que no era necesaria en todo caso la previsión expresa de tal derecho de adquisición en los estatutos[37]. Se trata, en primer lugar, de la configuración del referido precepto como remisión y, en segundo lugar, de la ausencia de requerimiento del carácter explícito. Por lo que se refiere a la primera de las cuestiones, el argumento es especialmente convincente. En la medida en que ya viene establecido el contenido del derecho de adquisición como fórmula de restricción a la libre transmisibilidad (art. 6.2 LSLP), la exigencia de previsión se limita, en el peor de los casos, a una mera mención estatutaria. A ello se añade la segunda razón, y es que el art. 10.2 LSLP alude a que los estatutos «*podrán reconocer*», sin establecer que este reconocimiento deba ser necesa-

37. SÁENZ GARCÍA DE ALBIZU, J. C./GOÑI SEIN, J. L./DE LA HUCHA CELADOR, F./ PERDICES HUETOS, A. B., *Sociedades, cit.*, p. 222.

riamente expreso. Ambas consideraciones permiten sumarse a un entendimiento según el cual la previsión del derecho de adquisición pueda no consistir necesariamente en una mención expresa.

El entendimiento recién expuesto conduce a plantearse en qué deban consistir las fórmulas no expresas de reconocimiento del derecho de adquisición. Algunas de ellas pueden consistir en formulaciones indirectas a la hora de establecer pautas sobre la transmisión *mortis causa* de las acciones o participaciones sociales de la sociedad laboral. Menos evidentes son los supuestos en los que el reconocimiento deba inferirse del conjunto del texto estatutario[38]. Colegir una determinada decisión de contenido de los socios requerirá de la «*intención evidente*» (art. 1281.II CC). Esto no necesariamente se da en algún supuesto planteado en la doctrina, como es la existencia de cláusulas que impidan la transmisión *inter vivos* (art. 8.1 LSLP)[39]. Como se ha puesto de manifiesto, en las transmisiones *mortis causa*, el fallecimiento genera la automática transmisión, incluso si la adquisición de la condición de socio no se refleja en el libro-registro a efectos de la compañía[40]. Por tanto, no es posible la introducción de menciones del estilo de las del art. 8.1 LSLP para las transmisiones *mortis causa* por su propia esencia. Por esta razón, el referido precepto alude únicamente a las transacciones *inter vivos*.

Una segunda cuestión es el papel que juega el tradicionalmente referido carácter imperativo de la regla prevista en el art. 10.2 LSLP[41]. La imperatividad de la indicación legal se deriva de la necesidad de acudir a un procedimiento explicitado en el precepto y a que el mecanismo en cuestión se encuentra en sede de transmisiones *inter vivos* (art. 6.2 LSLP) para favorecer y garantizar el cumplimiento de las exigencias de la calificación como sociedad laboral (art. 1.2 LSLP)[42]. No resulta convincente, por el contrario, el argumento según el cual el derecho de adquisición es el único del que se

38. Sugiriendo un planteamiento casuístico, ALONSO ESPINOSA, F. J., «Artículo 10», *cit.*, p. 151.
39. De otra opinión, SÁENZ GARCÍA DE ALBIZU, J. C./GOÑI SEIN, J. L./DE LA HUCHA CELADOR, F./PERDICES HUETOS, A. B., *Sociedades, cit.*, pp. 222-223.
40. Véase *supra* ap. III.1.
41. PANIAGUA ZURERA, M., «La singularidad tipológica de la sociedad laboral y su legislación adecuada. (A propósito de la Proposición de ley de sociedades laborales de Confesal y de la aplicación judicial de la Ley 4/1997, de sociedades laborales)», *Revista de Derecho de Sociedades*, núm. 44, 2015 (versión electrónica), ap. 3.2.C.; ESCUÍN IBÁÑEZ, I., «Régimen jurídico del capital social (I). Clases de acciones y participaciones sociales. Su transmisión», *El Régimen Jurídico de las Sociedades Laborales* (Dir. ANDREU MARTÍ), Aranzadi, Cizur Menor, 2017 (versión electrónica), ap. 2.2.
42. De otra opinión, ALONSO ESPINOSA, F. J., «Artículo 10», *cit.*, p. 150.

puede hacer uso en el contexto de transmisiones *mortis causa*[43]. Lo cierto es que el art. 10.4 LSLP contiene un mecanismo de consentimiento para esta misma realidad. Como es sabido, los derechos de adquisición y las autorizaciones o consentimientos son dos mecanismos paradigmáticos de restricción a la libre transmisibilidad (cfr., art. 123.2 y 3 RRM). Ahora bien, es cierto que el consentimiento y, en particular, lo previsto en el art. 10.4 LSLP contiene importantes dificultades aplicativas[44].

Constatada la imperatividad del sistema establecido en el art. 10.2 LSLP, puede realizarse alguna consideración. La primera es que la configuración no deja de presentar una cierta singularidad, en la medida en que supone la fijación como única alternativa de un mecanismo de restricción a la libre transmisibilidad que se reconoce, por el contrario, como manifestación de la autonomía estatutaria.

La segunda apreciación tiene que ver con el contenido de lo que es imperativo. A tal efecto, parece evidente que esencialmente se trata del mecanismo elegido como fórmula de restricción a la libre transmisibilidad. En este sentido, si se pretende establecer algún sistema, debe tratarse necesariamente de un derecho de adquisición[45]. En relación con este extremo, el hecho de que en la LSLP se haya incluido un apartado cuarto en el art. 10 que alude al referido consentimiento no modifica el entendimiento realizado. Así se deriva, en primer lugar, de la distinta función de los dos apartados del precepto en cuestión. Mientras que el segundo tiene como finalidad fijar la única fórmula permitida como restricción, el cuarto actúa como cláusula de cierre para salvaguardar en último término el mantenimiento de la calificación laboral mediante el cumplimiento de los requisitos del art. 1.2 LSLP. Desde esta perspectiva, debe tenerse en cuenta que el régimen de las sociedades laborales no es neutro, sino que contiene mecanismos que fomentan su propia esencia frente al posible paso a uno de los tipos capitalistas generales. En segundo lugar, en el tenor literal del art. 10.2 LSLP contiene la pauta relevante a sus propios efectos y no tiene que ser complementado con el resto de los apartados para su entendimiento. Por ello, en la medida en que en el indicado apartado se alude al derecho de adquisición, este último constituye el único mecanismo posible.

De la constatación anterior se deriva que el contenido imperativo no se extiende a otros aspectos, en su caso, por omisión. La problemática podría

43. De otra opinión, SÁENZ GARCÍA DE ALBIZU, J. C./GOÑI SEIN, J. L./DE LA HUCHA CELADOR, F./PERDICES HUETOS, A. B., *Sociedades, cit.*, p. 223.

44. Véase *infra* ap. V.2.

45. CIVERA GARCÍA, A., «Consideraciones», *cit.*, p. 9189; ESCUÍN IBÁÑEZ, I., «Régimen», *cit.*, ap. 2.

plantearse si se tiene en cuenta la delimitación del ámbito de aplicación que realiza el art. 10.2 LSLP, que se restringe a las acciones o participaciones sociales de clase laboral. Esta referencia ha conducido a un sector doctrinal a comprender que la imperatividad excluye la posibilidad de incorporar una restricción a la libre transmisibilidad de las acciones o participaciones sociales de la clase general[46]. Desde este punto de vista, la transmisión *mortis causa* de estas últimas a las que se ha aludido sería necesariamente libre. Esta alternativa hermenéutica no convence por diferentes razones[47]. Primero, el ámbito de aplicación del art. 10.2 LSLP sirve para delimitar el supuesto de hecho normativo al que se extiende la regla imperativa. En el contexto de una norma legal de Derecho privado, si no se establece una exigencia necesaria o una prohibición, la capacidad de pacto específico en la materia debe resultar posible. Segundo, desde un punto de vista teleológico, el apartado segundo del art. 10 LSLP persigue garantizar el cumplimiento de los requisitos del art. 1.2 LSLP, pero no necesariamente su incremento. Por ello, es comprensible que únicamente se aluda a la clase laboral. Estas consideraciones permiten alcanzar la conclusión de que la transmisión *mortis causa* de las acciones y participaciones sociales de la clase general no debe ser necesariamente libre, sino que puede encontrarse sujeta a determinadas restricciones. Estas últimas son analizadas en el apartado siguiente[48].

Una última cuestión que dilucidar se plantea en torno a la posibilidad de establecer el derecho de adquisición, en su caso, para la clase laboral, en un pacto parasocial. En principio, sobre esta configuración pesa una reserva estatutaria. Ahora bien, nada impide que exista un acuerdo de las características indicadas (art. 1255 CC). La particularidad que se presenta en este caso tiene que ver fundamentalmente con las consecuencias de la vulneración del derecho previsto en el pacto. Cuando se trate de un acuerdo en el que no participan todos los socios, la implicación únicamente puede ser la que se derive del propio negocio jurídico, en forma de indemnización o

46. ALONSO ESPINOSA, F. J., «Especialidades», *cit.*, p. 99; VALPUESTA GASTAMINZA, E./BARBERENA BELZUNCE, I., *Las sociedades, cit.*, p. 139; ESCUÍN IBÁÑEZ, I., «Régimen», *cit.*, ap. 2; ZURUTZA ARIGITA, I., «La evolución del régimen de transmisión de acciones y participaciones sociales en las sociedades laborales», *Revista de Derecho de Sociedades*, núm. 52, 2018 (versión electrónica), ap. 2.2.

47. Con argumentos no coincidentes, siguen este planteamiento, SÁENZ GARCÍA DE ALBIZU, J. C./GOÑI SEIN, J. L./DE LA HUCHA CELADOR, F./PERDICES HUETOS, A. B., *Sociedades, cit.*, p. 230; PAGADOR LÓPEZ, J., *Las sociedades, cit.*, pp. 248-249; SANTOS MARTÍNEZ, V., «Transmisión», *cit.*, p. 1296; PANIAGUA ZURERA, M., «La singularidad», *cit.*, ap. 2.3.2.

48. Véase *infra* ap. IV.2.

ejecución de la correspondiente cláusula penal[49]. En este punto, no tiene relevancia la clase a la que pertenezcan los socios, esto es, laboral o general. En tales constelaciones, incluso si la transmisión se produce en contra de lo previsto en el pacto, el heredero o legatario mantendrá la condición de socio que hubiese adquirido por sucesión hereditaria y se procederá a su inscripción en el mencionado libro-registro.

El planteamiento podría ser divergente en supuestos en los que todos los socios formasen parte del referido acuerdo. Es sabido que en la doctrina se han utilizado diversos argumentos para defender los efectos societarios del pacto en tales circunstancias[50]. Sin embargo, la jurisprudencia del Tribunal Supremo ha rechazado estos planteamientos de manera reiterada[51]. La única configuración que potencialmente podría generar efectos para la propia compañía exigiría incluir a la propia sociedad como parte del pacto[52]. En tal caso, en realidad, no se afectaría el contenido estatutario, esto es, el contrato de sociedad, sino que la compañía quedaría involucrada como persona jurídica. En todo caso, la consecuencia del incumplimiento del pacto únicamente tendría las consecuencias derivadas del acuerdo. Por ello, si los representantes de la sociedad optasen por incumplirlo, la implicación únicamente sería la ejecución de la cláusula penal con cargo a la compañía.

2. EL TRATAMIENTO DIFERENCIADO DE LAS CLASES

El segundo elemento contenido en el art. 10.2 LSLP es la referencia a la clase laboral como ámbito de aplicación de la regla en cuestión. Como se indicaba con carácter previo, la mención únicamente tiene como efecto determinar qué clase se ve afectada por la imperatividad en relación con el mecanismo del derecho de adquisición[53]. Esto no supone, por el contrario, que la imperatividad juegue también respecto de la clase general. Siendo

49. Véase, por ejemplo, PAZ-ARES, C., «La validez de los pactos parasociales», *Diario La Ley*, núm. 7714, 2011.
50. PÉREZ MILLÁN, D., «Presupuestos y fundamento jurídico de la impugnación de acuerdos sociales por incumplimiento de pactos parasociales», *Revista de Derecho Bancario y Bursatil*, núm. 117, 2010, pp. 231-260; PAZ-ARES, C., «Violación de pactos, impugnación de acuerdos y principio de no contradicción», *Revista de Derecho Mercantil*, núm. 325, 2022 (versión electrónica).
51. Véanse las Sentencias del Tribunal Supremo de 20 de febrero de 2020 (núm. 120), de 17 de noviembre de 2020 (núm. 613) y de 7 de abril de 2022 (núm. 300).
52. Véase, por ejemplo, MOCK, S./CSACH, K./HAVEL, B., «Shareholders» Agreements between Corporate and Contract Law», en MOCK, S./CSACH, K./HAVEL, B. (Eds.), *International Handbook on Shareholders» Agreements*, Berlin, DeGruyter, 2018, pp. 3-45, p. 22.
53. Véase *supra* ap. IV.1.

esto así, lo que se pone de manifiesto es que no existe regla especial en sede de sociedades laborales para las transmisiones *mortis causa* de acciones o participaciones sociales de la clase general. Esto tiene como consecuencia que se aplicarán las normas de la legislación de sociedades de capital (arts. 110 y 124 LSC)[54].

Lo anterior tiene una consecuencia inmediata, y es que es perfectamente posible el establecimiento de un derecho de adquisición estatutario para las acciones y participaciones sociales de la clase general. Lo que supone la consideración de los arts. 110 y 124 LSC por oposición a lo previsto en el art. 10.2 LSLP es que el referido derecho no deberá seguir necesariamente las pautas de lo contenido en el art. 6.2 LSLP para las transmisiones *inter vivos*. Esto afecta fundamentalmente al orden de prelación de los socios que puedan ejercitar el derecho de adquisición. Paradigmáticamente, en sede de sociedades de responsabilidad limitada, la legislación no realiza distinciones entre socios, sino que se refiere con carácter general a los «*socios sobrevivientes*». Más evidente incluso es el supuesto de las sociedades anónimas, donde el art. 124 LSC no exige que se trate de socios, sino que se alude a un «*adquirente*». A ello se añade que los preceptos utilizan expresiones distintas para referirse a los supuestos en los que interviene la propia sociedad como adquirente. En el caso de las sociedades de responsabilidad limitada, se establece un elemento de gradación evidente al poner de manifiesto que la compañía tendrá derecho a adquirir las participaciones sociales «*en su defecto*», esto es, cuando no hubiese socios para realizar la transacción. Por el contrario, en la regla que alude a las sociedades anónimas se utiliza una conjunción disyuntiva, por lo que el componente de preferencia por los socios frente a la compañía no es tan nítido.

La adquisición por la sociedad presenta, por lo demás, la particularidad de la situación de autocartera. Con independencia de que se trate de la clase laboral o de la clase general, la legislación sobre sociedades laborales contiene reglas especiales en materia de acciones y participaciones sociales que se añaden al tratamiento que reciben en régimen general aplicable a las sociedades de capital (art. 12.5 LSLP). En esencia, se establece que la compañía deberá proceder a su enajenación en tres años y, de no producirse la correspondiente transacción, deberán ser amortizadas mediante la correspondiente reducción de capital (arts. 12.2 y 3 LSLP). Debe tenerse en cuenta que, en caso de proceder a su enajenación, las acciones o participaciones sociales deberán ser ofrecidas a los socios siguiendo el orden de prelación establecido en el art. 6.2 LSLP, tal y como se desprende de la remisión realizada en el art. 12.2 LSLP. Esta última circunstancia resulta de aplicación a

54. PAGADOR LÓPEZ, J., *Las sociedades, cit.*, pp. 248-249.

ambas clases en la medida en que se trata de una transmisión *inter vivos*, razón por la cual no puede recibir un tratamiento diferenciado respecto de lo previsto en el art. 6.2 LSLP.

3. EL CONTENIDO DEL DERECHO DE ADQUISICIÓN

La regla prevista en el art. 10.2 LSLP se refiere al derecho de adquisición como fórmula de limitación de la transmisión *mortis causa*. Se trata de un mecanismo por el que un sujeto, socio o sociedad, compra de quien recibió las acciones o participaciones sociales por sucesión hereditaria. La transmisión *mortis causa* supone que el heredero o legatario adquiere la condición de socio. Este efecto es el que describe precisamente el art. 10.1 LSLP con carácter general[55]. Lo que se plantea en el art. 10.2 LSLP es que uno de los sujetos previstos en el art. 6.2 LSLP compre las acciones o participaciones sociales antes de que se produzca la inscripción en el libro-registro de socios o de acciones nominativas[56]. El derecho no supone tanto que quien lo ejercita se coloque en la posición del heredero o legatario, de manera que ninguno de estos últimos llegue a adquirir por causa de muerte. Por el contrario, supone una segunda adquisición que se produce entre vivos, esto es, entre el heredero o legatario y el adquirente. Por ello, el art. 10.2 LSLP realiza una remisión al art. 6.2 LSLP, de igual modo que se producía en el art. 12.2 LSLP.

Esta razón ha conducido a que en la doctrina se haya prestado atención al carácter del concreto derecho. Se ha puesto de manifiesto acertadamente que no se trataría, por su naturaleza, de un derecho de adquisición preferente[57], sino de un mero derecho de adquisición[58]. El precepto que es objeto de análisis utiliza dos expresiones diferenciadas en los apartados segundo y tercero. Mientras que el art. 10.2 LSLP se refiere a un derecho de adquisición, el art. 10.3 LSLP incorpora el adjetivo. En la medida en que, por sus implicaciones, se trata de conceptos diferentes, podría surgir la duda de si en los referidos incisos se está aludiendo a cuestiones distintas. Sin embargo, la sistemática del precepto, entendido en su integridad, parece dar a entender que, en realidad, se está aludiendo a lo mismo.

55. Véase *supra* ap. III.1.
56. Véase PAGADOR LÓPEZ, J., *Las sociedades, cit.*, p. 250.
57. Mantiene la indicada expresión controvertida GARCÍA RUIZ, E., «El régimen legal de las sociedades laborales sometido a revisión», *Revista de Derecho de Sociedades*, núm. 41, 2013 (versión electrónica), ap. 2.3.2.
58. SÁENZ GARCÍA DE ALBIZU, J. C./GOÑI SEIN, J. L./DE LA HUCHA CELADOR, F./ PERDICES HUETOS, A. B., *Sociedades, cit.*, p. 221; SANTOS MARTÍNEZ, V., «Transmisión», *cit.*, p. 1291; ALONSO ESPINOSA, F. J., «Artículo 10», *cit.*, p. 150.

Desde el punto de vista de lo que implica, hay que tener en cuenta que lo que se activa es la posibilidad de impedir que el heredero o legatario reciba una contraprestación por las acciones o participaciones sociales que recibió por efecto de la transmisión *mortis causa*. Este tipo de derecho de adquisición puede compararse a los derechos de enajenación que han sido introducidos en el régimen de las modificaciones estructurales transfronterizas (art. 86 RDLey 5/2023[59])[60]. La configuración, sin embargo, es distinta. El derecho de enajenación es una fórmula sustitutiva del derecho de separación, en el que se sustituye la reducción de capital por una venta[61]. Por el contrario, el derecho de adquisición es comparable a una exclusión de la compañía en la medida en que lo que se produce es el efecto inverso. Esta misma configuración comparable a la exclusión se plantea en el contexto de la extinción del contrato de trabajo. También en tal caso se ve obligado quien deja de ser un trabajador indefinido de la sociedad a ofrecer las acciones o participaciones sociales para que, en su caso, sean adquiridas siguiendo las pautas previstas en el art. 6.2 LSLP[62].

Determinada la naturaleza jurídica y las implicaciones del derecho de adquisición, procede detenerse en los sujetos que pueden ejercitarlo y el procedimiento establecido al efecto. El art. 6.2 LSLP establece que el propietario de las acciones o participaciones sociales debe realizar una comunicación a la sociedad en la que se ponga de manifiesto el número y las características de las anteriores. En el caso de la transmisión *mortis causa*, la referencia al propietario necesariamente tiene que ser entendida como al heredero o legatario que recibió el dominio por sucesión hereditario. No tiene sentido pensar que se trate del socio originario en la medida en que la adquisición hereditaria ya se ha producido, por lo que necesariamente se ha producido el deceso. El propio art. 6.2 LSLP exige que, además del número y de las características, deban comunicarse los «*términos económicos*». Estos últimos se refieren al precio, tal y como se deriva de lo previsto en el art. 7 LSLP. Sin embargo, esto no se plantea en el caso de las transmi-

59. Real Decreto-ley 5/2023, de 28 de junio, por el que se adoptan y prorrogan determinadas medidas de respuesta a las consecuencias económicas y sociales de la Guerra de Ucrania, de apoyo a la reconstrucción de la isla de La Palma y a otras situaciones de vulnerabilidad; de transposición de Directivas de la Unión Europea en materia de modificaciones estructurales de sociedades mercantiles y conciliación de la vida familiar y la vida profesional de los progenitores y los cuidadores; y de ejecución y cumplimiento del Derecho de la Unión Europea.
60. Similar, ALONSO ESPINOSA, F. J., «Artículo 10», *cit.*, pp. 150-151.
61. Véase ampliamente DEL VAL TALENS, P., *El derecho de separación en las modificaciones estructurales transfronterizas*, Tirant Lo Blanch, Valencia, 2023.
62. Véase SÁENZ GARCÍA DE ALBIZU, J. C./GOÑI SEIN, J. L./DE LA HUCHA CELADOR, F./PERDICES HUETOS, A. B., *Sociedades*, *cit.*, pp. 194 y ss.; SANTOS MARTÍNEZ, V., «Transmisión», *cit.*, pp. 296 y ss.

siones *mortis causa*, en la medida en que no ha habido una transacción onerosa, sino un efecto del fallecimiento del socio originario.

De conformidad con el art. 6.2 LSLP, tras la comunicación, la sociedad debe informar a los potenciales adquirentes de la circunstancia indicada en el plazo de diez días. Parece lógico entender que quien específicamente realice esta segunda comunicación deba ser quien tenga la representación de la compañía, esto es, el órgano de administración (art. 13.1 LSLP). Quienes pueden ejercitar el derecho de adquisición son los trabajadores indefinidos de la sociedad, los socios-trabajadores, los socios de la clase general y la propia sociedad. El orden de la enumeración es también el de prelación en el derecho. Hay que entender dentro del segundo grupo (socios-trabajadores) que se trata igualmente de trabajadores indefinidos (cfr., art. 5.2 LSLP), en la medida en que se está refiriendo a los socios de la clase laboral. Puesto que el art. 1.2 LSLP incluye entre los requisitos de calificación laboral no sólo la presencia de un capital que mayoritariamente esté integrado por trabajadores, sino también la dispersión de la propiedad, en caso de haber una pluralidad de interesados en adquirir, los integrantes del segundo grupo (socios-trabajadores) podrán adquirir de manera inversamente proporcional al capital que ostenten. Se aplicará la regla contraria (prorrata) cuando se trate del tercer grupo, esto es, de socios de la clase general. Por lo que se refiere a la sociedad, deben tenerse en cuenta las particularidades consideradas con carácter previo para los supuestos en los que se adquieran acciones o participaciones sociales propias[63].

El art. 6.2 LSLP establece por lo demás que, cuando no exista ningún interesado en ejercitar el derecho de adquisición, el socio que pretendiese vender las acciones o participaciones sociales, podrá realizarlo libremente. En el caso de la transmisión *mortis causa*, la adquisición por parte del heredero o legatario ya se ha producido. En consecuencia, lo que ocurre cuando no se recibe ninguna oferta por parte de los sujetos indicados anteriormente es que el que recibió por vía de sucesión hereditaria podrá solicitar la inscripción en el correspondiente libro-registro de socios o de acciones nominativas.

4. EL EJERCICIO DEL DERECHO DE ADQUISICIÓN

4.1. El valor razonable y el mecanismo estatutario

El art. 10.2 LSLP alude con carácter general al procedimiento del art. 6.2 LSLP, pero establece algunas indicaciones añadidas que concretan fundamentalmente las condiciones del ejercicio del derecho de adquisición. Una

63. Véase *supra* ap. IV.2.

primera cuestión a la que se alude es el precio de las acciones o participaciones sociales que sean objeto del referido derecho. En la medida en que no existe de partida un precio fijado para la venta, como sí ocurre en las transmisiones *inter vivos*, debe acudirse a las pautas previstas en el art. 10.2 LSLP. En él se menciona el valor razonable y el que se hubiese establecido estatutariamente. Las pautas referidas en el art. 10.2 LSLP pueden integrarse con las previstas en el art. 7 LSLP. El fundamento para incorporar esta referencia para integrar el contenido de lo establecido en el art. 10.2 LSLP se encuentra en las razones sistemáticas y en el hecho de que el art. 7 LSLP en buena medida complementa el art. 6.2 LSLP, al que se refiere explícitamente el art. 10.2 LSLP.

Determinada la circunstancia anterior, habría que añadir a las pautas previstas en el art. 10.2 LSLP la posibilidad de que las partes del negocio jurídico puedan acordar el precio (art. 7 LSLP)[64]. Esta indicación se tendrá en cuenta con carácter preferencial y únicamente si no existe acuerdo al respecto, procederá tomar en consideración el resto de los criterios existentes. El primero de ellos será el previsto en sede estatutaria. En este punto, debe tenerse en cuenta que el art. 10.2 LSLP establece la posibilidad de fijar una fórmula alternativa para la determinación del valor. Esto mismo viene permitido por el art. 7.IV LSLP. En cierto modo, una indicación de este tipo, al igual que la referencia al pacto en contrario en relación con el pago al contado, constituye una exclusión restringida a la cuestión correspondiente, de la imperatividad concerniente al procedimiento que establece el art. 10.2 LSLP[65].

La segunda de las posibilidades es el valor razonable que hubiese sido establecido para una transacción anterior de conformidad con lo previsto en el art. 7.III LSLP. El precepto establece que la valoración que se hubiese realizado en un año, deberá poder ser utilizada para otras transacciones en las que entre en juego el derecho de adquisición[66]. La pauta plantea dos cuestiones relevantes. La primera tiene que ver con la aplicabilidad a los supuestos de transmisión *mortis causa*. Esto ha sido clarificado con carácter previo de manera general. Ahora bien, parece lógico entender que así sea, de manera específica, ya que el precepto alude a las «*enajenaciones*». Lo que se produce en el caso de las transacciones que son objeto de análisis es una venta entre el heredero o legatario y quien ejercita el derecho de adquisición.

64. Véase PAGADOR LÓPEZ, J., *Las sociedades, cit.*, p. 250; SANTOS MARTÍNEZ, V., «Transmisión», *cit.*, p. 1292; ALONSO ESPINOSA, F. J., «Artículo 10», *cit.*, p. 157.
65. Véase *supra* ap. IV.1.
66. SÁENZ GARCÍA DE ALBIZU, J. C./GOÑI SEIN, J. L./DE LA HUCHA CELADOR, F./ PERDICES HUETOS, A. B., *Sociedades, cit.*, p. 225.

Por ello, también desde este punto de vista resulta en todo caso aplicable la regla[67].

La segunda particularidad es el cómputo del referido período anual. Una primera posibilidad pasaría por computar el término de fecha a fecha. Esto supondría calcular la anualidad a partir de la fecha en que se realizó la determinación del valor razonable. Sin embargo, del tenor literal del precepto se deriva algo distinto. El art. 7.III LSLP indica que se tiene en cuenta el ejercicio anual, lo que supone que se toma el período temporal relevante a efectos contables. No obstante, hay que tener en cuenta que, cuando el transcurso del tiempo haya generado un cambio en el valor razonable, cualquiera de las partes, esto es, por un lado, heredero o legatario, y, por otro, quien ejercite el derecho de adquisición, puede solicitar una nueva valoración. En este último caso, la determinación del valor tendrá lugar siguiendo las mismas pautas que a continuación se detallan, pero con cargo al patrimonio de quien lo hubiese requerido, lo que no ocurrirá en el resto de supuestos, donde corresponderá a la sociedad el coste (art. 7.II LSLP).

La tercera y última de las posibilidades es precisamente la determinación del valor razonable *ex novo*. En este caso, el art. 10.2 LSLP no establece cómo deba ser calculado, por lo que procede acudir a lo previsto en el art. 7.II LSLP. En relación con esto, se plantean dos cuestiones que resolver. La primera tiene que ver con el momento que debe tomarse para realizar la valoración. Los arts. 10.2 LSLP y 7.II LSLP difieren en esta cuestión. Mientras que el segundo alude a la comunicación de la voluntad de transmitir, en la primera de las normas se incluye el fallecimiento. Parece evidente que, siguiendo el criterio de especialidad, la pauta prevista en el art. 10.2 LSLP es la que debe prevalecer. La segunda cuestión que dilucidar es la fórmula de determinación. Si se recurre a lo previsto en el art. 7.II LSLP, el cálculo debe ser realizado por experto independiente que no puede coincidir con el auditor. Ahora bien, al contrario que en otros contextos en la legislación de sociedades de capital, la designación no viene realizada por el Registro Mercantil (cfr., arts. 338 y ss. RRM), sino por el órgano de administración. Nada impide, no obstante, que este último solicite al Registro Mercantil que proceda a la oportuna designación. Que sea el órgano de administrador parece responder a una voluntad de ahorro de algunos costes en la medida en que, por lo general, ninguna de las partes será un socio mayoritario alineado con los administradores, por lo que se preservaría una cierta imparcialidad. No obstante, esto no ocurrirá si quien ejercita el derecho de adquisición es la sociedad.

67. De otra opinión, PAGADOR LÓPEZ, J., *Las sociedades, cit.*, p. 250.

Concretadas las alternativas, cabe plantearse lo que resulte de aplicación cuando las acciones o participaciones sociales que son objeto de transmisión *mortis causa* sean de la clase general. En tales casos, procede acudir a las pautas establecidas en la legislación de sociedades de capital, tal y como se ha indicado con carácter previo[68]. El régimen aplicable será comparable, tal y como se prevé en los arts. 110 y 124 LSC. No obstante, en sede de sociedades de responsabilidad limitada existe una importante diferencia en relación con la designación del experto independiente, y es que, en tales casos, es el Registro Mercantil quien procede al nombramiento (art. 110.2 LSC en relación con el art. 353.1 LSC). Esto mismo no ocurre en el caso del art. 124 LSC para las sociedades anónimas.

La cuestión final que surge tiene que ver con el criterio que debe utilizar el experto independiente en todo caso a los efectos de determinar el valor razonable. Esencialmente, cabe tener en cuenta dos alternativas, que se refieren, respectivamente, al valor de empresa en funcionamiento y al de liquidación. Mientras que el segundo plantea la compañía desde una perspectiva estática y tiene en cuenta el valor de sus bienes, derechos y obligaciones, el primero toma la perspectiva de la sociedad y su actividad en el mercado. Cuando se produce una transmisión *mortis causa* de las acciones o participaciones sociales de una sociedad laboral no se paraliza la actividad de esta última, sino que continúa. Por ello, es razonable entender que la valoración se realice teniendo en cuenta la potencial ganancia futura que pueda obtener la sociedad. En relación con esta cuestión, puede llamarse la atención sobre el hecho de que el art. 110.2 LSC, en el que se encuentra inspirado el art. 10.2 LSLP[69], indica que la pauta de valoración deberá ser la prevista para los supuestos de derecho de separación, supuesto en el que también continúa la actividad económica de la sociedad después de la transacción. En tales casos, En este sentido, generalmente se tendrán en cuenta técnicas dinámicas que tengan en cuenta los flujos de caja futuros que pueda generar la compañía y los actualice descontándolos a la tasa de riesgo que proceda[70].

68. Véase *supra* ap. IV.2.
69. ALONSO ESPINOSA, F. J., «Especialidades», *cit.*, p. 98; SÁENZ GARCÍA DE ALBIZU, J. C./GOÑI SEIN, J. L./DE LA HUCHA CELADOR, F./PERDICES HUETOS, A. B., *Sociedades, cit.*, p. 221.
70. Véase sobre la valoración empresarial, ampliamente, FLEISCHER, H./HÜTTEMANN, R. (Hrsg.), *Rechtshandbuch Unternehmensbewertung*, Köln, Otto Schmidt, 2019. Entre nosotros, ALFARO ÁGUILA-REAL, J./CAMPINS VARGAS, A., «La liquidación del socio que causa baja como consecuencia de su separación o exclusión», *Revista de Derecho Mercantil*, núm. 240, 2001, pp. 441-494, pp. 454-471; GIMENO RIBES, M., «La exclusión voluntaria de la cotización bursátil», *Revista de Derecho Bancario y Bursatil*, núm. 145, 2017, pp. 91-153, pp.140-145.

4.2. El pago al contado

Una especialidad que se plantea en las transmisiones *mortis causa* es la exigencia de que el abono de la cuantía que se corresponda con el precio tenga lugar al contado. Así se prevé en el art. 10.2 LSLP, como también en la legislación de sociedades de capital en sede de sociedades de responsabilidad limitada (art. 110.2 LSC). No obstante, el art. 10.2 LSLP establece una pauta similar a la prevista en relación con el valor razonable. Se trata de la posibilidad de establecer una configuración distinta en sede estatutaria. Así, cabe pensar, por ejemplo, en que sea posible establecer el aplazamiento del pago. Alternativamente, puede fijarse la cláusula estatutaria que permita el aplazamiento. Por lo demás, nada impide que el contenido de los estatutos incluya, por hipótesis, la forma de pago u otra consideración añadida que complemente el régimen.

Una particularidad viene representada por el supuesto en el que quien ejercita el derecho de adquisición es la sociedad. En tal caso, se crea una autocartera, en la medida en que se adquieren acciones o participaciones sociales propias. Para tales supuestos, el art. 12.1 LSLP indica que únicamente se podrá abonar el precio con cargo a beneficios, la reserva especial o reservas disponibles. Precisamente para evitar estas limitaciones, puede tener interés una cláusula estatutaria que permita el aplazamiento.

4.3. El plazo y el *dies a quo*

La última cuestión relativa al derecho de adquisición tiene que ver con el plazo de que disponen sus titulares para su ejercicio. El art. 10.2 LSLP pone de manifiesto que estos últimos dispondrán de hasta tres meses para presentar una oferta de compra de las acciones o participaciones sociales. Son varias las cuestiones que dilucidar en relación con esta cuestión. La primera tiene que ver con el hecho de que el mencionado precepto alude a «*un máximo*» de tres meses, lo que podría plantear si ese plazo puede modularse estatutariamente, de modo que pudiese fijarse un término inferior al indicado en la norma legal. No es este último el entendimiento que debe hacerse de la referida expresión. En la medida en que el contenido del art. 10.2 LSLP es imperativo, únicamente puede pactarse algo distinto en aquellos aspectos (valor razonable y pago al contado) en los que específicamente se prevé la posibilidad de pacto estatuario al respecto. Por lo demás, debe tenerse en cuenta que la mención a un máximo únicamente tiene que ver con el tiempo de ejercicio del derecho.

La segunda cuestión interpretativa que se plantea se refiere a lo que debe realizar el titular del derecho de adquisición. En buena medida, siguiendo lo previsto en el art. 6.2 LSLP, todos los titulares que reciben la comunicación del órgano de administración tienen que realizar una manifestación de voluntad. En ella no debe indicarse el precio, sino únicamente, en su caso, si se solicita una nueva determinación por experto independiente del valor razonable distinta de la que se hubiese llevado a cabo con carácter previo en el ejercicio anual (cfr. art. 7.III LSLP). En su caso, cabría plantearse si también es posible ejercitar el derecho de adquisición únicamente respecto de una parte de las acciones o participaciones sociales que hubiesen sido objeto de sucesión hereditaria. No parece que haya impedimento en este sentido.

Por último, el art. 10.2 LSLP también alude al momento a partir del cual deba computarse el plazo de tres meses. El *dies a quo* no es el fallecimiento, sino la comunicación de que el deceso se ha producido, esto es, el momento en el que el heredero o legatario hubiese puesto en conocimiento de la compañía que se ha producido la sucesión hereditaria. Esto puede haberse producido con carácter general o como consecuencia de una solicitud de inscripción en el correspondiente libro-registro de socios o de anotaciones en cuenta. Para evitar disfunciones, puede entenderse que se considere que se da la comunicación por el mero hecho de que la sociedad tenga conocimiento por cualquier vía del fallecimiento[71].

V. EL CONSENTIMIENTO DE LA SOCIEDAD

1. LA RELEVANCIA DEL SOCIO-TRABAJADOR Y LA DISPERSIÓN DEL CAPITAL

El art. 10 LSLP contiene una cláusula de cierre en su apartado cuarto. La casuística de las transacciones es muy amplia por diversas razones. Pueden verse involucradas las diferentes clases (general y laboral) y el derecho de adquisición puede ejercitarse por una pluralidad de sujetos. Por hipótesis, puede no ser ejercitado por nadie y la condición del heredero o legatario puede ser dispar. Esto tiene como consecuencia la posibilidad de dejar de cumplir los requisitos del art. 1.2 LSLP para garantizar el mantenimiento de la calificación laboral de la sociedad. En esencia, se trata, como es sabido, de garantizar que la propiedad mayoritariamente recaiga en los trabajadores (y que los trabajadores mayoritariamente sean socios) y que no exista un socio de control, sino que el capital se encuentre suficientemente disperso.

Para ello, la LSLP incluye sendas previsiones en los arts. 6.3 y 10.4 LSLP según las cuales, cuando la transacción pueda tener como efecto la pérdida

71. En este sentido, ALONSO ESPINOSA, F. J., «Artículo 10», *cit.*, pp. 153-154.

del carácter laboral de la sociedad, se exige un consentimiento. Se trata de la misma pauta, que opera tanto en el caso de la transmisión *inter vivos*, como en la enajenación entre el heredero o legatario y quien ejercita el derecho de adquisición. Ahora bien, en el caso de las transmisiones *mortis causa* se plantean mayores dificultades interpretativas por razón de la realidad fáctica a la que se aplica la regla.

2. EL RÉGIMEN JURÍDICO DEL CONSENTIMIENTO

La circunstancia que plantea el art. 10.4 LSLP presenta toda una serie de constelaciones y particularidades. A tal efecto, cabe pensar, con carácter general, que el consentimiento podría ser necesario incluso en supuestos en los que no esté permitido el ejercicio del derecho de adquisición. Desde luego podría plantearse si no existiese una cláusula como la prevista en el art. 10.2 LSLP. Y también podría ocurrir que, existiendo una previsión estatutaria como la indicada, no pudiese hacerse uso de ella en la medida en que el heredero o legatario quedase protegido por lo previsto en el art. 10.3 LSLP. Esta circunstancia no afectará al requisito de propiedad de los trabajadores. Sin embargo, sí que puede suponer, por hipótesis, una alteración de la pauta de dispersión del capital. Finalmente, también puede plantearse si, simplemente, el derecho de adquisición no es ejercitado por ninguno de los titulares.

El problema que se plantea en uno y otro caso es que el consentimiento resulta inoperante. No es posible que se verifique en la medida en que no existe enajenación alguna. Se ha producido una sucesión hereditaria y las acciones o participaciones sociales son propiedad del heredero o legatario. Ante esta circunstancia, cabe plantearse si procede la inaplicación de la regla o, por el contrario, procede otra comprensión. En la medida en que la teleología de la regla es precisamente la protección o mantenimiento del carácter laboral de la sociedad, podría plantearse que el consentimiento se plantease igualmente. En estas constelaciones, lo que procedería sería el mismo efecto que pretende el derecho de adquisición, a saber, la amortización de las acciones que generen el incumplimiento de los requisitos. Esta amortización puede afectar únicamente a una parte de las acciones o participaciones sociales que tenga el heredero o legatario, por ejemplo, si fuese socio con carácter previo.

Ahora bien, es dudoso que, no existiendo previsión legal al respecto, sea posible la amortización sin mayor consideración. Siempre podría la sociedad ejercitar el derecho de adquisición y proceder luego a la reducción del capital siguiendo lo previsto en el art. 12.3 LSLP. Con todo, para ello necesitaría contar con liquidez en las partidas mediante las que abonar el precio de las acciones o participaciones sociales (art. 12.1 LSLP)[72]. En teoría, la solución se puede resolver recurriendo a lo previsto para las transmisiones *inter vivos* en el art. 6.3 LSLP. Se trataría de que la sociedad presentara un adquirente que pudiese abonar el precio de las acciones o participaciones sociales correspondientes al heredero o legatario, siendo la identidad de este comprador compatible con el mantenimiento de los criterios del art. 1.2 LSLP.

La segunda particularidad puede presentarse en situaciones en las que se ejercite el derecho de adquisición. El consentimiento únicamente procederá si la transmisión al titular del derecho supone incumplir las pautas del art. 1.2 LSLP. Esto especialmente previsible por hipótesis si quien ejercita el derecho es un socio de la clase general, pero no parece imposible que ocurra también cuando lo adquieran los socios-trabajadores. No parece que se pueda plantear, por su propia naturaleza, si quienes adquieren son los trabajadores no socios y tampoco cuando la compradora sea la sociedad, en la medida en que no se tienen en cuenta tales acciones y participaciones sociales para determinar la propiedad de los trabajadores (art. 12.5 LSLP).

La tercera cuestión que dilucidar es el ámbito de aplicación de la regla del art. 10.4 LSLP. En el análisis del precepto se ha observado que el apartado segundo se encontraba relacionado con la clase laboral. Esto no ocurre en sede de consentimiento, en la medida en que así lo indica el tenor literal de la norma. Esto supone que el legislador está pensando también en supuestos en los que se ejercita un derecho de adquisición en relación con la clase general. Esto permite corroborar la interpretación realizada, según la cual, para las acciones y participaciones sociales de la clase general, las posibilidades de introducir derechos de adquisición en sede estatuaria pasan por considerar lo indicado en el régimen general en los arts. 110 y 124 LSC[73].

Finalmente, queda por determinar qué órgano es el competente para decidir sobre el consentimiento que debe otorgar la sociedad. El art. 10.4 LSLP guarda silencio al respecto. Por el contrario, el art. 6.3 LSLP indica que será un acuerdo del órgano de administración. Cabe plantearse si la solución puede ser trasladada a lo previsto para las transmisiones *mortis causa*. En este sentido, puede tenerse en cuenta que, en el régimen general, el órgano competente viene típicamente determinado por el tipo social. Así, se trata de la junta general en el caso de la sociedad de responsabilidad limitada (cfr., arts. 88.2 y 107.2.b) LSC) y, en la sociedad anónima, del órgano de administración (cfr., art. 88.2 LSC). Sin embargo, en las sociedades labo-

72. Véase *supra* ap. IV.4.2.
73. Véase *supra* ap. IV.2.

rales no existe una distinción tipológica comparable, como se deriva precisamente del art. 6.3 LSLP. La razón de ser de esta ausencia de distinción puede encontrarse en la tendencial dispersión del capital incluso en las sociedades limitadas laborales, precisamente, por lo prescrito en el art. 1.2 LSLP. Siendo esto así, la reducción de los costes de acción colectiva pasaría por optar por el órgano de administración en lugar de por la junta general, planteamiento que también parece ser el criterio escogido en el régimen general para las sociedades anónimas.

VI. BIBLIOGRAFÍA

ALFARO ÁGUILA-REAL, J./CAMPINS VARGAS, A., «La liquidación del socio que causa baja como consecuencia de su separación o exclusión», *Revista de Derecho Mercantil*, núm. 240, 2001, pp. 441-494.

ALONSO ESPINOSA, F. J., «Especialidades en el régimen de la posición jurídica del socio», AA.VV., *Régimen Jurídico de las Sociedades Laborales (Ley 4/1997)*, Dir. ALONSO ESPINOSA, Tirant Lo Blanch, Valencia, 1997, pp. 67-100.

ALONSO ESPINOSA, F. J., «Artículo 5», AA.VV., *Comentario a la Ley de Sociedades Laborales y Participadas* (Dir. ALONSO ESPINOSA), Aranzadi, Cizur Menor, 2017, pp. 67-94.

ALONSO ESPINOSA, F. J., «Artículo 10», AA.VV., *Comentario a la Ley de Sociedades Laborales y Participadas* (Dir. ALONSO ESPINOSA), Aranzadi, Cizur Menor, 2017, pp. 146-160.

BARRERO RODRÍGUEZ, E., «Consideraciones sobre la reforma del régimen legal de las sociedades laborales», *Revista de Derecho de Sociedades*, núm. 45, 2015 (versión electrónica).

CIVERA GARCÍA, A., «Consideraciones en torno a la nueva Ley de Sociedades Laborales», *Revista General de Derecho*, nos. 634-635, 1997, pp. 9181-9195.

DEL VAL TALES, P., *El derecho de separación en las modificaciones estructurales transfronterizas*, Tirant Lo Blanch, Valencia, 2023.

DEL VAL TALES, P./GIMENO RIBES, M., «Setting the Scene. Family Firms and Closed Companies in Spain», en FLEISCHER, H./RECALDE CASTELLS, A./SPINDLER, G. (Ed.), *Family Firms and Closed Companies in Germany and Spain*, Tübingen, Mohr Siebeck, 2021, pp. 23-63.

DEL VAL TALENS, P./GIMENO RIBES, M., «Listed Family Companies in Spain», en FLEISCHER, H./PRIGGE, S. (Eds.), *Listed Family Firms*, Bingley, Emerald, 2024 (en prensa).

EMBID IRUJO, J. M., «Cuestiones de tipología societaria en la Ley de Sociedades de Capital», AA.VV., *Estudios de derecho mercantil en homenaje al profesor José María Muñoz Planas* (Coords. PILOÑETA ALONSO/IRIBARREN BLANCO), Civitas, Madrid, 2011, pp. 169-183.

ESCUÍN IBÁÑEZ, I., «Régimen jurídico del capital social (I). Clases de acciones y participaciones sociales. Su transmisión», AA.VV., *El Régimen Jurídico de las Sociedades Laborales* (Dir. ANDREU MARTÍ), Aranzadi, Cizur Menor, 2017 (versión electrónica).

FARIAS BATLLE, M., «La transmisión de la condición de socio en las sociedades laborales profesionales», AA.VV., *La Sociedad Laboral Profesional. Una figura societaria en estudio* (Dirs. ALFONSO SÁNCHEZ/FARIAS BATLLE), Aranzadi, Cizur Menor, 2023, pp. 145-185.

FERNÁNDEZ DE LA GÁNDARA, L., «El problema tipológico: la consagración del sistema dualista sociedad anónima-sociedad de responsabilidad limitada», *Revista de Derecho de Sociedades*, núm. Extraordinario, 1994, pp. 35 y ss.

FERNÁNDEZ DEL POZO, L., «Asistencia financiera a los trabajadores para la adquisición de acciones propias (art. 81.2 LSA)», *Revista de Derecho Bancario y Bursatil*, núm. 47, 1992, pp. 811-848.

FLEISCHER, H., «Gesetz und Vertrag als alternative Problemlösungsmodelle im Gesellschaftsrecht. Prolegomena zu einer Theorie gesellschftsrechtlicher Regelsetzung», *ZHR*, vol. 168, núm. 6, 2004, pp. 673-707.

FLEISCHER, H./HÜTTEMANN, R. (Hrsg.), *Rechtshandbuch Unternehmensbewertung*, Köln, Otto Schmidt, 2019.

GARCÍA RUIZ, E., «El régimen legal de las sociedades laborales sometido a revisión», *Revista de Derecho de Sociedades*, núm. 41, 2013 (versión electrónica).

GIMENO RIBES, M., «La exclusión voluntaria de la cotización bursátil», *Revista de Derecho Bancario y Bursatil*, núm. 145, 2017, pp. 91-153.

GÓMEZ PORRÚA, J. M., «La nueva regulación de las sociedades laborales», *Derecho de los Negosios*, núm. 80, 1997, pp. 1-30.

GONDRA ROMERO, J. M., «La posición de la sociedad de responsabilidad limitada en el marco de la reforma del Derecho de sociedades de capital», AA.VV., *La reforma del derecho español de sociedades de capital. Reforma y adaptación de la legislación mercantil a la normativa comunitaria en materia de sociedades* /Coords, ALONSO UREBA/CHICO ORTIZ/LUCAS FERNÁNDEZ), Colegio Nacional de Registradores de la Propiedad, Madrid, 1987, pp. 909-940.

ILLESCAS ORTIZ, R., «Sentencia de 10 de enero de 2010. El Tribunal Supremo se pronuncia sobre los tipos sociales (S.A. y S. R. L.) y la aplicación analógica de sus normas», *Cuadernos Cívitas de Jurisprudencia Civil*, núm. 88, 2012, pp. 195-212.

JORDÁ GARCÍA, R., «Ventajas e inconvenientes de instrumentar una empresa familiar como sociedad laboral», *Anuario de Derecho*, núm. 39, 2022, pp. 1-25.

LA PORTA, R./LÓPEZ-DE-SILANES, F./SHLEIFER, A., «Corporate Ownership around the World», *J. Finance*, vol. 54, núm. 2, 1999, pp. 471-517.

LÁZARO SÁNCHEZ, E. J., «Artículos 1-4», AA.VV., *Comentario a la Ley de Sociedades Laborales y Participadas* (Dir. ALONSO ESPINOSA), Aranzadi, Cizur Menor, 2017, pp. 31-67.

MATEO HERNÁNDEZ, J. L., «Hacia una mayor participación de los trabajadores en la realidad empresarial a través de la nueva regulación de las sociedades laborales», *Revista de Derecho de Sociedades*, núm. 46, 2016 (versión electrónica).

MERCADER UGUINA, J. R./PORTELLANO DÍEZ, P., «La sociedad laboral: sencillamente una sociedad especial (a propósito de la Ley 4/1997, de 24 de marzo, de sociedades laborales», *Relaciones Laborales*, núm. 12, 1997, pp. 45 y ss.

MOCK, S./CSACH, K./HAVEL, B., «Shareholders' Agreements between Corporate and Contract Law», en MOCK, S./CSACH, K./HAVEL, B. (Eds.), *International Handbook on Shareholders' Agreements*, Berlin, DeGruyter, 2018, pp. 3-45.

PAGADOR LÓPEZ, J., *Las sociedades laborales. La sociedad de garantía recíproca*, Marcial Pons, Madrid, 2005.

PANIAGUA ZURERA, M., «La singularidad tipológica de la sociedad laboral y su legislación adecuada. (A propósito de la Proposición de ley de sociedades laborales de Confesal y de la aplicación judicial de la Ley 4/1997, de sociedades laborales)», *Revista de Derecho de Sociedades*, núm. 44, 2015 (versión electrónica).

PANTALEÓN PRIETO, A. F./PORTELLANO DÍEZ, P., «Artículos 40-41», en PANTALEÓN PRIETO, A. F./PORTELLANO DÍEZ, P./VÉRGEZ SÁNCHEZ, M., *Régimen de las Participaciones Sociales en la Sociedad de Responsabilidad Limitada*, Civitas, Madrid, pp. 478-486.

PAZ-ARES, C., «La validez de los pactos parasociales», *Diario La Ley*, núm. 7714, 2011.

PAZ-ARES, C., «Violación de pactos, impugnación de acuerdos y principio de no contradicción», *Revista de Derecho Mercantil*, núm. 325, 2022 (versión electrónica).

PÉREZ MILLÁN, D., «Presupuestos y fundamento jurídico de la impugnación de acuerdos sociales por incumplimiento de pactos parasociales», *Revista de Derecho Bancario y Bursatil*, núm. 117, 2010, pp. 231-260.

RECALDE CASTELLS, A., «Artículo 55», AA.VV., *Comentarios a la Ley de Sociedades Anónimas* (Coords. ARROYO MARTÍNEZ/EMBID IRUJO/GÓRRIZ), Tecnos, Madrid, 2009, pp. 567-590.

RECALDE CASTELLS, A./PÉREZ MILLÁN, D., «Artículo 116», AA.VV., *Comentario de la Ley de Sociedades de Capital* (Dirs. GARCÍA-CRUCES/SANCHO GARGALLO), Tirant Lo Blanch, Valencia, pp. 1599-1618.

RODRÍGUEZ ARTIGAS, F., «La empresa familiar y las reformas de la ley de sociedades limitadas», AA.VV., *El patrimonio familiar, profesional y empresarial. Sus protocolos. Constitución, gestión, responsabilidad, continuidad y tributación* (Coords. GARRIDO MELERO/FUGARDO ESTIVIL), vol. IV, Bosch, Barcelona, 2005, pp. 383-432.

ROJO FERNÁNDEZ-RÍO, A., «La sociedad anónima como problema», *Revista de Derecho Mercantil*, núms. 187-188, 1988, pp. 7-34.

RUBIO GARRIDO, T., «Artículo 657», AA.VV., *Comentarios al Código Civil* (Dir. BERCOVITZ RODRÍGUEZ-CANO, R.), t. IV, Tirant Lo Blanch, Valencia, 2013, pp. 5016-5038.

SÁENZ GARCÍA DE ALBIZU, J. C./GOÑI SEIN, J. L./DE LA HUCHA CELADOR, F./PERDICES HUETOS, A.B., *Sociedades laborales*, Civitas, Madrid, 2000.

SANTOS MARTÍNEZ, V., «Transmisión de acciones y de participaciones de las sociedades laborales», AA.VV., *Estudios de Derecho de sociedades y Derecho concursal. Libro homenaje al Profesor Rafael García Villaverde*, t. II, Marcial Pons, Madrid, 2007, pp. 1269-1307.

VALPUESTA GASTAMINZA, E./BARBERENA BELZUNCE, I., *Las sociedades laborales. Aspectos societarios, laborales y fiscales*, Aranzadi, Cizur Menor, 1998.

ZURUTZA ARIGITA, I., «La evolución del régimen de transmisión de acciones y participaciones sociales en las sociedades laborales», *Revista de Derecho de Sociedades*, núm. 52, 2018 (versión electrónica).

Capítulo 12

Utilidad y eficacia de un protocolo orientado al relevo generacional en empresas de la economía social. Especial referencia a las cooperativas

Paula de Íscar de Rojas
Investigadora Predoctoral de Derecho Mercantil
Universidad de Valladolid[1].

SUMARIO: I. INTRODUCCIÓN. EL RELEVO GENERACIONAL EN LAS SOCIEDADES COOPERATIVAS. II. EL PROTOCOLO COMO INSTRUMENTO QUE PERMITE GARANTIZAR LA CONTINUIDAD DE LAS EMPRESAS. EL CASO DE LAS EMPRESAS FAMILIARES. *1. Preliminar. 2. Naturaleza jurídica del protocolo familiar y eficacia derivada de la misma.* 2.1. Eficacia del protocolo como contrato. 2.2. La publicidad registral del protocolo familiar. 2.3. El protocolo familiar en el Derecho de Sociedades. III. EN ESPECIAL, LA UTILIZACIÓN DE PACTOS PARASOCIALES EN LA COOPERATIVA Y EL RESPETO A LOS PRINCIPIOS COOPERATIVOS. IV. CONTENIDO DE LOS PROTOCOLOS DE RELEVO GENERACIONAL. LA NECESARIA INCLUSIÓN DE MEDIDAS EN FAVOR DE LA IGUALDAD ENTRE MUJERES Y HOMBRES. V. CONCLUSIONES. VI. BIBLIOGRAFÍA.

1. Contrato predoctoral cofinanciado por la Consejería de Educación de la Junta de Castilla y León y el Fondo Social Europeo.

I. INTRODUCCIÓN. EL RELEVO GENERACIONAL EN LAS SOCIEDADES COOPERATIVAS

La Red para la PAC (Política Agraria Común) de la Unión Europea (en lo sucesivo, EU CAP Network) indica que cuando hablamos del concepto de relevo generacional (en su caso, para la agricultura) este va más allá de la mera reducción de la edad media de los agricultores y las agricultoras y la adhesión de personas jóvenes a las empresas, independientemente de su forma jurídica. Entiende la EU CAP Network que debemos dotar a la nueva generación de jóvenes, altamente cualificados, de los medios necesarios para que puedan aplicar todas las ventajas que ofrecen las nuevas tecnologías en el desarrollo sostenible de sus actividades empresariales, en el citado caso, agrícolas, pero extrapolable a otros sectores productivos[2].

En el supuesto que nos ocupa particularmente en el presente capítulo, el relevo generacional en las sociedades cooperativas, creemos necesario hacer nuestro el concepto anterior, extendiendo lo aplicable en la agricultura a cualquier otro sector económico, y especialmente a aquellas actividades empresariales que se desarrollan a través del modelo cooperativo. Consideramos que, como se verá a continuación, es necesario lograr el aumento de personas jóvenes (especialmente socias) que participan en las cooperativas, así como resulta preocupante la edad media de los miembros de estas entidades en el conjunto del cooperativismo.

De igual modo, y siguiendo lo mencionado en el concepto otorgado por la Red europea para la PAC, hablamos de una generación de jóvenes cualificados[3], que afrontarán retos de gran relevancia para la supervivencia de la empresa, como la transformación digital y el uso de nuevas tecnologías, inminente por otra parte en todo tipo de organización debido a la tendente globalización de los mercados. Por estas y otras cuestiones, su incorporación al modelo cooperativo podría resultar especialmente atractivo para las personas jóvenes, teniendo en cuenta el seguimiento de los principios y

2. Sitio web de la EU CAP Network donde se clarifican estos conceptos. Disponible (en línea) en: https://ec.europa.eu/enrd/enrd-thematic-work/generational-renewal_es.html [Última consulta 20 de octubre de 2023].
3. Según datos de Eurostat, el 41% de la población de la UE entre 25 y 34 años tenía en el año 2021 estudios superiores (formación profesional de grado superior, grado universitario, máster o doctorado). Informe disponible (en línea) en: https://ec.europa.eu/eurostat/web/products-eurostat-news/-/ddn-20221114-1 [Última consulta: 20 de octubre de 2023].

valores que le son propios, entre los que cabe destacar la oferta de un empleo estable y de calidad[4].

En relación con la primera cuestión que debemos abordar, la edad media de los miembros de las cooperativas, la última actualización de la base de datos de la economía social del Ministerio de Empleo y Seguridad Social (marzo 2019) indica que el 59,8% de las personas que forman parte de una cooperativa tienen una edad superior a los 40 años. De estos, un 15% supera los 55 años. Entre los menores de 40 años, solo un 5,9% es menor de 25. Si bien creemos que estos datos deberían actualizarse a una situación post COVID-19 en la que se han podido producir variaciones importantes, tanto estas cifras como las de años anteriores nos muestran un envejecimiento claro de los miembros de las cooperativas, y un problema evidente de captación de talento joven[5].

En esta misma línea, aprovechando los datos facilitados por el Ministerio, creemos de gran interés para el tratamiento de este asunto tener presente algunas variables que, a nuestro juicio, determinarán a medio plazo el relevo generacional en ciertos sectores. En primer lugar, debemos mencionar que los españoles ocupan mayormente el sector servicios frente a la agricultura, donde la población inmigrante tiene una mayor presencia. Por otro lado, la variable del género ha de ser en todo caso tenida en cuenta, especialmente en determinados sectores, pues según los datos del citado Ministerio, un 49,8% de las personas en alta en la Seguridad Social en sociedades cooperativas son mujeres, por lo que su papel se presenta como clave en el relevo generacional y la ocupación de puestos de responsabilidad, donde las estadísticas elaboradas en los distintos sectores nos indican que su presencia sigue en desequilibrio frente a la de sus compañeros varones.

Continuando con la referencia que nos otorga en materia de relevo generacional sectores como el agrícola y el ganadero, donde los estudios sobre esta cuestión son continuos por la problemática que supone, el Ministerio de Agricultura, Pesca y Alimentación (en adelante, MAPA), planteó

4. En este sentido, sobre la calidad en el empleo, entendemos que incluye la adaptación de los niveles formativos de las personas trabajadoras al puesto de trabajo, generando además una mayor satisfacción en el empleo, cuestión en que las personas jóvenes (parte fundamental en el relevo generacional) mantienen un gran interés. RODRÍGUEZ GONZÁLEZ, A., «Cooperativa-centro especial de empleo como forma jurídica de empresa para la inserción laboral (Análisis a partir de un caso)», *CIRIEC-España Revista Jurídica de Economía Social y Cooperativa*, núm. 36, 2020, p. 122.

5. Disponible (en línea) en: https://www.mites.gob.es/ficheros/ministerio/sec_trabajo/autonomos/economia-soc/EconomiaSocial/estadisticas/CaracteristicasTrabajadores/2019/1TRIMESTRE/RESUMEN_1TRIMESTRE.pdf [Última consulta: 20 de octubre de 2023].

una Estrategia de Relevo Generacional, cuyo objetivo era principalmente facilitar la elaboración del Plan Estratégico para la PAC para los próximos años, pero del que cabe extraer algunos datos que pueden hacerse extensibles a los problemas que afronta el relevo generacional en cualquier sector productivo, no únicamente en el agroalimentario[6]. Entre otras cuestiones, partiendo del hecho de que numerosas estadísticas avanzan la elevada edad media de las personas dedicadas a la agricultura y ganadería en España, el estudio elaborado por el MAPA nos plantea una problemática clara en torno a las dificultades que afrontan los jóvenes en el acceso a la financiación, especialmente al sistema de créditos, o la compleja y abundante burocracia en la tramitación de ayudas o en la constitución de sociedades[7], lo que desmotiva a las personas jóvenes a la hora de optar por el emprendimiento o por su inclusión como miembros de empresas ya consolidadas, como podría ser en nuestro caso, la adhesión como nuevos socios y socias de cooperativas.

Si bien los inconvenientes que pueden encontrar los y las jóvenes son frecuentemente decisivos a la hora de no optar por adherirse a una cooperativa, ya que no podemos obviar el coste que puede ocasionar en un momento de inestabilidad económica global el desembolso requerido de aportaciones al capital, creemos que las ventajas que otorga el cooperativismo para las nuevas generaciones son mayores, yendo las bases del cooperativismo en sintonía con los valores defendidos mayoritariamente por la juventud[8]. Como hemos visto, el cooperativismo ofrece un trabajo estable y de calidad a unos jóvenes que huyen de una oferta de empleo masivamente precaria, ofreciendo además la posibilidad a personas cualificadas de formar parte de la toma de decisiones a través de una gestión democrática y participativa[9] y favoreciendo un modelo de negocio sostenible en todos sus ámbitos, económico, medioambiental y por supuesto social[10].

---

6. Plan disponible (en línea) en: https://www.mapa.gob.es/va/pac/pac-2023-2027/estrategia-de-relevo-generacional_tcm39-626873.pdf [Última consulta: 20 de octubre de 2023].
7. Téngase en cuenta que España tiene una tasa de actividad empresarial tres puntos inferiores a la media de la UE, como señala el Plan Estratégico ya citado en su p. 9.
8. Para la consecución de este objetivo, el del acercamiento de los principios y valores del cooperativismo a las generaciones más jóvenes, véase GADEA SOLER, E., «Difusión de valores y principios cooperativos entre los jóvenes», AA.VV. Difusión de los valores y principios cooperativos entre la juventud (Coord. ARNÁEZ ARCE), 2015, Dykinson, Madrid, pp. 135-147.
9. Sobre los principios cooperativos, ALFONSO SÁNCHEZ, R., «Los principios cooperativos como principios configuradores de la forma social cooperativa», *CIRIEC-España Revista Jurídica de Economía Social y Cooperativa*, núm. 27, 2015, pp. 59 y ss. En

Pese a que consideramos que la problemática tratada en la presente obra ha quedado probada a lo largo de todo el capitulado, creemos preciso apuntar ciertos datos sobre el cooperativismo en distintos sectores productivos. Como bien se ha señalado con anterioridad, el sector agroalimentario muestra asiduamente su preocupación por esta cuestión, por lo que desde Cooperativas Agroalimentarias de España se realizan informes con frecuencia que valoran esta temática. En el Informe Socioeconómico OSCAE 2021[11] se destaca el hecho de que el peso de socios jóvenes sobre el total de los socios es de un 10,2%, una cifra preocupante si tenemos en cuenta que en esta estadística la referencia a «socio joven» incluye a todo aquel menor de 40 años, por lo que casi un 90% de los socios de casi 4.000 cooperativas supera los 40 años de edad. En este mismo informe, se indica que un 8,3% de los miembros totales de los consejos rectores son menores de 40 años, sólo un 4,4% de jóvenes ocupa la presidencia y un 6,3% posee un puesto de directivo.

Entendemos que, con estas consideraciones, queda manifiesta la necesidad (y urgencia) del relevo generacional en el cooperativismo agroalimentario, si analizamos la variable género (que, como hemos indicado *supra*, será clave en la dirección que tome el relevo generacional en las cooperativas), un 28,5% de las mujeres representa el total de la base social, ocupando estas sólo un 9,6% de los puestos de los consejos rectores, un 4,5% de la presidencia y un 13,5% de los puestos directivos. No obstante, desde Cooperativas Agroalimentarias de España se observa en ambos casos, mujeres y jóvenes, un incremento paulatino en los últimos años de su presencia en la gobernanza de las cooperativas, de nuevo, poniendo de manifiesto la necesidad clara de un relevo ante posibles jubilaciones por la elevada edad media de las personas socias.

---

particular, sobre la democracia como valor diferencial de las cooperativas y su papel en el relevo generacional, tanto es un valor ideal de la juventud, ATXABAL RADA, A., «Democracia y jóvenes. Una aproximación desde las cooperativas», *REVESCO Revista de Estudios Cooperativos*, pp. 57-76, donde se tratan además otras cuestiones aquí expuestas como la formación de los jóvenes y la consecución de un empleo de calidad.

10. No olvidemos respecto a este último asunto, el social, que tanto la Carta europea de Principios de la Economía Social como la Ley estatal de Economía Social en su regulación de los principios orientadores de la misma (art. 4.c LES) indican que las cooperativas junto con el resto de entidades de la economía social se comprometen con el desarrollo local, la igualdad de oportunidades entre hombres y mujeres, la cohesión social, la inserción de personas en riesgo de exclusión social, la generación de empleo estable y de calidad o la conciliación de la vida personal, familiar y laboral.

11. Disponible OSCAE 2021 (en línea) en: https://www.agro-alimentarias.coop/datos-cooperativismo [Última consulta: 20 de octubre de 2023].

Profundizando aún más en el sector y en la problemática concreta que aquí nos ocupa, el conocido grupo cooperativo andaluz DCoop puso de manifiesto en una jornada celebrada en Jaén el pasado mes de mayo de 2023 que de las 126 cooperativas que conforman el Grupo un 13% de sus miembros era menor de 40 años y que un 14% de todas ellas había puesto en marcha alguna iniciativa para fomentar el relevo generacional, destacando acciones como la formación o la tramitación de ayudas a jóvenes[12].

En sintonía con lo contemplado en el sector agroalimentario encontramos las estadísticas de otros tipos de cooperativas, por ejemplo, el del cooperativismo de trabajo asociado. Según COCETA, de 75 cooperativas de trabajo asociado encuestadas en el año 2022 en más de 10 Comunidades Autónomas, el 30% no cuenta con ninguna persona menor de 35 años, un 45% no tiene representación de mujeres menores de 35 años y un 48% no tiene menores de 35 años ocupando puestos de responsabilidad. Además, solo un 33% de las sociedades encuestadas ha implementado en algún momento medidas para incentivar la presencia de jóvenes en la cooperativa[13].

Por otra parte, en el ámbito del trabajo asociado, COCETA profundizó también en la situación de los y las jóvenes llegando a confirmar que, en una encuesta a 127 jóvenes entre 18 y 35 años, más del 75% poseía estudios superiores (formación profesional o universitaria) y un 20% de ellos eran miembros de alguna cooperativa[14]. Si bien el 100% de los miembros de cooperativas de trabajo asociado recomendaría el modelo, sólo un 11% de los no cooperativistas encuestados se plantearía formar parte de una cooperativa, lo que resulta de interés para este estudio, pues algunas de las razones que suponen el rechazo del modelo entre los jóvenes pueden ser la clave para elaborar políticas y medidas efectivas en pro del relevo generacional, atendiendo además al elevado grado formativo que poseen, como confirman los estudios.

En otro orden de ideas, no podemos olvidar que la ausencia de relevo generacional se acentúa especialmente en las PYMES, la empresa familiar y aquellas que operan en el medio rural. En relación con este último asunto,

12. Un breve apunte sobre la jornada que celebro DCoop, véase la noticia disponible (en línea) en: https://www.europapress.es/economia/noticia-relevo-generacional-presencia-mujeres-consejos-rectores-retos-cooperativas-dcoop-20230505182237.html [Última consulta: 20 de octubre de 2023] En concreto respecto a lo anteriormente dicho, véanse pp. 16 y ss.

13. Informe final sobre el proyecto «Jóvenes y Cooperativismo» elaborado por COCETA, disponible (en línea) en: https://www.coceta.coop/publicaciones/coceta-juventud-y-cooperativismo-informe-final.pdf [Última consulta: 20 de octubre de 2023].

14. Véanse pp. 19 y ss. del Informe de COCETA.

en la II Conferencia Europea de Desarrollo Rural *(Declaración de Cork 2.0)* de 2016 se pone de manifiesto el valor de los recursos rurales para la solución de algunos de los retos que deberá afrontar la UE social y económicamente, pudiendo deducir de lo allí manifestado la importancia de dar continuidad a la empresas que operan en el medio rural, entre las que destacamos las cooperativas por los valores intrínsecos a su propia naturaleza y por ser el motor económico en múltiples áreas rurales del territorio español. Señala la *Declaración de Cork* cuestiones como que las empresas rurales requerirán una adaptación creciente a la digitalización y profesionales cualificados que hagan de esta transformación digital un uso adecuado hacia una producción sostenible[15]. Estos y otros asuntos son también algunos de los retos que afrontarán a corto plazo las sociedades cooperativas en términos generales y que debieran utilizarse para la captación de talento joven cualificado, destacando el atractivo de un empleo estable acorde a su formación, que además promueve el seguimiento de valores como la igualdad, la transparencia o la sostenibilidad, a la vez que elimina algunos de los prejuicios y estereotipos que tiene el empleo y la vida en las áreas rurales. Sin duda, el relevo generacional partirá de personas jóvenes que deberán poseer unos conocimientos mínimos en materia de nuevas tecnologías y esta cuestión deberá ser tratada con la importancia que requiere, pues el relevo generacional en las cooperativas supone el mantenimiento de mujeres y hombres con perspectiva de futuro en áreas rurales en riesgo de despoblación, lo que permitirá, como la propia *Declaración de Cork* señalaba en 2016, el mantenimiento y la mejora de servicios públicos y oportunidades para todas las personas que allí habitan[16], en consonancia con el principio cooperativo de interés por la comunidad[17].

Por ello, basándonos en una clara necesidad de desarrollo de medidas que fomenten el relevo generacional en todos los sectores del movimiento cooperativo, en el presente capítulo trataremos de analizar la utilidad y eficacia de los protocolos orientados a dicho relevo, examinando seguidamente desde una perspectiva jurídica la eficacia del protocolo como instrumento que garantiza la continuidad en el caso de las empresas familiares, pudiendo servir este modelo empresarial en cierta medida de referencia para otras entidades como las cooperativas y las sociedades laborales en lo que a relevo generacional se refiere por compartir problemáticas similares y respecto al propio protocolo como pacto parasocial. Posteriormente, hare-

15. Puede encontrarse la Declaración de Cork 2.0 (2016) en: https://ec.europa.eu/enrd/sites/default/files/cork-declaration_es.pdf [Última consulta: 20 de octubre de 2023].
16. Véanse en particular pp. 2-3 de la Declaración de Cork.
17. HERNÁNDEZ CÁCERES, D., «Origen y desarrollo del principio cooperativo de interés por la comunidad», *REVESCO Revista de Estudios Cooperativos*, núm. 139, 2021, pp. 21-30.

mos referencia precisamente al uso de pactos parasociales en la cooperativa como instrumento mediante el que crear los citados protocolos, atendiendo en cualquiera de los casos al respeto a los principios cooperativos como rectores de esta tipología societaria. Finalizaremos realizando un breve apunte sobre el contenido que creemos debe contener todo protocolo de relevo en una cooperativa, haciendo especial hincapié en la variable de género, pues como hemos ido viendo en los datos expuestos en este apartado, la atracción de talento femenino resultará fundamental junto al talento joven para asegurar la continuidad y supervivencia de la cooperativa, coadyuvando así en el logro de un relevo generacional equitativo, además de tratarse desde el punto de vista jurídico de un asunto de derechos fundamentales.

II. EL PROTOCOLO COMO INSTRUMENTO QUE PERMITE GARANTIZAR LA CONTINUIDAD DE LAS EMPRESAS. EL CASO DE LAS EMPRESAS FAMILIARES

1. PRELIMINAR

Desde el punto de vista de nuestro ámbito de estudio, el jurídico, el protocolo familiar viene siendo estudiando desde hace varias décadas por la doctrina científica, que requiere en términos generales la necesidad de aclarar a qué tipo de instrumento jurídico nos estamos refiriendo cuando hablamos de un protocolo de relevo generacional, pues en función de la figura a la que hagamos referencia su eficacia será una u otra, si bien existe un consenso casi unívoco en su tratamiento como contrato en términos de eficacia.

En cualquier caso, entendemos que es preciso hablar en este capítulo del protocolo de relevo generacional en la empresa familiar, utilizando como referencia esta experiencia desde un punto de vista legislativo, pero también práctico, con el fin de fomentar el desarrollo de estos acuerdos en el ámbito del cooperativismo y de las sociedades laborales, salvando las particularidades propias del modelo. No obstante, será preciso atender al hecho de que la mayoría de las empresas familiares en nuestro país tienen como forma jurídica la sociedad de responsabilidad limitada y deberán tenerse en cuenta (como se ha señalado) las características distintivas de ambos tipos societarios en la transposición parcial del modelo de protocolo de la empresa familiar a la sociedad cooperativa[18]. En este sentido, siendo las empresas familiares las que con mayor frecuencia han utilizado este tipo de pactos en seno del Derecho de sociedades español con motivo de relevo

18. Aun así, creemos que cabe señalar, como señalan entre otros los profesores Quijano o Vicent que las empresas familiares en nuestro Ordenamiento jurídico pueden optar

generacional, creemos de gran interés para nuestro estudio partir de un breve análisis de su naturaleza jurídica y de la eficacia que deriva de la misma, permitiéndonos en base a la creación de este sucinto marco teórico, realizar un adecuado traslado a las cooperativas y sociedades laborales como objeto de nuestro estudio en aquello que proceda, así como elaborar un breve análisis posterior sobre la utilización de pactos parasociales con el mismo fin en el marco propio del cooperativismo y de la sociedad laboral.

En este sentido, no podemos dejar de mencionar la importancia que ha tenido el protocolo familiar como instrumento garantista de la continuidad (e incluso supervivencia) de dichas empresas, en su mayoría PYMES y de las que sólo entre un 10 y un 15% alcanzan la tercera generación[19]. La problemática de las empresas familiares es bastante similar a la que pueden afrontar otros modelos empresariales, también las cooperativas y sociedades laborales, especialmente aquellas que poseen un menor tamaño y que operan en el medio rural, donde el éxodo de jóvenes está dificultando especialmente en algunos sectores el relevo empresarial.

Entre esta problemática, por sus similitudes con las dificultades que atraviesa y debe afrontar el cooperativismo y las sociedades laborales, hemos creído conveniente destacar dos cuestiones. En primer lugar, afrontamos en ambos casos la posible inoperancia del órgano de administración (Consejo Rector en las cooperativas), cuestión que se acentúa en las empresas familiares por el hecho de que el socio pueda primar sus intereses familiares sobre los de la empresa en sí[20]. De acuerdo con lo indicado por Feliu Rey, con el protocolo debe tratarse de evitar que la existencia de intereses contrapuestos (bien sean los del familiar y la empresa como los del socio cooperativista y la cooperativa; o los del socio trabajador y la sociedad

---

para su constitución por una gran variedad de tipos societarios, por lo que encontramos empresas familiares con forma de sociedades anónimas y limitadas, unipersonales y pluripersonales, cotizadas y no cotizadas y también podría llegar a darse el uso de fórmulas de uso menos común en la tradición de la empresa familiar, como bien podrían ser las sociedades de la economía social. VICENT CHULIÁ, F., «Organización de la empresa familiar», *RDP Revista de Derecho Patrimonial*, núm. 5, 2000, p. 33. QUIJANO GONZÁLEZ, J., «Aspectos jurídico-mercantiles de la empresa familiar: la empresa familiar con forma de sociedad mercantil», AA.VV. *Manual de la empresa familiar* (ed. CORONA), Deusto, 2005, pp. 114-115. En particular, sobre la idoneidad de la cooperativa como fórmula jurídica para la constitución de PYMES y empresas familiares, RODRÍGUEZ GONZÁLEZ, A., «La empresa familiar con forma de sociedad cooperativa», *Revista CEF Legal*, núm. 117, 2010, pp. 68 y ss.

19. EGEA FERNÁNDEZ, J., «Protocolo familiar y pactos sucesorios. La proyectada reforma de los heredamientos», *InDret Revista para el análisis del Derecho*, núm. 3, 2007, p. 5.
20. VALMAÑA CABANES, A., *El régimen jurídico del protocolo familiar* [Tesis doctoral], Universitat Rovira i Virgili, Tarragona, 2013, p. 47.

laboral) pongan en peligro la viabilidad y el desarrollo de la actividad empresarial. Por ello, como precisa Valmaña, sería conveniente «*que los contenidos del protocolo, en la medida en que resulte posible, se trasladen a los estatutos sociales*»[21], asegurando así la primacía del fin social sobre los intereses particulares, cuestión irrenunciable a nuestro juicio en el caso de las cooperativas y de las sociedades laborales.

Otra de las dificultades que podrían atravesar las empresas familiares de cualquier tipología y las cooperativas y sociedades laborales en general hace referencia a las normas que determinan los requisitos para acceder a los puestos de administración y gestión. En el ámbito de la empresa familiar es de todos sabido que un abuso de selección por criterio familiar (podríamos denominarlo incluso «nominación personal»)[22] puede poner en riesgo una administración diligente de la sociedad por la ausencia de formación suficiente y adecuada de las personas en cuestión. Lo mismo es tratado con frecuencia en el ámbito del cooperativismo y de las sociedades laborales, ya nos hemos adentrado en ello *supra,* siendo necesario asegurar una cualificación mínima de las personas que ocupen los puestos de dirección y administración de estas sociedades, más aún ante una inminente digitalización y globalización de los mercados.

En consecuencia a estos y otros problemas que puedan derivar de una inadecuada selección del relevo en los puestos de administración, así como de la ausencia de talento joven y las dificultades para su captación, especialmente en ciertos territorios marcados por el éxodo rural, creemos necesaria la adopción de protocolos de relevo generacional, como instrumento útil en la elaboración de planes de formación del sucesor, políticas de retribuciones, normas de acceso al Consejo de administración para cualquier tipo societario, así como ha venido resultando de gran utilidad (aunque no se aplique en las cooperativas) en la fijación de políticas de transmisión de acciones y participaciones en las sociedades de capital, especialmente en las de responsabilidad limitada[23].

2. NATURALEZA JURÍDICA DEL PROTOCOLO FAMILIAR Y EFICACIA DERIVADA DE LA MISMA

Atendiendo a que la necesaria adopción de medidas que favorezcan el relevo generacional es tan evidente como la problemática que pudiera ocasionar la incorrecta adhesión de personas no cualificadas a puestos de responsabilidad, debemos, en primer lugar, clasificar a los protocolos dentro

21. *Ibid.*
22. De nuevo, VALMAÑA CABANES, A., *El régimen jurídico, cit.,* p. 48.
23. EGEA FERNÁNDEZ, J., *El protocolo familiar, cit.,* pp. 6-7.

de algunas de las fórmulas jurídicas que nos ofrece nuestro Ordenamiento. Como veremos a continuación, en este estudio partimos de la hipótesis mayoritariamente aceptada por la doctrina científica, que defiende el protocolo como contrato, lo que determinará de manera directa la fuerza vinculante de los pactos en él contenidos, *ex art.* 1258 CC[24].

En defensa de esta hipótesis, cuando hablamos de protocolos de relevo generacional nos referimos en sentido coloquial a acuerdos o pactos, pero jurídicamente nos encontramos ante un contrato que cumple los requisitos tipo ya que, por un lado, tenemos un acuerdo de voluntades y, por otro, se crean una serie de obligaciones[25]. Si bien la doctrina en general tiende a calificar al protocolo como contrato[26], el RD 171/2007, de 9 de febrero, por el que se regula la publicidad de los protocolos familiares[27] no hace referencia expresa a este término, lo que Valmaña califica como «falta de valentía» en el uso de la terminología por parte del legislador, ya que entiende que la forma más acertada de calificarlo no es otra sino esa, además de deducir de todo el texto jurídico que la figura de la que se habla es ciertamente de un contrato[28]. A este respecto, cabe también añadir que entendemos que en el protocolo concurren consentimiento, objeto y causa siguiendo lo dispuesto en el art. 1261 CC.

En esta línea y en relación con las particularidades de la empresa familiar, Roca Junyent defiende que nos encontramos ante un contrato marco, un acuerdo preparatorio que requerirá de un desarrollo posterior que, en el caso de la empresa familiar, deberá atender a otras disposiciones en materia sucesoria, capitulaciones matrimoniales, etc.[29].

Asimismo, en el debate sobre los protocolos de las empresas familiares tiende a tratarse el contenido que debe recogerse en el mismo, cuestión que, en este caso, sí que puede extenderse al protocolo que se establezca en el seno de cualquier tipo societario, también por tanto a los protocolos en las cooperativas y sociedades laborales. Si bien en las empresas familiares podrán encontrarse contenidos de carácter moral o recomendaciones, en

---

24. EGEA FERNÁNDEZ, J., *El protocolo familiar*, p. 5.
25. BOSCH CAPDEVILA, E., DEL CARRASCOSA, P. y VAQUER ALOY, A., *Teoría general del contrato. Propuesta de regulación*, Marcial Pons, 2016, p. 15.
26. PAZ-ARES, C., «El enforcement de los pactos parasociales», *AJUM Actualidad Jurídica Uría Menéndez*, núm. 5, 2003, p. 21. También O» CALLAGHAN MUÑOZ, X., *Código Civil. Comentado y con jurisprudencia*, La Ley, Madrid, 2004, p. 1223.
27. BOE núm. 65, de 16 de marzo de 2007.
28. VALMAÑA CABANES, A., *El régimen jurídico, cit.*, p. 329.
29. CORONA, J., MARTÍ PICÓ, N. y ROCA JUNYENT, M., «Protocolo familiar», AA.VV. *Manual de la empresa familiar* (Ed. CORONA), Deusto, 2005, p. 466.

cualquier caso, encontraremos contenidos jurídicos, que serán los que tengan una eficacia vinculante, como veremos seguidamente.

Respecto a esto y en relación con la eficacia que pueda tener el protocolo de relevo en cualquier empresa, será preciso que se califique jurídicamente como contrato para que no se dude de la fuerza vinculante *inter partes*, por un lado, y para asegurar que su clausulado se articula conforme a Derecho, pues será susceptible de publicidad registral, pudiendo en este momento adquirir eficacia *erga omnes*, tal y como indica el citado RD 171/2007 para las empresas familiares y como se verá en apartados subsiguientes.

2.1. Eficacia del protocolo como contrato

El protocolo como contrato produce una relación obligacional, esto es, es fuente de obligaciones y consecuentemente las crea y regula como si se tratase de una ley (*lex contractus*) *ex art.* 1091 CC[30]. Si bien no cabe duda de la fuerza vinculante entre las partes que provoca un contrato, es precisamente el carácter extraestatutario del protocolo familiar el que ha supuesto uno de sus principales problemas, atendiendo a su frecuente configuración como pacto parasocial. La doctrina llega a distinguir cinco tipos de consideraciones sobre la catalogación de los protocolos familiares[31], pero en este capítulo trataremos el protocolo partiendo de la calificación que creemos más indicada, que es (como ya se ha dicho) la de contrato parasocial o pacto parasocial, ligado evidentemente al contrato previo de sociedad por un vínculo de accesoriedad[32].

Sobre la eficacia *inter partes* del protocolo como contrato se manifiesta también Paz-Ares, que señala que, al calificar el protocolo como contrato, entendemos que es «ley entre las partes», por lo que es una norma de obligado cumplimiento entre todos los firmantes[33], siguiendo así la doctrina consolidada tanto por el TS como por otros tribunales menores[34].

30. O'CALLAGHAN MUÑOZ, X., «Lección 11», *Compendio de Derecho Civil. Derecho de Obligaciones*, Tomo II, Ed. Ramón Areces, 2020, pp. 269.
31. URÍA, R., MENÉNDEZ, A. y MUÑOZ PLANAS, J. M., «La junta general de accionistas», *Comentario al régimen general de las sociedades mercantiles* (Dirs. URÍA, MENÉNDEZ y OLIVENCIA) Tomo V, Civitas, Madrid, 1992, pp. 173-174.
32. Sobre la aproximación de la naturaleza y eficacia jurídica de los protocolos familiares a los pactos parasociales, TENA ARREGUI, R., «Organización de la empresa familiar: Perspectivas estática y dinámica», AA. VV. *El patrimonio familiar, profesional y empresariales: su formación protección y transmisión* (Dir. MARTÍNEZ DÍE), Seminario Organizado por el Consejo General del Notariado en la UIMP, julio de 2004, Ed. Thomson Civitas, Madrid, 2006, p. 63.
33. PAZ ARES, C., *El enforcement, cit.*, p. 21.
34. Sobre la naturaleza jurídica del protocolo como contrato, entre otras, STS de 3 de septiembre de 2007 (RJ 2007, 4709).

Por otro lado, debemos recordar al tratar la eficacia del protocolo que en el entorno de las empresas familiares existe la posibilidad de que recojan ciertos contenidos morales, o que podría ocasionar cierta problemática respecto a su interpretación al no poder tratar estas cuestiones como norma, como sí sucede con el contenido jurídico del contrato. Para ello, la tendencia en el marco de la empresa familiar avanza hacia la creación de un Consejo de Familia que, entre otras funciones, se encargue de aclarar este tipo de asuntos más controvertidos[35]. Igualmente, podrían surgir problemas en la empresa familiar derivados de la atribución a los descendientes que pretenden acceder al relevo, entendiendo que habrá de atribuírsele a cada uno una participación mínima que les permita suscribir el protocolo como titulares de la empresa[36]. Resultará preciso tener en cuenta esta y otra casuística, si bien no entraremos a analizar tales supuestos, teniendo en cuenta que las cooperativas y las sociedades laborales (fórmulas societarias que aquí nos ocupan) no tienden a ser el tipo societario comúnmente elegido a la hora de constituir una empresa familiar. Pese a ello, sí sería conveniente de utilizarse el protocolo familiar como modelo para un protocolo de relevo en las cooperativas y sociedades laborales atender a la posibilidad de que podríamos encontrar ciertos contenidos morales o con carácter de recomendación, cuya interpretación deberá ser clarificada en caso de conflicto por un órgano social creado al efecto o (a nuestro juicio, más acertadamente) por la asignación de esta función a alguno de los órganos existentes.

Volviendo de nuevo a la eficacia entre las partes, algunos autores estiman que resulta incompleta en cuanto a que los protocolos de algún modo pretenden incidir en la gestión de la sociedad, pero las normas contenidas en el acuerdo no alcanzan directamente a las sociedades como sujetos[37]. En cualquier caso, los posibles problemas de oponibilidad del protocolo frente a la sociedad no impiden que este genere efectos indirectos en la empresa familiar (lo mismo sucedería en el caso de la cooperativa, de la sociedad laboral, u otras tipologías societarias), debiendo recordarse a este respecto que los contratos son susceptibles de provocar efectos sobre terceros, según doctrina reiterada del TS sobre la eficacia indirecta del contrato[38].

De igual modo, debemos hacer referencia a que pese a que no todos los pactos extraestatutarios tendrán acceso al Registro mercantil (cuestión que

35. Sobre el comité consultivo en la empresa familiar, VERDÚ CAÑETE, M. J., «Estructura orgánica de la sociedad familiar», AA. VV. Régimen jurídico de la empresa familiar (Coord. SÁNCHEZ RUIZ), Thomson Reuters-Civitas, Madrid, 2010, pp. 95-96.
36. CORONA, J., MARTÍ PICÓ, N. y ROCA JUNYENT, M., *Protocolo familiar, cit.*, p. 474.
37. VALMAÑA CABANES, A., *El régimen jurídico, cit.*, p. 339-340.
38. DÍEZ PICAZO, L. «Eficacia e ineficacia del negocio jurídico», *Anuario de Derecho Civil*, vol. 14, núm. 4, 1961, pp. 813-819.

se tratará brevemente *a posteriori*), este hecho no debe impedir que se mantenga la eficacia *inter partes* de aquellos que se hubieran concertado en la escritura de constitución, tal y como indica Madridejos Fernández[39].

En esta línea, podemos sintetizar todo lo anteriormente expuesto indicando que el protocolo tendrá eficacia *inter partes* al tratarse jurídicamente de un contrato, que podrá de manera indirecta causar efectos en la sociedad como sujeto, pese a que esta pueda no ser firmante del mismo y que, en todo caso, puede resultar una influencia decisiva en las decisiones que determinen el relevo generacional y por tanto la futura gestión y organización de la empresa.

Para que esta eficacia entre las partes cause total efectividad, creemos conveniente añadir en el contenido del protocolo ciertas cláusulas que penalicen su incumplimiento en lo que se refiere a los aspectos jurídicos (téngase de nuevo en cuenta la problemática interpretativa de aquellas cuestiones morales), dando traslado a los estatutos sociales y por ende al Registro mercantil de aquellos contenidos que fueran posibles, coadyuvando en la reafirmación de la fuerza del protocolo como *lex contractus* y siguiendo lo dispuesto en las conclusiones segunda y tercera del Informe de la ponencia de estudio para la problemática de la empresa familiar (2001)[40], que vienen a determinar la recomendación de la apertura del Registro Mercantil a los aspectos del protocolo familiar que afecten a las relaciones de la empresa con terceros (cuestión que podría del mismo modo trasladarse al Registro de Cooperativas, en su caso).

En otro orden de ideas y en relación con la eficacia contractual del protocolo de relevo, en el ámbito de la empresa familiar la doctrina viene a indicarnos que, en caso de incumplimiento del contenido del mismo, atenderemos a lo establecido como norma general en el Derecho de daños[41], esto es, a los remedios tradicionales de incumplimiento de un contrato (cumplimiento forzoso, indemnización de daños y perjuicios *ex art.* 1124 CC, remoción de actos contratos a la obligación asumida, resolución del contrato, etc.)[42].

El incumplimiento del protocolo no tendrá efecto desde el punto de vista jurídico sobre la sociedad debido a la eficacia relativa de los contratos antes

39. MADRIDEJOS FERNÁNDEZ, A., «Los pactos parasociales», *AAMN Anales de la Academia Matritense del Notariado*, núm. 37, 1996, p. 197.
40. BOCG, Senado, Serie I, núm. 312, de 23 de noviembre de 2001.
41. CORONA, J., MARTÍ PICÓ, N. y ROCA JUNYENT, M., *Protocolo familiar, cit.*, p. 475.
42. DÍEZ SOTO, C. M., «El protocolo familiar: naturaleza y eficacia jurídica», AA. VV. Régimen jurídico de la empresa familiar (Coord. SÁNCHEZ RUIZ), Thomson Reuters-Civitas, Madrid, 2010, p. 180.

expuesta (no pueden producir efectos sobre terceros no contratantes, salvo excepciones). Sin embargo, tendrá consecuencias directas entre las partes firmantes. Además, en algunos casos el cumplimiento de ciertos contenidos del protocolo no podrá asegurarse, debiendo preverse esta cuestión en el propio protocolo mediante la inclusión de una cláusula penal al efecto que contenga lo relativo al posible resarcimiento en caso de incumplimiento por una de las partes[43]. Esto surge en el propio marco del principio de autonomía de la voluntad de las partes, como mecanismo que refuerza el cumplimiento del protocolo precisamente a través de la inserción de cláusulas penales ante el incumplimiento, permitiendo la imposición al incumplidor de una sanción, con independencia de que pudiera también exigirse el cumplimiento de las estipulaciones no cumplidas *ex arts*. 1152 y ss. CC. Hay quien considera también mecanismo idóneo para la garantía del cumplimiento del protocolo acudir a la técnica de las prestaciones accesorias al ser impuestas a los socios por vía estatutaria[44]. De hecho, la doctrina plantea la posibilidad de incorporar a los estatutos una prestación accesoria consistente en la suscripción y cumplimiento del protocolo familiar[45]. En cualquier caso, téngase en cuenta, como señala Corona, que en el caso particular de la empresa familiar, las partes integrantes del protocolo están especialmente interesadas en su formalización y cumplimiento[46], cuestión que podría darse también en el modelo cooperativo y en la sociedad laboral, pues a pesar de no existir una relación familiar entre partes sí existirá una vinculación más o menos estrecha entre la parte que pretende acceder a la sociedad y los principios y valores propios del cooperativismo y de la economía social en general.

2.2. La publicidad registral del protocolo familiar

Conforme a lo que venimos señalando, existen mecanismos que pueden otorgar mayor eficacia obligacional a los protocolos, pero, aun así, la eficacia adolecerá de ciertos límites. En cuanto a la superación del límite subjetivo de una norma con eficacia *inter partes* por su naturaleza contractual, y con el objetivo de alcanzar una eficacia *erga omnes* como ya hemos dicho, la publicidad registral es en nuestra opinión la herramienta más útil para lograrlo.

43. QUIJANO GONZÁLEZ, J., *Aspectos jurídico-mercantiles, cit.*, p. 143.
44. DÍEZ SOTO, C. M., *El protocolo familiar, cit.*, p. 181.
45. *Ibid.* También ALFARO ÁGUILA-REAL, J., «Prestaciones accesorias», AA.VV. *El patrimonio familiar, profesional y empresarial. Sus protocolos* (Coords. GARRIDO MERELO y FUGARDO ESTIVILL), Tomo V, Bosch, Barcelona, 2005, p. 433.
46. De nuevo, CORONA, J., MARTÍ PICÓ, N. y ROCA JUNYENT, M., *Protocolo familiar, cit.*, p. 475. Sobre el espontáneo cumplimiento derivado del valor moral que rodea el protocolo familiar, VICENT CHULIÁ, F., *Organización jurídica, cit.*, p. 29.

Esta búsqueda de la eficacia *erga omnes* de un acuerdo parasocial ha sido frecuentemente cuestionada por la doctrina, donde al tratar asuntos como la publicidad registral del protocolo familiar podemos observar posiciones contrapuestas, si bien defendemos en este estudio la utilidad práctica que puede tener alcanzar esta eficacia frente a terceros, siguiendo lo dispuesto, entre otros, por Fernández del Pozo[47]. No obstante, entendemos la crítica mayoritaria hacia un pacto que contendrá ciertos compromisos morales que no tendrán fuerza vinculante directa entre las partes y que incluso no serán susceptibles de inscripción registral.

Respecto a la posibilidad de que el protocolo familiar tuviera acceso al Registro Mercantil, esta fue determinada por el citado RD 171/2007. Concretamente la norma desarrolla tal posibilidad en sus arts. 4 a 7, siendo un importante avance legislativo en materia de la eficacia de esta figura, en tanto supone dotar al protocolo de oponibilidad frente a la sociedad y a terceros, que no posee por su mera naturaleza como hemos señalado ya en diversas ocasiones. Además, con ello se da traslado a lo dispuesto en la Ponencia de Estudio del Senado del año 2001, también mencionada *supra*, y que contenía entre otras recomendaciones la publicidad registral de aquellos contenidos del protocolo en la medida en que afectasen a terceros.

Entre las críticas que giran en torno a este asunto, no sólo a la publicidad registral en sí, sino también al desarrollo legislativo y al contenido del RD 171/2007, sirva de ejemplo la cuestionada legitimación activa establecida por la norma para promover la publicidad del protocolo, pues parte de la doctrina duda sobre el hecho de que el órgano al que se le deba asignar dicha competencia sea el órgano de administración de la sociedad[48].

En nuestra opinión, entendemos gran parte de las críticas realizadas por la doctrina más opuesta a la norma, defendiendo que el legislador debiera haber sido más escrupuloso en la determinación de ciertas cuestiones, evitando con ello una problemática práctica e interpretativa que resulta evidente y favoreciendo realmente el reforzamiento de la eficacia del protocolo. En esta línea, la única norma al respecto (el RD 171/2007) ofrece dos niveles de publicidad registral. El primero de ellos, consistente en dejar constancia de la existencia de un protocolo de relevo, viene determinado en su art. 5. La segunda vía prevé consignar el contenido del protocolo en el Registro Mercantil, *ex* arts. 6 y 7 RD 171/2007. Como veníamos señalando, el RD 171/2007 ofrece la posibilidad de registrar la existencia del protocolo

47. FERNÁNDEZ DEL POZO, L., *El protocolo familiar*, Aranzadi, Cizur Menor, 2008, p. 212.
48. VALMAÑA CABANES, A., *El régimen jurídico, cit.*, pp. 385-386.

o parte del contenido, pero no facilita su puesta en práctica debido a los abundantes vacíos legales respecto a cuestiones transcendentes.

Cuestión controvertida resulta sin duda el hecho de que el RD 171/2007 recoja en su art. 4 la posibilidad de publicar el protocolo de forma extrarregistral a través de la página web corporativa[49], pues hay quien considera que publicar en la página web corporativa un contenido como el que pueda recoger un protocolo familiar es inaceptable, debiendo mantenerse ciertas cuestiones en un estado reservado, así como quienes dudan sobre una publicación sistemática de protocolos[50].

Tampoco podemos olvidar que el acceso al Registro Mercantil se caracteriza por una admisión *numerus clausus*, ciñéndose expresamente a la inclusión de actos y sujetos autorizados por la Ley o el propio Reglamento del Registro Mercantil. Parte de la doctrina entiende que es en base a este principio de tipicidad registral por lo que el legislador no reconoció en su momento la posibilidad de inscribir el protocolo íntegramente[51].

En definitiva, no dudamos de la conveniencia que pueda tener facilitar el acceso de los protocolos al Registro Mercantil (o en el caso de las cooperativas al Registro de Cooperativas), al contrario, defendemos la búsqueda de vías que refuercen la eficacia frente a terceros, si bien creemos que es fundamental para poder hablar realmente de una eficacia reforzada del pacto parasocial que normativa específica desarrolle cómo gestionar este procedimiento y resuelva las controversias que la doctrina, la jurisprudencia y los operadores jurídicos llevan décadas poniendo de manifiesto.

2.3. El protocolo familiar en el Derecho de Sociedades

Ninguna de las normas básicas del Derecho societario regula el protocolo familiar, quizás debido a que tradicionalmente ha sido reacio a calificar como propia la figura de la empresa familiar, lo que evidentemente no facilita resolver los problemas de eficacia ya comentados.

En esta línea, recuerda Valmaña que, al situar el protocolo en el ámbito del Derecho de sociedades y, por lo tanto, dentro del Derecho mercantil,

49. QUIJANO GONZÁLEZ, J. y PEÑAS MOYANO, M. J., «La empresa familiar como empresa mercantil», AA.VV. *La empresa familiar y los nuevos retos de gestión* (Coord. NOGALES LOZANO), Fundación EOI, Madrid, 2007, p. 172.
50. VIERA GONZÁLEZ, J. A., «Empresa y protocolo familiar, ¿un problema de política legislativa?», AA.VV. *Estudios de Derecho de sociedades y Derecho concursal. Libro homenaje al Profesor Rafael García Villaverde,* tomo III, Marcial Pons, Madrid, 2007, p. 1702.
51. GARRIDO DE PALMA, V., «La publicidad del protocolo familiar», *RJC*, núm. 1, 2008, p. 65.

contamos con una fuente adicional frente a otras ramas del Derecho: los usos del comercio. Entre ellos se encuentran los pactos entre socios, por lo que si otorgásemos a los acuerdos extraestatutarios la categoría de usos del comercio reforzaríamos la eficacia del protocolo[52].

Ya se ha visto a lo largo de este apartado que únicamente se ha hecho mención al RD 171/2007 como norma específica que regula en algún aspecto los protocolos familiares. Tal es la desregulación en este sentido, que como norma general tendemos a analizar lo dispuesto por la doctrina, también en otros ordenamientos del entorno europeo, donde la situación de vacío legal respecto a esta figura es la misma que encontramos en España[53].

Resulta preciso una reforma legislativa, más bien, la creación de una nueva normativa que regule las principales cuestiones que afectan al protocolo familiar, lo que sucederá evidentemente también con los protocolos de relevo generacional en el caso de las cooperativas y sociedades laborales, pues encontraremos una problemática similar en cuanto a su eficacia de no determinarse la naturaleza jurídica del acuerdo, entre otras cuestiones. En el caso del protocolo familiar y como se ha venido comentando con anterioridad, la doctrina mayoritaria acepta su calificación como contrato, teniendo siempre presente las particularidades que puedan dar lugar por el contenido heterogéneo que contienen estos acuerdos, al no tratarse siempre de actos jurídicos con fuerza vinculante, sino también de disposiciones de carácter moral o recomendaciones.

En este orden de ideas, también sería conveniente regular el contenido tipo del protocolo, consensuado en gran medida por la doctrina, si bien tienden a dejar margen a la flexibilidad que requiere la diversidad y la casuística que puede darse en la empresa familiar. Igualmente, hay quienes defienden que la nueva norma (de crearse) o la modificación legislativa del RD 171/2007 debe partir de una apuesta por la obligatoriedad de la publicidad registral, pues no podemos olvidar el carácter potestativo de la inscripción del protocolo en el Registro Mercantil, lo que puede hacer que esta vía no sea en la práctica tan utilizada como convendría[54]. En nuestra opinión, la obligatoriedad de la inscripción registral de aquellas cuestiones del protocolo que afecten a terceros fomentaría la mejora de la eficacia del acuerdo y la oponibilidad de la sociedad, como hemos venido defendiendo, a la vez que resguarda la intimidad que pueden tener ciertas cuestiones relacionadas con las sucesiones y con el propio carácter familiar del protocolo.

52. VALMAÑA CABANES, A., *El régimen jurídico, cit.*, p. 345.
53. FERNÁNDEZ DEL POZO, L., *El protocolo familiar, cit.*, p. 19.
54. FERNÁNDEZ DEL POZO, L., *El protocolo familiar, cit.*, p. 12.

III. EN ESPECIAL, LA UTILIZACIÓN DE PACTOS PARASOCIALES EN LA COOPERATIVA Y EL RESPETO A LOS PRINCIPIOS COOPERATIVOS

La figura del pacto parasocial en el ámbito de las cooperativas no ha sido utilizada con la frecuencia que sí acontece en las sociedades de capital, siendo incluso poco tratada por la doctrina en tanto subyace la idea de su incompatibilidad con los principios orientadores del cooperativismo.

Es precisamente este el motivo por el que hemos optado por introducir este estudio analizando la eficacia del protocolo familiar, por su utilidad práctica, así como por el tratamiento doctrinal. Respecto a esto último, como hemos ido señalando *supra*, la doctrina entiende el pacto parasocial como un contrato, que tendrá por tanto fuerza vinculante entre las partes y que podrá tener oponibilidad frente a terceros, especialmente frente a la sociedad en determinadas ocasiones (por ejemplo, de darse su publicidad registral). Siguiendo lo indicado por Paz-Ares, el pacto parasocial es un tipo de contrato firmado por socios, incluso por la propia sociedad, cuyo objetivo es la búsqueda de soluciones a cuestiones no contempladas con anterioridad (por ejemplo, en los Estatutos sociales) y que guardan relación con asuntos tan relevantes como el funcionamiento interno de la sociedad, la toma de decisiones o la organización de la actividad societaria[55].

Tomando este concepto como punto de partida, en él se incluiría el protocolo de relevo generacional materializado a través de la firma de un acuerdo parasocial, pues esto resultaría aplicable a las sociedades cooperativas conforme al principio general de libertad contractual, por el que los socios de cualquier sociedad (independientemente de su forma jurídica) podrán establecer pactos, siempre y cuando no superen los límites de autonomía de la voluntad, esto es, que no sean contrario a la ley, a la moral ni al orden público *ex* art. 1255 CC.

En esta línea, atendiendo a lo comentado hasta el momento el pacto parasocial resulta aplicable al modelo cooperativo, pero la doctrina mercantil ha considerado históricamente nulos los pactos contrarios a la ley o a los principios configuradores del tipo social[56], siendo aquí donde surge la principal problemática de esta figura en su aplicación en las cooperativas, pues habrá de respetarse en todo caso los valores y principios que orientan el cooperativismo, además de los límites tipo de la autonomía de la voluntad. No obstante, la doctrina más reciente aboga por la necesidad de matizar esta afirmación, ya que la rigidez en la interpretación de los principios coo-

55. PAZ ARES, C., *El enforcement, cit.*, p. 21.
56. GIRÓN TENA, J., *Derecho de Sociedades,* Tomo I, Benzal, Madrid, 1976, p. 313.

perativos dista de las normas más generalizadas en la práctica[57], lo que puede ocasionar una pérdida de la competitividad de la cooperativa frente a otras entidades, como las sociedades de capital, más flexibles en materia de adopción de acuerdos parasociales.

Entrando ya en la aplicación de un protocolo similar al que se ha ido llevando a cabo en las empresas familiares, siempre salvando las distancias con el modelo cooperativo y respetando el seguimiento de sus principios rectores, creemos preciso recordar que la mayoría de las empresas familiares en España tienden por la forma jurídica de sociedad de responsabilidad limitada y, en relación con esto, la LSC en su art. 29 reconoce a las sociedades de capital la libertad de pactos entre las partes. Por el contrario, esta materia no ha sido tratada por la normativa cooperativa, no haciendo la Ley estatal ni la mayoría de las normas autonómicas referencia respecto a la posibilidad de realizar pactos reservados *inter partes*. Únicamente las leyes de cooperativas de Extremadura (art. 18.5) y Castilla La Mancha (art. 10.2) precisan que los pactos reservados entre los socios no serán oponibles a la cooperativa.

En sintonía con lo que sucedía en el caso de los protocolos familiares, nos encontraremos una serie de vacíos legales que derivados de la ausencia del tratamiento de esta figura [el pacto parasocial] en la normativa cooperativa, podría derivar en graves problemas prácticos, especialmente interpretativos. Por ello, creemos que resulta imprescindible regular estas cuestiones si deseamos que a futuro los protocolos de relevo generacional en las cooperativas sean eficaces, desde el punto de vista jurídico, en cuanto a que causen efectos, y desde el punto de vista de una eficacia sociológica, en tanto alcancemos el objetivo y se materialice el relevo.

Pese a todo lo anterior y de admitirse estos pactos en el seno del a cooperativa, siempre y cuando se respeten los límites del art. 1255 CC, la cuestión que debe preocuparnos (como ya se ha adelantado) es la interpretación que realicemos de los principios cooperativos en la aplicación de la figura del protocolo como pacto parasocial. Como indica Alfonso Sánchez, los principios cooperativos son fuente material de la legislación cooperativa, a pesar de no constituir en sí mismos una norma jurídica, al tratarse de los pilares que configurarán la organización, el funcionamiento y la naturaleza de este tipo de sociedades[58].

57. MIRANDA RIBERA, E., «La validez y oponibilidad de los pactos parasociales en las cooperativas», *CIRIEC-España, Revista Jurídica de Economía Social y Cooperativa*, núm. 38, 2021, p. 268.

58. Sobre los valores y principios cooperativos, ALFONSO SÁNCHEZ, R., «Los principios cooperativos», *cit.*, pp. 58-60. También GADEA SOLER, E., «Delimitación del

En esta línea apunta Miranda (a nuestro juicio, muy acertadamente) que de desarrollarse un pacto parasocial en la cooperativa, en ningún caso podrá aceptarse la inclusión de cláusulas que desvirtúen la forma social, pero esto [el respeto a los principios cooperativos] no puede tampoco impedir una interpretación más actualizada y «procompetitiva» de los mismos[59]. En consonancia con lo defendido por el autor, apostamos por un estudio de la norma, valor o principio cooperativo que pudiera resultar afectado en la aplicación del protocolo en cada caso, es decir, por un estudio particular y minucioso sobre el respeto a la ley y a los principios que dan razón a la naturaleza cooperativa, con el fin de determinar así la validez del acuerdo. Asimismo, entendemos que deberá prestarse especial atención a los principios que guarden relación con la mutualidad y la participación de los socios en la gestión, siendo esta una de las principales características que distinguen la cooperativa de otras formas jurídicas[60].

Esta idea podría ser extensiva al caso particular de otras fórmulas de la economía social, como las sociedades laborales. Aunque por extensión, excede ahora del ámbito de nuestro estudio, y deberá ser analizado con un trabajo pormenorizado posterior, entendemos que esta consideración podría tenerse presente para las sociedades laborales, no tanto en lo referido a la mutualidad, pero ciertamente sí en cuanto a la participación de los socios y socias en la gestión. En el caso de las sociedades laborales, al igual que ocurre en las cooperativas, pero salvando las distancias respecto a las peculiaridades del tipo en aquéllas en relación con éstas, entendemos que es preciso un estudio de la norma reguladora del modelo de la sociedad laboral (en este caso, la Ley de Sociedades Laborales de 2015, pero puesta en conexión con la Ley de Sociedades de Capital de 2010) y que pudiera resultar afectada en la aplicación del protocolo en cada caso y que dan razón de ser, en este caso, al particular tipo societario de la laboral en sus dos formulaciones: la sociedad de responsabilidad limitada laboral, y la sociedad anónima laboral. No debe perderse de vista que, en este caso, se trataría de un tipo de sociedad mercantil especial, cercana en su caracterización a las sociedades de capital (limitadas o anónimas) y por tanto al que le son

---

concepto de cooperativa: de los principios cooperativos a la responsabilidad corporativa», *CIRIEC-España, Revista Jurídica de Economía Social y Cooperativa*, núm. 23, 2012, pp. 47-51.

59. MIRANDA RIBERA, E., *La validez y oponibilidad, cit.*, p. 273.

60. Sobre las particularidades de la sociedad laboral, RODRÍGUEZ GONZÁLEZ, A., «Sociedades gestionadas por los trabajadores: la sociedad laboral», AA.VV. *Diálogos com Coutinho de Abreu. Estudos oferecidos no Aniversário do Professor*, Coimbra, Almedina, 2020, pp. 61-65. RODRÍGUEZ GONZÁLEZ, A., «Particularidades de la sociedad laboral en relación al capital social», AA.VV. *Estudios de Derecho de Sociedades y Derecho Concursal. Libro en homenaje al profesor Jesús Quijano González*, Valladolid, Universidad de Valladolid, 2023, pp. 732-734.

aplicables de manera supletoria las normas sobre las sociedades de capital, pero que se aleja de las mismas en cuanto entidad de la economía social, recogida en el art. 4 de la Ley de Economía Social del 2011 y con una regulación propia, la citada Ley de sociedades laborales. Con todo, un conocimiento suficiente de esta figura y de sus particularidades, nos permitirá abordar con solvencia una cuestión importante como la que ahora nos ocupa con las cooperativas. El relevo generacional, también en estas sociedades con frecuencia de reducidas dimensiones, hace difícil la continuación de la empresa (también en numerosas ocasiones familiar, por lo que se podría aplicarse lo visto anteriormente para el protocolo familiar salvaguardando los principios de la economía social), lo que hace fracasar la continuidad de una fórmula apta en el emprendimiento colectivo[61].

Por otro lado, creemos que merece especial mención el hecho de que los pactos parasociales puedan, entre otras cuestiones, ser útiles para velar por la participación del socio en la gestión cooperativa, fomentando así el mantenimiento del principio cooperativo de autogestión. En un pacto parasocial pueden tratarse cuestiones como la designación de los miembros del Consejo Rector, lo que incide de manera directa en el posible relevo generacional. Los miembros del Consejo Rector por norma general deberán ser socios de la cooperativa y, como ya hemos dicho al comienzo de este capítulo, las generaciones más jóvenes deben intervenir en la gestión de la entidad al estar suficientemente cualificadas como para enfrentar algunos de los retos actuales del cooperativismo (como la transformación digital). Por ello, en una interpretación conjunta de todas estas cuestiones concluimos, por un lado, poniendo de manifiesto la necesidad de que el relevo generacional en las cooperativas se haga a través de la participación de los jóvenes como socios, dando pie así a nuevos gestores sin desvirtuar el principio de autogestión[62]. Por otra parte, podría perfectamente desarrollarse el protocolo como pacto para social puesto que puede tratar (*inter alia*) la configuración a futuro del Consejo Rector y ya se han dado casos en que se manifiesta la utilidad de los pactos parasociales para la designación de miembros del Consejo[63]. Resultaría conveniente, por tanto, regular el contenido básico del

61. Se hace necesario un tratamiento pormenorizado posterior que coordine las particularidades de este modelo societario y que sirva de instrumento para el impulso de la constitución y mantenimiento de empresas con este tipo de fórmula jurídica.
62. FAJARDO GARCÍA, G., «Los principios del derecho cooperativo europeo. El proyecto PECOL del grupo de estudio en derecho cooperativo europeo (SGECOL)», AA. VV. *Derecho mercantil. Estudios in memoriam del profesor Manuel Broseta Pont* (Dirs. OLAVARRÍA IGLESIAS y MARTÍ MIRAVALLS), Tirant lo Blanch, Valencia, 2019, pp. 418-420.
63. MIRANDA RIBERA, E., *La validez y oponibilidad, cit.*, p. 276.

protocolo (no sólo en lo referente al relevo en los órganos sociales, sino en sentido amplio) atendiendo a un estudio exhaustivo de compatibilidad con los principios cooperativos.

En otro orden de ideas, guardando relación con la oponibilidad de la cooperativa frente a lo que sería un acuerdo entre las partes, en este tipo societario se aplicaría lo mismo que hemos visto sobre el principio de relatividad de los contratos para la empresa familiar y las sociedades de capital, con el condicionante adicional de salvaguarda y respeto a los valores y principios del cooperativismo, como se ha reiterado a lo largo de este apartado. A este respecto deberá también tenerse especial cuidado en el tratamiento de la cuestión, ya que encontraremos, por un lado, acuerdos que serán oponibles frente a la sociedad (por ejemplo, el que designe miembros del Consejo Rector, siempre y cuando no supere el número máximo de consejeros externos el tercio impuesto legalmente y se garantice el principio de gestión democrática de los socios). Sin embargo, también existirá la posibilidad de que los pactos parasociales, por las particularidades en el funcionamiento de la cooperativa, no puedan ser o difícilmente sean oponibles frente a terceros y, por ende, frente a la sociedad (por ejemplo, situaciones en que se trate el voto plural ponderado)[64].

En definitiva, la creación de un pacto parasocial que regule un protocolo de relevo generacional puede darse también en las cooperativas donde tendrá, al igual que en otros tipos societarios, eficacia *inter partes*, con la posibilidad de generar oponibilidad frente a terceros y frente a la propia sociedad, y debiendo en cualquier caso respetar los límites dispuestos para los contratos en el art. 1255 CC. Además, tendrá una limitación adicional a la que deberá atenderse con especial atención: el respeto a los principios y valores que caracterizan el modelo y que rigen el funcionamiento de las cooperativas.

A nuestro juicio, resultará de gran utilidad el desarrollo normativo de ciertas cuestiones, como pueden ser la determinación del contenido básico del protocolo, la señalización de prohibiciones expresas en su caso u otras cuestiones relacionadas con la publicidad del mismo, que como se ha visto en el caso de las empresas familiares, será una pieza fundamental de pretender alcanzar una eficacia *erga omnes*.

---

64. Sobre estos y otros ejemplos, MIRANDA RIBERA, E., *La validez y oponibilidad, cit.*, pp. 283 y ss.

IV. CONTENIDO DE LOS PROTOCOLOS DE RELEVO GENERACIONAL. LA NECESARIA INCLUSIÓN DE MEDIDAS EN FAVOR DE LA IGUALDAD ENTRE MUJERES Y HOMBRES

Tal y como venimos indicando en apartados anteriores, no existe un concepto unívoco de protocolo, así como tampoco existe un listado tasado del contenido mínimo que este debe recoger. En cambio, la doctrina coincide en entender el protocolo como pacto parasocial y consecuentemente como contrato, al que se aplicará en términos de eficacia (como hemos visto ya) lo dispuesto por el Derecho de obligaciones y contratos, de igual modo que coincide en un contenido más o menos variable, que tiende a incluir un clausulado tipo.

Manteniendo las diferencias existentes entre el protocolo familiar por ser generalmente aplicado en sociedades capitalistas y el protocolo de relevo generacional para una cooperativa o sociedad laboral, intentaremos seguidamente analizar qué parte del contenido básico que conforma el protocolo familiar puede transponerse al protocolo en una cooperativa o sociedad laboral, y qué particularidades propias de la cooperativa (o, en su caso, de la sociedad laboral) deberían tenerse en cuenta por su transcendencia en un efectivo relevo, habiéndose comentado ya algunas de estas cuestiones.

Siguiendo lo dispuesto por la doctrina especializada en el tratamiento jurídico del protocolo familiar, podemos distinguir varios bloques de contenido que tienden a verse representados en el protocolo familiar y que son parcialmente extrapolables al protocolo de relevo en una cooperativa o en una sociedad laboral[65]. En primer lugar, en ambos casos encontraremos una presentación de las partes que intervienen en el otorgamiento del protocolo y el concepto en que lo hacen, además de una referencia a las personas fundadoras. En segundo lugar, se incluirá una parte expositiva en la que se detallaran consideraciones generales sobre la fundación, origen e historia de la empresa, así como las tradiciones y valores que la identifican, esto es, una breve reseña de la cultura empresarial. A nuestro juicio, aquí debiera incluirse en el protocolo para las cooperativas una mención esencial al seguimiento de los valores y principios cooperativos; y para las sociedades laborales, de los principios de la economía social. Como ya hemos visto, resultará imprescindible su interpretación para determinar la validez y eficacia del pacto, por lo que no estaría de más hacer alusión a este límite en términos generales, entendiendo además que, entre la cultura empresarial de una cooperativa, inevitablemente se encuentra el seguimiento de los

65. VICENT CHULIÁ, F., *Organización jurídica, cit.*, pp. 30 y ss. FERNÁNDEZ DEL POZO, L., *El protocolo familiar, cit.*, pp. 79 y ss.

principios que rigen el cooperativismo; y en la de la sociedad laboral, los principios de la economía social.

Ya en otro sentido encontraremos un tercer bloque de clausulado en el que podremos apreciar las diferencias más notables entre ambos tipos, la empresa familiar y la cooperativa y la sociedad laboral, pues en él se desarrollarán las estipulaciones que constituyen el cuerpo central del protocolo. Hemos hablado con anterioridad de la dualidad de los contenidos del protocolo de la empresa familiar, encontrando disposiciones de carácter puramente jurídico, pero también otras con una marcada moralidad. Y es aquí donde percibimos la primera diferencia importante en términos de eficacia, pues la cooperativa y la sociedad laboral pueden ser perfectamente una empresa familiar (aunque no sea la tendencia habitual), por lo que entonces encontraremos también ese contenido moral relacionado con el carácter familiar de la empresa, pero también puede que no se trate de una empresa familiar (que tenderá a ser lo más común) y nos encontremos frente a un contenido marcadamente jurídico, que resolvería algunos de los problemas de eficacia del protocolo al reducir la heterogeneidad del contenido.

En esta línea, encontraremos pactos relativos a la estructura y funcionamiento de la sociedad, al gobierno y dirección de la empresa y el acceso a los órganos sociales o incluso relaciones económicas entre empresa y nuevos socios, de existir particularidades frente al resto, pero no habrá cabida (en contraposición con la empresa familiar) para pactos relativos a la transmisión de acciones y participaciones y régimen sucesorio o sobre el régimen de acceso directo de los miembros de la familia a puestos de trabajo en la empresa.

En cuanto a este asunto, pues ya hemos visto que pueden acordarse cuestiones referentes a la designación de miembros del Consejo Rector o la estructura orgánica en términos generales, creemos que sí debe hacerse referencia, aunque en otra dirección a la propiedad de la empresa. Evidentemente, no hablaremos de regímenes usufructuarios, matrimoniales o sucesorios, entre otras cuestiones que rodean el relevo en la empresa familiar, pero sí debemos hacer constar en qué términos accederán los jóvenes a la cooperativa o sociedad laboral, defendiendo claramente el acceso como personas socias, buscando su participación en la gestión de la entidad.

Del mismo modo, en los protocolos familiares se incluye una cláusula denominada «de orden» que creemos imprescindible en cualquier protocolo de relevo generacional, independientemente de la forma jurídica de la sociedad y especialmente cuando no se trate de una empresa familiar por los siguientes motivos. Como ya hemos adelantado en el análisis del protocolo familiar, este tiende a cumplirse de manera espontánea por las implicaciones morales o incluso sentimentales que puede tener en quienes pretenden acceder por primera vez a la empresa. No sucederá lo mismo cuando se trate de un relevo en el que no exista vínculo familiar, ni con los socios a los que se relevará ni con la empresa en sí, hecho que será frecuente teniendo en cuenta que la captación de jóvenes para su participación a la cooperativa o a la sociedad laboral tiene que ser abierta, pues no favorecería a un relevo ya debilitado el limitar el acceso a la empresa por cuestiones de vínculos previos. Por ello, como decimos, se requiere la inclusión de una cláusula de orden en la que se recojan ciertas cláusulas penales ante el posible incumplimiento del contenido del protocolo o previsiones respecto a conflictos interpretativos (hemos hablado en el caso de la empresa familiar del Consejo de Familia; en el caso de las cooperativas, debiera señalarse qué órgano resolverá estas controversias).

Igualmente, entendemos que es evidente, pero cabe recordar la necesaria adhesión de una cláusula que establezca también la duración del protocolo y los mecanismos de revisión y adaptación a cambios legislativos o de otra naturaleza.

Finalmente, y aprovechando la idoneidad con este tema, creemos de interés realizar un breve apunte sobre la inclusión de la cuestión género en los protocolos de relevo generacional en las cooperativas. Como hemos visto al comienzo de este capítulo con la exposición de algunos datos sobre la posición de los jóvenes en la participación de la cooperativa, especialmente en los órganos sociales, el papel de las mujeres para la consecución de un relevo generacional real es fundamental, particularmente en las entidades que operen en el medio rural. Válgase como ejemplo los datos que se han expuesto *supra* sobre la participación de las mujeres en las cooperativas agroalimentarias (cercana al 30%) frente a las escasas cifras en términos de participación en el Consejo Rector o puestos de dirección (no llegando al 5% el número de mujeres que ocupan la presidencia).

Esto pone de manifiesto (pues es similar la situación en todos los sectores productivos) la necesidad de incluir de manera expresa disposiciones en el protocolo que prevean el seguimiento real del principio de igualdad entre mujeres y hombres en el acceso a los puestos de responsabilidad, más aún si en el protocolo se tratan cuestiones sobre la designación de consejeros o la estructura de los órganos sociales.

Y no es únicamente por este motivo, el evidente potencial de las mujeres en las cooperativas y sociedades laborales, que debiera tratarse esta materia expresamente en el protocolo, sino porque en particular las cooperativas, dentro de las entidades de la economía social, reivindican la igualdad entre mujeres y hombres en la empresa, precisamente por el seguimiento de los principios cooperativos y sus valores, entre los que se encuentra la igualdad y la equidad[66] (y de igual modo las sociedades laborales en cuanto a los principios de la economía social). Es este compromiso con la equidad el que hace de este modelo, el cooperativo (y también de las sociedades laborales), un modelo clave en la búsqueda de un crecimiento económico sostenible en todas sus dimensiones, también la social, lo que evidentemente resultará atractivo en términos de responsabilidad social para un público joven y cualificado.

No podemos, en este sentido, buscar la promoción de un modelo que crea y apuesta por un empleo estable y de calidad si no evitamos en el acceso a los recursos y a los puestos de responsabilidad cualquier tipo de discriminación, entre ellas, la de género, pues no podemos hablar de empleo decente si no es inclusivo e igualitario[67]. En definitiva, esta cuestión (la igualdad entre mujeres y hombres en el acceso a los puestos de responsabilidad) debe contemplarse en el protocolo, ya que transciende de la mera competitividad de la empresa (que también se verá favorecida por el acceso de las mujeres a los puestos de dirección y a los órganos gestores)[68] sino y también porque nos encontramos ante un asunto de Derechos fundamentales, como es la igualdad real de oportunidades y de trato, defendido especialmente por el modelo cooperativo y la economía social.

V. CONCLUSIONES

1.- En primer lugar, resulta evidente la necesaria adopción de mecanismos y medidas que faciliten en el marco de las cooperativas y sociedades laborales un adecuado e inminente relevo generacional, atendiendo a las estadísticas que, en todos los sectores del cooperativismo, apuntan a una elevada edad media de los socios y un preocupante éxodo rural.

---

66. Sobre la relación entre los principios cooperativos y la igualdad de género, VILLAFÁÑEZ, I., «Principios y valores cooperativos, igualdad de género e interés social en las cooperativas», *CIRIEC-España, Revista Jurídica de Economía Social y Cooperativa*, núm. 30, 2017.
67. DE ÍSCAR DE ROJAS, P., «La economía social y la igualdad de género: una lectura jurídica del ODS 5», AA. VV. *La economía social ante los objetivos de desarrollo sostenible de la agenda 2030* (Coords. SALINAS RAMOS, JORGE-VÁZQUEZ y MUÑOZ DEL NOGAL), CIRIEC-España, Valencia, 2023, pp. 117-132.
68. SENENT VIDAL, M. J., «¿Cómo pueden aprovechar las cooperativas el talento de las mujeres? Responsabilidad civil empresarial e igualdad real», *REVESCO Revista de Estudios Cooperativos*, núm. 105, 2011, pp. 57-84.

2.- El protocolo de relevo generacional tendrá eficacia *inter partes* cuando se materialice a través de un pacto parasocial, con los límites de autonomía de la voluntad contenidos en el art. 1255 CC, referentes al respeto a la ley, a la moral y al orden público.

En el caso de las cooperativas, poseerán una limitación adicional, el respeto a los valores y principios del cooperativismo, que según la propia doctrina especializada actúan como norma en el funcionamiento de estas entidades, pese a no tratarse de una norma jurídica en sí. De este modo, respetando los valores y principios del cooperativismo estaríamos dando solución al principal problema que ha advertido la doctrina en cuanto a la creación de pactos parasociales en el ámbito de las cooperativas, que es el respeto a los principios configuradores del tipo societario. En este sentido y en términos de eficacia, deberá atenderse en el caso de la cooperativa al examen exhaustivo de los valores y principios cooperativos que en cada caso concreto pudieran verse afectados por los contenidos del acuerdo, especialmente en los que se refieran a la mutualidad y la gestión participativa de la sociedad por parte de los socios, lo que nos permitirá determinar su validez. Aspectos similares habrán de contemplarse en el caso de las sociedades laborales con respecto a los principios de la economía social.

Por otra parte, la doctrina mercantilista más actual aboga por la flexibilización interpretativa de la aplicación de los principios cooperativos, facilitando la creación de protocolos que coadyuven a la consecución del relevo generacional y favoreciendo así la competitividad de la sociedad frente a otras fórmulas jurídicas societarias, como las de capital, donde la creación de este tipo de acuerdos tiende a mayor aceptación.

3.- Resultará preciso, por otra parte, desarrollar legislativamente la figura del protocolo, pues como se ha visto en el caso de las empresas familiares (donde cabe destacar la desregulación al respecto) esto puede causar graves problemas en término de eficacia, desde el punto de vista de una eficacia jurídica pero también sociológica.

Asimismo, la eficacia jurídica podrá pasar de tener un alcance *inter partes* a *erga omnes* de determinarse normativamente la obligatoriedad de la inscripción registral del protocolo, lo que favorecería la eficacia frente a terceros y la oponibilidad de la sociedad. En este sentido, téngase en cuenta la controvertida regulación del acceso de los protocolos familiares al Registro Mercantil otorgada por el RD 171/2007.

4.- Por último, sería de gran interés determinar un contenido básico del protocolo, con la flexibilidad que requiere la casuística que pueda darse, pero teniendo presente la inclusión de ciertas cuestiones, como la necesaria adhesión de los nuevos miembros a través de la figura del socio cooperativista o del socio trabajador en las sociedades laborales, disposiciones referentes a planes formativos para los nuevos socios y transmisión de los valores y principios del cooperativismo y/o de la economía social, el tratamiento igualitario en el acceso a los puestos de responsabilidad de mujeres y hombres (especialmente de tratarse en los pactos la estructura del Consejo Rector o del órgano de administración) o la inclusión de cláusulas penales que penalicen el incumplimiento del protocolo.

VI. BIBLIOGRAFÍA

ALFARO ÁGUILA-REAL, J., «Prestaciones accesorias», AA.VV. *El patrimonio familiar, profesional y empresarial. Sus protocolos* (Coords. GARRIDO MERELO y FUGARDO ESTIVILL), Tomo V, Bosch, Barcelona, 2005, pp. 433-480.

ALFONSO SÁNCHEZ, R., «Los principios cooperativos como principios configuradores de la forma social cooperativa», *CIRIEC-España Revista Jurídica de Economía Social y Cooperativa*, núm. 27, 2015, pp. 49-86.

ATXABAL RADA, A., «Democracia y jóvenes. Una aproximación desde las cooperativas», *REVESCO Revista de Estudios Cooperativos*, pp. 57-76.

BOSCH CAPDEVILA, E., DEL CARRASCOSA, P. y VAQUER ALOY, A., *Teoría general del contrato. Propuesta de regulación*, Marcial Pons, 2016.

CORONA, J., MARTÍ PICÓ, N. y ROCA JUNYENT, M., «Protocolo familiar», AA.VV. *Manual de la empresa familiar* (Ed. CORONA), Deusto, 2005, pp. 459-485.

DE ÍSCAR DE ROJAS, P., «La economía social y la igualdad de género: una lectura jurídica del ODS 5», AA. VV. *La economía social ante los objetivos de desarrollo sostenible de la agenda 2030* (Coords. SALINAS RAMOS, JORGE-VÁZQUEZ y MUÑOZ DEL NOGAL), CIRIEC-España, Valencia, 2023, pp. 117-132.

DÍEZ PICAZO, L. «Eficacia e ineficacia del negocio jurídico», *Anuario de Derecho Civil*, vol. 14, núm. 4, 1961, pp. 809-834.

DÍEZ SOTO, C. M., «El protocolo familiar: naturaleza y eficacia jurídica», AA. VV. Régimen jurídico de la empresa familiar (Coord. SÁNCHEZ RUIZ), Thomson Reuters-Civitas, Madrid, 2010, pp. 167-202.

EGEA FERNÁNDEZ, J., «Protocolo familiar y pactos sucesorios. La proyectada reforma de los heredamientos», *InDret Revista para el análisis del Derecho*, núm. 3, 2007.

FAJARDO GARCÍA, G., «Los principios del derecho cooperativo europeo. El proyecto PECOL del grupo de estudio en derecho cooperativo europeo (SGECOL)», AA. VV. *Derecho mercantil. Estudios in memoriam del profesor Manuel Broseta Pont* (Dirs. OLAVARRÍA IGLESIAS y MARTÍ MIRAVALLS), Tirant lo Blanch, Valencia, 2019, pp. 411-436.

FERNÁNDEZ DEL POZO, L., *El protocolo familiar*, Aranzadi, Cizur Menor, 2008.

GADEA SOLER, E., «Difusión de valores y principios cooperativos entre los jóvenes», AA.VV. Difusión de los valores y principios cooperativos entre la juventud (Coord. ARNÁEZ ARCE), 2015, Dykinson, Madrid, pp. 135-147.

GADEA SOLER, E., «Delimitación del concepto de cooperativa: de los principios cooperativos a la responsabilidad corporativa», *CIRIEC-España, Revista Jurídica de Economía Social y Cooperativa*, núm. 23, 2012, pp. 37-58.

GARRIDO DE PALMA, V., «La publicidad del protocolo familiar», *RJC*, núm. 1, 2008.

GIRÓN TENA, J., *Derecho de Sociedades*, Tomo I, Benzal, Madrid, 1976.

HERNÁNDEZ CÁCERES, D., «Origen y desarrollo del principio cooperativo de interés por la comunidad», *REVESCO Revista de Estudios Cooperativos*, núm. 139, 2021, pp. 21-30.

MADRIDEJOS FERNÁNDEZ, A., «Los pactos parasociales», *AAMN Anales de la Academia Matritense del Notariado*, núm. 37, 1996, pp. 187-224.

MIRANDA RIBERA, E., «La validez y oponibilidad de los pactos parasociales en las cooperativas», *CIRIEC-España, Revista Jurídica de Economía Social y Cooperativa*, núm. 38, 2021, pp. 261-289.

O'CALLAGHAN MUÑOZ, X., «Lección 11», *Compendio de Derecho Civil. Derecho de Obligaciones*, Tomo II, Ed. Ramón Areces, 2020.

PAZ-ARES, C., «El enforcement de los pactos parasociales», *AJUM Actualidad Jurídica Uría Menéndez*, núm. 5, 2003, pp. 19-44.

QUIJANO GONZÁLEZ, J., «Aspectos jurídico-mercantiles de la empresa familiar: la empresa familiar con forma de sociedad mercantil»,

AA.VV. *Manual de la empresa familiar* (Ed. CORONA), Deusto, 2005, pp. 129-170.

QUIJANO GONZÁLEZ, J. y PEÑAS MOYANO, M. J., «La empresa familiar como empresa mercantil», AA.VV. *La empresa familiar y los nuevos retos de gestión* (Coord. NOGALES LOZANO), Fundación EOI, Madrid, 2007, pp. 145-176.

RODRÍGUEZ GONZÁLEZ, A., «Particularidades de la sociedad laboral en relación al capital social», AA.VV. *Estudios de Derecho de Sociedades y Derecho Concursal. Libro en homenaje al profesor Jesús Quijano González*, Valladolid, Universidad de Valladolid, 2023, pp. 732-734.

RODRÍGUEZ GONZÁLEZ, A., «Cooperativa-centro especial de empleo como forma jurídica de empresa para la inserción laboral (Análisis a partir de un caso)», *CIRIEC-España Revista Jurídica de Economía Social y Cooperativa*, núm. 36, 2020, pp. 93-130.

RODRÍGUEZ GONZÁLEZ, A., «Sociedades gestionadas por los trabajadores: la sociedad laboral», AA.VV. *Diálogos com Coutinho de Abreu. Estudos oferecidos no Aniversário do Professor*, Coimbra, Almedina, 2020, pp. 61-65.

RODRÍGUEZ GONZÁLEZ, A., «La empresa familiar con forma de sociedad cooperativa», *Revista CEF Legal*, núm. 117, 2010, pp. 51-86.

SENENT VIDAL, M. J., «¿Cómo pueden aprovechar las cooperativas el talento de las mujeres? Responsabilidad civil empresarial e igualdad real», *REVESCO Revista de Estudios Cooperativos*, núm. 105, 2011, pp. 57-84.

TENA ARREGUI, R., «Organización de la empresa familiar: Perspectivas estática y dinámica», AA. VV. *El patrimonio familiar, profesional y empresariales: su formación protección y transmisión* (Dir. MARTÍNEZ DÍE), Seminario Organizado por el Consejo General del Notariado en la UIMP, julio de 2004, Ed. Thomson Civitas, Madrid, 2006, pp. 35-78.

URÍA, R., MENÉNDEZ, A. y MUÑOZ PLANAS, J. M., «La junta general de accionistas», *Comentario al régimen general de las sociedades mercantiles* (Dirs. URÍA, MENÉNDEZ y OLIVENCIA) Tomo V, Civitas, Madrid, 1992.

VALMAÑA CABANES, A., *El régimen jurídico del protocolo familiar* [Tesis doctoral], Universitat Rovira i Virgili, Tarragona, 2013.

VERDÚ CAÑETE, M. J., «Estructura orgánica de la sociedad familiar», AA. VV. Régimen jurídico de la empresa familiar (Coord. SÁNCHEZ RUIZ), Thomson Reuters-Civitas, Madrid, 2010.

VICENT CHULIÁ, F., «Organización de la empresa familiar», *RDP Revista de Derecho Patrimonial*, núm. 5, 2000, pp. 1-31.

VIERA GONZÁLEZ, J. A., «Empresa y protocolo familiar, ¿un problema de política legislativa?», en AA.VV. *Estudios de Derecho de sociedades y Derecho concursal. Libro homenaje al Profesor Rafael García Villaverde*, tomo III, Marcial Pons, Madrid, 2007, pp. 1683-1710.

VILLAFÁÑEZ, I., «Principios y valores cooperativos, igualdad de género e interés social en las cooperativas», *CIRIEC-España, Revista Jurídica de Economía Social y Cooperativa*, núm. 30, 2017.

Capítulo 13

Premios de jubilación para socios trabajadores de cooperativas y sociedades laborales*

M.ª del Mar Andreu Martí
Profesora Titular de Derecho Mercantil
Universidad Politécnica de Cartagena

SUMARIO: I. LOS PREMIOS DE JUBILACIÓN COMO COADYUVANTES DE UN ADECUADO RELEVO GENERACIONAL. *1. Consideraciones previas. 2. La versatilidad instrumental de los premios de jubilación.* II. LOS PREMIOS DE JUBILACIÓN COMO COMPROMISO EMPRESARIAL POR PENSIONES. *1. Concepto y delimitación de los «compromisos por pensiones». 2. Concepto y delimitación de los premios de jubilación. 3. El necesario —aunque controvertido— encuadramiento de los premios de jubilación como compromisos por pensiones.* III. LA OBLIGATORIEDAD LEGAL DE EXTERNALIZACIÓN DE LOS PREMIOS DE JUBILACIÓN. IV. BIBLIOGRAFÍA.

*. Este trabajo se enmarca en los Proyectos «Plataformas digitales para la economía de cuidados», financiado por el Ministerio de Ciencia e Innovación MCIN/AEI/10.13039/501100011033 y por la Unión Europea «NextGenerationEU»/PRTR y «Método, finalidad y contenido en la ordenación jurídica del gobierno corporativo» financiado por el Ministerio de Ciencia e Innovación. Ayudas 2021 a «Proyectos de generación de conocimiento» en el marco del Programa Estatal para Impulsar la Investigación Científico-Técnica y su Transferencia, del Plan Estatal de Investigación Científica, Técnica y de Innovación (PID2021-128186NB-I00).

I. LOS PREMIOS DE JUBILACIÓN COMO COADYUVANTES DE UN ADECUADO RELEVO GENERACIONAL

1. CONSIDERACIONES PREVIAS

Nuestro país se enfrenta a un reto de extraordinarias proporciones como consecuencia del envejecimiento progresivo de la población característico de los países industrializados. Algunos datos ejemplificativos que reflejan la magnitud del problema son que en España en el año 1960 el porcentaje de personas con más de 65 años sobre el total de la población era del 8,2 por ciento frente al 22,9 alcanzado en 2020. En esta línea, el Instituto Nacional de Estadística (INE) estima que para 2050 dicho porcentaje se elevará al 31,4 por ciento[1]. En suma, se prevé que, para mediados de este siglo, tendremos una de las poblaciones más envejecidas del mundo[2].

Esta realidad está generando problemas que afectan a todos los ámbitos de la sociedad[3] y, en particular, al mercado laboral y a los sistemas de protección social de las pensiones cuyos objetivos, en gran medida, se encuentran enfrentados. De este modo, las políticas públicas fomentan el envejecimiento activo para tratar de resolver, entre otras preocupaciones, la solvencia de la Seguridad Social y la sostenibilidad de las pensiones. En esta línea se sitúan las sucesivas y recientes medidas que se están adoptando como el incremento de la edad de jubilación ordinaria; la supresión de la edad de jubilación forzosa; el endurecimiento de las condiciones de la jubilación anticipada o la instauración y/o impulso de nuevas fórmulas mixtas

---

1. Además, también nos enfrentamos al aumento progresivo del denominado «envejecimiento del envejecimiento» —personas que superan los 80 años— que, a finales de 2022, ya representaban el 31 por ciento de la población mayor de 64 años y está previsto alcance el 11,6 sobre el total poblacional para 2050. Previsiblemente, en las próximas décadas también aumentará la población centenaria. Las proyecciones realizadas por el INE señalan que las personas de 100 años o más serán 61.458 en el 2042. Véase AGEINGNOMICS, *Monitor de empresas de la economía sénior 2023*, Fundación Mapfre, Madrid, 2023, p. 67.
2. Véase, con mayor profundidad, CONDE-RUIZ, J. I./GONZÁLEZ, C. I., *El proceso de envejecimiento en España*, Fedea, *Estudios sobre la Economía Española*, n.º 7, 2021, pp. 2 y ss.
3. Conviene destacar que otro reto que genera el envejecimiento progresivo de la población, ante la constatación de los problemas de dependencia que conlleva, es la adecuada respuesta a la denominada «crisis social de los cuidados» que se ha llegado a definir como el cuarto pilar de nuestro sistema de bienestar. Véanse, entre otros, ANDREU MARTÍ, M. M., «El *compliance* como instrumento de responsabilidad social corporativa en las plataformas digitales de cuidados», *CIRIEC-España, Revista Jurídica de Economía Social y Cooperativa*, n.º 43, 2023, en prensa; FARIAS BATLLE, M., «Estándares para una gobernanza ética de las plataformas digitales de cuidados titularidad de entidades de la economía social. Un ensayo desde la perspectiva del Derecho», *CIRIEC-España, Revista Jurídica de Economía Social y Cooperativa*, n.º 43, 2023, en prensa.

que compatibilizan trabajo y jubilación como son jubilación activa, flexible o parcial[4]. Medidas que, en realidad, *«reflejan la idea de trasladar parte del coste de la jubilación de la pensión pública al sector privado... —y— buscan configurar un escenario de contención del gasto destinado a pensiones en las próximas décadas»*. Estas políticas van fructificando apreciándose desde 2013 una tendencia hacia la prolongación de la vida laboral de los trabajadores motivada, al tiempo, por su intención de no perder poder adquisitivo debido a las nuevas fórmulas de revalorización y al factor de sostenibilidad de las pensiones públicas. Sin embargo, la situación descrita que, previsiblemente, se incrementará ante la pérdida de confianza de los trabajadores en la suficiencia de sus pensiones futuras, está generando consecuencias negativas para las empresas con plantillas cada vez más envejecidas. En este sentido, hay que tener presente la perpetuación de estereotipos negativos respeto al envejecimiento en el puesto de trabajo y la consideración empresarial —por otra parte, necesaria— de que su competitividad y supervivencia en el mercado requieren de una constante adaptación a una cambiante una economía globalizada precisándose estructuras empresariales flexibles que lo permitan[5].

En esta línea, la práctica empresarial —y sindical—, en contraposición con las políticas públicas de incentivar la prolongación de la vida laboral, sigue reclamando medidas que permitan la salida anticipada del trabajador —o de parte de ellos— con las debidas coberturas *«sin que la presencia de ambos tipos de medidas —las que sirven para anticipar y las que permiten prolongar— resulten contradictorias, significando, por el contrario, la consolidación de un auténtico sistema flexible y gradual de jubilación»*[6].

El panorama esbozado, la constatada insuficiencia de los poderes públicos para resolver esta poliédrica problemática —pese a sus innegables esfuerzos reflejados en la constante modificación de los regímenes de jubilación—, aconseja que nuestras empresas sean conscientes de esta realidad y se decidan a implantar estrategias internas, adaptadas a sus características, que garanticen su supervivencia a través de adecuados planes de relevo generacional.

4. Véanse, estas nuevas fórmulas y las modernas estrategias para un envejecimiento activo en el capítulo 2 «Prácticas empresariales de innovación en materia de gestión de la edad para el empleo y en el empleo en sociedades cooperativas y en sociedades laborales».
5. Véase, con mayor profundidad, GALLEGO LOSADA, R., «La jubilación pactada. Los compromisos por pensiones como estrategia para planificar las salidas ordenadas de la plantilla», *Revista de Trabajo y Seguridad Social*, CEF, n.º 420, 2018, pp. 19-43, pp. 22-24.
6. DE LA VILLA GIL, L. E./LÓPEZ CUMBRE, L., «La externalización de los premios de jubilación», *Revista Jurídica Universidad Autónoma de Madrid*, 2016, pp. 99-141, p. 120.

Sin embargo, a pesar de su conveniente —e incluso necesaria— implantación por los motivos esbozados, no es frecuente hallar en el mercado español planes estratégicos de relevo generacional excepto en las grandes empresas que representan un porcentaje mínimo de nuestro tejido empresarial conformado, como es sabido, mayoritariamente por pymes. En su seno, centrándonos en el sector de la economía social, este también se integra en un porcentaje muy elevado por microempresas o pymes que comparten idéntico reto[7].

Sin entrar en fórmulas generales que son objeto de estudio pormenorizado en esta obra y a cuyo estudio nos remitimos, los premios de jubilación pueden servir como un elemento coadyuvante en los planes de relevo generacional que permita a la empresa cumplir con sus objetivos en la materia que nos ocupa[8] y, al tiempo, con los principios de la economía social que comparten cooperativas y sociedades laborales, las entidades más representativas de este sector económico.

A tal fin, en este trabajo vamos a analizar, en primer lugar, la virtualidad de los premios de jubilación en el seno de los planes de relevo generacional con particular atención a las cooperativas y a las sociedades laborales. Posteriormente, se abordará su controvertida inclusión en los legalmente definidos como «compromisos por pensiones», siendo necesario, a tales efectos, adentrarnos en la conceptualización de ambos. Por último, nos referiremos a la obligación legal de externalizarlos como consecuencia de tal encuadramiento.

2. LA VERSATILIDAD INSTRUMENTAL DE LOS PREMIOS DE JUBILACIÓN

Los premios de jubilación se pueden utilizar con una doble finalidad por las empresas que se comprometan a su prestación al jubilarse sus tra-

7. Véanse JORGE VÁZQUEZ, J./CHIVITE CEBOLLA, M. P., «La transformación digital: retos y oportunidades para las entidades de economía social», *XVII Congreso Internacional de Investigadores en Economía Social y Cooperativa: La Economía Social: transformaciones recientes, tendencias y retos de futuro*, Ávila, 2020, pp. 1-25, p. 14; LÓPEZ BECERRA, E. I./ARCAS LARIOS, N./ALCÓN PROVENCIO, F./GUEROLA OLIVARES, R., «De la teoría a la práctica. Uso de las TIC relacionadas con internet por la economía social» en AA.VV., La economía social y los negocios online, Tendencias y claves del éxito, Cajamar, 2015, pp. 87-130, p. 92.
8. Hay que advertir que el reconocimiento a nivel empresarial de los premios de jubilación ha ido paulatinamente descendiendo desde su época de mayor esplendor en los años 60, probablemente, por motivos de índole económica. Véase GALLEGO LOSADA, R., «La jubilación pactada», *cit.*, pp. 34-35.

bajadores[9]. Por un lado, para premiar los años de permanencia del trabajador que se jubila en la empresa y, por otro, para incentivar su salida anticipada. Estas finalidades, en sí mismas contradictorias, ponen de manifiesto la versatilidad de los premios de jubilación como instrumento al servicio de la estrategia y de los planes de futuro perseguidos.

De este modo, partiendo de que los premios de jubilación siempre suponen, al menos teóricamente, un interés de la empresa en gratificar los servicios prestados por sus trabajadores, sus objetivos mediatos pueden ser dispares. Así, cuando incentivan la jubilación anticipada suelen responder a estrategias de reestructuración, rejuvenecimiento y/o redimensionamiento de la plantilla de una manera incentivada y no traumática; mientras que cuando su percepción se vincule a alcanzar la edad de jubilación ordinaria —o se incremente la cantidad a percibir—, suelen responder a la intención de consolidar la plantilla y como un auténtico premio de antigüedad o de permanencia en la empresa[10]. La cantidad económica a percibir en concepto de premio de jubilación variará, lógicamente, según la edad del trabajador y según se pretenda cumplir una u otra finalidad. Como regla general —aunque caben múltiples posibilidades—, cuando se trate de anticipar la edad de jubilación, la cuantía será mayor para los trabajadores que, con menor edad, se jubilen y, por el contrario, cuando se pretenda la estabilización de la plantilla, la cuantía será mayor cuanto más se acerque a la edad legal de jubilación[11].

Esta versatilidad permite que los premios de jubilación, hoy prácticamente circunscritos en gran medida a grandes empresas o a algunas administraciones públicas, puedan servir a las pymes en general y a las cooperativas, y sociedades laborales, en particular, para diseñar un adecuado y eficaz relevo generacional acorde con sus concretas circunstancias.

Centrándonos en los dos últimos tipos sociales, los más representativos de la economía social, hay que destacar que, junto con las dos grandes finalidades descritas que cumplen los premios de jubilación —y que comparten con el resto de empresas—, se pueden apreciar otras derivadas de su propia idiosincrasia.

---

9. Véanse ejemplos de cláusulas de premios de jubilación en GALA DURÁN, C. y otros, «Jubilación y negociación colectiva. En especial, los planes y fondos de pensiones del sistema de empleo», AA.VV., *Las mejoras voluntarias en la negociación colectiva actual* (Dir. GALA DURÁN), vol. II, Ministerio de trabajo y asuntos sociales, 2006, pp. 179-268, pp. 198-203.
10. Véase, entre otros, DE LA VILLA GIL, L. E./LÓPEZ CUMBRE, L., «La externalización de los premios de jubilación», *cit.*, pp. 120 y ss.
11. GALLEGO LOSADA, R., «La jubilación pactada», *cit.*, p. 35, nota a pie 29.

En sede de sociedades laborales los premios de jubilación pueden servir de instrumento para cumplir con el objetivo principal que les sirve de elemento diferenciador: que sus trabajadores indefinidos accedan a la condición de socio y detenten el control social[12]. Sin ánimo alguno de exhaustividad, baste recordar que uno de los requisitos que debe cumplir una sociedad anónima o una sociedad limitada para que pueda ser calificada —y mantener dicha calificación— como sociedad laboral es, como exige la Ley 44/2015, de 14 de octubre, de Sociedades Laborales y Participadas (LSLP) *«que al menos la mayoría del capital social sea propiedad de trabajadores que presten en ellas servicios retribuidos de forma personal y directa, en virtud de una relación laboral por tiempo indefinido»*[13]; requisito que pretende que estos trabajadores participen en el capital social y que ostenten el poder y dirección social. La jubilación de estos socios trabajadores —titulares de acciones o participaciones de clase laboral— puede suponer que se incumpla esta exigencia ya que, automáticamente, sus acciones o participaciones se reclasificarán como de clase general pudiendo verse amenazada la propia calificación de la empresa como laboral[14]. Así las cosas, un plan estratégico de relevo generacional acorde con este tipo social podría consistir, por un lado, en establecer premios para los socios trabajadores que incentiven su jubilación compatibilizándola con alguna de las modernas fórmulas que le permiten seguir prestando sus servicios —jubilación activa, flexible o parcial—. Por otro, establecer ayudas paralelas para que adquieran la condición de socio alguno/s de los trabajadores indefinidos y/o otros temporales que pasaran a indefinidos para cubrir la actividad laboral que deja de prestar el socio que se jubila. Esta fórmula combinada permitiría cumplir con el objetivo perseguido por este tipo social resultando, al tiempo, beneficiosa para ambas partes. El socio trabajador que se jubila siempre podrá decidir si desea permanecer en la sociedad como socio de clase general o transmitir sus acciones, o participaciones; recibiendo, en este último caso, la contraprestación que le corresponda por su parte del capital social y, en cualquiera de ellos, su premio de jubilación. Al tiempo, podrá transmitir los conoci-

12. Para su estudio en profundidad véanse ANDREU MARTÍ, M. M., «La sociedad laboral del siglo XXI. Significado y configuración», AA.VV., *El nuevo régimen jurídico de las sociedades laborales* (Dir. ANDREU MARTÍ), Aranzadi, Pamplona, 2017, pp. 27-47, pp. 34 y ss.; FAJARDO GARCÍA, G., «La sociedad laboral. Concepto, calificación, descalificación y principales características», AA.VV., *Participación de los trabajadores en la empresa y sociedades* (Dir. FAJARDO GARCÍA), Tirant Lo Blanch, Valencia, 2018,

13. *Cfr.* art. 1.2 de la LSLP.

14. Sobre la reclasificación automática de acciones y participaciones de clase laboral y general desde la vigente LSLP, véanse, entre otros, ANDREU MARTÍ, M. M., «La transmisión de acciones y participaciones. Causas y procedimientos», AA.VV., *Participación de los trabajadores en la empresa y sociedades, cit.*, pp. 709-730 y, en la presente obra, capítulo 10 «Aspectos societarios del relevo generacional en sociedades laborales».

mientos y habilidades adquiridas por su experiencia profesional a los trabajadores permitiéndole un envejecimiento activo, así como, el mantenimiento de la empresa que, con su esfuerzo, ayudó a consolidar. El trabajador que adquiere la condición de socio, además de beneficiarse de la experiencia y conocimientos del socio jubilado, se asegurará un empleo de mayor estabilidad y resiliencia, cumpliéndose, además, con el mandato constitucional del artículo 129.2 CE que establece que los poderes públicos deben promover eficazmente la participación en la empresa estableciendo los medios necesarios para facilitar el acceso de los trabajadores a los medios de producción[15].

La distinta naturaleza y las particularidades de régimen jurídico de las cooperativas de trabajo asociado[16] determinan otras utilidades de los premios de jubilación. A grandes rasgos recordemos que el socio trabajador —socio natural de esta clase de cooperativa— participa directamente en la actividad cooperativizada prestando en común su trabajo personal ya que esa es precisamente la finalidad de esta cooperativa. Por tanto, la prestación de su trabajo en la cooperativa constituye requisito necesario para seguir ostentando la condición de socio. La jubilación del socio conlleva que se extinga su vínculo societario[17] y, por ende, su baja obligatoria con carácter forzoso y automático porque opera *ex lege* una vez ha quedado constatado el cese de la prestación de trabajo[18]. Tampoco, a diferencia del socio trabajador de la sociedad laboral, puede transmitir su condición de socio como consecuencia del principio de puertas abiertas, recuperando su inversión.

15. Hay que advertir que, en ocasiones, esta finalidad se ha cuestionado porque la sociedad laboral no deja de ser una sociedad capitalista donde el socio trabajador es socio porque aporta capital y no por el hecho de ser trabajador; manteniéndose, por tanto, uno de los principios básicos de las sociedades capitalistas. No obstante, el hecho de que la mayoría de socios sean a su vez trabajadores tiene como efecto una reducción, o según los casos, desaparición, de la típica tensión entre trabajador y empresario. Sobre la cuestión véanse ANDREU MARTÍ, M. M., «La sociedad laboral del siglo XXI. Significado y configuración», *cit.*, p. 31; VALPUESTA GASTAMINZA, E. M./BARBERENA BELZUNCE, I., *Las sociedades laborales*, Aranzadi, Pamplona, 1998, pp. 19-20.
16. Paras su estudio véanse, entre otros, ALFONSO SÁNCHEZ, R., «Formas jurídicas del trabajo asociado en la economía social», AA.VV., *Cooperativas de trabajo asociado y estatuto jurídico de sus trabajadores* (Dir. FAJARDO GARCÍA, G.), Tirant lo Blanch, Valencia, 2016, pp. 79-106; FAJARDO GARCÍA, G., «Concepto, causa y objeto de la cooperativa de trabajo asociado», AA.VV., *Cooperativas de trabajo asociado y estatuto jurídico de sus trabajadores, cit.*, pp. 183-210.
17. Véase su estudio pormenorizado y dudas sobre si se rompe el vínculo societario cuando se compatibilice jubilación y actividad laboral en la presente obra, capítulo 6 «Aspectos societarios del relevo generacional en las cooperativas de trabajo asociado».
18. SÁNCHEZ RUIZ, M., «Baja, separación y expulsión de socios», AA.VV., *Cooperativas de enseñanza. Régimen jurídico y económico: aspectos estratégicos* (Dir. ALFONSO SÁNCHEZ), Thomson Reuters-Aranzadi, Elcano, 2018, pp. 217-238, p. 233.

Tan solo recibirá el reembolso de las aportaciones obligatorias y voluntarias exigibles que, en la práctica, suelen ser de escasa cuantía. Estas circunstancias aconsejan que, en este caso, los premios de jubilación se contemplen como mecanismo compensatorio por los años trabajados por el socio en beneficio del interés social para contrarrestar el que no pueda transmitir su condición de socio.

Con carácter más general recordar, como ya se ha tratado pormenorizadamente en esta obra, que tanto las cooperativas como las sociedades laborales, como entidades de la economía social, deben actuar con base en una serie de principios definidos por el artículo 4 de la Ley 5/2011, de 29 de marzo, de Economía Social (en adelante LES) y cuyo cumplimiento se puede relacionar con la adecuada planificación empresarial del relevo generacional[19] sirviéndose, entre otros instrumentos, de la dotación de premios de jubilación.

En otro orden de cuestiones y con independencia del objetivo perseguido por la sociedad cooperativa o por la sociedad laboral —o por cualquier otro tipo de empresa— al reconocer un premio de jubilación, debemos referirnos, siquiera brevemente, a su controvertida consideración como compromiso por pensiones; consideración que, como veremos, determina su sometimiento a un régimen específico quedando la empresa obligada a su externalización.

II. LOS PREMIOS DE JUBILACIÓN COMO COMPROMISO EMPRESARIAL POR PENSIONES

Nuestro ordenamiento jurídico somete, tal y como analizaremos, a los denominados «compromisos por pensiones» a un régimen específico que puede condicionar las decisiones empresariales que se adopten al diseñar sus estrategias y planes específicos de relevo generacional. Esta realidad determina que, a los efectos de este trabajo, devenga imprescindible abordar, en primer término, el encuadramiento de los premios de jubilación en el ámbito, más amplio, de tales compromisos. Con tal objetivo, conviene detenernos en la conceptualización de ambos para, anticipemos, concluir con una respuesta positiva.

19. Véase en esta obra, capítulo 2 «Prácticas empresariales de innovación en materia de gestión de la edad para el empleo y en el empleo en sociedades cooperativas y en sociedades laborales».

1. CONCEPTO Y DELIMITACIÓN DE LOS «COMPROMISOS POR PENSIONES»

El régimen de protección de los compromisos por pensiones[20] de las empresas con sus trabajadores se introdujo en nuestro ordenamiento gracias a la reforma operada en la Ley 8/1987, de 8 de junio, de regulación de los Planes y Fondos de Pensiones (LRPFP), por la Ley 30/1995, de 8 de noviembre, de Ordenación y Supervisión de los Seguros Privados (LOSSP).

Esta reforma, que supuso un punto de inflexión en la materia que nos ocupa, trae causa de la Directiva 80/987/CEE, del Consejo, de 20 de octubre, sobre aproximación de las legislaciones de los Estados miembros relativas a la protección de los trabajadores asalariados ante la insolvencia del empresario. En particular, su artículo 8 ordena que los Estados miembros adoptaran las medidas que consideraran necesarias *«para proteger los intereses de los trabajadores asalariados y de las personas que ya han dejado la empresa o el centro de actividad del empresario, en la fecha en que se produce la insolvencia de éste, en lo que se refiere a sus derechos adquiridos, o a sus derechos en curso de adquisición, a prestaciones de vejez, incluidas las prestaciones a favor de los supervivientes, en virtud de regímenes complementarios de previsión profesionales o interprofesionales que existan independientemente de los regímenes legales nacionales de seguridad social»*. En suma, trata de proteger los intereses de los trabajadores frente a posibles insolvencias del empresario para asegurar que cumplan con los compromisos por pensiones que hubiera asumido.

Este imperativo comunitario se implementó con la nueva redacción de la disposición adicional primera de la LRPFP tras la reforma de 1995[21] que, como veremos, no se limita a asegurar las prestaciones por vejez de los trabajadores, activos o no, en situaciones de insolvencia empresarial, sino que se extiende a cualquier otra situación en la que se encuentre la

20. Los compromisos por pensiones se encuadran en el más amplio ámbito de las «mejoras voluntarias» que han sido definidas como *«aquellas obligaciones empresariales derivadas de la propia voluntad empresarial o fruto del contrato de trabajo o de la negociación colectiva que tienen como objeto complementar la acción protectora otorgada por el sistema de Seguridad Social (con independencia del tipo de prestación de que se trate —asistencia sanitaria, incapacidad temporal o permanente, jubilación, prestaciones de muerte y supervivencia... y del riesgo que la cause —común o profesional—)»*. No obstante, no todas las mejoras voluntarias son compromisos por pensiones y no están, por tanto sujetas al régimen protector previsto. Véanse los problemas conceptuales de delimitación y las características de las mejoras voluntarias en GALA DURÁN, C. y otros, «El marco general de las mejoras voluntarias», AA.VV., *Las mejoras voluntarias en la negociación colectiva actual* (Dir. GALA DURÁN), vol. I, Ministerio de trabajo y asuntos sociales, 2006, pp. 19-54, pp. 19-23.
21. *Cfr.* DA 11.ª, apartado 19 de la LOSSP.

empresa[22]. Además, este régimen se complementó con las disposiciones transitorias decimocuarta, decimoquinta y decimosexta de la LOSSP[23]. Su desarrollo se contiene en el vigente Real Decreto 1588/1999, de 15 de octubre, por el que se aprueba el Reglamento sobre la instrumentación de los compromisos por pensiones de las empresas con los trabajadores y beneficiarios (en adelante el Reglamento).

Los compromisos por pensiones se definen[24], por vez primera y de forma muy amplia, en la disposición final primera de la LRFPF, como todos aquellos que se deriven de obligaciones legales o contractuales del empresario con el personal de su empresa y que se vinculen a una serie de contingencias legalmente enumeradas. Estas contingencias, establecidas en el artículo 8.6 LRPFP, son la jubilación, la incapacidad laboral total y permanente para la profesión habitual o absoluta y permanente para todo trabajo, la gran invalidez y el fallecimiento[25]. Las formas que pueden revestir estas pensiones se enumeraban en el también derogado artículo 8.5 LRPFP y comprendían toda prestación que se destinara a la cobertura de tales compromisos, con independencia de su denominación. En concreto, podían consistir en prestaciones en forma de capital con la percepción de un pago único; prestaciones en forma de renta o prestaciones de tipo mixtas que combinen rentas de cualquier tipo con un único cobro en forma de capital.

22. La intención legislativa de dotar a este régimen tuitivo de la mayor amplitud se refleja también en la precisión sobre qué debe considerarse en este ámbito por «empresas». Así, desde la redacción original se advierte que se entenderán como tales «*no sólo las personas físicas y jurídicas sino también las comunidades de bienes y demás entidades que, aun carentes de personalidad jurídica, sean susceptibles de asumir con sus trabajadores los compromisos descritos*». *Cfr.* DA 1.ª apartado 1, p. 3 de la LOSSP. Concepto que se desarrolla en el art. 5 del Reglamento. Defendiendo la inclusión de los grupos de sociedades, véase DE VAL TENA, A., *La exteriorización de los compromisos por pensiones en la negociación colectiva*, Instituto de Ciencias del Seguro, Fundación Mapfre, 2006, pp. 28-29.

23. Estas DT de la LOSSP se modificaron por la Ley 66/1997, de 30 de diciembre, de Medidas fiscales, administrativas y del orden social; la Ley 40/1998, de 8 de diciembre, del Impuesto sobre la Renta de las Personas Físicas y otras normas tributarias, y la Ley 50/1998, de 30 de diciembre, de Medidas fiscales, administrativas y del orden social.

24. Sobre la distinción y problemática entre compromisos por pensiones y mejoras voluntarias, véase DE LA VILLA GIL, L. E./LÓPEZ CUMBRE, L., «La externalización de los premios de jubilación», *cit.*, pp. 106-113.

25. Conviene destacar que el legislador español establece un marco de garantías más amplio que el exigido por la Directiva 80/987/CEE que en su art. 8 se circunscribía a «*prestaciones de vejez, incluidas las prestaciones a favor de los supervivientes*», mientras que nuestra norma incluye también la contingencia de incapacidad permanente y gran invalidez. Véase DE LA VILLA GIL, L. E./LÓPEZ CUMBRE, L., «La externalización de los premios de jubilación», *cit.*, p. 104.

El vigente Real Decreto Legislativo 1/2002, de 29 de noviembre, por el que se aprueba el Texto Refundido de la Ley de Regulación de los Planes y Fondos de Pensiones (TRLRPFP), que derogó expresamente la LRPFP[26], mantuvo en su disposición adicional primera, en idénticos términos, el concepto transcrito no habiendo sido alterada su redacción en las distintas modificaciones legislativas que, a lo largo del tiempo, han ido actualizando y modernizando su régimen jurídico.

Este concepto se desarrolla por el artículo 7 del Reglamento que precisa su alcance objetivo y resuelve importantes controversias doctrinales que había generado la dicción del precepto legal. A tenor de su primer apartado, se consideran compromisos por pensiones los que deriven de *«obligaciones legales o contractuales de la empresa con el personal de la misma, recogidas en convenio colectivo o disposición equivalente»*. Se redefine —más bien, se aclara— el concepto de compromiso por pensiones añadiendo las referencias a las obligaciones recogidas en convenio colectivo[27] o en disposición equivalente. Vamos a referirnos, por su importancia, siquiera brevemente, a estas dos adiciones.

Por un lado, la referencia reglamentaria expresa a las obligaciones recogidas en convenio colectivo resuelve la problemática planteada tras la LOSSP, pues se consideraba que, hasta ese momento, la expresión *«obligaciones legales y contractuales»* podía —o debía— considerarse circunscrita a las derivadas de la ley o del contrato y no a las originadas por la negociación colectiva. La doctrina ya planteaba que la dicción literal conducía a un contrasentido porque una de las principales características de la previsión complementaria en el ámbito empresarial es, precisamente, la voluntariedad en su establecimiento, resultando difícil imaginar que un compromiso por pensión entre empresario y trabajadores derivara de una ley[28]. En realidad, el carácter normativo y la fuerza vinculante de los convenios colectivos estatutarios ya permitía entender comprendidos los compromisos

26. La LRPFP se derogó por la disposición derogatoria única del TRLRPFP sin perjuicio de lo previsto en su disposición transitoria primera. En concreto, se mantenía vigente el régimen de integración voluntaria en planes de pensiones de fondos e instituciones de previsión respecto de las empresas, trabajadores y beneficiarios —y planes de reequilibrio— que se hubieran acogido a la DT 1.ª de la LRPFP para la integración de los derechos reconocidos en planes de pensiones.

27. El art. 7.2 del Reglamento especifica que *«también se considerarán compromisos por pensiones aquellos que la empresa no haya suspendido unilateralmente, aun cuando el convenio colectivo o disposición equivalente le atribuya esta facultad»*.

28. La mención a las «obligaciones legales» debe interpretarse *«no en el sentido de obligaciones derivadas de una ley, lo que no sería posible dado que la característica innata a los compromisos por pensiones es la voluntariedad en su establecimiento por parte de las empresas, sino de obligaciones derivadas de un convenio colectivo que tiene, por ello, carácter normativo*

derivados de la negociación colectiva. En suma, la redacción de la LOSSP era altamente desafortunada[29] porque, en cualquier caso, la obligación —sea legal o contractual— deriva de un compromiso, esto es, de una previa negociación entre las partes —individual o colectiva—. Además, no debe olvidarse que la mayor parte de los compromisos por pensiones se han establecidos «por» y «en» la negociación colectiva. En síntesis, con la aclaración del Reglamento se consolida una interpretación que ya imperaba en la práctica[30].

Por otro, también se consideran fuente de obligaciones las derivadas de «disposición equivalente», enumerando el Reglamento como tales *«los pactos entre las empresas y todo o parte de su personal u otros acuerdos o decisiones, cuya existencia o efectos se hallen documentados de forma admitida en derecho y en los que las empresas asuman compromisos por pensiones»*[31]. Se trata de una enumeración muy amplia que abarca todo tipo de pactos o acuerdos de carácter colectivo independientemente de su naturaleza[32]. A nuestros efectos, bastará pues, que los compromisos por pensiones hayan sido incluidos bien en la escritura fundacional, bien aprobados, cumpliendo los requisitos legales o estatutarios, por la asamblea general o por la junta general de socios, según se trata de sociedad cooperativa o de sociedad laboral, bien por sus respectivos órganos de administración en ejercicio de sus competencias, bien por pactos parasociales siempre que se encuentren documentados en cualquier forma admitida en derecho.

Por último, también se especifica que el objeto de los compromisos por pensiones puede abarcar tanto la realización de aportaciones, como cua-

---

y fuerza vinculante para las partes incluidas en su ámbito de aplicación». Véanse, entre otros, AGUILERA IZQUIERDO, R., *Pensiones privadas: obligaciones de la empresas y garantías de los trabajadores*, Civitas, Madrid, 2001, p. 51 y DE VAL TENA, A., *La exteriorización de los compromisos por pensiones en la negociación colectiva, cit.*, pp. 14-15.

29. Se apunta que el error legislativo parece provenir de su inspiración en la terminología contable y que con la redacción original tan solo se pretendía acentuar la obligatoriedad de los compromisos por pensiones. DE LA VILLA GIL, L. E./LÓPEZ CUMBRE, L., «La externalización de los premios de jubilación», *cit.*, pp. 102-103.

30. DE LA VILLA GIL, L. E./LÓPEZ CUMBRE, L., «La externalización de los premios de jubilación», *cit.*, pp. 102-103.

31. El art. 7.1 p. 3 del Reglamento añade que también tendrán la consideración de disposiciones equivalentes al convenio colectivo *«las actas de constitución, estatutos o reglamentos de mutualidades de previsión social, fundaciones laborales y cualquier otra fórmula o institución de previsión del personal, siempre que en los documentos enumerados las empresas asuman compromisos por pensiones»*. Véase críticas por esta redacción en DE VAL TENA, A., *La exteriorización de los compromisos por pensiones en la negociación colectiva, cit.*, p. 16.

32. DE LA VILLA GIL, L. E./LÓPEZ CUMBRE, L., «La externalización de los premios de jubilación», *cit.*, p. 103.

lesquiera otras prestaciones[33] que se vinculen a la jubilación, incapacidad o muerte del trabajador.

2. CONCEPTO Y DELIMITACIÓN DE LOS PREMIOS DE JUBILACIÓN

El reconocimiento de premios de jubilación ha sido una constante en el mercado, en especial, en las grandes empresas y en las administraciones públicas. No así en las pymes en las que se encuadran la gran mayoría de las sociedades cooperativas y laborales; de ahí que con este estudio tratemos de potenciar su utilización en tales entidades.

En el ámbito empresarial comenzaron a reconocerse a partir de los años sesenta del pasado siglo, aunque, frecuentemente, desde un punto de vista interno. Así, eran limitados los convenios colectivos en los que se contemplaban porque la previsión empresarial no ha gozado en nuestro país de un amplio reconocimiento entre las empresas y trabajadores y, con carácter general, la protección social complementaria no ha sido un terreno favorable a la intervención de la autonomía colectiva. En la actualidad, no suelen negociarse en los convenios nuevos acuerdos de mejoras voluntarias, limitándose a mantener los existentes en convenios anteriores y conservando su obligatoriedad en la medida en que subsistan en la regulación del convenio[34].

En cuanto a qué engloba el premio por jubilación, hay que partir señalando que no existe un concepto legal del mismo; circunstancia que, unida a su heterogeneidad en el mercado, determina que se haya atendido principalmente a sus rasgos comunes. Así, doctrinalmente se han definido como aquel «*compromiso adoptado por las empresas, contractual o convencionalmente, relacionados con la jubilación, en tanto su concesión se condiciona al acceso a la misma o, cuando menos, al cumplimiento de una determinada edad en la que el trabajador tendría derecho a la jubilación, ordinaria, anticipada o, en su caso, retrasada*»[35] o como un »*sistema de previsión privada con carácter contractual y facultativo que habilita la adquisición de una cantidad económica que percibe el trabajador, renta o capital, una vez se produzca el hecho causante, en este caso, cuando se decide acceder a la jubilación del sistema de Seguridad Social en su modalidad contributiva*»[36].

---

33. Hay que recordar que cuando las prestaciones a las que se hubiera comprometido la empresa no fueran dinerarias, no se someten al régimen previsto en el Reglamento (*Cfr.*, art. 7.3 del Reglamento).
34. GALLEGO LOSADA, R., «La jubilación pactada», *cit.*, p. 34.
35. DE LA VILLA GIL, L. E./LÓPEZ CUMBRE, L., «La externalización de los premios de jubilación», *cit.*, p. 116.
36. GALLEGO LOSADA, R., «La jubilación pactada», *cit.*, p. 34.

La falta de concreción legal sobre qué debe entenderse por premio de jubilación determina que deba acudirse a su análisis práctico para determinar sus rasgos más típicos, sirviendo de ayuda los reconocidos en determinados convenios colectivos, aunque, como vimos al definir los compromisos por pensiones, también podrán fijarse con cualquier otro tipo de pacto entre las empresas y sus trabajadores siempre que se cumplan los requisitos señalados *ut supra*. En esta línea, se pueden enumerar como algunos de sus rasgos básicos[37] que consisten en una cantidad económica que percibe el trabajador cuando accede —o decide acceder— a la jubilación del sistema de Seguridad Social en su modalidad contributiva[38]; que siempre está referenciado a la jubilación del trabajador en dicha modalidad y, por último, que se materializa en una única prestación dineraria y no en prestaciones periódicas.

3. EL NECESARIO —AUNQUE CONTROVERTIDO— ENCUADRAMIENTO DE LOS PREMIOS DE JUBILACIÓN COMO COMPROMISOS POR PENSIONES

La cuestión más problemática en torno a los premios de jubilación se centra, sin duda, en determinar si se encuadran como compromisos por pensiones porque tal encuadramiento conlleva su sometimiento al régimen imperativo que, como vimos, introdujo la LOSSP. En consecuencia, las empresas estarán obligadas a externalizarlos e instrumentarlos como seguros de vida y/o planes de pensiones; prohibiéndose que se doten, meramente, como fondos internos.

A estos efectos, recordemos, como ya se trató en extenso, que los compromisos por pensiones son los derivados de obligaciones legales o contractuales del empresario con su personal y que se vinculan a una serie de contingencias, entre ellas, la jubilación de sus trabajadores. La amplitud de esta definición se enfatiza por el legislador al especificarse, expresamente, que se entienden subsumidas en ella todas las prestaciones —con independencia de su denominación— que se destinen a cubrir tales compromisos en cualquiera de sus formas posibles —capital de pago único, renta o cualquier combinación de ambas[39]—. Por su parte, los premios por pensiones son compromisos que el empresario contrae con sus trabajadores para que estos perciban una única prestación dineraria cuando lleguen a la jubilación

37. DE LA VILLA GIL, L. E./LÓPEZ CUMBRE, L., «La externalización de los premios de jubilación», *cit.*, pp. 117 y ss.
38. Sobre los actuales sistemas de jubilación véase en la presente obra, capítulo 2 «Prácticas empresariales de innovación en materia de gestión de la edad para el empleo y en el empleo en cooperativas y sociedades laborales».
39. *Cfr.*, DA 1.ª y art. 8.5 y 6 del TRLRPFP.

—ordinaria o voluntaria— del sistema de Seguridad Social en su modalidad contributiva.

Atendiendo al alcance general del vigente marco jurídico de los compromisos por pensiones, los premios por jubilación —con sus distintas denominaciones— se deben considerar como tales por quedar vinculados al acceso definitivo a la jubilación —tanto ordinaria, como forzosa[40]—; primera de las contingencias legalmente contempladas sobre las que se despliega, por imperativo comunitario, la protección de los trabajadores que supone la externalización. Aunque esta es la conclusión alcanzada por todos aquellos que han estudiado la cuestión en profundidad[41], contrasta con la respuesta empresarial que, en un primer momento, negó tal consideración[42].

Esta paradoja se generó porque, en la práctica, algunas empresas, en especial pymes, defendieron que era admisible su cobertura mediante la dotación por la empresa de fondos internos —o instrumentos similares— manteniendo la titularidad de los recursos constituidos y las respuestas de las distintas administraciones afectadas añadieron, en los primeros años de aplicación de la normativa, más confusión a la cuestión[43]. Considerando

40. En consecuencia, no deben englobarse como compromisos por pensiones los «complementos por prejubilación» porque no están vínculos a la jubilación efectiva del trabajador. En este sentido, DE VAL TENA, A., *La exteriorización de los compromisos por pensiones en la negociación colectiva, cit.*, p. 22. En sentido contrario, defendiendo que se tratan de prestaciones equivalentes a la jubilación LÓPEZ CUMBRE, L., «Concentración empresarial y compromisos por pensiones: una regulación indirecta del grupo de empresas», *Revista de Trabajo y Seguridad Social*, n.º 37, 2000, pp. 35-36.

41. Defienden la consideración de compromisos por pensiones de los premios de jubilación, entre otros, DE LA VILLA GIL, L. E./LÓPEZ CUMBRE, L., «La externalización de los premios de jubilación», *cit.*; DE VAL TENA, A., *La exteriorización de los compromisos por pensiones en la negociación colectiva, cit.*, p. 21; GALLEGO LOSADA, R., «La jubilación pactada», *cit.*, pp. 35 y ss.

42. Hay que advertir que se señaló que *«los argumentos para defender la externalización de los premios de jubilación son tan sólidos como los que pretenden eludir tal obligación... con ser ésta una cuestión no exenta de polémica, son más contundentes los argumentos jurídicos positivos que negativos»*. DE LA VILLA GIL, L. E./LÓPEZ CUMBRE, L., «La externalización de los premios de jubilación», *cit.*, p. 125.

43. Las empresas se aferraban a las erróneas respuestas de la Subdirección General de Asistencia Técnica de Inspección de Trabajo o del director general de la Tesorería General de la Seguridad Social, que mantenían que no debían incluirse entre los compromisos por pensiones que debían exteriorizarse. La Resolución de la Dirección General de los Seguros de 18 de octubre de 2000 concluyó, para zanjar la polémica, en sentido contrario. Además, se decidió que los criterios para aplicar esta normativa se establecerían por el Ministerio de Economía, con independencia de que la competencia para la imposición de sanciones la ostentara el entones Ministerio de Trabajo y Asuntos Sociales. Sobre esta polémica, entre otros, GALLEGO LOSADA, R., «La jubilación pactada», *cit.*, pp. 35-36.

que ya se ha superado esta problemática[44], nos limitaremos a sintetizar los principales puntos debatidos[45].

Así, se argumenta que los premios de jubilación no eran compromisos por pensiones ni tenían relación alguna con los supuestos de mejoras de las prestaciones de Seguridad Social en el supuesto de jubilación del trabajador. Se trata, según sus detractores, de un instrumento más próximo al salario[46] al tratarse de una cantidad a tanto alzado y de que su importe, en ocasiones, no era cuantioso, limitándose a algo simbólico (un número determinado de mensualidades, por ejemplo). Sin embargo, no cabe esta interpretación restrictiva ante la laxa caracterización, ya analizada, de los compromisos por pensiones admitiendo el Reglamento «*cualquier denominación*». Además, «*la cuantificación de los compromisos no puede modificar el régimen jurídico aplicable. Y, así, considerar … que el carácter simbólico de algunos premios de jubilación … resulta desproporcionado respecto de la obligación de externalizar... es … una consideración carente de rigor jurídico pues la cuantía de los compromisos en ningún caso ha sido estimada por el legislador al establecer la obligación*», *como* tampoco

44. La doctrina de la Sala de lo Social del Tribunal Supremo predica la naturaleza jurídica de estos premios como mejoras voluntarias de seguridad social complementaria por vincularse a la percepción de la pensión de jubilación. Hay que advertir, aunque en nada afecta al ámbito de este trabajo, de la convulsa e inesperada situación que en los últimos años se ha generado en torno a los premios de jubilación de los funcionarios públicos. Así, la Sala de lo contencioso administrativo del Tribunal Supremo considera que se trata de una gratificación de naturaleza retributiva y no de una medida de asistencia social porque solo podría tener tal naturaleza si atendiese a contingencias o infortunios con fin compensatorio ante circunstancias sobrevenidas y llegar a la edad de jubilación es un hecho natural. Al ser, en opinión de la Sala, retribuciones «*sólo pueden considerarse ajustadas a Derecho en la medida en que tengan fundamento en alguna norma legal de alcance general, relativa a la remuneración de los funcionarios*» (entre otras, STS de 16 de marzo de 2022); norma de rango legal de la que carece, con carácter general, nuestro ordenamiento. En consecuencia, se está produciendo en estos momentos un aluvión de suspensiones de premios de jubilación para los funcionarios de distintas administraciones y algunas CCAA, como la andaluza, han tratado de resolver introduciendo modificaciones en su normativa propia. Véanse, entre otros, CASTILLO BLANCO, F. « Los incentivos por jubilación anticipada a funcionarios públicos», ACAL, 19 de septiembre de 2023. Disponible en https://www.acalsl.com/blog/2023/09/incentivos-por-jubilacion-anticipada-a-funcionarios-premio; MOLINA NAVARRETE, C., «Negociación colectiva y previsión social complementaria: ¿cerco a los viejos "premios de jubilación", oportunidad para los "planes de pensiones de empleo"? Con ocasión de la sentencia del Tribunal Supremo 603/2022, de 5 de julio», *Revista de Trabajo y Seguridad Social*, CEF, n.º 471, 2022, pp. 180-191.
45. Con extraordinaria profundidad, véanse los diez argumentos y contraargumentos expuestos por DE LA VILLA GIL, L. E./LÓPEZ CUMBRE, L., «La externalización de los premios de jubilación», *cit.*, pp. 125-139.
46. GALLEGO LOSADA, R., «La jubilación pactada», *cit.*, p. 36.

existe distinción legislativa alguna según se abone la prestación comprometida de forma periódica o en un pago único[47].

En definitiva, resulta evidente que, desde el origen de la normativa en 1995, como se ha ido constatando en las distintas reformas que se han ido produciendo, su finalidad siempre ha sido establecer un régimen protector de gran amplitud para lograr que todos los compromisos por pensiones que afecten a la jubilación sean externalizados. En esta línea, cuando el legislador ha querido exceptuar la externalización de determinados compromisos por pensiones (por ejemplo, aportaciones no dinerarias como regalos y similares), lo ha hecho constar expresamente y, es sabido, que las excepciones legislativas siempre deben interpretarse restrictivamente[48]. En suma, el propósito legislativo es claro al establecer que los compromisos dinerarios por jubilación de las empresas con sus trabajadores deben ser exteriorizados, con independencia de que sean premios o asignaciones dinerarias que la empresa no considere complementarias de las pensiones de la Seguridad Social y de que sus cuantías fueran poco elevadas y formalizadas en pago único[49].

III. LA OBLIGATORIEDAD LEGAL DE EXTERNALIZACIÓN DE LOS PREMIOS DE JUBILACIÓN

La Directiva 80/987/CEE obliga, como señalamos *ut supra*, a los Estados miembros a adoptar las medidas que consideraran necesarias para asegurar que las empresas cumplieran con los compromisos por pensiones que hubieran, de cualquier modo, contraído con sus trabajadores, jubilados y beneficiarios. Este régimen tuitivo se implementó en España con la reforma del régimen jurídico de los planes y fondos de pensiones —en aquel entonces, la LRPFP— operada por la LOSSP de 1995 y cuya estructura, con las consiguientes modificaciones y actualizaciones, continua vigente[50].

47. DE LA VILLA GIL, L. E./LÓPEZ CUMBRE, L., «La externalización de los premios de jubilación», *cit.*, pp. 125-128.
48. Se añade que *«hasta tal extremo prevalece este criterio de interpretación restrictiva de la excepción que, incluso las excepciones explícitas, como la del mantenimiento de los fondos internos, permanecen únicamente para los compromisos asumidos con anterioridad a la aplicación de la LOSSP, no con los que hayan sido adoptados con posterioridad, los cuales deberán ser externalizados de conformidad con la regla general»*. DE LA VILLA GIL, L. E./LÓPEZ CUMBRE, L., «La externalización de los premios de jubilación», *cit.*, pp. 128-129.
49. GALLEGO LOSADA, R., «La jubilación pactada», *cit.*, p. 36.
50. La trascendencia de esta reforma es de tal magnitud que se ha considerado que supuso la incorporación del principio general de externalización como principio básico en la organización de los recursos económicos adscritos a los fines de provisión al imponer que los compromisos por pensiones que asuman los empresarios únicamente puedan

En síntesis, la piedra angular del sistema reside en que cualquier compromiso por pensiones que asuman las empresas, incluidos como hemos visto los premios de jubilación, debe ser instrumentado mediante contratos de seguros, planes de pensiones o ambos. Así, la derogada disposición adicional primera de la LRPFP, en su párrafo primero, estableció que «*Los compromisos por pensiones asumidos por las empresas, incluyendo las prestaciones causadas, deberán instrumentarse, desde el momento en que se inicie el devengo de su coste, mediante contratos de seguro, a través de la formalización de un Plan de Pensiones o de ambos*». Dicha disposición se trasladó, íntegramente, a la primera redacción de la disposición adicional primera del TRLRPFP.

En la actualidad, la citada disposición ha sufrido distintas actualizaciones, aunque sin afectar al espíritu del sistema originario diseñado. Así, el tenor vigente de su apartado 1 establece que «*los compromisos por pensiones asumidos por las empresas, incluyendo las prestaciones causadas, deberán instrumentarse, desde el momento en que se inicie el devengo de su coste, mediante contratos de seguros, incluidos los planes de previsión social empresariales y los seguros colectivos de dependencia, a través de la formalización de un plan de pensiones o varios de estos instrumentos*»[51]. Como puede constatarse, sus diferencias con la versión original son meramente aclaratorias, limitándose a la expresa referencia a la inclusión, como posibles instrumentos para formalizar los compromisos por pensiones, de los planes de previsión social empresariales[52] y de los seguros colectivos de dependencia[53]. En la misma línea, resulta categórico al disponer que «*En ningún caso resultará admisible la cobertura de tales compromisos mediante la dotación por el empresario de fondos internos, o instrumentos similares, que supongan el mantenimiento por parte de éste de la titularidad de los recursos constituidos*». El incumplimiento de esta obligación de instrumentación se sanciona como infracción en materia laboral de carácter muy grave[54]; cuestión distinta es que la empresa seguirá obligada a su pago[55].

---

concertarse mediante planes de pensiones o contratos de seguro. Entre otros, véanse DE VAL TENA, A., *La exteriorización de los compromisos por pensiones en la negociación colectiva, cit.*, p. 10; MONEREO PEREZ, J. L., *Los planes de pensiones del sistema de empleo: la incidencia de la Ley de Ordenación y Supervisión de los Seguros Privados*, Tirant lo Blanch, Valencia, 1997, pp. 53-69; ROMERO BURILLO, A. M., *Los planes de pensiones del sistema de empleo*, Aranzadi, Pamplona, 2002, pp. 281-284.

51. Los requisitos que debe cumplir estos instrumentos se detallan en la misma DA 1.ª del TRLRPFP.
52. La referencia expresa a los planes de previsión social empresariales se introdujo por la DF 5.5 de la Ley 35/2006, de 28 de noviembre.
53. La referencia expresa a los seguros colectivos de dependencia se introdujo por la DF 4 de la Ley 24/2011, de 1 de agosto.
54. *Cfr.* DA 1.8 del TRLRPFP.

Téngase en cuenta que la cobertura de este tipo de compromisos con recursos empresariales propios era lo habitual en nuestro país hasta ese momento; concediéndose, por tal circunstancia, un generoso plazo[56] de adaptación[57].

La obligatoriedad de la exteriorización de los compromisos por pensiones permite cumplir un doble objetivo. Por una parte, cumplir con la exigencia comunitaria de establecer un sistema de protección para asegurar que los trabajadores —y sus beneficiarios— puedan percibir las prestaciones empresariales comprometidas en caso de insolvencia o de dificultades financieras para la empresa[58]. Por otra, permitir a las empresas liberar recursos al exteriorizar fuera del balance los compromisos por pensiones, permitiendo que se concentren en su actividad típica; concentración que se traducirá —o puede traducirse— en una mayor competitividad. Al tiempo, el traslado de la gestión de los recursos que instrumentan compromisos por pensiones a entidades especializadas en la gestión e inversión financieras, entidades gestoras de fondos de pensiones y entidades aseguradoras,

55. Entre otros, Laudo arbitral de 26 de junio de 2013 (PAB 558/2013) del Tribunal Laboral de Conciliación, Mediación y Arbitraje de Cataluña. Disponible en https://www.tribulab.cat/es/pab-558-13/

56. Por ese motivo, se reguló en el capítulo II del Reglamento cómo debía realizarse la transición de los compromisos ya contraídos, convirtiendo los fondos internos afectados en seguros o en planes de pensiones. El plazo de adaptación se fue ampliando hasta una década después. En concreto, hasta 16 de noviembre de 2002, por la DA 25.ª de la Ley 14/2000, 29 diciembre, de Medidas fiscales, administrativas y del orden social; hasta 31 diciembre de 2004, por la DA 15.ª de la Ley 44/2002, de 22 de noviembre, de Medidas de Reforma del Sistema Financiero y, por último, hasta 31 de diciembre de 2005 por la DA 3.ª de la Ley 4/2004, de 29 de diciembre, de modificación de tasas y de beneficios fiscales de acontecimientos de excepcional interés público.

57. En realidad, como destaca el Preámbulo del Reglamento, la obligación de exteriorizar los compromisos empresariales por pensiones no implicaba una modificación sustancial de los términos en que se hubieran pactado en el ámbito laboral, en negociación colectiva o de cualquier otro modo. Los seguros y los planes de pensiones son meros instrumentos que, gracias a sus diferentes características, ofrecen múltiples posibilidades y, por tanto, una gran flexibilidad para reflejar el contenido de los compromisos. No obstante, muchas empresas aprovecharon, en la práctica, para modificarlos.

58. Por esta razón, el régimen general se excepcionó, de modo transitorio, para determinadas empresas que, por su especial naturaleza, se sujetan a especiales requisitos de solvencia; solvencia que, no debe olvidarse, se persigue para asegurar el cobro por los trabajadores de sus prestaciones cuando se produzca la jubilación. Con esta justificación, podían mantener sus fondos internos las entidades de crédito, las entidades aseguradoras y las sociedades y agencias de valores, cumpliendo ciertos requisitos (*Cfr.* DT 4.ª del TRLRPFP). Esta excepción se configuró como transitoria circunscribiéndose a los compromisos por pensiones ya adquiridos por estas entidades, siendo necesario aplicar el régimen general para compromisos posteriores al 9 de mayo de 1996 (*Cfr.* art. 38 del Reglamento).

puede aminorar los costes de la empresa para financiar y atender sus compromisos por pensiones[59].

En definitiva, la exteriorización de los premios de jubilación, con independencia de la protección que dispensa a los trabajadores en general y a los socios trabajadores de las cooperativas o sociedades laborales en particular, no solo es una obligación legal, sino que genera, desde un punto de vista puramente empresarial, indudables ventajas cuando se asume su prestación por unos u otros motivos. Cuestión más compleja es la elección del seguro, plan de pensiones o modalidad mixta que puede resultar idóneo para cada empresa al ser múltiples y muy cambiantes las que se ofertan en el mercado. A tal efecto, será necesario no solo atender a las particularidades de la empresa y a la finalidad estratégica pretendida con el premio de jubilación, sino también al análisis legal y fiscal de las distintas opciones[60].

IV. BIBLIOGRAFÍA

AGEINGNOMICS, *Monitor de empresas de la economía sénior 2023*, Fundación Mapfre, Madrid, 2023, p. 67. Disponible en https://documentacion.fundacionmapfre.org/documentacion/publico/es/media/group/1119128.do

AGUILERA IZQUIERDO, R., *Pensiones privadas: obligaciones de la empresas y garantías de los trabajadores*, Civitas, Madrid, 2001.

ALFONSO SÁNCHEZ, R., «Formas jurídicas del trabajo asociado en la economía social», AA.VV., *Cooperativas de trabajo asociado y estatuto jurídico de sus trabajadores* (Dir. FAJARDO GARCÍA), Tirant lo Blanch, Valencia, 2016, pp. 79-106.

ÁLVAREZ GIMENO, R., «Las condiciones más beneficiosas en el ámbito de la seguridad social», *Doc. Labor.*, n.º 114, 2018, vol. II, pp. 77-93.

ANDREU MARTÍ, M. M., «El *compliance* como instrumento de responsabilidad social corporativa en las plataformas digitales de cuidados», *CIRIEC-España, Revista Jurídica de Economía Social y Cooperativa*, n.º 43, 2023, en prensa.

59. Desde un punto de vista macroeconómico, el sistema también puede coadyuvar a la capitalización de la economía al potenciar el ahorro a largo plazo, dotando de mayor amplitud y profundidad a los mercados financieros y de capitales, permitiendo, en último término, que se reduzcan los costes financieros de las inversiones empresariales. Véase Preámbulo del Reglamento.

60. DE LA VILLA GIL, L. E./LÓPEZ CUMBRE, L., «La externalización de los premios de jubilación», *cit.*, p. 139.

ANDREU MARTÍ, M. M., «La sociedad laboral del siglo XXI. Significado y configuración», AA.VV., *El nuevo régimen jurídico de las sociedades laborales* (Dir. ANDREU MARTÍ), Aranzadi, Pamplona, 2017, pp. 27-47.

ANDREU MARTÍ, M. M., «La transmisión de acciones y participaciones. Causas y procedimientos», AA.VV., *Participación de los trabajadores en la empresa y sociedades* (Dir. FAJARDO GARCÍA), Tirant Lo Blanch, Valencia, 2018, pp. 709-730.

CASTILLO BLANCO, F., « Los incentivos por jubilación anticipada a funcionarios públicos», *ACAL,* 19 de septiembre de 2023. Disponible en https://www.acalsl.com/blog/2023/09/incentivos-por-jubilacion-anticipada-a-funcionarios-premio.

CONDE-RUIZ, J. I./GONZÁLEZ, C. I., *El proceso de envejecimiento en España,* Fedea, *Estudios sobre la Economía Española,* n.º 7, 2021, pp. 2 y ss. Disponible en https://documentos.fedea.net/pubs/eee/eee2021-07.pdf.

DE LA VILLA GIL, L. E./LÓPEZ CUMBRE, L., «La externalización de los premios de jubilación», *Revista Jurídica Universidad Autónoma de Madrid,* 2016, pp. 99-141.

DE VAL TENA, A., *La exteriorización de los compromisos por pensiones en la negociación colectiva,* Instituto de Ciencias del Seguro, Fundación Mapfre, 2006.

FAJARDO GARCÍA, G., «Concepto, causa y objeto de la cooperativa de trabajo asociado», AA.VV., *Cooperativas de trabajo asociado y estatuto jurídico de sus trabajadores* (Dir. FAJARDO GARCÍA), Tirant lo Blanch, Valencia, 2016, pp. 183-210.

FAJARDO GARCÍA, G., «La sociedad laboral. Concepto, calificación, descalificación y principales características», AA.VV., *Participación de los trabajadores en la empresa y sociedades* (Dir. FAJARDO GARCÍA), Tirant Lo Blanch, Valencia, 2018.

FARIAS BATLLE. M., «Estándares para una gobernanza ética de las plataformas digitales de cuidados titularidad de entidades de la economía social. Un ensayo desde la perspectiva del Derecho», *CIRIEC-España, Revista Jurídica de Economía Social y Cooperativa,* n.º 43, 2023, en prensa.

GALA DURÁN, C. y otros, «El marco general de las mejoras voluntarias», AA.VV., *Las mejoras voluntarias en la negociación colectiva actual* (Dir. GALA DURÁN), vol. I, Ministerio de trabajo y asuntos sociales, 2006, pp.

19-54. Disponible en https://www.seg-social.es/wps/wcm/connect/wss/c5167615-6538-4f43-9297-172f51090870/44_I_F06.pdf?MOD=AJPERES

GALA DURÁN, C. y otros, «Jubilación y negociación colectiva. En especial, los planes y fondos de pensiones del sistema de empleo», AA.VV., *Las mejoras voluntarias en la negociación colectiva actual* (Dir. GALA DURÁN), vol. II, Ministerio de trabajo y asuntos sociales, 2006, pp. 179-268. Disponible en https://www.seg-social.es/wps/wcm/connect/wss/a9209727-95c0-47a4-8f84-d9af4ef5deee/44_II_F06.pdf?MOD=AJPERES

GALLEGO LOSADA, R., «La jubilación pactada. Los compromisos por pensiones como estrategia para planificar las salidas ordenadas de la plantilla», *Revista de Trabajo y Seguridad Social*, CEF, n.º 420, 2018, pp. 19-43.

JORGE VÁZQUEZ, J./ CHIVITE CEBOLLA, M. P., «La transformación digital: retos y oportunidades para las entidades de economía social», *XVII Congreso Internacional de Investigadores en Economía Social y Cooperativa: La Economía Social: transformaciones recientes, tendencias y retos de futuro*, Ávila, 2020, pp. 1-25.

LÓPEZ BECERRA, E. I./ARCAS LARIOS, N./ALCÓN PROVENCIO, F./ GUEROLA OLIVARES, R., «De la teoría a la práctica. Uso de las TIC relacionadas con internet por la economía social», AA.VV., La economía social y los negocios online, Tendencias y claves del éxito, Cajamar, 2015, pp. 87-130.

LÓPEZ CUMBRE, L., «Concentración empresarial y compromisos por pensiones: una regulación indirecta del grupo de empresas», *Revista de Trabajo y Seguridad Social*, n.º 37, 2000.

MOLINA NAVARRETE, C., «Negociación colectiva y previsión social complementaria: ¿cerco a los viejos «premios de jubilación», oportunidad para los «planes de pensiones de empleo»? Con ocasión de la sentencia del Tribunal Supremo 603/2022, de 5 de julio», *Revista de Trabajo y Seguridad Social*, CEF, n.º 471, 2022, pp. 180-191.

MONEREO PEREZ, J. L., *Los planes de pensiones del sistema de empleo: la incidencia de la Ley de Ordenación y Supervisión de los Seguros Privados*, Tirant lo Blanch, Valencia, 1997.

MUÑOA, G., «El relevo generacional en la empresa familiar», *Revista APD: Asociación para el Progreso de la Dirección*, n.º 268, 2011, pp. 54-55.

ROMERO BURILLO, A. M., *Los planes de pensiones del sistema de empleo*, Aranzadi, Pamplona, 2002.

SÁNCHEZ RUIZ, M., «Baja, separación y expulsión de socios», AAVV, *Cooperativas de enseñanza. Régimen jurídico y económico: aspectos estratégicos* (Dir. ALFONSO SÁNCHEZ, R.), Thomson Reuters-Aranzadi, Elcano, 2018, pp. 217-238.

Capítulo 14

Aspectos laborales del relevo generacional en cooperativas de trabajo asociado y sociedades laborales

FAUSTINO CAVAS MARTÍNEZ
Catedrático de Derecho del Trabajo y de la Seguridad Social
Universidad de Murcia

M.ª MONSERRATE RODRÍGUEZ EGÍO
Profesora Contratada Doctora de Derecho del Trabajo y de la Seguridad Social
Universidad de Murcia

I. EL RELEVO GENERACIONAL EN LAS ENTIDADES DE ECONOMÍA SOCIAL

En una sociedad como la nuestra cada vez más envejecida, una elevada proporción de pequeñas y medianas empresas presentan riesgo de supervivencia debido a la elevada edad de su titular o máximo directivo. El problema deviene especialmente acuciante en las explotaciones agrarias y en numerosos negocios familiares, donde los vínculos familiares acaparan una gran importancia en las posibilidades de mantenimiento del negocio, no estando siempre garantizado el relevo al frente de las mismas por falta de vocación e interés en las generaciones más jóvenes. El cierre de la empresa, además de empobrecer el tejido productivo, supone una importante pérdida de puestos de trabajo y, con ello, la interrupción del único o principal medio de sustento para muchas familias.

Son varias las medidas que pueden ponerse en marcha para garantizar la supervivencia de una empresa ordinaria cuando se jubila o fallece su titular o máximo directivo: transmisión a un tercero (*inter vivos*) o a los herederos (*mortis causa)*, incorporar a otro gerente, pero también se ofrece como solución idónea y socialmente responsable la constitución de una entidad de economía social (cooperativa de trabajo asociado, sociedad laboral) por parte de las personas que vinieran prestando servicios a dicha empresa mediante una relación laboral.

En períodos de crisis económica, las entidades de economía social, y muy en particular las cooperativas de trabajo asociado y las sociedades laborales, constituyen un instrumento especialmente indicado para superarlos y salvar la actividad empresarial mediante el relevo generacional que amenaza con la destrucción de muchas empresas.

De conformidad con lo establecido en el art. 1.2 de la Ley 44/2015, de 14 de octubre, de Sociedades Laborales y Participadas, una sociedad laboral es una empresa de naturaleza mercantil (Sociedad Anónima Laboral o Sociedad Limitada Laboral), en la que al menos la mayoría del capital social sea propiedad de trabajadores que presten en ellas servicios retribuidos de forma personal y directa, en virtud de una relación laboral por tiempo indefinido. Además, es necesario que ninguno de los socios sea titular de acciones o participaciones sociales que representen más de la tercera parte del capital social, salvo que:

- La sociedad laboral se constituya inicialmente por dos socios trabajadores con contrato por tiempo indefinido, en la que tanto el capital social como los derechos de voto estarán distribuidos al cincuenta por ciento, con la obligación de que en el plazo máximo de 36 meses se ajusten al límite antes señalado.

- Se trate de socios que sean entidades públicas, de participación mayoritariamente pública, entidades no lucrativas o de la economía social, en cuyo caso la participación podrá superar dicho límite, sin alcanzar el cincuenta por ciento del capital social.
- Además, es necesario que el número de horas-año trabajadas por los trabajadores contratados por tiempo indefinido que no sean socios no sea superior al cuarenta y nueve por ciento del cómputo global de horas-año trabajadas en la sociedad laboral por el conjunto de los socios trabajadores. No computará para el cálculo de este límite el trabajo realizado por los trabajadores con discapacidad de cualquier clase en grado igual o superior al treinta y tres por ciento.

Ahora bien, las entidades de economía social también se enfrentan a problemas de envejecimiento de sus socios trabajadores, no estando sustraídas al problema de relevo generacional que aquí consideramos. ¿Cómo arbitrar la sustitución de los socios cuando estos se jubilan?

Si importantes son las condiciones laborales que los cooperativistas y socios laborales han ido adquiriendo durante su andadura profesional, no menos relevancia reviste las condiciones con las que han de contar una vez den por finalizada su etapa como personas trabajadoras. Una adecuada previsión o programación de este hecho garantizará el éxito en este proceso de relevo generacional, entendiendo por éxito tanto el profesional como el personal, aunque, sobre todo, la pervivencia de la cooperativa.

La participación en las entidades de economía social nace de la voluntariedad de las personas que se involucran en ellas a partir de un compromiso libremente asumido. Ello supone, en el caso de las cooperativas de trabajo asociado, un flujo de personas socias trabajadoras que, por decisión propia, entran y salen de las mismas. Y si bien esta participación es voluntaria, el ciclo debe estar predeterminado y definido por la cooperativa con carácter previo a cada una de las incorporaciones y bajas. Es importante programar y definir la entrada y la salida de los socios trabajadores como un proceso, en ocasiones, único y, en ocasiones, conjunto[1].

1. FOLGADO, L., «Afrontar con éxito el relevo generacional en las cooperativas, ¿cómo y cuándo?», consultado el 09/11/2023 en https://blog.fevecta.coop/Afrontar-con-exito-el-relevo-generacional/

En el presente capítulo nos centraremos en los aspectos jurídico-laborales vinculados al relevo generacional en el seno de las cooperativas de trabajo asociado y de las sociedades mercantiles laborales, sin descartar otras fórmulas operantes en el plano estrictamente societario como pueden ser: la incorporación de socios a prueba; la transmisión de las aportaciones a los causahabientes en caso de defunción del socio; el cambio de posición jurídica del socio trabajador en la cooperativa o en la sociedad laboral, conservando el vínculo con la entidad tras la jubilación (como asociado o socio capitalista); o transformación de trabajadores de la cooperativa en socios trabajadores, efectuando la correspondiente aportación al capital social, entre otras medidas.

II. CELEBRACIÓN DE CONTRATOS FORMATIVOS PARA LA SUSTITUCIÓN PROGRAMADA DE PERSONAS SOCIAS TRABAJADORAS PRÓXIMAS A LA JUBILACIÓN

En su condición de empresas, las cooperativas de trabajo asociado y las sociedades laborales (anónimas y de responsabilidad limitada) pueden concertar contratos formativos con arreglo a la legislación laboral común, contenida fundamentalmente en el art. 11 del Estatuto de los Trabajadores aprobado por Real Decreto-Legislativo 2/2015, de 23 de octubre (en adelante, ET) y en sus reglamentos de desarrollo[2]. Las personas así contratadas tendrán la condición de personas trabajadoras de la entidad de economía social, sin perjuicio de poder adquirir más adelante el estatuto de persona socia trabajadora o, en su caso, persona trabajadora con contrato indefinido.

Las modalidades contractuales que tradicionalmente han venido dando soporte a la formación mediante el trabajo inspiran su identidad en la transitoriedad de la etapa formativa, simultánea al acceso al empleo, convirtiéndose los contratos formativos en un instrumento favorecedor de la inserción laboral de las personas más jóvenes. La temporalidad de las fórmulas ideadas conlleva la necesidad de implementar recursos y previsiones normativas destinadas a impedir la devaluación de los objetivos de capacitación frente a su instrumentación como recurso a la temporalidad con propósitos elusivos de la causalidad exigida para su legitimidad[3].

---

2. Real Decreto 488/1998, de 27 de marzo —parcialmente en vigor—, por el que se desarrolla el artículo 11 del Estatuto de los Trabajadores en materia de contratos formativos; Real Decreto 1529/2012, de 8 de noviembre, por el que se desarrolla el contrato para la formación y el aprendizaje y se establecen las bases de la formación profesional dual.
3. PRADOS DE REYES, F., «Contratos formativos en la reforma laboral de 2021», AA.VV., *Briefs AEDTSS*, núm. 9, 2022, p. 53, consultado el 09/11/2023 en: https://www.aedtss.com/wp-content/uploads/2023/02/Briefs-2022-AEDTSS.pdf

La reforma laboral implementada por el Real-Decreto Ley 32/2021, de 28 de diciembre, ha introducido importantes modificaciones en el régimen jurídico de los contratos formativos, reduciéndolos a dos tipologías: formación en alternancia (antes formación y aprendizaje) y para obtención de la práctica profesional (antes contrato en prácticas). Nos referiremos a continuación a los aspectos más relevantes de ambas modalidades contractuales.

1. CONTRATO DE TRABAJO PARA LA FORMACIÓN EN ALTERNANCIA

El primero de los contratos formativos regulados en el art. 11.2 ET es el relativo a la «formación en régimen de alternancia».

1.1. Ámbito subjetivo

Este contrato se podrá celebrar con personas que carezcan de la cualificación profesional reconocida por las titulaciones o certificados requeridos para concertar un contrato formativo para la obtención de práctica profesional; cabe asimismo vincularlo a estudios de formación profesional o universitaria con personas que posean otra titulación siempre que no hayan tenido otro contrato formativo previo en una formación del mismo nivel formativo y del mismo sector productivo. Si se suscribe en el marco de certificados de profesionalidad de nivel 1 y 2, y programas públicos o privados de formación en alternancia de empleo, solo podrá ser concertado con personas de hasta treinta años.

Por otro lado, la edad como criterio de acceso a esta modalidad contractual (que el contrato para la formación y el aprendizaje situaba en la horquilla de 16 a 25 años) ha pasado a un segundo plano[4]. De acuerdo con la nueva redacción del art. 11.2.b) ET solo sigue siendo relevante en el caso de «certificados de profesionalidad de nivel 1 y 2, y programas públicos o privados de formación en alternancia de empleo-formación», para los que se exige un máximo de treinta años. Esta exigencia de edad, sin embargo, queda exceptuada en ciertos casos.

Se mantiene, en todo caso, la línea estratégica pública de vincular estos contratos formativos con programas de activación para el empleo, y del que es prueba su garantía de continuidad a través de la disposición adicional novena de la Ley de Empleo, introducida por efecto del Real Decreto-Ley

4. GOERLICH PESET, J. M.ª, «La reforma de la contratación laboral», en GOERLICH PESET, J. M.ª/MERCADER UGUINA, J. R./DE LA PUEBLA PINILLA, A., *La reforma laboral de 2021. Un estudio del Real Decreto-Ley 32/2021*, Valencia, Tirant lo Blanch, 2022, p. 100.

32/2021, al posibilitar la contratación bajo el nuevo art. 11.2 del ET de las personas trabajadoras mayores de 30 años que participen en programas públicos de empleo y formación previstos en dicha ley.

1.2. Objeto. Adecuación entre el trabajo desarrollo y el proceso formativo en curso.

La actividad desempeñada debe estar directamente relacionada con las actividades formativas que justifican la contratación laboral, coordinándose e integrándose en un programa de formación común, elaborado en el marco de los acuerdos y convenios de cooperación suscritos por las autoridades laborales o educativas de formación profesional o Universidades con empresas y entidades colaboradoras.

El contrato para la formación en alternancia deberá incorporar como anexo el convenio de colaboración suscrito entre el centro o entidad formativa en la que él o la estudiante desarrolle su formación y la empresa.

Los convenios de colaboración que se suscriban entre los centros o entidades de formación y las empresas, para la celebración de contratos de formación en alternancia, definirán con carácter previo las competencias y conocimientos que se pretenden alcanzar, de forma complementaria y coordinada con los que se adquieran durante la formación en el centro o entidad por la persona trabajadora, de conformidad con lo dispuesto en la normativa de aplicación.

La nueva regulación potencia la tutorización tanto de la actividad formativa como laboral desarrollada en el marco de este contrato. La letra d) del art. 11.2 ET prevé que la persona contratada contará con una persona tutora designada por el centro o entidad de formación y otra designada por la empresa. Esta última, que deberá contar con la formación o experiencia adecuadas para tales tareas, tendrá como función dar seguimiento al plan formativo individual en la empresa, según lo previsto en el acuerdo de cooperación concertado con el centro o entidad formativa. Dicho centro o entidad deberá, a su vez, garantizar la coordinación con la persona tutora en la empresa. Reglas estas muy similares a las establecidas en el art. 20 del RD 1529/2012.

La formación teórica que se estuviera recibiendo por la persona estudiante/trabajadora conforma la premisa justificativa y condición básica para la formalización del contrato de formación en alternancia, pero no es una parte esencial de éste, puesto que no forma parte de su contenido y sí lo es la prestación de un trabajo cuyas tareas o funciones permitan la adquisición de un nivel formativo práctico vinculado o alineado con aquel otro teórico que se estuviera impartiendo en alternancia[5]. En todo caso, el art. 11 ET reitera la remisión a una norma reglamentaria para que ordene «el sistema de impartición y las características de la formación».

Por otro lado, el nuevo art. 11.2.e) ET prevé la elaboración de planes formativos individuales para cada uno de los contratos de modo que no existe plena discrecionalidad empresarial en relación con su ejecución contractual que viene condicionada por aquellos[6].

1.3. Duración del contrato

La duración del contrato (supeditada al plan o programa formativo) se sitúa entre tres meses y dos años, pudiendo desarrollarse discontinuamente. Si se hubiera concertado por una duración inferior a la máxima legal establecida y no se hubiera obtenido el título, certificado, acreditación o diploma asociado al contrato formativo, podrá prorrogarse mediante acuerdo de las partes, hasta la obtención de dicho título, certificado, acreditación o diploma sin superar nunca la duración máxima de dos años. Solo podrá celebrarse un contrato de formación en alternancia por cada ciclo formativo o titulación; sí es posible realizar sucesivos contratos (con distintas empresas) sin superar el tope máximo de duración.

1.4. Jornada

El tiempo de trabajo efectivo no podrá ser superior al 65 por 100, durante el primer año, o al 85 por 100, durante el segundo, de la jornada máxima prevista en el convenio colectivo de aplicación en la empresa, o, en su defecto, de la jornada máxima legal.

1.5. Periodo de prueba

El art. 11.2.i) ET prohíbe expresamente que esta modalidad contractual se concierte con un período de prueba; una prohibición que resulta de todo punto lógica habida cuenta de que este contrato no se plantea como un primer o inicial estadio contractual con vistas a un eventual mantenimiento o continuidad de la relación laboral, sino que tiene una clara orientación finalista de permitir la compatibilización del desarrollo de una actividad formativa con la ejecución de una relación laboral.

---

5. GARRIDO PÉREZ, E., «El nuevo régimen jurídico de los contratos formativos tras el RDL 32/2021: la centralidad estructural y finalista de la formación», *Temas Laborales*, núm. 161/2022, p. 78.
6. GOERLICH PESET, J. M.ª, «La reforma de la contratación laboral», *cit.*, p. 103.

1.6. Limitaciones

No se podrán celebrar contratos formativos en alternancia cuando la actividad o puesto de trabajo correspondiente al contrato haya sido desempeñado con anterioridad por la persona trabajadora en la misma empresa bajo cualquier modalidad por tiempo superior a seis meses [art. 11.2.j) ET].

Las personas contratadas con contrato de formación en alternancia no podrán realizar horas complementarias ni horas extraordinarias, salvo en casos de fuerza mayor. Tampoco podrán realizar trabajos nocturnos ni trabajo a turno. Excepcionalmente podrán desarrollarse actividades laborales en estos períodos cuando las actividades formativas para la adquisición de los aprendizajes previstos en el plan formativo no puedan desarrollarse en otros períodos, debido a la naturaleza de la actividad [art. 11.2.k) ET].

1.7. Retribución

La retribución de los trabajadores en formación, que deberá respetar el SMI, será la establecida para estos contratos en el convenio colectivo de aplicación. En defecto de previsión convencional, la retribución no podrá ser inferior al 60 por 100 el primer año ni al 75 por 100 el segundo, respecto de la fijada en convenio para el grupo profesional y nivel retributivo correspondiente.

2. CONTRATO FORMATIVO PARA LA OBTENCIÓN DE PRÁCTICA PROFESIONAL

La introducción de este tipo contractual en nuestro ordenamiento, bajo la anterior denominación de contrato en prácticas, fue obra de la Ley de Relaciones Laborales de 1976, continuada por el art. 11 ET, cuya versión actual se debe al citado RDL 32/2021.

2.1. Ámbito subjetivo

Pueden celebrar este tipo de contrato quienes estén en posesión de título universitario, de grado medio o superior, especialista, máster profesional o certificado del sistema de formación profesional (o equivalentes) obtenido en los tres años (cinco para personas con discapacidad) anteriores y no haber realizado actividad formativa en la misma actividad dentro de la empresa por un tiempo superior a tres meses (sin contar las experiencias curriculares)[7]. La reforma ha ampliado expresamente la posibilidad a quienes posean

7. SEMPERE NAVARRO, A. V., «Sobre contratos de trabajo y formación», en BINI, S./ CASTRO FERNANDO, A., *Becas, contratos de trabajo formativos y en sector de universidades e investigación*, Cizur Menor, Aranzadi, 2023, p. 227.

«un título equivalente de enseñanzas artísticas o deportivas del sistema educativo, que habiliten o capaciten para el ejercicio de la actividad laboral».

En aras de potenciar la actividad formativa y, a su vez, evitar usos fraudulentos, el art. 11.3.b) ET prohíbe suscribir el contrato con quien ya haya obtenido experiencia profesional o realizado actividad formativa dentro de la empresa por un tiempo superior a tres meses, sin que computen a estos efectos los periodos de formación o prácticas que formen parte del currículo exigido durante el tiempo necesario para la obtención de la titulación o certificado que habilita la contratación, esto es, aquellos periodos de prácticas curriculares obligatorias previstas como contenido de los estudios.

2.2. Duración

La duración del contrato no podrá ser inferior a seis meses ni exceder de un año (con anterioridad a la reforma, dos años). Además, la norma realiza una amplia remisión a la negociación colectiva al señalar a los convenios colectivos de ámbito sectorial estatal o autonómico, o en su defecto, los convenios colectivos sectoriales de ámbito inferior como instrumentos idóneos para determinar la duración del contrato, atendiendo a las características del sector y de las prácticas profesionales a realizar[8]. Del mismo modo, ninguna persona podrá ser contratada en la misma o distinta empresa por tiempo superior al máximo previsto en virtud de la misma titulación o certificado. Tampoco cabe la contratación bajo esta modalidad en la misma empresa para el mismo puesto de trabajo por tiempo superior al máximo, aunque se trate de distinta titulación o distinto certificado. A este respecto, los títulos de grado, máster y doctorado correspondientes a los estudios universitarios no se consideran la misma titulación, salvo que al ser contratada por primera vez mediante un contrato para la realización de práctica profesional la persona trabajadora estuviera ya en posesión del título.

2.3. Periodo de prueba

La duración del período de prueba se reduce a un mes, eliminándose la antigua referencia a la titulación habilitante, a excepción de cuanto pueda regular el convenio colectivo en materia de extensión temporal de dicho período. No está permitida la realización de horas extraordinarias en el contrato para la obtención de práctica profesional, salvo para prevenir o

8. CASTRO FRANCO, A., «Contratos de trabajo formativos y en sector de Universidades e investigación», en BINI, S. y CASTRO FERNANDO, A., *Becas, contratos de trabajo formativos, cit.*, p. 56.

reparar siniestros y otros daños extraordinarios y urgentes, según establece el art. 11.3.h) ET.

2.4. Plan formativo individual

El art. 11.3.f) ET dispone que el puesto de trabajo deberá permitir la obtención de la práctica profesional adecuada al nivel de estudios o de formación objeto del contrato. A tal efecto, la empresa elaborará el plan formativo individual en el que se especifique el contenido de la práctica profesional, y asignará tutor o tutora que cuente con la formación o experiencia adecuadas para el seguimiento del plan y el correcto cumplimiento del objeto del contrato.

La letra g) de dicho precepto establece que, a la finalización del contrato, la persona trabajadora tendrá derecho a la certificación del contenido de la práctica realizada.

Reglamentariamente se desarrollará el alcance de la formación correspondiente al contrato de formación para la obtención de prácticas profesionales, particularmente, en el caso de acciones formativas específicas dirigidas a la digitalización, la innovación o la sostenibilidad, incluyendo la posibilidad de microacreditaciones de los sistemas de formación profesional o universitaria [art. 11.3.j) ET].

2.5. Retribución

Según establece el art. 11.3.i) ET, la retribución por el tiempo de trabajo efectivo será la fijada en el convenio colectivo aplicable en la empresa para estos contratos o, en su defecto, la del grupo profesional y nivel retributivo correspondiente a las funciones desempeñadas, con un límite: en ningún caso la retribución podrá ser inferior a la retribución mínima establecida para el contrato para la formación en alternancia ni al salario mínimo interprofesional en proporción al tiempo de trabajo efectivo.

3. NORMAS COMUNES A LOS CONTRATOS FORMATIVOS

Las mismas se recogen en el apartado 4 del art. 11 ET.

3.1. Formalización

El contrato deberá formalizarse por escrito de conformidad con lo establecido en el art. 8, incluyendo obligatoriamente el texto del plan formativo individual al que se refieren los apartados 2. b), c), d), e), g), h) y k) y 3.e) y f), en el que se especifiquen el contenido de las prácticas o la formación y las actividades de tutoría para el cumplimiento de sus objetivos. Igualmente, incorporará el texto de los acuerdos y convenios a los que se refiere el apartado 2.e) del art. 11 ET.

3.2. Límites de edad

Los límites de edad y en la duración máxima del contrato formativo no serán de aplicación cuando se concierte con personas con discapacidad o con los colectivos en situación de exclusión social previstos en el art. 2 de la Ley 44/2007, de 13 de diciembre, para la regulación del régimen de las empresas de inserción, en los casos en que sean contratados por parte de empresas de inserción que estén cualificadas y activas en el registro administrativo correspondiente. Reglamentariamente se establecerán dichos límites para adecuarlos a los estudios, al plan o programa formativo y al grado de discapacidad y características de estas personas.

3.3. Puestos de trabajo

Mediante convenio colectivo de ámbito sectorial estatal, autonómico o, en su defecto, en los convenios colectivos sectoriales de ámbito inferior, se podrán determinar los puestos de trabajo, actividades, niveles o grupos profesionales que podrán desempeñarse por medio de contrato formativo.

3.4. Contratos formativos y ERTEs

Como excepción a la regla contenida en el art. 47.7.d) ET, que prohíbe la formalización de nuevas contrataciones durante la vigencia de un expediente de regulación temporal de empleo (ERTE), las empresas que estén aplicando algunas de las medidas de flexibilidad interna reguladas en los arts. 47 y 47 bis podrán concertar contratos formativos siempre que las personas contratadas bajo esta modalidad no sustituyan funciones o tareas realizadas habitualmente por las personas afectadas por las medidas de suspensión o reducción de jornada.

3.5. Mantenimiento del vínculo

Si al término del contrato la persona continuase en la empresa, no podrá concertarse un nuevo período de prueba, computándose la duración del contrato formativo a efectos de antigüedad en la empresa.

3.6. Fraude de ley

Los contratos formativos celebrados en fraude de ley o aquellos respecto de los cuales la empresa incumpla sus obligaciones formativas se entenderán concertados como contratos indefinidos de carácter ordinario.

3.7. Requisitos para llevar a cabo el contrato formativo

Reglamentariamente se establecerán, previa consulta con las administraciones competentes en la formación objeto de realización mediante contratos formativos, los requisitos que deben cumplirse para la celebración de los mismos, tales como el número de contratos por tamaño de centro de trabajo, las personas en formación por tutor o tutora, o las exigencias en relación con la estabilidad de la plantilla.

3.8. Intervención del Servicio Público de Empleo

Dispone el art. 11.7 ET que la empresa que pretenda suscribir contratos formativos, podrá solicitar por escrito al servicio público de empleo competente, información relativa a si las personas a las que pretenden contratar han estado previamente contratadas bajo dicha modalidad y la duración de estas contrataciones. Dicha información deberá ser trasladada a la representación legal de las personas trabajadoras y tendrá valor liberatorio a efectos de no exceder la duración máxima de este contrato.

3.9. Derechos de la representación legal de las personas trabajadoras

Según dispone el art. 11.5 ET, la empresa pondrá en conocimiento de la representación legal de las personas trabajadoras los acuerdos de cooperación educativa o formativa que contemplen la contratación formativa, incluyendo la información relativa a los planes o programas formativos individuales, así como a los requisitos y las condiciones en las que se desarrollará la actividad de tutorización.

Asimismo, en el supuesto de diversos contratos vinculados a un único ciclo, certificado o itinerario, la empresa deberá trasladar a la representación legal de las personas trabajadoras toda la información de la que disponga al respecto de dichas contrataciones.

3.10. Seguridad Social

La acción protectora de la Seguridad Social de las personas que suscriban un contrato formativo comprenderá todas las contingencias protegibles y prestaciones, incluido el desempleo y la cobertura del Fondo de Garantía Salarial.

Las situaciones de incapacidad temporal, nacimiento, adopción, guarda con fines de adopción, acogimiento, riesgo durante el embarazo, riesgo durante la lactancia, violencia de género, interrumpirán el cómputo de la duración del contrato.

3.11. Incentivos a la contratación

La celebración de contratos formativos se incentiva económicamente mediante el reconocimiento a las empresas de bonificaciones en la cotización a la Seguridad Social. Estos incentivos se regulan en el RDL 32/2021 y en el RDL 1/2023.

Cuando el contrato para la formación en alternancia se celebre con un trabajador desempleado, inscrito como demandante de empleo, dará derecho, durante su vigencia, incluidas sus prórrogas, una bonificación de 91 euros/mes. Asimismo, el citado contrato dará derecho a una bonificación de 28 euros/mes en las cuotas de la persona trabajadora a la Seguridad Social y por los conceptos de recaudación conjunta.

La transformación en indefinidos de contratos formativos a la finalización de su duración inicial o prorrogada, cualquiera que sea la fecha de su celebración, dará derecho a una bonificación en la cotización, en los términos establecidos en el art. 10, de 128 euros/mes durante tres años. En el caso de mujeres, dicha bonificación será de 147 euros/mes.

En supuesto de trabajadores con discapacidad, las empresas que celebren contratos para la obtención de práctica profesional tendrán derecho a una bonificación, durante la duración del contrato, a tiempo completo o parcial, del 50 por 100 de la cuota empresarial de la Seguridad Social correspondiente a las contingencias comunes[9].

Las conversiones en contratos indefinidos a tiempo completo o a tiempo parcial a la finalización de su duración inicial o prorrogada, de los contratos para la obtención de práctica profesional y la puesta a disposición de empresas usuarias, cuando, sin solución de continuidad, concierten con dichos trabajadores un contrato de trabajo por tiempo indefinido tendrán derecho a una bonificación en la cotización de 128 euros/mes durante tres años. En el caso de mujeres, dicha bonificación será de 147 euros/mes.

Las conversiones de los contratos de adquisición de la práctica profesional de trabajadores con discapacidad en contratos indefinidos a tiempo completo, o a tiempo parcial, podrán acogerse a las bonificaciones reguladas en la Ley 43/2006, de 29 de diciembre.

9. Disposición adicional vigésima del Real Decreto Legislativo 2/2015, de 23 de octubre, por el que se aprueba el texto refundido de la Ley del Estatuto de los Trabajadores.

III. EL RELEVO GENERACIONAL A TRAVÉS DEL CONTRATO DE RELEVO Y DE LA RELACIÓN SOCIETARIA DE RELEVO

Como se ha mencionado, las entidades de economía social se enfrentan a problemas de envejecimiento de su plantilla que pueden afectar tanto a los trabajadores contratados por la entidad de economía social como a los propios socios trabajadores de la sociedad laboral o de la cooperativa.

Una de las fórmulas para arbitrar el relevo generacional de las entidades de economía social es favorecer la jubilación parcial de los trabajadores contratados y de los socios trabajadores a través de la celebración de un contrato de relevo o concertando una relación societaria de relevo, en los términos que se exponen a continuación.

Estas medidas responden a una política de empleo que pretende impulsar el relevo generacional en las empresas, así como la formación y la transmisión el conocimiento entre la persona que accede a la jubilación parcial y quien la sustituye, ya sea a través del contrato de relevo o de una relación societaria de relevo.

El contrato de relevo se configura como una medida de reparto o distribución del empleo[10] que facilita la incorporación de trabajadores jóvenes en la plantilla de la entidad de economía social y pueden mejorar las condiciones de trabajo de trabajadores de la entidad de economía social que tengan una duración determinada cuando se celebre el contrato de relevo con alguno de ellos. Al mismo tiempo, la celebración de un contrato de relevo permite acceder a la jubilación parcial a quienes están próximos a alcanzar la edad de jubilación ordinaria prevista en la Real Decreto Legislativo 8/2015, de 30 de octubre, por el que se aprueba el Texto Refundido de la Ley General de la Seguridad Social (en adelante LGSS), favoreciendo la transmisión de la experiencia profesional y la formación entre la persona relevada y la relevista. A pesar de que el contrato de relevo responde a una política de facilitar el envejecimiento activo y el fomento y la estabilidad del empleo[11], ha tenido una escasa utilización, quizás debido al reducido

10. PANIZO ROBLES, J. A., «Un nuevo paso en la jubilación flexible. (La nueva regulación de la jubilación parcial y del contrato de relevo)», *Revista Estudios Financieros*, núm. 223, 2001, p. 89.
11. En la actualidad, el Real Decreto-ley 1/2023, de 10 de enero, de medidas urgentes en materia de incentivos a la contratación laboral y mejora de la protección social de las personas artistas contempla en su art.24 para la transformación en indefinidos de contratos de relevo una bonificación en la cotización a una bonificación en la cotización, en los términos establecidos en el art. 10 del citado RD, de 55 euros/mes durante los tres años siguientes. En el caso de mujeres, dicha bonificación será de 73 euros/mes.

ámbito de aplicación y a la actual configuración jurídica de la jubilación parcial, en la que se han ido modificando tanto la edad de acceso como los requisitos[12], de forma que cuanto más difícil sea el acceso a la jubilación parcial menos se utilizarán los contratos de relevo.

En las entidades de economía social, en tanto que empresas, la necesidad de relevo generacional se puede planificar respecto de un trabajador asalariado de la sociedad laboral o de la cooperativa o respecto de la necesidad de sustitución de un socio trabajador o socio de trabajo de la propia entidad de economía social que esté incluido en el Régimen General de la Seguridad Social (en adelante RGSS) y que reúna los requisitos para acceder a la jubilación parcial.

El estudio del régimen jurídico vigente de la jubilación parcial como instrumento de relevo generacional se analiza en otro capítulo de esta obra, a cuyo análisis nos remitimos. En este trabajo se centra la atención en la figura del contrato de relevo y la relación societaria de relevo.

La jubilación parcial del trabajador de la entidad de economía social o del socio trabajador de la sociedad laboral o de la cooperativa de trabajo asociado requiere el cumplimiento de los requisitos establecidos en el art. 215 LGSS y el acuerdo entre el trabajador y la entidad de la economía social, salvo que se haya reconocido como derecho subjetivo bien por acuerdo de empresa[13] o por el convenio colectivo que resulte de aplicación. La negociación colectiva podrá, de esta forma, establecer medidas para impulsar la jubilación parcial mediante celebración de contratos de relevo[14].

Son escasos los convenios colectivos que incorporan cláusulas específicas en esta materia, pues la mayoría se limita a establecer cláusulas que reiteran las reglas generales previstas en el ET y en las normas de LGSS[15].

---

12. PANIZO ROBLES, J. A., «Un nuevo paso en la jubilación flexible», *cit.*, p. 91. Por su parte, RODRIGUEZ SAMBLÁS, S./REQUENA MONTES, O., «Jubilación parcial y contrato de relevo: Regulación y prospectiva», *Lan Harremanak*, núm. 46,2021, pp. 21 y 27, consideran un desincentivo al uso del contrato de relevo el régimen de cotización actualmente vigentes en estos supuestos.
13. STS 1296/2019, de 4 de abril de 2019. ECLI:ES:TS: 2019:1296.
14. Art. 12. 7 e) ET. Sobre la materia puede verse, BARRIOS BAUDOR, G. L./DEL VALLE DE JOZ, J. I., *Jubilación parcial y contratos de trabajo vinculados (a Tiempo Parcial y de Relevo)*, Cizur-Menor, Aranzadi, 2010, pp. 57 a 60.
15. RODRÍGUEZ SAMBLÁS, S./REQUENA MONTES, O., «Jubilación parcial y contrato de relevo», *cit.*, p. 27; GALA DURÁN, C., «La relación entre la jubilación y la negociación colectiva tras Las últimas reformas», *Documentación Laboral*, núm.112, 2017, pp.146-153.

En el ámbito de los acuerdos colectivos, conviene mencionar uno reciente en el sector docente en el que se fomenta la celebración del contrato de relevo y la jubilación parcial. Se trata del Acuerdo celebrado en el año 2023 entre la Consejería de Educación, Formación Profesional y Empleo de la Región de Murcia y las Organizaciones Sindicales más representativas y patronales de la enseñanza privada concertada[16]. En este Acuerdo se establecen las condiciones de la financiación de las jubilaciones parciales del profesorado y continúa en la línea del fomento de la jubilación parcial y la incentivación de la celebración de contratos de relevo que ya se inició con el Acuerdo firmado el 16 de mayo de 2019, cuyo objetivo principal fue mejorar las condiciones laborales y favorecer el acceso del profesorado de la enseñanza concertada a la situación de jubilación parcial, mediante el fomento de los contratos de relevo en las condiciones fijadas en la legislación vigente.

En este Acuerdo, la Administración educativa se compromete a financiar la totalidad de los gastos de nómina y seguridad social que supone la jubilación parcial de los docentes (tanto la nómina del jubilado parcialmente como de su relevista) de los centros concertados que cobran mediante nómina delegada, así como de los cooperativistas de las cooperativas que se financian mediante módulo íntegro siempre que reúna los requisitos previstos en el apartado segundo del citado Acuerdo.

Asimismo, los estatutos de la entidad de economía social o sus reglamentos de régimen interno podrán fomentar el relevo generacional, favoreciendo la jubilación parcial de su trabajadores y socios trabajadores o de trabajo a través de la celebración de contratos de relevo o de la concertación de relaciones societarias de relevo como condición para la jubilación parcial de los socios trabajadores de una cooperativa de trabajo o socios de trabajo asimilados a trabajadores por cuenta ajena, en virtud de lo previsto en el art. 14 LGSS.

La jubilación parcial para los trabajadores incluidos en el RGSS se encuentra regulada en el art. 215 LGSS, en el Real Decreto 1131/2002, de 31 de octubre, por el que se regula la Seguridad Social de los trabajadores contratados a tiempo parcial, así como la jubilación parcial y en el art. 12.6 y 7 ET.

16. Resolución de 3 de octubre de 2023, por la que se dispone la publicación en el Boletín Oficial de la Región de Murcia del Acuerdo entre la Consejería de Educación, Formación Profesional y Empleo y las Organizaciones Sindicales más representativas y patronales de la enseñanza privada concertada en el que se establecen las condiciones de la financiación de las jubilaciones parciales del profesorado.

Aunque el art. 318 d) LGSS dispone que la jubilación parcial prevista en el art. 215 LGSS resultará de aplicación a los trabajadores por cuenta propia incluidos en el Régimen Especial de Trabajadores Autónomos (en adelante RETA) y en el Régimen Especial de Trabajadores del Mar, en los términos y condiciones que reglamentariamente se establezcan, sin embargo, hasta la fecha, el anunciado desarrollo reglamentario no se ha llevado a cabo. En consecuencia, a día de hoy los socios trabajadores de cooperativas de trabajo asociado incluidos en el RETA no tienen derecho a la jubilación parcial.

El acceso a la jubilación parcial no siempre requiere de la celebración de un contrato de relevo. De esta forma, podrán acceder a la jubilación parcial sin necesidad de la celebración simultánea de un contrato de relevo los trabajadores que hayan cumplido la edad a que se refiere el art. 205.1.a) y reúnan los requisitos para causar derecho a la pensión de jubilación, siempre que se produzca una reducción de su jornada de trabajo comprendida entre un mínimo del 25 por 100 y un máximo del 50 por 100. Los porcentajes indicados se entenderán referidos a la jornada de un trabajador a tiempo completo comparable[17].

Para que el trabajador pueda acceder a la jubilación parcial, en los términos establecidos en la LGSS y demás disposiciones concordantes, deberá acordar con su empresa una reducción de jornada y de salario de entre un mínimo del 25 por 100 y un máximo del 50 por 100 y la empresa deberá concertar simultáneamente un contrato de relevo, de acuerdo con lo establecido en el art. 12.7 ET, con objeto de sustituir la jornada de trabajo dejada vacante por el trabajador que se jubila parcialmente. También se podrá concertar el contrato de relevo para sustituir a los trabajadores que se jubilen parcialmente después de haber cumplido la edad de jubilación ordinaria que corresponda conforme a lo establecido en la LGSS[18]. Cuando la reducción de jornada y de salario alcance el 75 por 100, el contrato de relevo se concertará a jornada completa y con duración indefinida, siempre que el trabajador cumpla los requisitos establecidos en la LGSS[19].

La aplicación de la jubilación parcial a los socios de las cooperativas es posible en virtud de lo dispuesto en el art. 215.5 LGSS según el cual podrán acogerse a la jubilación parcial regulada en este art. los socios trabajadores o de trabajo de las cooperativas, asimilados a trabajadores por cuenta ajena en los términos del art. 14 LGSS, que reduzcan su jornada y derechos económicos en las condiciones previstas en el art. 12.6 ET, y cumplan los requisitos establecidos en el apartado 2 del art. 215 LGSS, cuando la cooperativa

17. Art. 215.1. LGSS.
18. Art. 12.6 ET.
19. Art. 12.6 ET y 215.2c) LGSS.

concierte con un socio de duración determinada de la misma o con un desempleado la realización, en calidad de socio trabajador o de socio de trabajo, de la jornada dejada vacante por el socio que se jubila parcialmente, con las mismas condiciones establecidas para la celebración de un contrato de relevo en el art. 12.7 ET, y conforme a lo previsto en este art.. Este reconocimiento supone una equiparación por vía legal del acceso a la jubilación parcial prevista para los trabajadores por cuenta ajena que «ya venía aplicándose en la práctica administrativa, merced al Real Decreto 1278/2000, de 30 de junio por el que se adaptan diversas disposiciones de Seguridad Social para su aplicación a las sociedades cooperativas»[20].

En atención a lo expuesto, distinguimos dos supuestos de relevo generacional en la entidad de economía social a través de la institución de la jubilación parcial. De una parte, se encuentran los supuestos de relevo de personas trabajadoras de las entidades de economía social y de las personas socias trabajadoras de sociedades laborales, ambos incluidos en el RGSS, a través del acceso a la jubilación parcial mediante la celebración de forma simultánea de un contrato de relevo.

De otro lado, el relevo generacional de personas socias trabajadoras de cooperativas de trabajo asociado y socios de trabajo se podrá favorecer mediante el acceso a la jubilación parcial de estos socios, con la paralela constitución de una relación societaria de relevo al amparo de lo previsto en el art. 215.5 LGSS.

1. EL RELEVO DE LAS PERSONAS TRABAJADORAS DE LA ENTIDAD DE ECONOMÍA SOCIAL Y DE LAS PERSONAS SOCIAS TRABAJADORAS DE SOCIEDADES LABORALES A TRAVÉS DEL CONTRATO DE RELEVO

En su condición de empresas, las entidades de economía social pueden concertar contratos con arreglo a la legislación laboral común y, en este sentido, pueden concertar contratos de relevo con arreglo a lo dispuesto en el art. 12.6 y 7 ET, vinculados a la jubilación parcial de un trabajador de la entidad de economía social o de un socio trabajador de la sociedad laboral que reúna los requisitos previstos en el art. 215 LGSS y en su reglamento de desarrollo[21].

20. FERNÁNDEZ ORRICO, F. J., *La contratación laboral a tiempo parcial y la Seguridad Social*, Cizur Menor, Aranzadi, 2016, p. 294.

21. Real Decreto 1131/2002, de 31 de octubre, por el que se regula la Seguridad Social de los trabajadores contratados a tiempo parcial, así como la jubilación parcial. Esta norma sigue vigente en lo que no se oponga a la regulación prevista en los textos vigentes de la LGSS y del ET.

La celebración del contrato de relevo facilita el relevo generacional de la entidad de economía social incorporando a trabajadores para sustituir la jornada laboral de los trabajadores asalariados y de los socios trabajadores de la sociedad laboral incluidos RGSS[22] que puedan acceder a la jubilación parcial en los términos previstos en el art. 215 LGSS, lo que resulta coherente con la política de empleo que pretende que la jubilación parcial no se traduzca en la pérdida de puestos de trabajo y al mismo tiempo procura que los ingresos de la Seguridad Social no se vean mermados por la jubilación parcial.

Quienes acceden a la jubilación parcial podrán compatibilizar el desarrollo de un trabajo a tiempo parcial y la retribución correspondiente con el percibo de la prestación de la Seguridad Social por jubilación parcial.

1.1. Objeto del contrato de relevo

Un sector doctrinal ha puesto de manifiesto la ausencia de un concepto claro y autónomo del contrato de relevo que viene justificado por su dependencia con otro contrato[23]. El contrato de relevo tiene por objeto la sustitución de un trabajador asalariado de la entidad de economía social o de un socio trabajador de la sociedad laboral que accede a la jubilación parcial realizando la jornada que deja de realizar el trabajador relevado.

Este contrato de relevo se puede celebrar con una persona que se encuentre en situación de desempleo o con un trabajador que tuviese concertado con la cooperativa o sociedad laboral un contrato de duración determinada de conformidad con lo previsto en el art. 12.6.ET.

Para que el trabajador contratado por la entidad de economía social o el socio trabajador de la sociedad laboral puedan acceder a la jubilación parcial

22. Se incluyen en el RGSS de conformidad con lo previsto en el art. 136.2.d) LGSS los *«socios trabajadores de las sociedades laborales, cuya participación en el capital social se ajuste a lo establecido en el art. 1.2.b) de la Ley 44/2015, de 14 de octubre, de Sociedades Laborales y Participadas, y aun cuando sean miembros de su órgano de administración, si el desempeño de este cargo no conlleva la realización de las funciones de dirección y gerencia de la sociedad, ni posean su control en los términos previstos por el art. 305.2.e)»*. Por su parte el art. 136.2 e) LGSS considera *«Como asimilados a trabajadores por cuenta ajena, los socios trabajadores de las sociedades laborales que, por su condición de administradores de las mismas, realicen funciones de dirección y gerencia de la sociedad, siendo retribuidos por ello o por su vinculación simultánea a la sociedad laboral mediante una relación laboral de carácter especial de alta dirección, y no posean su control en los términos previstos por el art. 305.2.e)»*.

23. PANIZO ROBLES, J. A., «Un nuevo paso en la jubilación flexible», *cit.*, p. 93 con cita de MELLA MÉNDEZ, L. «Consideraciones sobre el contrato de relevo», *Actualidad laboral* núm. 46, 1998.

en los términos establecidos en la LGSS[24], deben acordar con la entidad de economía social una reducción de jornada y de salario de entre un mínimo del 25 por 100 y un máximo del 50 por 100. Por su parte, la entidad de economía social debe celebrar de forma simultánea un contrato de relevo con objeto de sustituir la jornada de trabajo que deja vacante el trabajador contratado o el socio de trabajo de la sociedad laboral que se jubila parcialmente, cuando dicha jubilación parcial se produce antes de haber alcanzado la edad legal de jubilación. Si el contrato de relevo se celebra a jornada completa y con carácter indefinido, la reducción de la jornada y del salario de la persona relevada que accede a la jubilación parcial puede llegar a alcanzar el 75 por 100 siempre que cumpla con los requisitos establecidos en la LGSS. Esta situación implica la formalización de dos contratos laborales, de un lado, un contrato a tiempo parcial fruto de la novación del contrato de la persona que accede a la jubilación parcial reduciendo su jornada laboral y salario, de otro, la celebración de un contrato de relevo con el trabajador relevista para sustituir el porcentaje de jornada que no realiza el trabajador relevado por acceder a la jubilación parcial.

También cabe la posibilidad de celebrar un contrato de relevo para sustituir a los trabajadores que se jubilen parcialmente después de haber cumplido la edad de jubilación ordinaria que corresponda conforme a lo establecido en la LGSS.

1.2. Formalización

El contrato de relevo se formalizará por escrito y en el modelo oficial debiendo constar el nombre, la edad y las circunstancias profesionales del trabajador sustituido[25].

Será preciso la entrega de una copia básica a los representantes legales de los trabajadores en plazo no superior a diez días desde la formalización del contrato, quienes la firmarán a efectos de acreditar que se ha producido la entrega. Esta copia básica contendrá todos los datos del contrato a excepción de los previstos en el art. 8.4 ET. Posteriormente, dicha copia básica se enviará a la oficina de empleo. Cuando no exista representación legal de los trabajadores deberá formalizarse la copia básica y remitirse a la oficina de empleo.

---

24. Esta jubilación parcial no supone una jubilación anticipada como señala con apoyo de la jurisprudencia CAVAS MARTÍNEZ, F., «La responsabilidad prestacional de la empresa por incumplimientos referidos al contrato de relevo», *Revista de Derecho de la Seguridad Social*, Laborum, núm. 7, 2016, p. 30.
25. Disposición Adicional primera del RD 1131/2002, de 31 de octubre.

1.3. Duración del contrato de relevo

De conformidad con lo previsto en el art. 12.7.b) ET, la duración del contrato de relevo será indefinida o, como mínimo, igual a la del tiempo que le falte al trabajador sustituido o al socio trabajador de la sociedad laboral sustituido para alcanzar la edad de jubilación ordinaria conforme a lo previsto en el art. 205.1 a) LGSS[26].

Como ha señalado el TS «hemos de partir de la idea de que la originaria conexión —que no dependencia— entre los contratos del relevado [que pasa a ser a tiempo parcial] y el contrato de relevo, es solamente externa [de coordinación, que no de subordinación] y no determina una estricta dependencia funcional entre el contrato de relevo y la situación jubilación-empleo parcial, como lo prueba que el art. 12.7.b) ET desvincule la duración del contrato al del relevista [ha de ser indefinido o como mínimo hasta que el relevado alcance los 65 años] (en tal sentido, SSTS 25/02/10 —rcud 1744/09—; 11/03/10 —rco 135/09—; y 22/09/10 —rcud 4166/09—»[27].

Cuando el trabajador jubilado parcialmente alcance la edad de jubilación ordinaria y continúe en la empresa, el contrato de relevo que se hubiera celebrado por una duración determinada podrá prorrogarse mediante acuerdo entre las partes por periodos anuales, extinguiéndose en todo caso al finalizar el período correspondiente al año en el que se produzca la jubilación total del trabajador relevado.

En los supuestos en los que la reducción de jornada y de salario del trabajador relevado alcance el 75 por 100, el contrato de relevo se tendrá que concertar a jornada completa y con duración indefinida. En estos supuestos el contrato de relevo deberá alcanzar al menos una duración igual al resultado de sumar dos años al tiempo *que* le falte al trabajador sustituido para alcanzar la edad de jubilación ordinaria que corresponda conforme a lo previsto en la LGSS. Si el contrato de relevo se extinguiera antes de alcanzar la duración mínima indicada, la entidad de economía social estará obligada a celebrar un nuevo contrato en los mismos términos del extinguido, por el tiempo restante[28].

El contrato de relevo podrá tener una duración indefinida o anual en el supuesto de celebrarse para sustituir la parte de la jornada dejada vacante por el trabajador jubilado parcialmente después de haber cumplido la edad de jubilación ordinaria prevista en la LGSS. Si se celebra con una duración

26. Art. 12.7. b) ET en relación con lo previsto en el art. 215.2 f) LGSS.
27. FJ Segundo de la STS de 23 de junio de 2015, ECLI: ES:TS:2015:3666.
28. Art. 12.7, b) ET.

anual, se podrá prorrogar automáticamente por periodos anuales, extinguiéndose en todo caso al finalizar el período correspondiente al año en que se produzca la jubilación total del trabajador relevado.

Asimismo, el contrato de relevo se convertirá en indefinido si se celebra en fraude de ley o si una vez llegado el término de este no hubiese sido denunciado por las partes y se continuase prestando la actividad.

1.4. Jornada y horario

El contrato de relevo podrá celebrarse a jornada completa o a tiempo parcial. Esta posibilidad de celebrar el contrato a tiempo completo impide que un mismo tiempo de trabajo sea compartido por dos trabajadores y permite que la empresa pueda utilizar esta modalidad de contrato como un instrumento para la reordenación del tiempo de trabajo[29].

En todo caso, la duración de la jornada deberá ser, como mínimo, igual a la reducción de jornada acordada por el trabajador sustituido[30]. La reducción de la jornada de la persona sustituida puede comprender desde un mínimo del 25 por 100 y un máximo de un 50 por 100. Si la reducción de jornada alcanzara el 75 por 100 el contrato de relevo se concertará a jornada completa y con duración indefinida, siempre que el trabajador cumpla los requisitos establecidos en la LGSS.

En el supuesto en el que el trabajador jubilado parcialmente fuera despedido improcedentemente antes de cumplir la edad que le permite acceder a la jubilación ordinaria o anticipada y no se procediera a su readmisión, la empresa deberá ofrecer al trabajador relevista la ampliación de su jornada de trabajo y, de no ser aceptada por éste dicha ampliación, deberá contratar a otro trabajador desempleado o que tuviese concertado con la entidad de economía social un contrato de duración determinada. Si la jornada de trabajo del relevista fuera superior a la jornada dejada vacante, la ampliación tendrá como límite la jornada a tiempo completo establecida en el convenio colectivo de aplicación o, en su defecto, de la jornada ordinaria máxima legal[31].

Excepcionalmente, la duración de la jornada podrá superar el 75 por 100 de conformidad con lo dispuesto en el apartado sexto de la disposición transitoria cuarta de la LGSS que señala que se seguirá aplicando la regu-

29. PANIZO ROBLES, J. A., «Un nuevo paso en la jubilación flexible», *cit.*, p. 92.
30. STS n.º 424/2018, de 20 de abril de 2018, ECLI:ES:TS:2018:1788.
31. Apartado 2 de la disposición adicional segunda, del Real Decreto 1131/2002, de 31 de octubre, por el que se regula la Seguridad Social de los trabajadores contratados a tiempo parcial, así como la jubilación parcial.

lación para la modalidad de jubilación parcial con simultánea celebración de contrato de relevo, vigente con anterioridad a la entrada en vigor de la Ley 27/2011, de 1 de agosto, de actualización, adecuación y modernización del sistema de la Seguridad Social, a pensiones causadas antes del 1 de enero de 2024, siempre y cuando se acredite el cumplimiento de diferentes requisitos. En consecuencia, en estos casos se podría superar la reducción de la jornada en un 75 por 100 cuando el trabajador que solicite el acceso a la jubilación parcial realice directamente funciones que requieran esfuerzo físico o alto grado de atención en tareas de fabricación, elaboración o transformación, así como en las de montaje, puesta en funcionamiento, mantenimiento y reparación especializados de maquinaria y equipo industrial en empresas clasificadas como industria manufacturera. La reducción de la jornada de trabajo del jubilado parcial se puede hallar comprendida entre un mínimo de un 25 por 100 y un máximo del 67 por 100, o del 80 por 100 para los supuestos en que el trabajador relevista sea contratado a jornada completa mediante un contrato de duración indefinida.

La posibilidad de concentrar la jornada de la persona relevada de forma anual y plurianual ha sido aceptada por el Tribunal Supremo, considerando que no perjudica los intereses del relevista ni de la Seguridad Social[32], si bien, de forma acertada se ha señalado que el espíritu de la norma responde a la necesidad de que «el trabajador acceda a la jubilación parcial de forma gradual y progresiva así como al fomento del empleo, porque la prestación efectiva de servicios aparece como elemento constitutivo básico e imprescindible de cualquier relación laboral»[33].

En lo que se refiere al horario de trabajo del trabajador relevista este podrá completar el horario del trabajador sustituido o simultanearse con él[34]. Desde el punto de vista del relevo generacional buscando la incorporación de nuevos trabajadores o socios trabajadores que sustituyan a quienes acceden a la jubilación parcial, sería conveniente simultanear el horario de ambos trabajadores en algún período de la jornada para favorecer que el relevista pueda adquirir una mayor formación y competencia profesional a partir de la experiencia profesional del relevado, pudiendo beneficiar la productividad de la entidad de economía social.

32. STS n.º 265/2017, de 29 de marzo, ECLI: ES:TS:2017:1429 que reitera la doctrina de la STS de 19-enero-2015 (rcud. 627/2014).
LABORDA IBÁÑEZ, M., «La jubilación parcial», Servicio de estudios de la Confederación de UGT, 2019, p.13, consultado el 11/11/2023 en https://www.ugt.es/sites/default/files/la_jubilacion_parcial.pdf
33. FERNÁNDEZ ORRICO, F. J., *La contratación laboral a tiempo parcial, cit.*, p. 286.
34. Art. 12.7, c) ET.

Sería aconsejable una reforma del contrato de relevo en el sentido que indicaba el Plan de Empleo Joven 2019-2021, que contemplaba como objetivo número 1 impulsar en el ámbito de la contratación laboral actuaciones para dotar de mayor calidad al marco de relaciones laborales y erradicar las situaciones de precariedad. En esta línea, se incluyó como medida para lograr el objetivo 1 la necesidad de impulsar «la reforma del contrato de relevo a efectos de garantizar la transmisión de conocimientos y habilidades por parte de las personas trabajadoras en jubilación parcial y la persona trabajadora contratado a través del contrato de relevo; en este sentido parte de la jornada de trabajo de ambos se promoverá que se destine a la formación del relevista por parte del jubilado parcial, compatibilizando ambas jornadas»[35].

1.5. Puesto de trabajo

Diferentes reformas legislativas en materia de jubilación parcial se han dirigido «a la desvinculación entre el puesto de trabajo del relevista y el del relevado de manera que no es necesario que realicen las mismas funciones profesionales»[36]. En este sentido, el puesto de trabajo del trabajador relevista podrá ser el mismo del trabajador sustituido o relevado u otro similar habida cuenta que el ET no exige que sea necesariamente el mismo puesto de trabajo[37]. En todo caso, deberá existir una correspondencia entre las bases de cotización de ambos, de modo que la correspondiente al trabajador relevista no pueda ser inferior al 65 por ciento del promedio de las bases de cotización correspondientes a los seis últimos meses del período de base reguladora de la pensión de jubilación[38].

En cuanto a la retribución, el art. 12.6 ET señala respecto del contrato a tiempo parcial del trabajador relevado o sustituido que su retribución será compatible con la pensión que la Seguridad Social reconozca al trabajador en concepto de jubilación parcial.

35. Resolución de 7 de diciembre de 2018, de la Secretaría de Estado de Empleo, por la que se publica el Acuerdo del Consejo de Ministros de 7 de diciembre, por el que se aprueba el Plan de Choque por el Empleo Joven 2019-2021.

36. MOLINA NAVARRETE, C. (2017). «Contrato de relevo: ¿Nueva "frontera de conquista" para la "imperial" doctrina "De Diego Porras"? Comentario al Auto del Tribunal Superior de Justicia de Galicia, Sala de lo Social, de 2 de noviembre de 2016, rec. núm. 2279/2016», *Revista de Trabajo y Seguridad Social. CEF*, núm.407,2017, p. 230.

37. STS de 25 de febrero de 2010, ECLI: ES:TS:2010:1433; STS 945/2020 de 28 de octubre, ECLI:ES:TS:2020:3679.

38. Art.215.2. e) LGSS en relación con el art. 12.7, d) ET. STS 614/2019, ECLI:ES:TS:2019:614.

1.6. Extinción

La relación laboral se extinguirá al producirse la jubilación total del trabajador sustituido (art.12. 6 ET). Si el trabajador relevista hubiese sido contratado a tiempo parcial para cubrir la parte de jornada que no realiza el trabajador jubilado parcial, se le extinguiría válidamente su contrato de relevo cuando el trabajador relevado acceda a la edad de jubilación y se jubile. En estos supuestos la extinción de la relación laboral del relevista ha de ser indemnizada con el importe de doce días de salario por año de servicio de conformidad con la indemnización señalada en el art. 49.1 c) ET[39].

En el supuesto de fallecimiento del trabajador relevado o sustituido, no queda autorizada la extinción del contrato de relevo. En estos supuestos, el contrato de relevo deberá mantenerse habida cuenta que los contratos a tiempo parcial de relevista y del relevado tienen plena autonomía[40].

Inicialmente, el Real Decreto 1131/2002, de 31 de octubre, por el que se regula la Seguridad Social de los trabajadores contratados a tiempo parcial, así como la jubilación parcial, estableció las obligaciones de la empresa en los supuestos de cese del contrato de relevo antes de la jubilación ordinaria o anticipada del relevado, y posteriormente la LGSS precisó las obligaciones en los casos de extinción[41]. El citado RD 1131/2002 señala que si durante la vigencia del contrato de relevo, antes de que el trabajador sustituido alcance la edad que le permite acceder a la jubilación ordinaria o anticipada, se produjera el cese del trabajador relevista, el empresario deberá sustituirlo en el plazo de quince días naturales —siguientes a aquel en que se haya producido el cese o, en su caso, la decisión de no readmisión tras la declaración de improcedencia del despido—, por otro trabajador en situación de desempleo o que tuviese concertado con la empresa un contrato de duración determinada[42].

En el supuesto en el que el trabajador sustituido fuera despedido de forma improcedente antes de cumplir la edad de jubilación y no se proce-

39. STS de 11 de marzo de 2010 y STS n.º 337/2019, de 7 de mayo de 2019, ECLI:ES:TS:2019:1623.
40. STS rec. 1744/2009, ES:TS:2010:1433.
41. RODRÍGUEZ SAMBLÁS, S./REQUENA MONTES, O., «Jubilación parcial y contrato de relevo» *cit.*, p.22.
42. Apartados 1 y 3 de la Disposición adicional segunda, del Real Decreto 1131/2002, de 31 de octubre, por el que se regula la Seguridad Social de los trabajadores contratados a tiempo parcial, así como la jubilación parcial. Sobre la interpretación de los conceptos de «cese» previsto en el citado RD y de extinción incluidos tanto en el art. 12.7 ET como en el art. 2015 2.f) LGSS se ha pronunció el TS. En supuestos de excedencia por cuidado de hijo o excedencia voluntaria. La STS de 23 de junio de 2015, ECLI: ES:TS:2015:3666, el TS entendió que en los supuestos de suspensión del contrato del relevista

diese a su readmisión, será preciso que la empresa lo sustituya por otro trabajador desempleado o proceda a la ampliación de la jornada del trabajador titular del contrato de relevo[43]. Esta previsión normativa persigue «la no amortización del tiempo de trabajo del jubilado parcialmente»[44], bien mediante la ampliación de la jornada al relevista, bien mediante la contratación de un segundo relevista. En caso de incumplimiento, la empresa habrá de abonar a la Entidad Gestora el importe de la prestación de jubilación desde el momento del cese o del despido improcedente[45]. Es posible la existencia de responsabilidad civil de la empresa derivada del incumplimiento de los requisitos establecidos para la celebración del contrato de relevo pues las «irregularidades en la celebración del contrato de relevo, al igual que pueden privar al trabajador relevado de derechos, generan la responsabilidad de la empresa frente al mismo por ser quien contrató el trabajador relevista, y a ella le son imputables los vicios del contrato y las consecuencias de su falta de idoneidad por no obrar con la diligencia debida»[46].

Como se ha mencionado, en los supuestos en los que la reducción de la jornada de trabajo del trabajador sustituido ascienda a un 75 por 100 procede que el contrato de relevo sea de carácter indefinido y a tiempo completo. Pues bien, en estos casos se deberá mantener el contrato de relevo al menos durante una duración igual al resultado de sumar dos años al tiempo que le falte al trabajador sustituido para alcanzar la edad de jubilación a que se refiere el art. 205.1.a) LGSS. En este contexto la LGSS señala que en el supuesto de que el contrato se extinga antes de alcanzar la duración mínima indicada, el empresario estará obligado a celebrar un nuevo contrato en los

con mantenimiento de la obligación de cotizar no se exige la celebración de otro contrato de relevo, pero sería exigible en otros supuestos (FJ Segundo). Un estudio sobre la STS 348/2019, de 9 de mayo, ES:TS:2019:1935 sobre un supuesto de sanción disciplinaria de suspensión de empleo y sueldo del relevista que cuenta con un voto particular, puede verse en ARIAS DOMÍNGUEZ, A., «¿Es exigible la contratación de un sustituto para el relevista suspendido de empleo y sueldo en un contrato de relevo por jubilación parcial? (Comentario a la STS-SOC 348/2919, de 9 de mayo)», *Revista de Derecho de la Seguridad Social*, Laborum, n.º 22, 2020, pp.141-150.

43. Apartados 2 de la Disposición adicional segunda del citado Real Decreto 1131/2002, de 31 de octubre.
44. CAVAS MARTÍNEZ, F., «La responsabilidad prestacional de la empresa por incumplimientos», *cit.*, p. 36.
45. Sobre la responsabilidad empresarial por incumplimiento del contrato de relevo puede verse CAVAS MARTÍNEZ, F., «La responsabilidad prestacional de la empresa por incumplimientos», *cit.*, pp. 37-50.
46. STS n.º 289/2019 de 4 abril, ECLI: ES:TS:2019:1482. En este sentido, LABORDA IBÁÑEZ, M., «La jubilación parcial», Servicio de estudios de la Confederación de UGT, 2019, p. 19, https://www.ugt.es/sites/default/files/la_jubilacion_parcial.pdf; y la STS n.º 289/2019 de 4 abril, ECLI: ES:TS:2019:1482.

mismos términos del extinguido, por el tiempo restante[47]. En caso de incumplimiento por parte del empresario de las condiciones establecidas en el citado artículo en materia de contrato de relevo, aquel será responsable del reintegro de la pensión que haya percibido el pensionista a tiempo parcial[48].

La extinción del contrato de relevo en el caso de que tuviese una duración determinada genera el derecho al trabajador relevista a recibir una indemnización de cuantía equivalente a la parte proporcional de la cantidad que resultaría de abonar doce días de salario por cada año de servicio, o la establecida, en su caso en la normativa específica que resulte de aplicación. Recientemente, el TS ha considerado que la denegación de la jubilación parcial al trabajador sustituido por no reunir los requisitos para acceder a la misma si genera un exceso de plantilla deberá tramitarse el cese del relevista a través de los trámites del despido objetivo[49].

1.7. Incentivos a la transformación del contrato de relevo en contrato indefinido

El objetivo de relevo generacional que se persigue con el tándem contrato de relevo/jubilación parcial se vería seriamente comprometido si la entidad de economía social decidiera extinguir el contrato de relevo al cumplir el trabajador asalariado de la cooperativa o el socio trabajador de la sociedad laboral parcialmente jubilado la edad de jubilación total. Por ello, además del supuesto de celebración del contrato de relevo con duración indefinida y a jornada completa que se exige para permitir que la reducción de jornada del jubilado parcial pueda llegar hasta el 75 por 100 la legislación laboral ha previsto incentivos económicos para favorecer la transformación en fijos de los trabajadores relevistas. Concretamente, el art. 24.2 del RDL 1/2023, de 10 de enero, de medidas urgentes en materia de incentivos a la contratación laboral y mejora de la protección social de las personas artistas, establece que la transformación en indefinidos de contratos de relevo, cualquiera que sea la fecha de su celebración, dará derecho a una bonificación

47. RODRÍGUEZ SAMBLÁS, S./REQUENA MONTES, O., « Jubilación parcial y contrato de relevo» *cit., p. 24* señalan dos interpretaciones respecto de la fecha de extinción: «la primera, consistiría en entender que la fecha de extinción procedente del contrato de relevo por llegada a término sería la del año "natural" —31 de diciembre— en la que se jubile totalmente la persona relevada; la segunda, llevaría a entender que el contrato se extingue en la fecha en la que termine el contrato o la prórroga automática —"por periodos anuales"— vigente en el momento en el que la relevada accede a la jubilación total».
48. Art. 12.7 b) ET y art. 215.2 f) LGSS.
49. FJ cuarto de la STS n.º 693/2022, de 22 de julio, ECLI:ES:TS:2022:3166.

en la cotización de 55 euros/mes durante los tres años siguientes; en el caso de mujeres, dicha bonificación será de 73 euros/mes.

2. EL RELEVO GENERACIONAL DE PERSONAS SOCIAS TRABAJADORAS DE COOPERATIVAS DE TRABAJO ASOCIADO Y SOCIAS DE TRABAJO MEDIANTE LA INCORPORACIÓN DE UNA RELACIÓN SOCIETARIA DE RELEVO AL AMPARO DE LO PREVISTO EN EL ART. 215.5 LGSS

Como se ha mencionado, la aplicación de la jubilación parcial a los socios de las cooperativas es posible en virtud de lo dispuesto en el art. 215.5 LGSS. De esta forma podrán acogerse a la jubilación parcial prevista en el art. 215 LGSS los socios trabajadores o de trabajo de las cooperativas, asimilados a trabajadores por cuenta ajena en los términos del art. 14 LGSS[50], que reduzcan su jornada y derechos económicos en las condiciones previstas en el art. 12.6 ET, y cumplan los requisitos establecidos en el apartado 2 del art. 215 LGSS. La LGSS realiza una extensión de las condiciones materiales previstas para el contrato de relevo como requisito para permitir la jubilación parcial de los socios trabajadores de las cooperativas anteriormente mencionados incluidos en el RGSS. La idea que subyace en esta regulación es que el socio relevista pase a tener la condición de socio trabajador o socio de trabajo común, cumpliendo para ello con las condiciones previstas en los estatutos o en el reglamento de régimen interior de la cooperativa, una vez que el socio trabajador o de trabajo transite de la jubilación parcial a la total.

Para acceder a la jubilación parcial, la cooperativa debe concertar con un socio de duración determinada de la misma o con un desempleado la realización, en calidad de socio trabajador o de socio de trabajo, de la jornada dejada vacante por el socio que se jubila parcialmente, con las mismas condiciones establecidas para la celebración de un contrato de relevo en el art. 12.7 ET, y conforme a lo previsto en este artículo. Adviértase que en este supuesto la suscripción de la relación societaria de relevo deviene obligatoria, aun cuando el cooperativista relevado haya cumplido la edad ordinaria de jubilación.

---

50. El art. 14 LGSS señala que «*1. Los socios trabajadores de las cooperativas de trabajo asociado disfrutarán de los beneficios de la Seguridad Social, pudiendo optar la cooperativa entre las modalidades siguientes: a) Como asimilados a trabajadores por cuenta ajena. Dichas cooperativas quedarán integradas en el Régimen General o en alguno de los regímenes especiales de la Seguridad Social, según proceda, de acuerdo con su actividad. b) Como trabajadores autónomos en el régimen especial correspondiente. Las cooperativas ejercitarán la opción en sus estatutos, y solo podrán modificarla en los supuestos y condiciones que el Gobierno establezca. 2. Los socios trabajadores de las cooperativas de explotación comunitaria de la tierra y los socios de trabajo a los que se refiere el art. 13.4 de la Ley 27/1999, de 16 de julio, de Cooperativas, serán asimilados a trabajadores por cuenta ajena a efectos de Seguridad Social. (...)*».

Se indican a continuación algunas características del relevo generacional a través de la concertación de una relación societaria de relevo.

2.1. Ámbito de aplicación

La jubilación parcial se aplicaría respecto de los socios trabajadores de las cooperativas de trabajo asociado en cuyos estatutos se haya optado por su inclusión en el RGSS, y respecto de los socios trabajadores de las cooperativas de explotación comunitaria de la tierra y los socios de trabajo a los que se refiere el art. 13.4 de la Ley 27/1999, de 16 de julio, de Cooperativas, al considerarlos asimilados a trabajadores por cuenta ajena a efectos de Seguridad Social[51], que reuniendo los requisitos previstos en la LGSS acuerden con la cooperativa la jubilación parcial, siempre que la entidad concierte un nuevo contrato societario o una relación societaria de relevo con un socio de duración determinada de la cooperativa o con un desempleado con la finalidad de realizar, en calidad de socio trabajador o de socio de trabajo, la jornada dejada vacante por el socio que se jubila parcialmente.

En virtud de lo dispuesto en el art. 2.15.5 LGSS la relación societaria de relevo concertada por la cooperativa con una persona en situación de desempleo o la nueva relación societaria de relevo con un socio de duración determinada de la cooperativa, podría ser a tiempo completo o parcial y de carácter temporal o indefinido o anual, por aplicación a estos supuestos de lo previsto en el art. 12.7 ET.

Téngase en cuenta que, con arreglo a lo establecido en el art. 9 de la Ley 5/2011, de 29 de marzo, de Economía Social, las cooperativas y sociedades laborales que incorporen personas trabajadoras desempleadas como personas socias trabajadoras o de trabajo podrán beneficiarse de bonificaciones en las cuotas empresariales de la Seguridad Social, en los términos y las cuantías que legalmente se establezcan[52].

En los supuestos analizados, la jubilación parcial del socio trabajador de la cooperativa de trabajo asociado o del socio de trabajo de las cooperativas

51. Art. 14 LGSS.
52. El art. 28 del Real Decreto-Ley 1/2023 establece en su apartado 1 que la incorporación de personas trabajadoras desempleadas como socias trabajadoras o de trabajo a cooperativas y sociedades laborales «dará derecho a una bonificación en la cotización, en los términos establecidos en el art. 10, de 73 euros/mes durante tres años, cuando dichas entidades hayan optado por un régimen de Seguridad Social propio de personas trabajadoras por cuenta ajena». Y en su apartado dispone que: «*Si las incorporaciones a que se refiere el apartado anterior se realizan con personas jóvenes menores de 30 años, o personas menores de 35 años que tengan reconocido un grado de discapacidad igual o superior al 33 por ciento, la bonificación será de 147 euros/mes durante el primer año, y de 73 euros/mes durante los dos años restantes*».

de otra clase daría lugar a una nueva categoría de socio relevista que resulta diferente de la del socio de duración determinada de la cooperativa y por ello, no quedaría sometida a los límites temporales que se puedan establecer para los socios de duración determinada.

En tanto no se desarrolle el art. 318 LGSS y sea posible la jubilación parcial en el RETA sería conveniente tener en cuenta en la planificación del relevo generacional de los socios trabajadores de la cooperativa de trabajo asociado la opción por su inclusión en el RGSS habida cuenta de la posibilidad de elección en los estatutos de la cooperativa del régimen de afiliación de los socios trabajadores y la posibilidad de su inclusión en el RGSS o en el RETA[53].

2.2 Reducción de jornada y derechos económicos

Conviene recordar que las características de la prestación de trabajo de las personas socias trabajadoras o de trabajo de las cooperativas suele venir regulada bien en los estatutos de la cooperativa o con mayor frecuencia, en los reglamentos de régimen interno.

En particular, los estatutos, el reglamento de régimen interno o, en su defecto, la asamblea regulará la duración de la jornada de trabajo, el descanso mínimo semanal, las fiestas, las vacaciones anuales, dentro de los límites establecidos en el art. 83 de Ley 27/1999, de 16 de julio, de Cooperativas (en adelante LCoop).

Respecto de los derechos económicos de los socios trabajadores o de trabajo y de los nuevos socios trabajadores o de trabajo con los que se haya concertado una relación societaria de relevo, estos tendrán los derechos que se les reconozcan legal o estatutariamente. Entre los derechos económicos de los socios trabajadores de la cooperativa de trabajo asociado se encuentran los denominados anticipos societarios y retornos previstos en el art. 84 LCoop[54].

La LGSS condiciona la posibilidad de jubilación parcial y de relevo generacional de los socios trabajadores de las cooperativas de trabajo asociado y de los socios de trabajo asimilados a trabajadores por cuenta ajena

53. FOLGADO, L., «Afrontar con éxito el relevo generacional en las cooperativas», *cit.*, considera inviable la opción de jubilación parcial por «su elevado coste».
54. Sobre la materia puede verse, FERRANDO GARCÍA, F, «Las condiciones retributivas de las personas socias de las cooperativas de trabajo asociado», AA.VV., *La Ley 27/1999, de 16 de julio de Cooperativas. Veinte años de vigencia y resoluciones judiciales (1999-2019), Dirs.* ALFONSO SÁNCHEZ/CAVAS MARTÍNEZ/NAVARRO EGEA/VALERO TORRIJOS, Cizur Menor, Aranzadi, 2021, pp. 645-653.

al cumplimiento de las condiciones materiales del contrato de relevo previstas en el art. 12.6 y 7 ET.

En este sentido, para que puedan acceder a la jubilación parcial los socios trabajadores o de trabajo de las cooperativas —asimilados a trabajadores por cuenta ajena— se exige, además de cumplir los requisitos establecidos en el apartado 2 del art. 215 LGSS, que se reduzcan su jornada y derechos económicos en las condiciones previstas en el art. 12.6 ET.

En lo que se refiere a la reducción de la jornada, se exigiría que el socio trabajador de la cooperativa de trabajo asociado o el socio de trabajo asimilado a trabajador por cuenta ajena acordaran con esta entidad de economía social la modificación de su condición de socios trabajadores o de trabajo a tiempo completo pasando a tener una relación societaria a tiempo parcial y, además, de forma simultánea la cooperativa deberá concertar con un socio de duración determinada de la misma o con un desempleado una nueva relación societaria de relevo a tiempo parcial para la realización, en calidad de socio trabajador o de socio de trabajo, de la jornada dejada vacante por el socio trabajador o de trabajo que se jubila parcialmente.

La reducción de la jornada de trabajo del socio trabajador o de trabajo de la cooperativa quedará comprendida entre un mínimo de un 25 por100 y un máximo del 50 por 100, o del 75 por 100 para los supuestos en que el nuevo socio trabajador o de trabajo relevista se incorpore a estas entidades de economía social mediante una relación societaria de relevo a jornada completa y de duración indefinida, siempre que se acrediten el resto de los requisitos previstos en la LGSS.

El ET señala para el contrato de relevo que dichos porcentajes se entenderán referidos a la jornada de un trabajador a tiempo completo comparable. Esta previsión, en el supuesto de las cooperativas, conduciría al régimen sobre jornada y horarios previsto en los estatutos o en el reglamento de régimen interno de la cooperativa.

En cuanto a la reducción de los derechos económicos del socio trabajador o de trabajo que accede a la jubilación parcial, la misma se efectuará en proporción a la reducción de la jornada.

Los derechos económicos reconocidos al socio trabajador o socio de trabajo que accede a la jubilación parcial serán compatibles con el disfrute de la pensión reconocida por la Seguridad Social, en proporción directa a la reducción aplicada a la jornada de trabajo.

En lo que se refiere al puesto desempeñado y a los motivos de extinción de la relación societaria de relevo, resultarán de aplicación las previsiones contenidas en el art. 12.7 ET para el contrato de relevo.

IV. BIBLIOGRAFÍA

AA.VV., *La reforma laboral de 2021. Un estudio del Real Decreto-Ley 32/2021*, Valencia, Tirant lo Blanch, 2022.

ARIAS DOMÍNGUEZ, A., «¿Es exigible la contratación de un sustituto para el relevista suspendido de empleo y sueldo en un contrato de relevo por jubilación parcial? (Comentario a la STS-SOC 348/2919, de 9 de mayo)», *Revista de Derecho de la Seguridad Social*, Laborum, núm. 22, 2020.

BARRIOS BAUDOR, G. L./DEL VALLE DE JOZ, J. I., *Jubilación parcial y contratos de trabajo vinculados (a Tiempo Parcial y de Relevo)*, Cizur-Menor, Aranzadi, 2010

CAVAS MARTÍNEZ, F., «La responsabilidad prestacional de la empresa por incumplimientos referidos al contrato de relevo», *Revista de Derecho de la Seguridad Social*, Laborum, núm. 7, 2016.

FERNÁNDEZ ORRICO, F. J., *La contratación laboral a tiempo parcial y la Seguridad Social*, Cizur Menor, Aranzadi, 2016.

FERRANDO GARCÍA, F, «Las condiciones retributivas de las personas socias de las cooperativas de trabajo asociado» AA.VV., *La Ley 27/1999, de 16 de julio de Cooperativas. Veinte años de vigencia y resoluciones judiciales (1999-2019)*, Dirs. ALFONSO SÁNCHEZ/CAVAS MARTÍNEZ/NAVARRO EGEA, M./VALERO TORRIJOS, Cizur Menor, Aranzadi, 2021.

FOLGADO, L., «Afrontar con éxito el relevo generacional en las cooperativas, ¿cómo y cuándo?», consultado el 09/11/2023 en https://blog.fevecta.coop/Afrontar-con-exito-el-relevo-generacional/

GALA DURÁN, C., «La relación entre la jubilación y la negociación colectiva tras Las últimas reformas», *Documentación Laboral*, núm.112, 2017.

GARRIDO PÉREZ, E., «El nuevo régimen jurídico de los contratos formativos tras el RDL 32/2021: la centralidad estructural y finalista de la formación», *Temas Laborales*, núm. 161/2022.

GOERLICH PESET, J. M.ª., «La reforma de la contratación laboral», en GOERLICH PESET, J. M.ª/MERCADER UGUINA, J. R./DE LA PUEBLA

PINILLA, A., *La reforma laboral de 2021. Un estudio del Real Decreto-Ley 32/2021*, Valencia, Tirant lo Blanch, 2022.

LABORDA IBÁÑEZ, M., «La jubilación parcial», Servicio de estudios de la Confederación de UGT,2019, disponible en: https://www.ugt.es/sites/default/files/la_jubilacion_parcial.pdf

MELLA MÉNDEZ, L. «Consideraciones sobre el contrato de relevo» *Actualidad Laboral* núm. 46, 1998.

MOLINA NAVARRETE, C., «Contrato de relevo: ¿Nueva "frontera de conquista" para la "imperial" doctrina "De Diego Porras"? Comentario al Auto del Tribunal Superior de Justicia de Galicia, Sala de lo Social, de 2 de noviembre de 2016, rec. núm. 2279/2016», *Revista de Trabajo y Seguridad Social. CEF*, núm.407, 2017.

PANIZO ROBLES, J. A., «Un nuevo paso en la jubilación flexible. (La nueva regulación de la jubilación parcial y del contrato de relevo)», *Revista Estudios Financieros*, núm. 223, 2001.

PRADOS DE REYES, F., «Contratos formativos en la reforma laboral de 2021», AA.VV., *Briefs AEDTSS*, núm. 9, 2022, disponible en: https://www.aedtss.com/wp-content/uploads/2023/02/Briefs-2022-AEDTSS.pdf.

RODRÍGUEZ SAMBLÁS, S./REQUENA MONTES, O., «Jubilación parcial y contrato de relevo: Regulación y prospectiva», *Lan Harremanak*, núm. 46, 2021.

SEMPERE NAVARRO, A. V. (dir.), BINI, S. y CASTRO FERNANDO, A., *Becas, contratos de trabajo formativos y en sector de universidades e investigación*, Cizur Menor, Aranzadi, 2023.

Capítulo 15

Cuestiones de Seguridad Social del relevo generacional en cooperativas y sociedades laborales

BELÉN GARCÍA ROMERO
Catedrática de Derecho del Trabajo y de la Seguridad Social
Universidad de Murcia

I. INTRODUCCIÓN

En el presente capítulo se analizará el problema del relevo generacional en las cooperativas y sociedades laborales desde el prisma de la Seguridad Social.

La salida de un socio trabajador de una cooperativa o de una sociedad laboral puede venir motivada por diferentes causas, tales como la defunción o la baja de este con carácter voluntario u obligatorio[1].

Una de estas vías es la jubilación, que supone la salida de los socios de mayor edad. En el caso de las cooperativas de trabajo, la jubilación supone el fin del vínculo, no solo laboral, sino también societario, y ello ha de conllevar la previsión económica de la devolución de las aportaciones a las que la cooperativa esté obligada. Además, algunas modalidades de jubilación pueden jugar un papel muy importante en relación con la cuestión del relevo generacional.

En este contexto, se prestará especialmente atención a dos variantes de la jubilación que propician el reparto del empleo entre los mayores y los jóvenes, o fuerzan la salida de los de más edad para dar entrada a otros trabajadores. En este sentido, nos centraremos fundamentalmente en el estudio de la jubilación forzosa y de la jubilación parcial.

De otro lado, se examinarán someramente otras dos modalidades de jubilación, que permiten bien un rejuvenecimiento de la sociedad cooperativa o de la sociedad laboral, mediante una salida del socio trabajador a una edad inferior a la ordinaria de jubilación (jubilación anticipada), o bien la compatibilidad parcial o total con el trabajo por cuenta propia o por cuenta ajena (jubilación y envejecimiento activo).

Por último, nos situaremos en el lado de la entrada de nuevos socios trabajadores en las Entidades de Economía Social. En esta órbita, se situarían las medidas que permiten incentivar la incorporación de socios trabajadores o de trabajo a cooperativas y sociedades laborales, tales como las

---

1. Para un análisis de la jurisprudencia recaída en relación con los supuestos de extinción de la relación de persona socia trabajadora de carácter obligatorio o asimilables, y que sean equiparables a los supuestos previstos en la legislación laboral en los arts. 50, 51 y 52 ET (despidos colectivos, despidos individuales por causas objetivas, extinción por incumplimiento empresarial grave y despido disciplinario, GARCÍA ROMERO, B., Capítulo XXVIII. «La extinción de la relación de la persona socia-trabajadora de una cooperativa», AA.VV., *La Ley 27/1999, de 16 de Julio, de Cooperativas*: *Veinte años de vigencia y resoluciones judiciales* (1999-2019) (Dirs. ALFONSO SÁNCHEZ/CAVAS MARTÍNEZ/NAVARRO EGEA/VALERO TORRIJOS), Aranzadi, Cizur menor, 2021, pp. 731-752.

subvenciones directas, las bonificaciones de la cotización o la capitalización de la prestación por desempleo.

Ahora bien, con carácter previo debemos examinar la cuestión del encuadramiento de los socios trabajadores en el sistema de Seguridad Social (Régimen de Autónomos o Régimen General), ya que la adscripción o afiliación de los socios a uno u otro régimen constituye un factor de primer orden para determinar el derecho de aquellos a las prestaciones de Seguridad Social y, en particular, en materia de jubilación.

La pensión contributiva de jubilación se regula en los artículos 205 y siguientes de la Ley General de la Seguridad Social (Real Decreto Legislativo 8/2015, de 30 octubre, por el que se aprueba el Texto Refundido de la Ley General de la Seguridad Social, en adelante, LGSS). Tales normas son aplicables a todos los trabajadores incluidos en el Régimen General de la Seguridad Social (en adelante RGSS).

Por su parte, el artículo 318 LGSS recoge las normas aplicables al Régimen Especial de Trabajadores Autónomos (en adelante, RETA). En materia de jubilación, la letra d) extiende a los trabajadores de este Régimen Especial lo dispuesto en los artículos 205 LGSS (beneficiarios); 206 LGSS (jubilación anticipada por razón de la actividad) y 206 bis LGSS (jubilación anticipada en caso de discapacidad); 208 LGSS (jubilación anticipada por voluntad del interesado); 209 LGSS (base reguladora), excepto la letra b) del apartado 1 (no se aplica la integración de lagunas); 210 LGSS (cuantía de la pensión); 213 LGSS (incompatibilidades), 214 LGSS (pensión de jubilación y envejecimiento activo); 249 *quater* LGSS (compatibilidad de la pensión de jubilación con la actividad artística) y la disposición transitoria trigésima cuarta (aplicación gradual de coeficientes reductores de la edad de jubilación según lo previsto en el art. 210.3 cuando la pensión supere el límite establecido para el importe de las pensiones).

De otro lado, según el artículo 318 LGSS, letra d), párrafo segundo, «*Lo dispuesto en el artículo 215 LGSS* [relativo a la jubilación parcial], *será de aplicación en los términos y condiciones que se establezcan reglamentariamente*». Dado que no se ha producido dicho desarrollo reglamentario, esta opción no es todavía una posibilidad real para el colectivo de trabajadores incluidos en el RETA.

En consecuencia, además de la jubilación ordinaria, las alternativas que existen para los autónomos son la jubilación anticipada por razón de la actividad (art. 206 LGS) y para personas con discapacidad (art. 206 bis LGSS), la jubilación anticipada voluntaria (art. 208 LGSS) y la jubilación activa (art. 214 LGSS).

II. ENCUADRAMIENTO DE LOS SOCIOS TRABAJADORES O DE TRABAJO EN LA SEGURIDAD SOCIAL

1. INTEGRACIÓN EN LA SEGURIDAD SOCIAL DE LOS SOCIOS TRABAJADORES Y SOCIOS DE TRABAJO DE LAS COOPERATIVAS

La cooperativa es «*una sociedad constituida por personas que se asocian, en régimen de libre adhesión y baja voluntaria, para la realización de actividades empresariales, encaminadas a satisfacer sus necesidades y aspiraciones económicas y sociales, con estructura y funcionamiento democrático*» (art. 1.1. Ley 27/1999, de 16 de julio, de Cooperativas, en adelante LCoop.).

Este tipo de entidad de economía social tiene por objeto proporcionar a sus socios puestos de trabajo, mediante su esfuerzo personal y directo, a tiempo parcial o completo, a través de la organización en común de la producción de bienes o servicios para terceros. También podrán contar con socios colaboradores. La relación de los socios trabajadores con la cooperativa es societaria[2].

En cuanto al régimen de afiliación de sus socios en la Seguridad Social, la Cooperativa tiene un papel determinante, ya que va a recoger en sus estatutos el régimen en el que aquellos van a quedar encuadrados, lo que va a tener trascendencia en los derechos prestacionales, y, específicamente, en materia de jubilación.

En este sentido, el artículo 14 LGSS regula específicamente la inclusión de los socios trabajadores y socios de trabajo de cooperativas. Así, de acuerdo con el mencionado precepto, tales socios «*disfrutarán de los beneficios de la Seguridad Social, pudiendo optar la cooperativa entre las modalidades siguientes:*

a) *Como asimilados a trabajadores por cuenta ajena. Dichas cooperativas quedarán integradas en el Régimen General o en alguno de los Regímenes Especiales de la Seguridad Social, según proceda, de acuerdo con su actividad.*

b) *Como trabajadores autónomos en el Régimen Especial correspondiente.*

Las cooperativas ejercitarán la opción en los Estatutos y solo podrán modificarla en los supuestos y condiciones que el Gobierno establezca».

Así pues, en función de la opción ejercitada por la Cooperativa en sus Estatutos, las personas socias trabajadoras de cooperativas de trabajo asociado podrán quedar encuadradas como asimiladas a trabajadores por

2. https://www.mites.gob.es/es/guia/texto/guia_2/contenidos/guia_2_7_2.htm

cuenta ajena en el Régimen General de la Seguridad Social (o por el régimen especial que corresponda, de acuerdo con su actividad[3]), o, alternativamente, «como trabajadores autónomos en el régimen especial correspondiente» (art. 14.1 LGSS). Ahora bien, las personas socias trabajadoras de las cooperativas de explotación comunitaria de la tierra y las personas socias de trabajo a las que se refiere el artículo 13.4 Ley 27/1999, de 16 de julio, de Cooperativas, serán asimiladas, en todo caso, a personas trabajadoras por cuenta ajena, a efectos de Seguridad Social.

En todo caso, debe optarse obligatoriamente por una de las dos opciones señaladas, no siendo posible encuadrar dentro de una misma sociedad a una parte de los socios en el Régimen General de la Seguridad Social y a otra parte en el Régimen Especial de Trabajadores Autónomos. Esta opción no será reconocida cuando se trate de cooperativas que se dediquen a la venta ambulante, las cuales deberán incluir a sus socios en el RETA.

En desarrollo de esta previsión legal, el artículo 8 del Real Decreto 84/1996, de 26 de enero, por el que se aprueba el Reglamento General sobre inscripción de empresas y afiliación, altas, bajas y variaciones de datos de trabajadores en la Seguridad Social (en adelante, RAAB), regula la opción previa al alta de los socios trabajadores de cooperativas de trabajo asociado.

Según establece su apartado 4, «*Una vez efectuada la opción, los socios trabajadores de las cooperativas de trabajo asociado serán dados de alta en el Régimen de la Seguridad Social que corresponda a la actividad de la cooperativa, siéndoles de aplicación en su integridad las normas reguladoras del correspondiente Régimen respecto de la inscripción, en su caso, así como en orden a la afiliación, altas, bajas y variaciones de datos de los trabajadores, en iguales términos y condiciones que los aplicables al común de los colectivos que formen parte del campo de aplicación de dicho Régimen*».

En cuanto al procedimiento y documentación necesaria para la afiliación de los socios trabajadores en el correspondiente régimen, el art. 41. 3 y 4 del RAAB establece lo siguiente:

En primer lugar, para la afiliación y alta de socios trabajadores de cooperativas de trabajo asociado, el obligado al cumplimiento de dichas obligaciones, además de la documentación exigida con carácter general, deberá acompañar certificado de inscripción de la cooperativa en el registro correspondiente y copia de los estatutos en los que conste la opción de aquélla entre la asimilación de tales socios a trabajadores por cuenta propia o a

3. Por ejemplo, en el Régimen especial de Trabajadores del Mar.

trabajadores por cuenta ajena a efectos de su encuadramiento en los Regímenes del sistema de la Seguridad Social.

En segundo término, en las cooperativas en las que existan socios de trabajo o socios trabajadores asimilados a trabajadores por cuenta ajena cuya actividad se realice a tiempo parcial, deberá aportarse copia de los estatutos, del reglamento de régimen interno o certificación del acuerdo de la Asamblea o del Consejo Rector, en el que deberá figurar el número de horas de trabajo al día, a la semana, al mes o al año, la distribución horaria y su concreción mensual, semanal y diaria, con determinación de los días en los que los socios trabajadores o de trabajo deberán prestar servicios. Se considerará que los mismos realizan su actividad a tiempo parcial cuando las horas de trabajo al día, a la semana, al mes o al año, sean inferiores al 77 por 100 de la jornada a tiempo completo fijada en el convenio colectivo aplicable en el sector de actividad y ámbito geográfico de la cooperativa o, en su defecto, de la jornada laboral ordinaria máxima legal.

De otro lado, conforme con el artículo 14.1, párrafo 4.º de la LGSS, una vez que la Cooperativa haya ejercido en sus estatutos su opción previa al alta por alguna de las dos posibilidades de cobertura de sus socios, «*solo podrán modificarla en los supuestos y condiciones que el Gobierno establezca*».

En desarrollo de esta previsión, el artículo 8 RAAB, en su apartado 2, regula el procedimiento y los requisitos que han de concurrir para modificarse la opción, en los siguientes términos:

> «*Una vez producida la opción a que se refiere el apartado anterior, únicamente podrá modificarse por el procedimiento y con los requisitos siguientes:*
>
> *1.º La nueva opción deberá realizarse mediante la correspondiente modificación de los estatutos de la cooperativa.*
>
> *2.º La nueva opción deberá afectar asimismo a todos los socios trabajadores de la cooperativa.*
>
> *3.º Será preciso que haya transcurrido un plazo de cinco años desde la fecha en que se ejercitó la opción anterior*».

En definitiva, la decisión que haya tomado la organización respecto al régimen de afiliación de los socios tiene enorme trascendencia en cuanto a las prestaciones de Seguridad Social a las que aquellos tienen derecho, en especial, en cuanto a la jubilación y se deberá adoptar en función de los costes, la edad de los socios, la compatibilidad con otros trabajos, etc., teniendo en cuenta que puede modificarla a los cinco años de su adopción.

2. INTEGRACIÓN EN LA SEGURIDAD SOCIAL DE LOS SOCIOS TRABAJADORES DE SOCIEDADES LABORALES

Las sociedades laborales se encuentran reguladas por la Ley 44/2015, de 14 de octubre, de Sociedades Laborales y Participadas (LSLP). Como es sabido, se trata de una sociedad de capital especial que puede adoptar la forma de sociedad anónima laboral (SAL) o sociedad de responsabilidad limitada (SLL), que debe cumplir los tres requisitos siguientes:

1) Al menos la mayoría del capital social es propiedad de trabajadores que prestan en ellas servicios retribuidos de forma personal y directa, en virtud de una relación laboral por tiempo indefinido.

2) Ninguno de los socios (con algunas salvedades) es titular de acciones o participaciones sociales que representan más de la tercera parte del capital social.

@LIST-ELEMENT 3) El número de horas/año trabajadas por los trabajadores contratados por tiempo indefinido, que no sean socios, no es superior al 49 por ciento del cómputo global de horas-año trabajadas en la sociedad laboral por el conjunto de los socios trabajadores. No computará para el cálculo de este límite el trabajo realizado por los trabajadores con discapacidad de cualquier clase en grado igual o superior al 33 por ciento.

Forman parte de ella los socios trabajadores, los socios no trabajadores y los trabajadores asalariados: en primer lugar, están los socios trabajadores, que prestan sus servicios retribuidos de forma directa y personal, con una relación laboral por tiempo indefinido y a la vez son propietarios de acciones o participaciones sociales de «clase laboral», que en su conjunto supondrán al menos el 50,01 por ciento del capital social. Por su parte, los socios no trabajadores, puede tratarse de personas físicas o jurídicas (públicas o privadas) propietarios de acciones o participaciones sociales de la «clase general» sin relación laboral con la sociedad laboral. Por último, están los trabajadores asalariados (contratados de forma temporal o por tiempo indefinido).

Por lo que se refiere al encuadramiento de los socios trabajadores en la Seguridad Social, debemos tener en cuenta lo dispuesto en los artículos 7.1 y 136.2 de la LGSS. Así, en virtud del artículo 7, apartado 1 de la LGSS se incluyen obligatoriamente en el Régimen General de la Seguridad Social las personas trabajadoras por cuenta ajena o asimiladas comprendidas en el apartado 1 a) del artículo 7 de la LGSS, salvo que, por razón de su actividad, deban quedar comprendidas en el campo de aplicación de algún régimen especial de la Seguridad Social (art. 136.1 LGSS).

Además de ello, el legislador realiza en el artículo 136.2 LGSS una serie de inclusiones expresas en su ámbito de aplicación, que afectan, entre otros, a los socios trabajadores de sociedades laborales.

En efecto, de acuerdo lo establecido en el mencionado precepto (letras e y f), quedan incluidos en el Régimen General de la Seguridad Social:

> *«e) Los socios trabajadores de las sociedades laborales, cuya participación en el capital social se ajuste a lo establecido en el artículo 1.2.b) de la Ley 44/2015, de 14 de octubre, de Sociedades Laborales y Participadas, y aun cuando sean miembros de su órgano de administración, si el desempeño de este cargo no conlleva la realización de las funciones de dirección y gerencia de la sociedad, ni posean su control en los términos previstos por el artículo 305.2.e)»*[4].
>
> *«f) Como asimilados a trabajadores por cuenta ajena, los socios trabajadores de las sociedades laborales que, por su condición de administradores de las mismas, realicen funciones de dirección y gerencia de la sociedad, siendo retribuidos por ello o por su vinculación simultánea a la sociedad laboral mediante una relación laboral de carácter especial de alta dirección, y no posean su control en los términos previstos por el artículo 305.2.e).*
>
> *Estos socios trabajadores quedarán excluidos de la protección por desempleo y del Fondo de Garantía Salarial, salvo cuando el número de socios de la sociedad laboral no supere los veinticinco».*

III. JUBILACIÓN Y RELEVO GENERACIONAL

Analizaremos aquí las dos modalidades de jubilación que más directamente están vinculadas con el relevo generacional en cuanto facilitan o fuerzan la salida de los trabajadores de mayor edad y su paralela sustitución por otros más jóvenes. Se trata de la jubilación forzosa y de la jubilación parcial. Ambos tipos de jubilación solo son accesibles para trabajadores por cuenta ajena o asimilados.

---

4. El art. 305.2 e) LGSS declara expresamente comprendidos en el RETA: «*Los socios trabajadores de las sociedades laborales cuando su participación en el capital social junto con la de su cónyuge y parientes por consanguinidad, afinidad o adopción hasta el segundo grado con los que conviva alcance, al menos, el 50 por ciento, salvo que acrediten que el ejercicio del control efectivo de la sociedad requiere el concurso de personas ajenas a las relaciones familiares*».

1. LA JUBILACIÓN OBLIGATORIA O FORZOSA COMO MEDIDA VINCULADA AL RELEVO GENERACIONAL

La Ley 21/2021, de 28 de diciembre, de garantía del poder adquisitivo de las pensiones y otras medidas de refuerzo de la sostenibilidad financiera y social del sistema público de pensiones (BOE de 29 diciembre 2022), establece restricciones a la posibilidad de imponer la jubilación forzosa a través de cláusulas convencionales, con la finalidad de favorecer la prolongación de la vida laboral[5].

A tal efecto, se modifica la DA 10.ª del Estatuto de los Trabajadores (Real Decreto Legislativo 2/2025, de 23 de octubre, por el que se aprueba el Estatuto de los Trabajadores, en adelante ET), relativa a las «Cláusulas de los Convenios colectivos referidas al cumplimiento de la edad ordinaria de jubilación», de manera que, con arreglo a la nueva regulación, no se podrá imponer la jubilación forzosa antes de que se cumplan los 68 años de edad[6], y ello siempre que la persona afectada por la extinción del contrato tenga derecho al percibo del 100 por ciento de la pensión ordinaria de jubilación en su modalidad contributiva[7].

Además, y por lo que aquí nos interesa, la jubilación forzosa debe estar vinculada al relevo generacional, «como objetivo coherente de política de empleo», que ahora se concreta a través de la exigencia de que se proceda a la contratación indefinida y a tiempo completo de, al menos, una nueva persona trabajadora.

Asimismo, se adiciona un nuevo apartado 2 que establece que, «Excepcionalmente, con el objetivo de alcanzar la igualdad real y efectiva entre

5. GARCIA ROMERO, B., «Las reformas de Seguridad Social previstas en el Plan de Recuperación, Transformación y Resiliencia», AA.VV., *Empleo y protección social*, XXXIII Congreso Anual de la Asociación Española de Derecho del Trabajo y de la Seguridad Social, 2023, p. 262.
6. Con anterioridad era posible a partir de la edad ordinaria de jubilación, por lo que la nueva regulación eleva la edad a partir de la cual se puede imponer la jubilación al trabajador.
7. Con anterioridad a la reforma operada por Ley 27/2011, el 100 % de la pensión se alcanzaba con 35 años cotizados. Tras la reforma, se exigen 37 años cotizados (2 años más que antes de la reforma), si bien esa elevación de los años necesarios para cobrar la pensión completa se aplica de forma gradual. Así, en la actualidad y durante el periodo comprendido entre 2023 y 2026, será necesario acreditar al menos 36 años y medio cotizados. A partir de 2027 se necesitarán al menos 37 años cotizados. Para más desarrollo, véase, AA.VV., *Lecciones de Seguridad Social* (Coord. RODRÍGUEZ INIESTA), 12.ª edición, Diego Marín, pp. 322-325; GARCIA ROMERO, B., «Novedades en la determinación de la cuantía de la pensión de jubilación ordinaria», AA.VV., *La reforma de la pensión de jubilación* (Coords, GARCÍA ROMERO/LÓPEZ ANIORTE), Tirant lo Blanch, Valencia, 2014, pp. 93-137.

mujeres y hombres coadyuvando a superar la segregación ocupacional por género, el límite del apartado anterior podrá rebajarse hasta la edad ordinaria de jubilación fijada por la normativa de Seguridad Social cuando la tasa de ocupación de las mujeres trabajadoras por cuenta ajena afiliadas a la Seguridad Social en alguna de las actividades económicas correspondientes al ámbito funcional del convenio sea inferior al 20 por ciento de las personas ocupadas en las mismas a la fecha de efectos de la decisión extintiva..».

Las actividades económicas que se tomarán como referencia para determinar el cumplimiento de esta condición vendrá definida por los Códigos de Clasificación CNAE en vigor en cada momento, incluidos en el ámbito del convenio colectivo aplicable según los datos facilitados al realizar su inscripción en el Registro y depósito de convenios y acuerdos colectivos de trabajo y planes de igualdad.

La Administración de la Seguridad Social debe facilitar la tasa de ocupación de las trabajadoras respecto de la totalidad de los trabajadores por cuenta ajena en cada uno de los códigos del CNAE incluidos en el ámbito de aplicación del convenio aplicable. Con esta medida, el legislador pretende contribuir a la reducción de la segregación ocupacional, que es una de las causas de la brecha salarial y de la brecha prestacional por razón de género[8].

> *«La aplicación de esta excepción exigirá, además, el cumplimiento de los siguientes requisitos:*
>
> *a) La persona afectada por la extinción del contrato deberá reunir los requisitos exigidos por la normativa de Seguridad Social para tener derecho al cien por ciento de la pensión ordinaria de jubilación en su modalidad contributiva.*
>
> *b) En el CNAE al que esté adscrita la persona afectada por la aplicación de esta cláusula concurra una tasa de ocupación de empleadas inferior al 20 por ciento sobre el total de personas trabajadoras a la fecha de efectos de la decisión extintiva. Este CNAE será el que resulte aplicable para la determinación de los tipos de cotización para la cobertura de las contingencias de accidentes de trabajo y enfermedades profesionales.*
>
> *c) Cada extinción contractual en aplicación de esta previsión deberá llevar aparejada simultáneamente la contratación indefinida y a tiempo completo de, al menos, una mujer en la mencionada actividad.*

8. ARAGÓN SÁNCHEZ, C., «El impacto de género en las reformas de la Seguridad Social», *Briefs de la AEDTSS* (https://www.aedtss.com/coleccion-brief-aedtss), p. 2.

La decisión extintiva de la relación laboral será con carácter previo comunicada por la empresa a los representantes legales de los trabajadores y a la propia persona trabajadora afectada».

La nueva regulación solo se aplica a los convenios suscritos desde el 1 de enero de 2022. De ahí que la nueva Disposición Transitoria 9.ª ET (sobre la aplicación temporal de lo ahora establecido en la Disposición Adicional 10.ª ET) disponga que las cláusulas de jubilación forzosa establecidas en convenios colectivos suscritos con anterioridad a esta fecha «podrán ser aplicadas hasta tres años después de la finalización de la vigencia inicial pactada del convenio en cuestión»[9].

Un ejemplo de disposición convencional sobre jubilación forzosa previa a la entrada en vigor de la nueva regulación en el ámbito de las entidades de Economía Social nos lo brinda el Convenio Colectivo (XXII) para sociedades cooperativas de crédito, de 29 de diciembre de 2021 (BOE de 12 de enero 2022). Así, en su artículo 70, bajo la rúbrica «jubilación forzosa», contempla medidas para favorecer el relevo generacional, mediante la contratación, por cada contrato extinguido por cumplimiento de la edad de jubilación, de una persona trabajadora con edad inferior a 35 años. Dicha contratación deberá realizarse dentro de los seis meses siguientes a la extinción del contrato por jubilación obligatoria. De acuerdo la Disposición Transitoria 9.ª ET, esta previsión podrá seguir aplicándose en los términos pactados hasta tres años después de que finalice su vigencia, prevista para el 31 de diciembre de 2023. A partir de ahí, las nuevas cláusulas convencionales sobre jubilación forzosa tendrán que cumplir lo previsto en el Estatuto de los Trabajadores, y no se podrá imponer antes del cumplimiento de los 68 años y siempre que, además, la persona afectada por la medida extintiva tenga derecho al percibo del 100 por ciento de la pensión de jubilación ordinaria.

2. LA JUBILACIÓN PARCIAL

2.1. Cuestiones generales

La jubilación parcial es una modalidad de retiro voluntario que permite, de un lado, el acceso gradual y flexible del trabajador a la situación de jubilación y, de otro, puede favorecer el relevo generacional, mediante la cobertura de la jornada dejada vacante por un trabajador más joven, ya sea una

9. Para un estudio de los convenios colectivos que abordan esta materia y, en general, la jubilación ordinaria como medida de fomento del empleo, véase, GALA DURÁN, C., «La relación entre la jubilación y la negociación colectiva tras las últimas reformas», *Doc. Labor.* Núm. 112, 2017, pp. 153 y ss.

persona desempleada, ya sea un trabajador o socio trabajador temporal de la misma entidad.

El régimen jurídico de la jubilación parcial se encuentra conformado en la actualidad por el artículo 215 LGSS, así como las Disposiciones Transitorias 4.ª y 10.ª del mismo texto legal.

La jubilación parcial puede producirse a partir de la edad legal de jubilación ordinaria o antes de esta y, en ambos casos, es necesario cumplir determinadas condiciones tanto en el plano laboral como en el de la Seguridad Social.

Estos requisitos legales se recogen, respectivamente, en el artículo 12.6 y 7 del ET y en el artículo 215 de la LGSS. y son bastante más exigentes cuando se pretende acceder a este tipo de jubilación de manera anticipada.

En efecto, aunque en ambos casos el trabajador debe pactar con su empresa una reducción de jornada y de salario entre un mínimo de un 25 por ciento y un máximo de un 50 por ciento (art. 215 LGSS), el resto de las condiciones difieren según la edad a la que se interese el paso a dicha situación. Así:

– Si el trabajador ha cumplido la edad ordinaria de jubilación[10] (jubilación parcial diferida), puede acceder tanto si tienen un contrato a tiempo completo como a tiempo parcial. En este caso, no será preciso que la empresa concierte un contrato de relevo y bastará con acreditar el período mínimo exigido para la jubilación ordinaria (quince años cotizados, dos en los últimos quince años anteriores al mes previo al del hecho causante).

10. Con la reforma producida por la Ley 27/2011, de 1 de agosto, sobre actualización, adecuación, y modernización del sistema de Seguridad Social, la edad ordinaria de jubilación pasó de los 65 a los 67 años, si bien a lo largo de un periodo transitorio de 15 años, que finaliza en 2027, aunque manteniendo la edad de 65 años para aquellos trabajadores que acreditan largas carreras de cotización. Así, en 2023 la edad de jubilación será de 65 años si se acreditan 37 años y 9 meses o más de cotización. Si la carencia acreditada es inferior, la edad de jubilación será de 66 años y 4 meses; en 2024, con 38 años o más cotizados se podrá acceder a los 65 años, si la cotización es inferior, deberán esperar a tener 66 años y 6 meses de edad; en 2025, para poderse jubilar a los 65 años, deberán acreditarse 38 años y 3 meses o más de cotización; en su defecto, la edad de jubilación será de 66 años y 8 meses; en 2026, deberán acreditarse 38 años y 3 meses o más cotizados para poderse jubilar a los 65 años; de ser inferior el periodo de cotización, habrá que esperar a cumplir los 66 años y 10 meses de edad. A partir de 2027, la edad de jubilación será de 67 años, salvo para quienes acrediten 38 años y 6 meses o más de cotización, que podrán jubilarse a los 65 años de edad.

- En cambio, en el caso de jubilación parcial anticipada, esto es, por debajo de la edad legal prevista para la jubilación ordinaria, la jubilación parcial es posible siempre que el trabajador tenga un contrato a jornada completa y la empresa concierte simultáneamente un contrato de relevo con un trabajador desempleado o temporal de la misma empresa que cubra, al menos, la jornada que deja vacante el jubilado parcial. Por lo demás, hay que tener en cuenta otras especialidades, que veremos más adelante.

Durante el período de jubilación parcial, empresa y persona trabajadora seguirán cotizando como si el trabajo de ésta se realizase a jornada completa.

En lo que se refiere a la cuantía de la pensión de jubilación parcial, esta se calcula aplicando el porcentaje de reducción de la jornada a la pensión que correspondería de acuerdo con los años de cotización que acredite el trabajador en el momento del hecho causante, sin que sean aplicables coeficientes reductores por adelanto de edad. Y, en el momento en que el trabajador se jubile totalmente, se recalculará la pensión como si hubiera trabajado y cotizado a tiempo completo, siempre que la jubilación parcial se hubiera simultaneado con un contrato de relevo.

En el ámbito de la relación laboral, la jubilación parcial requiere que se celebre un nuevo contrato a tiempo parcial entre la empresa y el trabajador que desea pasar a la situación de jubilado parcial, en el que se ha de establecer un porcentaje de reducción de jornada que debe estar comprendido entre el mínimo y el máximo permitido, según la modalidad de jubilación parcial utilizada.

Ahora bien, ¿tiene el trabajador un derecho absoluto a que el empresario acceda a su solicitud? La respuesta dependerá de lo que establezca el convenio colectivo aplicable, el cual puede precisar de forma inequívoca el alcance de la obligación empresarial ante una propuesta de jubilación formulada por el trabajador o bien regular este derecho de forma imprecisa, mediante una genérica remisión a la normativa legal.

Las consecuencias de ello son muy diferentes, como claramente se desprende de la STS, STS-SOC, núm. 236/2023, de 20 de marzo (rec. núm. 2322/2020)[11] en la que ha declarado que el derecho a la pensión de jubilación parcial queda condicionado no solo al cumplimiento de los requisitos legales propios de las prestaciones contributivas (edad, período de cotización,

11. ECLI:TS:2023:1363. Un comentario de dicha sentencia puede verse en GARCÍA ROMERO, B., «Derecho a la jubilación parcial y alcance de la obligación empresarial de acceder a ella a la vista de la regulación legal y del convenio colectivo aplicable», *Revista de Jurisprudencia Laboral (RJL)*, N.º 4, pp. 1-9.

etc.), sino que también precisa de la concurrencia de las voluntades de las partes de la relación laboral que deben negociar y acordar el modo en que se va a llevar a cabo dicha jubilación parcial. Así pues, para que el derecho sea exigible es necesario que se alcance un acuerdo entre las partes del contrato o la existencia de un convenio colectivo que imponga dicha obligación a la empleadora de forma inequívoca.

De cumplirse la anterior condición, así como el resto de los requisitos que exige la normativa de Seguridad Social, el beneficiario percibe un porcentaje de la pensión y a la vez recibe el salario por su actividad laboral a tiempo parcial.

La cuantía de la pensión es el resultado de aplicar el porcentaje de reducción de jornada al importe de la pensión que le correspondería, de acuerdo con el período de cotización acreditado en la fecha del hecho causante como si se jubilara a la edad ordinaria de jubilación (es decir, sin aplicación de coeficientes reductores por adelanto de la edad de jubilación).

De acuerdo con el artículo 215.3 LGSS, la pensión de jubilación parcial es compatible con el trabajo a tiempo parcial en la empresa habitual, así como con cualquier otra actividad que se desarrollara antes de la jubilación total, así como con cualesquiera otras prestaciones de la Seguridad Social compatibles con ella como son: el subsidio por incapacidad temporal que sustituya al salario cuando se declare la suspensión de sus contratos por esta causa; la prestación por nacimiento y cuidado de hijo o adopción y acogimiento[12], la pensión de viudedad[13], incluso con la prestación por desempleo que le correspondiera por razón de los trabajos a tiempo parcial concertados con anterioridad a la situación de jubilación.

Por último, la jubilación parcial anticipada requiere que se celebren simultáneamente dos contratos de trabajo distintos: un contrato a tiempo

12. Si el jubilado parcial se encuentra temporalmente incapacitado para realizar el trabajo a tiempo parcial por causa de enfermedad o accidente, común o profesional (art. 45.l, c) ET), tendrá derecho a una prestación de incapacidad temporal que sustituye el salario dejado de percibir, que podrá simultanear con el cobro de la pensión de jubilación parcial. Lo mismo sucede, si durante la situación de jubilación parcial se suspende su contrato de trabajo por las causas previstas en el art. 45.1 d) ET (nacimiento, adopción, guarda con fines de adopción acogimiento).

13. Como excepción al principio de incompatibilidad de pensiones entre sí (art. 163 LGSS), la pensión de viudedad es compatible con la pensión de jubilación, hasta el límite que representa el importe máximo de pensiones que se apruebe cada año Así, por ejemplo, la pensión máxima se sitúa en los 3.059,23 euros al mes en 2023, o 42.829 euros en cómputo anual (suma de 14 pagas). Por lo tanto, la suma de la pensión de jubilación y de viudedad no pueden superar dicho límite. En caso contrario, se procederá a reducir la cuantía de la pensión de viudedad hasta el citado tope.

parcial con el trabajador parcialmente retirado, mediante la novación de su anterior contrato a tiempo completo y un nuevo contrato laboral con el trabajador relevista.

2.2. Ámbito de aplicación. Situación de los socios trabajadores de cooperativas o de sociedades laborales

Como se ha señalado, la jubilación parcial se regula en el artículo 215 LGSS, para los trabajadores por cuenta ajena y asimilados. Por lo tanto, se aplicará a los socios trabajadores de sociedades laborales cuando estén asimilados a trabajadores por cuenta ajena con arreglo a lo previsto en el art. 136.2 letras e) y f) LGSS.

En relación con los socios trabajadores de trabajo de las cooperativas, el artículo 215. 5 LGSS prevé que «*Podrán acogerse a la jubilación parcial regulada en este artículo los socios trabajadores o de trabajo de las cooperativas, asimilados a trabajadores por cuenta ajena en los términos del artículo 14, que reduzcan su jornada y derechos económicos en las condiciones previstas en el artículo 12.6 del Texto Refundido de la Ley del Estatuto de los Trabajadores, y cumplan los requisitos establecidos en el apartado 2 de este artículo, cuando la cooperativa concierte con un socio de duración determinada de la misma o con un desempleado la realización, en calidad de socio trabajador o de socio de trabajo, de la jornada dejada vacante por el socio que se jubila parcialmente, con las mismas condiciones establecidas para la celebración de un contrato de relevo en el artículo 12.7 del Texto Refundido de la Ley del Estatuto de los Trabajadores, y conforme a lo establecido en este artículo*».

En cualquier caso, los trabajadores por cuenta ajena o asimilados que quieran acogerse a esta opción de jubilación parcial deben cumplir con los requisitos generales necesarios para poder solicitar una pensión de jubilación contributiva, que varían según la modalidad de acceso.

En cambio, como se ha señalado, en lo que se refiere a los trabajadores por cuenta propia, si bien el artículo 215 LGSS admite la aplicación de la jubilación parcial para este colectivo, esta opción está pendiente de desarrollo reglamentario, por lo que continúan sin tener acceso a esta modalidad.

2.3. Modalidades

Existen dos modalidades de jubilación parcial: la jubilación parcial diferida o sin contrato de relevo y la jubilación parcial anticipada o con contrato de relevo.

2.3.1. *Jubilación parcial diferida o sin contrato de relevo*

En esta modalidad, el jubilado ya tiene la edad ordinaria de jubilación, tiene que reunir los requisitos para causar la pensión de jubilación (quince años, de los cuales, dos deben estar incluidos dentro de los quince años anteriores almes previo al del hecho causante).

Los requisitos son muy flexibles, ya que el beneficiario puede estar contratado a jornada completa o a tiempo parcial antes de pasar a la situación de jubilación parcial. Además, no se exige una antigüedad mínima en la empresa y la celebración del contrato con el relevista es voluntaria.

Por lo demás, la reducción de jornada de trabajo en esta modalidad estará entre un mínimo de un 25 por ciento y un máximo del 50 por ciento.

2.3.2. *Jubilación parcial anticipada o con contrato de relevo*

En esta modalidad, el interesado podrá acceder a una edad inferior a la edad legal de jubilación, siempre que se acrediten los requisitos exigidos.

En cuanto a la edad, esta se aplicará de forma gradual, desde el año 2013 al 2027, en función de los periodos cotizados (disp. trans. 10.ª LGSS). En los años que restan hasta el final del período transitorio, la edad exigible será la siguiente:

<table>
<tr><th></th><th>Año</th><th>Periodo cotizado</th><th>Edad</th><th>Periodo cotizado</th><th>Edad</th></tr>
<tr><td rowspan="5">EDAD MÍNIMA</td><td>2023</td><td>35 años y 9 meses o más</td><td>62 y 4 meses</td><td>33 años</td><td>63 y 8 meses</td></tr>
<tr><td>2024</td><td>36 años o más</td><td>62 y 6 meses</td><td>33 años</td><td>64 años</td></tr>
<tr><td>2025</td><td>36 años y 3 meses o más</td><td>62 y 8 meses</td><td>33 años</td><td>64 años y 4 meses</td></tr>
<tr><td>2026</td><td>36 años y 3 meses o más</td><td>62 y 10 meses</td><td>33 años</td><td>64 años y 8 meses</td></tr>
<tr><td>2027</td><td>36 años y 6 meses o más</td><td>63 años</td><td>33 años</td><td>65 años</td></tr>
</table>

Por lo demás, por debajo de la edad legal de jubilación se exigen otros requisitos adicionales para poder acceder a la jubilación parcial. Así:

a) El trabajador debe tener un contrato a jornada completa y la empresa tiene que concertar simultáneamente un contrato de relevo con un trabajador desempleado o temporal de la misma empresa que cubra, al menos, la jornada que deja vacante el jubilado parcial.

b) La reducción de jornada y de salario, estará entre un mínimo de un 25 por ciento y un máximo del 50 por ciento, pero puede llegar hasta el 75 por ciento si el contrato de relevo se celebra por tiempo indefinido y a jornada completa y se cumplen el resto de los requisitos establecidos en el art. 215.2 LGSS.

Tal reducción de jornada implica, como ya se ha señalado, la concertación de un nuevo contrato a tiempo parcial entre el trabajador que se jubila y su empresa. Dicho contrato se celebrará por escrito y en el modelo oficial.

En el mismo se han de consignar los elementos propios del contrato a tiempo parcial, así como la jornada que el trabajador realizaba antes y la que resulte como consecuencia de la reducción de su jornada de trabajo.

La celebración del contrato no supondrá la pérdida de los derechos adquiridos y de la antigüedad que correspondan al trabajador.

De otro lado, debe señalarse que la Sala Cuarta del Tribunal Supremo ha admitido la concentración anual y plurianual del trabajo a tiempo parcial compatible con la pensión, lo que posibilita trabajar las horas acordadas hasta la jubilación total en un único período ininterrumpido de trabajo, siempre que se mantenga el alta durante ese período. Así, en su STS-SOC 265/2017, de 29 de marzo (rec. 2142/2015)[14], el Alto Tribunal considera que el hecho de que la acumulación de jornada en la suscripción de un contrato de relevo no se contemple legalmente no implica su ilegalidad. El acceso progresivo a la jubilación es algo previsto en exclusivo beneficio de quien se jubila, pudiéndose renunciar al mismo mediante acuerdo con la empresa. Por lo tanto, es correcta la concentración de la jornada reducida (15%) en el período inmediatamente posterior a la suscripción del contrato, y que tras ello no volviese a prestar servicios, accediendo a la jubilación en la fecha prevista al cumplir los 65 años.

14. STS 1429:2017; ECLI:ES:TS:2017:1429. Asimismo, véase, LABORDA IBÁÑEZ, M., *La jubilación parcial*, Servicio de Estudios de la Confederación de UGT, (https://www.ugt.es/es/sites/default/files/la_jubilacion_parcial.pdf), p. 13.

c) El jubilado parcial tiene que acreditar, al menos, treinta y tres años de cotización efectiva en la fecha del hecho causante de la jubilación parcial (veinticinco años en el caso de personas con discapacidad en grado igual o superior al 33 por ciento), sin inclusión de la parte proporcional de pagas extras. A estos exclusivos efectos, solo se computará el período de prestación del servicio militar obligatorio o de la prestación social sustitutoria, o del servicio social femenino obligatorio, con el límite máximo de un año.

d) El trabajador debe acreditar un período de antigüedad en la empresa de, al menos, seis años inmediatamente anteriores a la fecha de la jubilación parcial. A tal efecto, se computará la antigüedad acreditada en la empresa anterior si ha mediado una sucesión de empresa en los términos previstos en el artículo 44 del ET, o en empresas pertenecientes al mismo grupo.

   Sobre el cumplimiento de este requisito, el Instituto Nacional de la Seguridad Social interpreta que no se da cuando la cooperativa ha realizado un cambio de régimen de afiliación en ese período de tiempo[15], pasando el trabajador de estar afiliado al RETA a hacerlo al Régimen General.

e) Debe existir una correspondencia entre las bases de cotización del trabajador relevista y del jubilado parcial, de modo que la correspondiente al trabajador relevista no podrá ser inferior al 65 por ciento del promedio de las bases de cotización correspondientes a los 6 últimos meses del período de base reguladora de la pensión de jubilación parcial.

En lo que respecta al contrato de relevo, debemos señalar que este se celebrará con un trabajador en situación de desempleo o que tuviese concertado con la empresa un contrato de duración determinada.

Debe formalizarse por escrito en el modelo oficial, en el que se deberá especificar el nombre, edad y circunstancias personales del trabajador sustituido. Asimismo, debe contemplar las características del puesto de trabajo que vaya a desempeñar el relevista, que puede ser el mismo del trabajador sustituido.

---

15. FOLGADO, L., «Afrontar con éxito el relevo generacional en las cooperativas», FEVECTA (http://blog.fevecta.coop/ Afrontar-con-éxito-el-relevo-generacional/), p. 5.

La duración del contrato será por tiempo indefinido o, como mínimo, igual al tiempo que falte al trabajador sustituido para alcanzar la edad de jubilación ordinaria exigida en cada caso.

Cuando se reduzca la jornada hasta un 75 por ciento y, por tanto, el contrato de relevo sea de carácter indefinido y a tiempo completo, este deberá alcanzar al menos una duración igual al resultado de sumar dos años al tiempo que le falte al trabajador sustituido para alcanzar la edad ordinaria de jubilación. Durante este período se debe mantener la correspondencia de bases de cotización[16].

Sobre este punto, resulta interesante la doctrina sentada por el Tribunal Supremo en su STS-SOC 614/2019, de 13 de febrero de 2019 (rec. 1219/2019)[17], de la que se deriva que la correspondencia entre las bases de cotización se erige como elemento indispensable para que el contrato de relevo pueda ser considerado ajustado a derecho. En ella se pone de manifiesto que la normativa analizada persigue dos objetivos: uno, coherente con la política de empleo, consiste en que la jubilación anticipada, aunque sea parcial, no se traduzca en la pérdida de puestos de trabajo; de ahí la exigencia de celebrar simultáneamente un contrato de relevo con al menos la misma duración que el tiempo que reste hasta la jubilación definitiva del relevado y con una jornada al menos igual al tiempo de reducción experimentada por la jornada de este; el segundo objetivo es que los ingresos de la Seguridad Social no se vean mermados.

IV. OTRAS MODALIDADES DE JUBILACIÓN Y SU ACCESIBILIDAD PARA SOCIOS TRABAJADORES DE COOPERATIVAS Y DE SOCIEDADES LABORALES

Fuera de las dos modalidades de jubilación analizadas en el apartado anterior, los demás tipos no tienen una conexión tan clara con el relevo generacional, sino que obedecen a otros objetivos, hasta cierto punto contradictorios entre sí.

Así, de un lado, la jubilación anticipada, con o sin aplicación de coeficientes reductores, que permite la salida del mercado de trabajo a una edad inferior a la legal de jubilación y, de otro, la jubilación activa, que permite la prolongación de la vida laboral o profesional de los trabajadores de más

16. Más ampliamente, sobre el contrato de relevo, véase en esta misma obra el capítulo relativo a los aspectos laborales sobre el relevo generacional en cooperativas de trabajo asociado.
17. STS 614/2019-ECLI:ES:TS:2019:614 (Ponente: Excmo. Sr. D. Ángel Blasco Pellicer).

edad, a través de la compatibilidad con el trabajo por cuenta propia o ajena de la pensión de jubilación (o de un porcentaje de la misma).

1. JUBILACIÓN ANTICIPADA

La LGSS regula diferentes modalidades de jubilación anticipada en sus artículos 206 (jubilación anticipada por razón de la actividad), 206 bis (jubilación anticipada en caso de discapacidad), 207 (jubilación anticipada por causa no imputable al trabajador) y 208 (jubilación anticipada por voluntad del interesado).

Las dos primeras modalidades no conllevan la aplicación de coeficientes reductores de la cuantía de la pensión por el adelanto de la edad de jubilación, mientras que las otras dos variantes, sí penalizan el anticipo, mediante un recorte de la pensión, en función de si es o no voluntario y del tiempo de anticipo.

Las anteriores modalidades —reguladas para los trabajadores por cuenta ajena y asimilados— son extensibles a los trabajadores por cuenta propia o autónomos del RETA, con la excepción de la jubilación anticipada involuntaria o por causa no imputable al trabajador, regulada en el artículo 207 LGSS.

1.1. Jubilación anticipada por razón de la actividad

La edad mínima de acceso a la pensión de jubilación (fijada en el artículo 205.1 a) LGSS) puede ser rebajada o anticipada en aquellos grupos o actividades profesionales, cuyos trabajos sean de naturaleza excepcionalmente penosa, peligrosa, tóxica o insalubre y acusen elevados índices de morbilidad o mortalidad, siempre que los trabajadores afectados acrediten en la respectiva profesión o trabajo el mínimo de actividad que se establezca, se encuentren en situación de alta o asimilada a la de alta y cumplan los demás requisitos generales exigidos (art. 206. 1 LGSS).

La aplicación de los coeficientes reductores solo procederá cuando no sea posible la modificación de las condiciones de trabajo y no puede dar lugar a que el interesado acceda a la pensión de jubilación con edad inferior a 52 años. Esta limitación no afectará a los trabajadores de los regímenes especiales (Minería del Carbón y Trabajadores del Mar) que, en 01-01-08, tuviesen reconocidos coeficientes reductores de la edad de jubilación, en cuyo caso, seguirán siendo de aplicación las reglas establecidas en la normativa anterior.

Desde 01-01-08, los coeficientes reductores no serán tenidos en cuenta a efectos de acreditar la edad exigida para acceder a la jubilación parcial, a la jubilación anticipada con la condición de mutualista y a cualquier otra modalidad de jubilación anticipada, ni tampoco para el porcentaje adicional para aquellos que se jubilan después de la edad ordinaria de jubilación.

Se establecerá reglamentariamente el procedimiento general que debe observarse para rebajar la edad de jubilación, en el que se prevea la realización previa de estudios sobre siniestralidad en el sector, penosidad, peligrosidad y toxicidad de las condiciones del trabajo, su incidencia en los procesos de incapacidad laboral que genera en los trabajadores y los requerimientos físicos exigidos para el desarrollo de la actividad.

Como se ha señalado, esta modalidad de jubilación no conlleva la aplicación de coeficientes reductores por el anticipo de la pensión. De ahí que, con la finalidad de mantener el equilibrio financiero del sistema, se prevea que la aplicación de los coeficientes reductores de la edad que se establezcan llevará consigo un incremento en la cotización a la Seguridad Social, a efectuar en relación con el colectivo, sector y actividad. Dicho incremento consistirá en aplicar un tipo de cotización adicional sobre la base de cotización por contingencias comunes, tanto a cargo de la empresa como del trabajador. (art. 206.4 LGSS).

1.2. Jubilación anticipada en caso de discapacidad

De acuerdo con el artículo 206 bis LGSS, la edad mínima de acceso a la pensión de jubilación podrá ser reducida en el caso de personas con discapacidad en un grado igual o superior al 65 por ciento, o también en un grado igual o superior al 45 por ciento, siempre que, en este último supuesto, se trate de discapacidades reglamentariamente determinadas respecto de las que existan evidencias contrastadas que determinan de forma generalizada una reducción significativa de la esperanza de vida[18].

La aplicación de los coeficientes reductores solo procederá cuando no sea posible la modificación de las condiciones de trabajo y no puede dar lugar a que el interesado acceda a la pensión de jubilación con edad inferior a 52 años.

18. Las discapacidades en las que concurren evidencias contrastadas que determinan de forma generalizada y apreciable una reducción de la esperanza de vida y que podrán dar lugar a la reducción de la edad de jubilación, son las enumeradas en el anexo del Real Decreto 1851/2009, de 4 de diciembre, por el que se desarrolla el actual artículo 206 bis de la Ley General de la Seguridad Social, en cuanto a la anticipación de la jubilación de las personas trabajadoras con discapacidad en grado igual o superior al 45 por ciento.

En este caso, los coeficientes reductores tampoco serán tenidos en cuenta a efectos de acreditar la edad exigida para acceder a la jubilación parcial, a la jubilación anticipada con la condición de mutualista y a cualquier otra modalidad de jubilación anticipada, ni tampoco para el porcentaje adicional para aquellos que se jubilan después de la edad ordinaria de jubilación.

1.3. Jubilación anticipada por causa no imputable al trabajador

De conformidad con lo previsto en el artículo 207 LGSS, el acceso a la jubilación anticipada derivada del cese en el trabajo por causa no imputable a la libre voluntad del trabajador exigirá los siguientes requisitos:

a) Tener cumplida una edad que sea inferior en cuatro años, como máximo, a la edad ordinaria de jubilación vigente, sin que a estos efectos resulten de aplicación los coeficientes reductores a que se refieren los artículos 206 y 206 bis LGSS.

b) Encontrarse inscrito en las oficinas de empleo como demandante de empleo durante un plazo de, al menos, seis meses anteriores a la fecha de la solicitud de la jubilación.

c) Acreditar un período mínimo de cotización efectiva de 33 años[19].

d) Que el cese en el trabajo se haya producido por alguna de las causas enumeradas. Dicha lista (cerrada) ha sido ampliada tras la reforma llevada a cabo por la Ley 21/2021, de 28 de diciembre. Así, junto con el resto de causas extintivas por razones objetivas (despido colectivo por causas económicas, técnicas, organizativas o de producción; por causas objetivas: resolución judicial en supuestos previstos en la Ley concursal; muerte, jubilación o incapacidad del empresario individual, o por causa de fuerza mayor), se añade la resolución voluntaria por parte del trabajador en los supuestos de movilidad geográfica (art. 40.1 ET), modificación sustancial de las condiciones de trabajo que genera perjuicio (art. 41.3 ET), la realizada por la víctima de violencia de género o violencia sexual (art. 49.1.m ET) y extinción causal por grave incumplimiento de la empresa (art. 50 ET).

En segundo término, se modifica el modo de aplicar los coeficientes reductores sobre la pensión, que ahora se determina por cada mes de ade-

19. A estos efectos se computará el periodo de prestación del servicio militar obligatorio o de la prestación social sustitutoria, o del servicio social femenino obligatorio, con el límite máximo de un año.

lanto y no por trimestre, con lo que el ajuste resulta más equitativo (art. 207.2 LGSS).

Por último, se rebaja el coeficiente reductor correspondiente a cada uno de los seis meses previos a la edad de jubilación ordinaria, respecto de los establecidos para el caso de jubilación voluntaria.

La jubilación anticipada por causa no imputable al trabajador no se contempla en el RETA, por lo tanto, solo es de aplicación para socios trabajadores cuya cooperativa haya optado por el régimen general.

1.4. Jubilación anticipada por voluntad del interesado

De acuerdo con el artículo 208 LGSS, aplicable tanto a trabajadores por cuenta ajena como por cuenta propia, para acceder a esta modalidad de jubilación anticipada se exigen los siguientes requisitos:

a) Tener cumplida una edad que sea inferior en dos años, como máximo, a la edad ordinaria de jubilación vigente, sin que a estos efectos resulten de aplicación los coeficientes reductores a que se refieren los artículos 206 y 206 bis LGSS.

b) Acreditar un período mínimo de cotización efectiva de 35 años.

c) El importe de la pensión a percibir ha de resultar superior a la cuantía de la pensión mínima que correspondería al interesado por su situación familiar al cumplimiento de los sesenta y cinco años. En caso contrario, no se podrá acceder a esta fórmula de jubilación anticipada.

Esta modalidad ha sido también reformada por Ley 21/2021, de 28 de diciembre, en varios aspectos[20]:

Así, de un lado, se procede a revisar los coeficientes reductores aplicables en caso de jubilación voluntaria (que se aplican por cada mes o fracción de mes de anticipo respecto de la edad ordinaria de jubilación y no por cada trimestre de adelanto, como antes), en función del período de cotización acreditado y de los meses de anticipación, con el fin de promover la jubilación a edades más próximas a la edad legal de jubilación y favorecer carreras de cotización más largas. En general, los nuevos coeficientes resultan más gravosos que los previstos en la regulación precedente. No obstante, se admite la aplicación de los coeficientes reductores correspondientes a la jubilación por causa no imputable al trabajador en caso de percepción del

20. GARCIA ROMERO, B., «Las reformas de Seguridad», *cit.*, p. 262.

subsidio de desempleo con una antelación de al menos tres meses (art. 208.3 LGSS). A efectos del cumplimiento del período mínimo de cotización se computará el período de servicio social femenino obligatorio en los mismos términos que el servicio militar o prestación social sustitutoria.

De otro lado, con el propósito declarado de reforzar la equidad, los coeficientes reductores correspondientes a esta modalidad de pensión se aplicarán sobre la cuantía de la misma, respetando el importe correspondiente a la pensión máxima de acuerdo con el artículo 57 LGSS, si bien dicha modificación se hará de manera progresiva, a lo largo de un período de diez años (art. 210.3 y DT 34.ª LGSS).

2. PENSIÓN DE JUBILACIÓN Y ENVEJECIMIENTO ACTIVO

2.1. Regulación general

La jubilación activa se regula en el artículo 214 LGSS, modificado por Ley 21/2021, de 28 de diciembre, de garantía del poder adquisitivo de las pensiones y otras medidas de refuerzo de la sostenibilidad financiera y social del sistema público de pensiones.

Esta fórmula de jubilación permite compatibilizar la realización de cualquier trabajo por cuenta ajena (a tiempo completo o a tiempo parcial) o por cuenta propia con la percepción de la pensión de jubilación contributiva.

Una de las modificaciones operadas ha sido el retraso en el acceso a la misma, puesto que ahora se exige que haya transcurrido un año desde que se cumplió la edad ordinaria de jubilación.

La cuantía de la pensión compatible con el trabajo será equivalente al 50 por ciento de la pensión inicialmente reconocida (una vez aplicado, si procede, el límite máximo de pensión pública, o del que se esté percibiendo, en el momento de inicio de la compatibilidad con el trabajo), cualquiera que sea la jornada laboral o la actividad que realice el pensionista.

No obstante, la cuantía de la pensión compatible con el trabajo alcanzará el 100 por ciento en caso de trabajadores autónomos que tengan contratado, al menos, a un trabajador por cuenta ajena, siempre que se haya cotizado el tiempo suficiente para acceder a la pensión completa (art. 214.2 párrafo segundo LGSS)[21].

21. Cabe esperar que esta diferencia de trato en el régimen de compatibilidad en favor de los trabajadores autónomos no perdure mucho tiempo, a tenor de lo previsto en La

Durante el tiempo en el que compatibilice la pensión con el trabajo, el pensionista no tendrá derecho a los complementos para pensiones inferiores a la mínima.

Una vez finalizada la relación laboral por cuenta ajena, se restablecerá el percibo íntegro de la pensión de jubilación. Igual restablecimiento se producirá en el caso de cese en la actividad por cuenta propia cuando no se acredite la contratación de algún trabajador por cuenta ajena, conforme a lo dispuesto en el artículo 214.2, párr. 2.º LGSS.

De otro lado, cabe destacar la supresión del anterior apartado 6 que establecía limitaciones a las empresas que hubieran adoptado decisiones extintivas improcedentes en los seis meses anteriores y les imponía una serie de obligaciones de mantenimiento del nivel de empleo[22].

Por último, durante la realización del trabajo por cuenta ajena o por cuenta propia compatible con la pensión de jubilación, los empresarios y los trabajadores cotizarán a la Seguridad Social únicamente por incapacidad temporal y por contingencias profesionales, según la normativa reguladora del régimen de la Seguridad Social correspondiente, si bien quedarán sujetos a una cotización especial de solidaridad del 9 por ciento sobre la base de cotización por contingencias comunes, no computable para las prestaciones, que en los regímenes de trabajadores por cuenta ajena se distribuirá entre empresario y trabajador, corriendo a cargo del empresario el 7 por ciento y del trabajador el 2 por ciento.

2.2. Jubilación activa de los artistas

En segundo lugar, debemos mencionar el nuevo régimen de compatibilidad de la pensión de jubilación con la actividad artística.

Este supuesto de jubilación activa se regula en el nuevo artículo 249 *quater* LGSS (añadido por Disposición Final 4.ª del RDL 1/2023, de 10 de enero, y entrada en vigor el 1 de abril de 2023) y permite la compatibilidad de la actividad artística tanto por cuenta propia como por cuenta ajena con la percepción del importe íntegro de la pensión de jubilación sin más obligación que solicitar el alta y cotizar en el régimen que corresponda por contingencias profesionales, así como para los trabajadores por cuenta ajena,

---

DA 6.ª bis de la LGSS, de acuerdo con la cual: «*Con posterioridad, y dentro del ámbito del diálogo social, y de los acuerdos en el seno del Pacto de Toledo, se procederá a aplicar al resto de la actividad por cuenta propia y al trabajo por cuenta ajena el mismo régimen de compatibilidad establecido entre la pensión de jubilación contributiva y la realización de trabajos regulado en el párrafo segundo del apartado 2 del artículo 214 de la presente ley*».

22. GARCÍA ROMERO, B., «Las reformas de Seguridad Social», *cit.*, pp. 264-266.

conforme al nuevo artículo 153 ter, con una cotización especial de solidaridad del 9 por ciento sobre la base de cotización por contingencias comunes, no computable a efectos de prestaciones, que se distribuirá entre las empresas y trabajadores.

Esta compatibilidad se extiende a las pensiones de jubilación del RETA (modificación del artículo 318 d) LGSS y art. 305.2 m)), así como la cotización durante la compatibilidad de la pensión y la actividad artística, aunque exclusivamente a cargo del trabajador (art. 310 bis LGSS).

De otro lado, se atiende a la situación de autónomos artistas con bajos ingresos (en los términos establecidos en la Disposición Adicional 1.ª del RDL 5/2022, de 22 de marzo). A tal fin, en el art. 313 bis LGSS se establece una cotización reducida que les permite compatibilizar su actividad creativa y su inclusión en el sistema de Seguridad Social y la Disposición Transitoria 5.ª de la LGSS determina cuál será la base de cotización prevista en el párrafo primero del artículo para 2023 (Disposición Adicional 4.ª), así como su modificación en años posteriores mediante la LPGE.

Finalmente, se adiciona una letra m) al apartado 2 del art. 305 LGSS para la inclusión en el RETA de quienes ejercen una actividad artística por cuenta propia.

V. OTRAS MEDIDAS PARA FOMENTAR LA INCORPORACIÓN DE SOCIOS TRABAJADORES O DE TRABAJO EN ENTIDADES DE ECONOMÍA SOCIAL

Aparte de las medidas relacionadas con la salida de los socios trabajadores o de trabajo de las cooperativas y sociedades laborales que hemos analizado, existen otras que pueden contribuir a la incorporación de nuevos socios y, a la postre, al crecimiento de estas entidades de Economía Social y al rejuvenecimiento de su plantilla.

Así, en primer lugar, tales entidades deberán tener en cuenta las subvenciones directas que existen para el impulso de las mismas[23]. En este sentido, el Componente número 23 del en Plan de Recuperación, Transformación y Resiliencia desarrolla en su Inversión 6 el «Plan integral para el impulso a la Economía Social», cuya implementación descansa fundamen-

23. Al respecto, véase Orden TES/1233/2022, de 5 de diciembre, por la que se establecen las bases reguladoras para el Plan Integral de Impulso a la Economía Social para la generación de un tejido económico inclusivo y sostenible y por la que se aprueba la convocatoria de ayudas para proyectos innovadores para los años 2022 y 2023, en el marco del Plan de Recuperación, Transformación y Resiliencia (BOE 14 diciembre 2022).

talmente en la concesión de subvenciones en régimen de concurrencia competitiva. Tales ayudas económicas pueden utilizarse, entre otras finalidades, para la creación y consolidación de entidades innovadoras de economía social con repercusiones en el relevo generacional y el emprendimiento juvenil y también para el impulso de las transiciones sostenibles e inclusivas de empresas y de colectivos en situación de vulnerabilidad.

En segundo lugar, otros incentivos que a la incorporación de nuevos socios trabajadores revisten la forma de bonificaciones en las cuotas a la Seguridad Social. En este punto, debe destacarse la reforma del sistema de subvenciones y bonificaciones a la Seguridad Social que ha tenido lugar mediante Real Decreto Ley 1/2023, de 10 de enero, de medidas urgentes en materia de incentivos a la contratación laboral y mejora de la protección social de las personas artistas (BOE 11 enero 2023). Así, esta norma, en su artículo 28, regula las bonificaciones por la incorporación de personas trabajadoras como socias trabajadoras o de trabajo a cooperativas y sociedades laborales. Concretamente, la incorporación de tales socios en estas entidades de economía social dará derecho a una bonificación de 73 euros al mes durante tres años, cuando dichas entidades hayan optado por un régimen de Seguridad Social propio de personas trabajadoras por cuenta ajena. Además, si las incorporaciones «se realizan con personas jóvenes menores de 30 años, o personas menores de 35 años que tengan reconocido un grado de discapacidad igual o superior al 33 por ciento, la bonificación será de 147 euros/ mes durante el primer año, y de 73 euros/mes durante los dos años restantes».

De otro lado, se encuentra también bonificada la incorporación como socios en la cooperativa o sociedad laboral de personas que realizan formación práctica en empresas, por parte de la empresa donde las realice, ya sea a la finalización o durante el desarrollo de la misma (art. 25). Tal incorporación dará derecho a una bonificación de 138 euros al mes durante tres años, salvo que la persona trabajadora contratada sea una persona con discapacidad, en cuyo caso la bonificación podrá aplicarse durante la vigencia del contrato. Para el caso de incorporación como persona socia trabajadora en la cooperativa, la citada bonificación sólo será de aplicación cuando dicha entidad haya optado por un régimen de Seguridad Social propio de personas trabajadoras por cuenta ajena.

Por último, debemos mencionar la posibilidad de capitalización de la prestación por desempleo, que permite a sus beneficiarios percibirla de una sola vez para su incorporación, de forma estable, como socios trabajadores o de trabajo en cooperativas o sociedades laborales, aunque hayan mantenido un vínculo contractual previo con dichas sociedades, independientemente de su duración o constituirlas. Este mismo derecho se reconoce a las personas que trabajen en la sociedad laboral o cooperativa con una relación laboral de carácter indefinido que reúnan todos los requisitos para ser beneficiarios de la prestación por desempleo, y que pretendan adquirir la condición de persona socia trabajadora o de trabajo en dicha sociedad laboral o cooperativa.

En estos supuestos, el abono de la prestación se realizará de una sola vez por el importe que corresponda a las aportaciones al capital, incluyendo la cuota de ingreso, en el caso de las cooperativas, o al de la adquisición de acciones o participaciones del capital social en una sociedad laboral en lo necesario para acceder a la condición de socio. Asimismo, se podrá destinar «a los gastos de constitución y puesta en funcionamiento de una entidad, así como al pago de las tasas y el precio de servicios específicos de asesoramiento, formación e información relacionados con la actividad a emprender»[24].

VI. CONCLUSIONES

A lo largo del trabajo hemos analizado la jubilación de los socios trabajadores o de trabajo como causa de salida de aquellos de la cooperativa o sociedad laboral, centrándonos fundamentalmente en aquellas fórmulas que pueden tener mayor relación con el relevo generacional.

En el citado marco, se ha prestado especial atención a la jubilación forzosa y a la jubilación parcial (tanto la diferida como la anticipada), ya que ambas modalidades de jubilación vinculan la salida de los trabajadores de mayor edad con la contratación de trabajadores desempleados o la transformación en indefinidos de socios trabajadores de duración determinada de la misma cooperativa o sociedad laboral.

De otro lado, se han examinado otras modalidades de jubilación, a veces con objetivos contradictorios. Así, de un lado, se ha estudiado la jubilación anticipada, como vía de extinción del vínculo societario a una edad inferior a la ordinaria de jubilación, en cuanto puede suponer el rejuvenecimiento de la plantilla, si a la vez se trata de fomentar la incorporación de nuevos socios trabajadores. En este sentido, tales entidades pueden utilizar los recursos existentes para incentivar la entrada en la entidad de economía

24. Regla 1.ª del artículo 10.1, de la Ley 5/2011, de 29 de marzo, de Economía Social, modificado por la Disposición Final tercera del Real Decreto-la Ley 1/2023, de 10 de enero, de medidas urgentes en materia de incentivos a la contratación laboral y mejora de la protección social de las personas artistas. Esta medida en concreto es objeto de tratamiento monográfico en esta misma obra colectiva.

social de que se trate, tales como subvenciones directas, incentivos a la incorporación de socios trabajadores o de trabajo en las sociedades laborales o cooperativas, o la capitalización de la prestación por desempleo para la realización de sus aportaciones a la cooperativa o sociedad laboral.

Por otra parte, se ha analizado el régimen de compatibilidad de la pensión de jubilación y el trabajo, tanto por cuenta propia como por cuenta ajena, en el marco del envejecimiento activo.

Se ha comprobado que algunas modalidades de jubilación, tales como la jubilación parcial (art. 215 LGSS) y la jubilación anticipada por causa no imputable al trabajador (art. 207 LGSS) no son accesibles para los trabajadores por cuenta propia o autónomos, por lo que es un hecho importante la opción que hace la cooperativa en sus estatutos en orden al régimen de afiliación de los socios trabajadores en el sistema de Seguridad Social, reviste una enorme trascendencia, si bien dicha opción puede cambiarla cada cinco años. Igualmente, las bonificaciones a la incorporación de nuevos socios trabajadores o de trabajo en las cooperativas, condicionan su concesión a que la organización haya optado por afiliar a sus socios en el RGSS.

Por ello, de cara a afrontar el relevo generacional, las cooperativas y sociedades laborales con un elevado porcentaje de asociados que haya superado la barrera de los 50 o 55 años de edad, deberán adoptar decisiones sobre qué aspectos regular, tales como la conveniencia de cambiar el régimen de afiliación de sus socios (en el caso de las cooperativas), aumentar las bases de cotización, etc., de manera que se concilien los intereses de la entidad por el mantenimiento y crecimiento de esta y el individual de cada socio.

VII. BIBLIOGRAFÍA

AA.VV., *Lecciones de Seguridad Social* (Coord. RODRÍGUEZ INIESTA), 12.ª edición, Diego Marín, pp. 305-337.

ARAGÓN SÁNCHEZ, C., «El impacto de género en las reformas de la Seguridad Social», *Briefs de la AEDTSS* (https://www.aedtss.com/coleccion-brief-aedtss), p. 2.

FOLGADO, L., «Afrontar con éxito el relevo generacional en las cooperativas», FEVECTA (http://blog.fevecta.coop/ Afrontar-con-éxito-el-relevo-generacional/), p. 5.

GALA DURÁN, C., «La relación entre la jubilación y la negociación colectiva tras las últimas reformas», *Doc. Labor.* Núm. 112, 2017, pp. 143-161.

GARCÍA ROMERO, B., «Las reformas de Seguridad Social previstas en el Plan de Recuperación, Transformación y Resiliencia», AA.VV., *Empleo y protección social*, XXXIII Congreso Anual de la Asociación Española de Derecho del Trabajo y de la Seguridad Social, 2023, pp. 245-283.

GARCÍA ROMERO, B., «Derecho a la jubilación parcial y alcance de la obligación empresarial de acceder a ella a la vista de la regulación legal y del convenio colectivo aplicable», *Revista de Jurisprudencia Laboral (RJL)*, N.º 4, pp. 1-9.

GARCÍA ROMERO, B., Capítulo XXVIII. «La extinción de la relación de la persona socia-trabajadora de una cooperativa», AA.VV., *La Ley 27/1999, de 16 de Julio, de Cooperativas: Veinte años de vigencia y resoluciones judiciales (1999-2019)* (Dirs. ALFONSO SÁNCHEZ/CAVAS MARTÍNEZ/NAVARRO EGEA/VALERO TORRIJOS), Aranzadi, Cizur Menor, 2021, pp. 731-752.

GARCIA ROMERO, B., «Novedades en la determinación de la cuantía de la pensión de jubilación ordinaria», AA.VV., *La reforma de la pensión de jubilación* (Coord. GARCÍA ROMERO/LÓPEZ ANIORTE), Tirant lo Blanch, Valencia, 2014, pp. 93-137.

LABORDA IBÁÑEZ, M., *La jubilación parcial*, Servicio de Estudios de la Confederación de UGT (https://www.ugt.es/es/sites/default/files/la_jubilacion_parcial.pdf), 27 pp.

MONEREO PÉREZ, J. L./RODRÍGUEZ INIESTA, G., *La pensión de jubilación*, 2.ª ed., Murcia, Laborum, 2022.

Capítulo 16

El pago único de las prestaciones de desempleo y cese de actividad como instrumento al servicio del relevo generacional en cooperativas y sociedades laborales*

FRANCISCA MARÍA FERRANDO GARCÍA
Catedrática de Derecho del Trabajo y de la Seguridad Social
Universidad de Murcia

SUMARIO: I. EL FOMENTO DE LA ECONOMÍA SOCIAL: UNA POLÍTICA ACTIVA DE EMPLEO ORIENTADA A LA CREACIÓN DE EMPLEO DE CALIDAD Y AL RELEVO GENERACIONAL EN LAS SOCIEDADES LABORALES Y COOPERATIVAS. II. LA CAPITALIZACIÓN DE LA PRESTACIÓN POR DESEMPLEO PARA LA INCORPORACIÓN A COOPERATIVAS DE TRABAJO ASOCIADO Y A SOCIEDADES LABORALES. *1. Capitalización de la prestación por desempleo a los beneficiarios de prestaciones cuando pretendan incorporarse como socios trabajadores o de trabajo en cooperativas o en sociedades laborales. 2. Capitalización de la prestación por desempleo para la adquisición de la condición de sociedad laboral o transformación en cooperativa por sociedades mercantiles en concurso.*

*. Trabajo integrado en el Proyecto «Plataformas digitales para la economía de cuidados» (TED2021-129367B-I00), financiado por el Ministerio de Ciencia e Innovación MCIN/AEI/10.13039/501100011033 y por la Unión Europea «NextGenerationEU»/PRTR, del que son investigadoras principales Mercedes Farias Batlle y Rosalía Alfonso Sánchez.

I. EL FOMENTO DE LA ECONOMÍA SOCIAL: UNA POLÍTICA ACTIVA DE EMPLEO ORIENTADA A LA CREACIÓN DE EMPLEO DE CALIDAD Y AL RELEVO GENERACIONAL EN LAS SOCIEDADES LABORALES Y COOPERATIVAS

Aunque en los últimos años ha experimentado una reducción significativa, la tasa de paro en España se sitúa todavía en el 11,84%[1], constituyendo la más elevada de toda la UE[2]. Este hecho ha llevado el legislador español a diseñar e implementar políticas públicas de empleo destinadas a fomentar tanto el empleo por cuenta ajena, como por cuenta propia, incluso el denominado emprendimiento social, mediante la incorporación de la persona desempleada a entidades de economía social.

Estas políticas se articulan a través de diversos programas encaminados a «impulsar la creación de empleo y a mejorar las posibilidades de acceso a un empleo digno, por cuenta ajena o propia, de las personas demandantes de los servicios de empleo, al mantenimiento y mejora de su empleabilidad y al fomento del espíritu empresarial y de la economía social» (art. 31 de la Ley 3/2023, de 28 de febrero, de Empleo, LE/2023).

La políticas activas de empleo contemplan el estímulo directo del empleo y el emprendimiento mediante incentivos, que pueden actuar como refuerzo negativo, en cuanto suponen que la Administración deja de recaudar una determinada cantidad que en otro caso el empresario hubiera debido abonar en concepto de cuotas a la Seguridad Social (bonificaciones, reducciones y exenciones de las cuotas de Seguridad Social) y/o impuestos (deducciones y exenciones fiscales), o como refuerzo positivo, a través de la concesión de subvenciones y préstamos. Aunque no sea el objeto de este

1. La cifra se ha tomado de la EPA para el tercer trimestre de 2023, disponible en https://www.ine.es/daco/daco42/daco4211/epa0323.pdf
2. En agosto de 2023, la tasa media de desempleo de la UE se situaba en el 5.9% sobre el total de la población activa, según EUROSTAT (https://ec.europa.eu/eurostat/cache/infographs/economy/ecotrends/index.html?&lang=en&indicator=unemployment).

estudio, conviene señalar que el legislador español ha recurrido a todas estas medidas a fin de fomentar el empleo y el autoempleo en el marco de las entidades de economía social.

Junto a los citados estímulos al emprendimiento, la normativa de Seguridad Social contempla la posibilidad de capitalización de las prestaciones de desempleo, posibilidad que se ha extendido posteriormente a la prestación de cese de actividad del trabajador autónomo, para facilitar el «reemprendimiento» o una segunda oportunidad para el trabajador autónomo. Pues bien, la liquidación anticipada de estas prestaciones para financiar los gastos de inicio y puesta en marcha de la actividad empresarial, no solo se refiere a los supuestos de incorporación a una entidad mercantil, sino también a entidades de economía social. En este segundo supuesto, la modalidad de pago único permite, según los casos, la regeneración societaria y/o el rescate de la empresa en situaciones de crisis.

La especial consideración prestada al emprendimiento social en este conjunto de programas, se debe, en primer término, a la disminución que comporta en la tasa de paro respecto de las personas que, hallándose en situación de desempleo o cese de actividad, capitalizan las prestaciones devengadas para incorporarse como socias a las entidades de economía social, que les proporcionarán un puesto de trabajo[3]. En segundo lugar, se reconoce el potencial de las cooperativas de trabajo asociado y las sociedades laborales, para la creación de empleo por cuenta ajena en el marco de la actividad empresarial o profesional que desarrollan[4]. A los mencionados beneficios se añade la constatación empírica de que estas entidades conllevan beneficios, tanto en el ámbito de su gestión interna, como respecto del medio social y económico que les rodea[5].

3. En efecto, el art. 80.1 de la Ley 27/1999, de 16 de julio, de Cooperativas (LCoop), establece que las cooperativas de trabajo asociado «tienen por objeto proporcionar a sus socios puestos de trabajo, mediante su esfuerzo personal y directo, a tiempo parcial o completo, a través de la organización en común de la producción de bienes o servicios para terceros».
4. El Dictamen CES 9/2023 sobre el Anteproyecto de Ley Integral de impulso de la economía social (https://www.ces.es/documents/10180/5301494/Dic092023.pdf), subraya el peso de las entidades de la economía social en el tejido productivo español, donde generan alrededor del 10 por 100 del PIB y cerca de 2,2 millones de empleos directos e indirectos, contribuyendo al 12.5 % del empleo nacional.
5. Informe de la Subcomisión para el Fomento de la Economía Social, 2011 (BOCG, 2 de junio de 2011 N.º 581, 2011). Documento disponible en: https://www.congreso.es/public_oficiales/L9/CONG/BOCG/D/D_581.PDF#page=1. En el mismo sentido, véase CEPES, «El impacto socioeconómico de las entidades de Economía Social», 2013. Disponible en: http://www.cepes.es/publicacion_cepes=96

En efecto, las entidades de economía social representan un modelo de emprendimiento colectivo basado en valores como la democracia, la solidaridad y la cohesión social, que impregnan la gestión de la empresa, primando a la persona sobre el capital[6]. De otro lado, las entidades de Economía Social contribuyen al desarrollo económico y social de su entorno, y constituyen una fórmula idónea para la canalización de la fuerza productiva, bien mediante la incorporación de socios trabajadores, bien mediante la creación de empleo por cuenta ajena en su seno[7].

Los valores anteriormente citados se traducen, además, en las características del empleo que se genera en su seno, un empleo estable y de calidad[8]. La normativa cooperativa fomenta dicha estabilidad al condicionar la adopción de acuerdos de baja obligatoria de socios-trabajadores por parte de la Asamblea General de la cooperativa de trabajo asociado, a que la medida sea necesaria para mantener la viabilidad empresarial de la propia cooperativa[9]. Por otra parte, la crisis provocada por la pandemia ha puesto de manifiesto la gran capacidad de las cooperativas en lo que atañe a la recuperación de la actividad productiva y la reactivación de los empleos afectados por ERTE, tras las medidas de restricción del movimiento y reunión impuestas a la ciudadanía por motivos de salud pública[10].

A los beneficios mencionados se suma la enorme utilidad de las cooperativas y sociedades laborales como alternativa para mantener o recuperar

6. GARCÍA, J. I., «Cooperativas de trabajo asociado, sociedades laborales y fomento del cooperativismo», *Revista General de Derecho del Trabajo y de la Seguridad Social,* n.º 37, 2014, pp. 28-54.
7. CAVAS MARTÍNEZ, F., SELMA PENALVA, A., «Economía Social, autoempleo e integración laboral», M. F. GÓMEZ MANRESA, M. F. y PARDO, M. (Dirs.), *Economía Social y Derecho: Problemas jurídicos actuales de las empresas de Economía Social,* Comares, Granada, 2013, p. 257; DÍAZ, M. y MARCUELLO, C., «Impacto económico de las cooperativas. La generación de empleo en las sociedades cooperativas y su relación con el PIB», *CIRIEC-España, Revista de Economía pública, social y cooperativa,* n.º 67, 2010, pp. 23-44.
8. PEDREÑO FRUTOS, J. A., «El emprendimiento en la Economía Social: perspectivas de futuro y líneas de actuación», *Cuadernos de Economía Social,* n.º 1, 2013, p. 2. Disponible en: https://www.cepes.es/files/publicaciones/72.pdf
9. El riesgo para la viabilidad de la cooperativa de trabajo asociado se recoge como condición de la baja del socio trabajador en el art. 85.1 LCoop, así como en la mayoría de las leyes autonómicas (Andalucía, Aragón, Asturias, Islas Baleares, Cantabria, Castilla La-Mancha, Castilla y León, Catalunya, Euskadi, Extremadura, La Rioja, Madrid y Murcia). Sobre la cuestión, véase BENGOECHEA ALKORTA, A., «El empleo en las cooperativas de trabajo asociado: ¿derecho al trabajo o factor productivo?», *Lan Harremanak,* n.º 32, 2015, p. 45.
10. HOYT, A., *Report on the 33rd World Cooperative Congress outcomes of the International Cooperative Alliance,* 2021, p. 5. Disponible en https://icaworldcoopcongress.coop/wp-content/uploads/2022/05/Congress-Report-Outcomes_EN3.pdf

la empresa y por tanto el empleo, ante las situaciones de falta de relevo generacional y de crisis[11].

Las razones apuntadas han llevado a diversas instancias internacionales a valorar positivamente este enfoque diferente de la actividad empresarial, invitando a los gobiernos a apoyar su labor. Cabe destacar en este sentido, la Recomendación 193/2002 de la OIT, sobre la promoción de las cooperativas.

En el ámbito de la UE, existen diversos precedentes en la materia, entre ellos, la Resolución 2008/2250 (INI) del Parlamento Europeo, de 19 de febrero de 2009, y la Resolución del Parlamento Europea, de 2 de julio de 2013, sobre la contribución de las cooperativas a la salida de la crisis[12], que aludía a la necesidad de facilitar la continuidad de la actividad empresarial por los propios trabajadores a través de su conversión en socios de una sociedad cooperativa de trabajo asociado o una sociedad anónima laboral. En la misma línea, el Anexo de la Propuesta de Decisión de Ejecución del Consejo relativa a la aprobación de la evaluación del plan de recuperación y resiliencia de España [COM (2021) 322 final], recoge el objetivo operativo 349, sobre apoyo a: «a) La generación y mantenimiento del empleo de empresas viables en dificultades o sin relevo generacional, mediante su conversión en fórmulas empresariales de economía social (cooperativas y sociedades laborales), gestionadas por sus trabajadores y trabajadoras; b) La creación y consolidación de entidades innovadoras de la economía social, con repercusiones en el relevo generacional y el emprendimiento juvenil (...)».

Más recientemente, el Plan de Acción para la Economía Social presentado por la Comisión Europea en 2021[13], contempla la necesidad de introducir medidas para fomentar la innovación social, reforzar la economía social y sus modelos organizativos, y seguir desarrollando su capacidad para impulsar la transformación económica y social.

El 13 de junio de 2023, la Comisión presentó al Consejo una propuesta de Recomendación del Consejo sobre el desarrollo de condiciones marco

11. *Cfr.* Estrategia Española de la Economía Social 2022-2027, aprobada por Resolución de 17 de mayo de 2023, de la Secretaría de Estado de Empleo y Economía Social, por la que se publica el Acuerdo del Consejo de Ministros, de 11 de abril de 2023, por el que se aprueba la Estrategia Española de Economía Social 2023-2027.
12. Resolución 2012/2321 (INI).
13. Comunicación de la Comisión «Construir una economía que funcione para las personas: un plan de acción para la economía social» [COM(2021) 778 final].

para la economía social[14], con el objetivo de fomentar el acceso al mercado laboral y la inclusión social. La propuesta «recomienda a los Estados miembros que reconozcan y apoyen el valor añadido específico de la economía social facilitando el acceso al mercado laboral y promoviendo puestos de trabajo de calidad para todos, mejorando al mismo tiempo unas condiciones de trabajo justas, seguridad y salud en el trabajo, igualdad y no discriminación». Para ello, contempla, entre otras acciones «garantizar un marco facilitador para las transmisiones de empresas a empleados a fin de que formen cooperativas de trabajadores y adopten otras formas jurídicas de la economía social pertinentes, con el objetivo de evitar pérdidas de empleo y salvaguardar la actividad económica, proporcionando al mismo tiempo servicios de acompañamiento e información sobre los costes y beneficios potenciales de las transmisiones de empresas a empleados»[15].

Ya, en el ámbito nacional, el art. 129.2 de la Constitución Española, encomienda a los poderes públicos el fomento «mediante una legislación adecuada (de) las sociedades cooperativas y demás modalidades asociativas». En su desarrollo, se han aprobado diversas normas, como la Ley 5/2011, de 29 de marzo, de Economía Social (LES), la Ley 27/1999, de 16 de julio, de Cooperativas, el RD 219/2001, de 2 de marzo, sobre organización y funcionamiento del Consejo para el Fomento de la Economía Social, etc. También, la LE/2023 incluye expresamente entre las políticas activas de empleo, las medidas destinadas al fomento de la economía social [arts. 4.l) y 31]. En particular, el art. 12.4.f) de la misma norma señala que la Estrategia Española de Apoyo Activo al Empleo se articulará en torno a los determinados Ejes de las políticas de activación para el empleo, en los que se recoge el Eje 6, dedicado al emprendimiento, que comprende *«las actividades dirigidas a fomentar la iniciativa empresarial, el trabajo autónomo y la economía social, así como las encaminadas a la generación de empleo, actividad empresarial y dinamización e impulso del desarrollo económico local»*[16].

Con relación al papel de las entidades de economía social en el mantenimiento del empleo en situaciones de crisis de empresa, la Exposición de Motivos de la ya derogada Ley 15/1986, de 25 de abril, de Sociedades Anó-

14. 2023/0179(NLE). Disponible en: https://data.consilium.europa.eu/doc/document/ST-13287-2023-INIT/es/pdf
15. Se recomienda, a tal fin, «ofrecer apoyo financiero específico y desarrollo de capacidades para facilitar la transmisión de empresas a los trabajadores a través de cooperativas y otras formas pertinentes de economía social, proporcionando al mismo tiempo a los trabajadores, servicios de acompañamiento e información sobre sus costes y beneficios potenciales».
16. En términos similares, el art. 13, relativo al Plan Anual para el Fomento del Empleo Digno, describe, en su apartado. 3.e), el «Eje 5. Emprendimiento».

nimas Laborales, con relación al cierre de empresas provocado por la crisis del sector industrial, afirmaba que la constitución de sociedades anónimas laborales, en la mayoría de los casos, «supone un proceso de reconversión de la empresa anterior»[17].

El 31 de mayo de 2022, el Gobierno de España aprobó el Proyecto estratégico para la recuperación y transformación económica (PERTE) de economía social y de los cuidados[18], entre cuyas metas se encuentra la de facilitar la conversión de compañías en crisis o con falta de relevo generacional en empresas de economía social, principalmente cooperativas de trabajo asociado y sociedades laborales[19]. En su desarrollo, en diciembre de 2022, se pone en marcha el Plan Integral de Impulso a la Economía Social para la generación de un tejido económico, inclusivo y sostenible[20], recoge el objetivo de impulsar el poder transformador de la Economía Social Española, apostando por transformaciones empresariales a modelos de economía social para salvar empleos y empresas viables en dificultades o sin relevo generacional mediante su conversión en empresas de economía social.

Asimismo, la Estrategia Española de la Economía Social 2022-2027[21], puso de relieve la «falta de relevo generacional en las empresas de economía

17. No obstante, las sucesivas reformas de esta norma han omitido esta conexión entre las sociedades laborales y el fin de recuperación por los trabajadores de las empresas en crisis en las que trabajan (ESCRIBANO GUTIÉRREZ, J., «Transmisión de empresa a los trabajadores organizados en cooperativas de trabajo asociado o sociedades laborales», *XVII Congreso Internacional de Investigadores en Economía Social y Cooperativa. La Economía Social: transformaciones recientes, tendencias y retos de futuro,* 2018, p. 5. Disponible en http://ciriec.es/wp-content/uploads/2018/09/COMUN-045-T10-ESCRIBANO.pdf).
18. Previsto como inversión 6 del Componente número 23 del Plan de Recuperación, Transformación y Resiliencia. La Memoria completa del PERTE puede consultarse en https://www.lamoncloa.gob.es/consejodeministros/resumenes/Documents/2022/210622-perte-economia-social-y-de-los-cuidados-memoria-completa.pdf
19. En este sentido, la Línea de Actuación: a.1, del Objetivo General 1, «prevé la realización de actuaciones de fomento de reconversión de otros modelos societarios, que se encuentren en crisis o con falta de relevo generacional, a empresas de Economía Social, principalmente cooperativas de trabajo asociado y sociedades laborales».
20. Dicho plan se articula, fundamentalmente, mediante la concesión de subvenciones en régimen de concurrencia competitiva, de conformidad con la Orden TES/1233/2022, de 5 de diciembre, por la que se establecen las bases reguladoras de las ayudas para el Plan Integral de Impulso a la Economía Social para la generación de un tejido económico, inclusivo y sostenible y por la que se aprueba la convocatoria de ayudas para proyectos innovadores para los años 2022 y 2023, en el marco del Plan de Recuperación, Transformación y Resiliencia.
21. Resolución de 17 de mayo de 2023, de la Secretaría de Estado de Empleo y Economía Social, por la que se publica el Acuerdo del Consejo de Ministros, de 11 de abril de 2023, por el que se aprueba la Estrategia Española de Economía Social 2023-2027.

social y dificultades para atraer a los jóvenes a este modelo de empresa», como una de las debilidades de las entidades de economía social, motivada, entre otras causas, por el «despoblamiento y envejecimiento de la población rural que afectan a la sostenibilidad territorial de la economía social».

La última expresión normativa de esta política de fomento de las entidades de economía social como instrumentos para solventar situaciones de crisis y facilitar el relevo generacional aparece en el Real Decreto-ley 1/2023, de 10 de enero, de medidas urgentes en materia de incentivos a la contratación laboral y mejora de la protección social de las personas artistas, que recoge entre sus objetivos generales, el de «*fomentar la creación de empleo en el ámbito de la economía social*» (art. 2.1), y, más específicamente, «*El fomento del trabajo autónomo y de la economía social como instrumento eficaz de generación de trabajo estable y de calidad*» [art. 2.2.g)].

Esta consideración de las entidades de economía social como piezas clave para dinamizar el tejido empresarial, para la creación de empleo estable y de calidad, y para preservar la actividad empresarial ante los retos de relevo generacional y de crisis de empresa, ha determinado, como se ha apuntado anteriormente, la aprobación de programas nacionales y autonómicos de subvenciones[22], así como, en el ámbito estatal, de bonificaciones y reducciones en las cotizaciones a la Seguridad Social[23], para apoyar el empleo en dichas entidades e impulsar su constitución y mantenimiento.

La naturaleza híbrida de los vínculos que mantienen las entidades con sus socios trabajadores o de trabajo, e incluso la posibilidad de opción que el legislador confiere (en el caso de las cooperativas de trabajo asociado) de

22. Las CCAA cuentan con programas de subvenciones para el fomento de la economía social, que se suman a los previstos en el ámbito estatal (arts. 82 a 84 Real Decreto 818/2021, de 28 de septiembre, por el que se regulan los programas comunes de activación para el empleo del Sistema Nacional de Empleo; Resolución de 20 de abril de 2023, de la Dirección General del Trabajo Autónomo, de la Economía Social y de la Responsabilidad Social de las Empresas, por la que se aprueba la convocatoria para la concesión de subvenciones a las actividades de promoción del trabajo autónomo, de la economía social y de la responsabilidad social de las empresas y para sufragar los gastos de funcionamiento, para el año 2023; Orden ESS/739/2017, de 26 de julio, por la que se establecen las bases reguladoras de la concesión de subvenciones a las actividades de promoción del trabajo autónomo, de la economía social y de la responsabilidad social de las empresas y para sufragar los gastos de funcionamiento de las asociaciones de trabajadores autónomos, de cooperativas, de sociedades laborales, de empresas de inserción y de otros entes representativos de la economía social de ámbito estatal).
23. Véanse las bonificaciones por la incorporación de personas trabajadoras como socias trabajadoras o de trabajo a cooperativas y sociedades laborales, recogidas en el art. 28 RDL 1/2023.

inclusión de sus socios trabajadores en el RGSS o en el RETA[24], se traduce en la posibilidad de acceso a diversos programas de subvenciones e incentivos en materia de cotización a la Seguridad Social. En unos casos, se trata de programas diseñados específicamente para las entidades de economía social y, en particular, para las que procuran la inserción laboral de colectivos desfavorecidos, como las Empresas de Inserción. En otros, el legislador procede a extender las medidas previstas con carácter general para el fomento del empleo por cuenta ajena a los socios trabajadores que se incorporen a dichas entidades (siempre que se opte por su inclusión en el RGSS, como asimilados a trabajadores por cuenta ajena).

Por otra parte, las entidades de economía social pueden beneficiarse, como una empresa más, de los incentivos a la contratación de trabajadores por cuenta ajena[25], si bien la contratación de personas con problemas de inserción en Empresas de Inserción y en Centros Especiales de Empleo, tiene un tratamiento más beneficioso[26].

Este conjunto de medidas de fomento del empleo que incide sobre las entidades de economía social se completa con la capitalización de las prestaciones de desempleo y cese de actividad, a quienes deseen constituir una entidad de economía social o incorporarse como socios a una entidad de economía social. La capitalización de la prestación por desempleo puede facilitar la continuidad de la empresa por los propios trabajadores en caso de falta de relevo generacional. Y ello, porque la liquidación anticipada de

24. Los socios de las cooperativas de trabajo asociado se hallan en principio integrados en el Régimen Especial de la Seguridad Social de Trabajadores Autónomos (en adelante, RETA), si bien la cooperativa puede optar por el encuadramiento de sus socios en el RETA o en el Régimen General de la Seguridad Social (RGSS) (Disp. Adic. 4.ª1.º Real Decreto Legislativo 8/2015, de 30 de octubre, por el que se aprueba el texto refundido de la Ley General de la Seguridad Social, LGSS).
A diferencia de los cooperativistas, los socios-trabajadores de sociedades laborales son simultáneamente trabajadores por cuenta ajena (y, como tales, se hallan integrados en el Régimen General de la Seguridad Social), al tiempo que socios de la sociedad. Para salvaguardar la naturaleza laboral de su relación se establecen ciertas limitaciones en cuanto al capital social: debe estar en su mayoría en manos de trabajadores, si bien cada uno de ellos no puede poseer acciones o participaciones sociales que representen más de la tercera parte del capital social (arts. 1 y 5 Ley 44/2015, de 14 de octubre, de Sociedades Laborales y Participadas).
25. Art. 7.1.c) RDL 1/2023.
26. Dicho tratamiento se manifiesta en diversos preceptos del RDL 1/2023 (*v.gr.* art. 12.2), en las bonificaciones a la contratación contempladas en el art. 2.3 de la Ley 43/2006, de 29 de diciembre, para la mejora del crecimiento y del empleo, y en los programas de inclusión laboral de personas con discapacidad en el mercado de trabajo protegido (arts. 51 a 57) y de personas en riesgo o situación de exclusión social (arts. 58 a 64), contenidos en el Real Decreto 818/2021, de 28 de septiembre, por el que se regulan los programas comunes de activación para el empleo del Sistema Nacional de Empleo.

la prestación proporciona los fondos necesarios a las personas trabajadoras que, en otro caso, podrían perder su puesto de trabajo por jubilación del titular del negocio[27], para incorporarse como socias a una sociedad cooperativa o laboral, o constituirla o transformar una sociedad mercantil en cooperativa, a la que trasvasar la titularidad de la empresa o negocio. Tanto es así, que el cobro de la prestación de desempleo en pago único se ha convertido en unas de las principales fuentes de financiación de la creación de sociedades cooperativas de trabajo asociado y sociedades laborales[28]. Esta circunstancia justifica el estudio de esta fórmula de cobro de la prestación de Seguridad Social, sin perjuicio de otras previsiones de Derecho mercantil también destinadas a favorecer esta transición, que serán objeto de análisis en otros capítulos de esta obra[29].

II. LA CAPITALIZACIÓN DE LA PRESTACIÓN POR DESEMPLEO PARA LA INCORPORACIÓN A COOPERATIVAS DE TRABAJO ASOCIADO Y A SOCIEDADES LABORALES

La Comunicación de la Comisión al Parlamento Europeo, al Consejo, al Comité Económico y Social Europeo y al Comité de las Regiones, «Hacia una recuperación generadora de empleo», de 18 de abril de 2012, advirtió la necesidad de promover y apoyar el trabajo por cuenta propia, las empresas sociales y las empresas de nueva creación, recomendando a este fin los sistemas de conversión de las prestaciones de desempleo en subvenciones para la creación de empresas, orientados a *«los grupos con mayor potencial (como los trabajadores desempleados con capacidades profesionales, las mujeres o los jóvenes)»*. En esta línea, el legislador español ha introducido sucesivas reformas[30], que han incidido en la regulación del pago de la prestación por

27. Dado que la jubilación del empresario constituye causa de extinción del contrato de trabajo, que se articulará conforme al art. 49.1.g) Real Decreto Legislativo 2/2015, de 23 de octubre, por el que se aprueba el texto refundido de la Ley del Estatuto de los Trabajadores (ET), cuando el titular de la empresa sea una persona física, o conforme al art. 51 ET, cuando se trate de una persona jurídica.

28. ESCRIBANO GUTIÉRREZ, J., «Transmisión de empresa a los trabajadores organizados en cooperativas de trabajo asociado o sociedades laborales», cit., p. 7.

29. Al trasvase del negocio a los trabajadores de la empresa contribuyen, además, algunas previsiones normativas de índole mercantil. Es el caso del art. 86 LCoop, que permite a los trabajadores de empresas absorbidas por cooperativas, incorporarse a ellas como socios, así como de las reglas contenidas en los arts. 219 y 224 *bis* del Real Decreto Legislativo 1/2020, de 5 de mayo, por el que se aprueba el texto refundido de la Ley Concursal, LC, modificado por la Ley 16/2022, de 5 de septiembre, a las que se aludirá posteriormente.

30. En virtud de la Ley 31/1984, de 2 de agosto, la Ley 45/2002, de 12 de diciembre, la Ley 5/2011, de 29 de marzo, de Economía Social, el Real Decreto-ley 4/2013, de 22 de

desempleo, a fin de permitir su capitalización para financiar determinados costes derivados de la integración en entidades de economía social.

Dicha capitalización constituye una excepción a la regla de incompatibilidad entre prestación y trabajo (art. 282.1 LGSS), cuya justificación se halla en la necesidad de fomentar la vuelta a la actividad laboral por las personas desempleadas. Es, precisamente, con este fin, con el que el art. 296.3 LGSS condiciona la posibilidad de abono de la prestación de nivel contributivo por una sola vez, o de aplicar dicha prestación a la financiación de la cotización del trabajador, a lo previsto en tal sentido por *«algún programa de fomento del empleo»*. Análogamente, el art. 49.3 LE/2023, establece que *«para impulsar el desarrollo de iniciativas de emprendimiento o economía social viables, se desarrollarán programas de fomento del empleo a cuyo amparo podrá abonarse, por una sola vez, la prestación contributiva por desempleo a que tenga derecho la persona trabajadora, en su importe total o parcial, y/o utilizarse para abonar el importe de las cuotas a la Seguridad Social»*.

La capitalización de la prestación contributiva de desempleo se encuentra actualmente desarrollada en los arts. 10 y 10 *bis* de la Ley 5/2011, de 29 de marzo, así como en el RD 1044/1985, de 19 de junio, que contemplan dos modalidades de abono: de un lado, el pago mensual del importe de la prestación por desempleo de nivel contributivo, para subvencionar la cotización del trabajador a la Seguridad Social en el RETA, y, de otro, el abono de la prestación en pago único.

Ambas modalidades de pago pretenden facilitar la incorporación de la persona beneficiaria de prestaciones por desempleo como socio trabajador o de trabajo en cooperativas o en sociedades laborales en funcionamiento o de nueva creación (art. 10 LES), así como la adquisición de la condición de sociedad laboral o transformación en cooperativa por parte de sociedades mercantiles en concurso (artículo 10 *bis* LES).

---

febrero, de medidas de apoyo al emprendedor y de estímulo del crecimiento y de la creación de empleo (posterior Ley 11/2013, de 26 de julio), la Ley 31/2015, de 9 de septiembre, por la que se modifica y actualiza la normativa en materia de autoempleo y se adoptan medidas de fomento y promoción del trabajo autónomo y de la economía social y, como último hito hasta la fecha, el Real Decreto-ley 1/2023, de 10 de enero, de medidas urgentes en materia de incentivos a la contratación laboral y mejora de la protección social de las personas artistas.

1. CAPITALIZACIÓN DE LA PRESTACIÓN POR DESEMPLEO A LOS BENEFICIARIOS DE PRESTACIONES CUANDO PRETENDAN INCORPORARSE COMO SOCIOS TRABAJADORES O DE TRABAJO EN COOPERATIVAS O EN SOCIEDADES LABORALES

1.1. Requisitos de acceso al pago único

El art. 10 LES, introducido por la Ley 31/2015, de 9 de septiembre, reconoce el derecho a capitalizar la prestación por contributiva de desempleo: de un lado, a los beneficiarios de la prestación que pretendan, bien incorporarse, de forma estable, como socios trabajadores o de trabajo en cooperativas o en sociedades laborales, aunque hayan mantenido un vínculo contractual previo con dichas sociedades, independientemente de su duración, o bien constituirlas; y, de otro, a quienes trabajen en la sociedad laboral o cooperativa con una relación laboral de carácter indefinido que reúnan todos los requisitos para ser beneficiarios de la prestación por desempleo de nivel contributivo, salvo el de estar en situación legal de desempleo, que pretendan adquirir la condición de persona socia trabajadora o de trabajo en dicha sociedad laboral o cooperativa.

En lo que concierne al ámbito subjetivo del derecho a capitalización, la redacción de la norma parece admitir la posibilidad de que un socio trabajador temporal[31], que fuera beneficiario de la prestación de desempleo[32], pueda capitalizar la prestación para adquirir la condición de socio fijo o estable, ya que la norma no limita el ámbito subjetivo del derecho al pago único a los trabajadores asalariados de la sociedad, sino que alude genéricamente a «los beneficiarios de prestaciones». La clave está, pues, en la

31. El art. 13.6 de la LCoop, dispone que: «*Si lo prevén los Estatutos y se acuerda en el momento de la admisión, podrán establecerse vínculos sociales de duración determinada, siempre que el conjunto de estos socios no sea superior a la quinta parte de los socios de carácter indefinido de la clase de que se trate.*
La aportación obligatoria al capital social exigible a este tipo de socios no podrá superar el diez por ciento de la exigida a los socios de carácter indefinido y le será reintegrada en el momento en el que cause baja, una vez transcurrido el período de vinculación».
En lo que concierne a las normas autonómicas, la mayoría (salvo tres: Galicia, Illes Balears y Madrid) contemplan la figura del socio temporal.

32. Según lo dispuesto en el art. 2.1.c) del RD 1043/1985, de 19 de junio, por el que se amplía la protección por desempleo a los socios trabajadores de Cooperativas de Trabajo Asociado, se considera en situación legal de desempleo al socio trabajador de una cooperativa de trabajo asociado, incluido en el RGSS, con un vínculo societario de duración determinada, que hubiera cesado, con carácter definitivo, en la prestación de trabajo en la Cooperativa, perdiendo los derechos económicos derivados directamente de dicha prestación, en caso de finalización del período al que se limitó dicho vínculo.

finalidad de la medida, que es la incorporación del beneficiario, «de forma estable, como socios trabajadores o de trabajo».

Como condición de acceso al abono de la prestación en pago único, la Regla 3.ª del art. 10.1 LES establece la necesidad de que la solicitud del abono de la prestación por desempleo de nivel contributivo sea anterior a la fecha de la incorporación a la cooperativa o sociedad laboral[33]. Esta exigencia, que es análoga a la prevista para los desempleados que desean constituirse como trabajadores autónomos[34], comporta una demora inconveniente en el inicio de la actividad por cuenta propia, que puede tener sentido cuando la capitalización se solicita para sufragar el coste de las acciones o participaciones de la sociedad y otros gastos de incorporación a la misma, pero no cuando se pretenden abonar, con cargo a la prestación, las cotizaciones del trabajador a la Seguridad Social.

Distinto es el supuesto introducido mediante la Disp. Final 3.ª del RDL 1/2023, en que el solicitante es un trabajador de la sociedad laboral o cooperativa de trabajo asociado con contrato indefinido que pretende adquirir la condición de socio trabajador o de trabajo de la entidad, a quien la Regla 1.ª del art. 10.1 LES no exige el requisito de hallarse en situación legal en desempleo, favoreciendo, de esta forma, el relevo societario[35]. En tal caso, la solicitud de la prestación y de la capitalización será simultánea y la fecha de esta se asimilará, a efectos de reconocimiento y cálculo de la prestación, a la fecha de la situación legal de desempleo.

Por otra parte, el art. 49.3 LE/2023, exige la realización de *«una auditoría de la viabilidad del proyecto empresarial o de economía social, así como un acom-*

33. Es más, se mantiene la previsión ya contenida en la Regla 5.ª Disp. Transitoria 4.ª Ley 45/2002, según la cual, si el trabajador hubiera impugnado el cese de la relación laboral origen de la prestación por desempleo, la solicitud debe ser posterior a la resolución del procedimiento correspondiente.
34. De conformidad con el art. 34.1.3.ª Ley 20/2007, de 11 de julio, del Estatuto del trabajo autónomo (LETA), la solicitud del abono de la prestación deberá ser anterior a la de inicio de la actividad como trabajador autónomo o como socio de la entidad mercantil, considerando que tal inicio coincide con la fecha que como tal figura en la solicitud de alta del trabajador en la Seguridad Social. Con todo, una jurisprudencia flexible ha admitido la solicitud de capitalización en momento posterior a la formalización del alta en el RETA, siempre y cuando sea posterior a la situación legal de desempleo (CAÑAL RUIZ, J. M. y RUBIO MEDINA, M. D., «el pago único de la prestación por desempleo: régimen jurídico y novedades introducidas por la ley 45/2002, de 12 de diciembre», *Temas Laborales*, n.º 68, 2003, p. 111). Entre otras, *véanse* las SSTS de 7 noviembre 2005 (RJ 2006, 1690), y 11 julio 2006 (RJ 2006, 8338). En la doctrina de suplicación, aplican dicha jurisprudencia, *v.gr.* las SSTSJ Galicia, de 23 abril 2010 (AS 2010, 2065) y TSJ Andalucía, Sevilla, de 13 mayo 2010 (AS 2010, 1661).
35. Esta medida había sido demandada reiteradamente por la Confederación Empresarial Española de la Economía Social (CEPES).

pañamiento técnico, con perspectiva de género, de su puesta en práctica». La doctrina ha entendido que, puesto que no se ha derogado expresamente, permanecen en vigor la exigencia relativa a la presentación, junto a la solicitud de pago único, de una memoria explicativa de la actividad a realizar (art. 3.1 RD 1004/1985), siendo posible que la Entidad Gestora deniegue el pago único cuando constate la inviabilidad del proyecto (art. 3.2)[36].

A diferencia de lo previsto en la regla contenida en el art. 34.1.1.ª.b) LETA respecto del pago único de la prestación para financiar la aportación al capital social de una sociedad de mercantil, en cuyo caso se requiere que esta sea de nueva constitución o se haya constituido en un plazo máximo de doce meses anteriores a la aportación, el supuesto previsto en el art. 10 LES no exige que la sociedad laboral o cooperativa sea de nueva constitución o se haya constituido dentro de un período de tiempo determinado, lo que avala, una vez más, la idoneidad de esta medida como instrumento para facilitar el relevo generacional en entidades ya existentes de economía social.

1.2. Cuantía de la prestación y conceptos financiables

La prestación, calculada en días completos, de la que deducirá el importe relativo al interés legal del dinero, se destinará a sufragar:

- El importe que corresponda a las aportaciones al capital, incluyendo la cuota de ingreso, en el caso de las cooperativas, o al de la adquisición de acciones o participaciones del capital social en una sociedad laboral en lo necesario para acceder a la condición de socio[37].
- Los gastos de constitución y puesta en funcionamiento de una entidad, así como al pago de las tasas y el precio de servicios específicos de asesoramiento, formación e información relacionados con la actividad a emprender.

36. ESCRIBANO GUTIÉRREZ, J., «Transmisión de empresa a los trabajadores organizados en cooperativas de trabajo asociado o sociedades laborales», cit., p. 8.

37. De conformidad con la Ley 45/2002, de 12 de diciembre, y hasta la reforma efectuada por la Ley 31/2015 de 9 de septiembre, la prestación se podía dedicar únicamente a financiar el montante inicial de la cuota de capital social necesario para adquirir la condición de socio. En consecuencia, no se permitía su aplicación a la totalidad del aporte dinerario previsto en los estatutos y que hubiera de ingresarse aplazadamente ni las aportaciones complementarias (ÁLVAREZ CORTÉS, J. C., y PLAZA ANGULO, J. J., «El desempleo en su modalidad de pago único como ayuda a nuevos emprendedores», *Temas Laborales*, n.º 95, 2008, pp. 283-296; PLAZA-ANGULO, J. J. y CIRUELA-LORENZO, A. M., «El pago único de la prestación por desempleo como medio de financiación inicial de las empresas de Economía Social en España», *CIRIEC-España, Revista de Economía Pública, Social y Cooperativa*, n.º 91, 2017, p. 93). La interpretación judicial de la norma fue muy estricta, como prueba la STS de octubre de 2007 (rec. 3925/2006).

En consecuencia, no se establecen límites en cuanto al porcentaje de la prestación que se puede capitalizar, de forma que el pago puede alcanzar el 100 por 100 del importe de la prestación causada, siempre que se justifique su dedicación a los conceptos elegibles anteriormente mencionados.

La Regla 2.ª del art. 10.1 LES recoge la posibilidad de que la entidad gestora abone mensualmente el importe de la prestación por desempleo de nivel contributivo para subvencionar la cotización del trabajador a la Seguridad Social, previa comprobación del mantenimiento del alta del trabajador en el sistema de Seguridad Social en el mes correspondiente. En esta modalidad de pago, la cuantía de la subvención, calculada en días completos de prestación, será fija y corresponderá al importe de la aportación íntegra del trabajador a la Seguridad Social en el momento del inicio de la actividad sin considerar futuras modificaciones. No obstante, cuando el importe de la subvención quede por debajo de la aportación del trabajador que corresponda a la base mínima de cotización vigente para cada régimen de Seguridad Social, se abonará esta última.

Con relación a esta modalidad de capitalización para el pago de las cotizaciones, y a diferencia de lo previsto en la Disp. Transitoria 4.ª.1. Regla 1.ª de la derogada Ley 45/2002, la normativa vigente omite la referencia a la posibilidad de aplicar a dichas cotizaciones la cuantía de la prestación que, en su caso, exceda de los gastos financiables con cargo al pago único de la prestación[38].

1.3. Fecha de efectos de la solicitud y nacimiento del derecho

Por último, en cuanto a los efectos económicos del abono del derecho solicitado, se producirán a partir del día siguiente al de su reconocimiento, salvo cuando la fecha de inicio de la actividad sea anterior, en cuyo caso, se estará a la fecha de inicio de esa actividad.

2. CAPITALIZACIÓN DE LA PRESTACIÓN POR DESEMPLEO PARA LA ADQUISICIÓN DE LA CONDICIÓN DE SOCIEDAD LABORAL O TRANSFORMACIÓN EN COOPERATIVA POR SOCIEDADES MERCANTILES EN CONCURSO

2.1. Requisitos de acceso al pago único

El art. 10 *bis* LES, añadido por la Disp. Final 8.ª de la Ley 16/2022, de 5 de septiembre, de reforma del Texto Refundido de la Ley Concursal, regula

38. Esta posibilidad también se contempla en el art. 12 LES respecto del pago único de la prestación por cese de actividad.

la capitalización de la prestación por desempleo para la adquisición de la condición de sociedad laboral o transformación en cooperativa por sociedades mercantiles en concurso. Concretamente, el precepto permite la capitalización a quienes «*pretendan adquirir acciones o participaciones sociales de una sociedad en la que prestan servicios retribuidos como personas trabajadoras con contrato de trabajo por tiempo indefinido de forma que, con dicha adquisición, individualmente considerada, o con las adquisiciones que realicen otras personas, trabajadoras o no de la sociedad, esta reúna las condiciones legalmente necesarias para adquirir la condición de sociedad laboral o transformarse en cooperativa*» (art. 10 *bis*.1 LES).

Se exige, además, «*que la empresa se haya declarado en concurso y que el juez de lo mercantil haya acordado la transformación de la sociedad en una sociedad cooperativa o sociedad laboral*», según lo previsto en los arts. 219 o 224 *bis* y concordantes del Texto Refundido de la Ley Concursal.

El aludido art. 219 LC establece una regla de preferencia de adjudicación de la unidad productiva «*al oferente cuya oferta no difiera en más del quince por ciento de la oferta superior cuando considere que garantiza en mayor medida la continuidad de la empresa en su conjunto o, en su caso, de la unidad productiva y de los puestos de trabajo, así como la mejor y más rápida satisfacción de los créditos de los acreedores*», señalando que dicha regla será aplicable también a las ofertas de personas trabajadoras interesadas en la sucesión de la empresa mediante la constitución de sociedad cooperativa o laboral.

Por su parte, el art. 224 *bis* LC prevé la posibilidad de que el deudor solicite concurso con presentación de oferta de adquisición de una o varias unidades productivas. Esta propuesta vinculante de adquisición, que podrá ser realizada por personas trabajadoras interesadas en la sucesión de la empresa mediante la constitución de sociedad cooperativa, laboral o participada, será priorizada por el juez, cuando la oferta sea igual o superior a la de las demás propuestas alternativas presentadas, siempre que ello atienda al interés del concurso, considerando en el mismo la continuidad de la empresa, la unidad productiva y los puestos de trabajo, entre otros criterios (art. 224 *bis*, aptdos. 1, 3 y 6 LC).

En suma, de los citados preceptos se deducen los siguientes requisitos específicos:

- Los solicitantes han de ser trabajadores con contrato de trabajo por tiempo indefinido en una sociedad mercantil. Puesto que la norma no precisa más, es irrelevante la antigüedad del solicitante en la empresa, así como si el contrato indefinido es a tiempo completo o parcial, o se trata de un fijo discontinuo[39].

- Se requiere que la adquisición de acciones o participaciones sociales por parte de la persona trabajadora (individualmente considerada o juntamente con las adquisiciones realizadas por otras personas, trabajadoras o no de la sociedad), permita a la sociedad mercantil reunir las condiciones legalmente necesarias para adquirir la condición de sociedad laboral o transformarse en cooperativa.

- Que, por estar interesados en la sucesión de la empresa mediante su transformación en una sociedad cooperativa o laboral, los solicitantes hayan presentado ante el juez del concurso, junto con otro u otros trabajadores, una propuesta vinculante en tal sentido[40].

- Que la empresa se haya declarado en concurso y el juez de lo mercantil haya acordado la transformación de la sociedad en una sociedad cooperativa o sociedad laboral, según lo previsto en los arts. 219 o 224 *bis* y concordantes LC.

Téngase en cuenta que la liquidación anticipada de la prestación por desempleo va a permitir la adquisición por los trabajadores de acciones o participaciones de la sociedad mercantil para su posterior transformación en sociedad laboral o cooperativa[41], de ahí que sea preciso que la entidad gestora acredite ante el juez del concurso que, en caso de ser autorizado por este, se autorizarán las capitalizaciones de las prestaciones por desempleo que posibilitarán dicha transformación (art. 10 *bis*.5 LES)[42].

---

39. *Cfr.* Instrucción Primera.a) de las *Instrucciones provisionales para la aplicación del artículo 10 bis de la Ley 5/2011, de Economía Social: Capitalización de la prestación por desempleo para la adquisición de la condición de sociedad laboral o transformación en cooperativa por sociedades mercantiles en concurso,* dictadas por la Dirección General del SEPE.
40. Instrucción Primera.c) de las *Instrucciones provisionales para la aplicación del artículo 10 bis de la Ley 5/2011, de Economía Social,* cit.
41. Algún autor ha cuestionado el interés de los asalariados en capitalizar sus prestaciones por desempleo para adquirir empresas declaradas en concurso u optar por el denominado pre-pack concursal al solicitar el concurso, con la finalidad de convertirlas en cooperativas o sociedades laborales (ARRIETA IDIAKEZ, F. J., «Nuevos retos para fomentar la economía social tras el acuerdo político alcanzado por el Consejo de la Unión en relación con la Recomendación sobre el desarrollo de condiciones marco para la economía social», *Briefs* AEDTSS, n.º 57, 2023, 16 octubre 2023, p. 2).
42. El citado precepto remite al desarrollo reglamentario la regulación del procedimiento mediante el cual la entidad gestora acreditará ante el juez del concurso la autorización de la capitalización de la prestación por desempleo. En tanto se aprueba la norma reglamentaria, las *Instrucciones provisionales para la aplicación del artículo 10 bis de la Ley 5/2011, de Economía Social,* han previsto el procedimiento a seguir a tal fin.

En el supuesto de capitalización previsto en el art. 10 *bis* LES, como en el de las personas trabajadoras con contrato indefinido en la sociedad laboral o cooperativa que pretendan adquirir la condición de socia trabajadora o de trabajo en dicha sociedad laboral o cooperativa, se exime al solicitante de estar en situación legal de desempleo.

Tampoco resultan de aplicación las exigencias, contenidas en el RD 1044/1985, de 19 de junio, de que el trabajador no haya hecho uso del derecho al pago único en los cuatro años inmediatamente anteriores, ni que, en caso de tener derecho a reanudar una prestación por desempleo, las mensualidades pendientes de percibir sean tres o más[43].

2.2. Prestación: cuantía y conceptos financiables

En lo que atañe a la cuantía y destino de la prestación capitalizada, el apartado 3 del precepto, autoriza la liquidación de hasta el 100 por cien del importe de la prestación por desempleo, para destinarla a la adquisición de acciones o participaciones sociales de la sociedad en la que trabajen las personas solicitantes.

También en este caso, se contempla la posibilidad de destinar parte del importe obtenido a la adquisición de acciones o participaciones sociales de la sociedad y el restante para subvencionar las cuotas del socio trabajador a la Seguridad Social (art. 10 *bis*.3 LES), con independencia del régimen en que vaya a causar alta el trabajador (sea el RGSS o RETA). Sin embargo, no cabe solicitar el pago único exclusivamente para subvencionar dichas cotizaciones, ni, a diferencia de lo previsto en el art. 10 LES, para afrontar las tasas, los gastos de constitución y puesta en funcionamiento de la sociedad laboral o cooperativa o el precio de servicios de asesoramiento, formación e información relacionados con la actividad[44].

En cuanto a la cuantía de la subvención para abonar las cotizaciones, se calculará «*en días completos de prestación, será fija y corresponderá al importe de la aportación íntegra de la persona trabajadora a la Seguridad Social en el momento de la solicitud de la capitalización sin considerar futuras modificaciones*». No obstante, cuando el importe de la subvención quede por debajo de la aportación del trabajador o trabajadora que corresponda a la base mínima de cotización vigente para cada régimen de Seguridad Social, se abonará la cuantía de dicha base mínima. La entidad gestora abonará dicha cuantía al trabajador,

43. Instrucción Primera de las *Instrucciones provisionales para la aplicación del artículo 10 bis de la Ley 5/2011, de Economía Social*, cit.

44. Instrucción Segunda de las *Instrucciones provisionales para la aplicación del artículo 10 bis de la Ley 5/2011, de Economía Social*, cit.

previa comprobación de que se mantiene en alta en la Seguridad Social en el mes correspondiente [art. 10 *bis*.4) LES].

2.3. Fecha de efectos de la solicitud y nacimiento del derecho

La solicitud de la prestación y de la capitalización será simultánea, asimilándose la fecha de solicitud a la de la situación legal de desempleo, a efectos de reconocimiento y cálculo de la prestación. En consecuencia, el derecho nacerá a partir del día siguiente de la solicitud, sin que exista posibilidad de presentación extemporánea.

2.4. Procedimiento

En tanto no se desarrolle reglamentariamente el procedimiento administrativo a seguir por el SEPE, la solicitud y resolución sobre pago único de la prestación se rige por lo previsto en las *Instrucciones provisionales para la aplicación del artículo 10 bis de la Ley 5/2011, de Economía Social: Capitalización de la prestación por desempleo para la adquisición de la condición de sociedad laboral o transformación en cooperativa por sociedades mercantiles en concurso,* dictadas por la Dirección General del SEPE.

a) Solicitudes

Si varios trabajadores desean solicitar el pago único para transformar en cooperativa o sociedad laboral la misma sociedad mercantil, habrán de presentar la solicitud en la misma oficina de prestaciones. Esta oficina será la correspondiente al domicilio social de la empresa o aquella en la que se encuentren la mayoría de las instalaciones de la empresa.

En caso de que los trabajadores presenten solicitudes referidas a una misma oferta de adquisición de la empresa, se podrán acumular los expedientes de capitalización siguiendo el procedimiento establecido en el artículo 57 de la Ley 39/2015 de 1 de octubre. Los trámites posteriores al acuerdo con el representante designado por todos los afectados se entenderán con el representante designado por todos los afectados.

Si se sigue el procedimiento sin acumulación, la tramitación se realizará de forma paralela para todas las solicitudes referidas a una misma oferta de adquisición de la empresa. Al respecto, conviene tener presente que las renuncias o desistimientos que pudieran presentarse por algún solicitante pueden ser motivo de desestimación del resto de solicitudes presentadas por dejar de reunir los requisitos para la constitución de la sociedad laboral o cooperativa, o no ajustarse a la autorización judicial de adjudicación de la empresa a los trabajadores.

En dicho supuesto, se considerará cumplimentado el trámite correspondiente a la aportación de documentos previos a la resolución o de justificación de la inversión realizada, en tanto hayan sido presentados por alguno de los trabajadores interesados. De esta forma, se considerarán presentados para el resto de los trabajadores incluidos en la documentación aportada.

En cuanto a la documentación requerida, junto a la solicitud de pago único, se deberá presentar una memoria explicativa que incluya la siguiente información:

- Se hará constar que el pago único se destinará a comprar acciones o participaciones de la sociedad mercantil en concurso en la que trabaja, y en su caso, a subvencionar sus cuotas de la Seguridad Social.
- Se indicará el número de acciones o participaciones que se adquirirán y el precio que se abonará por dicha adquisición.
- Además, se debe precisar el porcentaje individual de capital social que cada una de las personas, sean o no trabajadores de la empresa, adquirirá, así como el porcentaje global adquirido. Este último debe permitir que la sociedad pueda calificarse de laboral o pueda transformarse en cooperativa. Sobre este requisito, debe tenerse en cuenta que, según el art. 1 de la Ley 44/2015, de 14 de octubre, de Sociedades Laborales y Participadas, para que la sociedad pueda ser calificada de «laboral», se precisan, al menos, tres los socios, puesto que ninguno de ellos puede ser titular de acciones o participaciones sociales que representen más de la tercera parte del capital social. Con todo, cabe la posibilidad de que la sociedad laboral se constituya inicialmente por dos socios trabajadores con contrato por tiempo indefinido, en la que tanto el capital social como los derechos de voto se distribuirán al cincuenta por ciento, con la obligación de que, en el plazo máximo de 36 meses, se ajusten al límite establecido. Respecto de las sociedades cooperativas, el art. 8 de la LCoop, dispone que las cooperativas de primer grado deberán estar integradas, al menos, por tres socios, salvo que en esta u otras leyes se establezcan otros mínimos.
- El compromiso de transformar la sociedad mercantil en cooperativa o en sociedad laboral en el caso de que el juez dicte auto adjudicándoles la empresa.
- Declaración sobre si las acciones de la sociedad laboral que pretende adquirir el solicitante de la prestación de pago único son de

«clase laboral» o de «clase general», o sobre si la integración del solicitante en la cooperativa se va a efectuar como socio de trabajo o como socio colaborador.

- Si se van a mantener en el régimen general de la seguridad social o si van a causar alta en régimen especial de trabajadores por cuenta propia o autónomos.

A la solicitud y a la memoria explicativa se acompañará la documentación necesaria para acreditar que se cumplen los requisitos exigidos en el art. 10 LES para obtener la capitalización de la prestación por desempleo, con la salvedad de la declaración de la empresa en concurso, el acuerdo del juez del concurso de transformación de la sociedad mercantil en una cooperativa o sociedad laboral y el auto de adjudicación de la misma a los trabajadores, pues, a tenor de las *Instrucciones*, dichos documentos podrán aportarse posteriormente.

b) Tramitación por parte del SEPE

El SEPE analizará si concurren en los solicitantes los requisitos exigidos. De ser así, emitirá propuesta favorable a la capitalización solicitada, de la que informará a los solicitantes, así como al juez del concurso competente.

La propuesta favorable a la capitalización solicitada quedará condicionada a la presentación, por los solicitantes, de la siguiente documentación: 1) declaración de la empresa en concurso (si no hubiera sido presentada y tampoco se tuviera constancia por la Dirección Provincial, mediante acceso a la información pública del Registro Mercantil); 2) acuerdo de transformación de la sociedad mercantil en una cooperativa o sociedad laboral; así como 3) auto mediante el cual el juez del concurso adjudica la empresa en concurso a los trabajadores (entre los que deberán estar el/los solicitante/s de la capitalización), para su transformación en sociedad laboral o cooperativa. Dicha documentación deberá ser presentada en el plazo de los 10 días siguientes a la notificación del trámite, con advertencia de que, si no fuera presentada, se podrá declarar la caducidad de las actuaciones en aplicación del art. 95 de la Ley 39/2015, de 1 de octubre, de Procedimiento Administrativo Común de las Administraciones Públicas.

c) Resolución

Cuando todos o algunos de los solicitantes no reúnan los requisitos exigidos, el SEPE denegará la/s solicitud/es correspondiente/s, procediendo a informar al juez del concurso de dichas resoluciones denegatorias.

Si, por el contrario, se ha emitido propuesta favorable y los solicitantes han aportado la documentación solicitada anteriormente mencionada, el SEPE reconocerá el derecho al pago único y notificará las resoluciones a los trabajadores, instándoles para que, dentro del mes siguiente al de la fecha de dicha notificación, aporten la siguiente documentación:

- Escritura pública acreditativa del número de acciones o participaciones sociales de la empresa mercantil adquiridas y del precio abonado por ellas.
- Resolución administrativa o certificado de inscripción de la empresa en el Registro de Sociedades Laborales o en el Registro de Cooperativas, así como acreditación de su condición de socio en la misma.
- Justificante del importe de la cuota del trabajador a la Seguridad Social, en caso de haber solicitado la subvención para tal fin.

Paralelamente a dicha notificación, la entidad gestora comunicará al juzgado de lo mercantil competente del sentido de las resoluciones dictadas, así como de que se ha instado a los trabajadores para que aporten la documentación requerida.

Si el o los trabajadores no presentaran la documentación solicitada o no acreditaran haber hecho uso del pago único para la finalidad para la que se le reconoció, se les reclamará su importe como un pago indebido, de conformidad con las normas de carácter general.

III. EL PAGO ÚNICO DE LA PRESTACIÓN DE CESE DE ACTIVIDAD COMO MECANISMO PARA LA REORIENTACIÓN DEL EMPRENDIMIENTO INDIVIDUAL AL COLECTIVO

La Ley 31/2015, de 9 de septiembre, modificó la LES, introduciendo un nuevo art. 12 que autorizaba la capitalización de la prestación por cese de actividad para la incorporación de su titular como socio trabajador a una sociedad laboral o cooperativa de trabajo asociado[45]. Conviene distinguir este supuesto de capitalización de la prestación de cese de actividad, del recogido en el art. 335 LGSS, que contempla el pago único de la prestación para quien ya era socio trabajador de cooperativa de trabajo asociado y

45. Para un análisis detallado de los avances que supuso la Ley 31/2015 respecto de la capitalización de la prestación por desempleo para las entidades de economía social, véase CAVAS MARTÍNEZ, F., «La capitalización de las prestaciones por desempleo y el cese de actividad como medidas de fomento del emprendimiento social», *Revista General de Derecho del Trabajo y de la Seguridad Social*, núm. 43, 2016.

estuviera encuadrado en el RETA, y hubiera cesado en la prestación de trabajo por las circunstancias establecidas en dicho precepto. En consecuencia, la medida contemplada en el art. 12 LES permite la reorientación del emprendimiento individual al emprendimiento colectivo y, en este sentido, puede contribuir al relevo generacional en la cooperativa o la sociedad laboral al fomentar el acceso de nuevos socios a la sociedad.

1. CONDICIONES DE ACCESO AL PAGO ÚNICO

La norma condiciona esta posibilidad, en primer término, a que la persona titular del derecho a la prestación por cese de actividad tenga pendiente de percibir un período de, al menos, seis meses, de la prestación. En segundo lugar, debe acreditar ante el órgano gestor de la misma[46], que va a realizar una actividad profesional como socio trabajador de una cooperativa de trabajo asociado o sociedad que tenga el carácter de laboral (art. 12.1 LES). De otro lado, como se expondrá a continuación, el proyecto a realizar debe ser viable, a juicio del órgano gestor (art. 12.3 LES). Y, como requisito temporal, la solicitud del abono de la prestación por cese de actividad deberá ser de fecha anterior a la fecha de incorporación a la cooperativa o sociedad laboral, o a la de constitución de la cooperativa o sociedad laboral (art. 12.3 LES).

2. PROCEDIMIENTO

El beneficiario de la prestación por cese de actividad podrá solicitar al órgano gestor su percibo en modalidad de pago único, acompañando a la solicitud, la siguiente documentación (art. 12.2 LES):

– Una memoria explicativa sobre el proyecto de inversión a realizar y actividad a desarrollar, así como la documentación acreditativa de la viabilidad del proyecto. Este aspecto constituye un condicionante esencial del derecho al acceso a esta modalidad de pago, ya

46. De conformidad con el art. 346 LGSS, la gestión de las funciones y servicios derivados de la protección por cese de actividad corresponde a la Mutua colaboradora con la Seguridad Social con quien el trabajador autónomo haya formalizado la cobertura de dicha contingencia (aptdo. 1). No obstante, en el supuesto de trabajadores autónomos que tengan cubierta la protección dispensada a las contingencias derivadas de accidentes de trabajo y enfermedades profesionales con una entidad gestora de la Seguridad Social, la tramitación de la solicitud y la gestión de la prestación por cese de actividad corresponderá al Instituto Social de la Marina, cuando se trata de autónomos encuadrados en el Régimen Especial de la Seguridad Social de los Trabajadores del Mar, o al Servicio Público de Empleo Estatal, respecto de los trabajadores autónomos incluidos en el Régimen Especial de los Trabajadores por Cuenta Propia o Autónomos (aptdo.3).

que, de conformidad con el art. 12.3 LES, el órgano gestor resolverá la solicitud teniendo en cuenta la viabilidad del proyecto a realizar.

- Certificación de haber solicitado su ingreso en la sociedad y de las condiciones en que este se producirá.
- Cuando el solicitante pretenda incorporarse en una sociedad laboral o cooperativa de nueva creación, deberá acompañar el proyecto de estatutos de la sociedad. En este supuesto, el solicitante debe acreditar, además, el posterior acuerdo de admisión como socio o la efectiva inscripción de la sociedad en el correspondiente registro[47].

El órgano gestor resolverá en el plazo de treinta días contados desde la solicitud del pago único. Contra esta resolución, el solicitante podrá reclamar en los términos del art. 19 de la Ley 32/2010, de 5 de agosto, por la que se establece un sistema específico de protección por cese de actividad (art. 12.3 LES).

3. OBLIGACIONES DEL BENEFICIARIO

El beneficiario de la prestación por cese de actividad en su modalidad de pago único, queda obligado a iniciar, en el plazo máximo de un mes desde su percepción, la actividad para cuya realización se le hubiera concedido. Asimismo, deberá darse de alta en el correspondiente régimen de la Seguridad Social (RETA o RETM), o acreditar que está en fase de iniciación (art. 12.4 LES).

4. DESTINO DE LA PRESTACIÓN

En lo que concierne a la finalidad que se debe dar a la prestación abonada en la modalidad de pago único, el apartado 5 del mismo precepto establece que su importe se podrá destinar:

- A la adquisición de «las aportaciones al capital, incluyendo la cuota de ingreso, en el caso de las cooperativas, o al de la adquisición de acciones o participaciones del capital social en una sociedad laboral en lo necesario para acceder a la condición de socio trabajador, incluidas las cargas tributarias para el inicio de la actividad».

47. Aunque la norma establece la acreditación del registro de la sociedad como alternativa a la admisión como socio, parece más lógico entender que se trata de requisitos cumulativos.

- A los gastos de constitución y puesta en funcionamiento de una entidad, así como al pago de las tasas y tributos.
- Al pago de servicios específicos de asesoramiento, formación e información relacionados con la actividad a emprender, con el límite del 15 por ciento de la cuantía de la prestación capitalizada.

La prestación se abonará por una sola vez, en la cuantía de la prestación calculada en días completos, de la que se deducirá el importe relativo al interés legal del dinero. Ahora bien, como advierte el art. 12.8 LES, cuando la cantidad percibida no sea destinada a la realización de la actividad para la que se haya concedido, será considerada pago indebido a los efectos previstos en el art. 31 del Real Decreto 1541/2011, de 31 de octubre, por el que se desarrolla la Ley 32/2010, de 5 de agosto, por la que se establece un sistema específico de protección por cese de actividad de los trabajadores autónomos. La propia norma establece que, salvo prueba en contrario, se entenderá que no ha existido afectación cuando el beneficiario, en el plazo de un mes, no haya acreditado el inicio de la actividad, en el plazo máximo de un mes desde su percepción, el alta en el correspondiente régimen de la Seguridad Social (RETA o RETM), o, al menos, que está en fase de iniciación.

Como en el caso de la prestación por desempleo, la capitalización de la prestación por cese de actividad puede destinarse, total o parcialmente, a sufragar los costes de cotización a la Seguridad Social (art. 12.6 LES). A tal fin, la persona beneficiaria puede solicitar directamente la aplicación de todo el importe de la prestación al abono de las cotizaciones del trabajador a la Seguridad Social, o, de forma subsidiaria, cuando no se le haya concedido la capitalización de la prestación por su importe total en pago único para atender los conceptos contemplados en el apartado 5 del mismo precepto, en la cuantía restante (Regla primera del art. 12.6 LES).

En este supuesto, será la propia entidad u órgano gestor de la prestación quien realice mensualmente el abono de la cotización, previa comprobación de que se mantiene el alta en Seguridad Social en el mes correspondiente, en la cuantía fija, calculada en días completos de prestación, equivalente al importe de la aportación íntegra del trabajador a la Seguridad Social en el momento del inicio de la actividad sin considerar futuras modificaciones (Regla segunda).

5. COMPATIBILIDAD

Para finalizar, conviene tener presente que esta prestación es compatible con otras ayudas que para la constitución o integración en cooperativas o sociedades laborales pudieran obtenerse (art. 12.7 LES), como es el caso de las subvenciones previstas estatal o autonómicamente, a las que se aludió en la primera parte de este estudio.

IV. CONCLUSIONES

El conjunto de medidas en materia de fomento del empleo y el emprendimiento, de los que se pueden beneficiar las Entidades de Economía social en materia laboral y de Seguridad Social es el resultado del reconocimiento del valor que poseen estas entidades, y, en particular, las cooperativas de trabajo asociado y las sociedades laborales, bien como instrumentos de emprendimiento colectivo, generadores de autoempleo estable y de calidad, y germen de futuras contrataciones por cuenta ajena, bien como mecanismos de conservación y mantenimiento de la actividad productiva y del empleo en empresas con problemas de relevo generacional o en situación de concurso.

De la panoplia de incentivos a la constitución de las sociedades cooperativas de trabajo asociado y laborales (subvenciones, bonificación de las cotizaciones a la Seguridad Social, medidas tributarias, etc.), el pago único de las prestaciones por desempleo y cese de actividad constituye una medida de gran ayuda en los supuestos de relevo generacional y de crisis de empresa, en cuanto proporciona los fondos necesarios para la incorporación de futuros socios trabajadores o de trabajo.

No obstante, hasta fechas recientes, su regulación presentaba, entre otras deficiencias, la imposibilidad de incorporación a la sociedad con carácter previo a darse la situación legal de desempleo y formularse la solicitud de la prestación. Esta previsión ralentizaba la conversión desde el trabajo por cuenta ajena a la condición de socio trabajador de la sociedad laboral o cooperativa, cuando la transición más urgía debido a la necesidad de renovación generacional generada por la jubilación del titular de la empresa, o para superar una situación de crisis mediante la adquisición de la unidad productiva por los propios trabajadores, de ahí que merezca una valoración positiva la reforma introducida por el RDL 1/2023, en cuanto suprime la necesidad de hallarse en situación legal de desempleo con anterioridad a la incorporación a la sociedad laboral o cooperativa como socios trabajadores o a la transformación de la sociedad mercantil en sociedad laboral o cooperativa que se pretende financiar mediante la prestación capitalizada.

V. BIBLIOGRAFÍA

ÁLVAREZ CORTÉS, J. C., y PLAZA ANGULO, J. J., «El desempleo en su modalidad de pago único como ayuda a nuevos emprendedores», *Temas Laborales,* n.º 95, 2008, pp. 283-296.

ARRIETA IDIAKEZ, F. J., «Nuevos retos para fomentar la economía social tras el acuerdo político alcanzado por el Consejo de la Unión en relación con la Recomendación sobre el desarrollo de condiciones marco para la economía social», *Briefs* AEDTSS, n.º 57, 2023, 16 octubre 2023.

BENGOECHEA ALKORTA, A., «El empleo en las cooperativas de trabajo asociado: ¿derecho al trabajo o factor productivo?», *Lan Harremanak,* n.º 32, 2015, pp. 37-46.

CAÑAL RUIZ, J. M. y RUBIO MEDINA, M.D., «el pago único de la prestación por desempleo: régimen jurídico y novedades introducidas por la ley 45/2002, de 12 de diciembre», *Temas Laborales,* n.º 68, 2003, pp. 105-122.

CAVAS MARTÍNEZ, F., «La capitalización de las prestaciones por desempleo y el cese de actividad como medidas de fomento del emprendimiento social», *Revista General de Derecho del Trabajo y de la Seguridad Social,* n.º 43, 2016.

CAVAS MARTÍNEZ, F., SELMA PENALVA, A., «Economía Social, autoempleo e integración laboral», M. F. GÓMEZ MANRESA, M. F. y PARDO, M. (Dirs.), *Economía Social y Derecho: Problemas jurídicos actuales de las empresas de Economía Social,* Comares, Granada, 2013, pp. 249-279.

CEPES, «El impacto socioeconómico de las entidades de Economía Social», 2013. Disponible en: http://www.cepes.es/publicacion_cepes=96.

DÍAZ, M. y MARCUELLO, C., «Impacto económico de las cooperativas. La generación de empleo en las sociedades cooperativas y su relación con el PIB», CIRIEC-España, *Revista de Economía pública, social y cooperativa,* núm. 67, 2010, pp. 23-44.

ESCRIBANO GUTIÉRREZ, J., «Transmisión de empresa a los trabajadores organizados en cooperativas de trabajo asociado o sociedades laborales», *XVII Congreso Internacional de Investigadores en Economía Social y Cooperativa. La Economía Social: transformaciones recientes, tendencias y retos de futuro,* 2018. Disponible en http://ciriec.es/wp-content/uploads/2018/09/COMUN-045-T10-ESCRIBANO.pdf

GARCÍA, J. I., «Cooperativas de trabajo asociado, sociedades laborales y fomento del cooperativismo», *Revista General de Derecho del Trabajo y de la Seguridad Social*, n.º 37, 2014, pp. 28-54.

HOYT, A., *Report on the 33rd World Cooperative Congress outcomes of the International Cooperative Alliance*, 2021. Disponible en https://icaworldcoop-congress.coop/wp-content/uploads/2022/05/Congress-Report-Outcomes_EN3.pdf

PEDREÑO FRUTOS, J. A., «El emprendimiento en la Economía Social: perspectivas de futuro y líneas de actuación», *Cuadernos de Economía Social*, n.º 1, 2013, pp. 1-4. Disponible en: https://www.cepes.es/files/publicaciones/72.pdf

PLAZA-ANGULO, J. J. y CIRUELA-LORENZO, A. M., «El pago único de la prestación por desempleo como medio de financiación inicial de las empresas de Economía Social en España», *CIRIEC-España, Revista de Economía Pública, Social y Cooperativa*, n.º 91, 2017, pp. 85-113.

Capítulo 17

Aspectos fiscales del relevo generacional en las sociedades laborales. Aspectos de relevancia en las cooperativas de trabajo asociado

María del Carmen Pastor del Pino
Profesora Titular de Universidad de Derecho Financiero y Tributario
Universidad Politécnica de Cartagena

I. APROXIMACIÓN AL RELIEVE FISCAL DEL RELEVO GENERACIONAL EN SOCIEDADES LABORALES Y COOPERATIVAS

Aunque el tema del relevo generacional está fuertemente asociado a empresas familiares adquiere una dimensión especialmente relevante en tipos societarios como el de las sociedades laborales, por las especiales características que deben concurrir en los titulares del capital social. Y es que el hecho de que la mayoría del capital social deba estar en manos de trabajadores por tiempo indefinido que ostenten así el poder y dirección de la sociedad, va a conllevar que todas aquellas actuaciones que impliquen el traspaso del capital estén sujetas a una supervisión y control que garantice de algún modo tal exigencia.

Por ello, y aunque el relevo generacional por excelencia se produce en aquellas situaciones realizadas con intención manifiesta de traspasar la propiedad del capital, ya sea en vida del transmitente, por causas previsibles y ciertas, como la jubilación, o por causas imprevisibles pero seguras, como el fallecimiento del socio, pueden darse otras situaciones en los que ese traspaso se puede producir, de forma voluntaria o forzosa, derivadas de la posible separación o la exclusión de los socios. En tales casos, y aunque no se pueda hablar en sentido estricto de «relevo generacional», se produce un indudable cambio en la titularidad del capital que debe ser considerado a efectos de la regulación sustantiva de sus consecuencias y limitaciones.

Cabe indicar, como elemento de relevancia del análisis fiscal objeto de este capítulo, que a efectos del gravamen a que puede estar sujeto el traspaso del capital en este tipo societario no importa tanto el motivo concreto que lo va a originar, es decir la causa sustantiva que genera la transmisión de acciones o participaciones con los efectos y condicionantes en cada caso previstos (lo que sí que podría obligarnos a establecer un deslinde más claro del concepto), como la propia naturaleza «*inter vivos*» o «*mortis causa*» de la transmisión, y más en especial, y en los términos que luego veremos, en su carácter oneroso o gratuito. Y es que es precisamente esta naturaleza de la transmisión lo que va a originar las diferencias en la tributación, debiendo prestar así atención a los tributos que van a gravar a los sujetos transmitentes y adquirentes de las acciones y participaciones en que se divide el capital social; tributos que van a resultar aplicables con independencia de las exigencias y condicionantes sustantivos en cada caso previstos y que pudieran delimitar con más precisión el verdadero «relevo generacional».

Como ahora repasaremos, las sociedades laborales tributan en nuestro ordenamiento, salvo algún puntual beneficio previsto en atención a su potencialidad como modelo de participación de los trabajadores en el capital y en la gestión y dirección societaria, sin más especialidad que la de ser sociedades de capital, siendo por ello necesario partir del trato que el ordenamiento tributario las dispensa con carácter general. De este modo, y una vez sentadas las bases generales de su regulación fiscal, podremos entrar a analizar la regulación específica del gravamen de las transmisiones del capital, lo que nos permitirá valorar si se sigue o no con ello la línea que el legislador traza con relación a este tipo de sociedades.

Las cooperativas de trabajo asociado, como otro de los modelos referente de autoempleo presentan, por su parte, y a diferencia de las sociedades laborales, una especial idiosincrasia que las dota de un régimen fiscal especial y más beneficioso. Analizar los rasgos generales de esta regulación fiscal será el paso previo para poder entrar a revisar el tratamiento fiscal de las transmisiones de capital en este tipo societario, lo que nos permitirá entrar de nuevo a valorar si conforme a ello se mantiene o no con relación a estas sociedades actuaciones favorables para garantizar su continuidad.

II. CONSIDERACIONES PREVIAS ACERCA DEL TRATAMIENTO FISCAL DE LAS SOCIEDADES LABORALES EN NUESTRO ORDENAMIENTO

La sociedad laboral constituye una figura societaria peculiar que refleja en un solo modelo económico dos realidades diferentes que van a condicionar su constitución y funcionamiento interno. Y es que como se indica en su Ley reguladora, la Ley 44/2015, de 14 de octubre, de Sociedades Laborales y Participadas, estamos ante una sociedad de capital que se ajusta a la forma de sociedad anónima o limitada, sujeta a la legislación mercantil común como supletoria, pero que no busca, en principio, la rentabilidad «especulativa» en términos de retribución del capital invertido, dado que su objetivo prioritario es la creación y el mantenimiento de trabajo estable a través de la participación de los trabajadores en la empresa, lo que les atribuye por sus fines y principios el carácter de entidades de economía social; carácter que conllevará ciertas limitaciones en su operativa y gestión[1]. Esta doble consideración de las sociedades laborales como sociedades

1. Se indica en el Preámbulo de la Ley 44/2015, de 14 de octubre, de Sociedades Laborales y Participadas (en adelante, LSLP) como la Ley 5/2011, de 29 de marzo, de Economía Social (también, LES), incluye en su artículo 5 a las sociedades laborales como entidades de economía social, junto a cooperativas, mutualidades, fundaciones y asociaciones que lleven a cabo actividad económica, empresas de inserción, centros especiales de empleo, cofradías de pescadores, sociedades agrarias de transformación, y demás entidades singulares creadas por normas específicas que se rijan por los principios propios recogidos en el artículo 4 de la misma Ley. Los principios a los que responderían este tipo de sociedades para ser consideradas como de economía social serían: el de «primacía de las personas y del fin social sobre el capital, el de aplicación de los resultados obtenidos de la actividad económica principalmente en función del trabajo aportado o actividad realizada por socios o sus miembros, y el de generación de empleo estable y de calidad» (artículo 4 de la LES). El artículo 1 de la LSLP las define así: como aquellas sociedades anónimas o de responsabilidad limitada que se someten a una serie de preceptos y límites establecidos en la propia ley. La calificación jurídica de «sociedad laboral», otorgada por la administración competente previa solicitud y cumplimiento de una serie de requisitos formales y sustantivos, se obtiene de este modo en atención a la forma de la sociedad, pero también en función del interés colectivo de sus integrantes y/o los objetivos de interés general a alcanzar por este

de capital y entidades de economía social nos lleva a plantear como cuestión preliminar si va a existir una regulación fiscal específica propia y análoga al de otras entidades de economía social.

La referida doble naturaleza de las sociedades laborales: ¿condiciona entonces su regulación fiscal? En principio, y como sociedades mercantiles, las sociedades laborales van a estar sujetas a los tributos que las gravan como personas jurídicas, en los mismos términos que cualquier otra sociedad de capital. Pero al mismo tiempo, y en consideración a los fines propios que las caracterizan como peculiar modelo social, estas sociedades disponen de alguna exigua medida de beneficio tributario prevista en la normativa general tributaria y en la específica reguladora de este tipo societario, dirigidas teóricamente a impulsarlas.

Las sociedades laborales persiguen, desde luego, objetivos dignos de protección y estímulo al constituir un instrumento eficaz de creación y mantenimiento de puestos de trabajo de calidad y contribuir de forma atípica a la participación de los trabajadores en el capital social, atípica en cuanto que se integra en la propia estructura social a diferencia de otros instrumentos usuales de participación, constituyendo además una verdadera vía de acceso a la propiedad de la empresa, y representando por ello un modelo societario que debería de impulsarse con determinación[2]. Y es que este último fin de interés general, reconocido como mandato constitucional en el artículo 129.2 de nuestra Ley Fundamental, obliga a los poderes públicos a «facilitar» por todos los medios posibles «el acceso de los trabajadores a la propiedad de los medios de producción». Y entre esos medios, resulta incuestionable, se encuentran los referidos a su ajuste a una fiscalidad adecuada.

---

tipo social, y que la obligan a ajustarse a determinados límites de organización interna y de operatividad o actuación externa. Con relación al origen y antecedentes normativos de esta figura, ANDREU MARTÍ, M. M., «La sociedad laboral del siglo XXI. Significado y configuración», *El Régimen jurídico de las sociedades laborales*, Thomson Reuters Aranzadi, Cizur Menor, 2017, pp. 27-44.

2. Así, ALGUACIL MARÍ, P., «Reforma de la tributación de las sociedades laborales», *CIRIEC-España. Revista Jurídica de Economía Social y Cooperativas*, núm. 19, 2008, p. 2. De acuerdo con las Recomendaciones de la propia Comisión europea plasmadas, entre otras, en su Comunicación relativa a un marco para la participación financiera de los trabajadores, de julio de 2002, las sociedades laborales podrían quedar encuadradas dentro de los sistemas de la participación de los trabajadores que se quiere potenciar desde las instituciones comunitarias. Y es que según la Comisión las únicas susceptibles de estímulo fiscal deben ser aquellas fórmulas en las que no existe distinción de colectivos en la promoción o acceso (broad-based), frente a aquellos otros sistemas de participación que se centran solo en un concreto grupo de trabajadores (narrow-based).

Nuestra Constitución incluye el fomento de la economía social y el de las sociedades laborales como manifestación de ella en un mismo precepto, el referido 129, ordenando a los poderes públicos la promoción eficaz de las diversas formas de participación en la empresa y, en concreto, «fomentar las sociedades cooperativas y establecer los medios necesarios que faciliten el acceso de los trabajadores a la propiedad de los medios de producción». Es cierto que el precepto no contiene una referencia expresa a las sociedades laborales, pero también lo es que estas responden perfectamente en su esencia al modelo deseable de participación de los trabajadores en la propiedad de los medios de producción.

Ahora bien, el hecho de no referirlas explícitamente, algo lógico dada su existencia como figura jurídica en fecha posterior a la aprobación del texto constitucional[3], lejos de resultar intrascendente, ha dado lugar a la existencia en nuestro ordenamiento de distintos niveles de promoción de las entidades de economía social, en atención a la forma jurídica que ostentan, y no en función de esos fines u objetivos a alcanzar, por análogos que pudieran parecer. Es lo que ocurre precisamente con relación a las cooperativas de trabajo asociado y las sociedades laborales, entre las que existe una clara equiparación de fines, pero no de regímenes, disponiendo las primeras de un régimen tributario propio (el previsto en la Ley 20/1990, de 19 de diciembre, de Régimen Fiscal de las Cooperativas), mucho más beneficioso en la comparativa que el previsto para las segundas, que carecen de régimen especial, y que queda limitado, a un concreto beneficio.

Nuestro legislador tributario anclado en postulados tradicionales de tributación según tipos societarios y en los problemas de competencia desleal que la aproximación de modelos plantearía en el ámbito comunitario[4], que atienden al carácter selectivo de aquellas medidas de estímulo o incentivo en tanto constituyen una ventaja fiscal circunscrita a una determinada forma de empresa, y no a otras, se limita por ello a mantener un

3. Como indica el profesor CALVO ORTEGA, R. («Las sociedades laborales: problemas actuales y justificación científica de una fiscalidad adecuada», *CIRIEC-España. Revista Jurídica de Economía Social y Cooperativas*, núm. 19, 2008, p. 2), las sociedades laborales no se crean hasta el 12 de enero de 1979, y aunque el Proyecto del Ministerio de Trabajo estaba terminado con anterioridad, no había sido aprobado y publicado, lo que generó la reticencia de incluirlas dentro del texto constitucional, a diferencia de las cooperativas, que contaban con una larga tradición en nuestro ordenamiento (nota 3).

4. Las instituciones europeas reconocen el importante papel de dichos modelos sociales y su necesidad de fomento, incluso, a través de un tratamiento fiscal específico, pero, al mismo tiempo, lo condicionan mediante el instrumento de la prohibición de ayudas de Estado. La Comisión europea, sobre la argumentación del carácter selectivo de las medidas y sus efectos contarios a la libre competencia, ha ido reflejando una clara

régimen fiscal específico para aquellas entidades de base mutualista que se ajusten a los rígidos parámetros alejados de cualquier aperturismo que les aproxime a sociedades de capital[5]. Así, las demás entidades que aun siendo consideradas entidades de economía social, no se sustentan directamente en esa base mutualista, están sujetas a los regímenes generales de tributación, sin perjuicio de la existencia de puntuales medidas de beneficio tributario previstas no realmente en atención a su carácter de entidad de economía social, sino a la consecución a través de ellas de alguno o algunos objetivos concretos dignos de protección constitucional o comunitaria. Esto es precisamente lo que ocurre con las sociedades laborales, cuyos beneficios

---

tendencia a la incompatibilidad de la mayor parte de las medidas tributarias que configuran los distintos regímenes específicos. Así, por ejemplo, con relación a las sociedades cooperativas destaca la polémica Decisión de la Comisión europea de 15 de diciembre de 2009, recurrida ante el Tribunal de Justicia de la Unión Europea, que orienta la posición de este órgano hacia posturas contrarias a cualquier sistema fiscal específico que se aparte del mutualismo puro. La opción por la que parece haberse decantado la Comisión es la del mero reconocimiento mutual de tales entidades, permitiendo solo aquellas medidas favorables respecto de las actividades con sus propios socios, y rechazando todas aquellas que pudieran generar distorsiones en la competencia con las sociedades capitalistas.

5. Así, por ejemplo, esta concepción del trato fiscal específico previsto en nuestra normativa en función de la forma y naturaleza jurídica de base mutualista de las sociedades cooperativas genera importantes problemas de ineficacia por la rigidez de los requisitos previstos para poder gozar del mismo, produciéndose una incoherencia en las propias políticas públicas de fomento del mutualismo que inicial y presuntamente legitima tales beneficios tributarios. Y es que si conforme a lo dispuesto en la LES, las actuaciones de fomento de las entidades que se regulan y constituyen su objeto deben ir dirigidas a todas aquellas entidades que se ajusten a los principios previstos en su artículo 4, no tiene sentido alguno privar de tales beneficios a algunas de estas entidades que ajustándose a tales principios no gozan del mismo, generándose un tratamiento fiscal injustificado e incoherente, en ocasiones y aparentemente más beneficioso para determinado tipo social (cooperativas o entidades sin ánimo de lucro), y menos para otros (mutualidades de previsión social). En este sentido, FUSTER ASENSIO, M. C. («Razones que justifican una fiscalidad específica de las mutualidades de previsión social», *CIRIEC-España. Revista Jurídica de Economía Social y Cooperativa*, núm. 20, 2009, p. 23), sostiene la falta de justificación del trato fiscal diferencial entre entidades que presentan el mismo carácter mutual, aludiendo a la necesidad de equiparación de regímenes, si es ese el elemento legitimador. Por lo demás, la opción por la que parece haberse decantado la Comisión es la del mero reconocimiento mutual de tales entidades de economía social, permitiendo solo aquellas medidas favorables respecto de las actividades con sus propios socios, y rechazando todas aquellas que pudieran generar distorsiones en la competencia con las sociedades capitalistas. Y es que, por ejemplo, con relación a las sociedades cooperativas parecen ser éstas objeto de protección en tanto aportan un valor social añadido derivado de su carácter mutual, y además y como consecuencia de ello, se enfrentan a unas limitaciones jurídicas que hay que compensar. Si desaparecen tales limitaciones por la equiparación de modelos económicos, parece perderse la justificación del trato específico, prevaleciendo claramente el interés económico al social.

se justifican teóricamente en atención a la consecución de los objetivos de contribución a la creación y mantenimiento de empleo y de fomento de la participación de los trabajadores en el capital social, aunque en la práctica los instrumentos empleados para ello no permitan realmente el logro de tales objetivos[6].

Y es que el tratamiento de estímulo fiscal que la LSLP otorga a este tipo societario puede ser calificado de desolador, quedando con la regulación vigente absolutamente frustradas todas las expectativas generadas durante el proceso de tramitación de una regulación sistemática y verdaderamente estimuladora. De acuerdo con ello, la LSLP dispone que una vez obtenida la calificación de sociedad «laboral»[7], y no perdiendo este requisito, el único beneficio previsto en ella es el del art. 17, que va a permitir: «la bonificación del 99 por ciento de las cuotas que se devenguen por modalidad de transmisiones onerosas en el Impuesto sobre Transmisiones Patrimoniales Onerosas (ITPO), por la adquisición de bienes y derechos provenientes de la empresa de la que proceda la mayoría de los socios trabajadores de la sociedad laboral»[8]. Por su parte, la Ley 27/2014, del Impuesto sobre Sociedades (LIS), establece en su artículo 12.3 a), otro beneficio fiscal para estas sociedades: el de la «amortización libre de los elementos del inmovilizado material, intangible e inversiones inmobiliarias de las sociedades anónimas laborales y de las sociedades limitadas laborales afectos a la realización de sus actividades, adquiridos durante los cinco primeros años a partir de la fecha de su calificación como tales», que aunque consista en una medida favorable no conlleva sino un diferimiento del pago del Impuesto que se articula

6. Y es que la LSLP no solo reproduce las deficiencias de sistematización de la LSL, si no que elimina tres de los cuatro beneficios previstos en esta última, manteniendo tan solo una bonificación referida al ITPO en los mismos términos limitativos que contenía la anterior regulación. No incorpora ninguna otra medida dirigida a fomentar la constitución ni el funcionamiento de la sociedad, como tampoco prevé medida alguna de beneficio tributario dirigida a estimular la participación de los trabajadores en el capital social, contradiciendo así el espíritu y finalidad de la propia reforma.

7. Para gozar del único beneficio previsto en ella se exige el requisito de la calificación de «laboral», y no perder esa condición de la sociedad, desapareciendo así, como exigencia, la dotación añadida al Fondo Especial de Reserva prevista en el anterior art. 20 B) de la LSL.

8. Son varias las dudas que suscita este beneficio. En primer lugar, porque parece limitar su aplicación a la adquisición de inmuebles, puesto que si se tratase de otros elementos empresariales la adquisición estará sujeta, en principio, al Impuesto sobre el Valor Añadido (IVA), y no al ITPO, sin perjuicio de lo dispuesto en su artículo 7.1 y 20.1.20 y 22 de la Ley del Impuesto sobre el Valor del Impuesto, resultando además de dudosa eficacia, porque si su objetivo es como parece facilitar la capitalización de la sociedad en sus primeros años de ejercicio de actividad, no se entiende la limitación práctica a los inmuebles, y además procedentes de un solo origen: de las empresas de las que viniesen los socios trabajadores.

mediante un ajuste negativo de carácter temporal al resultado contable que se revertirá a la base imponible en los periodos impositivos posteriores, por lo que sus efectos son limitados. Y aquí acaban los beneficios fiscales directos.

Conforme a lo expuesto podemos decir que las sociedades laborales se sujetan en general a tributación en nuestro país, no por su carácter de entidad de economía social, sino por el de sociedades de capital, sin más. Desde esta consideración tributaria se justifican las diferencias de trato, por ejemplo, entre aquellas y las cooperativas de trabajo asociado, pese a la similitud de sus fines[9]. Las sociedades laborales no disponen así de un régimen fiscal específico, entendido como un conjunto ordenado y planificado de normas propias dirigido a regular todos o gran parte de los aspectos tributarios de una figura o sujeto, sino de puntuales medidas tributarias, aplicables, en algún caso, y de forma aparente, para impulsarlas directamente y, en otros casos, para ayudarlas indirectamente como modelo societario en general, pero no por su carácter particular de «laboral» sino por otros motivos como pudiera ser el de su posible condición de entidad de reducida dimensión[10], o, como luego veremos, por los vínculos familiares que pudieran

9. Destaca ALGUACIL MARÍ, P. (*La tributación de las sociedades laborales*, Aranzadi, Navarra, Cizur Menor, 2007, p. 67), las principales diferencias entre ambos modelos. Así, indica, mientras las cooperativas de trabajo asociado se ajustan a los principios obligatorios de la doctrina cooperativa como el voto democrático y el reparto del excedente en función de la actividad, éstos son opcionales para la sociedad laboral; además el capital social es variable para las cooperativas, lo que les permite mantener el principio de «puertas abiertas», e integrar con más facilidad a nuevos trabajadores como socios, mientras que las sociedades laborales tienen una cifra fija de capital, lo que dificulta, en principio, la existencia de acciones o participaciones disponibles para los trabajadores.

10. La LIS regula una serie de incentivos fiscales para las entidades de reducida dimensión, es decir aquellas cuyo importe neto de la cifra de negocios del período impositivo inmediato anterior sea inferior a 10 millones de euros. El primero de los beneficios previstos (art. 102) es el de la libertad de amortización de los elementos nuevos del inmovilizado material y de las inversiones inmobiliarias, afectos a actividades económicas, que podrán ser amortizados libremente siempre que, durante los 24 meses siguientes a la fecha del inicio del período impositivo en que los bienes adquiridos entren en funcionamiento, la plantilla media total de la empresa se incremente respecto de la plantilla media de los 12 meses anteriores, y dicho incremento se mantenga durante un período adicional de otros 24 meses. El art. 103 regula la amortización de los elementos nuevos del inmovilizado material y de las inversiones inmobiliarias y del inmovilizado intangible, afectos en ambos casos a actividades económicas, puestos a disposición del contribuyente en el período impositivo en el que se cumplan las condiciones del art. 101 de esta Ley para tener la condición de entidad de reducida dimensión, que podrán amortizarse en función del coeficiente que resulte de multiplicar por 2 el coeficiente de amortización lineal máximo previsto en las tablas de amortización oficialmente aprobadas. El art. 104 permite que en el período impositivo

existir entre partes en el momento de la transmisión de la participación en el capital.

El régimen tributario aplicable coloca así a las sociedades laborales en una difícil situación. Y ello no solo por cómo quedan en la comparativa con otras entidades de economía social, como las cooperativas de trabajo asociado sino, incluso, por su cotejo con sociedades anónimas o limitadas no laborales que, sin las limitaciones impuestas por su propia normativa sustantiva a aquellas, pero por su condición de PYMES, puedan disfrutar de la regulación y de los mismos beneficios fiscales previstos para ellas en el Impuesto sobre Sociedades[11], o de los contemplados para las transmisiones *«inter vivos»* o *«mortis causa»* de las participaciones en el capital.

Siendo esta la realidad de nuestro ordenamiento jurídico son muchas las voces que reclaman un trato fiscal acorde con la verdadera naturaleza híbrida de la sociedad laboral, que las impulse como modelo ideal de participación de los trabajadores en la sociedad[12], o al menos que compense los condicionamientos impuestos por las normas mercantiles que las rigen, al

---

en el que se cumplan las condiciones, sea deducible la pérdida por deterioro de los créditos para la cobertura del riesgo derivado de las posibles insolvencias hasta el límite del 1 por ciento sobre los deudores existentes a la conclusión del período impositivo. Y, finalmente, el art. 105 prevé para estas mismas que apliquen el tipo de gravamen previsto en el primer párrafo del apartado 1 del art. 29 de esta Ley, la posibilidad de minorar su base imponible positiva hasta el 10 por ciento de su importe, sin que pueda superar el importe de 1 millón de euros.

11. Y es que, conforme a las últimas reformas del Impuesto sobre Sociedades relacionadas con las entidades de reducida dimensión, quedó minorado el tipo de gravamen de estas entidades; minoración acentuada mediante la novedosa reserva de nivelación de bases imponibles negativas, que supone una reducción de la misma hasta un 10 por ciento de su importe. Esta medida permite minorar la tributación de un determinado período impositivo respecto de las bases imponibles negativas que se vayan a generar en los 5 años siguientes, anticipando, así, en el tiempo la aplicación de las futuras bases imponibles negativas. De no generarse bases imponibles negativas en ese período, se produce un diferimiento durante 5 años de la tributación de la reserva constituida. Esta medida pretende favorecer la competitividad y la estabilidad de la empresa española, permitiendo en la práctica reducir su tipo de gravamen hasta el 22,5 por ciento, y, adicionada a la reserva de capitalización anteriormente señalada. A partir de enero de 2023 se ha fijado además el tipo impositivo general para estas entidades de pequeña y mediana dimensión en el 23 por ciento. El tipo de gravamen en el caso de entidades de nueva creación se mantiene en el 15 por ciento para el primer período impositivo en que obtienen una base imponible positiva y el siguiente. Con ello, las ventajas tributarias de que dispondrían las sociedades laborales vendrán dadas más por su carácter de entidad de reducida dimensión, o de entidad de nueva creación, que desde luego por su condición de tipo societario específico.

12. Las sociedades laborales son reconocidas por la Comisión europea en su Comunicación relativa a un marco para la participación financiera de los trabajadores, como un modelo de creación de empleo, inclusivo y de calidad, y elemento clave de crecimiento

ser los trabajadores el fin jurídico protegido. Y es que las sociedades laborales se insertan en los procesos de participación de los trabajadores en la sociedad como fin mismo de su objeto social, y no como un mero instrumento de motivación laboral. Este engarce que se produce a través de la participación del socio trabajador en la toma de decisiones a través del derecho a voto, de su participación en los beneficios de la empresa, a través del dividiendo y, mediante el acceso del socio a la propiedad de los medios de producción, convierte a este tipo social en el deseable de promoción, que lo diferencia de otras formas de participación. Las sociedades laborales son además un ejemplo singular de pymes específicamente dirigidas a la participación mayoritaria de los trabajadores, pero si cabe con mayores dificultades para su financiación por lo que deben poder beneficiarse de regímenes fiscales que contrarresten las referidas limitaciones[13]. Pero la realidad hasta la fecha es que este tipo societario no goza de un especial trato tributario ni en orden a esos objetivos de protección constitucional, ni como ajuste compensatorio de sus limitaciones y condicionamientos.

Como modelos de empresas de autogestión que buscan la creación de riqueza y el empleo estable al facilitar la participación de los trabajadores en el capital y en la gestión ordinaria a través, precisamente, del acceso de los trabajadores fijos a la condición de socios y del control de la sociedad en manos del conjunto de los trabajadores[14], se prevén mecanismos jurídicos adecuados por parte del legislador mercantil orientados precisamente a ello, así: el derecho de adquisición preferente, los derechos preferentes en

económico sostenible y responsable que se persigue desde las instituciones comunitarias. Respecto a los mecanismos de incentivación, la propia Comisión dispone una serie de exigencias básicas que debe cumplir el tratamiento fiscal de las sociedades laborales, así: debe adaptarse a los principios que la Comisión considera que debe reunir un esquema de participación financiera de los trabajadores que permita la igualdad de acceso de todos los trabajadores; debe aproximarse a la idiosincrasia de las pequeñas y medianas empresas (pymes); debe equipararse a los mecanismos legales más exitosos del entorno; y, finalmente, adecuarse, claro está, a las exigencias del Derecho europeo en materia de prohibición de ayudas de Estado incompatibles con el Tratado (art. 87 del TUE).

13. En estos términos, CANO LÓPEZ, A., *Teoría jurídica de la Economía Social. La sociedad laboral: una forma jurídica de empresa de economía social*, Consejo Económico y Social, 2002, p. 334, quién señala como principales dificultades con las que cuentan las sociedades laborales: la de su falta de acceso directo a los mercados de capitales, su reducida dimensión, y el hecho de que la mayoría de su capital esté en manos de aquellos que no tienen otro patrimonio que sus manos. Lo que explica su dependencia respecto de la financiación bancaria, pidiendo por ello que puedan beneficiarse de regímenes fiscales que las contrarresten.

14. Estas dos circunstancias se traducen en la LSLP en la exigencia en su art. 1 de tres requisitos ineludibles para ser calificada una sociedad como laboral: a) que al menos la mayoría del capital social sea propiedad de los trabajadores que presten en ellas

la ampliación de capital, las reservas especiales que faciliten la entrada y salida de socios,s o los límites al número de trabajadores no socios o a la participación en el capital de los no trabajadores y de los socios individualmente considerados, no son sino los instrumentos sustantivos previstos en la norma reguladora de este tipo societario para alcanzar tales objetivos.

La cuestión que ahora nos incumbe, sin embargo, es la de revisar la forma en que nuestro ordenamiento tributario contempla un acontecimiento concreto de su funcionamiento: la del traspaso de las acciones o participaciones societarias. Y es que no cabe duda de que este modelo societario posibilita no solo el mantenimiento de sociedades en crisis sino unas ciertas garantías en la continuidad de la actividad societaria en el momento del relevo generacional, lo que las puede situar en este sentido como un modelo de referencia[15], debiendo detenernos ahora en la forma en que el gravamen de estas operaciones de transmisión puede llegar a condicionar ese posible relevo. De este modo, y de la misma forma que hemos llegado a la conclusión de la no existencia en nuestro ordenamiento de un régimen fiscal general o de unas medidas fiscales sistemáticas de protección o estímulo de este tipo societario, intentaremos llegar a las oportunas conclusiones relativas a la mayor o menor facilidad de nuestro ordenamiento tributario para efectuar este traspaso, lo que nos debe situar como punto de partida en el tema del gravamen en general de cualquier acción y/o participación de una sociedad mercantil.

---

servicios retribuidos de forma personal y directa, en virtud de una relación por tiempo indefinido; b) que ninguno de los socios pueda ser titular de acciones o participaciones sociales que representen más de la tercera parte del capital social (límite ampliable en dos supuestos: uno temporal, hasta 36 meses máximo, que podrá llegar al cincuenta por ciento, para el caso de sociedades constituidas por dos socios trabajadores con contrato por tiempo indefinido, supuesto éste no contemplado en la anterior LSL; y otro, el previsto para el caso de socios que sean entidades públicas, de participación mayoritariamente pública, entidades no lucrativas o de economía social, que podrá ser mayor, sin alcanzar en ningún caso el cincuenta por ciento del capital social); y c) que el número de horas-año trabajadas por los trabajadores contratados por tiempo indefinido que no sean socios no superior el cuarenta y nueve por ciento del cómputo global de horas-año trabajadas en la sociedad laboral por el conjunto de los socios trabajadores sin incluir en ese cómputo el trabajo realizado por trabajadores con discapacidad de cualquier clase, igual o superior al treinta y tres por ciento, porcentaje considerablemente mayor al previsto en la anterior LSL, en la que el porcentaje máximo era de quince o del veinticinco por ciento dependiendo del número de socios trabajadores.

15. Así, MILLANA SANSATURIO, M., «Las sociedades laborales como realidad empresarial de la economía social en España», *Estudios de Juventud*, núm. 51, 2000, p. 60, incide en la evolución justificativa de este tipo de sociedades en la realidad económica, que han pasado de simples formas sociales de «necesidad» en situación de crisis económica, a modelos alternativos de empresas de autogestión.

III. TRATAMIENTO FISCAL DE LA TRANSMISIÓN Y DE LA ADQUISICIÓN DE ACCIONES Y PARTICIPACIONES EN LA SOCIEDAD LABORAL

La transmisión de acciones y participaciones de una sociedad laboral está sujeta a las exigencias derivadas de su régimen regulatorio, régimen que contempla ciertas limitaciones y condicionamientos según el modo en que esta se efectúe. El tratamiento fiscal que se otorga a estas transmisiones también va a variar según el tipo de transmisión que se trate, no quedando afectado de forma directa por los condicionamientos de su regulación sustantiva, pero sí de una forma indirecta, lo que va a ocurrir en un doble sentido.

En primer lugar, y dado que el incumplimiento de las exigencias previstas en la LSLP con relación al reparto del capital social puede conllevar, de no subsanarse, la pérdida de la condición de laboral de la sociedad en cuestión se habrá de determinar si con ello queda afectado el correspondiente régimen fiscal. En este sentido, y puesto que la pérdida de la condición de «laboral» no implica, en cualquier caso, la disolución de la sociedad, que puede continuar funcionando como una simple SA o SRL[16], cabe indicar que no se va a producir a efectos fiscales modificación alguna en el gravamen general de las posibles transmisiones, que no va a variar, en consecuencia, aunque se modifique la forma societaria.

En segundo lugar, y aunque la LSLP prevé determinados condicionamientos en atención no tanto a la causa que origina la transmisión como a la situación de «laboralidad» que puede o no adquirir o consolidar el sujeto adquirente, a efectos fiscales no van a ser tales circunstancias específicas lo verdaderamente relevante, sino la naturaleza «*inter vivos*» o «*mortis causa*» de la transmisión y el carácter oneroso o lucrativo de esta, debiendo atenderse así a los gravámenes que en cada caso van a resultar aplicables según los sujetos intervinientes en la transmisión.

16. Tal y como se dispone en el art. 15.1.1.º de la LSLP es causa legal de pérdida de la calificación como «Sociedad Laboral», la superación de los límites establecidos en el artículo 1, sin perjuicio de las excepciones previstas en el mismo. En este sentido, y como dispone VELERDAS PERALTA, A., «Régimen de constitución de la sociedad laboral. Adquisición y pérdida de la calificación de "sociedad laboral"», AA.VV., *El Régimen jurídico de las sociedades laborales*, Thomson Reuters Aranzadi, Cizur Menor, 2017, pp. 84 y 85, la descalificación no supone causa de disolución no perdiendo por ello la sociedad la personalidad jurídica sino tan solo los atributos propios de la sociedad laboral, lo que indudablemente, y pese a que nada se indique en la LSLP, exigirá la correspondiente modificación de los estatutos sociales para adaptarse al régimen imperativo de la SA o SRL.

Antes de pasar a revisar las cuestiones tributarias propiamente dichas debemos detenernos, aunque sea brevemente, en los principales aspectos de la regulación sustantiva de esas transmisiones.

Tal y como dispone el art. 6.1 de la LSLP, la transmisión *«inter vivos»* de acciones o de participaciones de una SA o de una SRL laboral, es libre, es decir no está sujeta a restricción alguna, cuando en el adquirente concurre la condición de socio trabajador o de trabajador no socio con contrato por tiempo indefinido. Y es que en estos casos al no quedar comprometido el componente laboral del capital social (que queda garantizado o incrementado), bastará con cumplir con el requisito de comunicación a la administración social del número y características de los títulos que se quieren enajenar y de la identidad del adquirente. En cualquier caso, sí será necesario el consentimiento del órgano de administración si la transmisión pudiera conllevar la superación de los límites previstos en el art. 1 (más de un tercio del capital social en manos de un solo socio), quién deberá entonces pronunciarse para evitar la descalificación como «laboral» de la sociedad (art. 6.3).

No existirá, por el contrario, «libre transmisión», si las acciones o participaciones pudieran salir del entorno laboral por ser los adquirentes socios no trabajadores o terceros, previendo en estos casos la LSLP un sistema imperativo de adquisición preferente a favor de determinados grupos de interés. De este modo, y por orden: los trabajadores indefinidos no socios, según su antigüedad en la empresa; los socios trabajadores, en proporción inversa al número de acciones y participaciones que posean; los socios de la clase general, en función de su participación en el capital social; y la propia sociedad, podrán ejercitar un derecho de adquisición preferente, reduciéndose con ello las posibilidades de que terceros puedan acceder a la propiedad y garantizándose así nuevamente la laboralidad de la mayor parte del capital social (art. 6.2)[17]. Esta situación, que puede originarse por motivos como el de la extinción de la relación laboral del socio trabajador obliga, en definitiva, al socio a ofrecer la adquisición de sus acciones o participaciones a los sujetos integrantes de alguno de los grupos indicados, pudiendo

17. Con ello, y como destaca ESCUÍN IBÁÑEZ, I., «Régimen jurídico del capital social (I). Clases de acciones y participaciones sociales: su transmisión», AA.VV., *El régimen jurídico de las sociedades laborales*, Thomson Reuters Aranzadi, Cizur Menor, 2017, p. 102, se ha preferido garantizar nuevamente la laboralidad del capital social frente a cualquier aperturismo que pudiera impulsar la inversión de socios capitalistas, lo que sin duda puede llegar a comprometer las vías de financiación del proyecto empresarial.

conservar, no obstante, la condición de socio si nadie de ellos las adquiriera[18].

En este mismo orden de protección y garantía de la titularidad «laboral» del capital social, la LSLP establece ciertas disposiciones en caso de separación y de exclusión de los socios. Y sin entrar a valorar las causas legales y estatutarias que pueden originar la separación forzosa de un socio[19], o de la libre separación que este sujeto pudiera ejercer, si así se prevé en los estatutos[20], las acciones o participaciones de los socios separados o excluidos deberán ser ofrecidas directamente a los trabajadores no socios con contrato de trabajo por tiempo indefinido, conforme a lo previsto en el art. 6 de la LSLP, quedando amortizadas mediante reducción del capital social las acciones o participaciones que finalmente no fueran adquiridas, conforme a lo dispuesto en el art. 16. 3 de la LSLP. En este caso, por tanto, no se prevé la posibilidad de que tales acciones o participaciones puedan quedar en manos de cualquier otro grupo de interés de los indicados anteriormente, lo que trataría de preservar el equilibrio previsto en el art. 1 de la Ley, es decir, que se respeten los límites de participación en el capital[21].

Por lo demás, y en el caso de que la adquisición de acciones o participaciones se efectúe por sucesión hereditaria, el heredero o legatario del fallecido va a adquirir directamente, conforme a los dispuesto en el art. 10.1 de la LSLP, la condición de socio. No obstante, si el fallecimiento se produce

18. Aunque en tal caso, y tal y como se establece en el art. 9.1 de la LSLP, tales acciones o participaciones pasarían a ser de clase general, conforme a lo previsto en el art. 5 de la misma norma, lo que no implica que cambien su valor nominal o los derechos económicos. Por su parte, y tal y como se dispone en el ap.2 del mismo art. 9: «Los estatutos sociales podrán establecer normas especiales para los casos de jubilación e incapacidad permanente del socio trabajador, para los supuestos de socios trabajadores en excedencia, así como para los socios trabajadores que por subrogación legal o convencional dejen de ser trabajadores de la sociedad».

19. Ver al respecto ALFONSO SÁNCHEZ, R., «Separación y exclusión de socios en la sociedad laboral», AA.VV., *El Régimen jurídico de las sociedades laborales,* Thomson Reuters Aranzadi, 2017, pp. 135-183.

20. Tal y como se establece en el art. 8 de la LSLP: «1. Solo serán válidas las cláusulas que prohíban la transmisión voluntaria de las acciones o participaciones sociales por actos "inter vivos" si los estatutos reconocen al socio el derecho a separarse de la sociedad en cualquier momento. La incorporación de estas cláusulas a los estatutos sociales exigirá el consentimiento de todos los socios. 2. No obstante lo establecido en el apartado anterior, los estatutos podrán impedir la transmisión voluntaria de las acciones o participaciones por actos "inter vivos", o el ejercicio del derecho de separación, durante un período de tiempo no superior a cinco años a contar desde la constitución de la sociedad, o para las acciones o participaciones procedentes de una ampliación de capital, desde el otorgamiento de la escritura pública de su ejecución».

21. ALFONSO SÁNCHEZ, R., «Separación y exclusión de socios en la sociedad laboral», *cit.,* pp. 171 y 172.

del socio trabajador se permite reconocer un derecho de adquisición preferente sobre las acciones y participaciones de clase laboral, en los términos ya vistos del art. 6.2, si así se ha previsto en los estatutos, y siempre que el heredero o legatario no fuese trabajador de la sociedad con contrato por tiempo indefinido (art. 10.3).

Analizado someramente el régimen sustantivo de la transmisión de acciones y participaciones del capital de la sociedad laboral, y sin perjuicio, de los efectos y consecuencias que pudieran tener las actuaciones que no respetasen las exigencias en cada caso previstas en la normativa mercantil, podemos situarnos en el plano fiscal, para lo cual debemos atender, tal y como hemos indicado anteriormente, a la naturaleza «*inter vivos*» o «*mortis causa*» de la transmisión, y de una forma más específica al carácter oneroso o gratuito de esta, teniendo en cuenta que van a ser los especiales vínculos que pudieran existir entre los sujetos transmitente y adquirente los que, en su caso, van a permitir disfrutar de un trato fiscal más beneficioso. De acuerdo con ello atenderemos a la diferenciación según el gravamen que deba soportar cada sujeto.

1. EL GRAVAMEN A LOS SUJETOS TRANSMITENTES

El régimen fiscal aplicable a la transmisión de acciones y participaciones del capital social de una sociedad laboral no se diferencia en rasgos generales del aplicable a cualquier otro tipo de entidad. De este modo, ya se efectúe la transmisión por venta, por donación o sucesión lo que habrá que delimitar serán los gravámenes a que estarán sujetos en cada caso tanto transmitentes como adquirentes.

Centrándonos aquí en los primeros, debemos hablar, en primer lugar, del tipo de rendimiento que se generará por la transmisión, sea onerosa o gratuita, «*inter vivos*» o «*mortis causa*» de cualquier acción o participación en entidades. En este sentido, y conforme a lo dispuesto en el art. 33.1 de la Ley 35/2006, de 28 de noviembre, del Impuesto sobre la Renta de las Personas Físicas (en adelante, IRPF), las referidas transmisiones podrán ser consideradas, en principio, como ganancias o pérdidas patrimoniales, al constituir variaciones en el valor del patrimonio del contribuyente (persona física transmitente), puestas de manifiesto con ocasión de una alteración en su composición, y no estar calificadas por la misma Ley como otro tipo de rendimientos. En cualquier caso, y como añade a continuación el precepto, existen determinados supuestos que no van a quedar sujetos a gravamen como ganancia o pérdida patrimonial: bien por no considerarse como tales o por quedar exentos de gravamen.

De este modo, y a los efectos que nos ocupan, señala en primer lugar el art. 33 en su apartado 3 letra a), que no existirá ganancia o pérdida patrimonial en los supuestos de reducción del capital cuando ésta, cualquiera que sea su finalidad, dé lugar a la amortización de valores o participaciones. De acuerdo con ello, y como hemos visto anteriormente, no se va a considerar como ganancia o pérdida patrimonial, el resultado obtenido de la entrega de las acciones o participaciones de los socios separados o excluidos que ofrecidas a los trabajadores no socios con contrato de trabajo por tiempo indefinido no hayan sido finalmente adquiridas por ellos, dado que en este caso tales títulos van a quedar amortizados mediante reducción del capital social.

Tampoco va a existir ganancia o pérdida patrimonial en determinadas transmisiones lucrativas. Así, y como se recoge en la letra b) del apartado 3 del art. 33, no se dará ésta si se generan con ocasión de una transmisión lucrativa por causa de muerte del contribuyente. Con ello se exime al transmitente de tener que tributar (es decir, sus herederos en su nombre) por las ganancias o pérdidas que pudiese generar en el propio IRPF del fallecido la transmisión «*mortis causa*» de sus propios bienes, entre los que pueden encontrarse, claro está, las acciones o participaciones que nos incumben[22].

Junto a ello, y como se prevé a continuación en la letra c) del mismo apartado 3, también va a quedar excluida de su consideración como tal, las ganancias o pérdidas que se generasen para el transmitente con ocasión de las transmisiones lucrativas de empresas o participaciones a las que se refiere el apartado 6 del art. 20 de la Ley 29/1987, de 18 de diciembre, del Impuesto sobre Sucesiones y Donaciones. Nos encontramos, como se indica en el referido art. 20, ante un tipo concreto de transmisiones que han de ser: «*inter vivos*»; efectuadas en favor del cónyuge o de los descendientes o adoptados; siendo su objeto la transmisión de una empresa individual, un negocio profesional o de participaciones en entidades del donante; y en las

22. Conforme a lo previsto en el art. 11.5 de la Ley 35/2006, del Impuesto sobre la Renta de las Personas Físicas, las ganancias y pérdidas patrimoniales se consideran obtenidas por los contribuyentes que sean titulares de los bienes, derechos y demás elementos patrimoniales de qué provengan, según las normas sobre titularidad jurídica previstas en la normativa civil. De acuerdo con ello también se puede imputar como ganancia o pérdida patrimonial las generadas por la propia transmisión «mortis causa» de los bienes del fallecido a sus herederos o legatarios. En cualquier caso, y como acabamos de comprobar, va a quedar excluida de gravamen la ganancia o la pérdida generada al transmitente por esa transmisión lucrativa de sus propios bienes o derechos. Conforme a lo previsto en el art. 12 de la Ley 35/2006, el impuesto se devengará en la fecha del fallecimiento del sujeto transmitente, debiendo los herederos o legatarios presentar la autoliquidación del impuesto del fallecido, conforme a lo previsto en el art. 96.7 y 97.4 de la Ley.

que deban concurrir determinados requisitos tanto en el donante como en el donatario. Respecto a estos requisitos, y con relación al donante, se exige así por el indicado art. 20, lo siguiente: que le pueda ser de aplicación la exención regulada en el apartado 8 del art. 4 de la Ley 19/1991, de 6 de junio, del Impuesto sobre el Patrimonio; tener sesenta y cinco o más años o encontrarse en situación de incapacidad permanente, en grado de absoluta o gran invalidez; y, en su caso, si viniera ejerciendo funciones de dirección, dejar de ejercer y de percibir remuneraciones por el ejercicio de dichas funciones desde el momento de la transmisión[23]. En cuanto al donatario, se le exige, por su parte: mantener lo adquirido y tener derecho a la exención en el Impuesto sobre el Patrimonio durante los diez años siguientes a la fecha de la escritura pública de donación, salvo que falleciera dentro de este plazo; y no realizar actos de disposición y operaciones societarias que, directa o indirectamente, puedan dar lugar a una minoración sustancial del valor de la adquisición.

Respecto a lo indicado, y con relación al tema del presente trabajo, resulta necesario detenerse en algunas cuestiones.

Tal y como se desprende del precepto analizado, es necesario que el donante transmita sus «participaciones» en una entidad. Puede plantearse así, conforme a una interpretación estricta del precepto, si con ello se está haciendo referencia tan solo a los títulos representativos del capital de una sociedad de responsabilidad limitada, quedando por tanto vetada, en el caso que nos ocupa, a los transmitentes de títulos representativos del capital de una sociedad anónima laboral. En este sentido, es el Real Decreto 1704/1999, de 5 de noviembre, por el que se determinan los requisitos y condiciones de las actividades empresariales y profesionales y de las participaciones en entidades para la aplicación de las exenciones correspondientes en el Impuesto sobre el Patrimonio, quién parece dar la respuesta, al indicar en su art. 4.1 que: a los efectos de la aplicación de la exención en el impuesto de las participaciones en entidades, debe entenderse por participación, cualquier titularidad en el capital o patrimonio de una entidad, dando por tanto cabida a ambos modelos societarios[24]. Se produce así una concatenación de referencias y vínculos normativos, un tanto confusa, de forma que el art. 33.3 c) de la Ley del Impuesto sobre la Renta de las Personas

23. Aclara el precepto que, a estos efectos, no se entenderá comprendida entre las funciones de dirección la mera pertenencia sin más al Consejo de Administración de la sociedad.
24. Así diferentes autores analizan las consecuencias de esta falta de deslinde legal del concepto de participación en una entidad, así como de la concreción de los tipos de entidades a que se refiere el precepto. Entre ellos, puede destacase a ADAME MARTÍNEZ, F., *Beneficios fiscales para la empresa familiar en los Impuestos sobre el Patrimonio*

Físicas se remite al art. 20. 6 de la Ley del Impuesto sobre Sucesiones y Donaciones, quién a su vez vincula el disfrute del beneficio previsto para los herederos o legatarios o para los donatarios adquirentes, al que luego nos referiremos, a la capacidad de que donante y donatario tengan derecho a disfrutar de la exención por la titularidad de participaciones en entidades del art. 4.8 dos de la Ley del Impuesto sobre el Patrimonio; exención que, por otro lado, establece otros tantos requisitos específicos para su disfrute.

Trasladando nuevamente los requisitos previstos en el referido art. 4.8 al ámbito que nos ocupa, requisitos que, en esencia, aluden: a) a que la entidad, sea o no societaria, no tenga por actividad principal la gestión de un patrimonio mobiliario o inmobiliario; b) que la participación del sujeto pasivo en el capital de la entidad sea al menos del 5 por 100 computado de forma individual, o del 20 por 100 conjuntamente con su cónyuge, ascendientes, descendientes o colaterales de segundo grado, ya tenga su origen el parentesco en la consanguinidad, en la afinidad o en la adopción; y c) que el sujeto pasivo ejerza efectivamente funciones de dirección en la entidad, percibiendo por ello una remuneración que represente más del 50 por 100 de la totalidad de los rendimientos empresariales, profesionales y de trabajo personal[25], cabría por tanto revisar, si conforme a la normativa sustantiva de las sociedades laborales se podrían dar o no las circunstancias para que

y sobre Sucesiones y Donaciones, Thomson Reuters Aranzadi, 2014, pp. 142 y ss.; CHECA GONZÁLEZ, C., «La empresa familiar en nuestro ordenamiento tributario (Impuesto sobre el Patrimonio, Impuesto sobre Sucesiones y Donaciones e Impuesto sobre la Renta de las Personas Físicas)», Asociación Española de Asesores Fiscales (AEDAF), Monografía, núm. 15, *Fiscalidad de la empresa familiar*, 2000, pp. 157 y ss.; NAVARRO EGEA, M., *Incentivos fiscales a la pequeña y mediana empresa*, Marcial Pons, Madrid, 1999, pp. 38 y ss., quién afirma que con esa descripción legal se da cabida a las participaciones en el capital de otras entidades que no adopten siquiera la forma de sociedades de capital. En igual sentido, COLAO MARÍN, P. A., en «El tratamiento de la empresa familiar en el Impuesto sobre el Patrimonio (II)», *Impuestos*, núm. 6, 2007, pp. 13 y ss., indicando la extralimitación del desarrollo reglamentario puesto que la ley no especifica que ha de entenderse como participación, dando lugar a un concepto que excede del de las meras acciones o participaciones de sociedades de capital.

25. Añade el precepto que «cuando la participación en la entidad sea conjunta con alguna o algunas personas a las que se refiere la letra anterior, las funciones de dirección y las remuneraciones derivadas de la misma deberán de cumplirse al menos en una de las personas del grupo de parentesco, sin perjuicio de que todas ellas tengan derecho a la exención. La exención sólo alcanzará al valor de las participaciones, determinado conforme a las reglas que se establecen en el artículo 16.uno de esta Ley, en la parte que corresponda a la proporción existente entre los activos necesarios para el ejercicio de la actividad empresarial o profesional, minorados en el importe de las deudas derivadas de la misma, y el valor del patrimonio neto de la entidad, aplicándose estas mismas reglas en la valoración de las participaciones de entidades participadas para determinar el valor de las de su entidad tenedora».

la transmisión de acciones o participaciones de su capital social se ajustara a las exigencias del precepto analizado.

Así, y respecto al requisito de una participación mínima del sujeto pasivo en el capital de la entidad, se habrá de comprobar si el titular de la participación que se quiere transmitir dispone en propiedad de, al menos, ese porcentaje mínimo. En este sentido, el único límite previsto por la LSLP es de máximos, no pudiendo, como sabemos, y salvo excepciones, ser titular ningún socio de acciones o participaciones sociales que representen más de la tercera parte del capital social[26].

Por lo demás, y con relación a la exigencia de que el sujeto pasivo ejerza efectivamente funciones de dirección en la entidad, percibiendo además por ello una remuneración que represente más del 50 por 100 de la totalidad de los rendimientos empresariales, profesionales y de trabajo personal, pueden plantearse también algunos problemas.

En primer lugar, los relacionados con lo que puede entenderse por funciones de dirección. Y es que como se dispone en el art. 5. 1 d) del ya referido Real Decreto 1704/1999, por el que se determinan los requisitos y condiciones de las actividades y de las participaciones en entidades para la aplicación de las exenciones correspondientes en el Impuesto sobre el Patrimonio, se considerarán funciones de dirección, los cargos de: Presidente, Director general, Gerente, Administrador, Directores de Departamento, Consejeros y miembros del Consejo de Administración u órgano de administración equivalente, siempre que el desempeño de cualquiera de estos cargos implique una efectiva intervención en las decisiones de la empresa, lo que deberá acreditarse fehacientemente mediante el correspondiente contrato o nombramiento. Se trata sin duda de una mera relación orientativa que no impide considerar otras posibilidades, quedando todas ellas sujetas a la acreditación fehaciente y suficiente del ejercicio efectivo y detallado de tales funciones de dirección y administración[27]. Así, y con relación al ejercicio de esas funciones en las sociedades laborales, y conforme a lo previsto en el art. 13 de la LSLP, y puesto que tales funciones pueden ser desarrolladas de

26. Conforme a lo dispuesto en el art. 1. 2 b) de la LSLP. Límite que, no obstante, y como prevé el mismo artículo puede quedar exonerado durante 36 meses, si la sociedad está constituida por dos socios trabajadores con contrato por tiempo indefinido, o cuando se trate de socios de una especial naturaleza por ser entidades públicas, de participación mayoritariamente pública, o entidades no lucrativas o de la economía social en dónde se podrá tener más de la tercera parte del capital.

27. De este modo, y como indica COLAO MARÍN, P. A., «El tratamiento de la empresa familiar en el Impuesto sobre el Patrimonio (II)», *cit.*, p. 24, no será suficiente un nombramiento más o menos formal, sino que será necesario probar suficientemente el ejercicio de tales funciones, incluso expresándolas en el propio título que otorga la

la forma que libremente consideren los socios (administrador único, mancomunados, solidarios o Consejo de Administración), no habrá sino que comprobar que los sujetos titulares de las correspondientes acciones o participaciones que se quieran transmitir tengan efectivamente asignadas tales funciones de dirección[28].

Los problemas también pueden surgir por las exigencias derivadas de la remuneración percibida por tales funciones de dirección, que como se indica en el precepto deben representar más del 50 por 100 de la totalidad de los rendimientos empresariales, profesionales y de trabajo personal. Y es que siendo la filosofía que inspira a esta exención que las funciones de dirección constituyan realmente el medio de vida del sujeto transmitente, al suponer más del 50 por ciento de la totalidad de sus rendimientos del trabajo y de sus actividades por cuenta propia, habrá nuevamente que delimitar si en el socio transmitente de las acciones o participaciones se da o no esta circunstancia, considerando además que lo relevante va a ser que la percepción de tales remuneraciones traiga su causa directa de estas funciones de dirección y no tanto la calificación que pudieran merecer en el propio IRPF por el componente de renta que puedan constituir[29].

---

facultad de realizarlas. En este sentido, cabe mencionar la contestación a la consulta de la DGT de 19 de noviembre de 1998 en la que se indica que «la acreditación fehaciente de las funciones de dirección se debe efectuar en el correspondiente contrato o nombramiento. De esta exigencia se desprende no solo que el nombramiento deba constar de forma expresa, sino que son las propias funciones de dirección a desarrollar las que deben ser objeto de mención (...) siendo por ello recomendable que en el contrato de trabajo o en la correspondiente acta de nombramiento de un miembro del órgano de administración de la sociedad se describan y detallen las funciones de dirección que van a ser ejercidas por la persona en cuestión».

28. Así, GRIMALDOS GARCÍA, M. I., «Especialidades en materia de órgano de administración», AA.VV., *El régimen jurídico de las sociedades laborales*, Thomson Reuters Aranzadi, Cizur Menor, 2017, pp. 190 y ss., quién alude a los importantes cambios que ha supuesto la LSLP en este sentido, al permitir cualesquiera de las formas de elección de este órgano, habiendo decaído normativamente la anterior tutela que se otorgaba a los socios minoritarios (socios no trabajadores), pudiendo, en definitiva, mezclarse en el grupo de electores tanto socios trabajadores («clase laboral») como los socios no trabajadores («clase general»).

29. En las Contestaciones de la Dirección General de Tributos a las consultas 16/2001, de 11 de enero, o 25/2005, de 23 de febrero, se alude a la falta de consideración como retribuciones por funciones de dirección a las derivadas por trabajo personal por otros conceptos o por rendimientos de capital. Por tanto, quedan excluidos del cómputo los rendimientos del capital y los conceptos de renta que no se determinen expresamente que formen parte de las categorías de rendimientos de trabajo o de actividades económicas. Así, CALVO VÉRGEZ, J., «Empresa familiar: exención de los elementos afectos a actividades económicas y de las participaciones en la entidad en el impuesto sobre el patrimonio. Aspectos problemáticos», *Quincena Fiscal*, núm. 1, 2004, p. 18, o COLAO MARÍN, P. A., «El tratamiento de la empresa familiar en el Impuesto sobre el Patrimonio (II)», *cit.*, p. 26.

Una vez comprobada la concurrencia de los requisitos previstos para poder gozar de la exención en el Impuesto sobre el Patrimonio debemos volver al punto de partida. Y es que no debemos olvidar que poder disfrutar de esta exención solo es uno de los requisitos exigidos al donante (y como luego veremos, también al donatario para poder disfrutar de la reducción prevista para este en el Impuesto sobre Donaciones) para que la correspondiente ganancia o pérdida patrimonial generada por la transmisión no se compute como tal a efectos del IRPF. Y que junto a este requisito existen también otros exigidos tanto al donante como al donatario. Así, el donante además de poder disfrutar de la exención del art. 4.8 de la Ley 19/1991, y tal y como ya hemos referido, debe tener sesenta y cinco o más años o encontrarse en situación de incapacidad permanente, en grado de absoluta o gran invalidez; y, además, si viniera ejerciendo funciones de dirección, deberá dejar de ejercer y de percibir remuneraciones por el ejercicio de dichas funciones desde el momento de la transmisión. Y en cuanto al donatario, se le exige, por su parte: mantener lo adquirido y tener derecho a la exención en el Impuesto sobre el Patrimonio durante los diez años siguientes a la fecha de la escritura pública de donación, salvo que falleciera dentro de este plazo; y no realizar actos de disposición y operaciones societarias que, directa o indirectamente, puedan dar lugar a una minoración sustancial del valor de la adquisición (*ex* art. 20.6 de la Ley 29/1987, del Impuesto sobre Sucesiones y Donaciones).

Hemos de recordar finalmente un aspecto importante, y es que debemos estar ante una transmisión «*inter vivos*» de participaciones de una entidad, pero que sea efectuada además a sujetos concretos: el cónyuge o los descendientes o adoptados del transmitente, lo que confirma que se trata de una medida limitada a traspasos entre familiares, pensada así directamente como un instrumento facilitador de relevos generacionales en empresas o entidades de carácter familiar, aunque no restringido a ellas.

La preocupación por la reducción de las cargas fiscales para las transmisiones de empresas se pone de manifiesto por la propia Comisión Europea, entre otras, en su Comunicación *Pensar primero a pequeña escala «Small Business Act» para Europa: iniciativas en favor de las pequeñas empresas*, en la que se insta a prestar a la transmisión de empresas el mismo apoyo que a la creación de nuevas empresas, debiéndose garantizar así por los Estados que los impuestos no las obstaculicen indebidamente[30] . Pese a esta recomendación, que no era nueva, lo cierto es que pocos países han puesto en

30. COM 2008 394 final. En cualquier caso, ya desde la Recomendación de la Comisión 94/1069/CE, de 7 de diciembre de 1994, sobre la transmisión de las pequeñas y medianas empresas, se insta a los Estados miembros a que remuevan todos los obstáculos

práctica actuaciones favorables a las transmisiones empresariales que no traigan su causa en ese traspaso familiar. Así, en nuestro país, el legislador ha querido favorecer exclusivamente a patrimonios empresariales que reunieran ciertos requisitos a través de los que se exteriorizaba su carácter «familiar», con independencia de que se tratara de una empresa individual o de participaciones en entidades. De acuerdo con ello, solo la normativa reguladora del Impuesto sobre Sucesiones y Donaciones prevé importantes reducciones para los adquirentes, en caso de transmisiones «*mortis causa*» o «*inter vivos*» de elementos patrimoniales afectos a actividades empresariales, así como de acciones o participaciones en entidades, pero siempre y cuando existan esos vínculos, es decir que la transmisión de acciones o participaciones se efectúe en favor de determinados miembros de la familia.

De no seguirse esa línea y, por tanto, en caso de no existir tales vínculos entre transmitente y adquirente, nuestro legislador no prevé un trato especial, quedando sujetos, sin más, unos y otros, al régimen general de tributación. De acuerdo con todo ello, y retomando el análisis de la posible ganancia o pérdida en el IRPF derivada de la transmisión, de encontrarnos ante una transmisión «*inter vivos*» de las acciones o participaciones de una sociedad laboral, efectuada a favor de quién no ostente vínculo familiar alguno con el transmitente, o con quién sí se ostente este vínculo, pero cuando no concurran los requisitos previstos en las sucesivas normas concatenas antes referidas, quedará cerrada la posibilidad de la no consideración como ganancia o pérdida patrimonial en el impuesto, debiendo declararse de este modo por el transmitente, la ganancia o pérdida derivada de la transmisión, en los términos previstos en el art. 37 de la Ley 35/2006, del Impuesto sobre la Renta de las Personas Físicas[31].

---

de derecho sustantivo y fiscal que dificultasen la transmisión de las empresas, alentando con medidas fiscales al empresario para la transmisión de su empresa mediante venta o a través de su compra por los asalariados, principalmente cuando no hubiese sucesor en la familia. En igual sentido, la *Carta Europea de la Pequeña Empresa* de 20 de junio de 2000, en cuya línea de actuación 7, que lleva por título «Fiscalidad y Cuestiones Financieras», se recoge la necesidad de la adopción de regímenes fiscales que faciliten la creación y la sucesión de las pequeñas empresas.

31. El art. 37 de la Ley 35/2006, establece normas específicas de valoración de las ganancias o pérdidas patrimoniales que provengan de determinadas alteraciones patrimoniales. Así, y como se dispone en su ap. 1, letra a): cuando dicha alteración provenga de la transmisión a título oneroso de valores admitidos a negociación en alguno de los mercados regulados de valores representativos de la participación en fondos propios de sociedades o entidades, la ganancia o pérdida se computará por la diferencia entre su valor de adquisición y el valor de transmisión, determinado por su cotización en dichos mercados en la fecha en que se produzca aquélla o por el precio pactado cuando

2. EL GRAVAMEN A LOS SUJETOS ADQUIRENTES

Situándonos ya en la posición de los sujetos adquirentes de acciones o participaciones de una sociedad laboral, y teniendo en cuenta toda la argumentación expuesta hasta ahora, debemos ocuparnos de la situación fiscal en la que quedan tales sujetos. En este sentido, ya adelantamos, que solo existirá algún trato fiscal favorable si el sujeto adquirente se encuentra en alguna de las siguientes situaciones: si adquiere las correspondientes acciones o participaciones como consecuencia de la capitalización de una prestación por desempleo; o si lo hace por tener vínculos familiares con el transmitente.

Y es que, en primer lugar, y conforme a lo previsto en el art. 7, letra n) de la Ley 35/2006, del Impuesto sobre la Renta de las Personas Físicas, la renta generada por las prestaciones por desempleo reconocidas por la respectiva entidad gestora cuando se perciban en la modalidad de pago único, y siempre que las cantidades percibidas se destinen a las finalidades y en los casos previstos en la citada norma, entre los que se encuentran el que nos ocupa, es decir, el destino de la capitalización en forma de adquisición de acciones o participaciones en el capital social de una sociedad laboral,

sea superior a la cotización. El importe obtenido por la transmisión de derechos de suscripción procedentes de estos valores tendrá la consideración de ganancia patrimonial para el transmitente en el período impositivo en que se produzca la citada transmisión. Añade el precepto que cuando la alteración provenga, (letra b) de la transmisión a título oneroso de valores no admitidos a negociación en alguno de los mercados regulados de valores representativos de la participación en fondos propios de sociedades o entidades, la ganancia o pérdida se computará por la diferencia entre su valor de adquisición y el valor de transmisión. Salvo prueba de que el importe efectivamente satisfecho se corresponde con el que habrían convenido partes independientes en condiciones normales de mercado, el valor de transmisión no podrá ser inferior al mayor de los dos siguientes: el valor del patrimonio neto que corresponda a los valores transmitidos resultante del balance correspondiente al último ejercicio cerrado con anterioridad a la fecha del devengo del Impuesto; y el que resulte de capitalizar al tipo del 20 por ciento el promedio de los resultados de los tres ejercicios sociales cerrados con anterioridad a la fecha del devengo del Impuesto. A este último efecto, se computarán como beneficios los dividendos distribuidos y las asignaciones a reservas, excluidas las de regularización o de actualización de balances. El valor de transmisión así calculado se tendrá en cuenta para determinar el valor de adquisición de los valores o participaciones que corresponda al adquirente. El importe obtenido por la transmisión de derechos de suscripción procedentes de estos valores o participaciones tendrá la consideración de ganancia patrimonial para el transmitente en el período impositivo en que se produzca la citada transmisión. Por lo demás, y conforme a lo previsto en el mismo art. letra e), «en los casos de separación de los socios o disolución de sociedades, se considerará ganancia o pérdida patrimonial, sin perjuicio de las correspondientes a la sociedad, la diferencia entre el valor de la cuota de liquidación social o el valor de mercado de los bienes recibidos y el valor de adquisición del título o participación de capital que corresponda».

quedará exenta de tributación en el IRPF[32]. Se exige, eso sí, en el precepto, un límite mínimo de permanencia en la sociedad, estableciéndose de este modo que la exención va a quedar condicionada al mantenimiento de la acción o participación durante el plazo de cinco años.

Se trata, sin duda, de una exención dirigida al fomento del autoempleo que va a permitir la capitalización de las prestaciones por desempleo, compatible con otras ayudas que pudieran obtenerse, en su caso, para la constitución o integración en cooperativas o sociedades laborales, lo que, desde luego, y por un lado, puede servir de estímulo a la adquisición de estas acciones o participaciones, aunque es verdad, por otro lado, que este efecto estimulador queda minorado como consecuencia de la extensión de la exención por la capitalización hacia otros tipos societarios[33].

Antes de centrarnos en el supuesto de adquisición a título lucrativo por quienes ostentan un vínculo familiar con el transmitente, cabe mencionar con relación a las transmisiones onerosas de valores, y por tanto también

32. La modalidad de pago único de las prestaciones por desempleo viene establecida en el Real Decreto 1044/1985, de 19 de junio como medida de fomento del empleo. En su art. 1 dispone «que quienes sean titulares del derecho a la prestación por desempleo del nivel contributivo, por haber cesado con carácter definitivo en su actividad laboral, podrán percibir de una sola vez, el valor actual del importe de la que pudiera corresponderles en función de las cotizaciones efectuadas, cuando acrediten ante el INEM que van a realizar una actividad profesional como socios trabajadores de una cooperativa de trabajo asociado o sociedad que tenga el carácter de laboral según las correspondientes normas del Ministerio de Trabajo y Seguridad Social». De este modo, y como indica el art. 3.1. «(...) En el caso de personas que deseen incorporarse como socios a cooperativas de trabajo asociado o sociedades laborales deberán acompañar certificación de haber solicitado su ingreso en las mismas y condiciones en que éste se producirá. Si se trata de cooperativas o sociedades laborales de nueva creación deberán acompañar, además, el proyecto de estatutos de la sociedad. En estos casos el abono de la prestación en su modalidad de pago único estará condicionada a la presentación del acuerdo de admisión como socio o a la efectiva inscripción de la sociedad en el correspondiente registro». Por lo demás, y como añade el art. 6. «La percepción de la prestación por su valor actual será compatible con otras ayudas que para la constitución o integración en cooperativas o sociedades laborales pudieran obtenerse».

33. Es importante señalar que el precepto no limita el beneficio a las sociedades laborales, pudiendo dirigirse también la capitalización de la prestación por desempleo a la adquisición de acciones o participaciones en otras entidades, tales como cooperativas de trabajo asociado, o a aportaciones al capital social de cualquier otra entidad mercantil que reúnan ciertos requisitos. Y ello como consecuencia de la reforma operada por la Ley 11/2013, de 26 de julio, de medidas de apoyo al emprendedor y de estímulo del crecimiento y de la creación de empleo, por el que ya no queda limitado el beneficio como ocurría con anterioridad a las sociedades laborales, ampliándose las posibilidades de aplicación de la capitalización del desempleo a otras situaciones, y limitándose así el efecto directamente estimulador del tipo societario que nos ocupa.

con relación a los que nos ocupan, la exoneración que, con carácter general, se dispensa a las mismas en el Impuesto sobre Transmisiones Patrimoniales Onerosas. Y es que conforme a lo dispuesto en el art. 45. 1 B) punto 9, del Real Decreto Legislativo 1/1993, de 24 de septiembre, por el que se aprueba el Texto refundido de la Ley del Impuesto sobre Transmisiones Patrimoniales y Actos Jurídicos Documentados, las transmisiones de valores, admitidos o no a negociación en un mercado secundario oficial, de conformidad con lo dispuesto en el artículo 108 de la Ley 24/1988, de 28 de julio, del Mercado de Valores (remisión que ha de entenderse efectuada al vigente art. 338 de la Ley 6/2023, de 17 de marzo, de los Mercados de Valores y de los Servicios de Inversión), quedan exentas de tributación para el adquirente en el impuesto[34].

Junto a ello puede analizarse, si conforme a lo dispuesto en el art. 19.1 del mismo texto normativo, la disminución de capital social que pudiera conllevar, en el supuesto que nos ocupa, la amortización de las acciones o participaciones de los socios separados o excluidos de la sociedad laboral no adquiridas conforme a lo dispuesto en el art. 16. 3 de la LSLP, quedaría o no sujeta a gravamen como modalidad de operación societaria[35]. En este sentido, y como se desprende de la resolución 998/2017, del Tribunal Económico Administrativo Central, de 16 de noviembre de 2017, dictada para unificación de criterio, deben diferenciarse los gravámenes según el motivo y la causa que genere la reducción de capital. De esta forma, no todas las reducciones van a quedar sujetas a la modalidad de Operaciones Societarias

34. El referido art. 338 alude a la exención del Impuesto sobre el Valor Añadido y también del Impuesto sobre Transmisiones Patrimoniales y Actos Jurídicos Documentados. Así, y como se indica en su ap.1: «La transmisión de valores, admitidos o no a negociación en un mercado secundario oficial, estará exenta del Impuesto sobre el Valor Añadido y del Impuesto sobre Transmisiones Patrimoniales y Actos Jurídicos Documentados». No obstante, y como se añade en su ap. 2. «Quedan exceptuadas de lo dispuesto en el apartado anterior las transmisiones de valores no admitidos a negociación en un mercado secundario oficial realizadas en el mercado secundario, que tributarán en el impuesto al que estén sujetas como transmisiones onerosas de bienes inmuebles, cuando mediante tales transmisiones de valores se hubiera pretendido eludir el pago de los tributos que habrían gravado la transmisión de los inmuebles propiedad de las entidades a las que representen dichos valores». No se trata sino de una importante norma anti-elusiva en los casos que se pretenda eludir dichos tributos mediante la toma de control de entidades cuyo activo (50 por ciento) esté formado principalmente por inmuebles situados en España no afectos a actividades empresariales o profesionales.

35. Conforme a lo dispuesto en el art. 19.1.1.º del Real Decreto Legislativo 1/1993, por el que se aprueba el Texto refundido de la Ley del Impuesto sobre Transmisiones Patrimoniales y Actos Jurídicos, son operaciones societarias sujetas a esta modalidad de gravamen del impuesto: la constitución de sociedades, el aumento y disminución de su capital social y la disolución de sociedades.

del impuesto, sino solo aquellas en las que se entregan bienes o derechos a los socios o accionistas, esto es, aquellas que llevan consigo un traslado o desplazamiento patrimonial de la sociedad el socio[36].

Por lo demás, y ya con relación a los supuestos de adquisición a título lucrativo por quienes ostenten un determinado vínculo familiar con el transmitente, debemos situarnos nuevamente en la Ley 29/1987, del Impuesto sobre Sucesiones y Donaciones. Y así, por un lado, volver a traer a colación el ya referido art. 20. 6. Y es que conforme al referido artículo, en los casos de transmisión de participaciones «ínter vivos», en favor del cónyuge, descendientes o adoptados, de una empresa individual, un negocio profesional o de participaciones en entidades del donante a los que sea de aplicación la exención del apartado octavo del artículo 4 de la Ley del Impuesto sobre el Patrimonio, los adquirentes podrán disfrutar de una reducción en la base imponible del Impuesto sobre Donaciones, consistente en el 95 por 100 del valor de adquisición, y siempre que concurran además otros concretos requisitos en el donante y en el donatario[37]. Por otra parte, y en caso de encontrarnos ante una adquisición «*mortis causa*», es el art. 20.2 c), quién alude a la posibilidad de aplicación de la misma reducción del 95 por ciento del valor de lo adquirido, siempre que se mantenga la adquisición (empresa individual, negocio profesional o participaciones en entidades) durante los 10 años siguientes al fallecimiento del causante, salvo fallecimiento del adquirente en ese plazo. Se admite además en este segundo caso, que la reducción pueda ser aplicada a las adquisiciones de ascendentes, adoptantes y colaterales hasta el tercer grado, con los mismos requisitos, cuando no existan descendientes o adoptados.

Se indica a continuación en el precepto cuáles serán las consecuencias del incumplimiento de los referidos requisitos. Y así se señala que, de no cumplirse los mismos, ya se trate de adquisición «*inter vivos*» o «*mortis causa*», se deberá pagar la parte del impuesto que se hubiere dejado de ingresar como consecuencia de la reducción practicada y los intereses de demora (art. 20.2.c, y 20.6 *in fine* de la Ley 29/1987).

---

36. Dicha interpretación ha sido avalada por dos Sentencias del Tribunal Supremo de 3 de noviembre de 1997, dictadas en recursos 554/95 y 532/95.

37. Así, y como vimos, con relación al donante: poder gozar de la exención prevista en el Impuesto sobre el Patrimonio; tener 65 años o más años o encontrarse en situación de incapacidad permanente, en grado de absoluta o gran invalidez; y dejar de ejercer funciones de dirección si viniera ejerciéndolas. En cuanto al donatario: tener derecho a la misma exención del Impuesto sobre el Patrimonio y mantener lo adquirido durante los diez años siguientes a la fecha de la escritura pública de donación, salvo fallecimiento; y no realizar actos de disposición y operaciones societarias que pudieran conllevar una minoración sustancial del valor de adquisición.

Y sin entrar a fondo en el análisis de tales beneficios, sí debemos destacar que han sido muy diversos los problemas que se han suscitado con relación a estas reducciones. Así, por ejemplo, los relacionados con los vínculos concatenados de exigencias entre impuestos con diferentes estructuras y cómputos temporales. Y es que el vínculo de exigencias entre los Impuestos sobre Sucesiones y Donaciones, de carácter instantáneo, y el Impuesto sobre el Patrimonio, de periodicidad anual, previstos por la normativa para poder aplicar los referidos beneficios, dificulta, desde luego, la comprobación de alguno de los requisitos previstos[38]. También los que han podido surgir como consecuencia de indeterminaciones en la redacción de algún requisito, o con los condicionamientos que pudieran existir entre la normativa sustantiva y la fiscal[39]. Por ello, y aunque se trate de medidas ciertamente beneficiosas, se ha venido destacando la necesidad de que se produzca una apropiada reforma legal que, desde luego, tarda en llegar, y mediante la que se pudieran incorporar ciertos contenidos al texto, aclarando y delimitando mejor su alcance, dando así solución a los numerosos problemas que se han venido planteando.

38. Es lo que ocurriría, por ejemplo, y como indica COLAO MARÍN, P. A., en «El Impuesto sobre Sucesiones y Donaciones y la transmisión de la empresa familiar», *Quincena Fiscal*, núm. 6, 2007, p. 52, con la comprobación del requisito consistente en la obtención de una cantidad relevante de ingresos por el ejercicio de las funciones de dirección que se hace con referencia a un impuesto periódico que cuantifica las partidas de la base a la fecha del devengo del impuesto, es decir a 31 de diciembre, mientras el Impuesto sobre Donaciones se devenga a la fecha de la celebración de la donación.

39. Piénsese, por ejemplo, en la dificultad para comprobar el requisito de la ausencia de una «minoración sustancial» del valor de adquisición que pudiera efectuar el donatario adquirente por «actos de disposición u operaciones societarias», durante el plazo de 10 años de mantenimiento exigido por el precepto, no concretándose, como por otro lado puede ser lógico, el conjunto de actos permitidos y los que no, ni indicando si quedarían incluidos o no los actos de administración, o si quedarían excluidos solo las operaciones societarias que interesan a la naturaleza, estructura o capital de la sociedad, pero no las restantes operaciones de la sociedad. Para un estudio detallado de los diferentes problemas COLAO MARÍN, P. A., en «El Impuesto sobre Sucesiones y Donaciones», *cit.*, pp. 41 a 53. Es lo que ocurriría, por ejemplo, y como indica COLAO MARÍN, P. A., «El Impuesto sobre Sucesiones y Donaciones», *cit.*, p. 52, con la comprobación del requisito consistente en la obtención de una cantidad relevante de ingresos por el ejercicio de las funciones de dirección que se hace con referencia a un impuesto periódico que cuantifica las partidas de la base a la fecha del devengo del impuesto, es decir a 31 de diciembre, mientras el Impuesto sobre Donaciones se devenga a la fecha de la celebración de la donación; NAVARRO EGEA, M., *Incentivos fiscales, cit.*, o CHECA GONZÁLEZ, C., «La empresa familiar en nuestro ordenamiento tributario», *cit.*

IV. CONSIDERACIONES ACERCA DE LA FISCALIDAD DEL RELEVO GENERACIONAL EN LAS COOPERATIVAS DE TRABAJO ASOCIADO

Las cooperativas de trabajo asociado constituyen otra vía fundamental de autoempleo. En ellas, un grupo de trabajadores se compromete a realizar un trabajo en común y a realizar la aportación de un capital. De este modo, y como se precisa en las diferentes leyes sustantivas cooperativas, se adquiere la condición de socio cuando se cumpla con dos obligaciones: la realización de la aportación de capital social establecido; y el compromiso de realización de una actividad de tracto sucesivo con la que se participará en la actividad cooperativizada básica de la cooperativa. La doble aportación que en este caso deben efectuar los socios, de capital y trabajo, supone así la separación de otras sociedades en las que la aportación de capital determinará la posición de los socios en el seno de la cooperativa[40].

Esta especial característica condiciona, sin duda, el desenvolvimiento de este tipo societario, de modo que, sin perjuicio del principio de libre adhesión característico de todo régimen cooperativo, la adquisición de la condición de socio va a venir sujeta al cumplimiento no solo de los correspondientes requisitos legales sino, de una manera especial, de los que pudieran venir fijados en los diferentes estatutos y que pudieran afectar tanto a los trabajadores por cuenta ajena que solicitaran el tránsito a socios como a terceros que quisieran incorporarse a la sociedad. Y es que dado que la actividad cooperativizada es el trabajo común y el objetivo teórico de este modelo de empresa es la creación de empleo estable y de calidad, la incorporación de nuevos socios al trabajo común supone, en sí mismo, el cumplimiento del propio sentido económico de este tipo cooperativo, pudiendo establecerse para garantizar el adecuado cumplimiento de este objetivo ciertos condicionamientos, que no pueden «desfigurar», en cualquier caso, el principio de «puerta abierta»[41]. De acuerdo con ello, y conforme a lo dispuesto en el art. 1.1 de la Ley 27/1999, de 16 de julio, de Cooperativas (en adelante, LCoop), y, por supuesto, en las normativas autonómicas, la libre

---

40. ESCRIBANO GUTIÉRREZ, J., «El difícil tránsito a la condición de socio-trabajador en las cooperativas de trabajo asociado», *CIRIEC-España. Revista Jurídica de Economía Social y Cooperativa,* núm. 40, 2022, p. 50.

41. Con relación a estos requisitos estatutarios adicionales, señala precisamente ESCRIBANO GUTIÉRREZ, J., «El difícil tránsito a la condición de socio-trabajador», *cit.*, p. 59, que no podrán desfigurar, en cualquier caso, el principio de puerta abierta, debiendo quedar abierto el horizonte de una futura incorporación del trabajador, y que tales requisitos además habrán de poseer una justificación objetiva, no pudiendo estar basados en elementos subjetivos arbitrarios, que solo podrían estar presentes en cualquier caso respecto a la contratación societaria de sujetos ajenos a la cooperativa que no hayan ostentado la condición de trabajador por cuenta ajena en la misma.

adhesión y la baja voluntaria de los socios, característica de todas las sociedades cooperativas, otorga la posibilidad tanto de entrar libremente en ella, siempre que los nuevos socios interesados cumplan con los requisitos objetivos y subjetivos exigibles[42]; como salir de la misma, bien por no tener ya interés o por perder la condición que les hizo entrar, recuperando con ello, y en principio, el reintegro de las aportaciones hechas en su momento[43].

El sujeto que quiera entrar como socio de una cooperativa de trabajo asociado lo hará, por lo tanto, conforme al procedimiento previsto en la normativa sustantiva cooperativa efectuando las correspondientes aportaciones al capital social[44]. Del mismo modo, el socio que voluntariamente quiera darse de baja, y sin perjuicio de las disposiciones legales y las cláusulas estatutarias que pudieran limitar, condicionar o retrasar temporal-

42. Indica VARGAS VASSEROT, C., «El principio cooperativo de puertas abiertas (adhesión voluntaria y abierta). Tópico o realidad en la legislación y en la práctica societaria», *CIRIEC-España. Revista Jurídica de Economía Social y Cooperativa*, núm. 27, 2015, p. 38, que lo verdaderamente característico del tipo cooperativo es que la baja del socio es voluntaria y que el capital social es variable para facilitar la variabilidad del número de socios. Por ello, señala que: «más que afirmar que las cooperativas son entidades en las que rigen el principio de adhesión voluntaria y abierta, que es lo que suelen decir nuestras leyes cooperativas (art. 1.1 LCOOP), debería señalarse que la cooperativas son "sociedades con vocación abierta" (reflejando así que esa nota no se da siempre) y de capital variable, constituida por personas que se asocian en régimen de adhesión y baja voluntaria, con estructura y funcionamiento democrático, en las que el voto y demás derechos sociales de los socios se ejercen de manera igualitaria o en función de la actividad cooperativa realizada por cada uno de ellos».

43. Aunque es cierto que cabe la posibilidad de no devolver la aportación al socio en la baja, de acuerdo con la modificación que se introduce por la Ley 16/2007, de 4 de julio, de reforma y adaptación de la legislación mercantil en materia contable para su armonización internacional con base en la normativa de la Unión Europea, que en su D.A. 4.ª dio la vigente redacción, entre otros, al art. 45 de la LC.

44. Conforme a lo dispuesto en el art. 13 de la LC, se exige solicitud por escrito al órgano de administración que debe resolver y comunicar su decisión, dándole la debida publicidad o comunicándole el acuerdo al solicitante, que debe ser motivado o justificado. En caso de que la admisión fuera denegada, el solicitante podrá recurrir ante el Comité de Recursos o, en su defecto, ante la Asamblea General, siendo preceptiva la audiencia del interesado. Por su parte, el acuerdo de admisión también podrá ser impugnado por el número de socios y en la forma que estatutariamente se determine. Respecto a las aportaciones debe distinguirse entre la aportación obligatoria mínima y las cuotas de ingreso que pudieran ser exigidas como desembolso suplementario cuando el patrimonio social sea superior a la cifra de capital. Así, dispone el art. 46.7 de la LC que: «Los socios que se incorporen con posterioridad a la cooperativa deberán efectuar la aportación obligatoria al capital social que tenga establecida la Asamblea General para adquirir tal condición, que podrá ser diferente para las distintas clases de socios en función de los criterios señalados en el apartado 1 del presente artículo. Su importe, para cada clase de socio, no podrá superar el valor actualizado, según el índice general de precios al consumo de las aportaciones obligatorias inicial y sucesivas, efectuadas por el socio de mayor antigüedad en la cooperativa».

mente la misma, recibirá la devolución de sus aportaciones al capital social, sin perjuicio nuevamente de las demoras en los plazos que pudieran establecerse para preservar la estabilidad de las entidades o las deducciones del valor de las aportaciones obligatorias a reembolsar, por baja no justificada o expulsión[45]. Y es que el socio, aunque no sea su voluntad, puede ser expulsado por cometer una falta disciplinaria muy grave tipificada con tal sanción en los estatutos (art. 18.4 LCoop), o puede dársele de baja obligatoria por perder los requisitos exigidos para ser socio (art. 17.5 LCoop) o con objeto de mantener la viabilidad de la cooperativa de trabajo asociado ante causas económicas, técnicas, organizativas o de fuerza mayor (art. 85 LCoop)[46].

En los casos anteriores, y aunque no exista realmente una intencionalidad directa y organizada para efectuar en sentido estricto un relevo generacional, si cabe hablar de un relevo, en términos generales, en los socios que pueden conformar la cooperativa, con consecuencias de tipo sustantivo y, desde luego, fiscal. Junto a estos supuestos de baja voluntaria o forzosa cabe detenerse, sin embargo, por el objeto del presente trabajo, en los supuestos de efectiva transmisión de las aportaciones. Así, y como se indica en el art. 50 de la LC, las aportaciones podrán transmitirse: a) por actos

45. Como destaca VARGAS VASSEROT, C., en «El principio cooperativo de puertas abiertas», *cit.*, p. 17, esta posible deducción del valor de las aportaciones obligatorias a reembolsar se suele limitar legalmente al 20 por ciento del valor de las aportaciones obligatorias, en caso de baja no justificada, y al 30 por ciento en caso de expulsión, porcentajes que algunas leyes autonómicas elevan al 40 por ciento y que, en determinados casos, puede llegar hasta el 50, a las que hay descontar las posibles sanciones económicas por faltas disciplinarias junto a las pérdidas y los gastos imputables.

46. También así en la mayoría de las normativas autonómicas. En realidad, cabe indicar, que el socio no tiene un derecho al reembolso, sino a la liquidación de sus aportaciones en el momento que se produce la baja según el balance de cierre del ejercicio (art. 51.1 LC), lo que puede significar un importe mayor o menor al que el socio realizó para ingresar en la sociedad. Pero es que además esta liquidación va a depender de la existencia de pérdidas imputadas o imputables al socio (art. 51.2 LC) y del tipo de baja de que se trate, ya que en ambos casos se puede reducir, tal y como se ha indicado, el valor del importe del reembolso (art. 51.3 LC). El plazo para hacerlo efectivo, como se señala en el apartado 5 del mismo art. 51, no podrá exceder de cinco años a partir de la fecha de la baja, no pudiendo ser superior a un año en el caso corresponder a los causahabientes por fallecimiento del socio, computado desde que el hecho causante se ponga en conocimiento de la cooperativa. Finalmente, y como se indica en el apartado 7 de este mismo artículo: en caso de ingreso de nuevos socios los estatutos podrán prever que las aportaciones al capital social de los nuevos socios deban preferentemente efectuarse mediante la adquisición de las aportaciones previstas en el art. 45.1.b) cuyo reembolso hubiese sido solicitado por baja de sus titulares. Esta adquisición se producirá por orden de antigüedad de las solicitudes de reembolso de este tipo de aportaciones y, en caso de solicitudes de igual fecha, la adquisición se distribuirá en proporción al importe de las aportaciones.

«*inter vivos*», únicamente a otros socios de la cooperativa y a quienes adquieran tal cualidad dentro de los tres meses siguientes a la transmisión que, en este caso, queda condicionada al cumplimiento de dicho requisito[47]; o b) por sucesión «*mortis causa*», a los causahabientes si fueran socios y así lo soliciten, o si no lo fueran, previa admisión como tales realizada de conformidad con lo dispuesto en el artículo 13 de la LC, que habrá de solicitarse en el plazo de seis meses desde el fallecimiento. En otro caso, y como se indica a continuación, tendrán derecho a la liquidación del crédito correspondiente a la aportación social.

Pues bien, conforme a lo expuesto, y para poder analizar los aspectos más relevantes de la fiscalidad aplicable en estos supuestos, debemos referir antes, del mismo modo que hemos efectuado con las sociedades laborales, los principales rasgos de la regulación fiscal de este tipo societario. Y es que las cooperativas de trabajo asociado pueden ser consideradas, conforme a lo previsto en el art. 7 de la Ley 20/1990, de 19 de diciembre, Régimen Fiscal de las Cooperativas (en adelante, LRFC), como «especialmente protegidas», lo que les permite gozar de un trato fiscal beneficioso, siempre que reúnan los requisitos exigidos y no incurran en causa de pérdida de dicha condición[48]. Las medidas de beneficio fiscal previstas en los artículos 33 y 34 de la misma Ley, entre los que destacan determinadas exenciones en el Impuesto sobre Transmisiones Patrimoniales y Actos Jurídicos Documen-

47. Debiendo respetarse, en cualquier caso, el límite impuesto en el artículo 45.6 de esta Ley, conforme al cual en las cooperativas de primer grado el importe total de las aportaciones de cada socio no podrá exceder de un tercio del capital social.

48. Las normas mercantiles reguladoras de las cooperativas establecen determinados requisitos sustantivos para ser consideradas como tales y referidos a las dotaciones obligatorias, la regularización de balances y actualización de las aportaciones de los socios, las retribuciones a éstos, las imputaciones de pérdidas, las aportaciones al capital social, la participación en entidades de naturaleza no cooperativa, las operaciones con terceros no socios, las normas sobre contabilización separada de tales operaciones o de su destino al Fondo de Reserva Obligatorio, las relacionados con el número de trabajadores asalariados, o con las normas de auditoría externa. Tales requisitos deben cumplirse como paso previo para poder gozar del trato fiscal beneficioso, pero además de ellos, la LRFC establece para cada tipo susceptible de pertenecer a la categoría de «especialmente protegida» otros tantos requisitos referidos principalmente a los socios y trabajadores asalariados, en su caso, (naturaleza, retribución máxima), o con límites relacionados con las actividades desarrolladas (tipo, volumen o destino). Así, respecto a las cooperativas de trabajo asociado se exigen conforme al art. 8 de la LRFC, tres requisitos relacionados con los siguientes aspectos: la naturaleza jurídica del socio y la finalidad de su actividad cooperativizada, debiendo asociar «a personas físicas que presten su trabajo personal en la cooperativa para producir en común bienes y servicios para terceros»; la cuantía de las retribuciones devengadas, de modo «que el importe medio de sus retribuciones totales efec-

tados respecto de determinados actos, contratos y operaciones, o las previstas en determinadas operaciones societarias; la exención articulada para las cooperativas protegidas en el Impuesto sobre Actividades Económicas; y, especialmente las bonificaciones previstas en el Impuesto sobre Sociedades, permite así atribuir a este tipo societario de una importante ventaja fiscal de la que no disponen las sociedades laborales[49].

Entrando ya en el tratamiento fiscal propiamente dicho de todas las actuaciones de «traspaso» de capital, hemos de indicar, en primer lugar, que los beneficios referidos no están relacionados con ninguna de estas actuaciones, de modo que cuando las aportaciones de los socios al capital social vuelven a éstos por la propia baja del socio, o bien cuando se produce la transmisión de la aportación «*inter vivos*» o «*mortis causa*», en los términos previstos en los arts. 51 y 50 de la LC, respectivamente, se produce, como ya vimos con relación a las sociedades laborales, un rendimiento tributario que debe declararse en el IRPF del socio. De este modo, el socio que va a

---

tivamente devengadas, incluidos los anticipos y las cantidades exigibles en concepto de retornos cooperativos no excedan del 200 por 100 de la media de las retribuciones normales en el mismo sector de actividad, que hubieran debido percibir si su situación respecto a la cooperativa hubiera sido la de trabajadores por cuenta ajena»; y, con el número de trabajadores asalariados que pueden ser contratados por tiempo indefinido, que no puede exceder «del 10 por 100 del total de sus socios». Junto a ello, se exige, además, que no incurran en alguna de las causas de pérdida de tal condición, recogidas en el art. 13 de la LRFC, entre las que se encuentran, por ejemplo, el superar los límites autorizados de aportaciones al capital social de socios o asociados; el empleo de trabajadores asalariados en número superior al autorizado en las normas legales; tener un número de socios inferior al previsto en las normas legales o una reducción de capital a una cantidad inferior a la prevista en sus Estatutos.

49. Tales beneficios fiscales se refieren principalmente a la posibilidad en el Impuesto sobre Sociedades de aplicar el tipo reducido del 20 por ciento a las cooperativas protegidas sobre la base imponible correspondiente a los resultados cooperativos; a las bonificaciones aplicables sobre la cuota íntegra de las especialmente protegidas, del 50 por ciento de la cuota resultante de aplicar sobre los rendimientos cooperativos y extracooperativos el tipo de gravamen correspondiente, y del 90 por ciento para las de trabajo asociado protegidas que asocien al menos un 50 por ciento de socios minusválidos que se encuentren en situación de desempleo en el momento de la constitución de la cooperativa, durante los cinco primeros años de actividad social. En el Impuesto sobre Transmisiones Patrimoniales Onerosas y Actos Jurídicos Documentados los beneficios consisten en declarar exentos los actos, contratos y operaciones de constitución, ampliación de capital, fusión y escisión; constitución y cancelación de préstamos; y adquisiciones de bienes y derechos que se integran en el Fondo de Educación y Promoción para el cumplimiento de sus fines, y de ser Cooperativas especialmente protegidas y uniones, federaciones y confederaciones de cooperativas, además de los anteriores, de la exención de las operaciones de adquisición de bienes y derechos destinados directamente al cumplimiento de sus fines sociales y estatutarios. Y respecto a la tributación local, y en el Impuesto de Actividades Económicas, de una bonificación del 95 por ciento de la cuota del impuesto.

dejar de serlo debe tributar por la ganancia o pérdida patrimonial que se genera por el retorno de sus aportaciones previas al capital social, o por la generada por la transmisión de sus aportaciones, en vida o por causa de su fallecimiento, a otros socios que lo son o lo serán en los plazos señalados por la LC.

Sin prejuicio de lo dispuesto en el apartado 3 letras b) y c) del art. 33 de la Ley de IRPF, las ganancias o las pérdidas patrimoniales derivadas de transmisión se cuantificarán atendiendo a la diferencia entre el valor de transmisión y el de adquisición del elemento patrimonial que se transmite (arts. 33 a 39), generando una u otra según su resultado. En este sentido resulta fundamental analizar los elementos que componen los referidos valores en el caso que nos ocupa.

De acuerdo con lo previsto en el art. 30 c) de la LRFC, formarán parte del valor de adquisición de la participación del socio en las dos situaciones indicadas: el coste de adquisición, las cuotas de ingreso satisfechas, así como las pérdidas de las cooperativas que habiéndose atribuido al socio, conforme a las disposiciones de la LC y, en su caso, de las Comunidades Autónomas, que hubieran sido reintegradas en metálico o compensadas con retornos de que sea titular el socio y que estén incorporados al Fondo Especial regulado por la Asamblea General. Cabe resaltar así que las pérdidas de las cooperativas atribuidas a los socios conforme al art. 59 de la LC no dan lugar directamente a efectos fiscales a ninguna pérdida patrimonial para ellos, ni a ningún rendimiento negativo del capital mobiliario, sino que tal y como señala la LRFC simplemente se tiene en cuenta como un mayor coste de adquisición de la participación para el socio [50].

Respecto a los elementos que integran el valor de transmisión, variarán según la causa que la origina. Así, en el caso de baja del socio (es decir, de la recuperación de la aportación), el valor de transmisión se determinará a partir del importe del reembolso a que tenga derecho el socio en virtud de lo dispuesto en el art. 51 de la LC, teniendo en cuenta las deducciones que le pueda practicar la cooperativa por ello [51]. De este modo, formarán parte del reembolso junto a las aportaciones previamente realizadas por el socio, el importe de los retornos capitalizados y el de las actualizaciones de sus

50. Así, ALGUACIL MARÍ, P., *La fiscalidad de los ingresos de las cooperativas de trabajadores y sus miembros y la fiscalidad de las sociedades laborales*, IX Congreso Rulescoop, 2015, en http//: http://sedici.unlp.edu.ar/bitstream/handle/10915/50531/Documento_completo.pdf?sequence=1, p. 7.

51. El art. 51 de la LC regula el derecho de los socios al reembolso de sus aportaciones al capital social en caso de baja en la cooperativa. Según se dispone en el mismo, la liquidación de estas aportaciones se hará según el balance de cierre del ejercicio en el que se produzca la baja, sin que se puedan efectuar deducciones, salvo las señaladas

aportaciones que se le reconozcan, así como el de los retornos correspondientes al año en que causa baja, debiendo descontarse aquellas cuantías que no respondieran a conceptos relacionados con un mayor retorno cooperativo, sino con mayores intereses (por ejemplo, de las aportaciones capitalizadas o de los retornos incorporados al Fondo Especial).

Por lo demás, y en el supuesto de transmisión «*inter vivos*» o «*mortis causa*» de las aportaciones, el valor de transmisión se determinará conforme a lo dispuesto en los arts. 35 y 36 de la LIRPF. Así, en caso de transmisión «*inter vivos*» a título oneroso se determinará atendiendo al importe real por el que la enajenación se hubiese efectuado, del que se deducirán los gastos y tributos satisfechos por el transmitente (entendiéndose por importe real del valor de enajenación, el efectivamente satisfecho, siempre que no resulte inferior al normal de mercado, en cuyo caso prevalecerá éste). En el supuesto de transmisión a título gratuito, el valor de transmisión será aquél que resulte de la aplicación de las normas del Impuesto sobre Sucesiones y Donaciones, sin que puedan exceder del valor de mercado. Finalmente, y en el caso de encontrarnos ante un supuesto de transmisión de aportaciones por causa del fallecimiento del socio a sus causahabientes (socios o en proceso de serlo o no socios), se aplicaría la no tributación de la posible ganancia para el transmitente, prevista en el art. 33.3 b) de la LIRPF, quedando sujetos los adquirentes herederos-socios, al pago del correspondiente Impuesto sobre Sucesiones. En estos casos, y como ya hemos visto, sólo cabría la sucesión efectiva en las participaciones de tratarse de causahabientes socios o en proceso de serlo en los plazos previstos por la LC, puesto que en caso contrario aquéllos sólo tendrían el derecho a la liquidación del crédito correspondiente a la aportación social·

Tanto las ganancias o pérdidas patrimoniales derivadas tanto del reembolso de las aportaciones al capital social, como de la transmisión «*inter vivos*» o «*mortis causa*» de las aportaciones, se integrarán en la base imponible del ahorro al derivar de una transmisión patrimonial, atribuyéndose a los contribuyentes que sean titulares de las referidas aportaciones conforme a las reglas de titularidad jurídica de la legislación civil, e impután-

---

en los puntos 2 y 3 de este artículo, es decir: por las pérdidas imputadas e imputables al socio, reflejadas en el balance de cierre del ejercicio en el que se produzca la baja, ya correspondan a dicho ejercicio o provengan de otros anteriores y estén sin compensar; así como, en el caso de baja no justificada por incumplimiento del período de permanencia mínimo, una deducción sobre el importe resultante de la liquidación de las aportaciones obligatorias, una vez efectuados los ajustes señalados en el punto anterior. Los Estatutos fijarán el porcentaje a deducir, sin que éste pueda superar el treinta por ciento. Por lo demás, y conforme al art. 52 LC, los Estatutos o la Asamblea General podrán establecer cuotas de ingresos y/o periódicas, que no integrarán el capital social ni serán reintegrables.

dose al período impositivo en el que tenga lugar la alteración patrimonial, es decir: cuando el socio hubiese causado baja reconociéndole su derecho de reembolso o cuando se produzca la efectiva transmisión. Todo ello, sin perjuicio de la posibilidad de percibir anticipos a cuenta del reembolso de las aportaciones, así como el reembolso aplazado o en plazos establecidos[52].

Finalmente, y de existir vínculos familiares entre transmitente y adquirente, cabría tener presentes nuevamente las reducciones ya vistas en el Impuesto sobre Sucesiones y Donaciones, para lo cual resulta imprescindible que concurran todos y cada uno de los requisitos referidos en cada sujeto interviniente en la transmisión, debiendo traer aquí a colación de nuevo los problemas y dificultades ya vistos con relación a su interpretación y aplicación.

V. REFLEXIÓN FINAL

Las sociedades laborales como modelos societarios que posibilitan de una forma esencial la participación de los trabajadores en el capital social deberían gozar de una regulación fiscal favorable no solo con relación a su creación sino con su adecuado desenvolvimiento en el momento del traspaso o relevo en el capital social. La justificación de un adecuado trato fiscal a estas entidades sustentado en su contribución al alcance de concretos objetivos constitucionales como el de fomento de la participación de los trabajadores en la gestión de la empresa y en la propiedad de los medios de producción, bastaría para justificar medidas acordes con el valor añadido que aportan como modelo societario y para compensar las limitaciones de captación y mantenimiento de capital con que se pueden encontrar.

El régimen tributario previsto en nuestro ordenamiento coloca sin embargo a las sociedades laborales en una situación análoga a la de cualquier sociedad de capital, sin gozar de mayor protección a efectos de su constitución y funcionamiento que la de un exiguo beneficio en el Impuesto sobre Transmisiones Patrimoniales Onerosas o los aplicables en el Impuesto sobre Sociedades por ser una entidad de pequeña o mediana dimensión.

En el momento de la transmisión de capital por actos «*inter vivos*» o «*mortis causa*», las medidas de beneficio aplicables en los correspondientes impuestos no lo son tampoco por los especiales objetivos que pudieran

52. Tal y como se recoge en el art. 51.5 de la LC, que las cantidades pendientes de reembolso no serán susceptibles de actualización, pero darán derecho a percibir el interés legal del dinero, que deberá abonarse anualmente junto con, al menos, una quinta parte de la cantidad a reembolsar.

desarrollarse o alcanzarse con este modelo societario, sino que lo van a ser, principalmente, por los especiales vínculos familiares que pudieran existir entre sujetos. La rigidez en la configuración de los requisitos que deben concurrir para poder disfrutar de las diferentes medidas de beneficio fiscal, con los consiguientes problemas de interpretación y aplicación que en cada caso se han generado, ha contribuido a aumentar las dificultades con que, sin lugar a duda, se encuentran este tipo de sociedades, ya limitadas de por sí por la naturaleza y los condicionamientos impuestos a los partícipes del capital social. Son necesarios cambios en la configuración de los referidos beneficios que impidan su posible pérdida y que garanticen y den seguridad jurídica a las actuaciones de transmisión del capital.

Las cooperativas de trabajo asociado pueden disfrutar, por el contrario, de relevantes medidas de beneficio fiscal, si se ajustan a los requisitos generales y específicos previstos en la LRFC para ello y si no incurren en ninguna causa que les pueda hacer perder esa condición favorable. Tales beneficios están dirigidos, sin embargo, a minorar la tributación de la sociedad y no tanto del socio, por lo que el trato fiscal que se dispensa a las transmisiones del capital social, sean del tipo que sean, es análogo al que se atribuye a las sociedades laborales, no encontrándose en este aspecto diferencias de relevancia.

No puede decirse, con todo lo expuesto, que nuestro legislador fiscal haya querido otorgar un trato de especial favor a aquellas actuaciones de transmisión del capital social que se alejen del tradicional traspaso familiar, lo que de alguna forma dificulta la continuidad de estos modelos societarios cuando no existieran adquirentes o sujetos interesados en los que existieran tales vínculos.

VI. BIBLIOGRAFÍA

ADAME MARTÍNEZ, F., *Beneficios fiscales para la empresa familiar en los Impuestos sobre el Patrimonio y sobre Sucesiones y Donaciones*, Thomson Reuters Aranzadi, Cizur Menor, 2014.

ALFONSO SÁNCHEZ, R., «Separación y exclusión de socios en la sociedad laboral», AA.VV., *El Régimen jurídico de las sociedades laborales*, Thomson Reuters Aranzadi, Cizur Menor, 2017, pp. 135-183.

ALGUACIL MARÍ, P., *La tributación de las sociedades laborales*, Thomson Aranzadi, Cizur Menor, 2007.

– «Reforma de la tributación de las sociedades laborales», *Ciriec-España, Revista Jurídica de Economía Social y Cooperativas*, núm. 19, 2008, p. 2-17.

– *La fiscalidad de los ingresos de las cooperativas de trabajadores y sus miembros y la fiscalidad de las sociedades laborales*, IX Congreso Rulescoop, 2015, en http://sedici.unlp.edu.ar/bitstream/handle/10915/50531/Documento_completo.pdf?sequence=1

ANDREU MARTÍ, M. M., «La sociedad laboral del siglo XXI. Significado y configuración», AA.VV., *El Régimen jurídico de las sociedades laborales*, Thomson Reuters Aranzadi, Cizur Menor, 2017, pp. 27-44.

CALVO ORTEGA, R., «Las sociedades laborales: problemas actuales y justificación científica de una fiscalidad adecuada», *CIRIEC-España, Revista Jurídica de Economía Social y Cooperativas*, núm. 19, 2008, p. 1-15.

CALVO VÉRGEZ, J., «Empresa familiar: exención de los elementos afectos a actividades económicas y de las participaciones en la entidad en el impuesto sobre el patrimonio. Aspectos problemáticos», *Quincena Fiscal*, núm. 1, 2004, pp. 9-20.

CANO LÓPEZ, A., *Teoría jurídica de la Economía Social. La sociedad laboral: una forma jurídica de empresa de economía social*, Consejo Económico y Social, 2002.

CHECA GONZÁLEZ, C., «La empresa familiar en nuestro ordenamiento tributario (Impuesto sobre el Patrimonio, Impuesto sobre Sucesiones y Donaciones, e Impuesto sobre la Renta de las Personas Físicas)», Asociación Española de Asesores Fiscales (AEDAF), Monografía, núm. 15, *Fiscalidad de la empresa familiar*, 2000.

COLAO MARÍN, P. A., «El tratamiento de la empresa familiar en el Impuesto sobre el Patrimonio (I)», *Impuestos*, núm. 5, 2007, pp. 10-46.

– «El tratamiento de la empresa familiar en el Impuesto sobre el Patrimonio (II)», *Impuestos*, núm. 6, 2007, pp. 10-37.

– «El Impuesto sobre Sucesiones y Donaciones y la transmisión de la empresa familiar», *Quincena Fiscal*, núm. 6, 2007, pp. 39-55.

ESCRIBANO GUTIÉRREZ, J., «El difícil tránsito a la condición de socio-trabajador en las cooperativas de trabajo asociado», *CIRIEC-España. Revista Jurídica de Economía Social y Cooperativa*, núm. 40, 2022, pp. 50.

ESCUÍN IBÁÑEZ, I., «Régimen jurídico del capital social (I). Clases de acciones y participaciones sociales: su transmisión», AA.VV., *El régimen jurídico de las sociedades laborales*, Thomson Reuters Aranzadi, Cizur Menor, 2017.

FUSTER ASENSIO, M. C., «Razones que justifican una fiscalidad específica de las mutualidades de previsión social», *CIRIEC-España. Revista Jurídica de Economía Social y Cooperativa*, núm. 20, 2009, pp. 23-30.

GRIMALDOS GARCÍA, M. I., «Especialidades en materia de órgano de administración», AA.VV., *El régimen jurídico de las sociedades laborales*, Thomson Reuters Aranzadi, Cizur Menor, 2017, pp. 185-212.

MILLANA SANSATURIO, M., «Las sociedades laborales como realidad empresarial de la economía social en España», *Estudios de Juventud*, núm. 51, 2000, p. 20-60.

NAVARRO EGEA, M., *Incentivos fiscales a la pequeña y mediana empresa*, Marcial Pons, Madrid, 1999.

VARGAS VASSEROT, C., «El principio cooperativo de puertas abiertas (adhesión voluntaria y abierta). Tópico o realidad en la legislación y en la práctica societaria», *CIRIEC-España. Revista Jurídica de Economía Social y Cooperativa*, núm. 27, 2015, pp. 1-41.

VELERDAS PERALTA, A., «Régimen de constitución de la sociedad laboral. Adquisición y pérdida de la calificación de "sociedad laboral"», AA.VV., *El Régimen jurídico de las sociedades laborales*, Thomson Reuters Aranzadi, Cizur Menor, 2017, pp. 49-87.

Guía de uso

¡ENHORABUENA!

ACABAS DE ADQUIRIR UNA OBRA QUE **INCLUYE LA VERSIÓN ELECTRÓNICA.**
APROVÉCHATE DE TODAS LAS FUNCIONALIDADES.

ACCESO INTERACTIVO A LOS MEJORES LIBROS JURÍDICOS

FUNCIONALIDADES

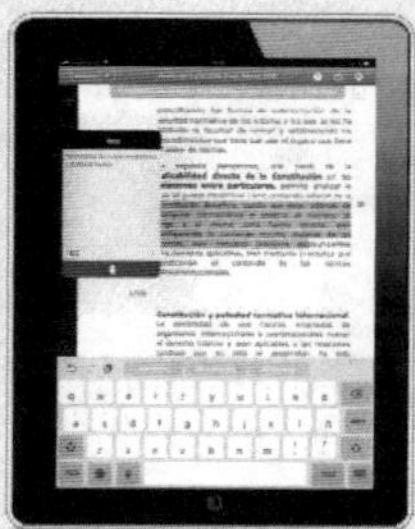

SELECCIONA Y DESTACA TEXTOS

Crea anotaciones y escoge los colores para organizar tus notas y subrayados.

USA EL TESAURO PARA ENCONTRAR INFORMACIÓN

Al comenzar a escribir un término, aparecerán las distintas coincidencias del índice del Tesauro relacionadas con el término buscado.

HISTÓRICO DE NAVEGACIÓN

Vuelve a las páginas por las que ya has navegado.

ORDENAR

Ordena tu biblioteca por: Título (orden alfabético), tipo (libros y revistas), editorial, jurisdicción o área del Derecho.

CONFIGURACIÓN Y PREFERENCIAS

Escoge la apariencia de tus libros y revistas cambiando la fuente del texto, el tamaño de los caracteres, el espaciado entre líneas o la relación de colores.

MARCADORES DE PÁGINA

Crea un marcador de página en el libro tocando en el icono de Marcador de página situado en el extremo superior derecho de la página.

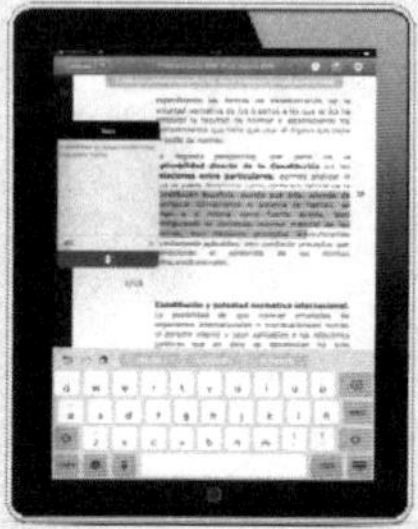

BÚSQUEDA EN LA BIBLIOTECA

Busca en todos tus libros y obtén resultados con los libros y revistas donde los términos fueron encontrados y las veces que aparecen en cada obra.

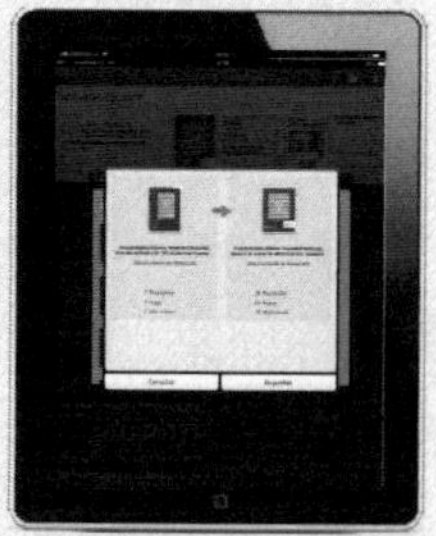

IMPORTACIÓN DE ANOTACIONES A UNA NUEVA EDICIÓN

Transfiere todas sus anotaciones y marcadores de manera automática a través de esta funcionalidad.

SUMARIO NAVEGABLE

Sumario con accesos directos al contenido.

INFORMACIÓN IMPORTANTE: Si has recibido previamente un correo electrónico deberás seguir los pasos que en él se detallan.

Estimado/a cliente/a,

Para acceder a la versión electrónica de este libro, por favor, accede a **http://onepass.aranzadi.es** Tras acceder a la página citada, introduce tu dirección de correo electrónico (*) y el código que encontrarás en el interior de la cubierta del libro.

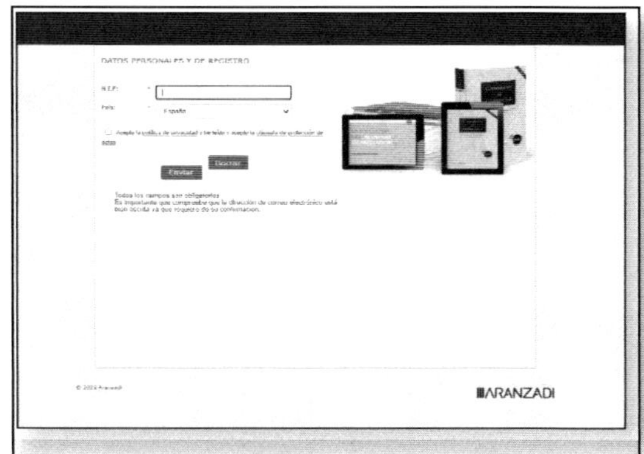

A continuación pulsa enviar.

Si te has registrado anteriormente en OnePass, en la siguiente pantalla se te pedirá que introduzcas el NIF asociado al correo electrónico.

Finalmente, te aparecerá un mensaje de confirmación y recibirás un correo electrónico confirmando la disponibilidad de la obra en tu biblioteca.

Si es la primera vez que te registras en **OnePass,** deberás cumplimentar los datos para crear tu cuenta y poder acceder a tu libro electrónico.

- Los campos **"Nombre de usuario"** y **"Contraseña"** son los datos que utilizarás para acceder a las obras que tienes disponibles a través del navegador en la ruta www.proview.thomsonreuters.com

Servicio de Atención al Cliente

Ante cualquier incidencia en el proceso de registro de la obra no dudes en ponerte en contacto con nuestro Servicio de Atención al Cliente. Para ello accede a nuestro Portal Corporativo y una vez allí en el apartado del Centro de Atención al Cliente selecciona la opción de Acceso a Soporte para no Suscriptores (compra de Publicaciones).